Kohlhammer

Horst Siebert
Oliver Lorz

Einführung in die Volkswirtschaftslehre

15., vollständig überarbeitete Auflage

Verlag W. Kohlhammer

15., vollständig überarbeitete Auflage 2007

Umschlag: Gestaltungskonzept Peter Horlacher
Gesamtherstellung:
W. Kohlhammer Druckerei GmbH + Co. KG, Stuttgart
Printed in Germany

ISBN 978-3-17-019437-3

Vorwort zur fünfzehnten Auflage

Economics is what economists do.
Jacob Viner

Die Volkswirtschaftslehre ist für viele nicht in der Wirtschaftswissenschaft vorgebildete Hörer von nationalökonomischen Vorlesungen oft ein Buch mit sieben Siegeln oder – um an einen Ausspruch Kurt Tucholskys zu erinnern – so etwas Ähnliches wie die »Metaphysik des Pokerspielers«. Diese Einstellung, die sicherlich zu einem großen Teil durch den hohen Abstraktionsgrad der Volkswirtschaftslehre und die komplexen Zusammenhänge der ökonomischen Wirklichkeit verursacht wird, stellt das vorliegende Buch bewusst in Rechnung. Es setzt – außer der Bereitschaft zur Mitarbeit – nichts voraus und ist für Leserinnen und Leser geschrieben, die mit der wirtschaftswissenschaftlichen Denkweise erst vertraut werden wollen. Das Buch vermeidet weitgehend formal-mathematische Darstellungen und bedient sich der verbalen Erklärung und der zeichnerischen Methode, um Zusammenhänge zu erläutern.

Diese völlig überarbeitete 15. Auflage spricht die Kernfragen der Volkswirtschaftslehre an. Sie will Studentinnen und Studenten der Wirtschaftswissenschaft in ihrem Anfangssemester in die Volkswirtschaftslehre einführen und soll gleichzeitig den Studierenden benachbarter Disziplinen eine Orientierung über die Grundzüge der Volkswirtschaftslehre ermöglichen. Auch für Examenskandidaten lohnt es sich, das Buch noch einmal durchzugehen und die in diesem Buch behandelten Themen zu rekapitulieren, vor allem um sich die Zusammenhänge noch einmal klar zu machen. Angesichts der desolaten Unkenntnis über wirtschaftliche Interdependenzen in der öffentlichen politischen Diskussion könnte das Buch auch für manchen hilfreich sein, der sich für wirtschaftspolitische Problemlösungen interessiert.

Unser Ziel in diesem Buch ist, die Leserin und den Leser in die grundlegenden volkswirtschaftlichen Zusammenhänge einzuführen, so dass sie nach dem Durcharbeiten das Gedankengebäude der Volkswirtschaftslehre kennen. Gleichzeitig macht der Text mit wichtigen empirischen und wirtschaftspolitischen Problemen insbesondere Deutschlands vertraut. Es geht also auch um die Illustration eher theoretischer und analytischer Denkansätze an konkreten, wirtschaftspolitisch relevanten Problemen.

Teil I beschäftigt sich mit den einzelnen Entscheidungseinheiten wie den Haushalten und Unternehmen. Haushalte entscheiden in einer Marktwirtschaft autonom über die von ihnen nachgefragten Gütermengen. Unternehmen entscheiden autonom über die Produktionsmengen. Wie kommt es, dass letztlich diese autonomen Entscheidungen so zahlreicher Einheiten nicht im Chaos enden? Wie steuern Preise und Märkte die Entscheidungen von Nachfragern und Anbietern? Da bei dieser Frage das Verhalten einzelner Entscheidungseinheiten im Vordergrund steht, sprechen wir auch von der Mikrowelt der wirtschaftlichen Wirklichkeit (Mikroökonomie). Die Analyse der gesamtwirtschaftlichen Zusammenhänge wird in Teil II behandelt. Dabei geht es um Fragen der gesamtwirtschaftlichen Beschäftigung, des Preisniveaus, der Konjunktur und des wirtschaftlichen Wachstums (Makroökonomie).

Wie bestimmt sich durch gesamtwirtschaftliche Nachfrage und gesamtwirtschaftliches Angebot das Preisniveau eines Landes? Welche Rolle spielt die gesamtwirtschaftliche Geldmenge? Warum schwankt die gesamtwirtschaftliche Nachfrage um das Produktionspotential in einem Konjunkturzyklus? In Teil III werden einige Grundprobleme einer offenen Volkswirtschaft behandelt. Wie sind Volkswirtschaften über den Güterhandel miteinander verflochten? Inwieweit bestimmen relative Preisvorteile die internationale Arbeitsteilung? Wieso lässt sich die Zahlungsbilanz als Restriktion für die Ausgaben eines Landes interpretieren, und welche Funktionen haben Wechselkurse?

Kapitel 1 gibt eine Übersicht über die sieben Grundfragen der Volkswirtschaftslehre. In Kapitel 2 wird diskutiert, welche Faktoren die Produktionsmöglichkeiten einer Volkswirtschaft bestimmen. In den Kapiteln 3 – 9 steht die Preisbildung auf den Gütermärkten zur Diskussion. Kapitel 3 erörtert die Elemente der Preisbildung, Kapitel 4 analysiert das Nachfrageverhalten der Haushalte (Konsumtheorie) und Kapitel 5 das Angebotsverhalten der Unternehmen (Produktionstheorie). Kapitel 6 untersucht die Funktionen von Preisen und Märkten, in Kapitel 7 werden staatliche Eingriffe in die Preisbildung behandelt. Kapitel 8 beschäftigt sich mit einigen speziellen Märkten und Kapitel 9 mit dem Einfluss der Marktformen auf die Preisbildung. Die Kapitel 10 und 11 sind den Faktormärkten gewidmet. In Kapitel 12 wird diskutiert, inwieweit sich die sektorale Struktur einer Volkswirtschaft im Verlauf der Zeit verschiebt, und Kapitel 13 greift die Frage nach der Rolle der Preise in einem marktwirtschaftlichen System auf. Schließlich fasst Kapitel 14 mit Hilfe einer einfachen Produktionsfunktion die wichtigsten Begriffe und Konzepte der Preistheorie formal zusammen. Das Buch stellt in Teil I auch die Zusammenhänge zwischen Produktion, Transformationskurve, Kosten, Güterpreisbildung, Faktornachfrage, Faktorpreisbildung, Faktorallokation und sektoraler Struktur dar.

Teil II führt problemorientiert und in leicht verständlicher Darstellung in die makroökonomische Theorie ein. Die Problemstellung der Makroökonomie richtet sich an den wirtschaftspolitischen Zielen der Vollbeschäftigung aus, d. h. an der Preisniveaustabilität, der Konjunkturstabilisierung und des Wachstums. Nach diesen Hauptzielen der Wirtschaftspolitik ist Teil II gegliedert. Dementsprechend wird diskutiert, wie die makroökonomische Theorie das Niveau des Sozialprodukts, die Beschäftigungssituation, das Preisniveau und die konjunkturellen sowie langfristigen Bewegungen des Sozialprodukts erklärt. Konsequenzen für die Anwendung wirtschaftspolitischer Maßnahmen werden aufgezeigt. Dabei spielen drei Märkte eine entscheidende Rolle: der Gütermarkt, der Geldmarkt und der Arbeitsmarkt. Das Zusammenspiel dieser drei Märkte bestimmt Volkseinkommen Preisniveau und Beschäftigung.

In Kapitel 15 stehen die Messung des gesamtwirtschaftlichen Produktionsergebnisses und der Kreislauf einer Volkswirtschaft zur Diskussion. Kapitel 16 befasst sich mit folgenden Grundbegriffen der gesamtwirtschaftlichen Theorie: gesamtwirtschaftliche Nachfrage, gesamtwirtschaftliches Angebot, Volkseinkommen und Beschäftigung. Zudem werden die drei wichtigen Märkte einer Volkswirtschaft, Gütermarkt, Geldmarkt und Arbeitsmarkt vorgestellt. Mit dem Gütermarkt und der Bestimmung des Volkseinkommens durch die gesamtwirtschaftliche Nachfrage befasst sich Kapitel 17. Der Geldmarkt mit den Größen Zins und Geldmenge wird in

Kapitel 18 behandelt. Dabei wird auch der Geldangebotsprozess diskutiert und es werden Güter- und Geldmarkt zusammen betrachtet. In Kapitel 19 wird die Europäische Geldpolitik erörtert. In Kapitel 20 steht die Bestimmung des gesamtwirtschaftlichen Preisniveaus im Mittelpunkt. In Kapitel 21 wird der Arbeitsmarkt explizit eingeführt. In Kapitel 22 wird als Alternative zur Nachfrageorientierung der Wirtschaftspolitik die Angebotsseite erörtert. Die Veränderung des Volkseinkommens im Zeitablauf wird in den Kapiteln 23 und 24 präsentiert. Kapitel 23 beschäftigt sich mit den konjunkturellen Schwankungen, Kapitel 24 mit dem wirtschaftlichen Wachstum. In Kapitel 25 wird die Rolle des Staates erörtert; in Kapitel 26 werden die wirtschaftlichen Probleme einer alternden Bevölkerung und die Einwanderung diskutiert. Anschließend wird in Kapitel 27 die Probleminterdependenz angesprochen.

In Teil III werden Probleme der offenen Volkswirtschaft erörtert. In Kapitel 28 wird ein kurzer Überblick über empirische Daten des Welthandels gegeben; außerdem werden die Gründe für Außenhandel vorgestellt. In Kapitel 29 wird die Zahlungsbilanz erörtert im Hinblick auf folgende Fragen: Welche Transaktionen gehen in diese ein, und welche Mechanismen führen zu einem Ausgleich der Zahlungsbilanz? In Kapitel 30 werden die Aussagen über Gütermarkt und Beschäftigung von Teil II auf eine offenen Volkswirtschaft erweitert. In einer offenen Volkswirtschaft existiert neben den drei gesamtwirtschaftlichen Märkten einer geschlossenen Volkswirtschaft auch noch der Devisenmarkt. Der Wechselkurs, der auf diesem Markt den Relativpreis anderer Währungen angibt, ist Gegenstand von Kapitel 31, wobei Auswirkungen verschiedener Wechselkursregimes auf die Handelsbilanz und die nationale Geldpolitik werden kurz dargestellt werden.

Aktuelle und konkrete Problemstellungen, Illustrationen der theoretischen Argumente sowie empirische Information und wirtschaftspolitische Fragen werden anwendungsorientiert in Kästen, aber auch im Text, behandelt. Dadurch sollen die theoretischen Zusammenhänge einer Volkswirtschaft lebendig und spannend dargestellt werden. Den Kapiteln sind Aussagen bekannter Ökonomen vorangestellt, die einen Einblick in die dogmengeschichtlichen Hintergründe der Volkswirtschaftslehre geben sollen. Die Abschnitte, Tabellen und Schaubilder sind zur besseren Orientierung kapitelweise nummeriert.

Die 15. Auflage haben wir vollständig überarbeitet. Zahlreiche Fragestellungen sind im Text neu aufgegriffen worden, so die Preisregulierung marktbeherrschender Unternehmen, Entscheidungen bei Risiko, Märkte mit unvollständiger Information und die ökonomische Theorie der Politik. Ansonsten finden sich viele Änderungen in den Details. Außerdem wurden Daten auf den neuesten Stand gebracht. Schaubilder und Tabellen wurden umfassend aktualisiert.

Neu an dieser 15. Auflage ist, dass sie ein Autorenteam geschrieben hat. Damit ergänzen sich eine langjährige Lehrpraxis und zwölf Jahre Erfahrung aus dem Sachverständigenrat mit den modernen Kenntnissen einer jüngeren Generation in diesem Lehrbuch. Das vorliegende Buch hat sich aus der Lehrtätigkeit des einen Autors an den Universitäten Münster, Bochum, Mannheim, Konstanz und Kiel entwickelt und beinhaltet gleichzeitig die Studien- und Lehrerfahrung des zweiten Autors an den Universitäten Konstanz, Kiel und Aachen. Den Hörerinnen und Hörern unserer Lehrveranstaltungen sind wir für die permanente Herausforderung dankbar, die wirtschaftlichen Zusammenhänge verständlich darzustellen. Nicht zuletzt haben aber auch unsere Tätigkeit im Institut für Weltwirtschaft und die Mitarbeit des ersten Autors im Sachverständigenrat zur Begutachtung der gesamtwirtschaftlichen Entwicklung dieses einführende Lehrbuch entscheidend geprägt. Dies hat zur Folge, dass im Gegensatz zu vielen übersetzten Lehrbüchern die Anwendungsbeispiele weitgehend aus der wirtschaftlichen Realität in Deutschland und Europa entstammen.

Wissenschaftler schulden für ihre Ideen all denen Dank, mit denen sie diskutieren und im Verlaufe ihres akademischen Lebens diskutiert haben. Von daher können wir die direkten und indirekten Einflüsse auf dieses Buch nicht vollständig nachzeichnen. Besonders hervorzuheben sind jedoch die Wissenschaftler und Wissenschaftlerinnen des Kieler Instituts für Weltwirtschaft und die Mitglieder des Sachverständigenrats zur Begutachtung der gesamtwirtschaftlichen Entwicklung sowie dessen Stab. Bei der Aktualisierung der Tabellen und der Schaubilder waren Shafik Hebous, Michael Trinkus, Martin Christahl, Ralf Geelen und Ulrike Schewe behilflich. Karen Heimbüchel hat wertvolle Kommentare zu einzelnen Kapiteln des Buches gegeben.

Kiel, Bologna und Aachen, im Oktober 2006
Horst Siebert und Oliver Lorz

Inhaltsverzeichnis

Teil I: Mikroökonomie

Teil II: Makroökonomie

Teil III: Außenwirtschaft

Verzeichnis der Kästen

1 Die Grundfragen der Volkswirtschaftslehre

Das Ergebnis jeder ernsthaften Forschung kann nur sein,
zwei Fragen zu entwickeln, wo vorher nur eine stand.
Thorstein Veblen

1.1 Manna vom Himmel oder die Kunst des Mangels?

Shanghai, Paris, New York – betrachten Sie eines der großen Siedlungszentren dieser Erde. Mehrere Millionen Menschen wohnen auf engstem Raum zusammen. Wie wird sichergestellt, dass diese Menschen mit Nahrungsmitteln und anderen Gütern versorgt werden? Wie wird gewährleistet, dass in Paris jeden Morgen »croissants et café-crème« für den Käufer bereit stehen? Dass irgendwo in Kentucky gerade dasjenige Gut produziert wird, das in Manhattan nachgefragt wird? Dass in Tokio genügend Energie für die Beheizung der Wohnhäuser, Fabriken und Bürogebäude zur Verfügung steht? Wie funktioniert das komplexe ökonomische Gefüge in den industriellen Ballungszentren dieser Erde? Wie kann man die Prozesse erklären, die zur Sicherstellung der Güterversorgung eines Landes wie Deutschland erforderlich sind?

Dies sind die Fragen, mit denen sich die ökonomische Theorie beschäftigt. Wenn Politik die Kunst des Möglichen ist, so kann man Ökonomie als die Kunst des Mangels oder die Lehre von der Knappheit interpretieren. Mangel oder Knappheit ist seit der Vertreibung aus dem Paradies der Grundtatbestand menschlicher Existenz, und diese Knappheit entsteht aus der Diskrepanz zwischen

- einer Fülle von Wünschen, Zielen, Bedürfnissen, Verlangen, Begehren und Anliegen der einzelnen Wirtschaftssubjekte einer Gesellschaft
- und der vorhandenen Menge an Gütern, die für die Erfüllung dieser Wünsche eingesetzt werden können. Unter einem Gut verstehen wir ein Mittel zur Bedienung von Bedürfnissen (Sachgut oder Dienstleistung).

Die Menge der vorhandenen Güter reicht – das ist die These von der Knappheit – nicht aus, um alle Wünsche der Menschen zu erfüllen, d. h. die meisten Güter sind nicht frei, sondern knapp. Freie Güter sind im Vergleich zu den Wünschen der Individuen in beliebiger Menge vorhanden, wie etwa der Sand in der Sahara. Sie kommen außer in der Sahara noch im Schlaraffenland vor. Die ökonomische Realität ist dagegen durch knappe Güter gekennzeichnet. Viele Güter, die in der Vergangenheit einmal frei waren, wie Luft und Wasser, sind im Verlauf der geschichtlichen Entwicklung, des Bevölkerungswachstums und der Industrialisierung längst zu knappen Gütern geworden.

Die Existenz der Knappheit erfordert das Wirtschaften. Unter »Wirtschaften« verstehen wir den planmäßigen Einsatz knapper Güter zur Erfüllung menschlicher Wünsche. »Wirtschaftlich nennen wir ein Handeln insoweit, als es orientiert ist an der Fürsorge für begehrte Nutzleistungen oder Chancen der Verfügung über solche«.[1] Das Wirtschaften

---

[1] M. Weber, Wirtschaftsgeschichte, Berlin 1923, S. 1.

ist das Grundmerkmal der wirtschaftlichen Realität. Und diese wirtschaftliche Wirklichkeit ist das Erfahrungsobjekt der Wirtschaftswissenschaft.
Die Volkswirtschaftslehre ist also jene Wissenschaft, die sich bemüht, die Gesetzmäßigkeiten der wirtschaftlichen Realität zu erfassen und mit den gefundenen Gesetzmäßigkeiten konkrete wirtschaftliche Ereignisse zu erklären. Die Volkswirtschaftslehre gehört nicht zu den Idealwissenschaften wie z. B. die Logik und die Mathematik, sondern zu den Erfahrungs- oder Realwissenschaften. Die Fragestellungen dieser Realwissenschaften orientieren sich an der wirklichen Welt. Erfahrungsobjekt ist die wirtschaftliche Wirklichkeit, und diese ist gekennzeichnet durch das Wirtschaften, d. h. durch die Überbrückung der Spannung zwischen einer Vielzahl von Bedürfnissen und knappen Gütern.
Die Volkswirtschaftslehre will nicht beschreiben, wie die wirtschaftliche Wirklichkeit aussieht. Sie fragt deshalb nicht wie die Wirtschaftskunde nach dem »Wie«, sondern nach dem »Warum«. Die Volkswirtschaftslehre will also z. B. nicht feststellen, wie hoch der Preis eines Gutes oder wie hoch das Volkseinkommen ist – Beobachtungsfeststellungen sind lediglich ein Ausgangspunkt der Wirtschaftswissenschaft –, sondern sie will die Höhe dieses Preises oder die Höhe des Volkseinkommens erklären. Die Volkswirtschaftslehre stellt es sich auch nicht zur Aufgabe, Werturteile über die Wirklichkeit abzugeben. Ob beispielsweise die Einkommensverteilung gerecht ist: Zu dieser Frage kann sich zwar der Nationalökonom äußern, aber sein Werturteil lässt sich nicht wissenschaftlich, d. h. in einer objektiv nachvollziehbaren Weise überprüfen. Wenn dagegen die Frage gestellt wird, wie es zu der gegebenen Einkommensverteilung gekommen ist oder welche Maßnahmen zu einer Änderung der Einkommensverteilung erforderlich sind, dann ist der Volkswirt am rechten Platz.
Außer der Volkswirtschaftslehre befasst sich auch die Betriebswirtschaftslehre mit der wirtschaftlichen Wirklichkeit. Die Betriebswirtschaftslehre versucht, das wirtschaftliche Geschehen des einzelnen Betriebes zu erklären. Ihre Analyse ist auf eine spezifische Teileinheit des wirtschaftlichen Gesamtkomplexes gerichtet. Da der einzelne Betrieb aber mit anderen Einheiten interagiert, ist auch diese Verbundenheit des Betriebes mit anderen Einheiten (Beschaffungs- und Absatzmarkt), allerdings aus der Sicht des einzelnen Betriebes, Gegenstand der betriebswirtschaftlichen Analyse. Demgegenüber stellt die Volkswirtschaftslehre mehr auf eine gesamtwirtschaftliche Sicht ab. Sie betrachtet die Wirtschaft als Gesamtkomplex, der sich aus zahlreichen Einzeleinheiten – Betrieben und Haushalten – zusammensetzt. Dabei muss aber auch die Volkswirtschaftslehre die einzelwirtschaftliche Betrachtung anwenden. Beide Disziplinen überlappen sich deshalb zu einem gewissen Grad. Man zieht es daher heute vor, von einer einheitlichen Wirtschaftswissenschaft zu sprechen, die beide Teildisziplinen umfasst.

1.2 Die sieben Hauptfragen der Volkswirtschaftslehre

Die These der Knappheit lässt sich in eine Reihe von Problemen untergliedern, die als Grundfragen der Ökonomie bezeichnet werden können. Die folgenden Fragen sind dabei zu unterscheiden:

1. Was kann produziert werden?

Güter als Mittel zur Bedürfnisbefriedigung fallen in der Realität nicht wie Manna vom Himmel. Sie müssen in aller Regel erst produziert werden, wobei der Begriff Produktion im weitesten Sinn alle Aktivitäten umfasst, die unternommen werden, damit eine Ware (oder Dienstleistung) für den Konsum bereitgestellt werden kann, z. B. auch den Transport von Gütern zum Konsumenten oder das Sammeln von Früchten in der Steinzeit.
Welche Güter in welchen Mengen produziert werden können, hängt von zwei Bestimmungsfaktoren ab:

- Von der Produktionstechnologie einer Volkswirtschaft, d. h. den verfügbaren Produktionsverfahren. Diese Produktionsverfahren werden sich für die einzelnen Wirtschaftszweige (Sektoren) unterscheiden. In der Regel gehen wir z. B. davon aus, dass eine ganze Reihe von Dienstleistungen relativ arbeitsintensiv produziert werden, während die industrielle Produktion eher kapitalintensiv ist.
- Von den Produktionsfaktoren, d. h. von solchen Ressourcen, die nicht direkt zur Erfüllung von Bedürfnissen, sondern zur Herstellung von Gütern eingesetzt werden. Wichtige Produktionsfaktoren sind Arbeit, Kapital, Rohstoffe und Boden.

Die Produktionsmöglichkeiten einer Volkswirtschaft sind begrenzt, da die Technologie und die Bestände der Faktoren gegeben sind. Das Bodenangebot ist z. B. konstant, das Arbeitsangebot ist nicht vermehrbar – sieht man von Gastarbeitern, längeren Arbeitszeiten und der größeren Erwerbsbeteiligung der Frauen ab – und der Faktor Kapital ist ebenfalls limitiert. Folglich sind auch die Produktionsmöglichkeiten einer Volkswirtschaft einer Begrenzung unterworfen.
Die Knappheit der Produktionsfaktoren oder Ressourcen schlägt sich in der Knappheit der Güter nieder. Man kann auch sagen: Die verschiedenen Güter konkurrieren bei ihrer Erstellung um die knappen Produktionsfaktoren. Es existiert eine Verwendungskonkurrenz. Ein Produktionsfaktor wie Arbeit kann für die Produktion eines Gutes X oder eines Gutes Y eingesetzt werden.

2. Was wird produziert?

Die Produktionsfaktoren einer Volkswirtschaft sind begrenzt; aber innerhalb dieser »Grenze« hat die Gesellschaft Wahlmöglichkeiten. Sie kann alle Produktionsfaktoren auf die Herstellung des Gutes X oder des Gutes Y konzentrieren oder auf eine Kombination dieser (oder einer Fülle anderer) Güter. Letzten Endes wird für die Wünsche der Menschen, d. h. für den Konsum, produziert. Daraus ergibt sich die Frage, wie, d. h. durch welche Abstimmungsprozesse zwischen Produktion und Konsum, sichergestellt wird, dass genau diejenigen Güter – und zwar in der genau richtigen Menge – hergestellt werden, die auch gewünscht werden. Und es stellt sich die Frage, ob nicht durch eine andere Ausrichtung der Produktion ein Güterbündel erreicht werden kann, das eine »bessere« Güterversorgung gestattet.
Bei der Frage »Was wird produziert?« ist eine Unterscheidung zwischen privaten und öffentlichen Gütern vorzunehmen. Ein privates Gut ist dadurch gekennzeichnet, dass Individuen von seiner Nutzung ausgeschlossen werden können und dass Individuen um den Konsum dieses Gutes rivalisieren. Wenn z. B. Konsument A einen Apfel kauft und isst, dann wird B vom Konsum dieses Apfels

Schaubild 1.1: Klassifikation der Güter

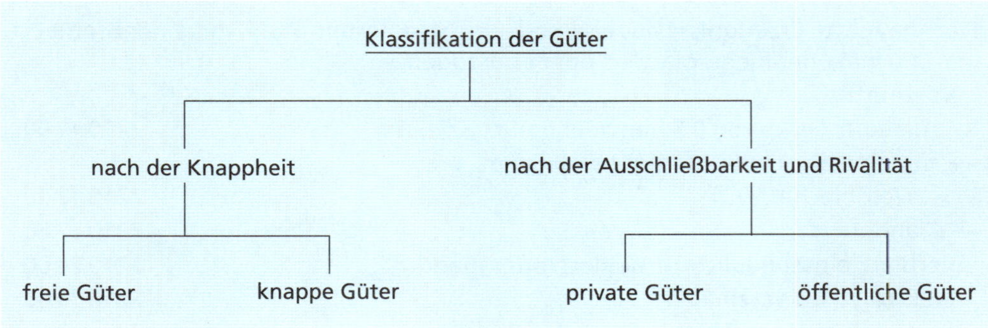

ausgeschlossen (er bekommt nichts davon ab) und der Konsum durch A rivalisiert mit dem Konsum durch andere (der Apfel ist dann nicht mehr da). Eine Sonderform sind die Clubgüter, d. h. solche Güter, die von mehreren Individuen gemeinsam »genutzt« werden (z. B. ein Fußballspiel), bei denen aber dennoch ein Ausschluss des Nichtzahlungswilligen erfolgen kann. Diese Clubgüter können prinzipiell ebenfalls privat angeboten werden. »Reine« öffentliche Güter sind dagegen solche Güter, von deren Nutzung kein Individuum ausgeschlossen werden kann und bei denen Individuen in der Nutzung nicht rivalisieren. Ein Beispiel ist der Leuchtturm, der allen Schiffen den Weg weist, d.h. von dessen Nutzung niemand ausgeschlossen werden kann. Zugleich besteht keine Rivalität in der Nutzung durch verschiedene Schiffe (sein Licht wird bei der Nutzung nicht »verbraucht«). Schaubild 1.1 gibt einen Überblick über die Klassifikation der Güter.

Die Frage »Was wird produziert?« wird in einem marktwirtschaftlichen System bei privaten Gütern über den Preis geregelt, der eine Abstimmung der Produktion auf die Nachfrage herbeiführt; über das Angebot öffentlicher Güter entscheidet nicht der Markt, sondern politische Abstimmungsprozesse.

Um einen Eindruck von der Vielfalt der Güter und damit von den Schwierigkeiten der Koordinierung der Produktionspläne auf die Nachfrage zu vermitteln, gibt Tabelle 1.1 einen Auszug aus dem Warenverzeichnis für die Außenhandelsstatistik der Bundesrepublik Deutschland. Insgesamt sind in dieser Warenstatistik über 10 000 Warenarten verzeichnet. In Tabelle 1.1 sind »Flachgewalzte Erzeugnisse aus Eisen oder nichtlegiertem Stahl mit einer Breite von 600 mm oder mehr, plattiert oder überzogen« mit der Tarifnummer 7210 aufgeführt. Die nächste Tarifnummer 7211 enthält »Flachgewalzte Erzeugnisse von weniger als 600 mm, weder plattiert noch überzogen«.

Die Frage nach dem »Was wird produziert?« hängt eng mit dem Problem zusammen, wie sichergestellt werden kann, dass in einer Volkswirtschaft am »günstigsten« produziert wird. Wenn Faktoren knapp sind, muss man sie dort einsetzen, wo sie am besten zur Güterproduktion beitragen. Es soll also eine Einheit z. B. des Faktors Arbeit in demjenigen Wirtschaftsbereich eingesetzt werden, in dem diese Faktoreinheit nach dem Urteil der Marktteilnehmer den größten Wert produziert. Die Wirtschaftszweige eines Landes konkurrieren also um die knappen Ressourcen.

Tabelle 1.1: Auszug aus dem Warenverzeichnis der Bundesrepublik Deutschland

Flachgewalzte Erzeugnisse aus Eisen oder nicht legiertem Stahl, mit einer Breite von 600 mm oder mehr, plattiert oder überzogen:	
– **verzinnt:**	
–– mit einer Dicke von 0,5 mm oder mehr	7210 11 00
–– mit einer Dicke von weniger als 0,5 mm:	
––– Weißbleche	7210 12 20
––– andere	7210 12 80
– **verbleit, einschließlich Terneblech oder -band**	7210 20 00
– **elektrolytisch verzinkt**	7210 30 00
– **anders verzinkt:**	
–– gewellt	7210 41 00
–– andere	7210 49 00
– **mit Chromoxiden oder mit Chrom und Chromoxiden überzogen**	7210 50 00
– **mit Aluminium überzogen:**	
–– mit Aluminium-Zink-Legierungen überzogen	7210 61 00
–– andere	7210 69 00
– **mit Farbe versehen, lackiert oder mit Kunststoff überzogen:**	
–– Weißbleche, lackiert; mit Chromoxiden oder mit Chrom und Chromoxiden überzogene Erzeugnisse, lackiert	7210 70 10
–– andere	7210 70 80
– **andere:**	
–– plattiert	7210 90 30
–– verzinnt und bedruckt	7210 90 40
–– andere	7210 90 80

Quelle: Statistisches Bundesamt, Warenverzeichnis für die Außenhandelsstatistik, 2006.

Diese Verwendungskonkurrenz für die Nutzung der Ressourcen ist ein Grundtatbestand der Ökonomie. Ein anderer Aspekt der »günstigsten Produktion« bezieht sich auf die Arbeitsteilung zwischen Produktionseinheiten oder Ländern. So soll ein Betrieb I dasjenige Gut erstellen, das er relativ günstiger als ein anderer Betrieb II produzieren kann. Oder ein Land soll Güter herstellen, die es im Vergleich zu anderen Volkswirtschaften zu geringeren relativen Kosten anbieten kann. Die »günstigste« Produktion oder die effiziente Allokation der Ressourcen ist eine der zentralen Zielsetzungen des Wirtschaftens.

3. Welche Verteilung ergibt sich?

Diese Frage bezieht sich darauf, von wem die in einer Volkswirtschaft vorhandenen Güter genutzt werden. Bei öffentlichen Gütern stellt sich diese Frage annahmegemäß nicht, da niemand von ihrer Nutzung ausgeschlossen werden kann, obwohl auch hier bei detaillierterer Analyse ein Distributionsproblem sichtbar wird. Denn eine ganze Reihe öffentlicher Güter werden von verschiedenen Gruppen unterschiedlich intensiv genutzt, z. B. Naturreservate.

Als Extremlösung des Verteilungsproblems bei privaten Gütern kann man sich die direkte Zuweisung durch ein staatliches Verteilungsamt vorstellen, das – über immense Lager verfügend – entscheidet, wer wann welche Güter in welcher Menge erhält. Eine solche Lösung kann unabhängig von den vermutlich exorbitanten Verteilungskosten schon allein deshalb nicht ernsthaft in Erwägung gezogen werden, weil Individuen mit ziemlicher Sicherheit Güter von der Zentrale erhielten, die sie gar nicht haben wollen. Ein »Tauschen« auf dem »schwarzen Markt« mit hohen Tauschkosten wäre die Folge.

Die Verteilung der Güter erfolgt stattdessen dadurch, dass Haushalte ihr Einkommen und Vermögen nach eigenen Wünschen für den Erwerb von Gütern ausgeben können. Diese Verteilung der Güter gewährleistet die freie Konsumwahl durch die Konsumenten.

Idealerweise ist das Einkommen der Haushalte »Leistungseinkommen«, d. h., es ist das Entgelt dafür, dass der Haushalt eine Leistung für die Gesellschaft erbringt. Ein solches Leistungseinkommen ist Anreiz und Belohnung dafür, dass der Haushalt Produktionsfaktoren zur Verfügung stellt. Dies gilt auch für die Bereitstellung von Kapital. Denn in diesem Fall verzichtet der Haushalt darauf, einen Teil seines Einkommens zu konsumieren. In späteren Perioden erhält er dafür in Form des Zinseinkommens eine Gegenleistung.

Die Einkommensverteilung nach dem Kriterium der persönlichen Leistung wird in verschiedenen Fällen durchbrochen: Erstens ist nicht jeder gleich leistungsfähig, und es ist unbestritten, dass der Staat die Aufgabe hat, Nachteile für die weniger Leistungsfähigen in der Einkommensverteilung zu kompensieren. Eine stringente Anwendung der Leistungsentlohnung etwa bei Kranken wird wohl niemand fordern. Zweitens wird das Prinzip der persönlichen Leistungsentlohnung auch durch Schenkungen, Erbschaften etc. durchbrochen. Drittens kann Einkommen auch in Form von Unternehmensgewinnen entstehen, die über die Entlohnung der eingesetzten Faktoren hinausgehen (»Monopolrenten«).

Bei der Einkommensverteilung unterscheidet man eine personelle und eine funktionelle Einkommensverteilung. Die personelle Einkommensverteilung gibt an, welchen Anteil am gesamten Einkommen einer Volkswirtschaft eine Personengruppe erhält. In Tabelle 1.2 ist der Anteil von Einkommensklassen am Gesamtbetrag der Einkünfte dargestellt. Beispielsweise erhalten die Steuerpflichtigen mit Einkünften von 20 000–25 000 Euro, die 10,1 vH der Steuerpflichtigen ausmachen, 6,8 vH der gesamten Einkünfte. 11,1 vH der Lohn- und Einkommensteuerpflichtigen beziehen Einkünfte im Bereich von 50 000–75 000 Euro; dies macht 19,8 vH der Einkünfte insgesamt aus. Diese Einkommensverteilung basiert auf den Daten zur Lohn- und Einkommensteuerpflicht. Dabei handelt es sich um Bruttobeträge vor Steuern. Nach Steuern ergibt sich daher ein anderes Verteilungsbild.

Die personelle Einkommensverteilung kann an einer sogenannten Lorenz-Kurve dargestellt werden, bei der auf der vertikalen Achse die kumulierten Prozentwerte der Einkommen und auf der horizontalen Achse die kumulierten Prozentwerte der Einkommensbezieher aufgetragen werden. Die Lorenz-Kurve gibt Auskunft über die Frage, wie viel

Tabelle 1.2: Einkommensverteilung in Deutschland, 2001

Gesamtbetrag der Einkünfte von ... bis unter ... €	Lohn- und Einkommensteuerpflichtige insgesamt			Gesamtbetrag der Einkünfte		
	Anzahl in Tausend	vH	vH kumuliert	Mio. €	vH	vH kumuliert
0 – 2 500	2 445,6	8,5	8,5	1 637,2	0,2	0,2
2 500 – 5 000	1 182,8	4,1	12,6	4 428,9	0,5	0,7
5 000 – 7 500	1 290,1	4,5	17,1	8 060,2	0,8	1,5
7 500 – 10 000	1 234,1	4,3	21,4	10 781,5	1,1	2,6
10 000 – 12 500	1 174,9	4,1	25,5	13 205,4	1,4	4,0
12 500 – 15 000	1 198,1	4,2	29,7	16 481,2	1,7	5,7
15 000 – 20 000	2 550,9	8,9	38,6	44 753,9	4,6	10,3
20 000 – 25 000	2 903,5	10,1	48,7	65 460,9	6,8	17,1
25 000 – 30 000	2 873,5	9,9	58,6	78 900,4	8,2	25,3
30 000 – 37 500	3 343,7	11,6	70,2	112 091,5	11,6	36,9
37 500 – 50 000	3 597,3	12,4	82,6	155 447,5	16,1	53,0
50 000 – 75 000	3 191,6	11,1	93,7	191 636,7	19,8	72,8
75 000 – 100 000	979,9	3,4	97,1	83 527,2	8,7	81,5
100 000 – 125 000	363,9	1,2	98,3	40 319,6	4,2	85,7
125 000 – 175 000	250,6	0,9	99,2	36 384,9	3,8	89,5
175 000 – 250 000	120,8	0,4	99,6	24 842,2	2,6	92,1
250 000 – 375 000	62,3	0,2	99,8	18 704,0	1,9	94,0
375 000 – 500 000	22,2	0,1	99,9	9 527,5	1,0	95,0
500 000 – 1 000 000	24,2	0,1	100,0	16 310,1	1,7	96,7
1 000 000 – 2 500 000	9,3	0,0	100,0	13 746,6	1,4	98,1
2 500 000 – 5 000 000	2,1	0,0	100,0	7 086,6	0,7	98,8
5 000 000 – oder mehr	1,1	0,0	100,0	12 164,5	1,2	100,0
Insgesamt	28 822,6	100	100	965 498,5	100	100

Quelle: Statistisches Bundesamt, Fachserie 14, Reihe 7.1.

Prozent der Wirtschaftssubjekte wie viel Prozent des Einkommens beziehen. Ist die Einkommensverteilung in einer Volkswirtschaft gleichmäßig, so ist die Lorenz-Kurve eine Gerade mit der Steigung von 45° (Gleichverteilungsgerade im Schaubild 1.2). Je ungleicher die Einkommensverteilung ist, umso weiter wird die Lorenz-Kurve von der Geraden weggedrückt. In Schaubild 1.2 ist die Tabelle 1.2 graphisch dargestellt. Punkt A kennzeichnet z. B. eine Situation, in der 70,2 vH der Steuerpflichtigen 36,9 vH der Gesamteinkünfte beziehen. Auch die Vermögensverteilung kann mit Hilfe einer Lorenz-Kurve dargestellt werden. Typischerweise sind die Vermögen ungleicher verteilt als die Einkommen.

Im Gegensatz zur personellen Einkommensverteilung untersucht die Frage nach der funktionellen Einkommensverteilung, wie das Einkommen einer Volkswirtschaft auf die am Produktionsprozess beteiligten (Funktionen ausübenden) Produktionsfaktoren verteilt wird. In Tabelle 1.3 ist die Verteilung des Volkseinkommens in Deutschland seit 1991 dargestellt. Rund 68 vH des Volkseinkommens entfallen demnach in 2004 auf den Faktor Arbeit.

Schaubild 1.2: Lorenz-Kurve für Deutschland 2001

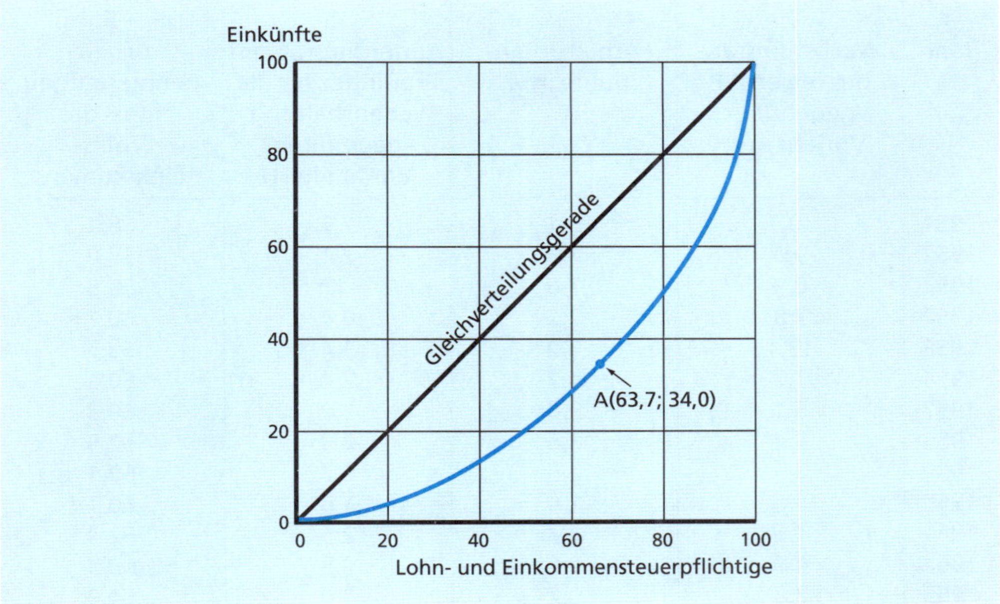

Quelle: Statistisches Bundesamt, Fachserie 14, Reihe 7.1.

Tabelle 1.3: Verteilung des Volkseinkommens in vH, Deutschland

Jahr	Volkseinkommen	Arbeitnehmerentgelt (Inländer)[a]	Unternehmens- und Vermögenseinkommen[a]	Kalkulatorischer Unternehmerlohn[b]	Arbeitseinkommensquote[c]
1991	100,0	71,0	29,0	7,1	78,1
1995	100,0	71,4	28,6	7,9	79,3
2000	100,0	72,2	27,8	8,0	80,2
2004	100,0	68,4	31,6	8,3	76,7

[a] In Relation zum Volkseinkommen. [b] Dabei wird unterstellt, dass jeder Unternehmer das durchschnittliche Arbeitnehmerentgelt erhält. [c] Arbeitnehmerentgelt pro Arbeitnehmer in Relation zum Volkseinkommen pro Erwerbstätigen.
Quelle: Sachverständigenrat, Jahresgutachten 2005/06, Tab. 22*, 23*; eigene Berechnungen.

Dies ist das Arbeitnehmerentgelt als Anteil am Volkseinkommen. Das Arbeitnehmerentgelt umfasst auch die direkten Steuern (Lohnsteuer) und die Sozialversicherungsbeiträge der Arbeitnehmer und der Arbeitgeber. In Spalte 5 von Tabelle 1.4 ist die längerfristige Entwicklung des Arbeitnehmerentgelts in Deutschland verzeichnet.

Im Unternehmens- und Vermögenseinkommen ist auch der kalkulatorische Unternehmerlohn erhalten, also das (ge-

Tabelle 1.4: Werte wichtiger volkswirtschaftlicher Größen in Deutschland[a]

1 Jahr	2 Wachstumsrate des realen BIP gegenüber Vorjahr in vH	3 Arbeitslosen-quote in vH	4 Änderungsrate im Preisindex für die Lebenshaltung gegenüber Vorjahr in vH	5 Arbeit-nehmerentgelt in vH des Volks-einkommens
1951	9,7	9,1	7,7	58,1
1952	9,4	8,5	2,1	57,0
1953	8,9	7,6	−1,7	58,8
1954	7,8	7,1	0,4	60,1
1955	12,1	5,2	1,4	59,7
1956	7,7	4,2	2,4	60,3
1957	6,1	3,5	2,0	60,3
1958	4,4	3,6	2,3	60,9
1959	7,9	2,5	0,7	60,1
1960	8,6	1,0	1,6	60,1
1961	4,6	0,7	2,5	62,4
1962	4,7	0,6	2,5	63,9
1963	2,8	0,7	3,0	64,9
1964	6,7	0,6	2,4	64,6
1965	5,4	0,5	3,2	65,3
1966	2,8	0,6	3,3	66,4
1967	−0,3	1,7	1,9	66,2
1968	5,4	1,2	1,6	64,6
1969	7,5	0,7	1,8	65,7
1970	5,0	0,6	3,6	68,0
1971	3,3	0,7	5,2	69,7
1972	4,1	0,9	5,4	70,3
1973	4,6	1,0	7,1	71,4
1974	0,5	2,1	6,9	73,9
1975	−1,0	4,0	6,0	74,2
1976	5,0	3,9	4,2	72,9
1977	3,0	3,8	3,7	73,7
1978	3,0	3,6	2,7	72,9
1979	4,2	3,2	4,1	73,3
1980	1,3	3,2	5,4	75,8
1981	0,1	4,5	6,3	76,8
1982	−0,8	6,4	5,2	76,9
1983	1,6	7,9	3,2	74,6
1984	2,8	7,9	2,5	73,4
1985	2,2	8,0	2,0	73,0
1986	2,4	7,6	−0,1	72,1
1987	1,5	7,6	0,2	72,6
1988	3,7	7,6	1,2	71,5
1989	3,9	6,8	2,8	70,3
1990	5,7	6,2	2,6	69,6

1 Jahr	2 Wachstumsrate des realen BIP gegenüber Vorjahr in vH	3 Arbeitslosen-quote in vH	4 Änderungsrate im Preisindex für die Lebenshaltung gegenüber Vorjahr in vH	5 Arbeit-nehmerentgelt in vH des Volks-einkommens
1991	5,1	5,5	3,7	71,0
1992	2,2	7,7	3,9	72,2
1993	–1,1	8,9	3,6	72,9
1994	2,3	9,6	2,7	71,7
1995	1,7	9,4	1,6	71,4
1996	0,8	10,4	1,4	71,0
1997	1,4	11,4	1,9	70,3
1998	2,0	11,1	1,0	70,4
1999	1,8	10,5	0,6	71,2
2000	3,2	9,6	1,4	72,3
2001	1,2	9,4	2,0	71,9
2002	0,0	9,8	1,4	71,7
2003	–0,2	10,5	1,1	70,9
2004	1,2	10,5	1,6	68,9
2005[b]	0,9	11,7	2,0	67,4
2006[b]	2,4	10,9	1,7	66,0
2007[b]	1,8	10,2	2,3	65,0

[a] Bis 1990 Westdeutschland.
[b] Prognosen.

Quellen: Statistisches Bundesamt, Statistisches Jahrbuch 2005; Sachverständigenrat, Jahresgutachten 2006/07 Tabelle 10, 20*, 23* und 63*; eigene Berechnungen.

schätzte) Einkommen, das die Unternehmer für ihre eigene Arbeit beziehen. Berechnet man den kalkulatorischen Unternehmerlohn und addiert diesen zum Arbeitnehmerentgelt, so erhält man das Arbeitseinkommen bzw. die Arbeitseinkommensquote. Knapp 77 vH des Volkseinkommens gehen also an den Faktor Arbeit (Tabelle 1.3). Etwa 23 vH des Volkseinkommens sind Gewinn-, Dividenden- und Zinseinkommen. Das Zinseinkommen liegt üblicherweise zwischen drei und fünf vH; das Gewinneinkommen schwankt stark.

Verbunden mit der Frage »Wie wird verteilt?« ist die normative Dimension, wie verteilt werden soll. Damit ist neben der möglichst günstigen Produktion (Allokationsziel) ein weiteres Ziel der Wirtschaftspolitik, das Ziel einer gerechten Einkommensverteilung angesprochen (Distributionsziel). Im Zusammenhang damit werden auch die Frage der Vermögensverteilung und die soziale Absicherung des marktwirtschaftlichen Systems durch Unfall-, Arbeitslosen- und Sozialversicherung, die Bereitstellung öffentlicher Güter durch den Staat und andere gesetzliche Regelungen relevant.

4. Warum gibt es Arbeitslosigkeit?

1931 waren im Deutschen Reich 24 vH, 1932 30,4 vH und 1933 26,2 vH der Arbeitskräfte ohne Arbeitsplatz. Von 18

Millionen Arbeitskräften waren 6 Millionen ohne Arbeit; jeder dritte Arbeitnehmer war unbeschäftigt. Im Jahr 2002 waren in Deutschland 4,1 Millionen Arbeitskräfte arbeitslos, davon etwa 1,4 Millionen in Ostdeutschland. Rund 1,7 Millionen wurden außerdem durch arbeitsmarktpolitische Maßnahmen aufgefangen. Die Arbeitslosenquote, also der Anteil der Arbeitslosen an den Erwerbspersonen (d. h. der beschäftigten Arbeitnehmer und der Arbeitslosen) lag im Jahr 2004 bei 11,8 vH.

Die langfristige Entwicklung der Arbeitslosenquote in Deutschland geht aus Spalte 3 von Tabelle 1.4 hervor (bis 1990 Westdeutschland). Die Arbeitslosenquote war nach 1945 relativ hoch und nahm dann kontinuierlich ab. In den 1960er-Jahren lag sie im Durchschnitt unter 1 vH – im Vergleich zur internationalen Situation eine ausgezeichnete Beschäftigungslage (Überbeschäftigung). 1967/68 wurde mit 1,7 bzw. 1,2 vH für die 1960er-Jahre ein Höhepunkt der Arbeitslosigkeit erreicht. In den 1970er-Jahren lag das Maximum der Arbeitslosigkeit bei 4,0 vH (1975). In den 1980er-Jahren stieg die Arbeitslosenquote dann auf 8,0 vH. In den 1990er-Jahren nahm sie nochmals bis auf 11,4 vH (1997) zu. Ab 1998 war sie leicht rückläufig und stieg dann ab 2002 wieder an.

Im Fall Deutschlands werden verschiedene Ursachen der Arbeitslosigkeit sichtbar. Selbst bei bester Wirtschaftslage wird es neben der saisonalen Arbeitslosigkeit immer eine friktionelle Arbeitslosigkeit geben, die dadurch entsteht, dass (auch in einer überbeschäftigten) Volkswirtschaft Anpassungsprozesse an geänderte ökonomische Konstellationen vor sich gehen müssen. In den Nachkriegsjahren musste Westdeutschland mehrere Millionen Arbeitskräfte (Vertriebene, Flüchtlinge) in seinen Wirtschaftsprozess integrieren. Im Vergleich zu dem im Krieg zerstörten Produktionsfaktor Kapital war Arbeit reichlich vorhanden, und die Arbeitslosigkeit war damit auf den mangelnden Kapitalstock zurückzuführen (Kapitalmangel-Arbeitslosigkeit). Die Arbeitslosigkeit der Jahre 1967/68, 1974/75, 1981/82 und 1992/93 wird dagegen zumindest teilweise rezessionsbedingt und damit als ein konjunkturelles Phänomen erklärt, also durch das Auf und Ab der wirtschaftlichen Aktivitäten. Verblüffend ist, dass seit 1970 die Arbeitslosigkeit in Westdeutschland in jeder Rezession um bis zu eine Million Personen zunimmt (Sockelarbeitslosigkeit). Deshalb wird die Frage diskutiert, ob institutionelle oder strukturelle Arbeitslosigkeit vorliegt, vor allem, ob Fehlanreize am Arbeitsmarkt für zu wenig Beschäftigung sorgen.[2] Im internationalen Vergleich ist auch in anderen Ländern die Arbeitslosigkeit angestiegen. In den 1990er-Jahren schafften es – mit Ausnahme der schwachen Konjunkturjahre – aber auch einige Länder, ihre Arbeitslosigkeit deutlich zu verringern (vgl. auch Schaubild 1.4).

In Tabelle 1.5 sind standardisierte Arbeitslosenquoten angegeben, für Deutschland sowohl die Daten des Statistischen Bundesamtes (identisch mit denen der Bundesanstalt für Arbeit, erste Spalte) als auch die standardisierten und damit international besser vergleichbaren Daten der OECD (zweite Spalte).

---

[2] H. Siebert, Der Kobra-Effekt. Wie man Irrwege der Wirtschaftspolitik vermeidet. Stuttgart 2002.

Tabelle 1.5: Internationaler Vergleich der Arbeitslosenquoten

	Deutschland		Frankreich	Groß-britannien	Japan	Vereinigte Staaten
1960	1,0	0,7	1,4	1,4	1,6	5,6
1970	0,6	0,4	2,5	2,4	1,2	5,0
1980	3,2	1,7	6,3	6,1	2,0	7,2
1990	6,9	4,5	8,9	5,9	2,1	5,6
1995	9,4	7,7	11,4	8,5	3,2	5,6
1996	10,4	8,4	12,0	7,9	3,4	5,4
1997	11,4	9,2	12,1	6,5	3,4	4,9
1998	11,1	8,7	11,5	6,3	4,1	4,5
1999	10,5	8,1	10,7	5,9	4,7	4,2
2000	9,6	6,9	9,4	5,4	4,7	4,0
2001	9,4	6,9	8,7	5,1	5,0	4,8
2002	9,8	7,6	9,0	5,2	5,3	5,8
2003	10,5	8,7	9,8	5,0	5,2	6,0
2004	10,5	9,2	10,0	4,7	4,7	5,5
2005	11,7	9,1	9,9	4,8	4,4	5,1
2006	10,9	8,0	9,1	5,5	4,2	4,6
2007	10,2	7,7	8,5	5,7	3,9	4,8

Quelle: OECD, Economic Outlook, Dez. 2006. Deutschland: erste Spalte: Sachverständigenrat Jahresgutachten 2006/07, bis 1990 Westdeutschland; zweite Spalte: OECD.

Die Arbeitslosigkeit hat eine soziale und eine ökonomische Dimension. Von der sozialen Dimension her ist es sowohl für die Betroffenen als auch für die Gesellschaft äußerst unerwünscht, dass Menschen ihren Arbeitsplatz verlieren. Von der ökonomischen Dimension her liegen Arbeitskräfte brach; die Güterversorgung wird schlechter als es bei Vollauslastung der Produktionsfaktoren realisierbar wäre. Diese ökonomische Dimension der Arbeitslosigkeit kann sich auch auf die Auslastung anderer Produktionsfaktoren wie z. B. des Kapitals beziehen. Aus den hier erwähnten Gründen hat die Frage: »Warum entsteht Arbeitslosigkeit?« auch einen normativen Aspekt: Die Sicherung der Vollbeschäftigung ist heute ein allgemein akzeptiertes zentrales Ziel der Wirtschaftspolitik.

5. Warum verändert sich das Preisniveau?

Die Veränderung des Konsum-Preisniveaus, in der Regel gemessen an einem Index der Verbraucherpreise für einen Vier-Personen-Haushalt, ist für Deutschland in Spalte 4 der Tabelle 1.4 aufgeführt. In den 1960er-Jahren lag die Veränderungsrate des Preisniveaus bei etwa 2 vH, erreichte 1973 einen Höchstwert von etwa 7 vH und ging danach, mit kurzen Unterbrechungen, wieder zurück. Seit 1995 hat die Preissteigerungsrate den Wert von 2 vH nicht mehr überschritten.

Tabelle 1.6: Internationaler Vergleich der Inflationsraten[a]

	Deutschland	Frankreich	Groß-britannien	Japan	Vereinigte Staaten
1961–1965	2,7	3,7	3,3	nv	1,3
1966–1970	2,4	4,2	4,5	nv	4,3
1971–1975	6,1	8,8	12,7	11,4	6,7
1976–1980	4,0	10,5	13,9	6,6	8,9
1981–1985	3,8	9,6	6,9	2,8	5,5
1986–1990	1,4	3,1	5,5	1,3	4,0
1991–1995	3,1	2,2	4,1	1,4	3,1
1996–2000	1,3	1,2	2,0	0,3	2,5
2001–2005	1,6	2,0	1,5	–0,4	2,6
2001	2,0	1,8	1,2	–0,7	2,8
2002	1,4	1,9	1,3	–0,9	1,6
2003	1,0	2,2	1,4	–0,2	2,3
2004	1,6	2,3	1,4	0,0	2,7
2005[b]	2,0	1,9	2,0	–0,3	3,4
2006[b]	1,7	2,0	2,4	0,3	3,5

[a] durchschnittliche jährliche Veränderungsrate des Verbraucherpreisindex in vH,

[b] Prognosen; Deutschland: Statistisches Bundesamt, Statistisches Jahrbuch 2005; Prognose: Sachverständigenrat, Jahresgutachten 2006/07.

Quelle: OECD, Economic Outlook; eigene Berechnungen.

Tabelle 1.6 zeigt die Preissteigerungsraten in Deutschland, Frankreich, Großbritannien, USA und Japan für ausgewählte Jahre (vgl. auch Schaubild 1.5). Die Tabelle verdeutlicht, dass sich international die Inflationsraten in den 1970er-Jahren auf ein höheres Niveau geschoben haben, seit den 1980er-Jahren aber rückläufig sind. Die Ursachen der Preisniveauveränderung werden in einer Vielzahl von Gründen wie Geldmengenexpansion, Verteuerung wichtiger Produktionsfaktoren wie Energie (Erdöl) und Arbeit (Lohnsteigerungen) und indirekt auch in der Staatsverschuldung gesehen (vgl. die Kapitel zur Makroökonomie).

Der »positiven« Frage, warum das Preisniveau wie beobachtet steigt und welche Auswirkungen von einer Veränderung des Preisniveaus ausgehen, entspricht der normative Aspekt, dass die Sicherstellung der Preisniveaustabilität als ein wichtiges Ziel der Wirtschaftspolitik erscheint. Die Motivation für dieses Ziel besteht darin, dass in einem Inflationsprozess die Sachwertbesitzer bevorzugt und die Bezieher fester Nominaleinkommen (Renten, Pensionen) benachteiligt werden; es fallen Anpassungskosten durch die fortlaufend notwendigen Änderungen der Preise an; die Geldhaltung wird verringert. Ferner kann durch eine volatile Inflation die noch zu erörternde Lenkungsfunktion der Preise beeinträchtigt werden und schließlich besteht die Gefahr, dass eine schleichende Inflation infolge der Erwartungen der Wirtschaftssubjekte und der daraufhin einsetzenden Verhal-

Schaubild 1.3: Wachstumsraten des realen Bruttoinlandsprodukts für Deutschland und die USA

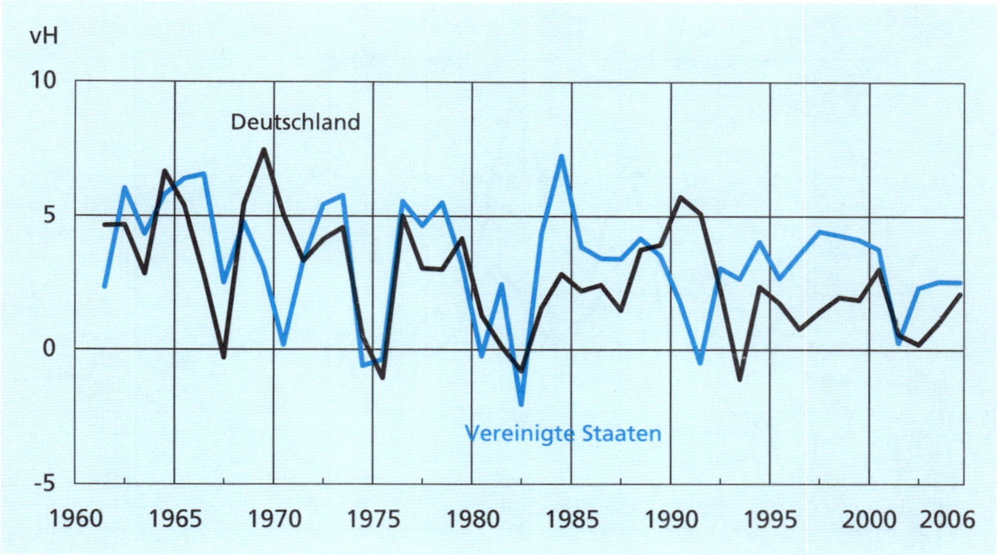

Quelle: Deutschland: Statistisches Bundesamt; Sachverständigenrat, Jahresgutachten 2005/06; 1960 bis 1990: Westdeutschland; Vereinigte Staaten: IMF, International Financial Statistics; eigene Berechnungen.

Schaubild 1.4: Arbeitslosenquoten für Deutschland und die USA

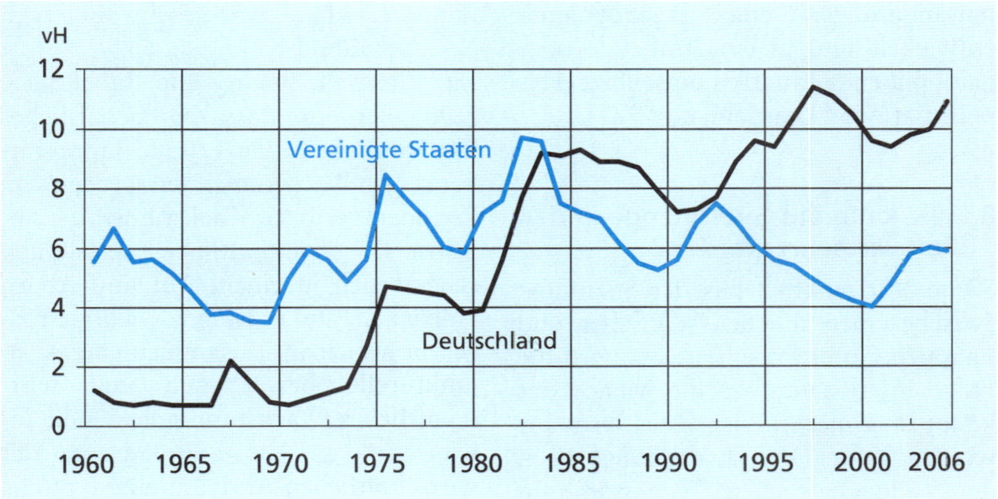

Quelle: Deutschland: Statistisches Bundesamt; Sachverständigenrat, Jahresgutachten 2005/06; 1960 bis 1990: Westdeutschland; IMF, International Financial Statistics; eigene Berechnungen.

Schaubild 1.5: Preissteigerungsrate für Deutschland und die USA

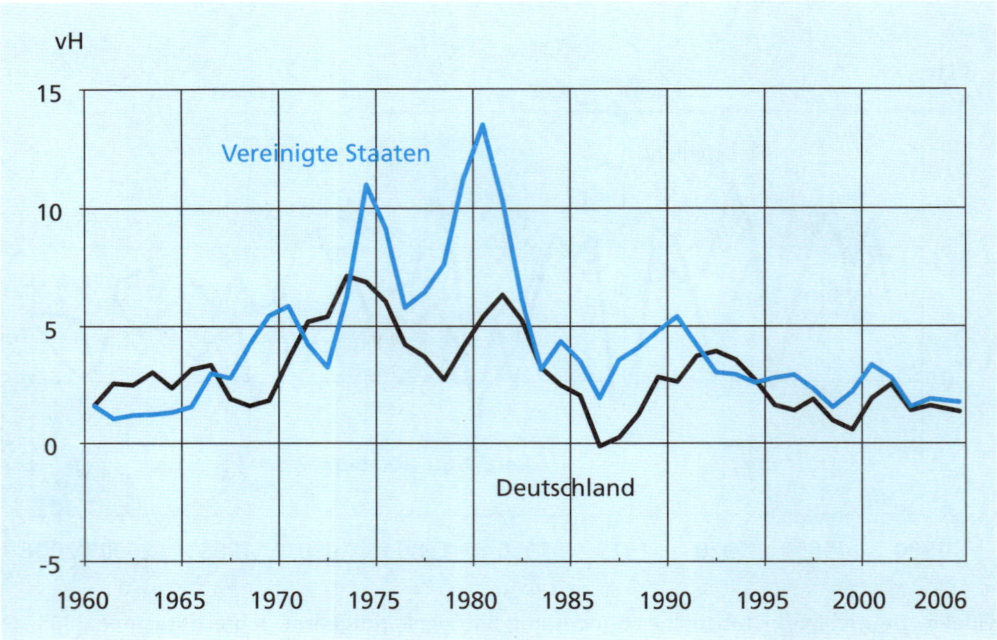

Quelle: Daten für Deutschland: Statistisches Bundesamt; Sachverständigenrat, Jahresgutachten 2005/06; 1960 bis 1990: Westdeutschland; IMF, International Financial Statistics; eigene Berechnungen.

tensänderungen eine Eigendynamik entwickelt und in eine trabende oder galoppierende Inflation umschlägt (Hyperinflation in Deutschland 1923).

6. Wie kann die Gütermenge in der Zeit vermehrt werden?

Wenn Wirtschaften aus der Spannung zwischen menschlichen Wünschen und knappen Gütern resultiert, so wird die Frage interessant, wie die Menge der knappen Güter in der Zeit vermehrt werden kann. Dies ist die Frage nach dem wirtschaftlichen Wachstum. In Spalte 2 von Tabelle 1.4 ist die Wachstumsrate des Sozialprodukts Deutschlands aufgeführt. Die realen (d. h. inflationsbereinigten) Wachstumsraten haben zwischen 12,1 vH (1955) und minus 1,1 vH (1993) geschwankt (vgl. auch Schaubild 1.3).

Ein Blick auf Spalte 2 in Tabelle 1.4 zeigt ferner, dass wirtschaftliches Wachstum in Wellen erfolgt. Jahre starker realer Wachstumsraten werden von Perioden geringer Wachstumsraten abgelöst. Die wirtschaftliche Entwicklung scheint sich in einem Auf und Ab zu vollziehen, und es ist eine wichtige Frage, in welchem Zusammenhang konjunkturelle Bewegungen und wirtschaftliches Wachstum stehen und inwiefern das Auf und Ab in der wirtschaftlichen Aktivität eine typische Begleiterscheinung von Wachstumsprozessen darstellt.

Es fällt auf, dass nach den Jahren sehr hoher realer Wachstumsraten mit einer Phasenverschiebung um ein oder zwei

Jahre das Ziel der Preisniveaustabilität (im Vergleich zu benachbarten Jahren!) relativ stark verletzt wurde. Bei der Arbeitslosigkeit scheint es keinen eindeutigen Zusammenhang mit dem Wachstum zu geben. Zwar ist die Arbeitslosigkeit in den 1960er-Jahren zu Zeiten starken Wachstums gering, und Rezessionen schlagen auf die Beschäftigung durch, aber die Arbeitslosigkeit steigt seit 1970 trotz Wachstums schubartig an.

In der systematischen Betrachtung ist das wirtschaftliche Wachstum die dynamische Analyse der statischen Fragen »Was kann produziert werden?« und »Was wird produziert?«. Wachstum zeigt zum einen an, wie sich die Produktionsmöglichkeiten einer Volkswirtschaft in der Zeit verändern und wie zum anderen die Produktion auf die Nachfrage im zeitlichen Verlauf reagiert. Die Veränderung der Produktionsmöglichkeiten einer Volkswirtschaft hängt von der Veränderung der Produktionstechnologie und der Produktionsfaktoren (z. B. der Zunahme des Arbeitsangebots infolge Bevölkerungswachstums) ab. Die Nachfrage ist insoweit von Relevanz, als Verschiebungen der Nachfrage sich auf die Produktion durchschlagen können, dass sich also die Wirtschaftszweige durch Produktionsumstellungen an die geänderten Nachfragebedingungen anpassen (Strukturwandel).

Auch die Frage nach dem wirtschaftlichen Wachstum hat einen explikativen und einen normativen Aspekt. Einmal geht es um die positive Frage, wie wirtschaftliches Wachstum zu erklären ist, durch welche ökonomischen Prozesse es sich vollzieht, welche Faktoren es beeinflussen und wie es sich auswirkt. Die normative Frage verweist uns in den Bereich der Wirtschaftspolitik: Wirtschaftliches Wachstum ist eines der angestrebten Ziele der Wirtschaftspolitik. In § 1 des Stabilitätsgesetzes[3] ist das Wachstumsziel wie die anderen Ziele der Wirtschaftspolitik gesetzlich verankert: »Bund und Länder haben bei ihren wirtschafts- und finanzpolitischen Maßnahmen die Erfordernisse des gesamtwirtschaftlichen Gleichgewichts zu beachten. Die Maßnahmen sind so zu treffen, dass sie im Rahmen der marktwirtschaftlichen Ordnung gleichzeitig zu Stabilität des Preisniveaus, zu einem hohen Beschäftigungsstand und außenwirtschaftlichem Gleichgewicht bei stetigem und angemessenem Wirtschaftswachstum beitragen.«

Über die Frage, an welcher Größe wirtschaftliches Wachstum gemessen werden kann oder soll, wurden in der Vergangenheit heftige Diskussionen geführt. Vor allem in der wirtschaftspolitischen Interpretation wird die Meinung vertreten, dass wirtschaftliches Wachstum nicht allein an der mengenmäßigen Zunahme des Güterberges gemessen werden kann (quantitatives Wachstum), sondern dass die Wachstumsgröße auch die Veränderung qualitativer Faktoren einzubeziehen hat – dies gilt vor allem für die Umweltqualität.

Ein wesentlicher internationaler Aspekt wirtschaftlichen Wachstums ist in der Frage zu sehen, inwieweit zunehmender Handel die Konsummöglichkeiten verbessert, indem ein Land A ein Gut günstiger als Land B produziert und im Austausch gegen ein im Land B günstiger hergestelltes Gut beide Länder einen »Gewinn« aus dem Außenhandel ziehen können. Ein weiterer Aspekt liegt darin, wie der Wachstumsprozess in den ver-

---

[3] Gesetz zur Förderung der Stabilität und des Wachstums der Wirtschaft vom 8. Juni 1967, BGBl. I, S. 582.

Tabelle 1.7: BNE pro Kopf in US-Dollar und Wachstumsraten in vH (2004)

	Länder mit niedrigem Einkommen	Länder mit mittlerem Einkommen	Länder mit hohem Einkommen
BNE pro Kopf	510	2 190	32 064
Wachstumsrate des BIP pro Kopf	4,4	6,0	2,8

Quelle: Weltbank, World Development Report, 2006.

schiedenen Regionen der Welt abläuft und ob die Unterschiede im Pro-Kopf-Einkommen zwischen Industrienationen und Entwicklungsländern im Verlauf des Wachstumsprozesses abgebaut werden können. In Tabelle 1.7 sind für ausgewählte Regionen der Erde das Sozialprodukt pro Kopf und seine Zuwachsrate eingetragen. Länder mit niedrigem Einkommen haben ein Einkommen pro Kopf von 510 US-Dollar pro Jahr, wenn man mit den Wechselkursen umrechnet. Dabei muss berücksichtigt werden, dass in Ländern mit geringem Einkommen die Kaufkraft normalerweise höher ist als in Ländern mit hohem Einkommen. Für Einkommensvergleiche macht es daher Sinn, die Einkommen in nationaler Währung mit Kaufkraftparitäten in Einheiten gleicher Kaufkraft umzurechnen. In Kaufkraftparitäten liegt das Einkommen pro Kopf der Länder mit niedrigem Einkommen bei 2.260 Dollar, verglichen mit 6.480 Dollar bei den Ländern mit mittlerem Einkommen und 30.970 Dollar in Ländern mit hohem Einkommen. Zur Ländergruppe mit geringem Einkommen gehört z. B. Äthiopien mit lediglich 110 US-Dollar pro Kopf (810 Dollar in Kaufkraftparitäten), während Indien 620 US-Dollar pro Kopf (3.100 Dollar in Kaufkraftparitäten) erreicht. China gehört mit 1.290 US-Dollar (5.530 Dollar in Kaufkraftparitäten) zu den Ländern mit mittlerem Einkommen. Wie Tabelle 1.7 zeigt, bestehen Wachstumsunterschiede zwischen den verschiedenen Ländergruppen, wobei besonders die Länder mit mittlerem Einkommen stärker gewachsen sind.

7. Die Frage nach der Wirtschaftsordnung

Welche institutionellen Vorkehrungen sind zu treffen, um ökonomische Prozesse im Hinblick auf die bereits erwähnten Ziele (und möglicherweise andere Ziele wie Freiheit und Gerechtigkeit) zu steuern? Unter Institutionen verstehen wir die Art und Weise, wie Dinge gemacht werden müssen, wie also Handlungen und Prozesse (hier: ökonomische) zu verlaufen haben. Eine der Grundentscheidungen über die ökonomisch relevanten Institutionen eines Landes ist die über die Wirtschaftsordnung (Wirtschaftsverfassung). Wir kennen zwei grundsätzlich verschiedene Organisationsformen einer Volkswirtschaft: die zentrale Planwirtschaft und die Marktwirtschaft.

In der Zentralplanwirtschaft entscheidet eine Zentrale über den Einsatz der Produktionsfaktoren, über die Produktion und die Distribution. In einer solchen Wirtschaft geben die einzelnen Betriebe Information über ihre Produktionsmöglichkeiten an die Zentrale, und die obere Instanz legt dann in einem Plan fest, welche Mengen welcher Güter die Betriebe zu produzieren haben. In

Tabelle 1.8: Bezug zwischen Wirtschaftstheorie und wirtschaftspolitischen Zielen

Fragen der positiven Theorie	Wirtschaftspolitische Ziele
1. Was kann produziert werden? 2. Was wird produziert?	Ziel der effizienten Produktion (Allokationsziel)
3. Wie wird verteilt?	Verteilungsgerechtigkeit
4. Warum gibt es Arbeitslosigkeit?	Vollbeschäftigung
5. Warum verändert sich das Preisniveau?	Preisniveaustabilität
6. Worauf ist eine Zunahme des Güterbergs zurückzuführen?	Wachstumsziel
7. Welche institutionellen Regelungen sichern die Erfüllung von Grundzielen (Frage nach der Wirtschaftsordnung)?	Freiheitsziel, Gerechtigkeit, Güterversorgung

der Regel werden in einer solchen Planwirtschaft auch die Preise für Güter und Faktoren staatlich gesetzt.

In einer Marktwirtschaft produziert jeder Betrieb ohne staatliche Direktiven. Die einzelnen Wirtschaftspläne werden nicht von einer Zentrale aufeinander abgestimmt; diese Koordinierungsaufgabe erfüllt der Wettbewerb am Markt. Der Preismechanismus soll dafür sorgen, dass die Unternehmen nicht an der Nachfrage vorbeiproduzieren.

Fazit: Die Diskussion der Grundfragen der ökonomischen Theorie zeigt, dass den Fragen der positiven Theorie eine wirtschaftspolitische Problemstellung zuzuordnen ist.

Diese Bezüge der Theorie zu den Zielen der Wirtschaftspolitik machen deutlich, dass die Volkswirtschaftslehre eine empirische Wissenschaft ist. Zwar ist die Explikation objektiv nachprüfbar, aber die Wichtigkeit der zu erklärenden ökonomischen Prozesse und der Stellenwert ökonomischer Größen im Gedankengebäude der ökonomischen Theorie hängen von den Problemen der Realität ab bzw. davon, was in der Wirklichkeit als Problem angesehen wird. Dies ist eine normative Frage. Die Auswahl und Gewichtung der zentralen Variablen wie Güterversorgung, Verteilung oder Wachstum sind also letztlich normative Probleme. Tabelle 1.8 zeigt die Fragen der positiven Theorie und die diesen Fragen entsprechenden Ziele der Wirtschaftspolitik.

1.3 Knappheit, Verwendungskonkurrenz und Zielkonflikt

Die sieben Hauptfragen der Ökonomie spezifizieren die zentrale These von der Knappheit. Diese Knappheit ist ein Grundtatbestand menschlicher Existenz und der politischen Realität, und es ist eine wichtige gesellschaftliche Aufgabe des Ökonomen, an diese ökonomischen Gesetzmäßigkeiten und Sachzwänge zu erinnern und gesellschaftliche Gruppen und politische Akteure vor der Illusion zu warnen, dass man sie außer Acht lassen kann. Folgende Thesen rufen einige ökonomische Grundtatbestände in Erinnerung.

1. Knappheit ist das Grundproblem der Ökonomie; es muss deshalb das Bestreben der Ökonomen sein, institutionelle Regelungen zu finden, so dass trotz der Knappheit Bedürfnisse und Ziele in

einer Gesellschaft bestmöglich befriedigt werden.
2. Einer Knappheit der Güter entspricht die Verwendungskonkurrenz der Produktionsfaktoren. Güter sind deshalb knapp, weil wir nicht beliebig viele Produktionsfaktoren haben, die zur Herstellung der Güter eingesetzt werden können. Die Herstellung jedes einzelnen Gutes muss deshalb um die Verwendung der knappen Ressourcen konkurrieren. Produktionsfaktoren sind dort einzusetzen, wo sie bei der Herstellung der Güter das »günstigste Resultat« bringen.
3. Knappheit der Güter und Verwendungskonkurrenz der Faktoren beziehen sich auf das Ziel der Güterversorgung. Andere Ziele der Wirtschafts- und Gesellschaftspolitik wie Freiheit, Gerechtigkeit, gleichmäßigere Einkommensverteilung, soziale Sicherheit, Vollbeschäftigung und Preisniveaustabilität sind bei der Steuerung ökonomischer Prozesse ebenfalls zu berücksichtigen.
Hier lautet die Botschaft des Ökonomen, dass Ziele der Wirtschaftspolitik miteinander im Konflikt stehen können, d. h., man kann den Erfüllungsgrad des einen Ziels oft nur steigern, wenn man gleichzeitig in Kauf nimmt, dass der Erfüllungsgrad eines anderen Ziels beeinträchtigt wird. Beispiele für diese Zielkonflikte sind zahlreich: Die Güterproduktion beispielsweise kann man dadurch steigern, dass man starke Produktionsanreize in ein ökonomisches System einbaut, die aber möglicherweise die Einkommensverteilung ungleicher machen. Andererseits können Maßnahmen zur Verbesserung der Einkommenssituation einzelner Gruppen die Anreize zur Produktion und damit die Menge »des zu Verteilenden« berühren. Stärkeres Wachstum des Güterberges kann die Umweltqualität verschlechtern, und umweltpolitische Maßnahmen können möglicherweise das wirtschaftliche Wachstum hemmen oder kurzfristig Preisniveaustabilität und Vollbeschäftigung negativ tangieren. Die Bereitstellung öffentlicher oder privater Güter ist ein weiteres Beispiel für Zielkonflikte.
Ein bedeutender Zielkonflikt ist der empirische Zusammenhang zwischen den Zielen der Preisniveaustabilität und der Vollbeschäftigung, wie er in der Phillips-Kurve beobachtet wurde. Dieser Zielkonflikt ist in den Schaubildern 1.6 und 1.7 dargestellt.

Schaubild 1.6: Zielkonflikt Vollbeschäftigung versus Preisniveaustabilität in England 1861–1957

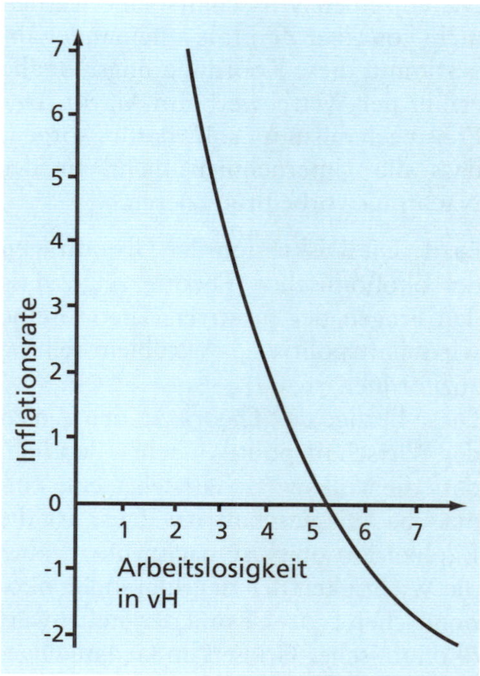

Quelle: A. W. Phillips, The Relation between Unemployment and the Rate of Change in Money Wage Rates in the United Kingdom 1861–1957, in: Economica, Vol. 25 (1958), S. 283–299; bei Phillips anstatt Inflationsrate Nominallohnänderung.

Schaubild 1.7: Phillipskurve für Deutschland

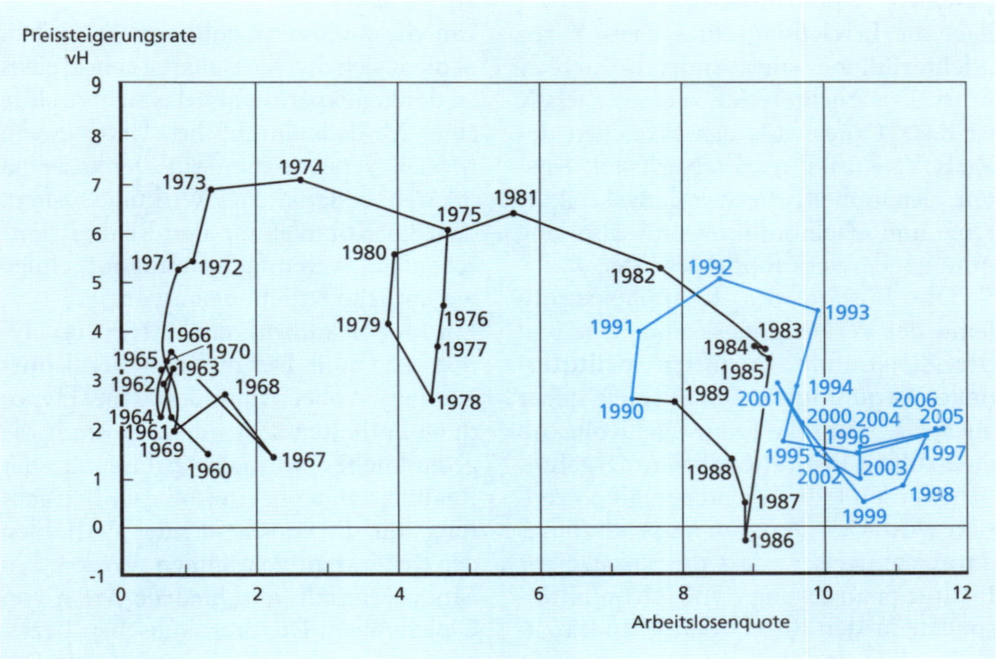

Quelle: Sachverständigenrat, Jahresgutachten verschiedene Jahrgänge; OECD Main Economic Indicators, verschiedene Jahrgänge.

In Schaubild 1.6 ist auf der vertikalen Achse die Preisniveausteigerung und auf der horizontalen Achse die Arbeitslosigkeit eingetragen. Die empirische Beobachtung für England hat für die Beobachtungsjahre 1861–1957 eine »Punktwolke« ergeben, durch die man die eingezeichnete Phillips-Kurve legen kann. In diesem Fall liegt ein Zielkonflikt vor.

In Schaubild 1.7 ist die Phillips-Kurve für Deutschland dargestellt. Für die 1960er-Jahre ergibt sich eine eng zusammengeballte Punktwolke in einem Bereich einer Inflationsrate von 3 vH und einer Arbeitslosigkeit von 1 vH. In diesem Bereich besteht ein Zielkonflikt. In den 1970er-Jahren (1. Ölkrise 1973/74, 2. Ölkrise 1979/80) wandern die Punkte in einer Schleife nach außen; der Zielkonflikt verschärft sich. Zum Ende der 1970er- und zu Beginn der 1980er-Jahre wandern die Punkte nochmals in einer zweiten Schleife nach außen. Im Zeitraum 1981–1985 nimmt die Arbeitslosenquote zu, aber die Inflationsrate sinkt. Anfang der 1990er-Jahre wandert die Kurve nochmals nach außen.

4. Verwendungskonkurrenz der Ressourcen und Konflikte zwischen den wirtschaftspolitischen Zielen bedingen die ökonomische Kategorie der **Kosten**. Kosten werden in der volkswirtschaftlichen Interpretation als Opportunitätskosten (Alternativkosten), d. h. als Kosten der »entgangenen Gelegenheit« verstanden. Wird zum einen eine Ressource in der Produktion des Gutes A eingesetzt, so entfällt diese Ressource für die Produktion des Gutes B. Die nicht produzierten Mengen des Gutes B stellen dann den Nutzenentgang dar, der als

Kosten interpretiert wird. Zum anderen bestehen Opportunitätskosten darin, dass die Erreichung eines Ziels Y zur Nichterfüllung eines anderen Ziels X führt. Das Nichterreichen eines Ziels X ist das »Opfer« für das Erreichen des Ziels Y (Kosten als Zielverluste). Kosten, Knappheit, Verwendungskonkurrenz und Zielkonflikte sind also eng miteinander verknüpfte Begriffe.

5. Die Lösung des Knappheitsproblems, der Verwendungskonkurrenz und der Zielkonflikte bedürfen institutioneller Regelungen. Dabei spielt sicher auch die politische Frage eine Rolle, ob eine solche Institutionalisierung gefunden werden kann, die allgemein akzeptiert wird. Der Ökonom muss allerdings darauf hinweisen, dass die Ansätze zur Institutionalisierung von Konfliktlösungen in der Regel[4] den grundsätzlichen ökonomischen Sachzwang nicht aufheben können. Konfliktlösungsmechanismen haben dann die Funktion, diejenige Konstellation konkurrierender Ziele zu finden, die politisch am ehesten akzeptiert wird.

1.4 Das methodische Vorgehen und einige Grundbegriffe

Die Volkswirtschaftslehre will eine Antwort auf das »Warum« bestimmter Ereignisse geben. Wir suchen in der Ökonomie deshalb nach Bestimmungsfaktoren einzelner Größen. Anders ausgedrückt: Die Volkswirtschaftslehre fragt nach Abhängigkeiten. Wie hängt die Größe A von einer anderen Größe B ab?

Um diese Zusammenhänge zu finden, bedient sich die Wirtschaftstheorie eines Gedankenexperiments, das sie mit Hilfe eines Modells durchführt. Unter einem Modell versteht man ein Denkschema oder ein gedankliches Wirkungssystem, das die Komplexität der Realität entscheidend vereinfacht und auf einige wesentliche Beziehungen reduziert.

Ein Modell kann als ein System von Hypothesen und Definitionen bezeichnet werden, wobei zumindest eine Hypothese enthalten sein muss. Es stellt die gedankliche, formale Erfassung der Realität dar, wobei in isolierter Betrachtung nur die entscheidenden Variablen der Realität aufgenommen werden. Ein Modell enthält verschiedene Arten von Gleichungen: Die tautologischen Beziehungen zwischen Größen werden in Definitionsgleichungen erfasst. Die Größen werden auch als Variablen bezeichnet. Ein Beispiel ist die Definition der Gesamtnachfrage:

Gesamtnachfrage
= Konsumnachfrage
+ Investitionsnachfrage

$$N = C + I$$

Die anderen Gleichungen beinhalten Abhängigkeiten (Relationen) zwischen Variablen. Dabei kann es sich zum einen um Verhaltensgleichungen (Konsumfunktion) und zum anderen um technologische Relationen (Produktionsfunktion) handeln. Die Abhängigkeiten werden mit Hilfe von Funktionen dargestellt. Wenn z. B. eine bestimmte Abhängigkeit zwischen der angebotenen Menge q und dem Preis p besteht, so schreiben wir $q = f(p)$.

Mit Hilfe der im Modell enthaltenen Definitionen und Hypothesen werden

[4] Es sei denn, die Institutionalisierung bewirkt eine solche Verhaltensänderung bei den Wirtschaftssubjekten, dass der »Sachzwang« sich ändert.

Theoreme, d. h. die logischen Implikationen des Modells abgeleitet. Diese Theoreme sollen die gesuchten Zusammenhänge beschreiben.

Da die Volkswirtschaftslehre eine empirische Wissenschaft ist, müssen die Ergebnisse des Modells an der Realität getestet werden. Widersprechen die Theoreme oder andere Aussagen, die aus dem Modell abgeleitet werden, den Beobachtungen in der Realität, so können die im Modell enthaltenen Hypothesen nicht beibehalten werden. Das Modell wird durch die Realität falsifiziert.

Werden die Hypothesen im Test nicht falsifiziert, so kann weiter mit ihnen gearbeitet werden. Die nicht falsifizierten Gesetzmäßigkeiten werden dazu herangezogen, um einzelne Geschehnisse zu erklären. Dieses deduktive Vorgehen (Aufstellen einer Hypothese mit anschließendem Test an der Realität, der zur Falsifikation führen kann) geht auf den Wissenschaftstheoretiker Karl Popper zurück.[5]

In den Naturwissenschaften wird die Überprüfung von Modellen durch Experimente vorgenommen. Solche Experimente sind in den Sozialwissenschaften nur eingeschränkt durchführbar. Wenn z. B. ein Ökonom die Hypothese aufstellt, dass eine Senkung der Staatsausgaben zu höherer Arbeitslosigkeit führt, und ein anderer behauptet, dass eine Senkung der Staatsausgaben die Arbeitslosigkeit verringert, so kann man diese Hypothesen nicht im Experiment an der Realität testen, da der Staat seine Ausgaben zu diesem wissenschaftlichen Zweck nicht unter den erforderlichen kontrollierten Rahmenbedingungen verändern kann.

In der Volkswirtschaftslehre werden die Tests daher häufig mit Hilfe der Ökonometrie anhand vorhandener Daten vorgenommen. Zur Überprüfung einzelner grundlegender Hypothesen werden in letzter Zeit jedoch zunehmend auch Laborexperimente eingesetzt, bei denen wenige Versuchsteilnehmer unter kontrollierten Bedingungen wirtschaftliche Entscheidungen treffen.

Bei seinem methodischen Vorgehen bedient sich der Volkswirt oft der Ceteris-paribus-Klausel, die eine beträchtliche Vereinfachung darstellt. »Ceteris paribus« bedeutet, dass im Modell alle Einflussfaktoren außer dem zu untersuchenden für die Betrachtung als konstant angenommen werden. Wenn wir beispielsweise wissen, dass die nachgefragte Menge eines Gutes vom Preis dieses Gutes und auch vom Einkommen der Haushalte abhängt, so nehmen wir das Einkommen als konstant an und untersuchen nur, wie sich die Nachfragemenge ändert, wenn der Preis steigt. Die genannte Klausel erlaubt zwar, die Überlegung auf einzelne Bestimmungsfaktoren zu beschränken, sie stellt aber auch eine große Gefahr dar. Wenn in dem obigen Beispiel die nachgefragte Menge in der Wirklichkeit bei steigendem Preis fällt, so braucht diese Tatsache unsere Hypothese gar nicht zu bestätigen; denn dieser Rückgang der Nachfrage kann auf eine Abnahme des als konstant angenommenen Einkommens zurückzuführen sein.

Die Volkswirtschaftslehre befasst sich mit dem Wirtschaften, also mit der Frage, wie die Diskrepanz zwischen unbegrenzten Bedürfnissen und knappen Gütern überbrückt werden kann. In der Theorie unterstellen wir, dass die Wirtschaftssubjekte in Bezug auf diese

---

[5] Ein induktives Vorgehen ist im Gegensatz dazu dadurch gekennzeichnet, dass zunächst Einzelfälle der Realität betrachtet werden. Die dabei beobachteten Zusammenhänge werden dann verallgemeinert.

Grundsituation nach dem ökonomischen Prinzip handeln. Das ökonomische Prinzip stellt eine Konkretisierung des Rationalprinzips dar. Ein Handeln nach diesem Prinzip verlangt, einen bestimmten Erfolg (Ziel) mit minimalen Mitteln zu erreichen oder andersherum mit gegebenen Mitteln einen maximalen Erfolg zu erzielen. Die Volkswirtschaftstheorie sagt nicht, dass die Wirtschaftssubjekte so handeln sollen – das wäre ein Werturteil – sondern sie unterstellt als Hypothese, dass die Wirtschaftssubjekte nach dieser Maxime handeln.

Im Einzelnen wird unterstellt, dass die Haushalte einen möglichst hohen Nutzen und die Unternehmen einen möglichst großen Gewinn erzielen wollen. Das Handeln nach dem ökonomischen Prinzip drückt sich beim Haushalt dann darin aus, dass er mit einem gegebenen Einkommen und bei gegebenen Güterpreisen ein möglichst hohes Nutzenniveau erreichen will (Nutzenmaximierung). Das Unternehmen dagegen versucht, bei gegebenen Rahmenbedingungen (Kostenfunktion, Wettbewerbsbedingungen, Nachfrage) einen möglichst hohen Gewinn zu erzielen (Gewinnmaximierung).

Wichtige Begriffe in Kapitel 1

Knappe Güter
Freie Güter
Wirtschaften
Produktionstechnologie
Produktionsfaktoren
Private Güter
Öffentliche Güter
Effiziente Allokation der Ressourcen
Wirtschaftsordnung
Zentrale Planwirtschaft
Marktwirtschaft
Verwendungskonkurrenz
Zielkonflikt
Phillips-Kurve
Opportunitätskosten
Hypothese
Modell
Ceteris-paribus-Klausel
Ökonomisches Prinzip

Begriffe erscheinen in der Reihenfolge wie im Text

Teil I: Mikroökonomie

Es ist nicht das Wohlwollen des Fleischers, Brauers oder Bäckers,
dem wir unser Abendessen verdanken,
sondern nur deren Rücksicht auf eigene Interessen.
Wir appellieren nicht an ihre Menschlichkeit,
sondern an ihre Eigenliebe;
wir reden niemals über unsere eigenen Wünsche mit ihnen,
sondern über ihren Nutzen.
Adam Smith

In Deutschland gibt es etwa 39 Millionen Haushalte und gut 3 Millionen Unternehmen. Diese organisatorischen Einheiten entscheiden autonom, also frei, ohne dass der Staat den Haushalten vorschreibt, welche Güter sie in welcher Menge nachzufragen und wo zu konsumieren haben und ohne dass der Staat den Unternehmen verbindlich mitteilt, was sie produzieren sollen. Die mikroökonomische Theorie beschäftigt sich mit der Frage, wie diese Einheiten ihre Entscheidungen fällen und wie die Vielzahl der sehr verschiedenen Entscheidungen zu einer Übereinstimmung gebracht wird.

Die Haushalte entscheiden darüber, welche Güter sie in welchen Mengen nachfragen wollen. Diese Konsumentscheidung legt also fest, wie die Haushalte ihr Einkommen verwenden. Wenn über die Höhe des Konsums entschieden ist, so ist damit auch die Höhe der Ersparnis (Vermögensbildung) determiniert. Um Einkommen erzielen zu können, bieten die Haushalte neben Ersparnissen vor allem Arbeit an. In der Regel wird unterstellt, dass ein typischer Haushalt mit all diesen Aktivitäten seinen Nutzen vermehren will. Haushalte sind also Nachfrager auf den Gütermärkten und Anbieter auf den Faktormärkten.

Unternehmen produzieren Güter, die für Konsum- und Investitionszwecke verwendet werden können. Sie entscheiden, welche Güter sie herstellen. In aller Regel wird unterstellt, dass sie ihren Gewinn maximieren wollen. Die Unternehmen sind Anbieter auf den Gütermärkten und Nachfrager auf den Faktormärkten.

Märkte bringen Angebot und Nachfrage zusammen. Über den Preis wird bestimmt, welche Nachfrage und welches Angebot zum Zug kommt; über den Preis werden die Planungen der autonomen Entscheidungseinheiten aufeinander abgestimmt. Eine Marktwirtschaft besteht aus einer Vielzahl von Märkten – für jedes einzelne Gut gibt es einen Markt. Dabei sind die Märkte voneinander abhängig. Die Vielzahl der Märkte gestattet es, eine Volkswirtschaft dezentral zu organisieren, d. h. wirtschaftliche Entscheidungen den dezentralen Einheiten zu überlassen.

2 Die Produktionsmöglichkeiten

The limitation to production from the properties of the soil
is not like the obstacle opposed by a wall,
which stands immovable in one particular spot,
and offers no hindrance to motion short of stopping it entirely.
We may rather compare it to a highly elastic and extensible band,
which is hardly ever so violently stretched
that it could not possibly be stretched any more,
yet the pressure of which is felt long before the final limit is reached,
and felt more severely the nearer that limit is approached.
John Stuart Mill

2.1 Die Produktionsfaktoren

Die Produktionsmöglichkeiten einer Volkswirtschaft hängen zum einen von der gegebenen Produktionstechnologie und zum anderen vom Bestand an Produktionsfaktoren ab. Unter einem Produktionsfaktor versteht man eine Ressource, mit der Güter erstellt werden können. In der Regel werden folgende Produktionsfaktoren unterschieden:

1. alle menschlichen Leistungen, d. h. der Produktionsfaktor Arbeit (A),
2. alle Geschenke der Natur, also Land, d. h. die Produktionsfaktoren Boden (B) und
3. natürliche Rohstoffe (R),
4. alle produzierten Ressourcen, die in der Produktion eingesetzt werden, also Werkzeuge, Maschinen etc., d. h. das Kapital (K),
5. das technische Wissen, also die Menge aller Kenntnisse über die Produktions- und Organisationsmöglichkeiten (T),
6. das soziale System (S).

1. **Arbeit.** Arbeit ist jede menschliche Tätigkeit im Dienst fremder Bedürfnisbefriedigung. So arbeitet z. B. ein Berufsboxer, wenn er einen Kampf austrägt (Bedürfnis der Zuschauer). Ein Amateur dagegen, der nur zum eigenen Vergnügen boxt, arbeitet nicht. Arbeit umfasst nicht nur körperliche Tätigkeiten, sondern schließt auch den dispositiven Faktor ein, also etwa die Leistungen eines Managers oder eines Unternehmers.

Der Produktionsfaktor Arbeit wird im Folgenden oft als homogen aufgefasst. Diese Interpretation ist jedoch schon alleine deshalb problematisch, weil unterschiedliche Intensitäten der Leistung vorliegen. Dann kann der Produktionsfaktor Arbeit nicht alleine durch die geleisteten Arbeitsstunden gemessen werden; man muss dann auch die Arbeitsintensität berücksichtigen. Zudem besteht menschliche Arbeit aus einer Vielzahl unterschiedlicher kognitiver und manueller Einzeltätigkeiten. Wenn wir Arbeit als einen gleichartigen Faktor behandeln, dann fassen wir eine Arbeitseinheit als Bündel dieser Tätigkeiten auf.

2. **Boden.** Der Produktionsfaktor Boden setzt sich aus zwei Elementen zusammen, die in der Realität nicht isoliert sind, in der Analyse jedoch getrennt voneinander betrachtet werden: Ein Ele-

ment ist variabel, nämlich der Einsatz von Arbeit und Kapital zur Verbesserung der Qualität des Bodens. Das zweite Element ist hingegen konstant: Dies sind die freien Geschenke der Natur. In der ökonomischen Theorie wird der Produktionsfaktor Boden häufig mit diesem konstanten Element (das sich wiederum aus den vielen Einzelelementen wie den Vorzügen des Klimas, der Lage und Beschaffenheit des Bodens zusammensetzt) gleichgesetzt.

Der Produktionsfaktor Boden ist durch die folgenden Merkmale gekennzeichnet:

a) *Räumliche Ausdehnung:* Der Boden ist als einziger Produktionsfaktor durch eine nennenswerte räumliche Ausdehnung gekennzeichnet.
b) *Immobilität:* Der Produktionsfaktor Boden ist im Gegensatz zu Arbeit und Kapital nicht von einem Ort an einen anderen transportierbar (= immobil). Während Kapital und Arbeit an die Orte mit dem höchsten Zins und dem höchsten Lohn wandern können, ist diese Möglichkeit für den Boden nicht gegeben. Andere Faktoren wandern hingegen zum immobilen Faktor Boden.
c) *Keine Produktionskosten:* Sieht man von dem oben beschriebenen variablen Element ab, dann verursacht der Boden als freies Geschenk der Natur keine Produktionskosten.
d) *Nicht vermehrbar:* Der Produktionsfaktor Boden ist im Vergleich z. B. zum Kapital nicht vermehrbar. Zwar können Bodeninvestitionen die Qualität des Bodens verbessern, eine Ausdehnung der Fläche ist aber nicht möglich (nur minimal: Landgewinnung am Meer). Das Gesamtangebot des Produktionsfaktors Boden muss also als konstant und gegeben betrachtet werden.

Genau wie Arbeit kann der Boden im strengen Sinne nicht als gleichartiger Produktionsfaktor aufgefasst werden. Boden kann Standortboden für den primären (Landwirtschaft), sekundären (Industrie, Handwerk usw.) und tertiären Sektor (Dienstleistung) sein. Boden kann auch Abbauboden sein, also zur Gewinnung von Rohstoffen verwendet werden (vgl. Punkt 3). Innerhalb der einzelnen Gruppen sind noch unterschiedliche Bodenqualitäten zu unterscheiden. Es ergibt sich also ein sehr heterogenes Bild des Bodenangebots.

Diese Vielschichtigkeit des Produktionsfaktors Boden ermöglicht folgende Aussage: Zwar liegt das Gesamtangebot des Produktionsfaktors Boden fest. Dies gilt aber nicht für die einzelnen Bodenarten, denn zwischen den einzelnen Bodenarten kann substituiert werden. Steigt z. B. der Preis für Boden allgemein, so ist das Gesamtangebot des Bodens nicht vermehrbar. Steigt dagegen der Preis für industriellen Standortboden, so ist das Angebot an industriellem Standortboden vermehrbar, und zwar auf Kosten z. B. des landwirtschaftlichen Standortbodens.

3. **Rohstoffe.** Ähnlich wie Boden sind auch Rohstoffe ein »Geschenk der Natur«. Rohstoffe können Konsumgüter sein (Fische) oder Produktionsfaktoren (mineralische Rohstoffe). Sie können erneuerbar sein, wenn sie sich durch Wachstumsprozesse in der Natur regenerieren (Fischbestände, Wälder), oder sie können nicht erneuerbar sein (Erdöl). Einige Rohstoffe gehen in den ökonomischen Prozessen verloren (Erdöl), andere kann man wieder verwenden (Metalle). Schließlich können Rohstoffe private Güter sein (Forellen in einem Fischweiher) oder öffentliche Güter (Ozon-Schicht).

Eine heftig diskutierte Frage ist, ob Rohstoffe notwendig zur Produktion sind, ob man also nur dann produzieren kann, wenn bestimmte Rohstoffe vorhanden sind. Wenn Rohstoffe notwendig zur Produktion sind und nicht durch andere Faktoren wie Kapital ersetzt werden können (beispielsweise ersetzt Wärmedämmung Erdöl), ergibt sich die Frage, ob wir in Zukunft über genügend Rohstoffe verfügen werden.
Die Umwelt kann ebenfalls als ein Produktionsfaktor interpretiert werden. Zum einen stellt die Umwelt (die Natur) Produktionsfaktoren wie Sauerstoff für Verbrennungsprozesse zur Verfügung. Zum anderen nimmt die Umwelt nicht weiter verwertbare Kuppelprodukte aus Konsum und Produktion wie Schwefeldioxid auf.

4. **Kapital.** Kapital sind die produzierten Produktionsmittel. Zum Kapital gehören alle Güter, die nicht – wie etwa die natürlichen Ressourcen – bereits vorhanden sind, sondern die erst hergestellt werden müssen. Sie werden nicht produziert, um dem Konsum zugeführt zu werden, sondern sie werden zur weiteren Güterproduktion eingesetzt. Kapital in diesem Sinne sind: Geräte, Werkzeuge, Maschinen, die Betriebsstätten wie Fabriken, Bergwerkanlagen, die Halbfabrikate und bearbeitete Rohstoffe. Kapital als Produktionsfaktor bedeutet also Realkapital und nicht Geldkapital. Der Begriff »Realkapital« darf allerdings nicht mit technischen Apparaten gleichgesetzt werden. Eine Dampfmaschine, die z. B. zur Besichtigung in einem Museum aufgestellt ist, stellt kein Produktionsmittel dar.
Der Kapitalbestand zum Ende eines Zeitraumes (K_1) setzt sich zusammen aus dem Anfangsbestand (K_0) und dem Kapitalzuwachs (ΔK) in diesem Zeitraum:

$$K_1 = K_0 + \Delta K$$

Der Kapitalzuwachs ist identisch mit den Nettoinvestitionen.

$$I = \Delta K$$

Die Nettoinvestitionen ergeben zusammen mit den Ersatzinvestitionen die Bruttoinvestitionen. Unter einer Nettoinvestition verstehen wir also die Hinzufügung zum Kapitalbestand in einem Zeitraum.
Die Kapitalbildung erfolgt durch Sparen und Investieren: Zunächst muss ein Konsumverzicht vorliegen (= Sparen). Denn dadurch, dass man auf ein Konsumgut verzichtet, kann dieses Gut als Kapital in der Produktion eingesetzt werden. Die zweite Bedingung ist, dass die ersparten Mittel auch wirklich für die Kapitalbildung eingesetzt werden (= Investieren).

5. **Technisches Wissen.** Auch das technische Wissen kann als Produktionsfaktor aufgefasst werden. Das technische Wissen gibt die Menge der möglichen technischen Verfahren an. Die Veränderung dieser Menge bezeichnen wir als technischen Fortschritt. Dieser kann sich ausdrücken in der Schaffung neuer, bisher unbekannter Produkte und in neuen Produktionsverfahren. Neue Produktionsverfahren führen dazu, dass eine gegebene Menge mit geringeren Kosten produziert werden oder mit gegebenen Kosten eine größere Menge produziert werden kann.
Beim technischen Fortschritt unterscheiden wir zwischen Erfindung (Invention) und der Anwendung der Erfindung (Innovation). Zwischen beiden

Elementen des technischen Fortschritts liegt eine zeitliche Verzögerung, da die Erfindung oft nicht sofort realisiert wird.

6. Soziales System. Unter dem sozialen System verstehen wir die Gesamtheit der institutionellen Regelungen, also die Verfassung, die politische Gewaltenteilung, die Wirtschafts- und Rechtsordnung, die gesellschaftliche Struktur und die Beziehung zwischen gesellschaftlichen Gruppen. Das Soziale System als Produktionsfaktor hat den Charakter eines öffentlichen Gutes, da es die Rahmenbedingungen der Produktion für alle gleichermaßen festlegt.

2.2 Die Produktionsfunktion

Eine Funktion drückt die Abhängigkeit einer Variablen aus, d. h. einer ökonomischen Größe von einer anderen. Die Produktionsfunktion ist eine Abhängigkeit der produzierten Gütermenge (oder Output q) von den Produktionsfaktoren (Inputs) Arbeit (A), Boden (B), natürliche Ressourcen (R), Kapital (K), technisches Wissen (T) und Soziales System (S).

$$q = F(A, B, R, K, T, S)$$

Eine solche Funktion kann zum einen makroökonomisch interpretiert werden. In diesem Fall kennzeichnet q das gesamte Produktionsergebnis einer Volkswirtschaft, das Inlandsprodukt. Die Inputs beschreiben dann die insgesamt eingesetzten Produktionsfaktoren einer Volkswirtschaft, z. B. den gesamten Arbeitseinsatz eines Landes, den gesamten Kapitaleinsatz usw. Die Produktionsfunktion kann aber auch mikroökonomisch, d. h. für einen einzelnen Betrieb oder Teilsysteme eines Betriebes, interpretiert werden. Die makroökonomische Produktionsfunktion ist ein Aggregat der mikroökonomischen Produktionsfunktionen der einzelnen Betriebe. Man kann sich auch sektorale Produktionsfunktionen vorstellen, in denen etwa die Menge der geförderten Tonnen Steinkohle in Abhängigkeit vom Arbeitseinsatz, Kapitaleinsatz und anderen Faktoren in diesem Wirtschaftszweig gesehen werden.

Im Folgenden gehen wir zur Vereinfachung davon aus, dass alle Produktionsfaktoren bis auf einen, den Arbeitseinsatz, konstant bleiben. Wir fragen, wie der Output sich verändert, wenn der Arbeitseinsatz zunimmt.

In Schaubild 2.1a ist eine typische Produktionsfunktion mit abnehmenden Grenzerträgen eingezeichnet. Der Output nimmt mit zunehmendem Faktoreinsatz zu, aber diese Zunahme der Produktion wird immer kleiner.[1]

[1] Bezeichnen wir die erste Ableitung der Funktion mit

$$F' = \frac{dq}{dA}$$

und die zweite Ableitung mit

$$F'' = \frac{d^2q}{dA^2}$$

so ist der neoklassische Verlauf gekennzeichnet durch $F' > 0$, $F'' < 0$.

Die Produktionsfunktion gibt an, welche Mengen des Outputs bei einem gegebenen Faktoreinsatz maximal zu erstellen sind. Bei einem Faktoreinsatz A_1' in Schaubild 2.1a ist maximal die Menge q_1' zu produzieren. Der Punkt X liegt außerhalb der Produktionsmöglichkeit bei gegebenem Arbeitseinsatz A_1'. Die Menge q_1'' kann nicht mit A_1' produziert werden. Die Produktionsfunktion stellt also eine Restriktion für die Gütererstellung dar. Nur in dem schraffierten Feld (einschließlich der Kurve selbst) kann produziert werden.

Die Produktionsfunktion ist für einen gegebenen Bestand an technischem Wissen definiert. Eine Verbesserung der Technologie verschiebt die Produktionsfunktion nach oben und erlaubt bei gegebenem Faktoreinsatz einen höheren Output. Sie erweitert also damit den zulässigen Produktionsraum einer Volkswirtschaft (Schaubild 2.1b). In den Abschnitten 5.3 und 5.5 wird die Produktionsfunktion – und zwar für ein Unternehmen – wieder aufgegriffen und weiter erläutert.

Schaubild 2.1: Die Produktionsfunktion

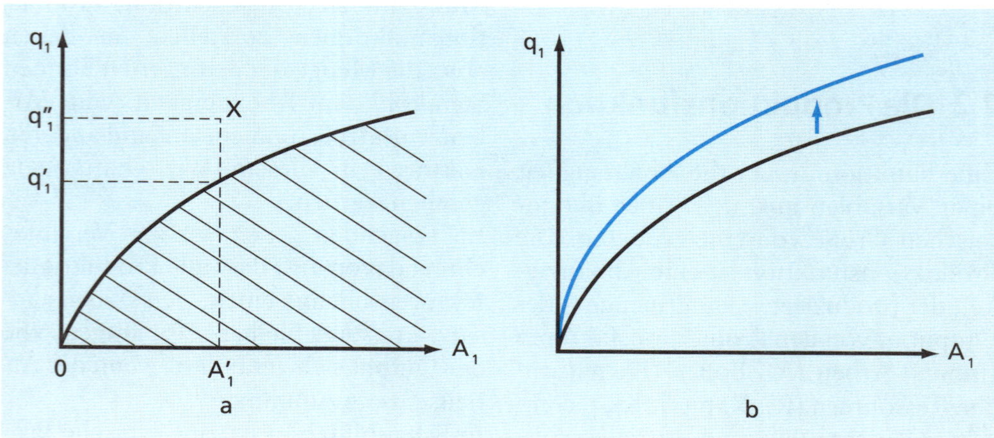

2.3 Die Alternativkosten

Die Produktionsfunktion beschreibt die (begrenzten) Produktionsmöglichkeiten einer Volkswirtschaft in Bezug auf ein einzelnes Gut bei gegebener Technologie. Betrachtet man nicht ein Gut, sondern zwei Güter 1 und 2, so werden die maximal produzierbaren Gütermengen q_1 und q_2 zum einen von der gegebenen Produktionstechnologie und zum anderen durch den gegebenen Faktorbestand begrenzt. Die vorhandenen Produktionsfaktoren können entweder in der Produktion des Gutes 1 oder des Gutes 2 oder in Kombinationen zur Herstellung beider Güter eingesetzt werden. Diejenige Faktormenge, die zur Produktion des Gutes 1 verwendet wird, kann nicht für die Herstellung des Gutes 2 genutzt werden. Wenn man also bei gegebener Technologie und gegebenem Faktorbestand die Produktion des Gutes 1 ausdehnen will, muss man in Kauf nehmen, dass von Gut 2 weniger erstellt werden kann. Die verschiedenen Sektoren stehen in Verwendungskonkurrenz um die Produktionsfaktoren.

Tabelle 2.1: Mögliche Produktionsmengen

	A	B	C	D	E
q_1	0	2	3	4	5
q_2	12	11	10	7	0

Tabelle 2.1 führt die fünf Situationen A bis E mit unterschiedlichen Produktionsmengen der Güter 1 und 2 auf. A kennzeichnet eine Situation, in der nur Gut 2 erstellt wird, d. h. alle Produktionsfaktoren in der Herstellung dieses Gutes eingesetzt sind. Situation E kennzeichnet den Fall, in dem nur das Gut 1 produziert wird.

Geht man von der Situation B aus und will man eine zusätzliche Einheit des Gutes 1 erstellen, so muss man auf die Produktion einer Einheit des Gutes 2 verzichten. Die Opportunitätskosten der Produktion von Gut 1 sind dann 1. Unter Opportunitätskosten versteht man Kosten einer »entgangenen Gelegenheit« (Opportunity foregone). Opportunitätskosten werden auch als Alternativkosten bezeichnet, also als Kosten einer entgangenen Alternative. Diese Opportunitäts- oder Alternativkosten sind ein Ausdruck für die Knappheit der Güter und die Verwendungskonkurrenz der Produktionsfaktoren. Sie sind ein zentrales Konzept der Wirtschaftswissenschaft und machen deutlich, was es kostet, auf eine Alternative zu verzichten oder – anders ausgedrückt – sich für eine bestimmte Alternative zu entscheiden. Geht man von C auf D über, so kostet eine zusätzliche Einheit des Gutes 1 den Verzicht auf 3 Einheiten des Gutes 2. Die Opportunitätskosten der Produktion von Gut 1 steigen also, je mehr bereits von Gut 1 produziert wird.

2.4 Die Transformationskurve

Trägt man die Werte der Tabelle 2.1 in ein Schaubild ein, so erhält man die Transformationskurve (Schaubild 2.2). Diese gibt die maximalen Produktionsmöglichkeiten zweier Güter bei gegebener Technologie und gegebenem Faktorenbestand an. Die Transformationskurve wird auch als Produktionsmöglichkeitskurve bezeichnet. Die Transformationskurve lässt sich ebenfalls durch eine Funktion beschreiben:

$$q_1 = F(q_2)$$

Da die Transformationskurve für eine gegebene Technologie definiert ist, muss ein Zusammenhang zwischen Transformationskurve und Produktionsfunktionen bestehen. Um diesen Zusammenhang zu kennzeichnen, gehen wir zur Vereinfachung im Folgenden wieder von der Annahme aus, dass nur der Produktionsfaktor Arbeit variiert werden kann. Für diesen Fall beschreibt Schaubild 2.3 den Zusammenhang zwischen Transformationskurve, Produktionsfunktionen und dem gegebenen Faktorbestand.

Im Nordwestquadranten ist die Produktionsfunktion für Sektor 1 aufgetragen. Man erhält diesen Kurvenverlauf, indem man die Produktionsfunktion in Schaubild 2.1 um die vertikale Achse klappt. Im Südostquadranten ist die Produktionsfunktion für Sektor 2 eingezeichnet. Der gesamte Bestand an Arbeit ist gegeben durch die Strecken OV = OW.

Schaubild 2.2: Die Transformationskurve

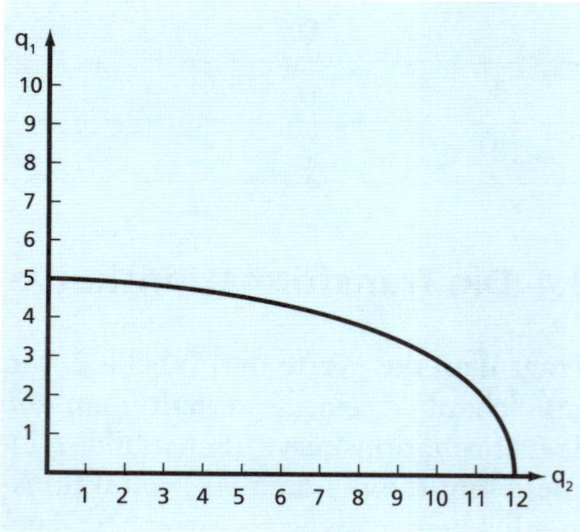

Setzt man alle vorhandenen Arbeitsmengen im Sektor 1 ein, so wird die Menge OV′ des Gutes 1 produziert und nichts von Gut 2. Setzt man dagegen alle vorhandenen Arbeitsmengen für die Herstellung des Gutes 2 ein, so wird OW′ des Gutes 2 (und nichts von Gut 1) produziert. Damit sind die Endpunkte V′ und W′ der Transformationskurve bestimmt.

Nun kann man den begrenzt vorhandenen Faktor Arbeit auch teilweise in Sektor 1 und teilweise in Sektor 2 einsetzen. Wird z. B. die Menge Arbeit OT in der Produktion des Gutes 1 eingesetzt, so erhält man OT′ als Output des Gutes 1. Für die Produktion des Gutes 2 steht in diesem Fall die Arbeitsmenge TV zur Verfügung. TV entspricht aber der Strecke TU, da das Dreieck VTU rechtwink-

Schaubild 2.3: Konstruktion der Transformationskurve

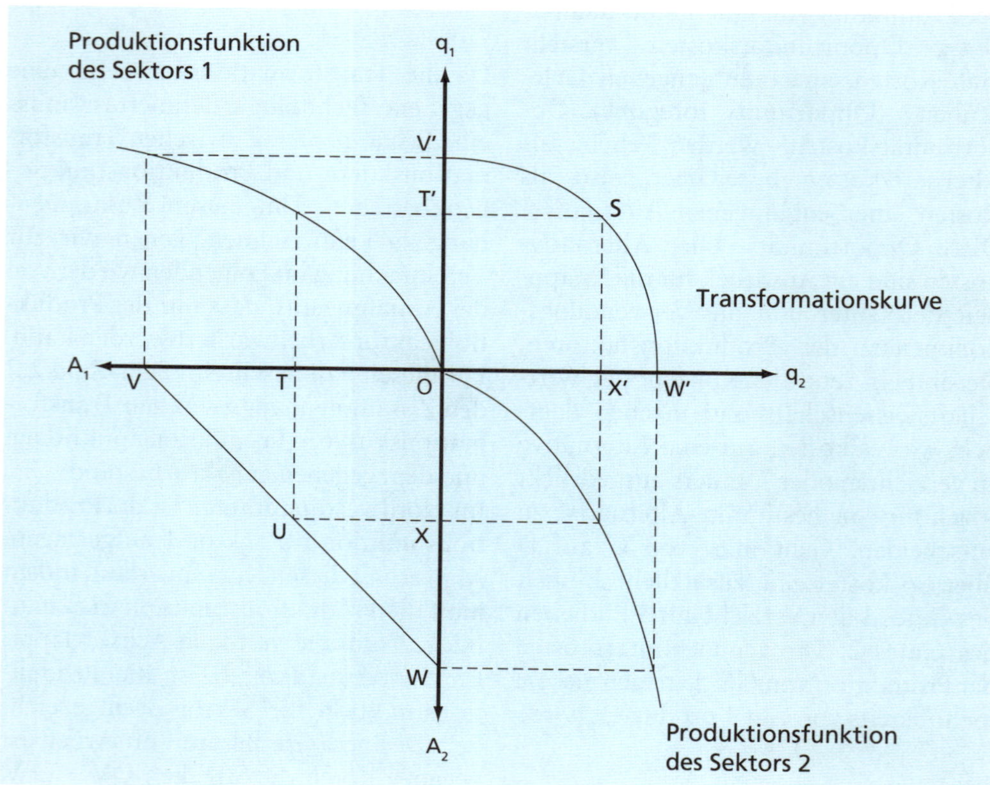

lig und gleichschenklig ist. Damit gilt TU = OX. Die Menge Arbeit OX kann also maximal in Sektor 2 eingesetzt werden und produziert dort die Menge OX′ des Gutes 2. Damit ist der Punkt S der Transformationskurve gefunden. In analoger Vorgehensweise können punktweise alle Punkte der Transformationskurve gewonnen werden.

Zum besseren Verständnis der Transformationskurve sollte man sich vergegenwärtigen, dass die Transformationskurve Vollbeschäftigung des Produktionsfaktors Arbeit unterstellt. Schaubild 2.4 kennzeichnet den Fall, dass der Faktor Arbeit nicht vollbeschäftigt ist und damit nur ein Punkt E unterhalb der Transformationskurve erreicht wird.

In Schaubild 2.4 ist angenommen worden, dass in Sektor 1 die Arbeitsmenge OB verwendet wird. Damit stünde für Sektor 2 die Menge OC zur Verfügung. Sektor 2 verwende aber lediglich die Menge OD. Damit herrscht Arbeitslosigkeit in Höhe der Strecke DC. Die Vollbeschäftigungspolitik hat die Funktion, die Volkswirtschaft von einem Produktionspunkt E unterhalb der Transformationskurve auf die Transformationskurve zu bewegen. Die Vollbeschäftigungspolitik sorgt damit für eine Ausnutzung der Produktionsmöglichkeiten einer Volkswirtschaft.

In den Schaubildern in Abschnitt 2.3 ist eine Produktionsfunktion mit abnehmenden Grenzerträgen unterstellt worden. Man kann sich auch eine Produktionsfunktion vorstellen, bei der jede eingesetzte Arbeitseinheit das gleiche Produktionsergebnis in einem Wirtschaftszweig erstellt. Dann ist die Produktionsfunktion eine Gerade. Der Leser kann leicht durch ein ähnliches Schaubild wie Schaubild 2.3 nachvollziehen, dass dann auch die Transformationskurve eine Gerade ist.

Schaubild 2.4: Transformationskurve und Nichtauslastung der Produktionsfaktoren

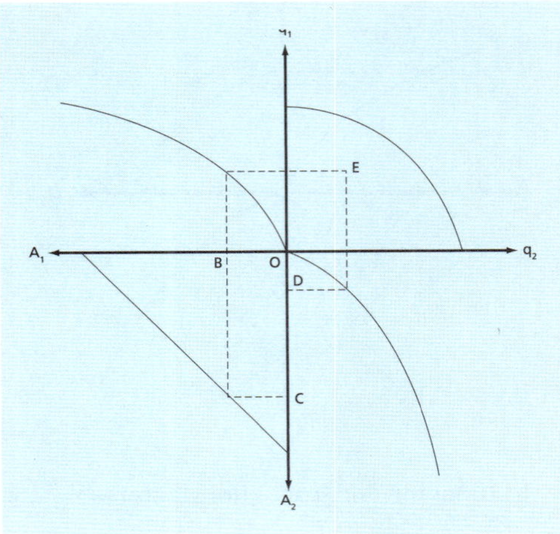

Die Transformations- oder Produktionsmöglichkeitskurve ist definiert für gegebene Technologien in beiden Sektoren und für einen gegebenen Faktorbestand. Daraus folgt, dass die Transformationskurve ihre Lage verändern muss, wenn der Faktorbestand oder das technische Wissen sich ändern.

Schaubild 2.5a kennzeichnet eine Situation, in der sich der Arbeitsbestand (z. B. infolge eines Zuzugs von Gastarbeitern) vermehrt. In diesem Fall verschiebt sich die Transformationskurve nach außen. Schaubild 2.5b kennzeichnet den Fall, dass technischer Fortschritt in Sektor 1 auftritt. Damit verschiebt sich die Transformationskurve zu Gunsten des Gutes 1 nach außen. Der Leser möge selbst die Fälle durchspielen, in denen der technische Fortschritt in Sektor 2 oder in beiden Sektoren gleichzeitig auftritt.

Die Verschiebung der Transformationskurve nach außen durch Vermehrung des Faktorbestandes oder durch Änderung des technischen Wissens kenn-

Schaubild 2.5: Verschiebung der Transformationskurve

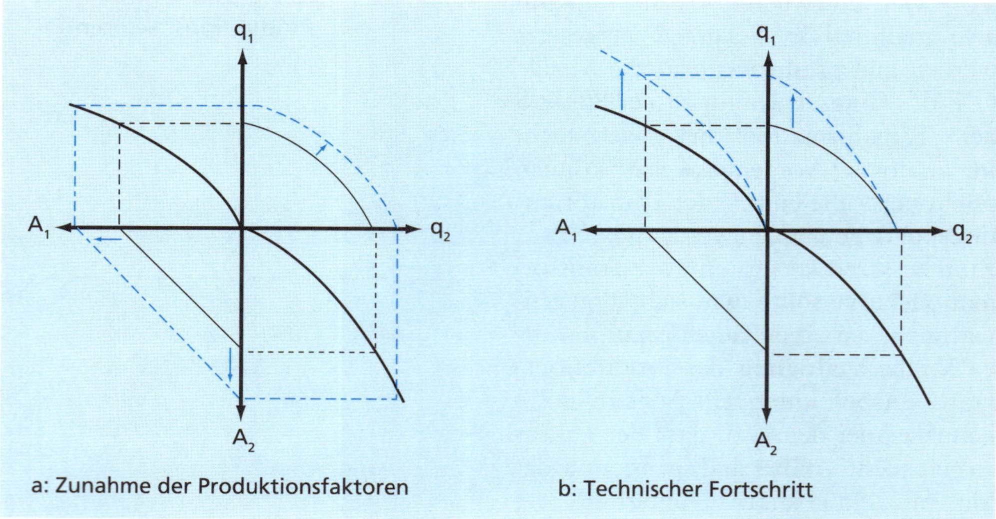

zeichnet zwei wichtige Fälle wirtschaftlichen Wachstums. Damit wird deutlich, dass die Frage »Was kann produziert werden?« eng mit dem Problem »Wie verändert sich die Gütermenge in der Zeit?« verknüpft ist.

2.5 Die Abstimmung der Produktion auf die Nachfrage

Güter werden letzten Endes zu dem Zweck hergestellt, dem Konsum zugeführt zu werden, d. h., die Produktion ist auf die Nachfrage abzustimmen. In einem marktwirtschaftlichen System erfolgt die Abstimmung der Produktion auf die Nachfrage über die Güterpreise. Dies bedeutet, dass der Produktionspunkt auf der Transformationskurve durch die Güterpreise festgelegt wird. Diese Abstimmung kann man sich wie folgt verdeutlichen:

Wenn die Wirtschaftssubjekte eines Landes das Gut 1 hoch bewerten und das Gut 2 vergleichsweise nicht so stark geschätzt wird, so wird eine relativ große Menge des Gutes 1 und eine relativ kleine Menge des Gutes 2 produziert (Punkt A in Schaubild 2.6). Wenn dagegen Gut 1 nicht so stark geschätzt und Gut 2 höher bewertet wird, so wird weniger vom Gut 1 und mehr vom Gut 2 hergestellt (Punkt C). Punkt B kennzeichnet eine Situation, in der die Wünsche der Wirtschaftssubjekte nicht allzu stark zu Gunsten des Gutes 1 oder des Gutes 2 ausgeprägt sind. Verschieben sich in einer Situation A die Wünsche der Wirtschaftssubjekte zu Gunsten von Gut 2 (und zu Ungunsten von Gut 1), so verschiebt sich die Produktion von Punkt A nach C. Die Produktionsausdehnung bei Gut 2 ist begleitet von einer Reallokation der Faktoren, die aus Sektor 1 abwandern und in den Wirtschaftszweig 2 gehen. Die Produktion der Güter und die hierfür erforderliche Allokation der Faktoren werden über die Preise gesteuert. Da Preise im marktwirtschaftlichen System diese zentrale Steuerungsfunktion haben, ist es wichtig herauszufinden, wie sich die

Preise in einem marktwirtschaftlichen System bilden und wie sich private Wirtschaftssubjekte an diese Preise anpassen. Mit dieser Frage beschäftigen sich die folgenden Kapitel.

Im Gegensatz zu den privaten Gütern wird das Angebot an öffentlichen Gütern im Wesentlichen durch politische Entscheidungen festgelegt. Eine Steuerung über die private Nachfrage muss hier deshalb entfallen, weil öffentliche Güter dadurch gekennzeichnet sind, dass sie von allen Individuen gleichzeitig genutzt werden können und sie daher nicht auf einem privaten Markt gehandelt werden.

Schaubild 2.6: Nachfrage und Produktion

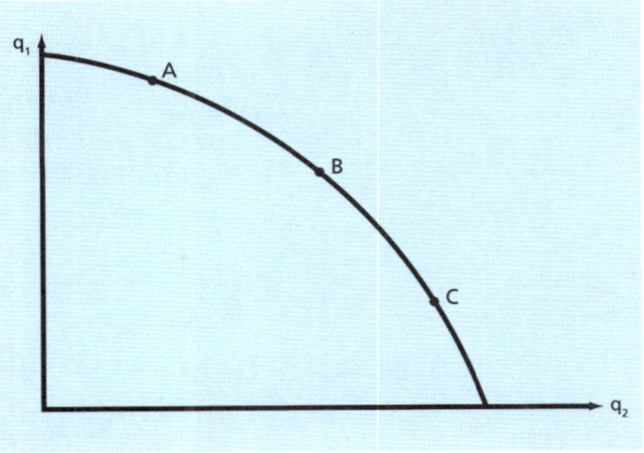

Wichtige Begriffe in Kapitel 2

Produktionsfaktoren
- Arbeit
- Boden
- Rohstoffe
- Kapital
- Technisches Wissen
- Soziales System

Produktionsfunktion
Alternativkosten
Opportunitätskosten
Verwendungskonkurrenz der Produktionsfaktoren
Transformationskurve
Nichtauslastung

3 Elemente der Preisbildung

We might as reasonably dispute whether it is the upper or the under blade of a pair of scissors that cuts a piece of paper, as whether value is governed by utility or cost of production.
Alfred Marshall

Im Folgenden gehen wir zunächst auf die Preisbildung für ein einzelnes Gut ein. Ist erklärt, wie sich die Preise für Güter bilden, so können wir dann später auch das Preisverhältnis zweier Güter (p_2/p_1) bestimmen und analysieren, aus welchen Gründen sich dieses Preisverhältnis ändert.
Welche Faktoren bestimmen den Preis eines Gutes? Um diese Frage zu beantworten, müssen wir uns daran erinnern, dass das zentrale Problem des Wirtschaftens die Knappheit ist. Preise gibt es nur für knappe Güter. Je knapper ein Gut, desto höher ist sein Preis (Diamanten). Je weniger knapp ein Gut, desto niedriger ist der Preis (Weizen). Ist ein Gut frei (d. h. nicht knapp), so ist der Preis für das Gut null. Der Preis kann also als Indikator der Knappheit interpretiert werden. Die Knappheit hängt nun wiederum von zwei Faktoren ab: zum einen von dem Wunsch, ein bestimmtes Gut zu konsumieren, und zum anderen von der verfügbaren Menge des Gutes. Die verfügbaren Mengen eines Gutes bezeichnen wir als Angebot und die gewünschte Menge, sofern der Wunsch mit Kaufkraft ausgestattet ist und damit auf dem Markt wirksam wird, als Nachfrage. Es gilt: Der Preis eines Gutes bestimmt sich durch Angebot und Nachfrage.

Wird eine große Menge angeboten bzw. wenig nachgefragt, so ist das Gut nicht sehr knapp: Der Preis ist niedrig. Wird dagegen eine kleine Menge angeboten bzw. viel nachgefragt, so ist das Gut sehr knapp: Der Preis ist hoch. Ist die Nachfrage konstant und nimmt die angebotene Menge ab, so muss der Preis steigen. Ist die Nachfrage konstant und nimmt die angebotene Menge zu, so muss der Preis nachgeben. Ist dagegen das Angebot konstant und steigt die Nachfrage, so muss auch der Preis steigen. Wenn bei konstantem Angebot die Nachfrage fällt, so muss auch der Preis fallen. Diese Beziehungen werden im Folgenden näher analysiert.

3.1 Die Nachfragefunktion

Die nachgefragte Menge eines Gutes (q^N) ist abhängig von der Höhe des Preises (p). Dabei gehen wir zunächst von einer einfachen Annahme über das Verhalten der Nachfrager aus: Je höher der Preis, umso weniger wird nachgefragt. Sinkt der Preis, so steigt die nachgefragte Menge.
Durch Beobachtung des Marktes stellen wir z. B. Folgendes fest: Den Preisen von 10 Euro pro Stück bis 1 Euro pro Stück sind folgende Mengen zugeordnet:

Tabelle 3.1: Die Beziehung zwischen nachgefragten Mengen und Preisen: Nachfragefunktion

Preis pro Stück	10	9	8	7	6	5	4	3	2	1
Nachgefrage Menge	0	1	2	3	4	5	6	7	8	9

Schaubild 3.1: Preis-Mengen-Kombinationen

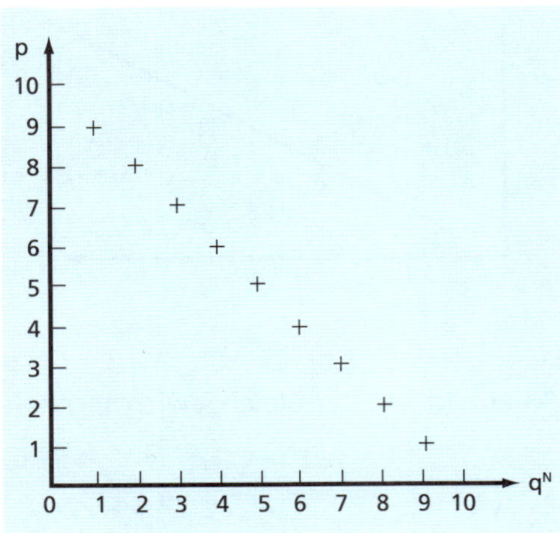

Schaubild 3.2: Die Nachfragekurve

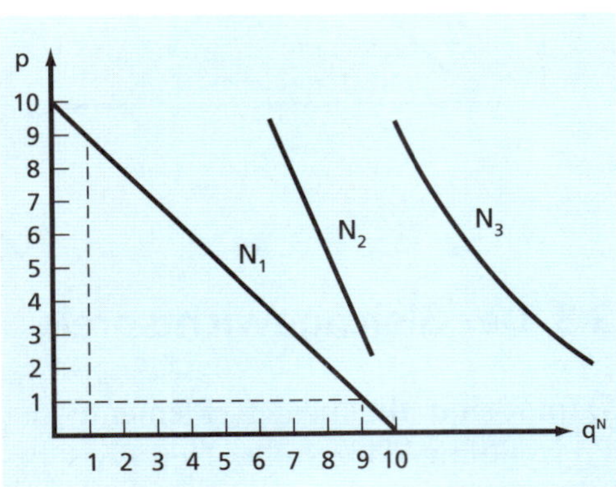

Diese Beziehung zwischen nachgefragten Mengen und Preisen bezeichnen wir als *Nachfragefunktion*. Sie gibt an, in welcher Weise die nachgefragten Mengen von der Höhe des Preises abhängen. Wir können schreiben:

$$q^N = F(p)$$

Diese Nachfragefunktion kann in einer Zeichnung dargestellt werden. Auf die vertikale Achse des Koordinatensystems tragen wir den Preis (p), auf die horizontale die nachgefragten Mengen (q^N) auf (Schaubild 3.1).

Verbindet man die einzelnen Punkte aus Schaubild 3.1, so erhält man die Nachfragekurve, welche die Nachfragefunktion graphisch darstellt. Es ergibt sich die Kurve N_1 in Schaubild 3.2.

Diese Kurve ist analog zu Schaubild 3.1 zu lesen: Bei hohem Preis wird nur eine kleine Menge nachgefragt, z. B. bei 9 Euro nur eine Mengeneinheit; bei niedrigem Preis wird eine große Menge nachgefragt, z. B. bei 2 Euro 8 Mengeneinheiten.

N_2 und N_3 kennzeichnen Nachfragefunktionen mit einem anderen Verlauf. Die Nachfragefunktionen verlaufen im Koordinatensystem in der Regel von links oben nach rechts unten. Darin kommt zum Ausdruck, dass bei hohem Preis wenig, bei niedrigem Preis dagegen eine große Menge nachgefragt wird. Es gilt: Mit fallendem Preis nimmt die nachgefragte Menge zu.

Der Nachfragepreis zeigt die Zahlungsbereitschaft eines einzelnen Haushalts für eine bestimmte Menge eines Gutes an. Diese Zahlungsbereitschaft gibt an, welchen Preis (in Euro) ein Haushalt pro

Stück zu zahlen bereit ist, wenn er dafür als Gegenleistung eine bestimmte Menge des Gutes erhält. Der Nachfragepreis gibt also an, wie die Haushalte eine Gütermenge bewerten und signalisiert so die Erwünschtheit eines Gutes seitens der Nachfrager. Wir können deshalb auch von der *Bewertungsfunktion* des (Nachfrage-)Preises sprechen.

3.2 Die Angebotsfunktion

Die zweite Komponente der Preisbildung ist das Angebot. Während die Nachfrage von den Haushalten entfaltet wird, stellen die Unternehmen das Produktionsergebnis einer Wirtschaftsperiode als Angebot zur Verfügung. Die *Angebotsfunktion* gibt die Beziehung zwischen der angebotenen Menge und dem Preis wieder.
Bei einem niedrigen Preis werden die Unternehmen eine geringe Menge anbieten; so werden beispielsweise die Bauern bei einem niedrigen Kartoffelpreis wenig Kartoffeln anbauen. Bei einem hohen Preis wird dagegen mehr angeboten. Es gilt daher: Mit steigendem Preis steigt das Angebot.
Auf der Horizontalen tragen wir jetzt die angebotene Menge q^A auf. Die Angebotskurve verläuft von links unten nach rechts oben. In diesem Koordinatensystem sind zur Vereinfachung keine Maßeinheiten mehr aufgetragen (Schaubild 3.3).
Die Angebotsfunktion beschreibt das Mengenverhalten der Produzenten bei alternativen Preisen. Die Angebotsfunktion gibt also an, welche Mengen die Anbieter bei einem vorgegebenen Preis anbieten. Der Angebotspreis hat in einem marktwirtschaftlichen System die Funktion, die Anbieter anzuregen, zusätzliche Gütermengen durch Ausdehnung der Produktion auf den Markt zu bringen. Wir können daher in diesem Fall von der *Anreizfunktion* des (Angebots-)Preises sprechen.

Schaubild 3.3: Die Angebotskurve

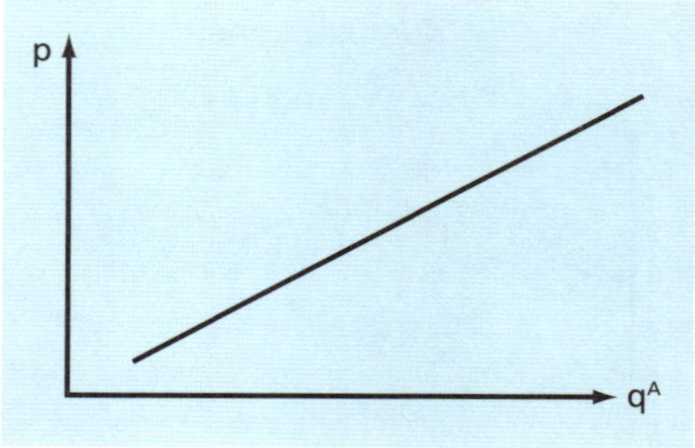

Schaubild 3.4: Der Gleichgewichtspreis

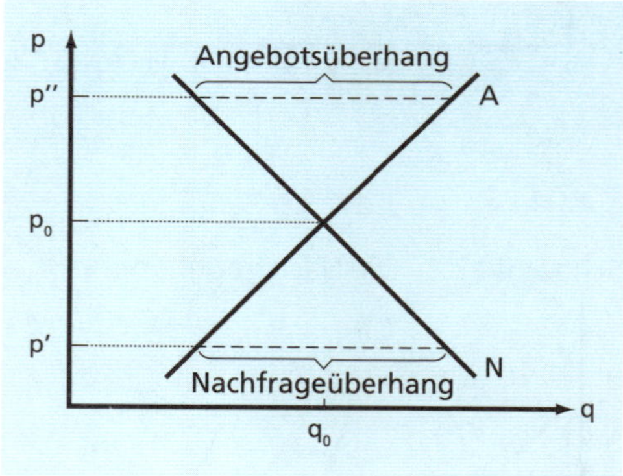

3.3 Der Gleichgewichtspreis

Damit sind die beiden Elemente der Preisbildung dargestellt. Der Preis bestimmt sich nun durch das Zusammenspiel von Angebot und Nachfrage. Graphisch können wir die Preisbildung erklären, indem wir die Nachfragekurve (Schaubild 3.2) und die Angebotskurve (Schaubild 3.3) in ein neues Schaubild

(3.4) einzeichnen. Der Schnittpunkt beider Kurven gibt den Preis an, der sich auf dem Markt einstellen wird. Beim Preis p_0 wird der Markt geräumt, d.h. bei diesem Preis stimmen angebotene und nachgefragte Menge überein (Schaubild 3.4).

Der Preis p_0 wird als Gleichgewichtspreis bezeichnet. Die zugeordnete Menge q_0 stellt die Gleichgewichtsmenge dar.

Wir sagen, dass auf einem Markt dann ein Gleichgewicht herrscht, wenn die Variablen, d. h. die ökonomischen Größen, also hier der Preis und die Menge, keine Tendenz zeigen, sich zu ändern.

Preis p_0 und Menge q_0 werden also – wenn keine äußeren Impulse erfolgen – unter den gewählten Bedingungen konstant bleiben. Dass dies nur bei p_0 der Fall ist, lässt sich aus folgenden Überlegungen ableiten: Bei einem Preis p' unterhalb von p_0 ist die Nachfrage größer als das Angebot. Es besteht ein Nachfrageüberhang, d.h. die Nachfrage kann nicht vollständig bedient werden. Die Mengenplanungen der Haushalte und der Unternehmen sind nicht konsistent. Dieser Nachfrageüberhang lässt nun den Preis des Gutes ansteigen. Mit steigendem Preis geht die Nachfrage zurück, das Angebot steigt, und der Nachfrageüberhang wird abgebaut.

Auch der Preis p'' kann kein Gleichgewichtspreis sein. Denn beim Preis p'' besteht ein Angebotsüberhang (= Nachfragedefizit). Die Nachfrage ist gering, die Unternehmen bieten zu diesem hohen Preis eine zu große Menge an; auch bei p'' liegt Inkonsistenz der Planungen vor. Die Unternehmen können nicht ihr gesamtes Angebot absetzen und müssen den Preis senken. Der Markt wird nur dann geräumt, wenn der Preis p_0 erreicht wird.

Über die nachgefragten Mengen entscheiden die Haushalte; über die angebotenen Mengen die Unternehmen. Beide Entscheidungen erfolgen unabhängig voneinander. Folglich kann man davon ausgehen, dass diese Entscheidungen nur durch Zufall übereinstimmen. Der Gleichgewichtspreis sorgt jedoch dafür, dass nachgefragte und angebotene Mengen übereinstimmen und sich damit die unabhängigen Entscheidungen von Haushalten und Unternehmen decken. Der (Gleichgewichts-)Preis koordiniert die unabhängig voneinander aufgestellten Einzelpläne der Nachfrager und Anbieter. Wir können von einer *Koordinierungsfunktion* des (Gleichgewichts-) Preises sprechen.

Das Zusammenspiel von Angebot und Nachfrage wird im sechsten Kapitel näher untersucht. Wir wenden uns zunächst den beiden Elementen der Preisbildung zu, der Nachfrage (Konsumtheorie) und dem Angebot (Produktionstheorie).

Wichtige Begriffe in Kapitel 3

Nachfragefunktion
Angebotsfunktion
Bewertungsfunktion
Anreizfunktion
Gleichgewichtspreis
Nachfrageüberhang
Angebotsüberhang
Koordinierungsfunktion

4 Bestimmung der Nachfrage: Konsumtheorie

Der Konsum ist der einzige Sinn und Zweck der Produktion, und den Interessen der Produzenten sollte man nur insoweit Beachtung schenken, als es nötig ist, die der Verbraucher zu fördern.
Adam Smith

Die Nachfragekurve nach einem bestimmten Gut x auf einem Markt muss jetzt näher analysiert werden. Welche Faktoren bestimmen die Gesamtnachfrage z. B. nach Brot? Um diese Frage beantworten zu können, müssen wir daran denken, dass sich die gesamte Nachfrage nach einem Gut auf einem Markt aus der Summe aller nachgefragten Mengen der einzelnen Haushalte zusammensetzt. Um die Gesamtnachfrage auf einem Markt erklären zu können, müssen wir also zunächst fragen, welche Faktoren die Nachfrage der einzelnen Haushalte bestimmen.

4.1 Determinanten der Nachfrage eines einzelnen Haushalts

Wir können folgende Einflussfaktoren unterscheiden:

(1) Die Menge, die ein einzelner Haushalt nachfragt, hängt vom Preis des nachgefragten Gutes ab. Diese Beziehung wurde bereits dargestellt.

(2) Die Nachfrage nach dem Gut x hängt vom Einkommen des Haushalts ab. Im Normalfall wird mit höherem Einkommen auch mehr konsumiert. Zwei Ausnahmen sind festzustellen:

a) Der Verbrauch von einigen Gütern bleibt mit einer Zunahme des Einkommens konstant, z. B. wird sich der Verbrauch von Salz mit zunehmendem Einkommen nicht ändern.

b) Der Verbrauch eines Gutes kann ab einem bestimmten Einkommen sogar fallen (Beispiel: Margarine wird durch Butter ersetzt). Wir bezeichnen ein solches Gut, dessen Nachfrage bei steigendem Einkommen zurückgeht, als *inferiores Gut*.

Der Normalfall ist graphisch in Schaubild 4.1 dargestellt: Ist das Einkommen niedrig, so wird nur eine geringe Menge q^N des Gutes nachgefragt. Bei hohem Einkommen wird eine größere Menge nachgefragt.

(3) Die Nachfrage eines Haushaltes nach einem Gut hängt auch von den Preisen der anderen Güter ab, die der Haushalt nachfragt. Um diesen Zusammenhang zu klären, bedienen wir uns der Unterscheidung zwischen *substitutiven* und *komplementären* Gütern. Sub-

Schaubild 4.1: Güternachfrage und Einkommen

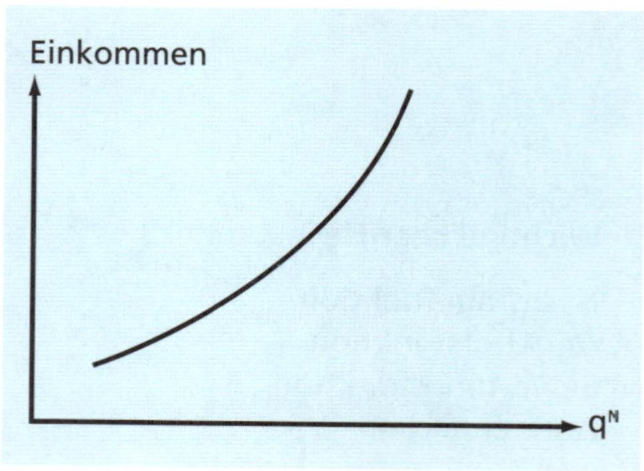

Schaubild 4.2: Güternachfrage und Preise der Komplementär- und Substitutionsgüter

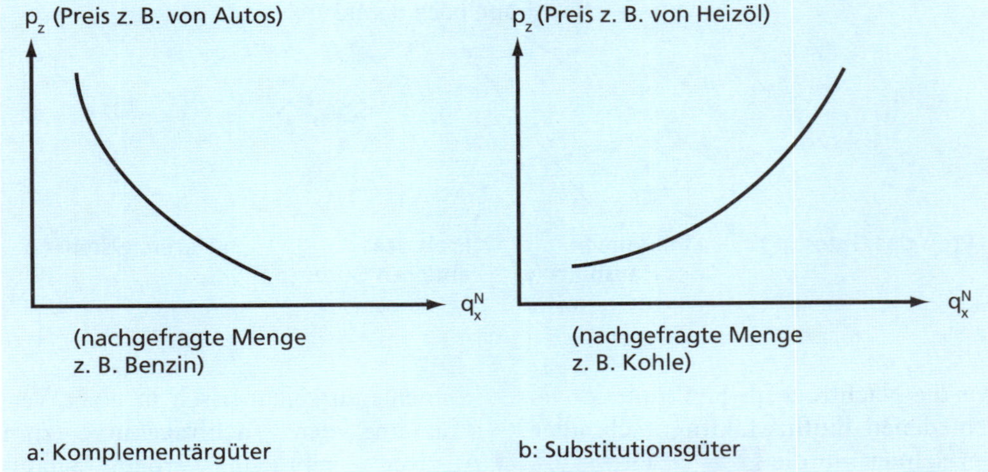

stitutive Güter sind solche, die gegeneinander ausgetauscht werden können (sich ersetzende Güter). Beispiele: Butter – Margarine, Kohle – Heizöl. Komplementäre Güter sind solche Güter, die kombiniert verwendet werden (sich ergänzende Güter). Beispiele: Brot – Butter, Zigaretten – Streichhölzer, Autos – Benzin.

Dem Haushalt steht nur ein begrenztes Einkommen zur Verfügung, das er auf eine Fülle von Gütern verwenden kann. In der Regel wird er seine Geldmittel so auf die Güter verteilen, dass ihm sein Einkommen in allen Verwendungen den gleichen Nutzen stiftet, denn bei anderer Verwendung könnte er durch Umverteilung seinen Nutzen noch steigern. Steigt nun der Preis eines Gutes z, so wird er dessen Verbrauch einschränken. Ist das Gut z ein komplementäres Gut zu x, so fällt damit auch die Nachfrage nach x. Zeichnerisch ergibt sich Schaubild 4.2 a: Mit steigendem Preis des Gutes z (Autos) geht die nachgefragte Menge nach Gut x (Benzin) zurück. Oder andersherum: Mit fallendem Preis des Gutes z (Autos) steigt die Nachfrage nach Gut x (Benzin).

Wenn dagegen das Gut z ein Substitut zu x ist, dann wird der Haushalt das teurer gewordene Gut z durch das relativ billig gebliebene Gut x ersetzen.

Schaubild 4.2b besagt: Mit steigendem Preis des Gutes z (Heizöl) nimmt die nachgefragte Menge nach x (Kohle) zu. Oder: Mit fallendem Preis des Gutes z (Heizöl) nimmt die nachgefragte Menge nach x (Kohle) ab.

(4) Schließlich hängt die Nachfrage auch von den Vorlieben des Haushalts ab (seinem Präferenzsystem). Der eine zieht das Gut x vor, der andere das Gut z. Die Nachfrage kann sich also auch dann ändern, wenn sich die Präferenzen ändern.

Die Nachfrage des Konsumenten nach einem bestimmten Gut hängt somit von vier Faktoren ab, die in Schaubild 4.3 dargestellt sind.

Diese Zusammenhänge können wir auch wieder dadurch ausdrücken, dass

Schaubild 4.3: Die Einflussfaktoren der Güternachfrage

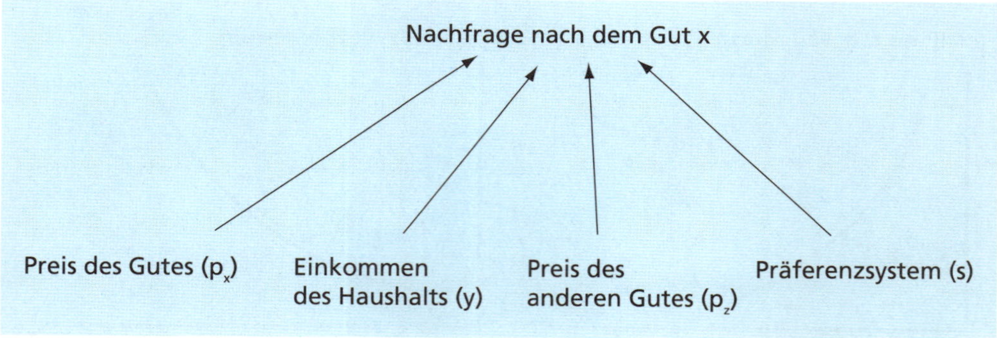

wir die Nachfrage als Funktion der verschiedenen Einflussfaktoren schreiben: Bezeichnen wir die nachgefragte Menge nach einem Gut x als q_x^N, den Preis von x als p_x, den Preis des Gutes z als p_z, das Einkommen als y und das Präferenzsystem als s, so können wir schreiben:

$$q_x^N = F(p_x, y, p_z, s)$$

Diese Gleichung gibt an, von welchen Faktoren die Nachfrage abhängt. Sie ist zu lesen: Die nachgefragte Menge eines Gutes $x(q_x^N)$ hängt ab (ist eine Funktion) von dem Preis des Gutes x (p_x), dem Einkommen des Haushalts (y), dem Preis des anderen Gutes (p_z) und dem Präferenzsystem (s). p_z steht in dieser Gleichung stellvertretend für alle Güter, deren Preise sich auf die nachgefragte Menge des Gutes x auswirken.

Da wir in diesem Schaubild nur zwei Größen eintragen können, wird folgende Vereinfachung vorgenommen: Wir arbeiten in der Zeichnung nur mit der nachgefragten Menge des Gutes x und dem Preis dieses Gutes, wenden also die Ceteris-paribus-Klausel an. Wir wissen aber, dass sich auch die anderen Größen auf die Nachfragemenge auswirken. Diese Faktoren (Einkommen, Preise der anderen Güter und Präferenzsystem) können nun zeichnerisch in einer Verschiebung der Nachfragekurve zum Ausdruck gebracht werden (Schaubild 4.4).

Schaubild 4.4: Veränderung der Nachfrage

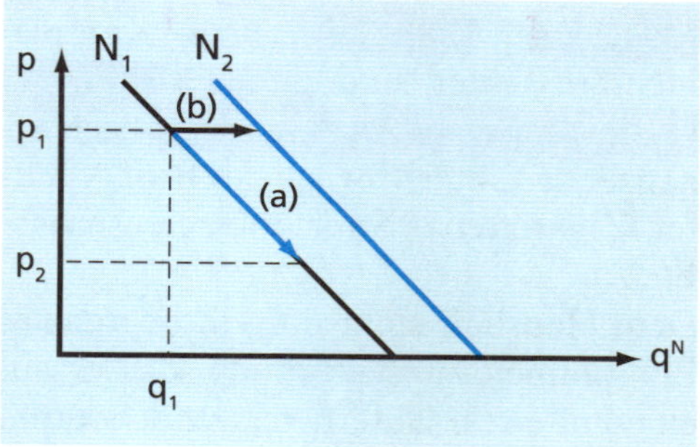

Im Normalfall wird eine Zunahme des Einkommens zu einer Zunahme der Nachfrage führen. Das drückt sich in einer Rechtsverschiebung der Nachfragekurve aus. Zu jedem Preis wird eine größere Menge nachgefragt.

Eine Abnahme des Preises des Gutes z (Autos) wird eine Zunahme der nachgefragten Menge des Komplementärgutes x bewirken (Benzin). Die Nachfragekurve nach x verschiebt sich ebenfalls nach rechts. Handelt es sich um eine substitutive Beziehung, so führt eine Abnahme im Preis des Gutes z (Heizöl) zu einer verringerten Nachfrage nach dem Substitutionsgut x (Kohle). Die Nachfragekurve verschiebt sich nach links.

Eine Rechtsverschiebung der Nachfragekurve ist also zurückzuführen auf:

(1) eine Zunahme des Einkommens,
(2) einen Anstieg im Preis des Substitutionsgutes,
(3) einen Rückgang im Preis des Komplementärgutes,
(4) eine Änderung im Präferenzsystem zu Gunsten des Gutes.

Eine Zunahme der nachgefragten Menge kann graphisch zweierlei bedeuten:

- zum einen: eine Bewegung entlang der Nachfragekurve; die nachgefragte Menge nimmt zu, weil der Preis fällt (Pfeil a im Schaubild 4.4),
- zum anderen: eine Verschiebung der Kurve nach rechts; der Preis ändert sich nicht, aber andere Faktoren (Einkommen, Preise der Substitute oder Komplementärgüter, Präferenzen) ändern sich (Pfeil b im Schaubild 4.4).

Beide Bewegungen, eine Verschiebung der Kurve und eine Bewegung entlang der Kurve, sind streng zu trennen. Entsprechendes gilt selbstverständlich auch für einen Rückgang der nachgefragten Menge.

4.2 Ableitung der Nachfragekurve aus dem Nutzenkalkül

Das Nachfrageverhalten eines Haushalts kann aus seiner Nutzenmaximierung abgeleitet werden. Wir betrachten einen Haushalt, dem die Gütermengen q_1 (Gut 1) und q_2 (Gut 2) Nutzen stiften. Den Nutzen des Haushalts können wir dann in Abhängigkeit der konsumierten Gütermengen durch die Nutzenfunktion $U = U(q_1, q_2)$ darstellen. Wir unterstellen, dass der Nutzen mit zunehmender Menge eines Gutes (bei Konstanz des anderen Gutes) steigt. Das ist die Annahme der Nichtsättigung. Zudem gehen wir davon aus, dass Gut 1 umso leichter durch Gut 2 ersetzt (substituiert) werden kann, je mehr der Haushalt bereits von Gut 1 konsumiert. Wenn wir z. B. von den beiden Gütern Reis und Nudeln ausgehen, so steigt der Nutzen des Haushalts im Konsum beider Güter. Wenn der Haushalt weniger Reis konsumiert, dann muss er als Ausgleich dafür mehr Nudeln konsumieren, um seinen Nutzen konstant zu halten. Dieser Ausgleich fällt dann umso leichter, je mehr Reis der Haushalt ohnehin schon konsumiert. Wir sprechen von der Annahme der abnehmenden Grenzrate der Substitution.

Unter diesen beiden Annahmen (Nichtsättigung, abnehmende Grenzrate der Substitution) lässt sich der Nutzen des Haushalts durch *Indifferenzkurven* in einem q_1-q_2-Diagramm wie in Schaubild 4.5a darstellen. Die Indifferenzkurve bringt zum Ausdruck, dass ein Haushalt ein bestimmtes Nutzenniveau $\overline{U}$ mit unterschiedlichen Kombinationen der Gütermengen q_1 und q_2 erzielen kann. Wir sagen deshalb auch: Der Haushalt ist indifferent zwischen diesen Gütermengenkombinationen. Der Haushalt kann seinen Nutzen dadurch aufrecht erhalten, dass er eine geringere Menge eines Gutes durch eine größere Menge des anderen Gutes substituiert. In Punkt A z. B. konsumiert der Haushalt viel von Gut 1. Wenn er eine Einheit weniger von Gut 1 konsumiert, dann muss er dafür in Punkt A 1/2 Einheit mehr von Gut 2 konsumieren, damit er auf dem Nutzenniveau von $\overline{U}$ bleibt. In Punkt B müsste er hingegen 2 Einheiten mehr von Gut 2

Schaubild 4.5: Die Indifferenzkurve

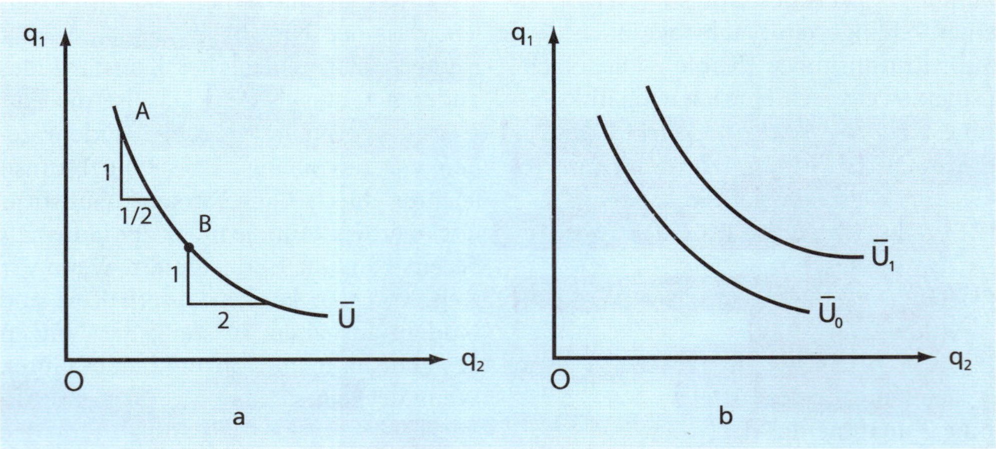

als Ausgleich konsumieren. In Schaubild 4.5b stellt die Kurve U_1 eine Indifferenzkurve mit einem Nutzenniveau dar, das höher ist als das Nutzenniveau U_0. Man kann sich die Indifferenzkurven auch als Höhenlinien eines »Nutzengebirges« vorstellen. Dieses Nutzengebirge hat die in Schaubild 4.6 dargestellte Form.

Der Haushalt will ein möglichst hohes Nutzenniveau erreichen. Aber er unterliegt einer Restriktion: Er hat ein gegebenes Einkommen y; ferner sind die Preise der beiden Güter p_1 und p_2 gegeben. Verwendet der Haushalt sein gesamtes Einkommen y für das Gut 1, so können seine Ausgaben p_1q_1 maximal y betragen, also $p_1q_1 = y$. Er kann dann maximal $q_1 = y/p_1$ kaufen. Verwendet er sein Einkommen y für das Gut 2, so können seine Ausgaben maximal $p_2q_2 = y$ erreichen. Er kann dann maximal $q_2 = y/p_2$ kaufen. Verwendet er sein Einkommen sowohl für Gut 1 als auch für Gut 2, so gilt:

$$p_1q_1 + p_2q_2 = y$$

Diese Restriktion gibt an, wie viele Güter der Haushalt maximal bei gegebenem Einkommen y und bei gegebenen Preisen der Güter erwerben kann. Wir bezeichnen diese Gleichung auch als *Budgetrestriktion*. Die Budgetrestriktion ist in Schaubild 4.7a dargestellt. Die Strecke OA kennzeichnet die maximale Menge des Gutes 1, die der Haushalt erwerben kann. Die Strecke OB gibt die maximale Menge des Gutes 2 an, die der Haushalt erwerben kann. Die Gerade AB kennzeichnet Mengenkombinationen von Gut 1 und 2, die bei gegebenem Einkommen und gegebenen Preisen möglich sind.[1]

Will der Haushalt bei gegebener Budgetrestriktion einen möglichst hohen Nutzen erreichen, so kann er nicht die Situation I in Schaubild 4.7b wählen. Denn er kann seinen Nutzen noch verbessern, wenn er sich für einen anderen Konsumplan – den Punkt H – entscheidet. Dann erreicht er eine Indifferenzkurve mit einem höheren Nutzenni-

---

[1] Die Steigung wird durch das Preisverhältnis p_2/p_1 wiedergegeben. Die Gleichung der Budgetgeraden lautet:

$$q_1 = -\frac{p_2}{p_1} \cdot q_2 + \frac{y}{p_1}$$

Schaubild 4.6: Das Nutzengebirge

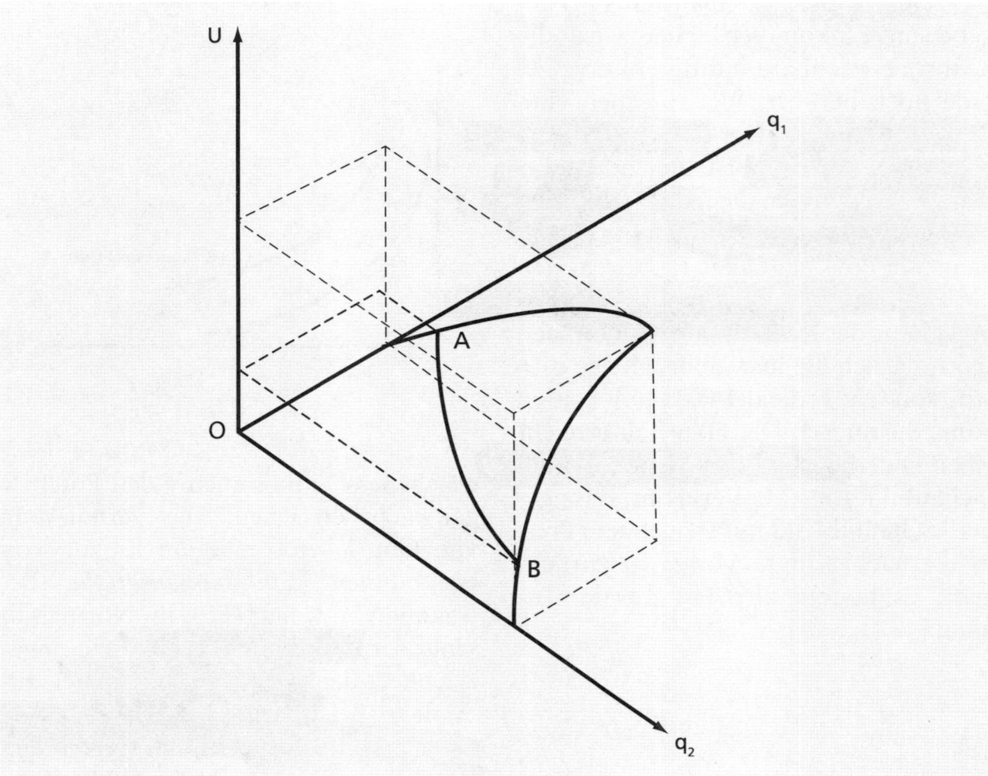

Schaubild 4.7: Budgetgerade und Indifferenzkurve

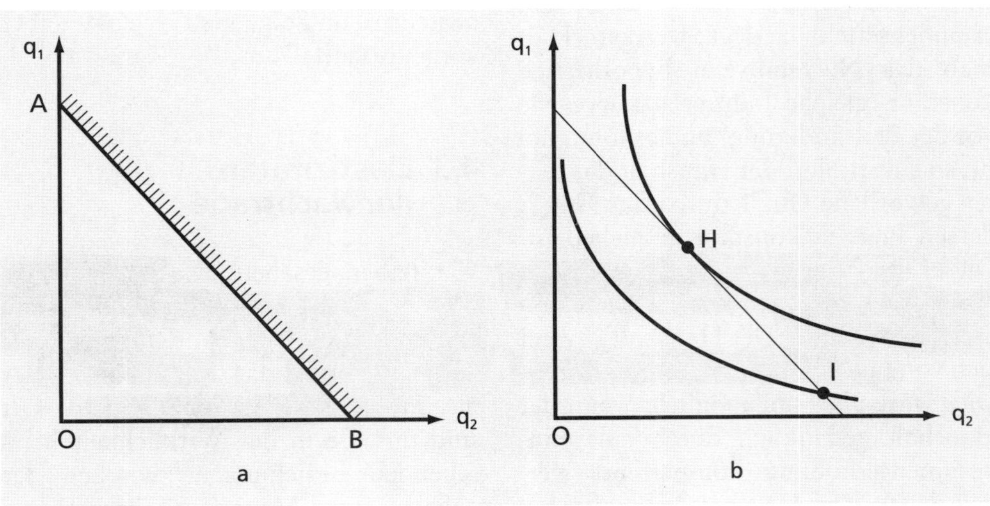

veau. Der Punkt H kennzeichnet das Nutzenmaximum des Haushalts bei gegebenem Einkommen. Hier wird die höchste erreichbare Indifferenkurve gerade noch berührt. Wir sprechen vom Konsumoptimum. Der Punkt H ordnet gegebenen Preisen der Güter und gegebenem Einkommen die nutzenmaximierenden Nachfragemengen q_1 und q_2 zu. Steigt der Preis des Gutes 1, so dreht sich die Budgetrestriktion um den Schnittpunkt mit der horizontalen Achse nach links, da sich die maximale Menge $q_1 = y/p_1$ von Gut 1, die der Haushalt kaufen kann, verringert. Der Haushalt erreicht einen neuen optimalen Konsumplan H′ (Schaubild 4.8). Man erkennt, dass gemäß Schaubild 4.8 mit steigendem Preis p_1 die nachgefragte Menge q_1 zurückgeht. Es besteht also ein Zusammenhang

$$q_1 = f(p_1)$$

Genau dies ist die individuelle Nachfragekurve, die ja angibt, wie ein Haushalt sich mit seiner Nachfragemenge auf Preisänderungen anpasst.

Die Bewegung von H nach H′ kann in einen Substitutions- und in einen Einkommenseffekt zerlegt werden. Hält man das Nutzenniveau hypothetisch konstant (gleiche Indifferenzkurve wie vor der Preisänderung) und erhöht man p_1, so substituiert der Haushalt das teuer gewordene Gut 1 durch das Gut 2, dessen Preis ja konstant geblieben ist. Dieser Substitutionseffekt ist immer negativ, d. h. er verringert die Konsummenge von Gut 1. Der Haushalt bewegt sich von H nach K (*Substitutionseffekt*). Dies wäre aber nur möglich, wenn der Haushalt gedanklich durch eine Einkommenserhöhung kompensiert werden würde. Der Haushalt kann aber bei

Schaubild 4.8: Nachfrage und Preisänderungen

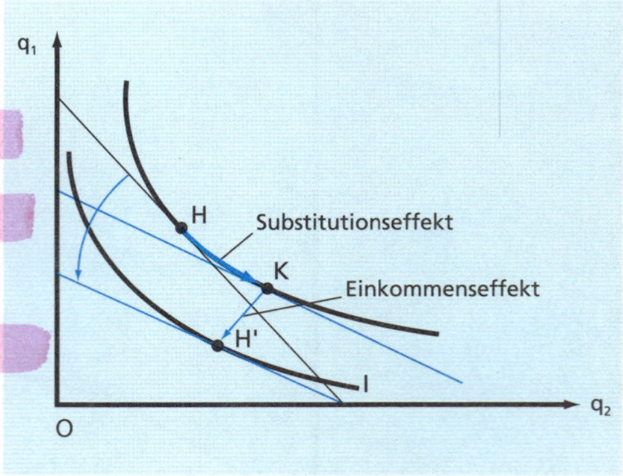

gegebenem Einkommen y den Punkt K gar nicht erreichen. Die Verteuerung von Gut 1 wirkt wie ein Entzug von Einkommen (*Einkommenseffekt*, Bewegung von K nach H′). Im Normalfall senkt der Einkommenseffekt, wie eingezeichnet, den Konsum von Gut 1 zusätzlich. Bei inferioren Gütern steigert ein Einkommensentzug hingegen den Konsum von Gut 1. Theoretisch ist sogar denkbar, dass dann der Einkommenseffekt den Substitutionseffekt überkompensieren kann. In diesem (außergewöhnlichen) Fall würde der Konsum von Gut 1 mit steigendem Preis p_1 ansteigen. Im Folgenden gehen wir aber vom Normalfall aus.

4.3 Elastizitäten der Nachfrage

Wir haben gesehen: Die nachgefragte Menge eines Gutes ändert sich, wenn der Preis dieses Gutes, der Preis eines anderen Gutes, das Einkommen oder das Präferenzsystem sich ändern. Oft sind uns die in der Wirklichkeit herrschenden Beziehungen zwischen der nachgefragten Menge und ihren Determinanten nicht in Kurvenform bekannt. So mag ein Unternehmen nur einen Punkt der für dieses Unternehmen relevanten Nachfragekurve – seiner Preis-absatz-Funktion – kennen, nämlich denjenigen Punkt, der den augenblicklichen Preis und die dazu abgesetzte Menge angibt. In diesem Fall wäre es für das Unternehmen wichtig zu wissen, wie stark sich die nachgefragte Menge ändert, wenn es seinen Preis variiert.

Um diese Frage beantworten zu können – wenn die gesamte Nachfragekurve nicht bekannt ist – verwenden die Wirtschaftswissenschaftler den Begriff der Elastizität. Die Elastizität informiert also über die Stärke der Reaktion der abhängigen Größe, hier der nachgefragten Menge, auf eine Änderung einer ihrer Bestimmungsgrößen. Und zwar wird nicht auf eine absolute Veränderung der Größen abgestellt, sondern auf die prozentuale (= relative) Veränderung. Die Elastizität der Nachfrage gibt also an, um wie viel Prozent sich die nachgefragte Menge ändert, wenn sich eine Einflussgröße, wie z. B. der Preis des Gutes, um einen bestimmten Prozentsatz geändert hat. Da der Elastizitätsbegriff auf die relative Veränderung abstellt, ermöglicht er einen Vergleich darüber, wie unterschiedlich stark verschiedene Güter auf die Veränderung einer Einflussgröße reagieren.

Entsprechend den Determinanten der nachgefragten Menge (Preis des Gutes, Einkommen, Preis anderer Güter und Präferenzsystem) unterscheiden wir folgende Elastizitätsbegriffe:

- direkte Preiselastizität der Nachfrage (Verhältnis zwischen prozentualer Mengenänderung des Gutes x und prozentualer Preisänderung des Gutes x)
- indirekte Preiselastizität der Nachfrage (Verhältnis zwischen prozentualer Mengenänderung des Gutes x und prozentualer Preisänderung eines anderen Gutes z)
- Einkommenselastizität der Nachfrage (Verhältnis zwischen prozentualer Mengenänderung und prozentualer Einkommensänderung)

Dagegen lässt sich eine Präferenzelastizität der Nachfrage nicht konstruieren, weil sich die Änderung des Präferenzsystems nicht messen und deshalb seine Veränderung auch nicht prozentual angeben lässt.

Die Nachfrageelastizität ist allgemein definiert als

$$\varepsilon = \frac{\text{Prozentuale (= relative) Änderung der nachgefragten Menge}}{\text{Prozentuale (= relative) Änderung einer der drei Determinanten}}$$

Bei den Elastizitätsbegriffen steht im Nenner immer die Ursache (= Determinante), im Zähler die Wirkung (abhängige Variable). Im Einzelnen ergeben sich:

1. **Die direkte Preiselastizität der Nachfrage** ist definiert als das Verhältnis der prozentualen Änderung der nachgefragten Menge eines Gutes zur prozentualen Preisänderung dieses Gutes. Sie gibt an, um wie viel Prozent die Nachfrage nach dem Gut x zurückgeht, wenn der Preis des Gutes x um einen bestimmten Prozentsatz ansteigt.

Um die Vergleichbarkeit der Elastizitätswerte zu sichern, wird nicht auf die absoluten Werte abgestellt. Es wäre falsch, die Elastizität im nachstehenden Beispiel wie folgt zu berechnen:

Preis (p): 10 Euro
Preisänderung (Δp): 1 Euro
Menge (q): 1 000 Stück
Mengenänderung (Δq): –50 Stück

$$\varepsilon = \frac{\text{Mengenänderung}}{\text{Preisänderung}} = \frac{50}{1} = 50$$

Wir müssen stattdessen auf die prozentualen (= relativen) Veränderungen abstellen.[2]

$$\varepsilon = \frac{\frac{|\Delta q|}{q}}{\frac{\Delta p}{p}} = \frac{\text{prozentuale Änderung der nachgefragten Menge des Gutes x}}{\text{prozentuale Preisänderung des Gutes x}}$$

$$\varepsilon = \frac{\frac{|\Delta q|}{q}}{\frac{\Delta p}{p}} = \frac{\frac{50}{1\,000}}{\frac{1}{10}} = \frac{50}{1\,000} \cdot \frac{10}{1} = \frac{1}{2}$$

Die Elastizität beträgt in diesem Beispiel $^1/_2$. Die direkte Preiselastizität kann nun verschiedene Werte annehmen.

(a) Die Elastizität ist unendlich groß (mathematisch: ∞). Das bedeutet, dass auf eine sehr kleine Preisänderung eine theoretisch ins Unendliche gehende Mengenänderung erfolgt. Steigt der Preis z. B. nur wenig, wird nichts mehr nachgefragt. Die Nachfragekurve verläuft waagerecht (Schaubild 4.9a); wir sprechen von einer vollkommen elastischen Nachfrage.

Man kann sich diesem Grenzfall dadurch nähern, dass man die Nachfragekurve immer flacher zeichnet (4.9b): Auf eine geringe Preisänderung (kleiner Nenner) folgt dann eine große Mengenänderung (großer Zähler). Je flacher also die Nachfragekurve verläuft, umso stärker nähern wir uns dem Grenzfall einer unendlich großen Preiselastizität.

(b) Der zweite Grenzfall liegt vor, wenn die direkte Preiselastizität null ist. Das bedeutet, dass auf eine Preisänderung keine Mengenänderung erfolgt. Die Nachfrage bleibt konstant; sie ist vollkommen unelastisch. Die Nachfragekurve verläuft senkrecht (Schaubild 4.10a).

Diesem Grenzfall kann man sich nähern, indem man die Nachfragekurve immer steiler zeichnet (4.10b). In diesem Fall folgt auch auf eine beachtliche Preisänderung (großer Nenner) eine nur kleine Mengenänderung (kleiner Zähler).

(c) In der Regel wird die Elastizität zwischen beiden Grenzfällen liegen.

Wir sprechen von einer *elastischen* Nachfrage, wenn die Preiselastizität der Nachfrage größer als 1 ist ($\varepsilon > 1$). Eine Verteuerung um 5 vH bewirkt dann z. B. einen Nachfragerückgang um 10 vH.

Wir sprechen von einer *unelastischen* Nachfrage, wenn die Preiselastizität der Nachfrage kleiner als 1 ist ($\varepsilon < 1$). Eine Verteuerung um 5 vH bewirkt dann nur einen Mengenrückgang um z. B. 1 vH.

Im Allgemeinen hat die Preiselastizität der Nachfrage in verschiedenen Punkten der Nachfragekurve einen anderen Wert. Die Elastizität ist also keine Kurvenelastizität, sondern eine Punktelastizität.[3]

Die bis jetzt besprochene Preiselastizität der Nachfrage nennt man direkte Preiselastizität der Nachfrage, weil die relative Mengenänderung des Gutes x mit der relativen Preisänderung des gleichen Gutes x in Beziehung gesetzt wird. Wie wir bereits gesehen haben, ändert sich die Menge des Gutes x aber auch,

[2] Wir setzen die Mengenänderung $|\Delta q|$ in Betragsstriche, da es uns bei der direkten Preiselastizität nur auf die betragsmäßige Änderung ankommt und die nachgefragte Menge mit einer Preissteigerung sinkt ($\Delta q = -50 < 0$).

[3] Diese Aussage kann man überprüfen, indem man die Preiselastizität der Nachfrage für verschiedene Werte der Nachfragekurve N_1 in Schaubild 3.2 errechnet.

Schaubild 4.9: Elastische Nachfrage

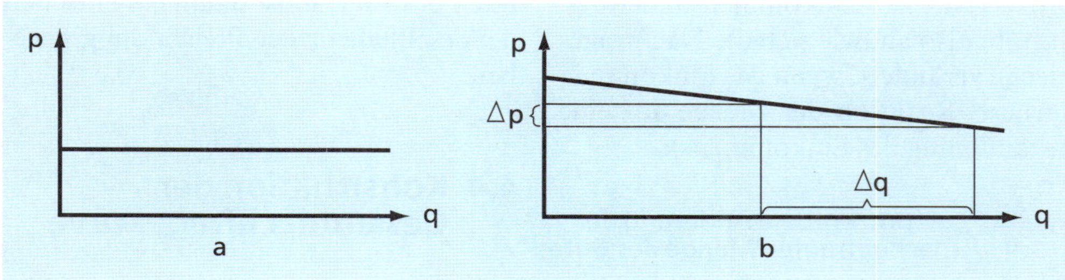

Schaubild 4.10: Unelastische Nachfrage

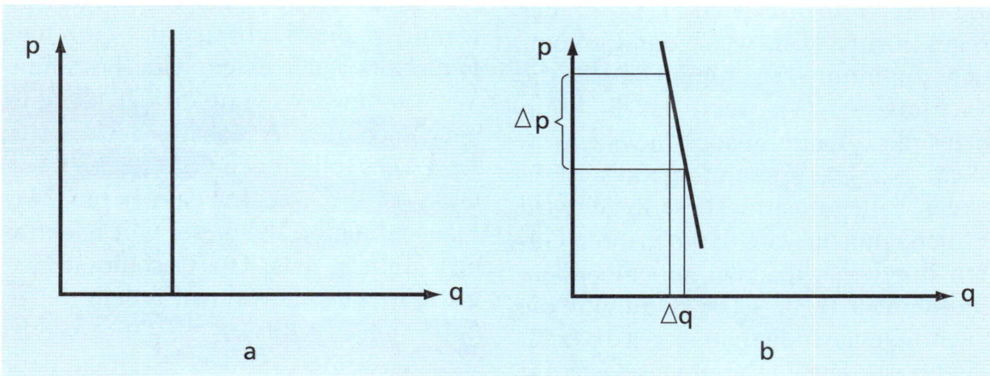

wenn der Preis eines anderen Gutes z variiert. Diese Zusammenhänge erfasst:

2. Die indirekte Preiselastizität der Nachfrage. Sie ist definiert als das Verhältnis der prozentualen Veränderung der nachgefragten Menge nach dem Gut x zu der prozentualen Veränderung des Preises von Gut z. Diese Elastizität gibt die Interdependenz der Güter wieder. Sie gibt an, wie sich die Nachfrage nach dem Gut x ändert, wenn der Preis eines anderes Gutes steigt oder fällt, in Kurzform also: Reaktion der Menge des Gutes x auf eine Preisänderung des Gutes z:

$$\varepsilon = \frac{\frac{\Delta q_x}{q_x}}{\frac{\Delta p_z}{p_z}} = \frac{\text{prozentuale Änderung der nachgefragten Menge des Gutes x}}{\text{prozentuale Änderung des Preises des Gutes z}}$$

Die indirekte Preiselastizität der Nachfrage, welche auch als *Kreuzpreiselastizität* bezeichnet wird, ist positiv, wenn die Güter x und z Substitutionsgüter darstellen. Beispiel: Eine Preiserhöhung bei Kohle (z. B. + 10 vH) führt zu einem Nachfrageanstieg bei Heizöl (z. B. + 20 vH). Zähler und Nenner sind beide positiv.

Die Kreuzpreiselastizität ist negativ, wenn die Güter x und z Komplementärgüter sind. Beispiel: Eine Preiserhöhung bei Autos (z. B. + 10 vH) führt zu einer Abnahme in der Nachfrage nach Benzin (z. B. – 15 vH). Der Zähler ist negativ, der Nenner positiv. Der Gesamtausdruck ist negativ.

3. Die Einkommenselastizität der Nachfrage ist definiert als Verhältnis der prozentualen Mengenänderung in der

Nachfrage nach einem Gut zu einer prozentualen Einkommensänderung. Sie gibt also an, wie sich die Nachfragemenge verändert, wenn das Einkommen variiert (Reaktion der Menge auf eine Veränderung des Einkommens):

$$\varepsilon = \frac{\frac{\Delta q}{q}}{\frac{\Delta y}{y}} = \frac{\text{prozentuale Änderung der nachgefragten Menge des Gutes}}{\text{prozentuale Änderung des Einkommens}}$$

Die Einkommenselastizität ist in der Regel positiv, d. h. wenn das Einkommen zunimmt (+), nimmt auch die Nachfrage zu (+); wenn das Einkommen sinkt (–), nimmt auch die Nachfrage ab (–). Das Gesamtergebnis ist in beiden Fällen positiv. Diese Regel wird bei den schon erwähnten inferioren Gütern durchbrochen: Bei zunehmendem Einkommen (z. B. + 10 vH) nimmt die Nachfrage nach diesen Gütern ab (z. B. – 5 vH) ab. Die Einkommenselastizität ist dann gleich – 0,5 (Beispiel: Kartoffeln).

(a) Bei lebensnotwendigen Gütern ist die Einkommenselastizität kleiner als 1, d. h., bei einer Zunahme des Einkommens um 10 vH erfolgt ein Anstieg der Nachfrage um nur z. B. 5 vH. Bei einem Rückgang des Einkommens um 10 vH fällt die Nachfrage um weniger als 10 vH.

(b) Bei Luxusgütern ist die Einkommenselastizität größer als 1. Eine Abnahme des Einkommens (– 10 vH) führt dann zu einem relativ stärkeren Rückgang der Nachfrage (– 20 vH). Eine Zunahme des Einkommens (+ 10 vH) führt zu einer relativ stärkeren Zunahme der Nachfrage (+ 20 vH).

Die Elastizitäten geben einen quantitativen Aufschluss über die Reaktion der Haushalte: Sind die Nachfrageelastizitäten bekannt, so ist damit ein entscheidendes Element der Preisbildung gegeben.

4.4 Konstruktion der Gesamtnachfragekurve

Wir haben die entscheidenden Determinanten (Bestimmungsfaktoren) der Nachfrage eines Haushalts aufgezeigt. Damit ist die Nachfrage des einzelnen Haushalts nach einem Gut bestimmt. Wie kommen wir nun zu der Gesamtnachfrage aller Haushalte nach einem Gut? Dies soll für den vereinfachten Fall durchgeführt werden, dass es nur zwei Haushalte gibt, die dieses Gut nachfragen (Tabelle 4.1). Die Gesamtnachfragekurve wird gewonnen, indem die zu bestimmten Preisen nachgefragten Mengen addiert werden. Zu einem Preis von 7 Euro fragt Haushalt I 3 Mengeneinheiten und Haushalt II 1,5 Einheiten nach. Die Gesamtnachfrage beim Preis von 7 Euro ist also 4,5 Einheiten.

Die Gesamtnachfragekurve kann auch dadurch konstruiert werden, dass wir graphisch die beiden Nachfragekurven horizontal addieren (Schaubild 4.11). Beim Preis p_1 wird von Haushalt I und II nichts nachgefragt. Dann ist auch die Gesamtnachfrage (die Nachfrage von Haushalt I und II zusammen) null. Beim Preis p_2 fragt der Haushalt I die Menge a, der Haushalt II die Menge b nach. Die Strecke AB gibt die Gesamtnachfrage (a + b) an. Entsprechendes gilt beim Preis p_3. Die Gesamtnachfragekurve auf einem Markt beschreibt somit das aggregierte Mengenverhalten aller Haushalte bei alternativen Preisen für ein Gut.

Tabelle 4.1: Nachfrage von Einzelhaushalten und Gesamtnachfrage

Preis in Euro	10	9	8	7	6	5	4	3	2	1	0
Nachgefragte Menge des Haushalts I	0	1	2	3	4	5	6	7	8	9	10
Nachgefragte Menge des Haushalts II	0	0,5	1	1,5	2	2,5	3	3,5	4	4,5	5
Gesamtnachfrage I und II	0	1,5	3	4,5	6	7,5	9	10,5	12	13,5	15

Schaubild 4.11: Aggregation von Nachfragekurven

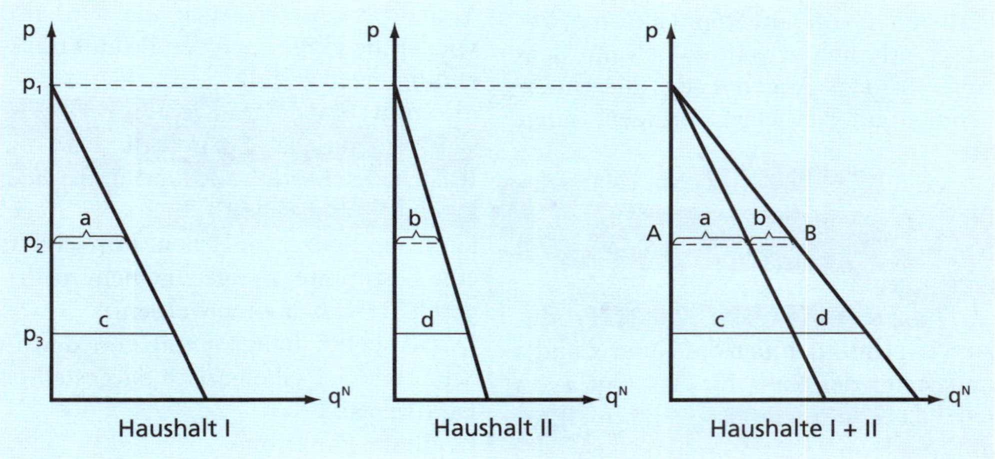

Wichtige Begriffe in Kapitel 4

Determinanten der Nachfrage
Inferiores Gut
Komplementärgüter
Substitutionsgüter
Präferenzsystem
Nutzenfunktion
Indifferenzkurve
Budgetrestriktion
Substitutionseffekt
Einkommenseffekt
Preiselastizität der Nachfrage
Einkommenselastizität der Nachfrage
Gesamtnachfragekurve
Aggregation

5 Bestimmung des Angebots: Produktionstheorie

Der wahre Preis einer Sache …
ist die Mühe und Plage, sie zu erarbeiten.
Adam Smith

5.1 Determinanten des Angebots

Wir haben gesehen, dass die Nachfrage nicht nur von der Höhe des Preises, sondern auch von anderen Faktoren abhängt. Ähnlich verhält es sich mit dem Angebot. Das Angebot, das die Unternehmen auf den Markt bringen, hängt ab:

(1) vom Preis des Gutes. Je höher der Preis, desto mehr wird angeboten. Je niedriger der Preis, desto weniger wird angeboten.

(2) Vom Preis anderer Güter. Produziert ein Unternehmen die Güter x und z und steigt der Preis für das Gut z, so wird das Unternehmen u. U. seine Produktion von x einschränken, um die Produktion von z zu verstärken.

Ob das Unternehmen auf diese Weise reagiert, hängt davon ab, wie leicht es sich auf die Produktion des neues Gutes umstellen kann. Die Analyse der Angebotsseite muss sich also mit den Produktionsbedingungen befassen.

(3) Vom Preis, den das Unternehmen für seine Produktionsfaktoren zu zahlen hat. Steigen die Preise der Produktionsfaktoren, so steigen die Kosten der Produktion. Das Unternehmen wird deshalb bei gegebenem Preis eine geringere Menge anbieten. Außerdem beeinflusst eine Änderung der Faktorpreise die Produktionstechnologie: Wenn z. B. der Zins steigt, wird das Unternehmen weniger kapitalintensiv produzieren und dafür z. B. mehr Arbeit in der Produktion einsetzen. In diesem Fall müssen wir wissen, inwieweit das Unternehmen seine Produktionsfaktoren umkombinieren kann oder ob es sie in einem fixen Verhältnis einsetzt. Auch hier wird also wieder die Frage nach den Produktionsbedingungen gestellt.

(4) Vom Stand des technischen Wissens. Technischer Fortschritt senkt die Kosten der Produktion und ändert die Produktionsbedingungen. In der Regel kann infolge technischen Fortschritts eine bestimmte Menge zu einem niedrigeren Preis angeboten werden.

Das Angebot hängt somit von den in Schaubild 5.1 schematisch dargestellten Faktoren ab.

Es gilt die Funktion:

$$q_x^A = F(p_x, p_y, p_f, T)$$

Da wir in einem Schaubild nur zwei Größen eintragen können, wird ähnlich wie bei der Nachfrage nur die Abhängigkeit der angebotenen Menge eines Gutes von seinem Preis betrachtet. Die anderen Determinanten wirken sich dann in einer Verschiebung der Angebotskurve aus.

Die Angebotskurve verändert ihre Lage, wenn sich der Preis der anderen Güter, der Preis der Produktionsfaktoren und das technische Wissen ändern.

1. Steigt der Preis eines Gutes z und kann das Unternehmen auch dieses Gut produzieren (ist es in seiner Produktion

Schaubild 5.1: Einflussfaktoren des Güterangebots

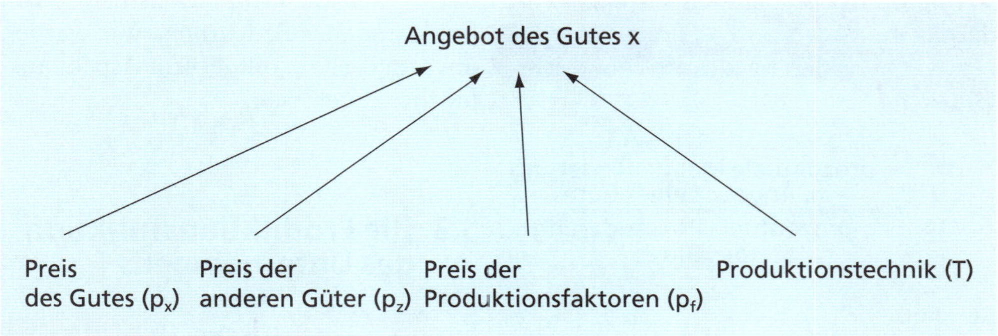

Schaubild 5.2: Linksverschiebung der Angebotskurve bei teurerem Zweitprodukt

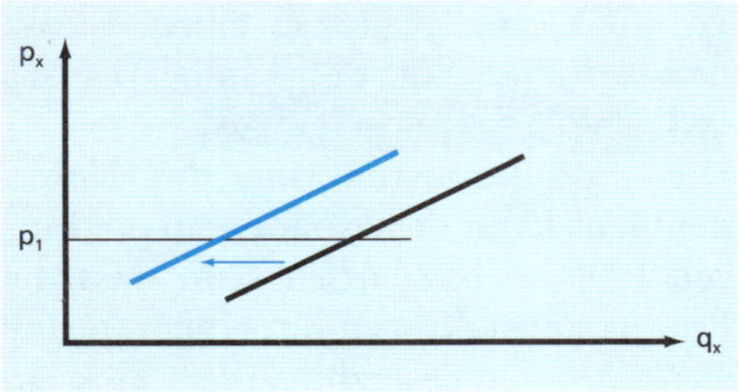

variabel), so wird es mehr von z und weniger von x anbieten: die Angebotskurve von x verschiebt sich nach links. Zum Preis p_1 wird jetzt eine geringere Menge von x angeboten (Schaubild 5.2).
Sinkt dagegen der Preis eines Gutes z, so wird davon weniger angeboten und das Unternehmen wird sein Angebot von x vermehren. Die Angebotsfunktion verschiebt sich nach rechts (Schaubild 5.3).
2. Steigt der Preis der eingesetzten Produktionsfaktoren, so wird das Unternehmen zu gegebenem Preis weniger anbieten (Linksverschiebung). Sinkt der Preis der Faktoren, so wird das Unternehmen zu einem gegebenen Preis mehr anbieten (Rechtsverschiebung).

3. Verbessert sich die Produktionstechnik des Unternehmens, so ergibt sich eine Rechtsverschiebung der Angebotskurve.

Schaubild 5.3: Rechtsverschiebung der Angebotskurve bei preiswerterem Zweitprodukt

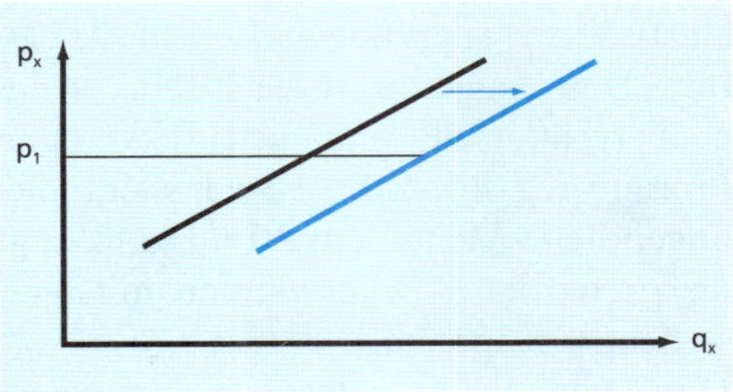

5.2 Die Elastizität des Angebots

Die Reaktion der angebotenen Menge auf die Änderung der Determinanten des Angebots wird – genau wie in der Theorie des Haushalts – mit dem Begriff der Elastizität gemessen.
Wir wollen uns im Folgenden auf die *direkte Preiselastizität des Angebots* be-

schränken.[1] Darunter versteht man das Verhältnis der prozentualen Mengenänderung im Angebot eines Gutes zur prozentualen Änderung des Preises dieses Gutes.

$$\varepsilon = \frac{\frac{\Delta q}{q}}{\frac{\Delta p}{p}} = \frac{\text{prozentuale Mengenänderung im Angebot eines Gutes}}{\text{prozentuale Preisänderung des Gutes}}$$

Beispiel:

Preis:	p = 10,–
Preisänderung:	Δp = 5,–
Menge:	q = 100
Mengenänderung:	Δq = 50

$$\varepsilon = \frac{\frac{\Delta q}{q}}{\frac{\Delta p}{p}} = \frac{\frac{50}{100}}{\frac{5}{10}} = \frac{50}{100} \cdot \frac{10}{5} = 1$$

Analog zur elastischen und unelastischen Nachfrage sprechen wir auch von elastischem oder unelastischem Angebot. Das Angebot ist elastisch, wenn $\varepsilon > 1$ (größer als eins) ist. Bei einem Preisanstieg um z. B. 10 vH steigt die angebotene Menge um 20 vH (z. B. unterbeschäftigtes Unternehmen mit leer stehender Kapazität).

Das Angebot ist unelastisch oder starr, wenn $\varepsilon < 1$ (kleiner als eins) ist. Der Preis steigt z. B. um 10 vH und die angebotene Menge nur um 1 vH.

Die Analyse des Verhaltens des Angebots wirft die Frage auf, inwieweit das Unternehmen auf bestimmte Impulse von außen (Änderung des Preises des Gutes, des Preises anderer Güter, der Faktorpreise, des technischen Wissens) seine Produktion mengenmäßig ändern kann. Für die Untersuchung des Angebots ist also die Produktionstheorie von fundamentaler Bedeutung. Wir werden uns nun deshalb mit diesem Aspekt ausführlicher befassen.

5.3 Die Produktionsfunktion des Unternehmens

Ein Unternehmen kann als organisatorische Einheit aufgefasst werden, in der durch Kombination von Produktionsfaktoren Güter erstellt werden. Das Produktionsergebnis eines Unternehmens hängt also von dem Einsatz der Produktionsfaktoren ab. Je mehr Kapital wir beispielsweise in einem Unternehmen einsetzen, desto höher ist das erzielte Produktionsergebnis.

Die Produktionsfunktion des Unternehmens kann insbesondere in der kurzen Frist so beschaffen sein, dass die Produktionsfaktoren in einem *festen Verhältnis* eingesetzt werden müssen. Die Faktoren können z. B. in einem Zeitraum von drei Monaten nicht substituiert werden: Sie sind limitational zueinander. Wir sprechen dann von einer *limitationalen Produktionsfunktion.*

So muss z. B. ein Fließband in der Automobilindustrie mit einer ganz bestimmten Anzahl an Arbeitern besetzt werden. Für das Unternehmen lohnt es sich in diesem Fall nicht, etwa einen zusätzlichen Arbeiter einzustellen. Das Unternehmen kann sich zwar zeitlich (z. B. durch Überstunden der Arbeiter) anpassen, aber auch das ist nur in einem begrenzten Maß möglich. Falls die Anlage bereits zeitlich ausgelastet ist, ist eine Produktionsausdehnung nur dadurch möglich, dass das Unternehmen ein neues Fließband errichtet und die hier-

[1] Ähnlich wie bei der Nachfrage können auch hier mehrere Elastizitätsbegriffe konstruiert werden.

für zur Bedienung notwendigen Arbeiter neu einstellt. Die Produktionsfaktoren Arbeit und Kapital stehen dann in einem festen Einsatzverhältnis zueinander (z. B. auf 4 Einheiten Kapital eine Einheit Arbeit). Andere Beispiele für ein festes Einsatzverhältnis sind das Verhältnis Autobus-Busfahrer und Flugzeug-Bedienungsmannschaft.

Die Produktionsfaktoren können auch in einem *variablen Verhältnis* zueinander stehen. In diesem Fall ist das Unternehmen nicht an ein bestimmtes Einsatzverhältnis gebunden. Das Unternehmen kann den Einsatz eines Faktors dann kontinuierlich verändern, ohne die anderen Faktoren variieren zu müssen. So kann z. B. ein Bauer den Produktionsfaktor Boden durch den zusätzlichen Einsatz eines, zweier, dreier usw. Arbeiter intensiver nutzen. Ein Bauunternehmen kann sowohl den Einsatz von Kapital (Betonmischer, Maschinen) als auch von Arbeitern (Beispiel Saisonarbeiter) ändern. In diesen Fällen, in denen die Faktoren gegeneinander ausgetauscht werden können, sprechen wir von *substitutionalen Produktionsfunktionen.* In einer längerfristigen Betrachtung ist auch die Produktion im oben beschriebenen Fließbandbeispiel substitutional. Das Unternehmen kann sein Produktionsverfahren ändern und z. B. Arbeiter durch Roboter (= Kapital) am Fließband ersetzen.

Einen anderen Aspekt betrifft die Unterscheidung in fixe und variable Faktoren. *Fixe Faktoren* fallen unabhängig von der Produktionsmenge immer an, sobald ein Unternehmen überhaupt die Produktion aufnimmt. Bei *variablen Faktoren* kann hingegen die Faktoreinsatzmenge verändert werden. Ein Schriftsteller benötigt – unabhängig davon, wie viele Seiten er schreibt – zunächst einmal einen Computer. Dieser Computer ist der fixe Faktoreinsatz. Variabel ist hingegen in diesem Beispiel sein Arbeitseinsatz.

5.4 Sinkende Grenzerträge

Zur Vereinfachung wird wieder unterstellt, dass nur ein Faktor variabel ist, alle anderen dagegen konstant sind. Arbeit soll der variable, Boden und Kapital sollen die konstanten Produktionsfaktoren sein. Um die Produktionsfunktion näher beschreiben zu können, werden folgende Begriffe definiert:

1. Gesamtertrag (Gesamtprodukt q): Gesamtmenge des Produktionsergebnisses in einer Zeitperiode; z. B. 10 000 t/Jahr.

2. Durchschnittsertrag (Durchschnittsprodukt): Gesamtertrag dividiert durch die Menge des eingesetzten variablen Faktors. Wenn 10 000 t/Jahr z. B. von 20 Arbeitern (variabler Faktor) hergestellt werden, ist der Durchschnittsertrag (= Ertrag pro Arbeiter):

$$\frac{10\,000 \text{ t/Jahr}}{20 \text{ Arbeiter}} = \begin{array}{l}500 \text{ t pro Arbeiter} \\ \text{und pro Jahr}\end{array}$$

Also ergibt sich der Durchschnittsertrag als $\frac{q}{A}$ mit A als Arbeitseinsatz.

3. Grenzertrag (Grenzprodukt): Zunahme im Gesamtertrag, die sich bei einem vermehrten Einsatz des variablen Faktors um eine zusätzliche Einheit ergibt. Wenn in dem obigen Beispiel ein 21. Arbeiter eingestellt wird, steigt der Gesamtertrag auf z. B. 10 200 t/Jahr. Der Grenzertrag des 21. Arbeiters ist also 200 t/Jahr.

Mit dem Begriff des Grenzertrages (Grenzprodukt) begegnen wir der Grenzbetrachtung (Marginalanalyse), die in der Volkswirtschaftslehre oft an-

gewandt wird. Die Marginalanalyse stellt die Frage, wie sich eine abhängige Variable absolut verändert, wenn sich ihr Bestimmungsfaktor (determinierende Variable) um eine Einheit ändert. Die Marginalanalyse stellt also auf die absolute – und nicht wie die Elastizität auf die relative – Veränderung ab. Beispiele:
Grenzertrag: Um wie viele Einheiten nimmt das Produktionsergebnis zu, wenn eine zusätzliche Einheit des variablen Produktionsfaktors eingesetzt wird?
Grenzkosten: Um wie viel verändern sich die Gesamtkosten der Produktion, wenn eine zusätzliche Einheit erzeugt wird?
Grenzerlös: Um wie viel steigt der Gesamterlös (= Menge · Preis) eines Unternehmens, wenn es eine zusätzliche Einheit absetzt?
Die Grenzgröße ist deshalb so wichtig, weil sie über die Steigung der Gesamtkurve (Gesamtertrag, Gesamterlös usw.) Auskunft gibt. Ist die Grenzgröße positiv, so steigt die Gesamtkurve. Ist die Grenzgröße negativ, so fällt die Gesamtkurve. Ist die Grenzgröße positiv und nimmt sie zu, so steigt die Gesamtkurve, und zwar stärker als bisher. Ist die Grenzgröße positiv und nimmt sie ab, so steigt die Gesamtkurve zwar noch, aber sie steigt schwächer als bisher. Wo die Grenzgröße null ist, erreicht die Gesamtkurve ihren Höhepunkt (Maximum). Mathematisch ist die Grenzgröße die erste Ableitung der Gesamtkurve.
Die Zusammenhänge zwischen Gesamtertrag, Durchschnittsertrag und Grenzertrag sollen an einem Zahlenbeispiel verdeutlicht werden. Der Grenzertrag lässt sich errechnen, indem man die Zunahme des Gesamtertrages findet, die auf den letzten zusätzlich eingestellten Arbeiter zurückgeht. Es ist die Differenz zweier aufeinander folgender Gesamterträge. Der Durchschnittsertrag ergibt sich, indem man den Gesamtertrag durch die Anzahl der Arbeiter dividiert (Tabelle 5.1). In unserem Beispiel wird angenommen, dass der Grenzertrag jedes zusätzlichen Arbeiters abnimmt. Der 1. Arbeiter hat einen Grenzertrag von 24; der 7. Arbeiter hat einen Grenzertrag von null, so dass er den Gesamtertrag nicht mehr vermehrt.
Die Zusammenhänge zwischen Gesamtertrag, Grenzertrag und Durchschnittsertrag können auch graphisch dargestellt werden (Schaubild 5.4). Der Einsatz des variablen Faktors wird da-

Tabelle 5.1: Abnehmende Grenzerträge

Anzahl der eingesetzten Arbeiter pro Jahr	Gesamtertrag in kg pro Jahr	Grenzertrag in kg pro Jahr	Durchschnittsertrag in kg pro Jahr
0	0	–	–
1	24	24	24
2	40	16	20
3	51	11	17
4	58	7	14,5
5	64	6	12,8
6	66	2	11
7	66	0	9,4

Schaubild 5.4: Abnehmender Grenzertrag

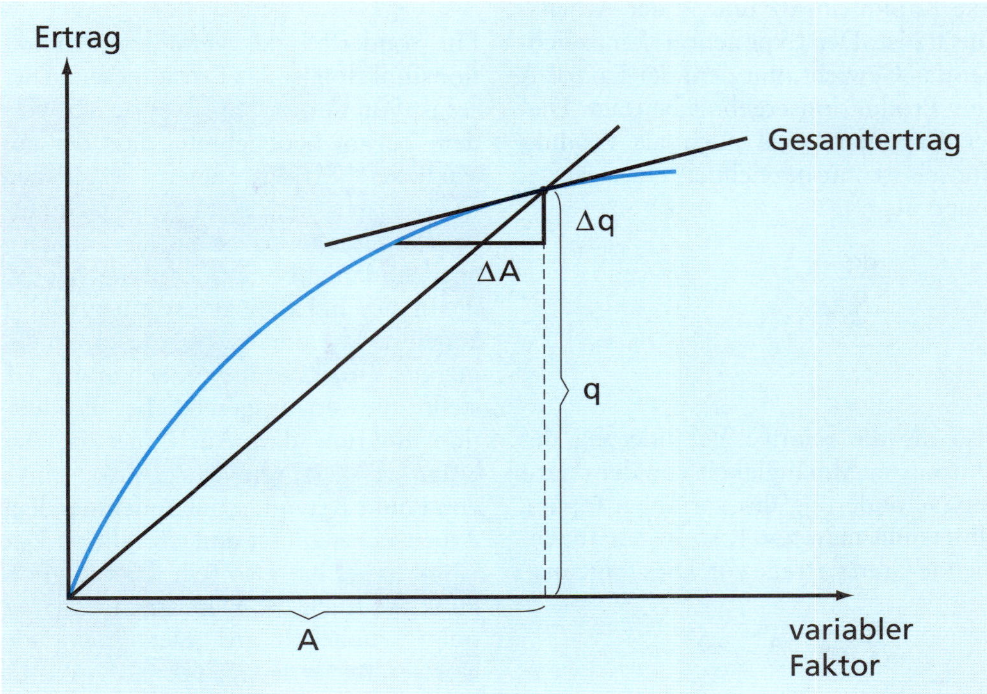

bei als kontinuierliche Größe behandelt. Der Grenzertrag gibt an, um wie viel sich die Produktionsmenge ändert (Δq) bei einer Veränderung der Einsatzmenge des variablen Faktors Arbeit (ΔA), d. h., der Grenzertrag ist die Relation zwischen diesen beiden Größen ($\Delta q/\Delta A$ = Differenzenquotient). Für sehr kleine Änderungen ist das gleich der Steigung der Produktionsfunktion (= Differentialquotient), ihrer ersten Ableitung.[1]

Der Durchschnittsertrag ist die Relation zwischen Produktionsmenge (q) und Einsatz des variablen Faktors (A). Er entspricht der Steigung eines Fahrstrahls durch die Produktionskurve.

Wie aus Schaubild 5.4 zu sehen ist, nimmt der Gesamtertrag zwar mit steigendem Einsatz des variablen Faktors zu, der Grenzertrag ist also positiv, diese Zunahme im Gesamtertrag wird aber immer kleiner (die Steigung der Produktionsfunktion nimmt ab); das ist der abnehmende Grenzertrag. Wir sehen zudem, dass dann auch der Grenzertrag immer geringer als der Durchschnittsertrag ist.

Exkurs: Eine einfache Formel für eine Produktionsfunktion mit abnehmendem Grenzertrag lautet

$$q = K \cdot A^{\alpha}$$

---

[2] Bezeichnen wir die erste Ableitung der Funktion mit

$$F' = \frac{dq}{dA}$$

und die zweite Ableitung mit

$$F'' = \frac{d^2q}{dA^2}$$

so ist der angenommene Verlauf gekennzeichnet durch F '> 0 und F ''< 0.

wobei q das Produktionsergebnis, K der fixe Kapitaleinsatz und A der Arbeitseinsatz ist. Der Exponent α kennzeichnet das Gewicht, mit dem der Faktor A zum Produktionsergebnis beiträgt. Dieser Exponent wird auch als Produktionselastizität bezeichnet. Diese ist definiert als

$$\alpha = \frac{\frac{dq}{q}}{\frac{dA}{A}}$$

also als die relative Veränderung des Outputs in Abhängigkeit von der relativen Veränderung des variablen Inputs. Unterstellt man $\alpha < 1$, so liegen abnehmende Grenzerträge vor. Dies folgt aus

$$\frac{dq}{dA} = K \cdot \alpha A^{\alpha-1} > 0$$

und

$$\frac{d^2q}{dA^2} = K \cdot \alpha \cdot (\alpha - 1) \cdot A^{\alpha-2}$$

Die 2. Ableitung ist für $\alpha < 1$ negativ. Also nehmen die Grenzerträge ab.
Eine etwas kompliziertere Form einer Produktionsfunktion liegt vor, wenn auch der Faktor Kapital dem Gesetz abnehmender Grenzerträge (Grenzprodukt) folgt (und variabel ist). Gilt für Kapital die Produktionselastizität $1 - \alpha$, so dass sich die beiden Produktionselastizitäten zu 1 addieren, so lautet die Produktionsfunktion

$$q = A^{\alpha} K^{1-\alpha}$$

Dies ist die so genannte Cobb-Douglas-Funktion, bei der beide Faktoren abnehmende Grenzerträge aufweisen. Diese Funktion wird in der volkswirtschaftlichen Theorie häufig verwendet.

5.5 Ertragsgesetz

Ein Sonderfall der variablen Produktionsfunktion ist das Ertragsgesetz. Dieses ist von Turgot (1767) entdeckt worden: Turgot beobachtete, dass der zusätzliche Ertrag einer gegebenen landwirtschaftlich genutzten Fläche bei zunehmendem Arbeitseinsatz zunächst anstieg, dann aber immer geringer wurde. In diesem Fall liegt also ein zunächst zunehmender und später wieder abnehmender Grenzertrag vor. Schaubild 5.5 stellt die ertragsgesetzliche Produktionsfunktion dar. Auch hier ist der Grenzertrag durchweg positiv. Links von Punkt B steigt er mit zunehmendem Arbeitseinsatz; erst danach fällt er. Der Grenzertrag hat also sein Maximum in Punkt B. Auch der Durchschnittsertrag steigt zunächst an. Der maximale Durchschnittsertrag liegt in Punkt C, wo er dem Grenzertrag entspricht. Danach fällt der Durchschnittsertrag wieder.

5.6 Die Kostenfunktion des Unternehmens

Die Produktionsfunktion gibt uns bereits einen ersten Aufschluss über die Anpassungsmöglichkeiten des Unternehmens an das Marktgeschehen. Wir müssen jetzt einen Schritt weitergehen und die Kostenfunktion entwickeln. Mit Hilfe der Kostenfunktion kann dann die Angebotskurve abgeleitet werden. Diese gibt an, wie das Unternehmen mit seiner Produktionsmenge auf Preisänderungen reagiert.
Zunächst sei vereinfachend unterstellt, dass die Unternehmen alle Preise vom Markt akzeptieren müssen. Sie können also weder den Preis, den sie für ihr Pro-

Schaubild 5.5: Der ertragsgesetzliche Verlauf

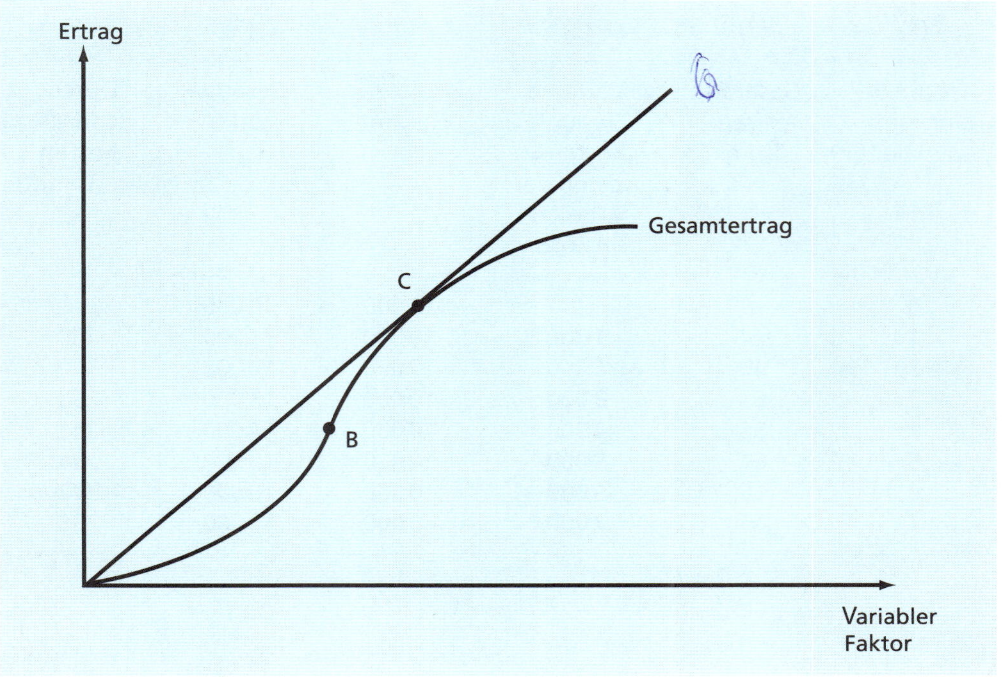

dukt erzielen, noch die Preise für die Produktionsfaktoren beeinflussen. Das Unternehmen befindet sich auf der Beschaffungsseite (Markt für Produktionsfaktoren) und Absatzseite (Gütermarkt) in vollständiger Konkurrenz.[3]
Die Kostenfunktion will eine Aussage darüber machen, von welchen Determinanten die Gesamtkosten eines Unternehmens abhängen.

1. Kosten und Produktionsfunktion. Das Unternehmen muss für den Einsatz der Produktionsfaktoren Boden, Arbeit und Kapital Faktorpreise bezahlen. Die Summe aller Zahlungen für den Einsatz der Faktoren, also von Bodenrente, Lohn und Zins, bezeichnen wir als Kosten. Wir betrachten zunächst den Teil der Kosten eines Unternehmens, der von der ausgebrachten Menge abhängt. Diese Kosten bezeichnen wir als *variable Gesamtkosten* (C_v), da sie mit der Anzahl der produzierten Stücke variieren.[4] Wird wenig produziert, so sind die variablen Kosten gering, wird eine große Menge produziert, so sind sie hoch. Wird gar nichts produziert, so sind sie gleich null. Bezeichnen wir die ausgebrachte Menge mit q, so gilt die Funktion der variablen Gesamtkosten:

$$C_v = F(q)$$

Diese Kostenfunktion hängt nun mit der Produktionsfunktion

$$q = f(B, A, K)$$

[3] Wann dieser Zustand erreicht wird, ist in der Beschreibung der vollständigen Konkurrenz in Kapitel 9 noch zu analysieren.

[4] Der Leser beachte, dass die Variable C in der Makroökonomie den Konsum bezeichnet, hier jedoch die Kosten.

Tabelle 5.2: Abnehmender Grenzertrag und Kosten

(1)	(2)	(3)	(4)	(5)	(6)
Anzahl der eingesetzten Arbeiter	Gesamtertrag in kg	Variable Gesamtkosten = Kosten der Arbeiter in Euro	Fixe Gesamtkosten	Gesamtkosten	Durchschnittskosten (gerundet)
0	0	0	10 000	10 000	–
1	24	1 000	10 000	11 000	458
2	40	2 000	10 000	12 000	300
3	51	3 000	10 000	13 000	255
4	58	4 000	10 000	14 000	241
5	64	5 000	10 000	15 000	234
6	66	6 000	10 000	16 000	242
7	66	7 000	10 000	17 000	258

zusammen. Um diesen Zusammenhang zu verstehen, wollen wir wieder die Produktionsfunktion mit abnehmenden Grenzerträgen und dem variablen Faktor Arbeit zugrunde legen. Nehmen wir an, dass das Unternehmen pro Arbeiter im Jahr 1 000 Euro bezahlen muss, so lässt sich aus Tabelle 5.1 die Kostentabelle 5.2 ableiten:

Die variablen Gesamtkosten steigen mit dem gewünschten Produktionsniveau. Will das Unternehmen 40 Einheiten produzieren, so muss es zwei Arbeiter einstellen. Diese verursachen variable Kosten von 2 000 Euro. Bei einem Output von 66 Einheiten betragen die variablen Gesamtkosten schon 6 000 Euro. Die Kosten in der Spalte (3) der Tabelle 5.2 sind also direkt abhängig von der ausgebrachten Menge.

Schaubild 5.6 stellt die variablen Gesamtkosten (C_v) in Abhängigkeit von der ausgebrachten Menge q dar. Sie steigen mit zunehmendem Output überproportional an. Ein Vergleich mit Schaubild 5.4 zeigt, dass Schaubild 5.6 das Spiegelbild des abnehmenden Grenzertrags ist. Wenn der Gesamtertrag weniger stark zunimmt, müssen die variablen Gesamtkosten stärker ansteigen, da ein zusätzlicher Arbeiter jetzt einen geringeren Ertragszuwachs als die bereits beschäftigten Arbeiter einbringt, aber die gleichen Kosten verursacht.

Interpretiert man die in der Produktionsfunktion beschriebene Abhängigkeit in der entgegengesetzten Richtung, so hat man eine Abhängigkeit des Faktorverbrauchs vom gewünschten Produktionsergebnis. Diese Funktion bezeichnet man als Verbrauchsfunktion. Die Verbrauchsfunktion ist die Umkehrfunktion zur Produktionsfunktion.

Die Spalten (1) und (2) in Tabelle 5.2 können z. B. so interpretiert werden, dass in Spalte (1) angegeben wird, wie viel Arbeitskräfte man braucht, um das in Spalte (2) angegebene Produktionser-

Schaubild 5.6: Variable Kosten

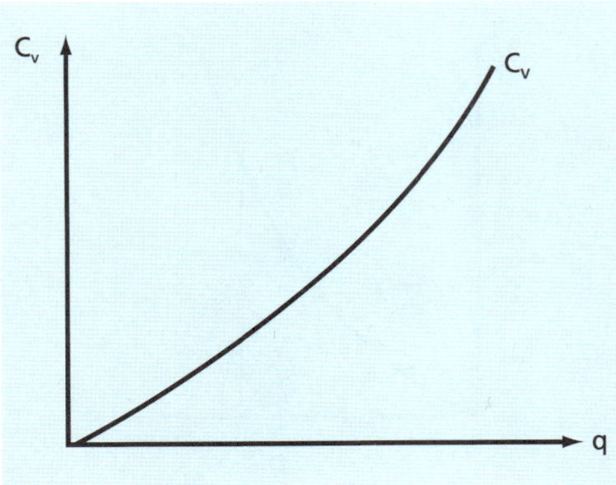

gebnis zu erzielen. Werden die verbrauchten Faktormengen mit ihren Preisen multipliziert, so erhält man die variablen Kosten (Spalte 3). Die Verbrauchsfunktion ist also das gedankliche Bindeglied zwischen Produktionsfunktion und Kostenfunktion.

2. Kostenfunktion. Den Zusammenhang zwischen Produktionsfunktion und Kostenkurve kann man sich auch mit Hilfe des Schaubilds 5.7 verdeutlichen. In Schaubild 5.7a stellt die Kurve F die Produktionsfunktion dar, d. h. die Abhängigkeit des Outputs vom Einsatz des variablen Faktors Arbeit. Multipliziert man die eingesetzten Arbeitsmengen mit dem Lohnsatz l, so erhält man für jede Menge q die Kosten für den zugeordneten Arbeitseinsatz als monetäre Größe. Die Multiplikation mit dem Lohnsatz verschiebt die ursprüngliche Kurve. Die Verschiebung hängt von der Höhe des Lohns ab.

Die neue Kurve G gibt an, wie viel Euro man aufwenden muss, um bestimmte Gütermengen zu produzieren. Diese Kurve stellt also eine Zuordnung des bewerteten Arbeitseinsatzes zum Produktionsergebnis dar. Da bewertete Arbeitsinputs Kosten sind, hat man also eine Zuordnung von Kosten zum Output oder eine Kostenfunktion. Durch Übertragung der einzelnen Punkte in Schaubild 5.7b erhält man die Kurve der variablen Kosten.

3. Gesamtkosten. Im Beispiel der Tabelle 5.2 entstehen aber auch Kosten für die fixen Produktionsfaktoren, also die Faktoren, die vom Produktionsniveau unabhängig sind (z. B. Kosten für leitende Angestellte, Kosten für Maschinen, für Bürogebäude). Diese Kosten bezeichnen wir als fixe Gesamtkosten (C_f). Sie fallen also auch dann an, wenn nichts produziert wird. Man nennt sie deshalb auch Kosten der Betriebsbereitschaft. Die Gesamtkosten (C_g) setzen sich aus den fixen und variablen Gesamtkosten zusammen:

$$C_g = C_f + C_v$$

Betragen die fixen Gesamtkosten z. B. 10 000 Euro, so zeigt Spalte (5) in Tabelle 5.2 die Gesamtkosten C_g für unterschiedliche Produktionsniveaus.

Zeichnerisch ergeben sich die Gesamtkosten durch Vertikaladdition der variablen und fixen Gesamtkosten (Schaubild 5.8).

4. Durchschnitts- und Grenzkosten. Um die Gesamtkostenkurve C_g diskutieren zu können, müssen die Durchschnittskosten und die Grenzkosten definiert werden:

Durchschnittskosten sind das Verhältnis der Gesamtkosten zu der ausgebrachten Menge (Kosten pro Stück: $\frac{C_g}{q}$). Sie lassen sich errechnen, indem man Spalte (5) durch Spalte (2) in Tabelle 5.2 dividiert. Wenn die Durchschnittskosten graphisch dargestellt werden, so ergibt sich

Schaubild 5.7: Produktions- und Kostenfunktion

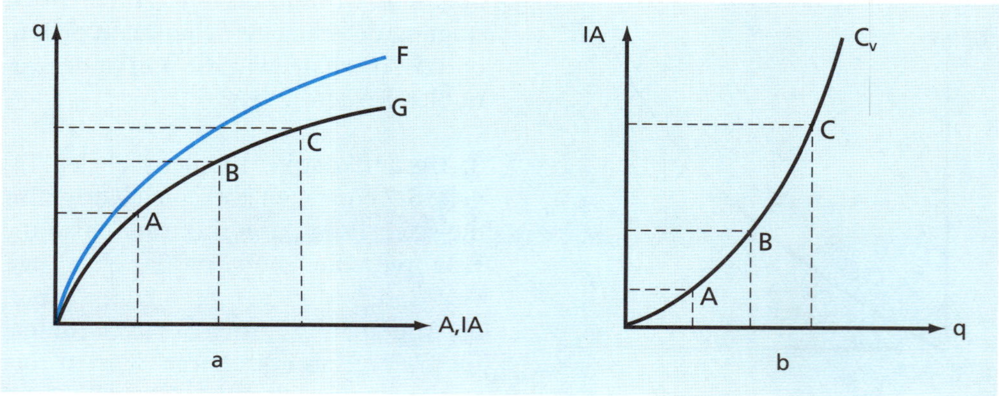

Schaubild 5.8: Ermittlung der Gesamtkosten

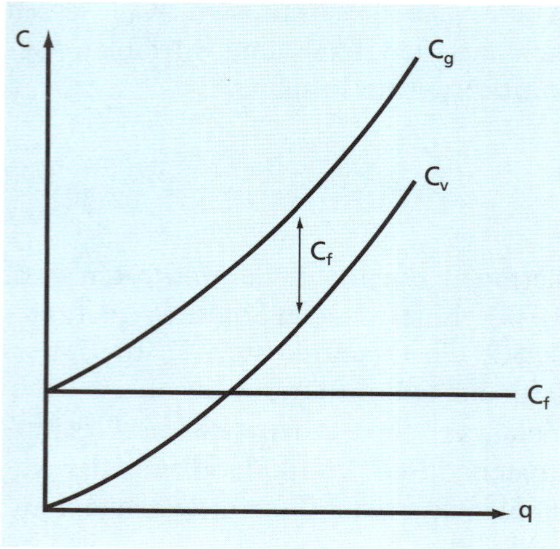

im betrachteten Fall, dass sie zunächst fallen und dann wieder ansteigen.

Grenzkosten[5] sind definiert als die Veränderung der variablen Gesamtkosten, die bei der Produktion einer zusätzlichen Einheit entstehen. Da die fixen Gesamtkosten sich definitionsgemäß bei zusätzlichem Output nicht verändern, geben die Grenzkosten auch die Veränderung (Steigung) der Gesamtkosten an. Die Kostenfunktionen sind – wie wir bereits gesehen haben – bis auf die fixen Kosten das Spiegelbild der Ertragsfunktionen. Ist z. B. der Grenzertrag eines zusätzlichen Arbeiters verhältnismäßig niedrig, so werden die Grenzkosten für die Mengen, die dieser Arbeiter zusätzlich erstellt, verhältnismäßig hoch sein. Ist dagegen der Grenzertrag eines zusätzlichen Arbeiters groß, so werden die Grenzkosten für die Mengen, die dieser Arbeiter zusätzlich erstellt, niedrig sein. Da also der Grenzertrag eines zusätzlichen Arbeiters annahmegemäß fällt, müssen die Grenzkosten eines zusätzlich produzierten Gutes steigen. Wir erhalten also eine steigende Grenzkostenkurve (C′). Das heißt: Wenn wir zusätzliche Mengen produzieren wollen, so verursachen diese Mengen zunehmende Kostenzuwächse (Schaubild 5.9). Das Minimum der Durchschnittskosten liegt im Schnittpunkt mit den Grenzkosten, da die Kosten pro Stück sinken, wenn eine zusätzliche Einheit zu geringeren Kosten hergestellt werden kann als die bereits produzierten Einheiten und steigen, wenn eine zusätzliche

[5] Vgl. die analogen Begriffe Gesamtertrag, Durchschnittsertrag und Grenzertrag.

Schaubild 5.9: Variable Kosten und Grenzkosten

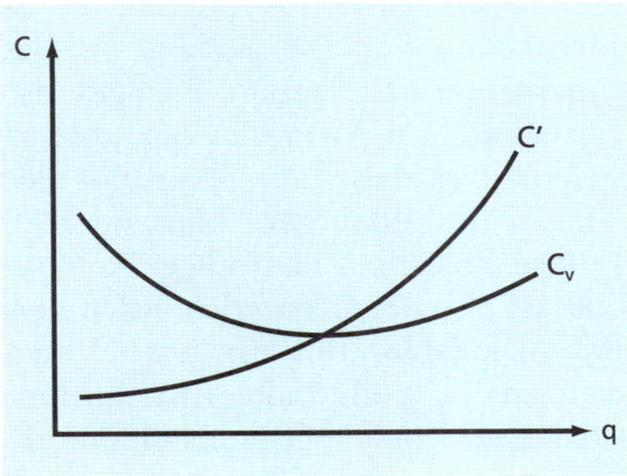

Einheit zu höheren Kosten produziert wird als die übrigen Einheiten.
Die steigende Grenzkostenkurve wird den weiteren Überlegungen zugrunde gelegt.

Exkurs: Geht man von der Produktionsfunktion $q = K \cdot A^{\alpha}$ aus mit dem variablen Faktor Arbeit und $\alpha < 1$, so lässt sich relativ einfach die zugeordnete Kostenfunktion berechnen. Für die Definition der Gesamtkosten C_g als Summe der Kosten für den fixen Faktor Kapital (iK) und für den variablen Faktor Arbeit (lA) gilt

$$C_g = iK + lA$$

wobei i den Zinssatz und l den Lohnsatz bezeichnet.
Für den Fixfaktor Kapital kann $C_f = iK$ geschrieben werden. Die eingesetzte Arbeitsmenge A hängt von der Höhe des Produktionsergebnisses ab. Aus der Produktionsfunktion $q = K \cdot A^{\alpha}$ folgt als Umkehrfunktion die Verbrauchsfunktion

$$A = B \cdot q^{\frac{1}{\alpha}}$$

mit $B = \left(\frac{1}{K}\right)^{\frac{1}{\alpha}}$. Für die Kostenfunktion gilt damit

$$C_g = iK + lBq^{\frac{1}{\alpha}}$$

Die Grenzkosten sind
$C' = dC_g/dq = lB \, \frac{1}{\alpha} \, q^{\frac{1}{\alpha}-1}$. Die zweite Ableitung ist

$$d^2C_g/dq^2 = lB \, \frac{1}{\alpha} \left(\frac{1}{\alpha} - 1\right) q^{\frac{1}{\alpha}-2} > 0$$

Da $[(1 - \alpha)/\alpha] > 0$, ist die zweite Ableitung positiv; die Kosten steigen progressiv an.

5.7 Ableitung der Angebotskurve eines einzelnen Unternehmens

Wir haben uns mit der Produktions- und Kostentheorie beschäftigt, um Aussagen über die Angebotsfunktion des Unternehmens ableiten zu können. Welche Aussagen können wir nun über das Angebotsverhalten der Unternehmen machen?
Wir gehen im Folgenden von der Annahme aus, dass die Unternehmen ihren Gewinn maximieren wollen; sie streben also einen möglichst hohen Gewinn an. Der Gesamtgewinn ist definiert als die Differenz von Gesamterlös und Gesamtkosten. Der Gesamterlös ist die in Preisen bewertete abgesetzte Menge (Menge mal Preis).[6]
Die Frage lautet, ob und wie lange das Unternehmen durch zusätzliches Ange-

[6] Der Erlös (auch als Umsatz bezeichnet) ist immer eine monetäre Größe, z. B. 100 Euro. Der Ertrag ist dagegen eine mengenmäßige Größe, z. B. 100 Stück.

bot seinen Gewinn noch ausdehnen kann. Solange durch die zusätzliche Menge der Erlös stärker zunimmt als die Kosten, kann das Unternehmen seinen Gesamtgewinn noch steigern. Die Zunahme des Gesamterlöses können wir am Grenzerlös messen. Dieser bezeichnet die Zunahme des Erlöses bei Absatz einer zusätzlichen Einheit. Die Zunahme der Kosten ist durch die Grenzkosten angegeben. Eine Ausdehnung der Produktion lohnt sich dann, wenn der Grenzerlös größer ist als die Grenzkosten, denn dann bringt eine zusätzliche Mengeneinheit mehr ein, als sie an Kosten verursacht. Wenn dagegen die zusätzlichen Kosten für eine Einheit höher sind als der zusätzliche Erlös, dann verringert diese Einheit den Gewinn; es lohnt sich für das Unternehmen nicht, die Produktion auszudehnen. Das Gewinnmaximum ist dort erreicht, wo die Differenz von Gesamterlös und Gesamtkosten am größten ist oder – was genau das Gleiche besagt – wo Grenzkosten und Grenzerlös gleich sind. Dort nämlich ist der zusätzliche Gewinn (Grenzgewinn) gleich null.
Als Bedingung für das Vorliegen eines Gewinnmaximums gilt:

Bedingung I:
Gesamtgewinn = Gesamterlös – Gesamtkosten: Maximum!

Bedingung II:
Grenzerlös = Grenzkosten

Bedingung III:
Grenzgewinn = 0

Die drei Bedingungen sagen alle dasselbe aus. Sie stellen also nur unterschiedliche Formulierungen des Gewinnmaximums dar.
Wir wollen im Folgenden mit Bedingung II arbeiten. Es ist darauf hinzuweisen, dass diese Bedingung für alle Marktformen gilt.

Befindet sich das Unternehmen in vollständiger Konkurrenz[7], so muss es den Preis vom Markt akzeptieren. Es ist Mengenanpasser. Der Preis ist für das Unternehmen ein Datum. Wenn es also eine zusätzliche Mengeneinheit absetzt, so erhält es dafür als Grenzerlös den vom Markt diktierten, konstant bleibenden Preis. In vollständiger Konkurrenz ist also der Grenzerlös gleich dem Preis. Die Grenzerlöskurve eines Unternehmens bei vollständiger Konkurrenz ist eine horizontale Gerade in Höhe des Preises $\overline{p}$ (Schaubild 5.10).

Schaubild 5.10: Grenzerlös

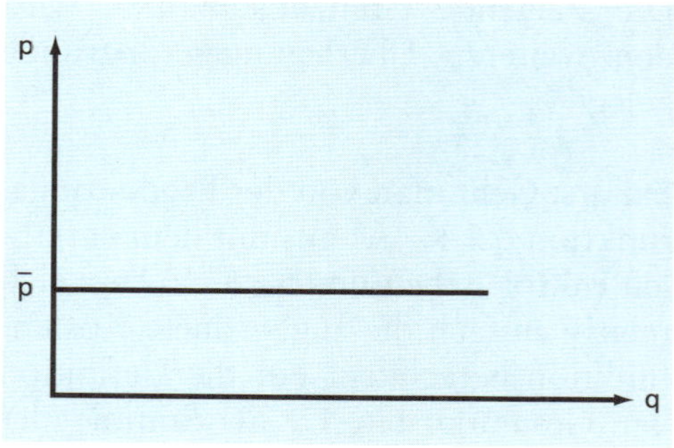

Die Gerade in Schaubild 5.10 gibt den Preis in Abhängigkeit von der ausgebrachten Menge an und gleichzeitig damit den Grenzerlös. Die Grenzerlöskurve des Unternehmens verläuft also waagerecht.
Wie wir gesehen haben, erreicht das Unternehmen sein Gewinnmaximum bei der Menge, bei der Grenzerlös (E′) und Grenzkosten (C′) gleich sind. In obiges Schaubild kann nun die bereits abgeleitete Grenzkostenkurve eingezeichnet werden (Schaubild 5.11).

---

[7] Vgl. dazu die späteren Ausführungen in Abschnitt 9.2.

Schaubild 5.11: Gewinnmaximum eines Unternehmens

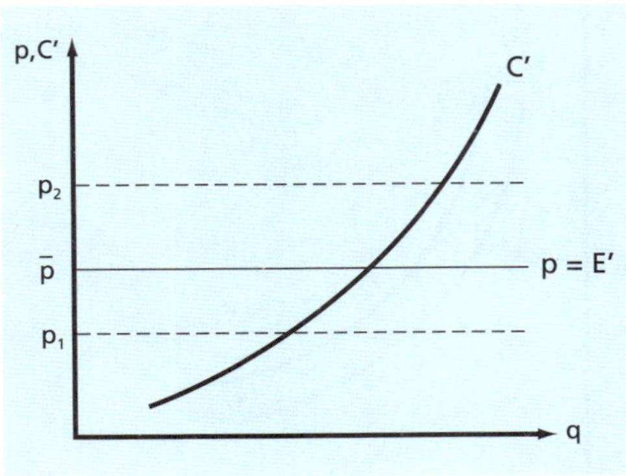

Der Schnittpunkt der Grenzerlös- und der Grenzkosten-Kurve gibt die gewinnmaximale Ausbringung wieder. Links von diesem Punkt steigt der Gewinn mit einer zusätzlichen Ausbringungsmenge, da das Unternehmen für die zusätzliche Gütermenge mit dem Marktpreis mehr erhält als es mit den Grenzkosten an zusätzlichen Kosten hat. Rechts vom Schnittpunkt steigt der Gewinn mit einer verminderten Ausbringungsmenge.

Fällt der Marktpreis auf p_1, so muss sich das Unternehmen mit seiner Menge anpassen, wenn es auch in dieser Situation seinen Gewinn maximieren will. Es reduziert seine Menge. Steigt der Preis auf p_2, so wird das Unternehmen seine Menge ausdehnen. Das Unternehmen passt sich also Preisänderungen seines Produktes entlang seiner Grenzkostenkurve an. Die Grenzkostenkurve gibt damit die mengenmäßige Anpassung des Unternehmens auf Preisänderungen wieder. Sie zeigt das Angebotsverhalten des einzelnen Unternehmens an. Die Grenzkostenkurve kann folglich als Angebotskurve des Unternehmens angesehen werden.[8]

5.8 Ableitung der Kostenfunktion bei zwei Produktionsfaktoren

In der vorstehenden Überlegung ist unterstellt worden, dass ein Unternehmen nur mit einem variablen Produktionsfaktor produziert. Nehmen wir nun an, dass es mehrere Produktionsfaktoren gibt, die gegeneinander substituiert werden können, so muss zunächst die optimale Faktoreinsatzkombination gefunden werden. Hierfür kann für das Unternehmen analog zur Indifferenzkurve eine Produktionsisoquante definiert werden. Darunter versteht man den geometrischen Ort aller Inputkombinationen, mit denen ein gegebenes Outputniveau erstellt werden kann. Schaubild 5.12a stellt eine solche Produktionsisoquante für die beiden variablen Faktoren Arbeit und Ressourcen dar. Ein »Weniger« des Faktors Arbeit (A) kann durch ein »Mehr« des Faktors Ressourcen (R) ersetzt werden (Substitution). Definiert man analog zu der Budgetgeraden des Haushalts eine Isokostenkurve, d. h. eine Gerade, entlang derer die Kosten des Unternehmens unverändert sind, und hält man die Preise für die beiden Faktoren Arbeit und Ressourcen konstant, so lässt sich zeigen, dass beispielsweise Punkt Y in Schaubild 5.12b nicht das Produktionsoptimum darstellt. Das Unternehmen kann bei gegebenen Kosten in Punkt X ein höheres Outputniveau erreichen. Die optimale Faktorkombination in Punkt X kann auch dadurch gefunden werden, dass das Unternehmen seine Kosten mini-

[8] Vorausgesetzt wird, dass das Unternehmen seine Stückkosten decken kann, da es ansonsten einen Verlust machen würde und dann überhaupt nicht anbietet.

Schaubild 5.12: Produktionsisoquante und Minimalkosten

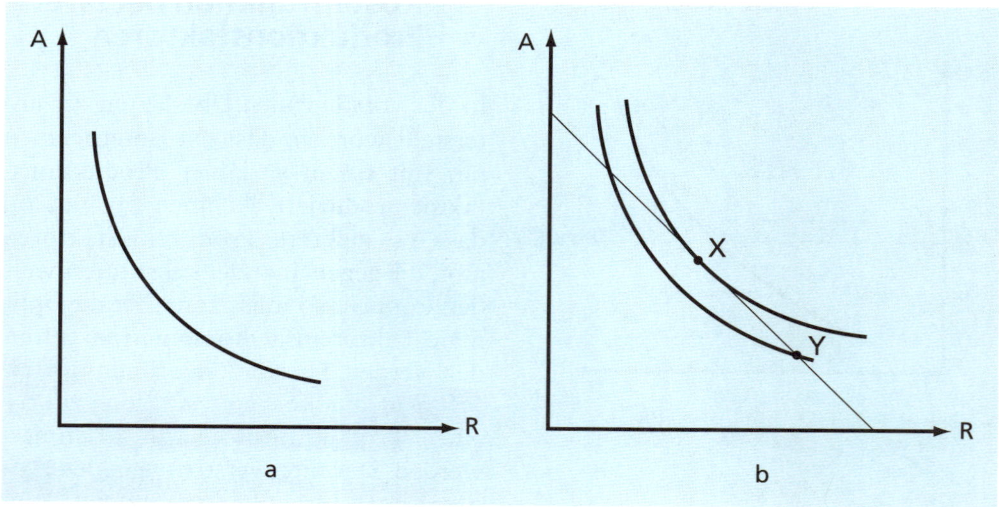

miert unter der Bedingung, dass ein bestimmter Output produziert wird. Graphisch wird dann die niedrigste Isokostenkurve gesucht, die mit einer gegebenen Isoquante vereinbar ist. Die Lösung dieses Problems ist wieder Punkt X. Fügt man nun mehrere dieser Kostenminima für alternative Kostensummen aneinander, so erhält man eine Zuordnung von Outputniveaus und (minimalen) Kostenniveaus (Schaubild 5.13). Genau dies ist aber die Funktion der variablen Gesamtkosten. Die Kurve XWVU in Schaubild 5.13, die diese Kostenminima verbindet, nennt man Expansionspfad. Es handelt sich in diesem Beispiel um einen linear verlaufenden Expansionspfad.

Exkurs: Unterstellt man eine Cobb-Douglas-Produktionsfunktion mit den beiden variablen Faktoren Arbeit und Kapitel, so minimiert das Unternehmen seine Kosten $C_g = iK + lA$ unter Berücksichtigung des produktionsmäßigen Zusammenhangs, der durch die Cobb-Douglas-Funktion $q = K^{1-\alpha} A^{\alpha}$ gegeben ist. Die Kosten sind proportional zur Outputmenge (siehe Anhang).

Schaubild 5.13: Produktionsisoquanten und Kostenfunktion

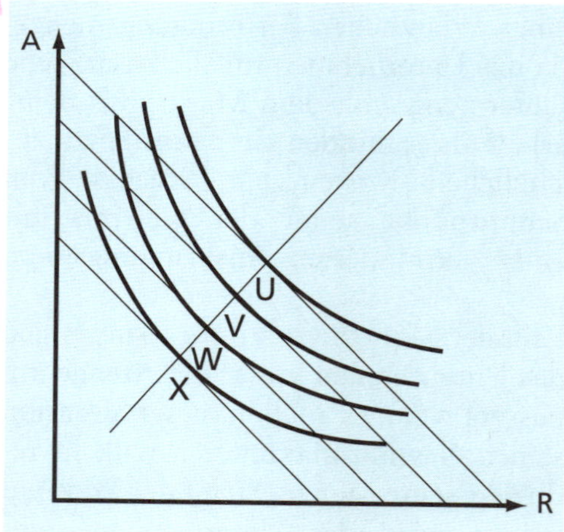

5.9 Konstruktion der Gesamtangebotskurve

In unseren bisherigen Überlegungen haben wir die Angebotskurve eines einzelnen Unternehmens abgeleitet. Ähnlich wie sich die Gesamtnachfragekurve aus den Nachfragekurven der einzelnen

Schaubild 5.14: Aggregation der Gesamtangebotskurve

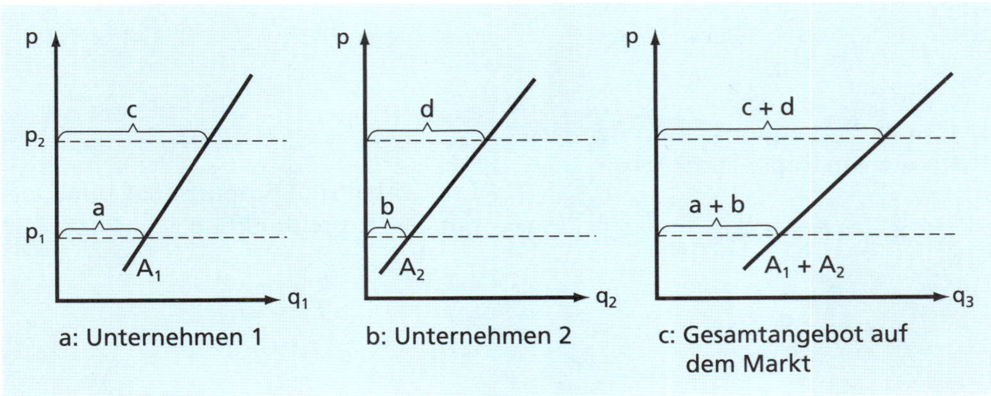

Haushalte addieren lässt, so kann auch das Gesamtangebot eines Gutes (das Angebot aller Unternehmen) durch Horizontaladdition der Angebotskurven der einzelnen Unternehmen gefunden werden (Schaubild 5.14). Zur Vereinfachung gehen wir von nur zwei Unternehmen aus.

Man erhält die Gesamtangebotskurve auf dem Markt, indem man die zu alternativen Preisen angebotenen Mengen der beiden Unternehmen addiert. Zum Preis p_1 bietet Unternehmen I die Menge a und Unternehmen II die Menge b an. Das Gesamtangebot zum Preis p_1 ist dann a plus b. Analoges gilt für den Preis p_2 und alle anderen Preise.

Die Gesamtangebotskurve auf einem Markt beschreibt also das Mengenverhalten aller Produzenten bei alternativen Preisen. Die Angebotsfunktion gibt an, welche Mengen alle Anbieter bei alternativen Preisen anbieten.

Anhang

Bei einer Cobb-Douglas-Produktionsfunktion lautet das mathematische Programm zur Minimierung der Kosten unter der Nebenbedingung eines Produktionsniveaus von q, mit i als dem Zinssatz und l als dem Lohnsatz:

$$L = iK + lA + l\,[q - K^{1-\alpha} A^{\alpha}] \qquad (1)$$

Dabei ist L die Lagrange-Funktion, die über K, A und λ maximiert werden muss. A und K müssen dann die folgenden Bedingungen erfüllen:

$$=> \frac{\delta L}{\delta K} = i - \lambda\,(1-\alpha)\,K^{1-\alpha-1} A^{\alpha} = 0 \qquad (2)$$

$$\frac{\delta L}{\delta A} = l - \lambda\,\alpha\,K^{1-\alpha} A^{\alpha-1} = 0 \qquad (3)$$

Daraus folgt

$$i = \lambda\,(1-\alpha)\,\frac{K^{1-\alpha} A^{\alpha}}{K} \qquad (4)$$

$$l = \lambda\,\alpha\,\frac{K^{1-\alpha} A^{\alpha}}{A} \qquad (5)$$

Dies heißt

$$i = \lambda\,(1-\alpha)\,\frac{q}{K} \qquad (6)$$

$$l = \lambda\,\alpha\,\frac{q}{A} \qquad (7)$$

$$\Rightarrow \frac{l}{i} = \frac{\alpha \frac{q}{A}}{(1-\alpha)\frac{q}{K}} = \frac{\alpha}{(1-\alpha)} \cdot \frac{K}{A} \qquad (8)$$

Aus (6) und (7) ergibt sich für den Faktoreinsatz von Kapital und Arbeit

$$K = \lambda(1-\alpha)\frac{q}{i} \qquad (9)$$

$$A = \lambda \cdot \alpha \frac{q}{l} \qquad (10)$$

Aus der Definition der Kosten folgt

$$C_g = i\lambda(1-\alpha)\frac{q}{i} + l\lambda\alpha\frac{q}{l}$$

$$= \lambda q[(1-\alpha)+\alpha] = \lambda q$$

Die Kosten sind proportional zum Output. Die Kostenfunktion ist linear.

Wichtige Begriffe in Kapitel 5

Determinanten des Güterangebots
Direkte Preiselastizität des Angebots
Produktionsfunktion
Limitationale Produktionsfunktion
Substitutionale Produktionsfunktion
Abnehmende Grenzerträge
Ertragsgesetz
Gesamtertrag
Durchschnittsertrag
Grenzertrag
Marginalanalyse
Cobb-Douglas-Funktion
Kostenfunktion
Verbrauchsfunktion
Umkehrfunktion
Gesamtkosten
Variable Kosten
Fixkosten
Durchschnittskosten
Grenzkosten
Bedingung für Gewinnmaximum
Grenzerlös
Angebotskurve
Kostenfunktion bei zwei Produktionsfaktoren
Gesamtangebotskurve

6 Märkte und Preisbildung

In the same open market, at any moment,
there cannot be two prices for the same kind of article.
W. Stanley Jevons

6.1 Zum Begriff des Marktes

In Kapitel 4 sind wir der Frage nachgegangen, wie sich die Haushalte mit ihren Nachfragemengen verhalten, wenn Preise und Einkommen vorgegeben sind oder exogen geändert werden. In Kapitel 5 haben wir untersucht, wie sich Unternehmen mit ihren Angebotsmengen verhalten, wenn der Preis eines Gutes und die Preise der Produktionsfaktoren vorgegeben sind oder exogen variiert werden. Da letztlich für die Haushalte produziert wird, müssen die Entscheidungen der Unternehmen auf die Wünsche der Haushalte abgestellt werden. Diese Abstimmung erfolgt in einem marktwirtschaftlichen System über Märkte.

1. Markt als Prozess der Informationsverarbeitung. Ein Markt ist der gedankliche Ort, an dem Angebot und Nachfrage zusammentreffen. Den Markt kann man sich vorstellen als »Clearing-Stelle«, bei der Nachfrager (Haushalte) angeben, welche Menge eines Gutes sie zu einem bestimmten Preis nachfragen, und Anbieter (Unternehmer) angeben, welche Menge sie bereitstellen. Auf realen Märkten lässt sich häufig nicht direkt beobachten, wie sich die Marktseiten verhalten. Zu einem bestimmten Zeitpunkt können wir nur feststellen, welche Menge zu welchem Preis getauscht wurde, etwa welcher Preis auf einem Gemüsemarkt ausgerufen wurde. Wenn wir jedoch viele dieser Beobachtungen sammeln, können wir eine Vielzahl dieser Mengen-Preis-Kombinationen erhalten und damit u. U. indirekt auf das Nachfrage- und Angebotsverhalten schließen.

Der Markt kann als ein Informationsprozess interpretiert werden, in dem Marktparteien signalisieren, was sie zu kaufen oder zu verkaufen wünschen. Der Markt ist in diesem Zusammenhang mit einem Computer verglichen worden. Man kann sich vorstellen, dass die Haushalte in diesen Computer eingeben, welche Menge eines Gutes sie zu welchem Preis nachfragen wollen, und entsprechend die Unternehmen dem Computer melden, welche Menge sie zu welchem Preis anbieten. Der Computer sucht nun den Preis heraus, bei dem Nachfrage- und Angebotsmengen übereinstimmen. Der Markt übernimmt also die Funktion der Informationsverarbeitung ähnlich wie ein Computer.

Neben der Computer-Analogie hat man den Markt mit einem Auktionator auf einer Versteigerung verglichen. Wer eine Viehversteigerung erlebt hat, kann sich den Markt gut vorstellen. Ein Verkäufer ist bereit, eine Kuh zu einem bestimmten Preis zu verkaufen. Den Käufern wird die Kuh vorgeführt, und der Versteigerer ruft einen Preis aus. Stellt der Versteigerer fest, dass mehr als ein Nachfrager zu diesem Preis vorhanden ist, so steigt der Preis, bis der Nachfrager mit der höchsten Zahlungsbereitschaft gefunden ist. Die Versteigerung »sortiert« also in diesem Beispiel die Nachfrager aus. Man beachte, dass sich dieses Beispiel der Viehversteigerung im Wesentlichen auf die Nachfrageseite bezieht. Die Anbieter müssen in diesem Beispiel den gefundenen Marktpreis akzeptieren. Das Angebot ist dann also vollkommen unelastisch (vertikale Angebotskurve). Versteigerungen können aber auch die Angebotsseite berücksichtigen. Bei einer Börse etwa ist dies der Fall.

Der Markt als Informationsprozess braucht in der Regel Zeit. Nicht immer ist der gesamte Markt an einem Ort zusammengefasst und zu einem Zeitpunkt überschaubar. Marktparteien müssen Informationen suchen. Für den Nachfrager besteht das Problem darin, das günstigste Angebot zu finden. Wir sprechen von Such- oder Informationskosten. Dabei spielt auch die Erfahrung eine Rolle. Beispielsweise wissen wir, dass man einen Tennisschläger in der Regel in einem Preisbereich von 100–150 Euro kaufen kann.

2. Vielzahl und Interdependenz von Märkten. In der Realität gibt es nicht einen, sondern eine Vielzahl von Märkten. In Deutschland bestehen gut 3 Millionen Unternehmen und etwa 39 Millionen Haushalte. Viele der Unternehmen sind Mehrproduktunternehmen. Beispielsweise wies die Ruhrkohle AG früher einmal in Anzeigen darauf hin, dass dieses Unternehmen es mit 250 000 verschiedenen Produkten zu tun hat (einschließlich Inputs). Es ist also nicht unrealistisch, davon auszugehen, dass es in der Bundesrepublik mehrere hunderttausend, ja Millionen Märkte gibt. Eine gute Vorstellung über die Unterschiedlichkeit der Produkte erhält man aus Tabelle 1.1.

Die Interdependenzen zwischen diesen Märkten kann nicht genügend betont werden. Märkte sind dadurch miteinander verbunden, dass die Güter von der Nachfrageseite her in einem bestimmten Verhältnis zueinander stehen (Komplementärgüter oder Substitutionsgüter), dass Preisänderungen auf einem Markt auch Einkommenseffekte bei der Nachfrage auslösen, dass sich Güter in der Produktion gegenseitig ersetzen können, aber auch Kuppelprodukte sein können, und dass Güter in der Produktion anderer Güter eingesetzt werden (als Produktionsfaktor bzw. Zwischenprodukt). Man kann sich diese Interdependenz etwa verdeutlichen, wenn man überlegt, wie sich eine Abnahme in der Nachfrage nach PKW auf die Automobilproduktion und auf alle vor- und nachgelagerten Wirtschaftszweige auswirkt. Letztlich hängen alle Märkte miteinander zusammen.

3. Freiwilligkeit von Markttransaktionen. Unter Transaktionen kann man im weitesten Sinn den Übergang des Nutzungsrechts an einer Sache (oder an einen Dienst) von einer Wirtschaftseinheit auf eine andere verstehen. Schaubild 6.1 unterscheidet wichtige Arten von Transaktionen.

Bei nicht freiwilligen Transaktionen gibt ein Wirtschaftssubjekt ein Nutzungsrecht wegen Zwang auf, etwa bei einem Raubüberfall oder durch staatlichen Zwang (Steuerzahlung). Bei den freiwilligen Transaktionen kann man außermarktliche Transaktionen (Geschenke) und Markttransaktionen unterscheiden. Die Freiwilligkeit der Markttransaktion bedeutet: Zwar kann man einen Markt verbieten, indem man gesetzlich festlegt, dass Wirtschaftssubjekte nicht tauschen dürfen. Aber man

Schaubild 6.1: Klassifikation von Transaktionen

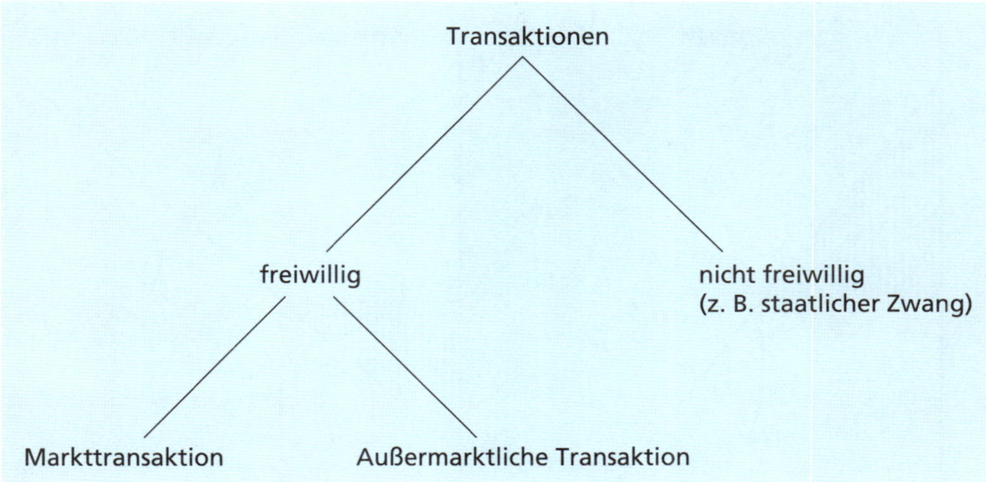

kann Wirtschaftssubjekte nicht zum Tausch auf einem freien Markt zwingen.

4. Vorteilhaftigkeit von Markttransaktionen. Kein Wirtschaftssubjekt wird eine Markttransaktion vornehmen, wenn es nach dieser Transaktion schlechter gestellt ist als vorher. Die Markttransaktion ist also für die Wirtschaftssubjekte vorteilhaft. Diese Aussage kann an Schaubild 6.2 verdeutlicht werden.

Die Kurve BD ist die Nachfragekurve auf einem Markt für ein Gut. Die Nachfragekurve gibt die Zahlungsbereitschaft der Haushalte an. Sie misst, wie viel die Haushalte für eine zusätzliche Menge zu zahlen bereit sind. Man kann sich auch vorstellen, dass die Nachfrageseite mit vielen Haushalten besetzt ist. Zunächst wird der Haushalt mit der höchsten Zahlungsbereitschaft aufgeführt, dann ein Haushalt mit einer geringeren Zahlungsbereitschaft usw. Die Fläche unter der Nachfragekurve ist dann die gesamte Zahlungsbereitschaft aller Haushalte. Angenommen, es stellt sich auf dem Markt ein Gleichgewichtspreis OA ein, d. h., zu diesem Preis entspricht die nachgefragte Menge OE der angebotenen Menge O′Z, so zahlen die Nachfrager das Rechteck OACE (Preis mal Menge); sie wären aber bereit gewesen, auch noch das Dreieck ABC zu zahlen. Das Dreieck ABC kennzeichnet also Zahlungsbereitschaft, die nicht vom Markt eingefordert wird. Es stellt ein Maß für die Vorteilhaftigkeit der Markttransaktionen dar. Man bezeichnet dieses Dreieck auch als *Konsumenten- oder Nachfragerrente*.

Auf der Angebotsseite kann man sich ebenfalls eine Vielzahl von Marktteilnehmern vorstellen. Zunächst wird der Anbieter verzeichnet, der zum niedrigsten Preis anbieten will, dann ein Anbieter mit einem höheren Preis. Die Kurve WY gibt die Angebotskurve an. Diese Angebotskurve ist durch die Grenzkosten der Produktion bestimmt. Stellt sich nun ein Preis O′X ein, so erzielen die Anbieter einen Erlös in Höhe des Rechtecks OZYX. Sie bekommen demnach über ihre variablen Kosten hinausgehend auch den Betrag WXY. Dieses Dreieck signalisiert die Vorteilhaftigkeit

Schaubild 6.2: Vorteilhaftigkeit von Markttransaktionen

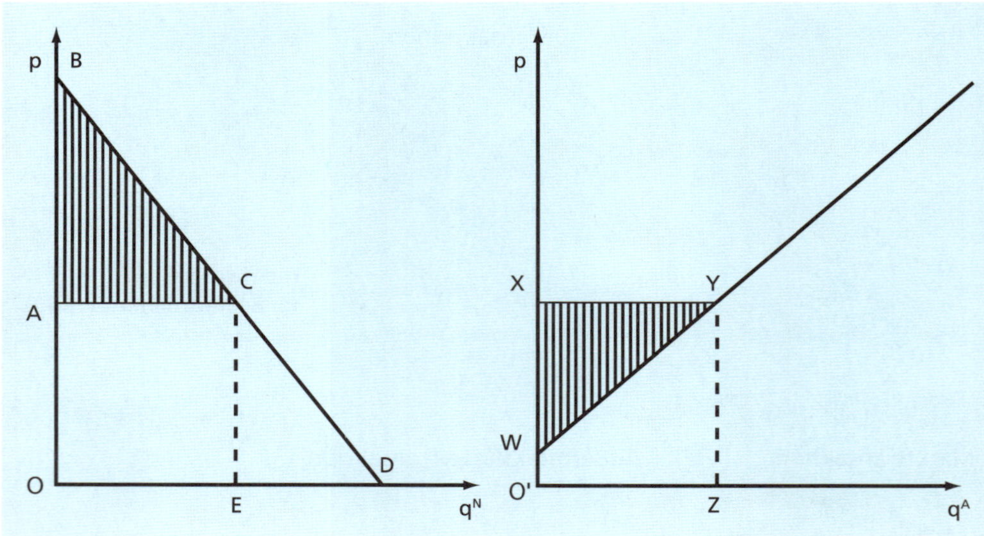

des Tauschs für die Anbieter. Wir bezeichnen dieses Dreieck auch als *Produzenten- oder Anbieterrente*.

6.2 Güterpreisverhältnis und Veränderungen in Angebot und Nachfrage

In Abschnitt 2.5 wurde erläutert, dass Güterpreise und insbesondere die Preisrelationen die entscheidende Rolle für die Abstimmung der Produktion auf die Nachfrage spielen. In den Kapiteln 3, 4 und 5 haben wir die Bildung des Preises durch Nachfrage und Angebot für ein einzelnes Gut behandelt. Wie sich die Preisrelation zweier Güter bestimmt, lässt sich aus Schaubild 6.3 erkennen.

In Schaubild 6.3 kennzeichnen im Nordostquadranten die Kurven N_1 und A_1 die Nachfrage- und Angebotskurven auf dem Markt für Gut 1. p_1^0 ist der zugeordnete Gleichgewichtspreis des Gutes 1. Im Südostquadranten sind die Nachfragekurven N_2 und A_2 für das Gut 2 eingetragen. Der zugeordnete Gleichgewichtspreis ist p_2^0. Überträgt man diese Preise auf die Westachse, so gibt tg α das Preisverhältnis p_2/p_1 an. Dieses Preisverhältnis bestimmt in Schaubild 2.6 den Produktionspunkt, beispielsweise A.

Es lässt sich nun auch zeigen, wie dieses System auf Änderungen der Nachfrage und des Angebots reagiert. Angenommen, die Kosten der Produktion sinken in der Produktion des Gutes 1, z. B. aufgrund von technischem Fortschritt bei diesem Gut. Dann verschiebt sich die Angebotskurve nach rechts auf A_1'. Der Preis des Gutes sinkt von p_1^0 auf p_1'. Bei einer Angebotsausdehnung aufgrund von technischem Fortschritt ist zu beachten, dass sich die Transformationskurve in Schaubild 2.6 nach außen verschiebt.

Es sei ferner unterstellt, dass die Präferenzen der Haushalte sich zu Gunsten des Gutes 2 verändern. Dann verschiebt sich die Nachfragekurve auf N_2'. Der neue Gleichgewichtspreis ist p_2'. Das

Schaubild 6.3: Wirkung von Angebots- und Nachfrageänderungen

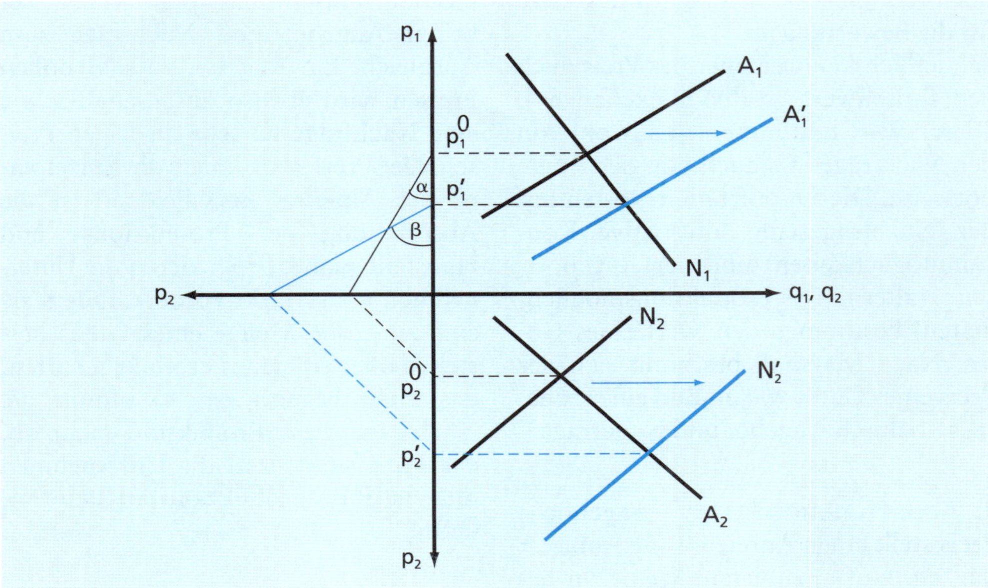

neue Preisverhältnis wird durch tg β angegeben. Da tg β größer als tg α ist, steigt das Preisverhältnis p_2/p_1. Zudem wird von beiden Gütern eine größere Menge angeboten und nachgefragt.
Der Leser möge selbst andere Fälle durchspielen (z. B. Nachfrage nach Gut 1 steigt; Angebotskurve bei Gut 2 verschiebt sich nach links).

6.3 Funktionen der Preise in einer Marktwirtschaft

Wir haben bereits gesehen, dass der Preis in der Marktwirtschaft die Aufgabe hat, Angebot und Nachfrage zum Ausgleich zu bringen. Im Einzelnen werden folgende Funktionen des Preises unterschieden:

1. Bewertungsfunktion: Der (Nachfrage-)Preis signalisiert die Zahlungsbereitschaft der Konsumenten und damit die Bewertung der Güter durch die Haushalte. Der Nachfragepreis gibt an, auf wie viel Geld ein Haushalt für das Gut zu verzichten bereit ist. Der Nachfragepreis gibt damit den »Wert in der Nutzung« (»value in use« nach Adam Smith) an. Die aggregierte Nachfragefunktion aller Haushalte nach einem Gut stellt die Zahlungsbereitschaft einer Volkswirtschaft für dieses Gut dar. Die Nachfragekurve ist eine Obergrenze für die Bewertung eines Gutes. Der (Angebots-)Preis hat ebenfalls eine Bewertungsfunktion. Denn der Angebotspreis gibt die Bewertung eines Gutes von der Produktionsseite an. Dieser Wertbegriff stellt also auf die Produktionskosten ab. Kosten sind bewerteter Inputverzehr. Produktionskosten können immer als Alternativ- oder Opportunitätskosten interpretiert werden. Denn Produktionsfaktoren können auch in einer anderen Verwendung eingesetzt werden. Wenn die Kosten der Produktion nicht gedeckt werden, so ist es lohnend, die Produktionsfaktoren in einer anderen

Verwendung einzusetzen. Der Angebotspreis gibt damit eine Untergrenze für die Bewertung an.
Schließlich kennzeichnet der Preis auch den Tauschwert (»value in exchange«). Dieser Wert bestimmt sich sowohl von der Nachfrage- als auch von der Angebotsseite. Die Opportunitätskosten auf der Nachfrageseite (alternative Konsummöglichkeiten) und der Angebotsseite (alternative Produktionsmöglichkeiten) bestimmen den Wert eines Gutes. Nach Marshall bestimmt sich der Preis eines Gutes wie im Bild einer Schere, also durch Angebot und Nachfrage.

2. Anreizfunktion: Der (Angebots-) Preis stellt einen Anreiz für die Anbieter dar, ein Gut anzubieten. Wenn ein bestimmtes Gut stärker nachgefragt wird, dann stellt der höhere Preis einen Anreiz für Produzenten dar, auf diese Veränderung zu reagieren und mehr von dem Gut anzubieten. Das kann sowohl dadurch geschehen, dass etwa ein angelegtes Lager aufgegeben wird, als auch, indem durch den Einsatz zusätzlicher Produktionsfaktoren eine zusätzliche Gütermenge produziert wird.

3. Informationsfunktion: Der (Nachfrage-)Preis signalisiert das Mengenverhalten und die Bewertung der Nachfrager; der (Angebots-)Preis signalisiert das Mengenverhalten der Anbieter. Das sind Informationssignale, die von den Haushalten und Produzenten ausgehen. Gleichzeitig ist der (Gleichgewichts-) Preis ein Informationssignal, das Haushalte und Produzenten vom Markt erhalten. Der Preis ist das entscheidende Informationssignal, das die einzelnen Subsysteme einer Ökonomie an den Markt abgeben und vom Markt empfangen.

4. Koordinierungsfunktion: Der Preismechanismus räumt den Markt; er bringt Angebot und Nachfrage zum Ausgleich. Ein Angebot zu sehr hohen Preisen wird ebenso ausgeschaltet wie eine Nachfrage zu sehr niedrigen Preisen. Der Preis koordiniert die Einzelpläne der Akteure. Entscheidend ist die Abstimmung der Produktions- und Haushaltspläne. Produzieren die Unternehmen »am Markt vorbei«, indem sie eine zu große Menge eines Gutes herstellen oder ein neues Produkt schaffen, das nicht begehrt ist, so nimmt die Nachfrage diese Produktion nicht ab, der Preis sinkt, und die Unternehmen müssen ihre Produktionstätigkeit ändern.

5. Lenkungsfunktion: Da der Preis Indikator der Knappheit ist, zeigt er die Veränderung der Marktdaten an. Dadurch wird sichergestellt, dass die Produktionsfaktoren an die Stelle ihrer optimalen Verwendung geleitet werden. Ist z. B. der Lohn in einen Sektor (Landwirtschaft) niedrig und in einem anderen Sektor (Industrie) hoch, so werden Arbeitskräfte langfristig aus der Landwirtschaft abwandern. Ähnlich sucht das Kapital die Investitionen, die den höchsten Zins erwarten lassen. Der Preismechanismus koordiniert zumindest teilweise auch die Ausbildung der Arbeitskräfte mit der Nachfrage der Wirtschaft. Nimmt z. B. die Nachfrage nach Programmierern zu, so steigt deren Lohn. Dieser Lohnanstieg stellt einen Anreiz für Arbeitskräfte dar, sich für diese Arbeitsart vorzubereiten. Die Lenkungsfunktion wird hier auf die Faktormärkte bezogen. Der Lenkungsfunktion auf den Faktormärkten entspricht die Koordinierungsfunktion auf den Gütermärkten.

6. Substitutionsfunktion: Lässt man mehrere Produktionsfaktoren zu, so kann ein Unternehmen zwischen den Faktoren substituieren, wenn eine substitutionale Produktionsfunktion vorliegt. Steigt z. B. der Preis für Arbeit, so wird ein Unternehmen bestrebt sein, mehr Kapital anstelle von Arbeit einzusetzen. Bei einem Preisanstieg für Energie wird energiesparender produziert. Auch auf der Nachfrageseite finden bei Preisänderungen Substitutionsprozesse statt.

7. Innovationsfunktion: Preise signalisieren Gewinnchancen und stellen einen Anreiz zur Entwicklung neuer Technologien dar (neue Medikamente, Solarenergie). Preise können damit auch die technische Dynamik eines Wirtschaftssystems beeinflussen.

Kasten 6.1 Aus dem Geschichtsbuch: Das Abstimmungsproblem in der Zentralplanwirtschaft

Die Zentralplanwirtschaft war dadurch gekennzeichnet, dass ein volkswirtschaftlicher Gesamtplan aufgestellt wurde, in dem wichtige Bereiche der Volkswirtschaft mit Vollzugsverbindlichkeit festgelegt waren, d. h. der Plan enthielt konkrete Anweisungen über die Produktionsmengen an die einzelnen Betriebe. Betrachtet man eine Transformationskurve als gegeben, so legt eine politische Instanz fest, welche Mengen des Gutes 1 und des Gutes 2 produziert werden sollen. Beispielsweise kann die politische Instanz dem Gut 2 (Rüstungsgüter, Investitionsgüter) den Vorzug einräumen.

Pläne bezogen sich z. B. auf fünf Jahre oder nur auf das nächste Jahr. Im Folgenden betrachten wir Ein-Jahres-Pläne. Die Ein-Jahres-Pläne in der ehemaligen UdSSR können vereinfacht wie folgt beschrieben werden: Gosplan, die sowjetische Planungsbehörde, machte in der ersten Hälfte eines Jahres eine Prognose für die zweite Jahreshälfte. Die Vorausschau war die Informationsbasis für den Plan des kommenden Jahres.

Die Informationsbasis diente dem Ministerrat und dem Präsidium des Zentralkomitees der kommunistischen Partei dazu, die Ziele für das kommende Jahr festzulegen. Meistens wurden diese Ziele in recht allgemeiner Form formuliert, z. B.: »Der Ressourceneinsatz für die Kapitalbildung ist um 5 vH zu vermehren.« Dann stellte Gosplan einen vorläufigen Plan für die Produktionsziele auf, und zwar für die etwa 1 000 wichtigsten Güter im Detail und für 16 000 andere Güter weniger stark aufgeschlüsselt. Diese so genannten Kontrolldaten wurden in der Planvorbereitung in der Hierarchie nach »unten« zu den Ministerien, den regionalen Planungsinstanzen und den Unternehmen weitergegeben. Dem Ministerium für Kfz-Produktion wurde z. B. die Zahl der Automobile angegeben und dem Außenhandelsministerium z. B. die Menge der zu importierenden Automobile. Alle Angaben erfolgten in physischen Größen, also in Tonnen oder Stück.

Wesentliches Planungsinstrument war die Materialbilanz, die die Erstellung und Verwendung eines Gutes erfasst, z. B. für den Automobilsektor (Tabelle Kasten 6.1).

Tabelle Kasten 6.1: Materialbilanz (in Millionen Automobile; hypothetische Zahlen)

Produktion	20	Industrie	9
Importe	2	Landwirtschaft	1
Abnahme der Läger	1	Haushalte	3
		Zunahme der Läger	3
		Regierung	6
		Export	1
Quellen	23	Verwendung	23

Diese Materialbilanz war das Instrument, die Produktionsmengen eines Sektors mit dem Produktionsziel, d. h. den geplanten Verwendungen, in Übereinstimmung zu bringen. In diesen Materialbilanzen waren auch die für die Produktion erforderlichen Inputmengen zu erfassen.
Diese Zahlen wurden nun an die einzelnen Betriebe weitergegeben. Letztlich erhielt die Automobilfabrik in Irkutsk eine Anweisung: Zu produzieren sind x Autos mit den Materialmengen y.
Diesem Informationsstrom von oben nach unten folgte ein anderer Strom von unten nach oben, in dem die Unternehmen mitteilten, dass sie mit den gegebenen Inputmengen die angeforderten Produktionsmengen nicht erreichen können und um eine Verringerung der Produktionszahlen oder eine Erhöhung der Inputzuweisungen baten. Der Plan konnte also noch revidiert werden (vgl. Schaubild Kasten 6.1).

Schaubild Kasten 6.1: Schema des Planungsprozesses auf verschiedenen Planungs- und Entscheidungsebenen

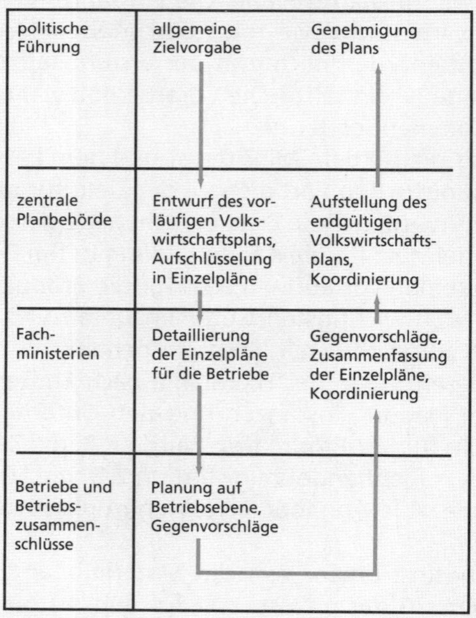

Wenn der Plan dann verkündet war, wurde er verbindlich. Die Unternehmen mussten das Plansoll erfüllen. Arbeit wurde durch Lohnunterschiede an die Stätten der Produktion gelenkt. Langfristig erfolgte die Lenkung der qualifizierten Arbeit durch Steuerung der Studienplätze und Ausbildungsmöglichkeiten in den einzelnen Studiengängen.

Mit diesem zentralen Planungsansatz waren eine Reihe von Problemen verbunden:

1. Das Anreizproblem. Jedes ökonomische System muss Anreize für die Gütererstellung enthalten. Diese Anreize beziehen sich nicht nur auf den Faktor Arbeit, sondern auch darauf, dass ein ökonomisches System technischen Fortschritt erzeugt (Problem der technischen Dynamik). Die Erfahrungen in Osteuropa und der ehemaligen UdSSR zeigen, dass die Vorgabe von Produktionssolls keinen hinreichenden Anreiz für die Durchsetzung technischen Fortschritts darstellt.

2. Das Informationsproblem. Die Zentrale hat keine hinreichende Information über die Tatbestände in den einzelnen Unternehmen, und zwar weder über die Produktionsbedingungen noch über die Absatzchancen. Die Zentrale kann auch nicht wissen, welche Produktionsverfahren Erfolg für die Zukunft versprechen. Jeder Betriebsleiter wird bestrebt sein, großzügig Inputs anzufordern und seine möglichen Produktionsmengen zu niedrig anzugeben. Denn auf diese Weise kann er ein »Übersoll« erfüllen. Die von den Betrieben »nach oben« fließende Information über notwendige Produktionsfaktoren und mögliche Produktionsergebnisse ist damit systematisch verzerrt. Dies führt zu einer falschen Zuweisung von Produktionsfaktoren.

3. Das Konsistenzproblem. Sind die Mengenplanungen der Betriebe und der Konsumenten konsistent? Die Zentrale kennt die Wünsche der Konsumenten nicht. Das Geldeinkommen, das Manager, Arbeiter und Bauern verdienen, kann frei ausgegeben werden. Aber die Anzahl der einzelnen Konsumgüter ist festgelegt. Der Konsument kann also nur zwischen den Gütern wählen, die die Regierung produzieren lässt. Er bestimmt nicht die Güter, die produziert werden.
Da die Konsumgüter knapp sind und nicht jeder ein Auto bekommen kann, müssen einige Individuen vom Konsum ausgeschlossen werden. Das wird teilweise über den Preis erreicht. Da der Preis aber politisch fixiert ist, wären zu den gegebenen niedrigen Preisen viele bereit, einen Wagen zu kaufen. Es müssen deshalb andere Ausschlussformen gefunden werden, z. B. die Warteschlange oder die Lieferfristen.

Wir können also festhalten: In einer Zentralplanwirtschaft entschied eine politische Instanz über die Prioritäten der Produktion, z. B. auch über die Frage, welche Güter für den Konsum und welche für die Investition (Kapitalbildung) produziert werden. In einer Zentralplanwirtschaft entschied auch eine politische Instanz über die Produktion der einzelnen Konsumgüter. Der Konsument hatte einen relativ geringen Einfluss auf die Produktionsrichtung. Die Abschätzung der Bedürfnisse durch staatliche Instanzen führte in aller Regel dazu, dass an den Konsumenten vorbeiproduziert wurde. Da die technische Dynamik des Wirtschaftssystems reduziert wurde und die Tendenz bestand, dass die Faktoren ineffizient eingesetzt wurden, erreichte das Wirtschaftssystem eine niedrigere Transformationskurve bzw. produzierte innerhalb der Transformationskurve.

6.4 Preisbildung unter verschiedenen Marktbedingungen

Die Preisbildung hängt davon ab, durch welche Eigenschaften Märkte gekennzeichnet sind. Im Folgenden unterscheiden wir Märkte nach der Homogenität von Gütern und dem Informationsstand der Wirtschaftssubjekte, sowie nach dem Marktzugang und dem Marktabgang.

1. Vollkommene und unvollkommene Märkte. Ein Markt ist vollkommen, wenn folgende Bedingungen erfüllt sind:

a) Die Güter müssen homogen, d. h. gleichartig sein. Das Homogenitätskriterium ist erfüllt, wenn

- die Güter sachlich gleichartig sind, d. h., es dürfen keine objektiv feststellbaren Unterschiede bestehen (keine sachlichen Präferenzen),
- keine personengebundenen Präferenzen vorliegen; es wird also der Fall ausgeschlossen, dass wegen persönlicher Präferenzen (z. B. gute Bekanntschaft mit dem Kaufmann) die Nachfrager einzelne Anbieter bevorzugen bzw. umgekehrt,
- keine räumlichen Präferenzen vorhanden sind; es wird also der Fall ausgeschlossen, dass das gleiche Gut je nach räumlicher Lage verschiedene Preise erzielen würde,
- keine zeitlichen Präferenzen vorliegen; es wird also ausgeschlossen, dass das gleiche Gut je nach Leistungsterminen verschiedene Preise erzielt, dass der Preis z. B. für Sofortlieferungen höher ist als der Preis für spätere Lieferungen.

b) Der Markt muss für die Marktteilnehmer transparent sein, d. h., die Marktteilnehmer müssen vollständige Informationen über das relevante Marktgeschehen haben.

Wenn diese Bedingungen gegeben sind, sprechen wir von einem vollkommenen Markt. Auf diesem Markt gilt das Gesetz der Unterschiedslosigkeit der Preise: Auf einem vollkommenen Markt gibt es zu jedem Zeitpunkt für jedes Gut nur einen Preis. Ist eine der oben genannten Bedingungen nicht erfüllt, so sprechen wir von einem unvollkommenen Markt. Auf einem unvollkommenen Markt kann es für ein und dasselbe Gut unterschiedliche Preise geben.

2. Offene und geschlossene Märkte. Neben einem vollkommenen und unvollkommenen Markt sprechen wir auch von einem offenen oder geschlossenen Markt. Ein Markt ist offen, wenn freier Eintritt in den Markt möglich ist. Ein Markt ist geschlossen, wenn Eintrittshemmnisse vorliegen. Bei den Ursachen eines mangelnden Marktzugangs unterscheiden wir:

a) *Ökonomische Ursachen.* Potentielle »newcomer« haben möglicherweise kein Wissen über die Produktionstechnik, oder der Kapitalbedarf für den Markteintritt erfordert aufgrund der technischen Bedingungen eine hohe Mindestsumme (Bau einer neuen Eisenbahnlinie; Gründung einer Tageszeitung), die nicht leicht aufgebracht werden kann. Die Produktionstechnik kann auch durch langfristig abnehmende Produktionskosten gekennzeichnet sein (dynamische Lernkurve), so dass potentielle Neuankömmlinge sich in einer ungünstigen Kostensituation befinden (Fall des natürlichen Monopols).

b) *Institutionelle oder politische Ursachen.* Die Zugangsbeschränkungen können ohne staatliche Tätigkeit oder gerade auf Grund staatlicher Tätigkeit entstehen. Beispielsweise haben früher die amerikanischen Gewerkschaften die Politik des »closed shop« oder des »union shop« verfolgt. Durch Absprachen mit den Unternehmen stellten sie sicher, dass nur derjenige einen Arbeitsplatz erhielt, der Mitglied der Gewerkschaft war. Beim deutschen Arbeitsmarkt ist es einem Arbeitslosen in vielen Fällen nicht möglich, seine Arbeitskraft unter Tarif anzubieten. Andere Beispiele für beschränkten Marktzugang sind die Zünfte des Mittelalters, die Schornsteinfeger, denen ein fester Bereich zugewiesen ist, der große Befähigungsnachweis (Meisterbrief) als Voraussetzung für das Betreiben vieler Handwerksbetriebe und die Notare.

Sehr oft erwächst eine staatliche Marktzugangsbeschränkung aus wohl erwogenen Gründen: Nicht jeder soll ohne Prüfung den Beruf des Arztes ausüben können. Dieser Schutz des Patienten aber beschränkt faktisch den Marktzugang. Beispielsweise wird behauptet, dass die American Medical Association – die Vereinigung der amerikanischen Ärzte – sich wie eine Zunft verhält und den Marktzugang beeinflusst. In der Bundesrepublik gilt für Kassenärzte eine Bedarfsplanung, die festlegt, wie viele sich an einem Standort maximal niederlassen dürfen. Auch der numerus clausus kann bereits als Marktzugangsschranke interpretiert werden. Ein anderes Beispiel für einen staatlich beschränkten Marktzugang ist das Briefmonopol der Post (bis Ende 2007). Patente erteilen dem Inhaber – zur Stimulierung der Innovation – einen Schutz gegen Marktzugang für eine begrenzte Zeit. Auch die Gewerbeaufsicht, die Flächennutzungsplanung, Bebauungspläne und Importgenehmigungen sind mögliche Ursachen von Marktzugangsbeschränkungen. Immer wenn der Staat eine Genehmigung vorsieht, ist die Frage angebracht, ob der Marktzugang dadurch erschwert wird.

Es ist zu erwarten, dass die Preisbildung in geschlossenen Märkten anders erfolgt als in offenen Märkten. Wirtschaftspolitisch stellt sich die Frage, ob die durch staatliche Vorschriften erteilten Genehmigungen nicht transferierbar gemacht werden sollen oder ob der Staat sein Regelungssystem nicht entregulieren soll. Beispielsweise hat man mit der Beseitigung staatlicher Genehmigungen im Luftverkehr der USA und der Öffnung dieses Verkehrsmarktes Ende der 1970er-Jahre gute Erfahrungen gemacht. Die Europäische Union folgte diesem Beispiel und deregulierte den Luftverkehrsmarkt in den 1980er-Jahren. Auch der verstärkte Wettbewerb im Telekommunikationsbereich hat zu einem vielfältigen Angebot und zu Preissenkungen geführt.

3. **Marktabgang.** Analog zu dem Kriterium des Marktzugangs kann man Märkte danach unterscheiden, ob in ihnen ein freier Marktabgang möglich ist oder nicht. Damit ist die Frage angesprochen, ob Unternehmen ohne weiteres auch wieder aus dem Markt ausscheiden können. Beispielsweise wird von Unternehmen ein Sozialplan zur Absicherung der Arbeitnehmer verlangt. In aller Regel hat eine solche Einschränkung des Marktabgangs auch Konsequenzen für den Marktzugang. Unternehmen antizipieren den eingeschränkten Marktabgang, der Markt wird dadurch weniger attraktiv, der Marktzugang uninteressanter. Die Einschränkung des Marktabgangs wirkt also ähnlich wie eine Einschränkung des Marktzugangs.

Schaubild 6.4: Arbitrage

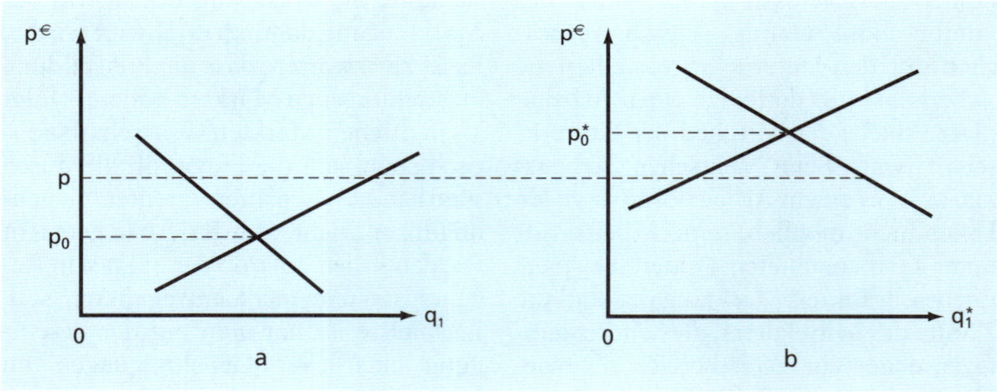

6.5 Arbitrage

Ist der Markt vollkommen, so muss sich auf diesem Markt für ein Gut ein einziger Preis einstellen. Ist der Markt dagegen unvollkommen, so sind unterschiedliche Preise wahrscheinlich. Dies gilt insbesondere, wenn Informationshemmnisse vorliegen. Ein solcher Fall ist in Schaubild 6.4 dargestellt. In den Schaubildern a und b sind die Angebots- und Nachfragekurven zweier räumlich getrennter Märkte dargestellt. Angenommen, die Wirtschaftssubjekte haben – bis auf den Arbitrageur – keine Information über die Preisdifferenzen zwischen p_0 und p_0^*. Für den Arbitrageur lohnt es sich, Güter auf dem Markt mit dem niedrigen Preis zu kaufen und sie auf dem Markt mit dem höheren Preis anzubieten. Arbitrage nutzt also Tauschpotentiale aus und wirkt in Richtung auf eine Preisangleichung. Der Gleichgewichtspreis liegt zwischen p_0 und p_0^*.

Ob letztlich nach der Arbitrage noch Preisunterschiede bestehen, hängt von der Höhe der Transportkosten ab, die dem Arbitrageur entstehen. Wenn diese Kosten der Arbitrage pro Stück höher sind als die Preisdifferenz, wird keine Arbitrage mehr vorgenommen. Letztlich übernimmt der Arbitrageur eine Art Auktionatorfunktion bei unvollkommener Information. Beispielsweise gibt es auf dem Kapitalmarkt Zinsarbitrageure, die sich bei Zinsunterschieden von einem Hundertstel hinter dem Komma auskennen.

Je besser die Information zwischen verschiedenen Märkten allgemein gestreut ist, je geringer die Transportkosten zwischen Märkten, je geringer die institutionellen Marktbegrenzungen (z. B. Zollmauern), desto geringer ist die Bedeutung der Arbitrage. Schmuggel ist die Arbitrage des kleinen Mannes. Den Kaffeeschmuggel zwischen den Ländern Westeuropas nach dem 2. Weltkrieg haben vor allem nicht die Zöllner gestoppt, sondern er ist durch die Beseitigung künstlicher Marktabgrenzungen und die Schaffung eines gemeinsamen Marktes überflüssig geworden.

Arbitrage ist nicht mit Spekulation zu verwechseln. Unter Spekulation versteht man ein Marktverhalten (Nachfrage, Angebot), das auf Erwartungen gegründet wird. Der Arbitrageur kennt die bestehenden Preisunterschiede zwischen den Märkten und kann dieses

Kasten 6.2 Enger Marktzugang im Handwerk

Die deutsche Handwerksordnung wurde zu Beginn des Jahres 2004 umfassend novelliert. Die zuvor gültige Handwerksordnung von 1953 hatte bei 94 verschiedenen Handwerken für die selbstständige Ausübung eines Handwerks die Eintragung in die Handwerksrolle vorausgesetzt; eingetragen wurde nur derjenige, der die Meisterprüfung bestanden hatte oder eine gleichwertige Qualifikation – in der Regel einen Hochschulabschluss – hatte. Mit der Novelle gilt der Meisterzwang nur noch für 41 Handwerke. Die neu geschaffene Altgesellenregelung ermöglicht Gesellen auch ohne Befähigungsnachweis die Selbständigkeit, wenn diese mindestens sechs Jahre im gelernten Beruf tätig waren und davon mindestens vier Jahre in leitender Tätigkeit. Lediglich fünf Gewerke sind von der Altgesellenregelung ausgenommen, so dass z. B. eine Selbstständigkeit als Zahntechniker weiterhin nur nach abgelegter Meisterprüfung möglich ist. Der Zugang für Ausländer wurde im Hinblick auf die Regelungen der Europäischen Union erleichtert. Eine weitere Möglichkeit zur Eintragung besteht nun auch darin, einen Meister einzustellen.

In der Neuordnung der Handwerksordnung wird ein Schritt in Richtung einer Liberalisierung des Marktzugangs im Handwerk gesehen. Die bestehenden Beschränkungen sind aber nach wie vor kritisch zu sehen. Als wesentliches Kriterium für den Erhalt des Meisterzwangs in den verbleibenden 41 Handwerken wird die »Gefahrengeneigtheit« dieser Handwerke angegeben. Bei einigen der aufgenommenen Gewerke ist diese Begründung jedoch nur schwer nachvollziehbar. So kann man annehmen, dass sich die Verbraucher z. B. bei Malern, Friseuren und Bäckern, die alle nach wie vor zu den zugangsbeschränkten Bereichen gehören, selbst schützen können, indem sie sich vorab über die Qualität der Handwerker informieren. Das Gefahrenpotential für den Konsumenten, mit dem der staatliche Eingriff in die Konsumentensouveränität begründet wird, ist hier schwer nachvollziehbar. Durch Marktzutrittsschranken werden etablierte Anbieter vor potentiellem Wettbewerb geschützt. Sie können dann von den Kunden höhere Preise verlangen als bei freiem Wettbewerb. Zudem werden dem Unternehmen und damit letztlich dem Verbraucher durch den großen Befähigungsnachweis überflüssige Kosten aufgebürdet.

Wissen für einen sicheren Gewinn nutzen. Der Spekulant hingegen baut auf eine bestimmte Preisentwicklung in der Zukunft und geht somit ein Risiko ein. Wird z. B. von den Erdölanbietern eine zukünftige Verknappung des Erdöls erwartet, so werden sie ihr Angebot heute zurückhalten und das Erdöl erst in der Zukunft aus der Erde pumpen. Oder Spekulanten kaufen heute Güter bzw. Rohstoffe, um sie später zu einem höheren Preis wieder verkaufen zu können. War die Erwartung der Spekulanten objektiv richtig, so erfüllt diese Spekulation eine wichtige Funktion. Sie vergrößert heute die Knappheit, erhöht damit heute den Preis und zwingt zu einem sparsamen Umgang mit dem Erdöl. Damit wird über die Spekulation die zukünftige Verknappung bereits heute zum Ausdruck gebracht. War die Spekulation jedoch objektiv falsch, tritt also gar keine Verknappung in der Zukunft ein, so steigt heute der Preis, muss aber in Zukunft wieder sinken. Es ergeben sich dann Preisschwankungen. Spekulation, die sich nicht erfüllt, destabilisiert die Märkte.

Wichtige Begriffe in Kapitel 6

Markt als Informationsprozess
Interdependenz von Märkten
Freiwilligkeit von Markttransaktionen
Vorteilhaftigkeit von Markttransaktionen
Zahlungsbereitschaft
Konsumentenrente
Produzentenrente
Bewertungsfunktion des Nachfragepreises
Anreizfunktion des Angebotspreises
Informationsfunktion des Preises
Koordinierungsfunktion des Preises
Lenkungsfunktion des Preises
Substitutionsfunktion des Preises
Innovationsfunktion des Preises
Vollkommener und unvollkommener Markt
Offener und geschlossener Markt
Markteintritt und Marktabgang
Arbitrage

7 Eingriffe in die Preisbildung

Regierungen lernen nie.
Nur die Leute lernen.
Milton Friedman

Aus einer Vielzahl von Gründen wird in die Preisbildung eingegriffen. Sowohl private Wirtschaftssubjekte als auch der Staat versuchen, Preise und Mengen zu beeinflussen. Dieses Kapitel betrachtet die Auswirkungen dieser Eingriffe. Als Ausgangspunkt hierfür wird zunächst in Abschnitt 7.1 gezeigt, dass ein Marktgleichgewicht ohne Eingriffe die gemeinsame Wohlfahrt von Anbietern und Nachfragern maximiert. In Abschnitt 7.2 erörtern wir als Beispiel für eine mangelnde Marktlenkung den Spinnweb-Fall. In Abschnitt 7.3 wird die stärkste Form eines Eingriffs diskutiert, das Punktangebot. In den folgenden Abschnitten dieses Kapitels werden insbesondere staatliche Eingriffe in die Preisbildung angesprochen, wie u. a. Höchst- und Mindestpreise (Abschnitte 7.4 und 7.5) sowie der Preisstopp (Abschnitt 7.6). Auch Steuern und Subventionen stellen Eingriffe in die Preisbildung dar (Abschnitte 7.7 und 7.9). Andere Abschnitte beschäftigen sich z. B. mit Rohstoffausgleichslägern und der EU-Agrarpolitik.

7.1 Marktgleichgewicht und Wohlfahrt

Das Marktgleichgewicht befindet sich im Schnittpunkt von Angebots- und Nachfragekurve. Bei diesem Preis ist nicht nur der Markt geräumt, es wird auch die gemeinsame Wohlfahrt der Marktteilnehmer maximiert. Schaubild 6.2 hat gezeigt, dass sich Anbieter und Nachfrager bei jeder freiwilligen Transaktion verbessern können. Für die Nachfrager fällt eine Konsumentenrente, für die Anbieter eine Produzentenrente an. Schaubild 7.1 bringt Konsumentenrente und Produzentenrente zusammen. Im Marktgleichgewicht entspricht die Summe aus Konsumentenrente und Produzentenrente dem Dreieck XYZ. Diese Fläche ist der Wohlfahrtsgewinn, den der Markt erzeugt. Sie entspricht der Differenz zwischen der aggregierten Zahlungsbereitschaft der Konsumenten für das Gut und den variablen Kosten, die notwendig sind, um dieses Gut herzustellen. Beim Gleichgewichtspreis p^0 und der Menge q^0 ist diese Fläche maximal. Wäre die Menge geringer, so würde die Zahlungsbereitschaft für ein zusätzliches Angebot die Grenzkosten übersteigen. Die Wohlfahrt könnte dann mit einer Ausweitung des Angebots gesteigert werden. Wäre die Menge höher, so würden die Grenzkosten über der Zahlungsbereitschaft liegen und es würde zu viel hergestellt. Im Marktgleichgewicht entsprechen sich Zahlungsbereitschaft für das zusätzliche Güterangebot und Grenzkosten. Wir sehen also, dass der Preis, der sich im Marktgleichgewicht bildet, der optimale Preis ist.

Schaubild 7.1: Marktgleichgewicht und Wohlfahrt

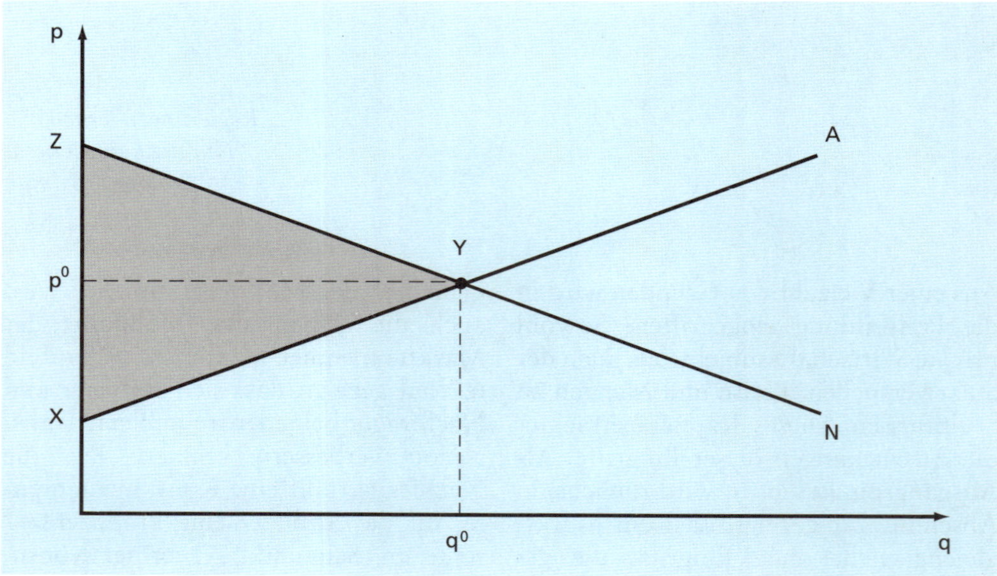

7.2 Mangelnde Marktlenkung: Der Spinnweb-Fall

In der Landwirtschaft ist beobachtet worden, dass auf Preiserhöhungen mit zeitlicher Verzögerung ein Überangebot bei diesem Gut erfolgt und dass sich auf Preissenkungen eine Übernachfrage ergibt. Dieser von Hanau am Beispiel der Preise für Schweine beobachtete »Schweinezyklus« stellt die Funktionsfähigkeit des Preismechanismus in Frage. Er kann daher als Begründung für Eingriffe in die Preisbildung gesehen werden. Ein traditioneller Ansatz, um den Schweinezyklus zu erklären, ist das aus den Schaubildern 7.2–7.4 ersichtliche sog. »Spinnweb-Modell«.

Gegeben sind die Nachfragekurve N_1, die Angebotskurve A_1 und der zugeordnete Gleichgewichtspreis in Punkt A. Das Marktgeschehen ist durch folgende Bedingungen gekennzeichnet:

(1) das Angebot ist kurzfristig starr;

(2) die Produzenten richten sich in ihrem Angebot an den augenblicklichen Preisen aus (und nicht am langfristigen Gleichgewichtspreis)

Ausgehend vom Gleichgewicht verschiebe sich die Nachfragekurve nun nach rechts (von N_1 nach N_2).

Drei Verlaufsfälle. Es lässt sich zeigen, dass sich die Preisbildung unter diesen Bedingungen je nach den Steigungen der beiden Kurven unterschiedlich vollzieht.

1. Zunächst ist unterstellt, dass die Steigung der Nachfragekurve absolut größer ist als die Steigung der Angebotskurve (Schaubild 7.2).

Verschiebt sich die Nachfragekurve von N_1 auf N_2 und ist das Angebot kurzfristig starr, so stellt sich ein Preis bei Punkt B ein. Nehmen die Anbieter diesen hohen Preis als Dauerpreis an, so werden sie ihr Angebot ausdehnen (Punkt C). Bei diesem hohen Preis ist die Nachfrage jedoch zu gering, der Preis muss sinken.

(D). Bei einem niedrigen Preis (D) verringert sich wieder das Angebot (E). Ein niedriges Angebot hat den höheren Preis F zur Folge. Die Entwicklung geht also immer stärker vom Preis p_0 weg (explosiver Fall).

2. Wenn die Steigung der Nachfragekurve absolut geringer ist als die Steigung der Angebotskurve (Schaubild 7.3), dann bewirkt eine Verschiebung von N_1 auf N_2 in diesem Fall eine Bewegung ABCDEF (implosiver Fall). Der Gleichgewichtspreis wird in einem Anpassungsprozess erreicht.

3. Wenn die Steigung der Nachfragekurve absolut gleich der Steigung der Angebotskurve ist, so gilt: Der Preis schwankt immer in der Bewegung ABCD, p^0 wird nicht erreicht (Preisoszillation, Schaubild 7.4).

Wirtschaftspolitische Schlussfolgerungen. In den Fällen 1 und 3 werden wirtschaftspolitische Eingriffe zur Stabilisierung der Preise und Mengen gefordert. So werden landwirtschaftliche Preise durch die EU in Brüssel als Richtpreise gesetzt. Inwieweit die Probleme des »Schweinezyklus« durch die Brüsseler Bürokratie angesichts der Butterberge und der zeitweiligen Überschüsse von Schweinen und Kühen und den daraufhin gewährten Tötungsprämien für Kühe gelöst worden sind, bleibt dem Urteil des Lesers überlassen.

Bei kritischer Betrachtung muss es auffallen, dass auch bei der (dem Marktmechanismus völlig entzogenen) Bildungsplanung ähnliche Phänomene wie beim Schweinezyklus zu beobachten sind (Überschuss oder Defizit an Absolventen von pädagogischen Hochschulen im Vergleich zum Stellenangebot für Lehrer, Arbeitslosigkeit oder Mangel bei Jungakademikern).

Schaubild 7.2: Der explodierende Spinnweb-Fall

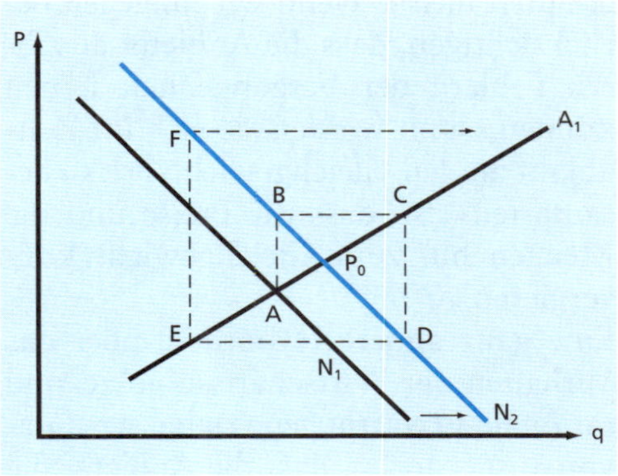

Schaubild 7.3: Der implodierende Spinnweb-Fall

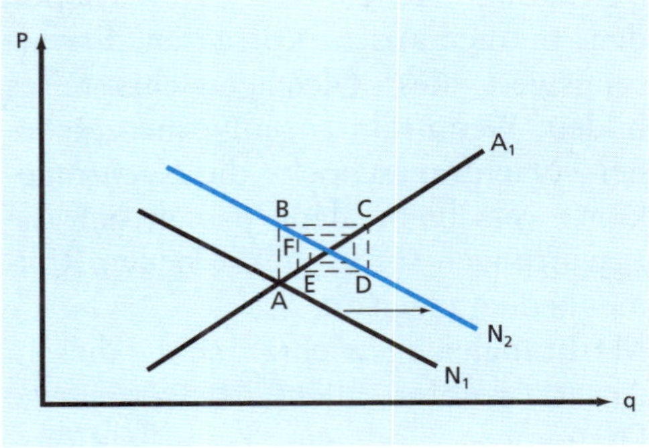

Schaubild 7.4: Preisoszillation

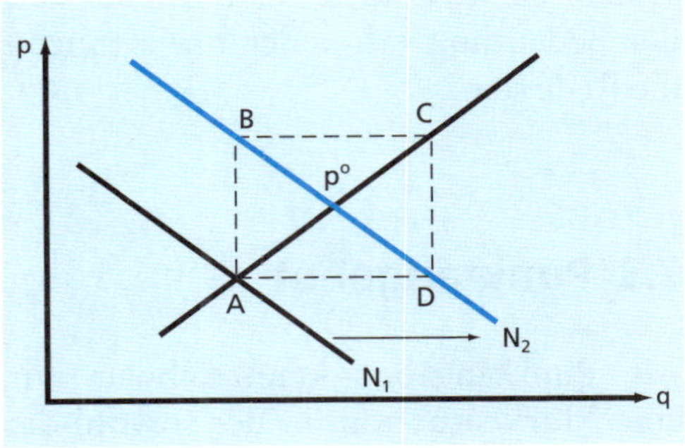

Es stellt sich zudem die Frage, inwieweit das Spinnweb-Modell das Verhalten der Anbieter zutreffend beschreibt. Es wird ja unterstellt, dass die Anbieter völlig

»naiv« sind und immer wieder davon ausgehen, dass der augenblickliche Preis erhalten bleibt. Wenn wir hingegen berücksichtigen, dass die Anbieter aus ihren Fehlern der Vergangenheit lernen können, dann werden sie sich im Zeitablauf an den Gleichgewichtspreis »herantasten«, so dass die Preise und die Mengen hin zum Gleichgewicht konvergieren.
Eine ganz andere Hypothese über das Verhalten der Wirtschaftssubjekte sind rationale Erwartungen. Dabei wird davon ausgegangen, dass die Anbieter die Zusammenhänge kennen, die der Preisbildung zugrunde liegen (hier: Angebot und Nachfrage) und aus den ihnen zur Verfügung stehenden Informationen den mathematisch korrekten Erwartungswert des Gleichgewichtspreises bilden. Wenn nun ein unvorhergesehener »Nachfrageschock« die Nachfragekurve verschiebt, dann passen sich die Erwartungen sofort an die neuen Rahmenbedingungen an.
Marktungleichgewichte sind diesem Ansatz zufolge allenfalls kurzfristige Phänomene und ein Koordinationsproblem wie beim Spinnweb-Fall tritt dann nicht auf. Im makroökonomischen Teil wird noch ausführlicher von der Bedeutung rationaler Erwartungen die Rede sein.

7.3 Punktangebot

Als Punktangebot kennzeichnen wir eine Marktsituation, in der sowohl die angebotene Menge als auch der Preis festgelegt werden. Ein solches Punktangebot kann von einem einzigen Anbieter (vgl. Monopol) bestimmt werden oder von einer Planungsinstanz. Bei einem Punktangebot besteht das Problem darin, den richtigen Preis und die richtige Menge zu finden. Nachfolgend werden zwei typische Problemfälle dargestellt, die ansonsten auftreten können.

1. Zu niedriger Preis, zu geringe Menge. In Schaubild 7.5a ist der Fall dargestellt, in dem die Menge q_0 zu einem Preis p_0 angeboten wird. Legt eine Behörde ein solches Punktangebot fest, so hat dies die folgenden Konsequenzen:

- Zu dem Preis p_0 besteht ein Nachfrageüberhang. Das Wirtschaftssystem muss die Güter zuteilen, z. B. nach dem Motto »wer zuerst kommt, mahlt zuerst« (Windhundprinzip). Schlangen sind die zwangsläufigen Erscheinungen eines solchen Wirtschaftssystems.
- Da es Nachfrager gibt, die – wie die Nachfragekurve in Punkt B zeigt – bereit sind, mehr zu zahlen als den Preis p_0, lohnt sich Arbitrage. Wer das Gut zuerst gekauft hat, kann es an einen Haushalt mit einer höheren Zahlungsbereitschaft verkaufen. In der Regel wird versucht, diese Arbitrage zu unterbinden. Tausch wird kriminalisiert (»Schwarzmarkt«).
- Wenn der Preis p_0 den Grenzkosten des Unternehmens entspricht, dann hätte das Unternehmen keinen Anreiz, auf eine erhöhte Angebotsmenge zu drängen, auch wenn Schlangen vor den Läden stehen. Auf einem freien Markt würde der Preis hingegen steigen und so den Nachfrageüberhang abbauen. Im System des Punktangebots wird dieser Mechanismus außer Kraft gesetzt.
- Schaubild 7.5a kennzeichnet letztlich eine Fehllenkung der Ressourcen. Die Nachfrager bewerten ein Gut höher (um AB) als die Behörde. Es werden zu wenig Produktionsfaktoren in der Produktion dieses Gutes eingesetzt.

Schaubild 7.5: Punktangebot

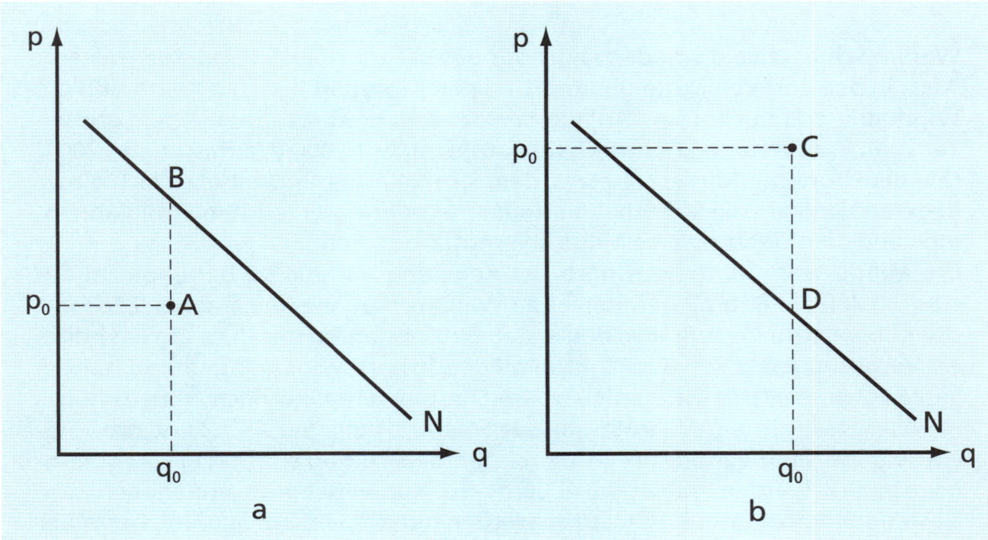

2. Zu hoher Preis, zu große Menge. In Schaubild 7.5b ist der Fall dargestellt, bei dem eine Menge q_0 und ein Preis p_0 festgelegt werden, der über der Zahlungsbereitschaft liegt (Punkt C). Ein solch hoher Preis stellt zwar einen starken Produktionsanreiz für die Unternehmen dar, aber die Produzenten bleiben auf ihren Produkten sitzen. Es besteht ein Angebotsüberhang. Produktionsfaktoren werden in der Produktion dieses Gutes vergeudet; diese Faktoren würden sinnvoller in einer anderen Verwendung eingesetzt.

3. Monopol und Punktangebot. Oben wurde behauptet, dass ein solches Punktangebot auch bei einem Alleinanbieter (Monopolist) in einem marktwirtschaftlichen System vorkommen kann. Dabei muss es sich allerdings um eine Art »Schlafmützenmonopolist« handeln. Der Fall des Schaubilds 7.5b bedeutet, dass das Unternehmen eine unnötige Lagerhaltung betreibt. Es kann seine Produkte nicht absetzen. Durch eine Verringerung der Angebotsmenge könnte das Unternehmen Kosten sparen und so einen höheren Gewinn erzielen. Im Fall des Schaubilds 7.5a könnte der Alleinanbieter die Zahlungsbereitschaft voll ausschöpfen und seinen Gewinn vergrößern, wenn er den Preis erhöht. Wir dürfen also erwarten, dass der Monopolpreis auf der Nachfragekurve liegt.

7.4 Höchstpreis und Rationierung

Die staatliche Wirtschaftspolitik glaubt sich oft gezwungen, in die Preisbildung, z. B. aus sozialen Gründen, einzugreifen. Dazu kann sie sich der Höchst- und Mindestpreise bedienen.
Im Folgenden sei unterstellt, dass in einer Ausgangslage die Nachfragekurve N, die Angebotskurve A und der Gleichgewichtspreis gegeben sind (Schaubild 7.6).

Kasten 7.1 Die subventionierten Windmühlen

Wer im Schwarzwald wandert, hört auf des Berges Höhen Windräder rattern. Auch in den anderen Mittelgebirgen, an den Küsten und in den Alpen sind die Windparks zu finden. Diese Anlagen verdanken ihre Existenz zu einem großen Teil dem Erneuerbare-Energie-Gesetz aus dem Jahr 2000 (Neufassung in 2004) und dem Vorläufer dieses Gesetzes, dem Stromeinspeisungsgesetz. Nach dieser Regelung müssen die Stromnetzbetreiber regenerativ erzeugten Strom abnehmen und dem Erzeuger eine Mindestvergütung zahlen.

Die Mindestvergütung liegt nach der Regelung aus 2004 z. B. bei Strom aus einer in 2006 in Betrieb genommenen Windkraftanlage an Land bei 5,28 Cent pro Kilowattstunde, wobei in den ersten Betriebsjahren der Nutzung ein höherer Vergütungssatz von 8,36 Cent gilt. Für Offshore-Windanlagen sind höhere Sätze vorgesehen. Andere erneuerbare Energien erhalten noch weitaus höhere Mindestvergütungen, so Strom aus Solarkraftanlagen 45,7 Cent pro Kilowattstunde. Zum Vergleich: Die Kosten für die Stromerzeugung in einem Kohlekraftwerk werden mit etwa 4 Cent pro Kilowattstunde angegeben. Die Kosten für den eingespeisten Strom werden bundesweit auf alle Netzbetreiber anteilig aufgeteilt. Diese wälzen die Kosten dann an ihre Verbraucher über die Strompreise ab. Die jährlichen Mehrkosten für die Stromverbraucher werden von der Bundesregierung auf ca. 2,5 Mrd. Euro geschätzt. Das Ziel des Gesetzes ist es, den Anteil der erneuerbaren Energien an der Stromerzeugung auf mittelfristig 20 Prozent zu steigern (in 2020). Nach Angaben der Bundesregierung lag in 2005 der Anteil der erneuerbaren Energien in der Stromerzeugung bei 10,5 Prozent.

Diese Regelung definiert einen Mindestpreis auf Strom aus erneuerbaren Energien. Die Erzeuger haben eine Abnahmegarantie für Strom zu diesem Preis. Dies stellt eine Verzerrung dar, es sei denn, der Staat würde genau den in

Schaubild 7.6: Höchstpreis

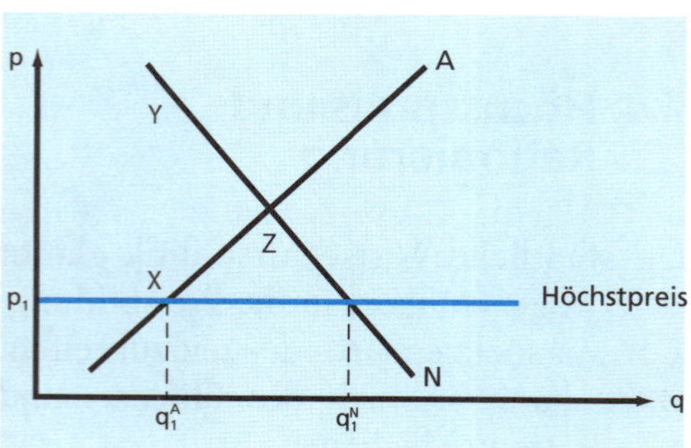

Ein Höchstpreis wird in der Regel festgelegt, um einen allzu hohen Preis, z. B. für lebenswichtige Güter, zu verhindern.

Der Höchstpreis liegt unter dem Gleichgewichtspreis.

Höchstpreise sind z. B. vorgeschlagen worden im Rahmen der Energiekrisen 1973/74 und 1979/80. Diejenigen Länder wie Belgien und Italien, die dieser Höchstpreispolitik gefolgt sind, haben die Erfahrung gemacht, dass die angebotenen Mengen zurückgingen. Höchstpreise werden auch bei Wohnungsmieten vorgeschlagen. An dem Beispiel der österreichischen Mietzinsobergrenzen kann man sehr gut erkennen, dass dadurch die Anreizfunktion der Preise außer Kraft gesetzt wird. Hausbesitzer haben nur unzureichende

Zukunft geltenden Strompreis treffen. Besonders verzerrend wirken die unterschiedlichen Vergütungssätze für unterschiedliche erneuerbare Rohstoffe. Es wird nicht klar, warum eine besonders teure Form der Erzeugung erneuerbarer Energien, wie der Solarzellen, gegenüber günstigeren Formen bevorzugt werden soll. Zwangsläufig laden solche Regelungen die Interessengruppen, hier die Produzenten, dazu ein, durch politische Einflussnahme für Gesetze sorgen, die für sie besonders günstig sind. Wenig überzeugend ist übrigens das Argument, mit dem Ansatz ließe sich dem CO_2-Problem beikommen, wenn der Staat gleichzeitig mit anderen Subventionen die CO_2-haltige Kohle fördert oder besonders stromintensive Unternehmen durch Ausnahmeregelungen wieder entlastet. Die Mindestpreise sind ökonomisch mit einer Subventionierung einzelner Energieträger vergleichbar. Nur wird diese Subvention nicht vom Staat gezahlt, sondern von den Stromkunden. Wenn eine solche Finanzierung Schule macht und der Staat seine Ausgabenwünsche durch verdeckte Steuern in den Gütern versteckt, wird es schwer, zu erkennen, was die wahren Kosten in einer Volkswirtschaft sind. Der Kohlepfennig, der aus ökonomischer Sicht im Prinzip ähnlich konstruiert war und den Stromverbrauchern die Kosten des Bergbaus auferlegte, wurde vom Bundesverfassungsgericht für verfassungswidrig erklärt. Zur Begründung des Gesetzes wird vor allem mit externen Kosten argumentiert, die bei anderen Energieträgern anfallen, aber nicht in deren Preisen berücksichtigt sind (Kapitel 25). Letztlich wäre es jedoch sinnvoller, die externen Kosten durch entsprechende Instrumente den einzelnen Formen der Energieerzeugung direkt zuzuordnen. So kann es zu einem wirklichen Wettbewerb zwischen den Energieträgern kommen, ohne dass der Preismechanismus außer Kraft gesetzt wird. Schließlich bekommen inzwischen ja auch ökologisch Orientierte Bedenken, wenn sie als negative externe Effekte (z. B. der Windenergie) die Verschandelung der Landschaft in Betracht ziehen.

Anreize, die Qualität der Wohnungen zu verbessern oder neue Wohnungen zu bauen. Gleichzeitig kann es passieren, dass dem Vermieter eine »Ablöse« zu zahlen ist, wenn dieser »Investitionen« vorgenommen hat, so dass letztlich außerhalb der gesetzlichen Regelungen dennoch eine Allokation über die Preise erfolgt. Auch in der Bundesrepublik wird im Rahmen des Mieterschutzes eine Art Höchstpreispolitik betrieben. Der Neubau von Mietwohnungen außerhalb des sozialen Wohnungsbaus wird davon negativ beeinflusst.

Bei einem Höchstpreis von p_1 ist die angebotene Menge q_1^A und die nachgefragte Menge beläuft sich auf q_1^N. Die Höchstpreispolitik führt zu einem Nachfrageüberhang. Verglichen mit dem Gleichgewichtspreis führt der Höchstpreis zu einem Wohlfahrtsverlust in Höhe des Dreiecks XYZ. Bei der Menge q_1^A übersteigt die Zahlungsbereitschaft für das Gut die Grenzkosten seiner Produktion. Eine Preis- und damit Mengensteigerung würde die Wohlfahrt erhöhen.

Um den Nachfrageüberhang in den Griff zu bekommen, versucht der Staat häufig in einem zweiten Schritt, die Nachfrage auf irgendeine Weise einzuschränken, zu rationieren; z. B. bedient man sich eines Bezugschein-Systems. Zur Verdeutlichung der Wirkungen einer Rationierung können wir z. B. von einer Situation ausgehen, in der das Angebot zurückgeht, etwa auf Grund einer Missernte oder auf Grund einer politischen Entscheidung (Bewegung von A nach A′ in Schaubild 7.7). Die Politik möchte jedoch verhindern, dass dieser Preisanstieg an die Nachfrager weitergegeben wird. Vielmehr versucht man, den Preis zu halten, indem ein Höchstpreis eingeführt und die Menge rationiert wird. Damit sind die folgenden Probleme verbunden:

1. **Nachfrageüberhang.** Wie schon erwähnt, besteht zu dem niedrig gehaltenen Preis $\overline{p}$ ein Nachfrageüberhang (BE). Da man den Preis als Zuteilungsmechanismus ausgeschlossen hat, muss die rationierte Menge OB durch andere Mechanismen verteilt werden. Neben dem bereits angesprochenen Windhundprinzip kann die Politik versuchen, die Menge nach einem möglichst effizienten oder nach einem als »gerecht« angesehenen Verbrauchsschlüssel aufzuteilen. Effizient wäre es, die Güter den Nachfragern mit der höchsten Zahlungsbereitschaft zuzuordnen. In der Bestimmung dieses Verteilungsschlüssels liegt ein zentrales Problem des Rationierungsansatzes; denn

- der Staat hat keine hinreichende Information über den individuellen Bedarf der Nachfrager,
- die Nachfrager haben einen Anreiz, falsche Angaben über ihren Bedarf zu machen, um eine größere Menge des Gutes zugeteilt zu bekommen,
- wenn sich die Schlüssel am bisherigen Verbrauch orientieren, dann müssen Informationen über die Nachfrager gesammelt werden, was einen Eingriff des Staates in die Privatsphäre darstellt,
- vergangenheitsorientierte Verbrauchsschlüssel schreiben bestehende Strukturen fest und berücksichtigen keine dynamischen Veränderungen in der Wirtschaft.

2. **Keine Anreizwirkung für das Angebot.** Rationierung beeinträchtigt, wie alle Eingriffe in die Preisbildung, Preisfunktionen und schaltet damit wichtige Anpassungsprozesse aus. In Schaubild 7.7 erkennt man, dass ein Marktpreis eine größere Angebotsmenge als OB bewirken würde. Da eine Rationierung auf der Nachfrageseite weder zu einer sparsameren Verwendung des knapper gewordenen Gutes anregt noch auf der Angebotsseite eine größere Produktion (auch von Substituten) bewirkt, beseitigt die Rationierung nicht das Knappheitsproblem, sondern verschärft es.

3. **Politisierung der Preise.** Da der Preis niedrig gehalten wird, bewirkt die Rationierung eine Politisierung des Preises, denn der Preis wird bei einer Rationierung durch politische Prozesse bestimmt. Da die politischen Abstimmungsprozesse häufig eine gewisse Zeit in Anspruch nehmen, können Preise nicht mehr flexibel auf geänderte Bedingungen reagieren. Dadurch werden Anpassungen hinausgezögert, und die Anpassungen können dann abrupter und gravierender sein.

4. **Arbitrage und Schwarzmarkt.** Zu dem vorgegebenen Preis $\overline{p}$ besteht eine Zahlungsbereitschaft BD, die aber wegen der Rationierung nicht voll in Anspruch genommen wird. Es gibt also

Schaubild 7.7: Rationierung

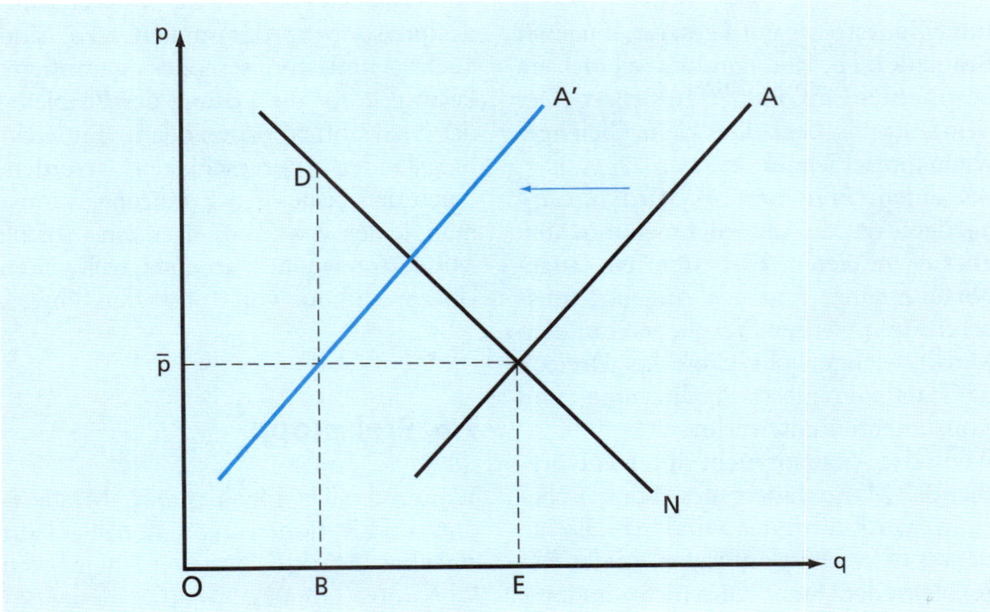

Wirtschaftssubjekte, die mehr zu zahlen bereit sind als $\bar{p}$. Damit kann sich auf der Nachfrageseite ein Schwarzmarkt bilden. Diejenigen mit einer geringeren Zahlungsbereitschaft als BD können dann das Gut auf dem Schwarzmarkt an diejenigen mit einer höheren Zahlungsbereitschaft verkaufen. Der Schwarzmarkt ermöglicht also eine effiziente Verteilung des rationierten Gutes. Dafür steigt der Schwarzmarktpreis über den politisch gewünschten Höchstpreis. Wir sehen, dass bei einem Schwarzmarktpreis von BD der Preis sogar noch höher ist als der Preis, der sich im Marktgleichgewicht ohne Rationierung (Schnittpunkt zwischen N und A′) bilden würde. Rationierung verschärft dann sogar noch das Preisproblem. Zudem kommt es zu Verteilungseffekten, da die Verkäufer auf dem Schwarzmarkt einen stattlichen Gewinn erzielen können.

5. Ausdehnung auf andere Produkte. Rationierung bewirkt ein ausweichendes Verhalten der Wirtschaftssubjekte, die versuchen, die Rationierung zu unterlaufen. Um dieses ausweichende Verhalten der Wirtschaftssubjekte zu vermeiden, muss die Rationierung auf andere Produkte ausgedehnt werden. Wenn Heizöl rationiert wird, muss über kurz oder lang auch Kohle rationiert werden. Die Rationierung muss also durch weitere Vorschriften nachgebessert werden oder von vornherein das ausweichende Verhalten der Wirtschaftssubjekte antizipieren. Damit hat die Rationierung eine Tendenz, sich auszudehnen.

6. Stärkung der Bürokratie. Letztlich macht es die Rationierung erforderlich, dass die Zuteilung der Güter über eine Bürokratie erfolgt. Die damit verbundene Ausdehnung der Bürokratie bedeutet zusätzliche Kosten der Rationierung.

7.5 Mindestpreis

Ein Mindestpreis wird gesetzt, um einer Branche (z. B. der Landwirtschaft) ein bestimmtes Einkommen zu sichern. Der Mindestpreis liegt über dem Gleichgewichtspreis (Schaubild 7.8).

Bei einem Preis von p_2 wird nur q_2^N nachgefragt, die Unternehmen möchten aber q_2^A anbieten. Es besteht ein Angebotsüberhang, und das Angebot muss beschränkt werden. Verglichen mit dem Marktgleichgewicht geht das Dreieck EFG als aggregierte Produzenten- und Konsumentenrente verloren.

Wenn das Angebot nicht durch entsprechende Maßnahmen des Staates begrenzt wird, führt der Mindestpreis eine zu starke Produktion herbei. In der Regel bleibt dem Staat dann nichts anderes übrig, als den Anbietern die überschüssigen Mengen abzukaufen. Dadurch entstehen zusätzliche Kosten (siehe Preisstützung der europäischen Agrarpolitik).

Schaubild 7.8: Mindestpreis

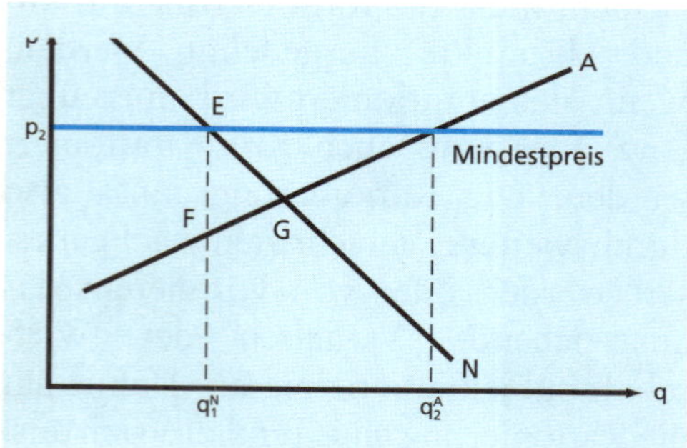

Der Mindestpreis war in der Form von Richtpreisen lange Zeit das entscheidende Instrument der EU-Agrarmarktpolitik. Eine ganze Landschaft von Butterbergen, Zuckergipfeln, Weinseen und auch Olivenölmeeren war die Folge. Überproduktion, d. h. die Vergeudung von Produktionsfaktoren, ist durch Mindestpreise vorprogrammiert. Es sind auch Mindestpreise oder garantierte Festpreise für die Lösung der Probleme der rohstoffexportierenden Entwicklungsländer vorgeschlagen worden. Nach den bisherigen Erfahrungen muss man leider erwarten, dass eine solche Mindestpreispolitik zu einer weltweiten Überproduktion von Rohstoffen führt.

7.6 Preisstopp

Während sich Höchstpreis, Mindestpreis und Rationierung in der Regel auf einzelne Märkte beziehen, wird ein Preisstopp in einer Situation hoher Inflation auf eine Vielzahl von Preisen (oft alle Preise) einer Volkswirtschaft angewandt. Die Motivation ist, die Inflation durch einen Preisstopp zu bremsen. Dies gelingt auch für die Dauer des Preisstopps.

Allerdings hat dies Folgen: Während der Zeit des Preisstopps verschieben sich die Knappheitsrelationen, ohne dass dies in den Preisen zum Ausdruck kommt. Geht ein Preisstopp zu Ende, so müssen die Preise abrupt geändert werden. Allokationsänderungen werden also während der Dauer des Preisstopps ausgeschaltet; wird der Preisstopp aufgelöst, so muss sich eine Volkswirtschaft an neue Konditionen anpassen – oft mit erheblichen Kosten.

Ein Preisstopp kann in aller Regel nicht auf Güterpreise beschränkt bleiben. Er muss auch einen Lohnstopp umfassen. Die Tarifautonomie wird also ausgeschaltet. Ein Lohn- und Preisstopp ist ein sicheres Anzeichen dafür, dass politische Instanzen (ihnen unliebsame) Marktkräfte ausschalten: 1936 verfügte

Hitler einen Lohn- und Preisstopp in Deutschland; 1971 bediente sich Richard Nixon dieses Mittels; 1982 reihte sich Mitterrand in die Ahnengalerie des Preisstopps ein.
Um die steigenden Kosten im Gesundheitswesen in den Griff zu bekommen, führte die Bundesregierung in 2006 mit dem »Gesetz zur Verbesserung der Wirtschaftlichkeit der Arzneimittelversorgung« einen zweijährigen Preisstopp auf alle Arzneimittel ein, die auf Kosten der gesetzlichen Krankenkassen verordnet wurden. Auf diese Weise sollte die Zunahme der Krankenkassenbeiträge eingeschränkt werden, die wie eine Steuer auf den Faktor Arbeit wirken und damit die Nachfrage nach Arbeitskräften verringern. Die oben genannten Probleme gelten auch für einen solchen Preisstopp in einem Teilbereich der Wirtschaft.

7.7 Produktsteuern

Die Wirtschaftspolitik kann Nachfrage und Angebot durch Steuern und Subventionen beeinflussen.

1. Wirkung einer Produktsteuer. Durch Steuern auf einzelne Produkte kann der Staat Einnahmen erzielen und eine Umlenkung der Nachfrage bei (nach Meinung der Wirtschaftspolitiker) nicht erwünschten Gütern anstreben (Verbrauchssteuer). Indem ein Produkt besteuert wird, spaltet der Staat Produzenten- und Konsumentenpreis. Damit wird die nachgefragte Menge reduziert und gleichzeitig auch der Produktionsanreiz eingeschränkt. Die Angebotskurve verschiebt sich nach oben. Beispiele sind die Alkohol-, die Tabak- und die Ökosteuer.

Schaubild 7.9: Mengensteuer

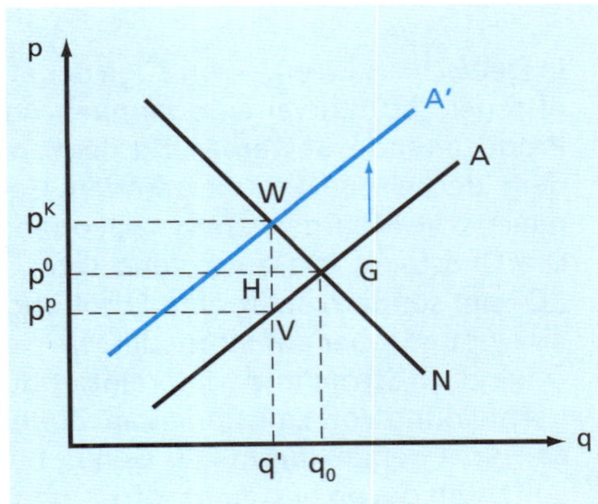

In Schaubild 7.9 ist der Fall eingezeichnet, dass der Staat eine mengenabhängige Steuer auf ein Produkt erhebt (Mengensteuer). Die für den Markt relevante Angebotskurve verschiebt sich um den Steuersatz von A auf A′. Da infolge des (durch die Steuer) gestiegenen Konsumentenpreises die nachgefragte Menge zurückgeht, können die Unternehmen nur die kleinere Menge q′ absetzen. Der Produzentenpreis sinkt auf p^P. Der Steuersatz entspricht der Strecke VW. Der Staat erhält die Fläche $p^P p^K WV$ als Steuereinnahmen.

2. Verlust von Konsumenten- und Produzentenrente. Wer hat den Nutzen aus einer solchen Besteuerung, wer trägt die Kosten dieser Maßnahme? Für die Konsumenten bewirkt die Produktsteuer in Schaubild 7.9 einen Preisanstieg von p^0 auf p^K. Der Konsumentenpreis steigt, die Konsumentenrente sinkt, und zwar um die Fläche $p^0 p^K WG$. Die Konsumenten erleiden also einen Verlust. Der Produzentenpreis fällt; auch die Produzentenrente sinkt, und zwar um $p^P p^0 GV$. Die Besteuerung eines Produkts »schadet« also sowohl den Konsumenten als auch den Produzenten. Beide Flächen zusammen ergeben

Kasten 7.2 Ökosteuer

In Deutschland wurden im Zuge der »Ökologischen Steuerreform« die Mineralölsteuern stufenweise angehoben und eine Stromsteuer eingeführt. Für das Produzierende Gewerbe und die Landwirtschaft gelten ermäßigte Sätze; zudem deckelt im Produzierenden Gewerbe ein sog. »Spitzenbelastungsausgleich« die Mehrbelastung nach oben.
Die Ökosteuer in Deutschland setzt also nicht an der Bemessungsgrundlage CO_2 an, sondern stellt eine Erhöhung der Steuer auf Mineralölprodukte und eine neue Steuer auf Strom dar. Sie zielt also auf eine Einschränkung der Nachfrage nach Strom und Mineralölprodukten ab und regt damit nur indirekt die Vermeidung von Emissionen an. Zudem werden die verschiedenen Energieträger nicht gemäß ihrem CO_2-Gehalt belastet. Beispielsweise wird der Strom unabhängig davon besteuert, ob er mit CO_2-haltigen Energieträgern (Steinkohle, Braunkohle) oder mit CO_2-armen Energieträgern (Erdgas, Atomkraft) erzeugt wird. Damit wird die Steuer den Anforderungen an eine Steuer auf Emissionen nicht gerecht. Auch die wirtschaftspolitisch motivierten Ermäßigungen und Belastungsgrenzen führen weg vom Ziel der einheitlichen Besteuerung der Emissionen.
Die Ökosteuer ist in Deutschland mit dem Argument begründet worden, die Beiträge zur Rentenversicherung zu senken (»Tanken für die Rente«) und damit die Belastung des Faktors Arbeit zu verringern. Allerdings werden die etwa 18,6 Mrd. Euro an Einnahmen aus der Ökosteuer nicht direkt für die Finanzierung der Renten eingesetzt, sondern allgemein in den Haushalt eingestellt. Eine solche Steuer wäre aber auch bei weitem nicht ausreichend, um das langfristige Finanzierungsproblem der Alterssicherung bei abnehmender Bevölkerung zu lösen. Zudem erscheint es ohnehin nicht empfehlenswert, die Finanzierung der Sozialversicherung an der Besteuerung einer natürlichen Ressource festzumachen, deren Peis auf dem Weltmarkt stark schwanken kann.

den Verlust für Konsumenten und Produzenten. Dagegen erzielt der Staat eine Steuereinnahme in Höhe des Rechtecks $p^P p^K VW$. Die verlorene Konsumenten- und Produzentenrente kommt jedoch nicht voll beim Staat an. Gesamtwirtschaftlich entsteht ein Wohlfahrtsverlust in Höhe des Dreiecks VWG. Dieser Verlust wird als Zusatzlast oder »deadweight loss« der Besteuerung bezeichnet.

3. **Produktsteuer und Transformationskurve.** Die Auswirkung einer Produktsteuer kann auch mit Hilfe des Schaubilds 2.6 erörtert werden. Angenommen, es wird eine Steuer auf Gut 1 erhoben. Wie wir gesehen haben, steigt der Konsumentenpreis dieses Gutes, während der Produzentenpreis fällt. Da eine Steuer als Lenkungsinstrument auf »unerwünschte Produkte« (Alkohol, Umweltemissionen) erhoben wird, gibt nicht der Konsumentenpreis die »gesellschaftliche« Bewertung an, sondern der Produzentenpreis. Dies folgt auch daraus, dass der Produzentenpreis die Produktionskosten wiedergibt (Alternativ- oder Opportunitätskosten). Eine Steuer auf Gut 1 wirkt sich also in einem Stei-

Nimmt man das Risiko einer globalen Klimaerwärmung durch Kohlendioxid (CO_2) als Ausgangspunkt der Umweltpolitik, so müssten CO_2-Emissionen mit einem Preis belegt werden. Dies könnte eine Steuer pro Tonne emittiertes CO_2 sein. Ein Preis für CO_2 könnte aber auch dadurch zustande kommen, dass von den Unternehmen (und Haushalten), die CO_2 freisetzen, eine Emissionslizenz verlangt wird, deren Preis sich auf den Markt einstellt. Da es sich um ein globales Problem handelt, müsste ein Preis für CO_2-Emissionen idealerweise weltweit umgesetzt werden (siehe dazu Abschnitt 8.9). Im Rahmen des Kyoto-Protokolls hat die Europäische Union einen solchen Preismechanismus geschaffen, indem Emittenten – allerdings mit Ausnahmen – Emissionsrechte zugeteilt wurden, die an einer Börse gehandelt werden. Im Juli 2006 lag der Preis pro Tonne CO_2 bei ca. 15 Euro.

Der Ansatz der Ökosteuer ist insofern widersprüchlich, als damit CO_2-Emissionen mit zwei Instrumenten belastet werden, deren Gesamtwirkung unklar ist. Hinzu kommt als weitere Inkonsistenz, dass beide Instrumente die Emissionen belasten sollen, gleichzeitig aber die Steinkohle, die als fossiler Energieträger CO_2-haltig ist, kräftig subventioniert wird. Auch die Förderung alternativer Energieträger hat den Sekundäreffekt, dass dadurch der Preis für Emissionsrechte anderswo sinkt und die Emissionen ansteigen können. Ein dritter Widerspruch liegt aus globaler Sicht darin, dass der Anstieg der Kosten der Umweltverschmutzung bei uns die relative Wettbewerbsfähigkeit von Energie-Standorten anderswo begünstigt, so dass dort umweltschädigender produziert wird.

Schaubild 7.10: Mengensteuer bei starrer Nachfrage

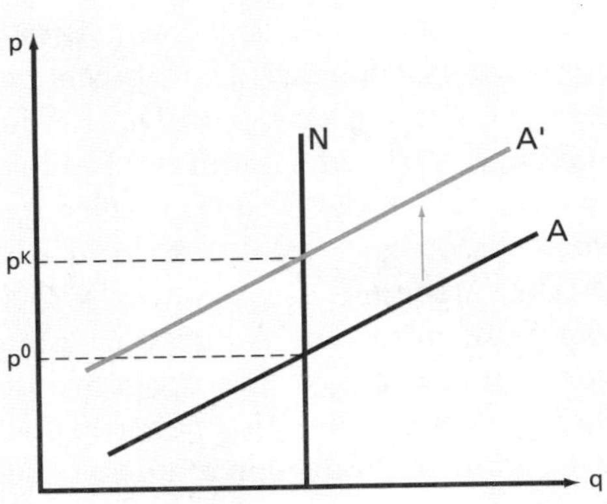

gen des relativen Produzentenpreises p_2/p_1 aus. Die Produktion des Gutes 1 geht zurück; gleichzeitig steigt die hergestellte Menge des Gutes 2. Eine Steuer auf Gut 1 führt also nicht allein zu einer Produktionseinschränkung bei diesem Gut, sondern auch zu einer Produktionsausweitung bei Gut 2. Die sektorale Struktur der Volkswirtschaft ändert sich. Diese Umstrukturierung (Bewegung entlang der Transformationskurve) wird von einer Reallokation der Faktoren begleitet.

4. Starre Nachfrage. Ein Sonderfall er-

gibt sich dann, wenn die Nachfrage nach dem Gut starr ist. Dann entspricht der Verlust an Konsumentenrente genau den Staatseinnahmen; die Veränderung der Produzentenrente ist null (Schaubild 7.10). Der Staat erzielt Einnahmen ohne Zusatzverlust durch die Steuern. Allerdings kann dann das zweite Ziel, die Verringerung der konsumierten Menge des Gutes, nicht erreicht werden. Bei einer vollkommen elastischen Nachfrage (horizontale Nachfragekurve) stellt sich das umgekehrte Ergebnis ein: Die Nachfrage geht auf null zurück, der Staat erzielt dafür keine Einnahmen. Wir sehen also, dass ein Konflikt zwischen den Zielen Einnahmenerzielung und Steuerung der Nachfrage bestehen kann. Dieser Konflikt ist zum Beispiel für die Wirkungen einer Umweltsteuer oder z. B. auch der LKW-Maut bedeutsam, die zwei Zielen dienen soll; zum einen der Erzielung von Staatseinnahmen und zum anderen der Verringerung einer bestimmten wirtschaftlichen Aktivität (weniger Umweltverschmutzung, weniger LKW-Verkehr).

7.8 Transaktionskosten und segmentierte Märkte

Ähnlich wie eine proportionale Steuer können Transaktionskosten wirken, wenn sie proportional zur Transaktionsmenge anfallen. Entstehen für Transaktionen auf einem Markt (z. B. für Autos) Kosten pro Einheit, so wird der Konsumenten- vom Produzentenpreis gespalten (Schaubild 7.9). Transaktionskosten treten beispielsweise dann auf, wenn Transportkosten vorliegen, Information etwa über die Produktqualität und Zuverlässigkeit des Vertragspartners gesucht werden muss und Kontrollkosten für die Vertragserfüllung relevant sind. Auch staatliche Regulierungen können Markttransaktionen verteuern.

Sind zwei Märkte nicht voneinander durch Transaktionskosten getrennt, so gilt das Gesetz von der Unterschiedslosigkeit des Preises. Die Arbitrage bewirkt, dass sich die Preise zwischen beiden Märkten angleichen. Auf beiden Märkten gilt der gleiche Preis. Transaktionskosten segmentieren Märkte. Preise können dann voneinander abweichen.

7.9 Subventionen

1. Auswirkung einer Subvention. Ein Keil zwischen Konsumenten- und Produzentenpreis ergibt sich auch dadurch, dass der Staat eine Subvention zahlt. Diese kann den Konsumenten (z. B. Mietsubvention in Form der Individualsubvention) oder den Produzenten (z. B. Zuschüsse zum Wohnungsbau in Form der Objektsubvention) gewährt werden.

Durch eine Subvention verschiebt sich die (für den Markt relevante) Angebotskurve um den Subventionssatz nach unten. Der Konsumentenpreis sinkt in Schaubild 7.11 von p_0 auf p^K, allerdings nicht um den vollen Betrag der Subventionierung. Die Konsumentenrente steigt um $p^K p^0 GY$. Der Produzentenpreis p^P – und damit der Produktionsanreiz – steigt hingegen. Die angebotene Menge nimmt zu und die Produzentenrente steigt um $p^P p^0 GX$. Der Staat muss eine Ausgabe in Höhe von $p^K p^P XY$ tätigen. Die Ausgaben für die Subvention sind also höher als der Zugewinn an Produzenten- und Konsumentenrente.

Kasten 7.3 Subventionen – Eine historische Reminiszenz

Betrachten wir Polen im Jahr 1970. Die Regierung musste die Preise für landwirtschaftliche Produkte erhöhen, und zwar deshalb, weil man einen Produktionsanreiz für diese Produkte schaffen wollte. Man brauchte eine größere Menge dieser Produkte für den Export, weil zusätzliche Deviseneinnahmen erforderlich waren. Und diese wiederum waren notwendig, weil man Kapitalgüter mit neuer Technologie (Maschinen) importieren wollte, um die Produktion voranzubringen. Man sieht also, dass hier letztlich eine Restriktion, der Ausgleich der Zahlungsbilanz, ein wesentliches Element der Entwicklung war.
Hätte man »Luft« im staatlichen Budget gehabt, so hätte man die Preiserhöhung nicht durchzuführen brauchen. Man hätte dann die landwirtschaftlichen Produkte noch stärker subventioniert, und der Konsument hätte sich einem niedrigeren Konsumentenpreis gegenüber gesehen, während der Produzentenpreis für die Anbieter hoch gewesen wäre. Eine stärkere Subventionierung schied aber aufgrund der Budgetrestriktion des öffentlichen Haushalts aus.
Die Konsequenz dieser Preisanpassung, die sich in der Öffentlichkeit ja als politischer Akt darstellte und nicht als das Wirken von Angebot und Nachfrage auf dem Markt, war, dass bei gegebenen Nominallöhnen der Reallohn der Industriearbeiter sinken musste. Landwirtschaftliche Produkte wie Brot und Fleisch spielten im Warenkorb der Industriearbeiter eine große Rolle. Die Industriearbeiter von Danzig traten in den Streik, und der Parteichef Gomulka musste gehen.
Nach den Preiserhöhungen bei Erdöl 1973 und auch in den folgenden Jahren haben die Ostblockländer die Preiserhöhung zunächst über Subventionen für die heimische Wirtschaft auffangen wollen. Einer solchen Politik waren aber letzten Endes durch die Budgetrestriktionen Grenzen gesetzt. Die zwangsläufige Revision dieser Preise scheint auch bei den Streiks 1976 und 1980 eine Rolle gespielt zu haben.

Schaubild 7.11: Subvention

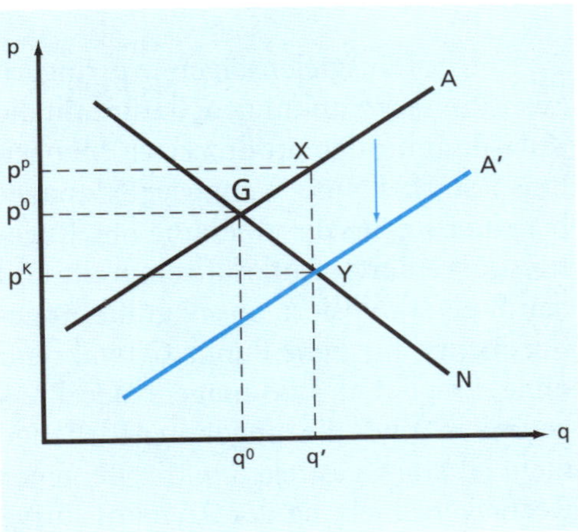

Es entsteht wieder ein Wohlfahrtsverlust – in Höhe von GXY.
Im Vergleich zu einem Mindest- oder Höchstpreis kann durch Produktsteuern oder Subventionen das Problem der Konsistenz der Mengenplanung der Nachfrager und Anbieter gelöst werden. Bei der Subvention tritt jedoch eine neue Restriktion für die staatliche Wirtschaftspolitik auf, und zwar die Bedingung des Haushaltsausgleichs für den Staat.

2. Ausmaß der Subventionen. Subventionen machen nach einer Berechnung

Tabelle 7.1: Subventionen in Deutschland in Milliarden Euro

	2001
I. Finanzhilfen	93
– Bund	21
– Länder und Gemeinden	58
– EU	6
– Bundesanstalt für Arbeit	8
II. Steuervergünstigungen	52
III. Subventionen insgesamt	145

Quelle: A. Boss und A. Rosenschon, Der Kieler Subventionsbericht: Grundlagen, Ergebnisse, Schlussfolgerungen, Kieler Diskussionsbeitrag 423, Institut für Weltwirtschaft Kiel 2004.

des Instituts für Weltwirtschaft im Jahr 2004 rund 145 Mrd. Euro aus (Tabelle 7.1). Dies sind 6,6 vH in Relation zum Bruttoinlandsprodukt und 33 vH der Steuereinnahmen. Dabei wird eine weite Abgrenzung der Subventionen zugrunde gelegt. Von diesen Subventionen können, laut den Berechnungen des Instituts für Weltwirtschaft, 78 Mrd. Euro einzelnen Sektoren zugeordnet werden, z. B. 12 Mrd. Euro für den Sektor der Land-, Forstwirtschaft und Fischerei. So sehr willkommen den Subventionsempfängern die staatliche Unterstützung sein mag, man sollte nicht vergessen, dass die Subventionen durch Steuern zu finanzieren sind, die bei den Steuerzahlern Belastungen darstellen.

7.10 Rohstoffausgleichsläger

Bei einer Reihe von Produkten hat man auf den Weltmärkten starke Preisschwankungen festgestellt. Beispiele sind landwirtschaftliche Produkte wie Kaffee oder Kakao. Preisschwankungen sind auch bei mineralischen Rohstoffen wie Erzen beobachtet worden. Es sind deshalb Rohstoffausgleichsläger vorgeschlagen worden.

Die Grundidee eines Rohstoffausgleichslagers (»Buffer Stock«) besteht darin, durch Mengeneingriffe den Preis eines Produkts über die Zeit zu stabilisieren. Sei p* ein angestrebter Preis und verschiebe sich die Angebotskurve in der Periode 1 durch eine sehr gute Ernte nach rechts (Schaubild 7.12a), so kauft der Manager des Rohstoffausgleichslagers die Menge BC auf und nimmt sie auf Lager. Er vermehrt in der Periode 1 die wirksame Nachfrage um BC und stützt damit den Preis. Wenn in der Periode 2 dann das Angebot sinkt (schlechte Ernte), bietet der Manager die Menge DE an und hält damit den Preis.

Eine Reihe von Argumenten lassen Zweifel entstehen, ob Rohstoffausgleichsläger ein geeignetes Instrument der Wirtschaftspolitik sind.

1. Es entstehen Lagerhaltungskosten, zu denen auch die entgangenen Zinsen für die Finanzmittel gehören, mit denen der Manager auf den Märkten eingreift. Wenn der Weltmarktpreis beeinflusst werden soll, muss ein Rohstoffausgleichslager mit einer nicht unerheblichen Finanzsumme ausgestaltet sein.

2. Rohstoffausgleichsläger verringern zwar Preisschwankungen; dafür fällt die Volatilität bei den produzierten Mengen umso stärker aus. Wenn der Manager bei einer Rechtsverschiebung der Angebotskurve durch Aufkäufe eingreift und den Preis stabilisiert, so steigt die Angebotsmenge bis zum Punkt C, während ohne Eingriff des Managers der Preis gesunken und die angebotene Menge nicht so stark gestiegen wäre. Bei einer Rechtsverschiebung der Angebotskurve

Schaubild 7.12: Rohstoffausgleichsläger

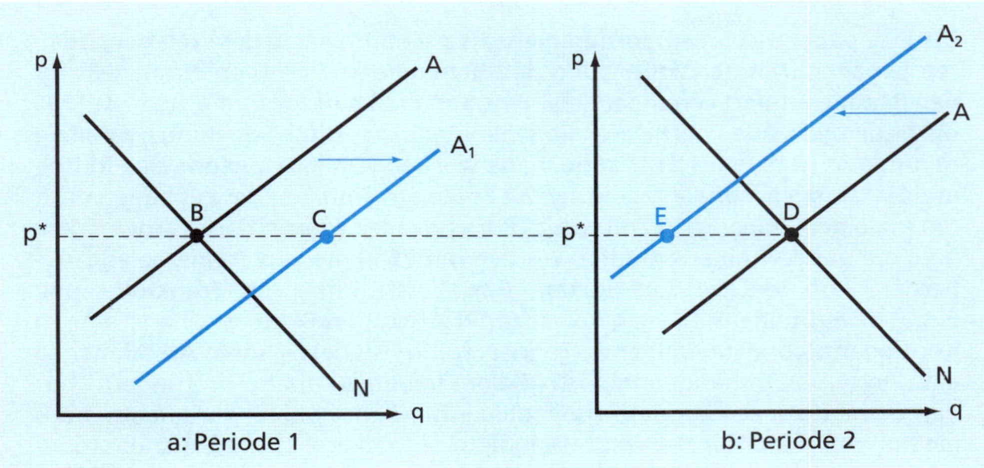

tendiert das System demnach zur Überproduktion. Bei einer Linksverschiebung der Angebotskurve passiert genau das Umgekehrte; die produzierte Menge sinkt stärker als ohne Eingriffe. Von den Mengenschwankungen sind auch die rohstoffproduzierenden Länder betroffen, da z. B. die Nachfrage nach Produktionsfaktoren (Arbeitern) zurückgeht, wenn weniger produziert wird.

3. Der Rohstoffmanager hat keine Möglichkeit zu wissen, ob eine Mengenänderung auf der Nachfrage- oder Angebotsseite ein kurzfristiges oder ein langfristiges Phänomen ist. Angenommen, es handelt sich um einen langfristigen Nachfragerückgang. Dann sollten sich die Preise ändern, und die Produzenten sollten sich anpassen. Diese notwendige Anpassung wird durch Rohstoffausgleichsläger verschoben, aber dadurch dringlicher. Oft müssen die Korrekturen in der Mengenpolitik dann abrupt vorgenommen werden und führen zu Problemen, wie sie bei der Anpassung der Höchstpreise diskutiert wurden.

4. Da sich der Rohstoffmanager in der Regel nicht in einem politischen Vakuum bewegt, wird der Preis durch ein Rohstoffausgleichslager politisiert.

5. Der Rohstoffmanager kann sogar die Instabilität auf den Weltmärkten erhöhen und den Konjunkturzyklus verschärfen. Angenommen, es tritt eine konjunkturelle Schwankung der Weltnachfrage nach einem Rohstoff ein, z. B. eine konjunkturelle Nachfragezunahme. Der Manager verkauft in dieser Situation und stabilisiert damit den Preis. Wenn er genügend »Pulver« hat, gelingt die Stabilisierung. Hat er nicht genügend auf Lager, so kann er den Preis nur für eine Weile stabil halten. Wenn das Lager leer ist und das Zusatzangebot des Managers aussetzt, müssen die Preise schlagartig steigen. Da durch die Marktintervention des Managers das Preissignal verzögert und mögliche graduelle Anpassungsprozesse ausgeschaltet werden, verschärft sich in diesem Fall der Konjunkturzyklus.

Kasten 7.4 Ausgerechnet Bananen

Die Europäische Union importiert mehr als die Hälfte der in der Welt gehandelten Bananen. Mit der Vollendung des Binnenmarktes wurden die Regeln für den Bananenimport vereinheitlicht. Eine Bananenmarktordnung ersetzte 1993 die bisher geltenden nationalen Bananen-Politiken. Diese Regelung begrenzte den Import von sog. »Drittlandbananen« oder »Dollarbananen« aus Mittel- und Südamerika mengenmäßig auf 2,2 Millionen Tonnen. Diese Bananen durften mit einem (niedrigen) Zoll von 75 Euro pro Tonne importiert werden; Mengen, die darüber hinaus gingen, wurden mit 765 Euro pro Tonne belegt. Außerdem konnten die AKP-Staaten (im Wesentlichen mit Frankreich und England verbundene Länder, vor allem in Afrika) im Rahmen eines weiteren Kontingents von 0,86 Millionen Tonnen zollfrei so bezeichnete AKP-Bananen einführen. Den bisherigen Importhändlern in den europäischen Ländern wurden Einfuhrlizenzen zugesprochen; die Einfuhrkontingente wurden also nach einem Schlüssel unter den Importhändlern aufgeteilt. Für die bananenproduzierenden Gebiete der Europäischen Union (vor allem Kanarische Inseln und Überseegebiete Frankreichs), die nicht wettbewerbsfähig sind, wurde ein Beihilfesystem entwickelt.

Die Auswirkungen der Binnenmarktordnung waren folgende:

- Die Bananenproduzenten der europäischen Überseegebiete sowie der AKP-Staaten wurden gefördert; ihnen wurde eine größere Produzentenrente verschafft.
- Gleichzeitig wurden die Importhändler von Dollarbananen durch ein kompliziertes Importlizenzsystem benachteiligt.

Schaubild 7.13: Exportsubvention

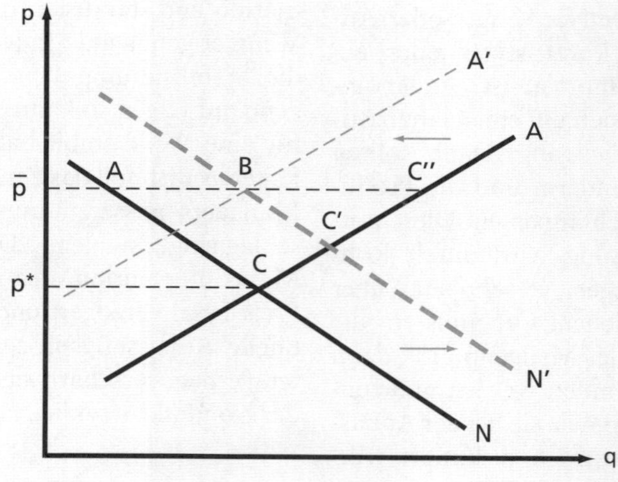

– Die Konsumenten in der europäischen Union wurden durch die Regulierungen geschädigt, besonders in Deutschland, wo vor 1993 Bananen frei importiert werden konnten.

Die Bananenmarktordnung bedeutete eine Diskriminierung der Dollarbananenländer und stand im Widerspruch zu den Regeln der Welthandelsordnung. Der WTO-Streitschlichtungsausschuss hat die Europäische Union mehrmals zu einer Änderung der Bananenmarktordnung verurteilt. So wurde die Bananenmarktordnung 1995 leicht verändert, nachdem die lateinamerikanischen Bananenexporteure einen Schiedsspruch durchgesetzt hatten. Ecuador, Honduras, Guatemala, Mexiko sowie die USA als weltgrößter Bananenhändler riefen den Streitschlichtungsausschuss der WTO abermals an. 1997 kam dieses WTO-Panel zu dem Schluss, dass das Vorgehen der EU gegen verschiedene WTO-Regeln verstoße. Nachdem die Europäische Union im Juni 1998 unwesentliche Änderungen vornahm und die USA sich erneut gegen die 1999 in Kraft getretene Bananenmarktordnung an die WTO wandten, erlaubte diese den USA, Strafzölle in Höhe von 191,4 Millionen US-Dollar auf Waren aus der EU zu verhängen. Die EU hat daraufhin ihre Bananenmarktordnung abermals angepasst. Danach musste die Streitschlichtung der WTO nochmals bemüht werden; sie kam zu dem Ergebnis, dass auch diese EU Bananenmarktordnung nicht mit den Regeln der Welthandelsordnung kompatibel war.

Seit dem 01. Januar 2006 gilt eine neue Regelung, die einen einheitlichen Zollsatz von 176 Euro/Tonne vorsieht. Zudem darf eine Menge von 0,75 Millionen Tonnen AKP-Bananen zollfrei importiert werden. Der europäische Verbraucher steht damit weiterhin schlechter da als in der Freihandelslösung, da auch Zölle die Bananen verteuern.

7.11 Preisstützung in der Europäischen Agrarpolitik

Die Preisstützung in der Europäischen Union erfolgt bei vielen landwirtschaftlichen Produkten durch eine Festlegung von Mindestpreisen. Es wird ein Interventionspreis festgelegt, zu dem landwirtschaftliche Produkte, die auf dem Markt nicht abgesetzt werden können, aufgekauft werden. Die Preise werden dadurch auf einem Niveau stabilisiert, das langfristig über dem Weltmarktpreisniveau liegt.

Angenommen, auf einem Agrarmarkt sei der Gleichgewichtspreis p^* (Punkt C im Schaubild 7.13). Die Marktintervention erfolgt dergestalt, dass die Marktstützungsbehörde die überschüssige Produktion zum Interventionspreis $\overline{p}$ aufkauft. In der Praxis des europäischen Agrarmarktes spielt zudem die Subventionierung von Exporten als Instrument der Preisstützung eine große Rolle. Hierbei drückt die EU die Preise der Exportgüter durch Subventionen auf (bzw. unter) Weltmarktpreisniveau. Durch diese Exportsubvention wird die Menge BC″ (Schaubild 7.13) aus dem europäischen Markt genommen und exportiert. Die EU kauft dann die restliche Mengen AB für die Lagerhaltung auf und es stellt sich der Preis $\overline{p}$ ein.

Gegen Importe werden die Landwirte durch Zölle geschützt, mit dem Ziel, dass die Importpreise auf das EU-Niveau heraufgeschleust werden.

Aufgrund der mit der Preisstützung verbundenen Überproduktion wurden die Interventionspreise in letzter Zeit deutlich gesenkt. Zum Ausgleich erhalten die Landwirte produktionsunabhängige Direktzahlungen.

7.12 Administrierte Preise

Mit dem Begriff »administrierte Preise« kennzeichnet man Preise, die aufgrund wirtschaftlicher und institutioneller Bedingungen auf längere Zeit fixiert sind und nur mit einer zeitlichen Verzögerung auf Mengenungleichgewichte reagieren.

Die Ursachen der administrierten Preise sind vielfältig. Preislisten können nicht jeden Tag neu gedruckt werden und gelten für ein Quartal oder ein halbes Jahr. Eine Werbekampagne für ein Produkt bedingt oft, dass der Preis für eine Zeit gehalten werden muss. Auch wenn die Preisbildung nicht allein Angebot und Nachfrage überlassen bleibt, werden die Preise »administriert«, etwa durch ein Preiskartell. Ebenso setzt die Lohnfindung durch Verhandlungen zwischen Gewerkschaften und Arbeitgebern »Preise«, nämlich die Löhne fest, in der Bundesrepublik in der Regel für zwölf Monate.

Auf einer Vielzahl von Märkten greift der Staat in die Preisbildung ein. Agrarproduktion, Wohnungsmarkt, Telekommunikation, Briefbeförderung und Gesundheitsleistungen sind Bereiche mit administrierten Preisen. Die konstanten Wechselkurse in der Nachkriegszeit bis 1973 sind ein weiteres Beispiel. Durch die staatliche Beeinflussung werden Preise zu politischen Preisen. Die Änderung dieser Preise erfolgt in einem politischen Prozess. Da Preisänderungen zwangsläufig zumindest eine Gruppe benachteiligen, kann es dazu kommen, dass die Preise erstarren.

Die Konsequenz der administrierten Preise besteht darin, dass Änderungen in den Knappheiten nur mit erheblicher zeitlicher Verzögerung angezeigt werden. Damit werden mögliche Mengenanpassungen zeitweise ausgeschlossen. Ein Beispiel hierfür ist die amerikanische Energiepolitik, die bis heute den Benzinpreis im Vergleich zu anderen Ländern niedrig hält. Mangelnde Anpassung, etwa in den benzinfressenden Automotoren, war die Folge.

Wichtige Begriffe in Kapitel 7

Punktangebot
Spinnweb-Fall
Schweinezyklus
Preisoszillation
Höchstpreis
Mindestpreis
Rationierung
Arbitrage
Preisstopp
Produktsteuer
Konsumentenrente
Produzentenrente
Effizienzverlust
Transaktionskosten
Subvention
Rohstoffausgleichsläger
Preisstützung in der EU-Agrarpolitik
Exportsubventionen
Administrierte Preise
Segmentierte Märkte

8 Spezielle Märkte

Economists understand by the term Market
not any particular market place in which things are bought and sold,
but the whole of any region in which buyers and sellers
are in such free intercourse with one another
that the price of the same goods tends to equality easily and quickly.
Augustin Cournot

In diesem Kapitel sollen einige der bisher entwickelten Konzepte der Preistheorie auf spezielle Märkte angewendet werden. Dabei werden zum einen Märkte diskutiert, die durch starke Eingriffe des Staates gekennzeichnet sind, wie der Wohnungsmarkt (Abschnitt 8.1) und der Kohlemarkt (Abschnitt 8.2) in Deutschland. Zum anderen werden Märkte skizziert, die inzwischen stärker liberalisiert sind, wie der Markt für Telekommunikationsdienste (Abschnitt 8.3), oder bei denen sich der Preis im Wesentlichen ohne staatliche Eingriffe bildet, wie der Markt für Mikro-Chips (Abschnitt 8.4) und der Markt für Erdöl (Abschnitt 8.5). In diese Kategorie kann man auch den Weltkapitalmarkt einordnen (Abschnitt 8.6). Kapitalgüter und Bestandsgrößen (Abschnitt 8.7) stellen in dem Sinn eine Besonderheit dar, dass Bewertungen sich auch an den Zukunftserwartungen ausrichten. Abschließend werden zwei Märkte behandelt, die sich erst herausbilden, der Markt für Landerechte (Abschnitt 8.8) und für Emissionsrechte (Abschnitt 8.9).

8.1 Der Wohnungsmarkt

In Deutschland gab es Ende 2004 etwa 39,4 Millionen Wohnungen. In den alten Bundesländern hat sich der Wohnungsbestand seit 1950 mehr als verdreifacht (Tabelle 8.1). Der Wohnungsmarkt wird durch eine Vielzahl staatlicher Förderungsmaßnahmen und Regulierungen beeinflusst. 1950 gab es in Westdeutschland lediglich 9,4 Millionen Wohnungen für 15 Millionen Haushalte. Da es nicht möglich war, das Angebot kurzfristig zu erhöhen, wurde die Nutzung der Wohnungen durch Zwangsbewirtschaftung geregelt. Zugleich wurden der soziale Wohnungsbau und das private Wohneigentum durch verschiedene Maßnahmen stark gefördert. In den 1950er-Jahren wurden 5,2 Millionen Wohnungen gebaut. Anfang der 1960er-Jahre hatte sich das Angebot so verbessert, dass der Wohnungssektor schrittweise in die Marktwirtschaft überführt werden konnte – allerdings mit Regulierungen zum Mieterschutz. In den 1960er- und 1970er-Jahren sind jeweils weitere rund 5 Millionen Wohnungen gebaut worden; in den 1980er-Jahren sind nur noch 3,3 Millionen neue Wohnungen hinzugekommen. In den 1980er-Jahren kam es daher auch zu Knappheiten am Wohnungsmarkt, insbesondere in den Ballungsräumen. Als Reaktion darauf sind in den 1990er-Jahren wieder mehr Wohnungen gebaut worden; zuletzt war die Zahl der neu fertig gestellten Wohnungen jedoch wieder rückläufig. In Tabelle 8.2 ist die

Tabelle 8.1: Wohnungen in Deutschland

	Wohnungsbestand	Fertig gestellte Wohnungen[a]	Private Haushalte		Bevölkerung	
Jahr	Mio.	Mio.	Mio.	Haushalte je Wohnung	Mio.	Personen je Wohnung
Früheres Bundesgebiet						
1950[b]	9,4	n.v.	15,4	1,6	47,7	5,1
1960	16,1	5,2	19,5[e]	1,2[e]	55,4	3,3
1970	20,8	5,6	22,0	1,1	60,7	2,9
1980	25,4	4,9	24,8	1,0	61,6	2,4
1990	26,8	3,3	28,2	1,1	63,3	2,4
2000	30,7	4,0	31,3	1,0	67,0	2,4
2004	31,7	3,4	28,7	0,9	65,7	2,1
2005[c]	n. v.	3,1[d]	30,7	n. v.	66,6	n. v.
Deutschland						
1990	33,9	n. v.	34,8	1,0	79,8	2,4
2000	38,4	5,2	38,1	1,0	82,2	2,1
2004	39,4	4,3	39,1	1,0	82,5	2,1
2005[c]	n. v.	3,9	39,2	n. v.	83,5	n. v.

n. v.: nicht verfügbar. – [a] Im vorausgehenden Zehnjahreszeitraum. – [b] ohne Berlin (West) und Saarland. – [c] vorläufig. – [d] Ab Berichtsjahr 2005 ohne Berlin- West. – [e] 1961.

Quelle: Statistisches Bundesamt: Statistisches Jahrbuch, diverse Jahrgänge; Fachserie 5, Bautätigkeit; Onlineangebot www.destatis.de; eigene Berechnungen.

Struktur der Veränderung des Wohnungsangebots (in Ein- und Zweifamilien- und in Mehrfamilienhäusern) dargestellt. Es zeigt sich eine Strukturverschiebung weg von Wohnungen in Mehrfamilienhäusern. Auch öffentlich geförderte Wohnungen verlieren an Bedeutung.

Der Wohnungsmarkt ist durch einige Besonderheiten gekennzeichnet. Erstens sind die gehandelten Güter, die Wohnungen, sehr heterogen, da keine Wohnung der anderen gleicht und die Wohnungen auch standortgebunden sind. Der Markt ist zweitens sowohl für Anbieter als auch für Nachfrager nur schwer überschaubar, d. h., es fehlt an Markttransparenz. Aufgrund der Marktbedingungen spielen Makler eine große Rolle, die dabei helfen, die Informationsunvollkommenheiten zu überwinden und Anbieter und Nachfrager zusammenzubringen. Drittens kann der Wohnungsmarkt wegen der langen Bauzeit für neue Wohnungen nur langsam auf Marktänderungen reagieren, so dass es immer wieder zu Phasen mit Wohnungsknappheit und Leerständen kommt.

Tabelle 8.2: Fertig gestellte Wohnungen in Deutschland 1991–2005, in Tausend

Jahr	Fertig gestellte Wohnungen insgesamt		davon in Ein- und Zweifamilienhäusern		in Mehrfamilienhäusern[a]		Öffentlich geförderte Wohnungen in vH der genehmigten Wohnungen[b]	
Jahr	gesamtes Bundesgebiet	Westdeutschland	gesamtes Bundesgebiet	Westdeutschland	gesamtes Bundesgebiet	Westdeutschland	gesamtes Bundesgebiet	Westdeutschland
1991	331	314	n. v.	134	n. v.	135	22,5	23,1
1992	386	375	n. v.	137	n. v.	185	19,0	22,3
1993	455	432	164	151	230	223	21,2	24,8
1994	573	505	212	182	289	262	18,1	22,7
1995	603	496	205	164	319	270	20,0	22,4
1996	559	416	189	142	296	218	20,3	21,0
1997	578	400	211	156	290	290	18,5	20,0
1998	501	372	221	167	168	158	17,4	14,6
1999	473	370	237	185	169	141	14,3	13,0
2000	423	337	230	183	139	117	12,8	n. v.
2001	326	268	185	151	101	88	n. v.	n. v.
2002	289	240	173	141	116	72	n. v.	n. v.
2003	268	226	165	137	103	64	16,1	15,9
2004	278	238	177	148	101	65	12,2	13,6
2005	238	203	149	124	89	56	n. v.	n. v.

n. v. nicht verfügbar. – a einschließlich Wohnungen in Wohnheimen. – b vorläufig.

Quelle: Statistisches Bundesamt, Statistisches Jahrbuch und Fachserie 5, verschiedene Jahrgänge.

Viertens greift der Staat stark in den Markt ein und beeinflusst somit das Angebot an Wohnungen. Eine Mietpreisregulierung und ein weitgehender Kündigungsschutz verringern z. B. das zusätzliche Angebot an Mietwohnungen. Wie auf anderen Märkten auch schützen diese staatlichen Eingriffe vor allem bestehende Mietverhältnisse. Dadurch wird das Angebot für die Wohnungssuchenden künstlich verknappt.

8.2 Der Kohlemarkt in Deutschland

In Deutschland kostet es etwa 150 Euro, eine Tonne Steinkohle zu fördern. Der Weltmarktpreis frei Hamburg für die Tonne Steinkohle lag hingegen bei etwa 56 Euro (in 2004). Bei der Förderung der deutschen Steinkohle werden mittlerweile Flöze in einer Tiefe von bis zu 1 500 Meter abgebaut; oft erreichen die

Flöze nur eine Stärke von einem Meter. Dagegen kann man in Australien Kohlelagerstätten von einer Mächtigkeit von zehn Meter im offenen Tagebau in dreißig Meter Tiefe abbauen. Die heimische Produktion liegt bei 26 Millionen Tonnen (2005).

Wie kann angesichts dieser Unterschiede in den Produktionsbedingungen deutsche Steinkohle überhaupt noch abgesetzt werden und nahezu die Hälfte des Gesamtverbrauchs von 60 Millionen Tonnen bestreiten? Dies ist nur dadurch möglich, dass der Staat die deutsche Steinkohle kräftig subventioniert. Pro Tonne trägt der Staat gut 100 Euro der Förderkosten. Die Subventionen für den Bergbau beliefen sich damit im Jahr 2005 auf insgesamt 2,7 Milliarden Euro. Dies bedeutet bei 36 000 Beschäftigten eine Unterstützung von 75 000 Euro pro Jahr und Arbeitsplatz.

Von 1973 bis 1998 wurde die deutsche Steinkohle mit insgesamt 95,9 Mrd. Euro subventioniert. Das historisch hohe Niveau der Subventionen konnte allerdings nicht aufrecht erhalten werden:

- Der Kohlepfennig wurde 1994 vom Bundesverfassungsgericht für verfassungswidrig erklärt. Der Kohlepfennig war Teil des »Jahrhundertvertrags«, der dem deutschen Steinkohlebergbau einen Absatz von gut 40 Millionen Tonnen pro Jahr an die Elektrizitätswirtschaft sicherte, indem die Stromkunden in Westdeutschland gezwungen wurden, pro Kilowattstunde einen Betrag von 1,7 Pf. zu zahlen. Dieser Betrag erhöhte die Strompreise um 8,5 vH, sicherte aber dem Bergbau einen Teil seiner Kosten ab.
- Im März 1997 einigten sich der Bund, die Steinkohleländer und die deutschen Kohleunternehmen im so genannten »Kohlekompromiss« auf eine Regelung der Subventionen. Nach diesem Kompromiss werden der Steinkohle vom Bund und den kohlefördernden Ländern Subventionen gezahlt, die schrittweise von ursprünglich 5,3 Mrd. Euro abgebaut wurden. Gleichzeitig wurde die Zahl der Beschäftigten reduziert.
- Das bisherige Prinzip der Kostenerstattung, wonach der Staat dem Bergbau die Abbaukosten erstattete, wurde durch eine Plafondierung der Subventionen ersetzt. Damit entstand ein Zwang zur Effizienz und Kostensenkung.
- Die Europäische Kommission wollte die Kohlesubventionierung nach 2005 stärker zurückführen, sie konnte sich aber nicht durchsetzen. Inzwischen hat sie einer Anschlussregelung bis zum Jahr 2010 zugestimmt.

Die Subventionierung der deutschen Steinkohle beeinträchtigt die internationale Arbeitsteilung. Es wäre effizient, wenn Deutschland die günstige Steinkohle aus dem Ausland importieren und seine eigenen Produktionsfaktoren zur Herstellung anderer Güter einsetzen würde.

8.3 Der Telekommunikationsmarkt

Auf dem Telekommunikationsmarkt hat es in den 1990er-Jahren eine beachtliche Deregulierung gegeben, die Deutschland allerdings nicht so sehr aus eigener Kraft in Gang gesetzt hat, sondern die vielmehr vor allem durch entsprechende Richtlinien der Europäischen Union eingeleitet wurde. Die Ausgangslage war dadurch gekennzeichnet, dass Telefondienstleistungen als ein Element der Daseinsvorsorge interpre-

Kasten 8.1 Modelle zur Deregulierung der Stromwirtschaft

In der Stromwirtschaft war das Netzwerk der Stromleitungen lange Zeit die Begründung für die Existenz eines Monopols, das in seiner Preisgestaltung kontrolliert werden musste (siehe Kapitel 9). Dies ist ähnlich wie bei anderen Netzwerken (Gasnetze, Eisenbahnnetze, Telefonnetze). Inzwischen hat man erkannt, dass Größenvorteile im Netzwerk nicht notwendigerweise auch eine Monopolisierung der Stromerzeugung und des Stromhandels begründen müssen, da sich das Netzwerk von den anderen Bereichen trennen lässt. Zu unterscheiden sind dabei in der Stromwirtschaft insbesondere drei unterschiedliche Aspekte: die Produktion von Strom in Kraftwerken, der Stromtransport durch die Leitungen in einem Übertragungsnetzwerk und die Verteilung des Stroms an die Verbraucher in einem Verteilungsnetzwerk. Es können im Wesentlichen drei verschiedene Modelle eines geöffneten Strommarkts unterschieden werden:

Beim »Alleinabnehmermodell« kauft ein großer Versorger den Strom von verschiedenen Elektrizitätserzeugern und verteilt ihn an die Endverbraucher.

Beim »Poolmodell« liefern alle Erzeuger in einen Pool ein, der dann Strom über Händler an die Verbraucher weiter verteilt. Aus Angebot und Nachfrage wird ein Preis bestimmt, zu dem die Abnehmer bedient werden (Börse). Der Pool bedarf einer gewissen Organisation.

Beim »Netzzugangsmodell«, das auch in Deutschland gilt, steht das Netzwerk gegen Gebühr anderen Stromanbietern zur Verfügung. Der Netzzugang ist in der Regel staatlich reguliert, um überhöhte Zugangspreise zu verhindern und Mitbewerbern einen diskriminierungsfreien Zugang zum Netz zu gewährleisten. Für die Netzregulierung ist seit Juli 2005 die Bundesnetzagentur zuständig.

tiert wurden, für die ein staatliches Monopol zu sorgen hatte. Vor allem das Telefon-Netzwerk war das entscheidende Argument dafür, dass ein natürliches Monopol (siehe Kapitel 9) vorlag, das die Post inne hatte. Die Veränderung fing damit an, dass Verbraucher selbst ihre Endgeräte auf dem freien Markt erwerben konnten; technologische Entwicklungen wie Satellitenübertragungen und das Mobiltelefon machten potentielle andere Anbieter vom Festnetz unabhängig. Hinzu kam die auch in anderen Bereichen (Strom, Erdgas, Eisenbahn) verfolgte Idee, dass die Infrastruktur eines Netzwerks und seine Nutzung zu trennen sind und dass Netzwerke als »common carrier« gemeinsam von mehreren Anbietern gegen eine Gebühr genutzt werden können.

Bei der Trennung des Netzwerks und seiner Nutzung liegt ein entscheidendes Problem darin, die Gebühren an den Schnittstellen zu bestimmen, d. h. die Preise, zu denen andere Unternehmen Zugang zum Netz erhalten. Könnte der Eigentümer des Netzwerks diese Schnittstellungspreise alleine festlegen, so könnte er andere Anbieter durch überhöhte Gebühren vom Markt fern halten. Der Staat hat deshalb »nur noch« die Aufgabe, Bedingungen für die

Nutzung verschiedener Netze zu definieren und die verlangten Gebühren zu regulieren.
Inzwischen haben wir uns daran gewöhnt, dass mehrere Telefonanbieter am Markt anbieten und dass der Markt ein Produkt bereitstellen kann, das nunmehr vollständig privatisiert ist und nicht mehr zum Bereich der Daseinsvorsorge gehört.

8.4 Sinkende Preise bei PCs und Mikro-Chips

Es ist eine häufig zu hörende Klage, dass alles immer teurer würde. Dabei fallen jedem sofort viele Beispiele von Gütern ein, die früher billiger waren als heute, und die Statistik bestätigt, dass das allgemeine Preisniveau in der Bundesrepublik von Jahr zu Jahr gestiegen ist. Im Durchschnitt gesehen war die D-Mark im Jahr 2002, in dem sie endgültig in den Euro aufging, nicht einmal mehr ein Fünftel so viel wert wie bei der Einführung am 20. Juni 1948.
Kaum zur Kenntnis genommen wird dagegen, dass es auch zahlreiche Güter gibt, die im Zeitverlauf nicht teurer, sondern sogar viel billiger geworden sind. Ein Fotoapparat beispielsweise ist heute wesentlich leistungsfähiger als noch vor zehn oder zwanzig Jahren, kostet aber – je nach Ausstattung – nicht mehr, sondern sogar deutlich weniger als damals. Farbfernsehgeräte, Videorecorder, Flug-Tickets und Preise für Telefongespräche sind weitere Beispiele dafür, dass im Laufe der Jahre keineswegs alles teurer werden muss. Besonders ausgeprägt ist der Preisverfall beim Personal-Computer, der zur Zeit der Markteinführung in den frühen 1980er-Jahren deutlich über 10 000 DM (5000 Euro) kostete und heute bei wesentlich höherer Leistungsfähigkeit für weniger als 1 000 Euro (2 000 DM) zu erhalten ist. In den 1990er-Jahren ist der Preisindex für PCs um nahezu zwei Drittel gesunken (Schaubild 8.1).
Ähnliches gilt für die Preisentwicklung von Bauelementen, z. B. der dynamischen Schreib-Lese-Speicher (DRAM, Dynamic Random Access Memory). Im Durchschnitt kommt alle drei Jahre eine neue Generation von DRAMs auf den Markt, die eine vierfache Kapazität gegenüber der jeweils vorangegangenen Generation hat. Nach einer Faustregel aus der Elektronik-Industrie, die als Bai-Regel bekannt ist, sind neue Generationen von DRAMs jeweils doppelt so teuer wie ältere Generationen (Bai ist das japanische Wort für zwei). Aus der Verdoppelung des Preises pro Chip und der Vervierfachung der Kapazität ergibt sich demnach eine Halbierung des Preises pro Leistungseinheit, die bei Mikrochips in Bit gemessen wird.
Die wesentliche Ursache für derartige Preissenkungen ist ein rascher technischer Fortschritt. Durch die Einführung neuer Technologien wird es möglich, mehr Güter als bisher mit gleichem Faktoreinsatz herzustellen. Wenn etwa die Produktionsmenge pro Arbeitsstunde schneller steigt als die Kosten, die von den Unternehmen für diese Arbeitsstunde aufgewendet werden müssen, können die Güter billiger angeboten werden, ohne dass der Unternehmensgewinn zurückgeht. Tendenziell gilt: Je rascher der technische Fortschritt, desto stärker gehen die Preise der betreffenden Güter im Vergleich zu anderen Gütern zurück; je langsamer der technische Fortschritt, desto stärker steigen die Preise.
In den vergangenen drei Jahrzehnten war es vor allem die Mikroelektronik, die einen besonders raschen technischen

Schaubild 8.1: Preisentwicklung von PCs[a], 1991 bis 2005

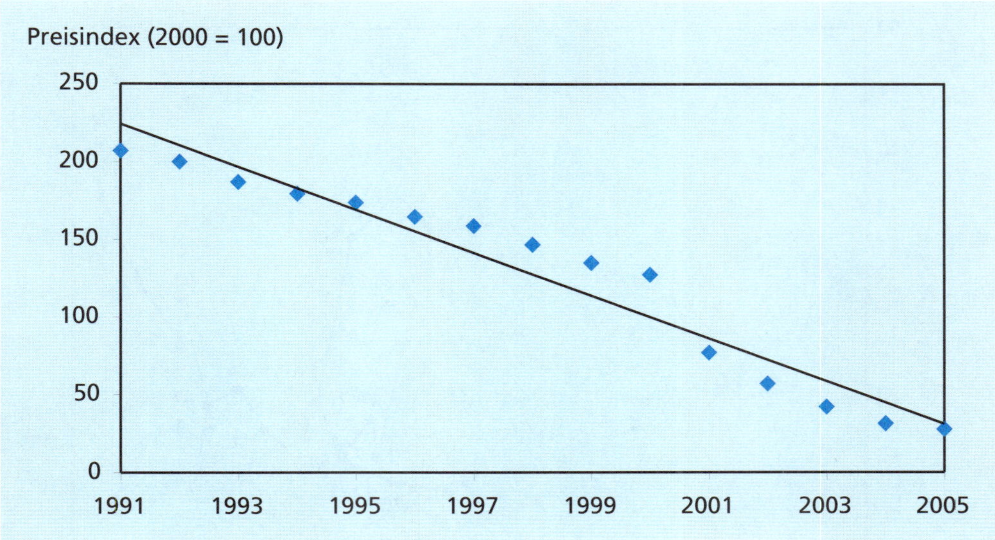

[a] IBM kompatibel, Pentium; jeweils Januar.

Quelle: Statistisches Bundesamt, Verbraucherpreise, 2006.

Fortschritt erlebte. Es ist daher kein Zufall, dass mehrere der oben aufgeführten Güter aus diesem Bereich kommen. Der DVD-Recorder oder der Personal-Computer beispielsweise enthalten mikroelektronische Bauelemente, deren Preis-Leistungs-Verhältnis im Zeitablauf drastisch gesunken ist.

8.5 Erdölmarkt

In Schaubild 8.2 wird die Entwicklung der Erdölpreise pro Fass und der Mengen in Millionen Fass pro Tag (million barrel per day) nachgezeichnet. Zur Vereinfachung sind die Gesamtproduktionsmengen für Rohöl in der Welt und die Preise für Arabian Light gewählt. In der Wirklichkeit ist der Welterdölmarkt wesentlich differenzierter, da es verschiedene Rohölsorten gibt und sich die Preise in den einzelnen Ländern, z. B. infolge staatlicher Eingriffe, unterscheiden. Die Jahreswerte geben die »Marktgleichgewichte«, also die Schnittpunkte zwischen Nachfrage- und Angebotskurven an. Man erkennt, dass in den 1960er-Jahren die Gleichgewichtsmenge von Jahr zu Jahr gestiegen ist; Die Preise sind in dieser Phase relativ konstant geblieben. In den Erdölkrisen 1973/74 und 1979/80 stieg hingegen der Preis bei nahezu konstanten Mengen. Nach 1982 beobachten wir einen sinkenden Erdölpreis; die Mengen nahmen seit 1986 wieder zu. Seit Ende der 1990er-Jahre steigen die Preise wieder stark an, während die Mengen schwach zunehmen.

Der Welterdölmarkt ist durch bedeutende institutionelle Veränderungen gekennzeichnet. Vor der ersten Erdölkrise 1973/74 beherrschten die so genannten »sieben Schwestern«, die großen internationalen Erdölunternehmen, den

Schaubild 8.2: Der Welterdölmarkt

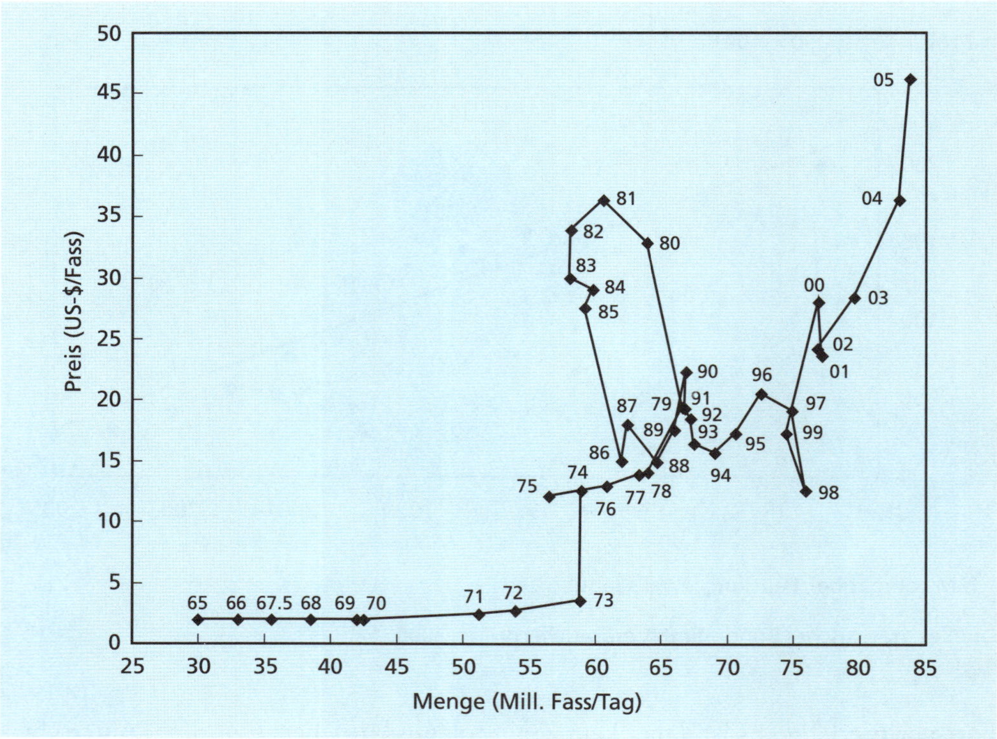

Quelle: OECD, Economic Outlook.

Welterdölmarkt. Sie besaßen die Abbaurechte für Erdöl im mittleren Osten und konnten innerhalb der vertikalen Unternehmensorganisation von der Exploration über die Förderung und die Raffinerie bis zur Distribution das Erdöl vermarkten. Aber seitdem die Ressourcenländer die Eigentumsrechte an den Erdölreserven im Boden an sich gezogen haben, sind die sieben Schwestern von ihren Rohstoffquellen abgeschnitten. In dieser Situation verlor die Allokation »innerhalb der Hierarchie«, also innerhalb der Unternehmen, an Bedeutung; man brauchte den »Spot-Markt« in Amsterdam, um die Knappheit des Öls zum Ausdruck zu bringen. Für die Öl-Multis, aber auch für die rohstoffimportierenden Länder, bedeutete der volatile Spot-Markt von Amsterdam ein erhöhtes Risiko; dieses Risiko wurde durch die Terminmärkte für Erdöl verringert, die seit 1979 in New York und Tokio entstanden. Auf diesen Terminmärkten wird Öl per Termin gehandelt. Zeichnet sich in der Zukunft eine Verknappung ab, so steigt der Preis für Terminöl; dies aber signalisiert Knappheit auch für den »Spot-Markt«. Auch der Preis auf dem Spot-Markt geht in die Höhe.

8.6 Der Weltkapitalmarkt

Die Welt produziert insgesamt ein Bruttoinlandsprodukt von 40,9 Billionen US-Dollar (2004). Nicht das gesamte Produktionsergebnis dient dem Kon-

Schaubild 8.3: Leistungsbilanzsaldo in vH des BIP[a]

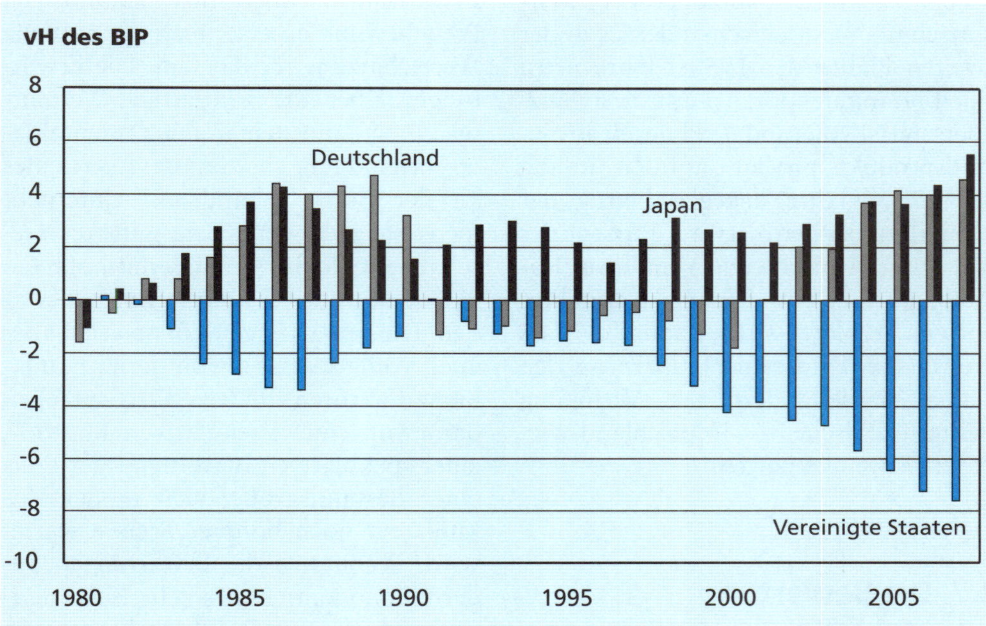

[a] 2002 und 2003 Prognose.

Quelle: OECD, Economic Outlook, Data-Stream.

sum; ein Teil der produzierten Güter muss für den Aufbau des Kapitalstocks eingesetzt werden, also für die Investitionen. Wenn die Unternehmen der Welt investieren wollen, müssen die Haushalte der Welt sparen. Insgesamt machen die Weltersparnisse etwa 8,6 Billionen US-Dollar aus; das entspricht einer Sparquote von 21 vH. Gedanklich können wir uns einen Weltkapitalmarkt vorstellen, der die Investitions- und Sparentscheidungen ins Gleichgewicht bringt.

In der Realität besteht der Weltkapitalmarkt aus der Vielzahl von nationalen Kapitalmärkten, in denen sich nationale Ersparnisse und nationale Investitionen gegenüberstehen. Wenn ein Land mehr spart, als es investiert, stellt es der Welt Kapital zur Verfügung; es findet ein Nettokapitalexport statt und der Leistungsbilanzsaldo ist positiv. Wenn ein Land mehr investiert, als es spart, fragt es per Saldo Kapital nach; es findet ein Nettokapitalimport statt und der Leistungsbilanzsaldo ist negativ. Wenn ein Land Kapital exportiert, so wird es zum Gläubiger; wenn es Kapital importiert, so wird es zum Schuldner. Ein Land wird zum Kapitalimporteur, wenn entweder die Investitionsmöglichkeiten in diesem Land besonders günstig sind oder wenn es weniger spart als andere Länder.

In der Weltwirtschaft ist die USA ein großer Kapitalimporteur, Japan und auch die Europäische Union sind Kapitalexporteure (Schaubild 8.3). Im Verlauf der Zeit hat sich die Position einzelner Regionen verändert. So importierten die USA im 19. Jahrhundert Kapital, wurden aber 1917 zu einem Gläubiger, 1984 wieder zu einem Schuldner der Weltwirtschaft. Westdeutschland wies in der zweiten Hälfte der 1980er-Jahre netto einen Kapitalexport (Leistungsbilanzüberschuss) von rund 4 vH des Bruttoinlandsprodukts pro Jahr auf. Zu Anfang der 1990er-Jahre dagegen betrug der Kapitalimport netto etwa 1 Prozent des BIP. Dieser Umschwung von einem Kapitalexporteur zu einem Kapitalimporteur erklärt sich dadurch, dass Westdeutschland seine Ersparnisse den neuen Bundesländern zur Verfügung stellte. Inzwischen ist Deutschland wieder ein Kapitalexporteur.

8.7 Die Bewertung von Kapitalgütern und Bestandsgrößen

Märkte bewerten Güter, indem sie die Zahlungsbereitschaft der Nachfrager und die Produktionskosten der Anbieter im Preis der Güter ausdrücken. Viele Konsumgüter, aber auch laufende Inputs in der Produktion, werden nach dem Kauf durch den Konsum oder in der Produktion verbraucht. Auf Märkten werden aber auch Bestandsgrößen gehandelt, die sich nicht verbrauchen und auch in der Zukunft noch einen Wert haben. Ein Beispiel sind Anteile an einem Unternehmen in Form von Aktien, deren Bewertung an der Börse vorgenommen wird. Andere Beispiele für die Bewertung von Bestandsgütern sind der Preis für Boden und Gebäude oder der Preis für Kunstwerke.

Die Preise für solche Bestandsgrößen werden entscheidend von Erwartungen über die zukünftige Wertentwicklung beeinflusst. Der Käufer kann das Bestandsgut ja in der Zukunft zum dann geltenden Preis wieder verkaufen. Die Erwartungen über den zukünftigen Preis bestimmen also auch die aktuelle Wertschätzung für das Gut. Die Erwartungen über die zukünftige Wertentwicklung kann sich an Fundamentaldaten orientieren; so kann der Wert eines an der Börse gehandelten Unternehmens steigen, wenn eine günstige Geschäftsentwicklung und damit hohe Dividenden in der Zukunft erwartet werden. Die Erwartungen können sich aber auch völlig losgelöst von derlei Fundamentalfaktoren bilden. Wir sprechen dann von einer spekulativen Blase. In einer spekulativen Blase steigt der Preis einer Bestandsgröße, weil in der Zukunft ein noch höherer Preis erwartet wird. Wenn sich die Erwartungen ändern, dann kann eine solche Blase platzen und abrupte Preiskorrekturen zur Folge haben. Ein Beispiel für eine spekulative Blase war die Kursentwicklung von Hochtechnologieaktien in den 1990er-Jahren.

Bestände spielen insbesondere auf Finanzmärkten eine große Rolle. Hier halten Individuen, Produktionsunternehmen und institutionelle Anleger Wertpapierbestände wie Aktien, Anleihen, aber auch Bestände von Devisen. Die Änderung von Erwartungen kann zu einer schnellen Umbewertung dieser Bestände führen. Die Kurse von Wertpapieren, Aktienkurse, aber auch die Kurse der Währungen, die Wechselkurse, können sich deshalb schnell ändern.

8.8 Der Markt für Landerechte

Wenn neue Knappheiten auftreten, so können neue Märkte eingerichtet werden, um diese Knappheiten zum Aus-

druck zu bringen. Ein Beispiel hierfür sind die Märkte für Landerechte auf Flughäfen, für so genannte »Slots«.
Landerechte sind ein knappes wirtschaftliches Gut. Ein Landerecht zu einer Tageszeit, zu der viele Passagiere ankommen oder abfliegen wollen, bedeutet für eine Fluggesellschaft, dass sie viele Kunden anlocken kann. Deshalb sind solche Landerechte sehr begehrt. In der Vergangenheit sind Landerechte oft nach der »Großvaterklausel« vergeben worden. Wer einmal ein Landerecht zu einer bestimmten Zeit besaß, bekam dieses in der Regel immer wieder zugeteilt. Auch bei der Verteilung der Slots durch Flugplankonferenzen spielte die Ausgangsverteilung der Landerechte in dem Sinne eine Rolle, dass bei einer Nichteinigung der betroffenen Fluggesellschaften dann doch die Großvaterrechte angewendet wurden. Im Zuge der zunehmenden Ausweitung des Luftverkehrs wurde es allerdings immer schwieriger, neue Wünsche der Fluggesellschaften nach bestimmten Landerechten zu erfüllen.
Das Allokationsverfahren nach dem bisherigen Besitzstand stellt keinen effizienten Umgang mit der Knappheit dar. Das zunehmend knapper werdende Gut Landerecht wird nicht der besten Verwendung zugewiesen. Stattdessen stellt die Zuweisung der Landerechte nach dem Großvaterprinzip eine Markteintrittsbarriere dar, weil neue Konkurrenten keine Möglichkeit haben, an begehrte Slots zu kommen. In den USA hat man deshalb damit begonnen, Märkte für Landerechte einzurichten. Auf einigen Flughäfen kann eine Fluggesellschaft das ihr zugewiesene Landerecht an ein anderes Luftverkehrsunternehmen gegen einen Preis abgeben. Der Preis für einen Slot zu einer begehrten Tageszeit ist hoch. In den USA erzielten einige Fluggesellschaften durch den Verkauf eines Slots Einnahmen von über 1 Mio. US-Dollar. Dadurch erhalten die Fluggesellschaften einen Anreiz, nicht unbedingt benötigte Landerechte an andere Unternehmen zu verkaufen oder zu vermieten. Allein in den ersten zwei Jahren nach der Einrichtung dieses Marktes wechselten ungefähr die Hälfte aller Landerechte den Besitzer.
Der Markt als Allokationsmechanismus für Landerechte könnte aber noch weitergehender genutzt werden, wenn man ihn nicht nur zur Allokation solcher Landerechte einsetzen würde, die bereits an Fluggesellschaften vergeben wurden, sondern wenn man die Verteilung der Landerechte an die Fluggesellschaften selbst auch über den Markt vornehmen würde. In diesem Fall könnte man die vorhandenen Landerechte auch versteigern. Beispielsweise könnten die Landerechte für einen bestimmten Zeitraum, etwa für fünf Jahre, im Rahmen einer Auktion an die Fluggesellschaften verkauft werden. Mit einer Versteigerung kann wie beim nachträglichen Handel der Landerechte im Prinzip erreicht werden, dass die Fluggesellschaft, für die das Landerecht den höchsten Wert hat, auch den Zuschlag bekommt.
Die Gestaltung eines solchen Marktes für Landerechte ist in der Realität nicht ganz so einfach, wie er hier als Auktion dargestellt wurde. Vielmehr müssen auch die Wirkungen dieses Allokationsverfahrens auf das Verhalten der Fluggesellschaften berücksichtigt werden. So könnten diese die Landerechte mit dem Ziel ersteigern, einen Hebel in die Hand zu bekommen, um unliebsame Konkurrenten vom Markt fernzuhalten. Außerdem bedeutet eine Auktionierung für eine Fluglinie ein erhebliches Risiko, da sie möglicherweise nicht den passenden Slot auf dem Zielflughafen erhält. Zu-

dem besteht die Gefahr, ein jetzt genutztes Landerecht bei der nächsten Auktion nicht wiederzuerlangen. Dies könnte Auswirkungen auf das Angebot der Luftfahrtunternehmen haben. Nicht zuletzt haben Landerechte auch strategische Bedeutung für die Entwicklung des Netzsystems einer Fluggesellschaft. Bestehen in einem Land, wie z. B. in den USA, mehrere Flugunternehmen, so versuchen diese möglicherweise, einzelne Flughäfen als Knotenpunkte (»Hubs«) zu nutzen, um die herum sie ihr gesamtes Liniennetz aufbauen (»Spokes«). Dann können die Zugangsmöglichkeiten zu einzelnen Flughäfen für diese Gesellschaften eine überragende Bedeutung erlangen.

8.9 Ein Markt für Emissionsrechte

Durch die Schaffung neuer Nutzungsrechte können neue Märkte etabliert werden. Ein Beispiel hierfür sind Märkte für Emissionsrechte im Rahmen der Umweltpolitik. Angenommen, die Gesamtmenge der zulässigen Emissionen eines bestimmten Schadstoffs wird durch die Umweltpolitik festgelegt ($\bar{S}$ in Schaubild 8.4). Damit ist das Angebot an Emissionsrechten für die gesamte Volkswirtschaft fixiert (Vertikale in Schaubild 8.4 c). Die Gesamtnachfrage nach Emissionsrechten resultiert aus der Nachfrage der einzelnen Unternehmen. Zur Vereinfachung unterstellen wir lediglich zwei Unternehmen, I und II, mit den Emissionsnachfragen S_I^n und S_{II}^n. Aggregiert man diese beiden Emissionsnachfragekurven horizontal, so ergibt sich die Gesamtnachfrage nach Emission S^n. Der Schnittpunkt von Gesamtnachfrage und Gesamtangebot ergibt den Preis für Emissionen (t), der beispielsweise auf einer Auktion ermittelt werden kann.

Zur Lösung des globalen Klimaproblems sind handelbare Emissionszertifikate vorgeschlagen worden. Dabei könnte man so vorgehen, dass den einzelnen Ländern Emissionsrechte für CO_2 zugewiesen werden. Volkswirtschaften, die Kohlendioxid kostengünstiger vermeiden können als andere Länder, können ihre Emissionsrechte gegen einen Preis abtreten. Dieser Mechanismus stellt sicher, dass Kohlendioxid global an der kostengünstigsten Stelle vermieden wird. Bei diesem Ansatz tritt ein Problem in der anfänglichen Zuweisung der Emissionsrechte auf. Sie könnten beispielsweise nach den tatsächlichen Emissionen zugewiesen werden. Dann wären aber Schwellen- und Entwick-

Schaubild 8.4: Ein Markt für Emissionsrechte

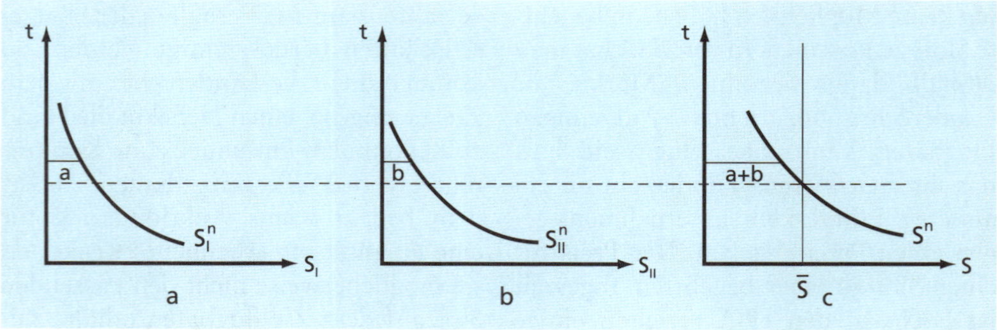

lungsländer, die noch kein hohes Produktionsniveau erreicht haben, benachteiligt. Sie müssten im Verlauf ihrer Entwicklung Emissionsrechte von den Industrienationen erwerben. Für ein Land wie China mit riesigen Kohlevorräten wäre eine solche Allokation der Emissionsrechte nicht akzeptabel. Ein alternativer Ansatz würde darin bestehen, bei der Zuweisung von Emissionsrechten die wirtschaftliche Entwicklung von Schwellenländern zu berücksichtigen oder die Rechte beispielsweise gemäß der Bevölkerungszahl zu verteilen und dann einen Handel zuzulassen. Dann wären Schwellenländer begünstigt.

Wichtige Begriffe in Kapitel 8

Wohnungsmarkt
Kohlemarkt in Deutschland
Preisverfall bei Mikro-Chips
Weltölmarkt
Weltkapitalmarkt
Kapitalimporteur
Kapitalexporteur
Bewertung von Kapitalgütern und Bestandsgrößen
Spekulative Blasen
Landerechte im Luftverkehr
Emissionsrechte

9 Preisbildung in verschiedenen Marktformen

Ein Monopol, das entweder an eine Einzelperson
oder eine Handelsgesellschaft vergeben wurde,
hat dieselben Auswirkungen wie ein Handels- oder Produktionsgeheimnis.
Die Monopolisten – indem sie den Markt auf Dauer unterversorgt halten
und indem sie nie der gesamten Nachfrage nachkommen –
verkaufen ihre Waren weit über dem üblichen Preis
und steigern ihre Einkünfte weit über das normale Maß.
Adam Smith

9.1 Grundbegriffe der Marktformenlehre

Die Bildung des Preises ist bisher durch Gegenüberstellung von Angebot und Nachfrage auf einem Markt erklärt worden. Ein Faktor, der vernachlässigt wurde, der aber auf die Preisbildung entscheidenden Einfluss hat, ist die Struktur der Angebots- und Nachfrageseite. Es wird sich ein anderer Preis herausstellen, wenn nur ein Anbieter eines Produkts auf dem Markt ist, als wenn viele Anbieter vorhanden sind. Die Zahl der Anbieter beeinflusst also das Angebotsverhalten der Unternehmen. Mit dieser Frage befasst sich die Marktformenlehre. Sie analysiert die Bildung des Preises unter verschiedenen Marktformen.

Die Marktform kennzeichnet die Struktur von Angebot und Nachfrage. In der Regel werden die unterschiedlichen Marktformen nach der Anzahl der Marktteilnehmer gebildet. Wir beschränken uns auf die Angebotsseite und unterscheiden:

Atomistische Konkurrenz:	viele Anbieter
Oligopol:	wenige Anbieter
Monopol:	ein Anbieter

Wenn wir uns nicht allein auf die Anzahl der Marktteilnehmer beschränken, sondern als weiteres Kriterium hinzuziehen, ob der Markt vollkommen oder unvollkommen ist (vgl. Abschnitt 6.4), so ergibt sich Tabelle 9.1.

Dieses Schema kann dadurch der Realität angenähert werden, dass wir als zusätzliches Kriterium einführen, ob der Markt offen oder geschlossen ist. Grundsätzlich können alle Marktformen des Schemas mit einem offenen Markt einhergehen. Oligopol und Monopol sind jedoch in Frage gestellt, wenn der Markt offen ist. Neben der Frage des Marktzugangs spielt auch die Möglichkeit des Marktabgangs eine Rolle.

Eine andere Unterscheidung ist, ob es sich um eine kurzfristige oder eine langfristige Analyse von Märkten handelt. Kurzfristig ist die Größe eines Betriebes (Kapazität) gegeben; zudem ist kurzfristig in vielen Bereichen ein Marktzugang nicht möglich. Langfristig dagegen können sowohl einzelne Betriebe ihre Kapazität ausdehnen als auch möglicherweise neue Unternehmen in den Markt eintreten. Wir unterscheiden deshalb auch zwischen kurzfristigen und langfristigen Marktgleichgewichten.

Tabelle 9.1: Die verschiedenen Marktformen

Beschaffenheit des Marktes	Anzahl der Marktteilnehmer		
	viele	wenige	einer
Vollkommener Markt	Homogene atomistische Konkurrenz	Homogenes Oligopol	Monopol (sog. reines Monopol)
Unvollkommener Markt	Heterogene atomistische Konkurrenz	Heterogenes Oligopol	Monopol mit Preisdifferenzierung

9.2 Vollständige Konkurrenz

Die vollständige (= atomistisch homogene) Konkurrenz ist eine gedankliche Konstruktion, die in der Realität nur selten erfüllt ist. Dennoch kann diese Marktform dazu herangezogen werden, bestimmte Vorgänge der ökonomischen Wirklichkeit zu erklären.

1. Merkmale. Die vollständige Konkurrenz ist durch folgende Merkmale gekennzeichnet:

(1) große Zahl der Anbieter

(2) jeder einzelne Anbieter hat einen verschwindend kleinen Marktanteil. Diese Bedingung schließt aus, dass einzelne Anbieter Marktmacht haben. Die Bedingungen (1) und (2) beziehen sich auf den Begriff »atomistisch«

(3) vollkommener Markt, d. h.

  (a) keine zeitlichen, räumlichen, persönlichen und sachlichen Präferenzen

  (b) Markttransparenz, d. h. vollkommene Information über das Marktgeschehen. In der Abgrenzung zwischen homogener und heterogener Konkurrenz kommt es bei Bedingung (3) auf die sachlichen Präferenzen an. Auf einem homogenen Markt sind alle Güter sachlich gleich, während auf einem heterogenen Markt Produktdifferenzierung vorliegt.

2. Preis als Datum. Aus der Annahme, dass alle Unternehmen nur verschwindend klein sind, folgt, dass das einzelne Unternehmen in der vollständigen Konkurrenz den Preis nicht beeinflussen kann. Der Preis ist für das Unternehmen ein Datum. Es kann sich nur mit der Menge anpassen (Mengenanpasser). Um das Angebotsverhalten des Unternehmens zu analysieren, müssen wir daher die Frage beantworten, welche Menge das Unternehmen ausbringt.

3. Grenzkosten gleich Preis. Wir unterstellen, dass das Unternehmen seinen Gesamtgewinn maximieren will. Wie wir bei der Ableitung der Angebotskurve bereits beschrieben haben, ergibt sich der Gesamtgewinn als Differenz des Gesamterlöses und der Gesamtkosten

Gesamtgewinn
= Gesamterlös – Gesamtkosten

Der Gesamtgewinn erreicht dort sein Maximum, wo Grenzerlös und Grenzkosten gleich sind. In diesem Fall ist der Grenzgewinn, d. h. der Gewinn einer zusätzlichen Einheit, gleich Null.

Grenzgewinn
= Grenzerlös – Grenzkosten = 0

Diese Aussage gilt nicht nur für die Marktform der vollständigen Konkurrenz, sondern allgemein. Sie leitet sich aus der Annahme ab, dass das Unternehmen seinen Gewinn maximieren will.
Die erste Bedingung für das Angebotsverhalten lautet demnach:

(1) Grenzerlös = Grenzkosten

Bei vollständiger Konkurrenz ist der Preis für das einzelne Unternehmen ein Datum. Wenn es eine zusätzliche Mengeneinheit ausbringt, dann erhält es für jede zusätzliche Menge den gleichen Preis. Der Preis stellt also den Grenzerlös dar.
Die zweite Bedingung ist also:

(2) Grenzerlös = Preis

Diese Bedingung gilt nur für die vollständige Konkurrenz.
Als Fazit ergibt sich: Da das Unternehmen so lange seine Produktion ausdehnt, bis Grenzerlös = Grenzkosten ist, der Grenzerlös aber gleich dem Preis ist, wird es in vollständiger Konkurrenz gerade die Menge ausbringen, bei der die Grenzkosten gleich dem Preis sind:

(3) Grenzkosten = Preis

Dieses Ergebnis, und damit auch die bislang betrachtete Angebotskurve (siehe Kapitel 5), gilt wegen Bedingung (2) nur für die vollständige Konkurrenz.

4. Gewinnmaximierung. Die Zusammenhänge verdeutlicht graphisch Schaubild 9.1. Das Unternehmen produziert die Menge q_1, weil der Gesamtgewinn bei der Menge q_1 am größten ist. Links von q_1 ist der Grenzerlös höher als die Grenzkosten. Eine Produktionsausdehnung vermehrt den Gesamtgewinn. Wenn das Unternehmen seine Produktion über q_1 ausdehnen würde, lägen die Grenzkosten über dem Grenzerlös. Der Gesamtgewinn nähme dann ab.
c_q kennzeichnet die Stückkostenkurve. Für q_1 beträgt der Stückgewinn AB. Wenn der Preis sinkt, die Preisgerade sich also nach unten verschiebt, passt sich das Unternehmen entlang seiner Grenzkostenkurve an. Der Stückgewinn wird kleiner. Wenn die Preisgerade die Stückkostenkurve in ihrem Minimum tangiert, ist der Gewinn pro Stück Null. Das Unternehmen kann in diesem Fall nur seine Kosten decken, die aber auch einen Unternehmerlohn sowie Bodenrente und Zinsen für das eingesetzte Unternehmerkapital einschließen.

Schaubild 9.1: Gewinnmaximale Angebotsmenge bei vollständiger Konkurrenz

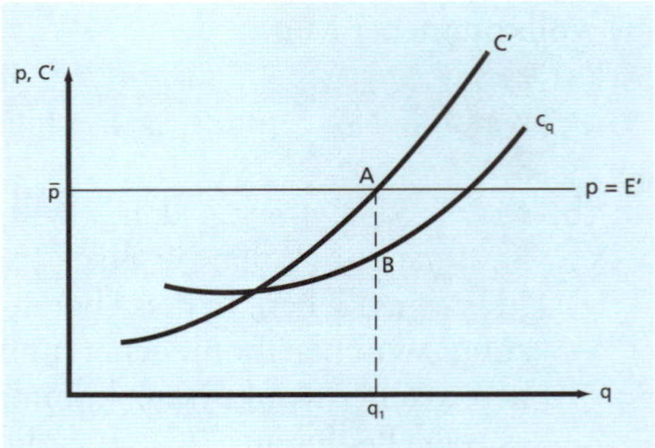

9.3 Langfristiges Konkurrenzgleichgewicht

Nimmt man eine langfristige Analyse vor, so kann sich jedes Unternehmen mit einer Änderung seiner Kapazität anpassen. Zudem werden freier Marktzugang neuer Unternehmen und Marktabgang von bestehenden Unternehmen unterstellt. Unter diesen Annahmen kann eine Situation wie in Schaubild 9.1 langfristig nicht bestehen.

Warum? Wenn ein Unternehmen – wie in Schaubild 9.1 unterstellt – einen Stückgewinn AB macht, lohnt es sich für ein anderes Unternehmen, in den Markt einzudringen. Betrachtet man ein repräsentatives Unternehmen in einem langfristigen Gleichgewicht, so macht dieses Unternehmen keinen Gewinn, denn Expansionen von Unternehmen oder Neugründungen drücken den Gewinn langfristig auf null. In Schaubild 9.2 ist das langfristige Gleichgewicht eines solchen repräsentativen Unternehmens dargestellt. C′ kennzeichnet die langfristige Grenzkostenkurve; c_q ist die Stückkostenkurve. Man beachte, dass das Unternehmen den Preis vom Markt akzeptieren muss, wo er durch Nachfrage und Angebot bestimmt wird. Die Angebotskurve ist die aggregierte Grenzkostenkurve aller Anbieter (Schaubild 9.2 b). Da die Grenzkosten die Durchschnittskosten in deren Minimum schneiden, produziert das repräsentative Unternehmen im langfristigen Gleichgewicht im Minimum der Durchschnittskosten.

In der Realität kann man sich jedoch auch vorstellen, dass sich die langfristigen Produktionsbedingungen und Kostenkurven zwischen Unternehmen unterscheiden und damit so genannte Differentialgewinne auftreten können. Dies ist etwa der Fall, wenn ein Unternehmen über günstigere Kostenstrukturen als seine Konkurrenten verfügt, z. B. aufgrund von technischem Wissen, das andere Unternehmen nicht haben (Innovationsvorsprung, Patente), günstigeren Organisationsstrukturen, einem besseren Zugang zu knappen Produktions-

Schaubild 9.2: Langfristiges Konkurrenzgleichgewicht

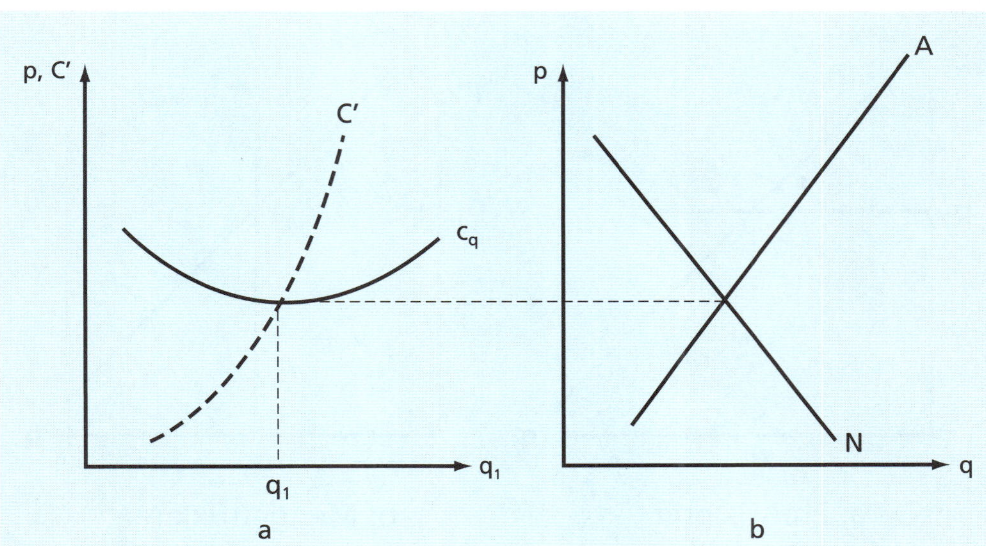

faktoren (Mineralquelle) oder produktiveren Faktoren (Fruchtbarkeit von Böden, Lage des Standorts in Bezug auf Absatzmärkte oder bessere Arbeitskräfte). Diese und eine Reihe anderer Gründe begründen Differentialgewinne.

9.4 Monopol

Die vollständige Konkurrenz stellt den einen Grenzfall dar, bei dem viele kleine Anbieter auf dem Markt sind. Den anderen Grenzfall bildet das Monopol. Beim Monopol ist definitionsgemäß nur ein Anbieter auf dem Markt. In der Regel ist der Markt geschlossen. Da der Monopolist einziger Anbieter ist, stellt sein individuelles Angebot das Gesamtangebot auf dem Markt dar.
Ebenfalls trifft auf den Monopolisten die gesamte Nachfrage des Marktes. Die individuelle Absatzfunktion des Monopolisten ist also mit der gesamten Marktnachfrage identisch. Mit anderen Worten: Der Monopolist hat einen Marktanteil von 100 vH.

1. Preisfixierer oder Mengenfixierer. Das Unternehmen in vollständiger Konkurrenz muss den Preis vom Markt akzeptieren und sich mit seiner Menge anpassen. Der Monopolist kann eine dieser Größen selbst bestimmen. Hat er eine dieser beiden Größen festgelegt, so ist durch die Nachfragekurve (Absatzfunktion) die andere Größe determiniert. Der Monopolist hat also jeweils nur einen Aktionsparameter. Setzt er den Preis p_1 fest (Preisfixierer), dann wird durch das Verhalten der Nachfrager, also durch die Nachfragefunktion, die absetzbare Menge (q_1) bestimmt. Entscheidet sich der Monopolist für eine bestimmte Menge (q_1), so wird durch die Nachfragefunktion der Preis (p_1) determiniert (Mengenfixierer).

2. Preis über Grenzkosten. Wie bestimmt sich nun die gewinnmaximale Angebotsmenge des Monopolisten? Da der Monopolist nach unseren Annah-

Schaubild 9.3: Preisfixierung versus Mengenfixierung

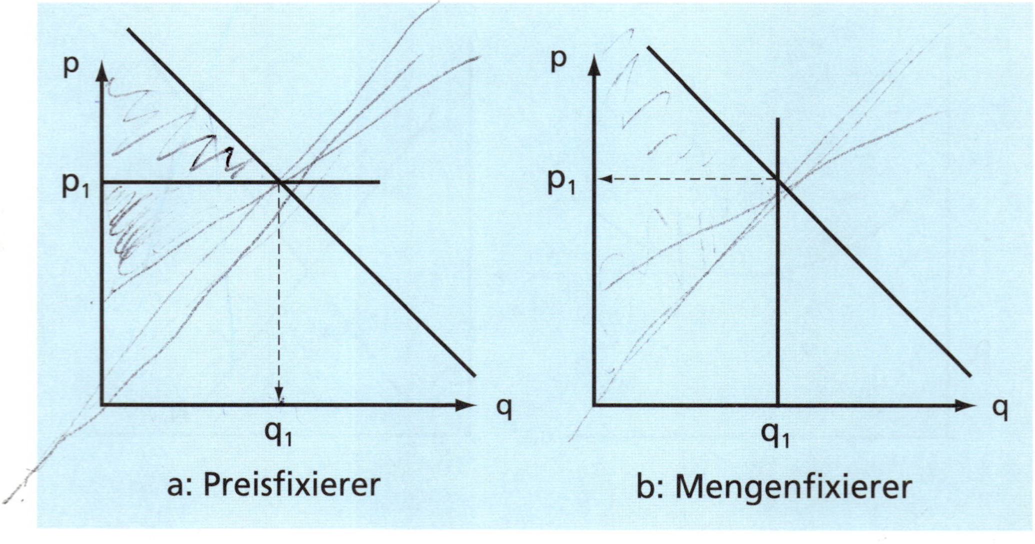

men seinen Gesamtgewinn maximieren will, gilt auch für ihn – wie im Fall vollständiger Konkurrenz – die Bedingung

(1) Grenzerlös = Grenzkosten

Im Gegensatz zur vollständigen Konkurrenz gilt im Monopol aber nicht, dass der Grenzerlös dem Preis entspricht. Dies lässt sich wie folgt erläutern:
Bei einer Menge q_1 ist der Gesamterlös: $q_1 \cdot p_1$. Wenn der Monopolist jetzt eine zusätzliche Einheit ausbringt, so erhält er für diese Einheit einen Preis p_2. Dieser neue Preis p_2 ist niedriger als p_1, da der Monopolist sich entlang der Nachfragekurve nach unten bewegen muss. Die Menge steigt, aber der Preis fällt. Der neue Preis p_2 stellt aber nicht den Grenzerlös dar. Denn der Monopolist kann jetzt auch die bisher abgesetzten Mengen nur zum niedrigeren Preis von p_2 verkaufen.

Beispiel:

Menge 100 — zusätzliche Menge 1
Preis p_1: 1,– — neuer Preis p_2: 0,95

Der alte Gesamterlös war: 100 × 1 = 100

Der neue Gesamterlös ist:

100 × 1	+ 0,95	– 100 (1 – 0,95)	= 95,95
alter Gesamterlös	+ zusätzlicher Erlös für die neue Einheit	– alte Menge mal Preisdifferenz (Preisverfall)	= neuer Gesamterlös

In diesem Beispiel macht sich der Preisverfall also sehr stark bemerkbar, der Gesamterlös nimmt ab, der Grenzerlös ist negativ – eine Produktionsausdehnung würde sich selbst bei Grenzkosten von null nicht lohnen.
Allgemein gilt für den neuen Gesamterlös:

$$E = q_1 \cdot p_1 + p_2 (q_2 - q_1) - q_1 (p_1 - p_2)$$

Der bisherige Erlös wird zwar um den Preis für die zusätzliche Einheit erhöht, gleichzeitig erzielt der Monopolist für die bisherigen Mengen aber einen niedrigeren Preis.
Für die Veränderung des Erlöses gilt:

$$\begin{aligned} \Delta E &= q_2 p_2 - q_1 p_1 \\ &= (q_2 - q_1)\, p_1 + q_2 (p_2 - p_1) \\ &= \Delta q p - q \Delta p \end{aligned}$$

Daraus folgt

$$\frac{\Delta E}{\Delta q} = p - q \frac{\Delta p}{\Delta q}$$

und für sehr geringe Preisänderungen der Grenzerlös

$$E' = \frac{dE}{dq} = p - q \frac{dp}{dq}$$

Der Grenzerlös liegt also im Monopol immer unter dem Preis, da die Erlöseinbußen aufgrund des Preisverfalls qdp/dq noch abgezogen werden müssen. Es gilt:

Schaubild 9.4: Preisbildung im Monopol

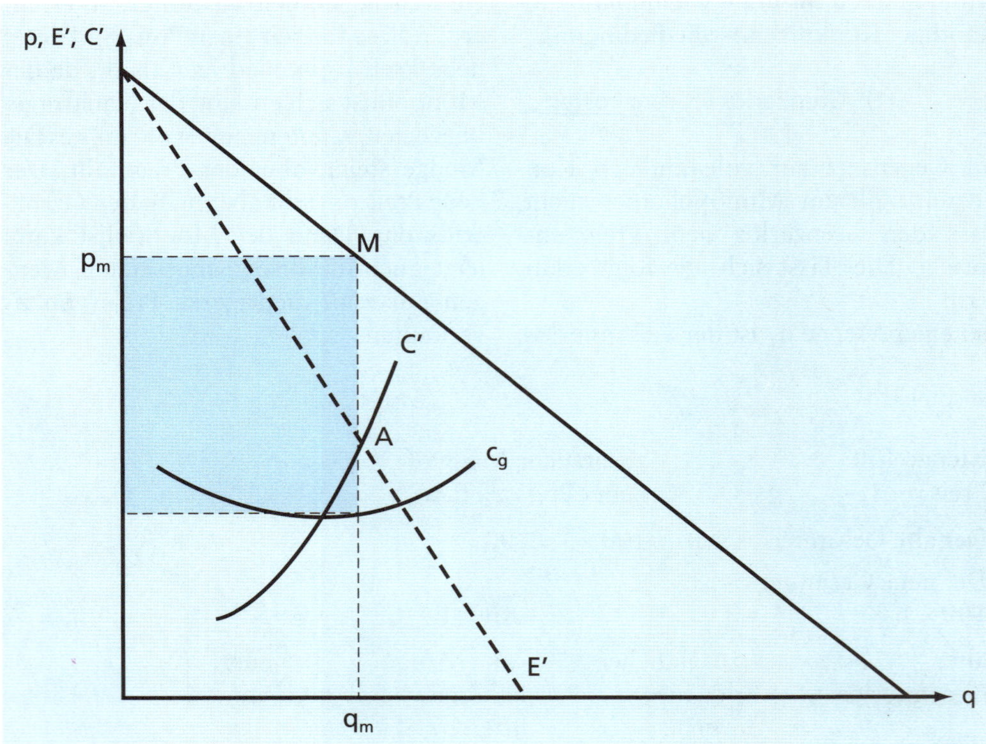

(2) Preis > Grenzerlös

Da für den Monopolisten der Grenzerlös mit den Grenzkosten übereinstimmt, der Preis aber höher als der Grenzerlös ist, muss auch gelten

(3) Preis > Grenzkosten.

Wir können also auf Grund dieser Überlegung feststellen, dass beim Monopolisten der Preis immer höher als die Grenzkosten ist.
Wir haben bereits gesehen, dass die Summe aus Produzenten- und Konsumentenrente im Wettbewerbsgleichgewicht maximiert wird, wo der Preis gleich den Grenzkosten ist. Im Monopol liegt der Preis oberhalb der Grenzkosten; er ist ineffizient hoch, bzw. die Produktmenge ist ineffizient niedrig.

3. Gewinnmaximum im Monopol. In Schaubild 9.4 ist die Monopollösung dargestellt. Wir wissen bereits, dass der Grenzerlös (Kurve E′) unter der Preisabsatzfunktion liegen muss. Ist die Preisabsatzfunktion eine Gerade, so ist die Grenzerlöskurve ebenfalls eine Gerade. Ihr Steigungsmaß ist doppelt so groß wie das der Preisabsatzfunktion.[1] Die gewinnmaximale Menge q_m wird durch den Schnittpunkt von Grenzerlös- und Grenzkostenkurve bestimmt. Für die Monopolmenge q_m bestimmt sich auf

[1] Sei $p(q) = a - b\,q$ die lineare Nachfragefunktion. Dann ist $E' = p - q\,p' = a - bq - bq$ oder $E' = a - 2bq$.

Grund der Nachfragefunktion (Preis-Absatz-Funktion), die ja das Verhalten der Nachfrager charakterisiert, der sog. »Cournot'sche Punkt« M mit dem Monopolpreis p_m. Der Monopolpreis liegt über den Grenzkosten. Die farbig markierte Fläche kennzeichnet den Gewinn des Monopolisten.

9.5 Natürliches Monopol und Regulierung

Ein natürliches Monopol liegt dann vor, wenn ein einzelnes Unternehmen den Markt kostengünstiger beliefern kann als mehrere Unternehmen gemeinsam. Beispiele sind Netzwerkdienste wie in der Telekommunikation, bei der Energieversorgung (Kapitel 8) oder auch bei der Bahn. Auf diesen Märkten fallen hohe Fixkosten für den Aufbau des Netzes an, die auf einem Wettbewerbsmarkt jedes Unternehmen gesondert aufzubringen hätte (Fixkostenduplizierung). Zudem lassen sich die einzelnen Netzteilnehmer umso kostengünstiger miteinander verbinden, je dichter das Netz ist. Es ist also aus Kostengesichtspunkten besser, wenn derartige Märkte von einem Monopol bedient werden. Allerdings muss dann verhindert werden, dass dieses Monopol überhöhte Preise verlangt. In der Vergangenheit waren natürliche Monopole deshalb in der Regel staatliche Unternehmen. Viele dieser ehemaligen Staatsunternehmen wurden jedoch inzwischen privatisiert, bei anderen (wie der Bahn) steht eine Privatisierung bevor. So wird ein Wettbewerb ermöglicht in den Teilbereichen, in denen nicht von der Kostenstruktur eines natürlichen Monopols auszugehen ist. Beispielsweise können Telefondienste im Wettbewerb verschiedener Anbieter erbracht werden, auch wenn bei der Infrastruktur ein natürliches Monopol vorliegt. Der Staat muss dann nur in den Monopolbereichen – d. h. bei der Nutzung der Netzinfrastruktur – regulierend eingreifen. In Deutschland z. B. wurde hierfür die Bundesnetzagentur für Elektrizität, Gas, Telekommunikation, Post und die Eisenbahnen gegründet, mit dem Ziel, einen diskriminierungsfreien Netzzugang und effiziente Nutzungsentgelte zu gewährleisten.

Die Preisregulierung lässt sich vereinfacht so darstellen, dass eine Regulierungsbehörde die Preise, die das natürliche Monopol verlangt, genehmigen muss. Dabei stellen sich jedoch einige grundsätzliche Fragen:

1. Wie hoch sollte der angestrebte Preis sein? Wir haben bereits im Marktgleichgewicht unter vollständiger Konkurrenz gesehen, dass der wohlfahrtsmaximierende Preis im Schnittpunkt der Nachfragekurve mit der Angebotskurve liegt. Dort gilt Preis = Grenzkosten und die Summe aus Produzenten- und Konsumentenrente ist maximal. Idealerweise sollte das auch der Preis sein, der dem natürlichen Monopol vorgegeben wird (»First Best«-Preis p_f in Schaubild 9.5). Bei einem natürlichen Monopol deckt dieser Preis jedoch häufig nicht die Stückkosten des Unternehmens. Das zeigt Schaubild 9.5, welches eine typische Kostensituation eines natürlichen Monopols darstellt. Wir nehmen konstante Grenzkosten von c und Fixkosten von f an. Die Stückkosten sind dann $c_q = c + f/q$. Die Stückkosten nehmen also mit steigender Produktionsmenge ab; wir haben ein natürliches Monopol, da ein großes Unternehmen zu geringeren Stückkosten produzieren kann als mehrere kleinere Unternehmen. Ohne Preisregulierung verlangt das Monopol den Preis p_m.

Aufgrund der Fixkosten sind die Stückkosten höher als die Grenzkosten. Wenn der Staat dem Monopol den Grenzkostenpreis $p_f = c$ vorschreibt, dann würde das Unternehmen Verluste machen. Der Staat müsste in diesem Fall dem Unternehmen eine Subvention in Höhe der Fixkosten zahlen, um dessen Verluste zu decken. Möchte der Staat diese Subventionierung vermeiden, dann ist der geringste Preis, der dem Unternehmen im Rahmen der Preisregulierung vorgeschrieben werden kann, der Stückkostenpreis p_s (»Second Best«-Preis).

Bei einem Mehrproduktunternehmen stellt sich beim Second Best-Preis zudem die Aufgabe, die gemeinsamen Fixkosten möglichst effizient auf die verschiedenen Produkte zu verteilen.

2. **Wie wird der Referenzpreis ermittelt?** Schaubild 9.5 geht von dem unrealistischen Fall aus, dass der Regulierer die Kosten und die Nachfrage des Monopols kennt und dann den richtigen Preis punktgenau bestimmen kann. Das ist in der Realität nicht der Fall. Stattdessen ist davon auszugehen, dass das Unternehmen einen Informationsvorteil gegenüber dem Staat hat (asymmetrische Information). Der Staat steht dann vor dem Problem, die richtige Preisvorgabe zu wählen. Ist der Preis zu niedrig, dann wird das Unternehmen Verluste machen und langfristig aus dem Markt ausscheiden. Ist der Preis hingegen zu hoch, so erzielt das Unternehmen Monopolgewinne und das Wohlfahrtsmaximum wird nicht erreicht. Das Unternehmen hat einen Anreiz, seine Kosten dem Regulierer gegenüber übertrieben hoch darzustellen, um einen möglichst hohen Preis genehmigt zu bekommen.

3. **Welche Anreizprobleme ergeben sich aus der Regulierung?** Eine Preisregulierung, die sich an den tatsächlich angefallenen Kosten orientiert, bietet dem Unternehmen keine Anreize, möglichst kostensparend zu arbeiten. So kann es passieren, dass ein reguliertes Unternehmen z. B. überhöhte Vorstandsgehälter zahlt, ineffizient viel Personal unterhält oder sich repräsentative (und teure) Verwaltungsgebäude leistet. Die ineffizient hohen Kosten des Unternehmens werden ja über die genehmigten Preise auf die Abnehmer überwälzt. Als Alternative käme daher für den Regulierer in Betracht, die genehmigten Preise anhand der erwarteten Kosten im Voraus festzulegen. Diese Art der Regulierung ist anreizkompatibel, denn dann kann das Unternehmen die Erträge aus Kosteneinsparungen in Form höherer Gewinne selbst behalten. Um zu vermeiden, dass das Unternehmen Verluste macht, müsste der festgelegte Preis jedoch entsprechend hoch sein. Für Unternehmen mit einer besonders günstigen Kostenstruktur würden sich dann Gewinne ergeben. Es besteht demnach ein Zielkonflikt zwischen dem Ziel einer möglichst anreizkompatiblen Form der Preisregulierung auf der einen Seite und dem Ziel eines möglichst geringen Monopolgewinns auf der anderen Seite.

4. **Welche Regulierungsform wird gewählt?** In der praktischen Regulierungspolitik sind insbesondere zwei Formen der Preisregulierung bedeutsam: Zum einen die kostenorientierte Regulierung (»Cost Plus«-Regulierung), bei der sich die Preise an den ausgewiesenen Stückkosten orientieren. Bei dieser Form der Regulierung sind die Anreize zur Kosteneinsparung aus den oben beschriebenen Gründen gering. Zum anderen die »Price Caps«-Regulierung, bei der dem Unternehmen für einen bestimmten Zeitraum eine Preis-

Schaubild 9.5: Natürliches Monopol

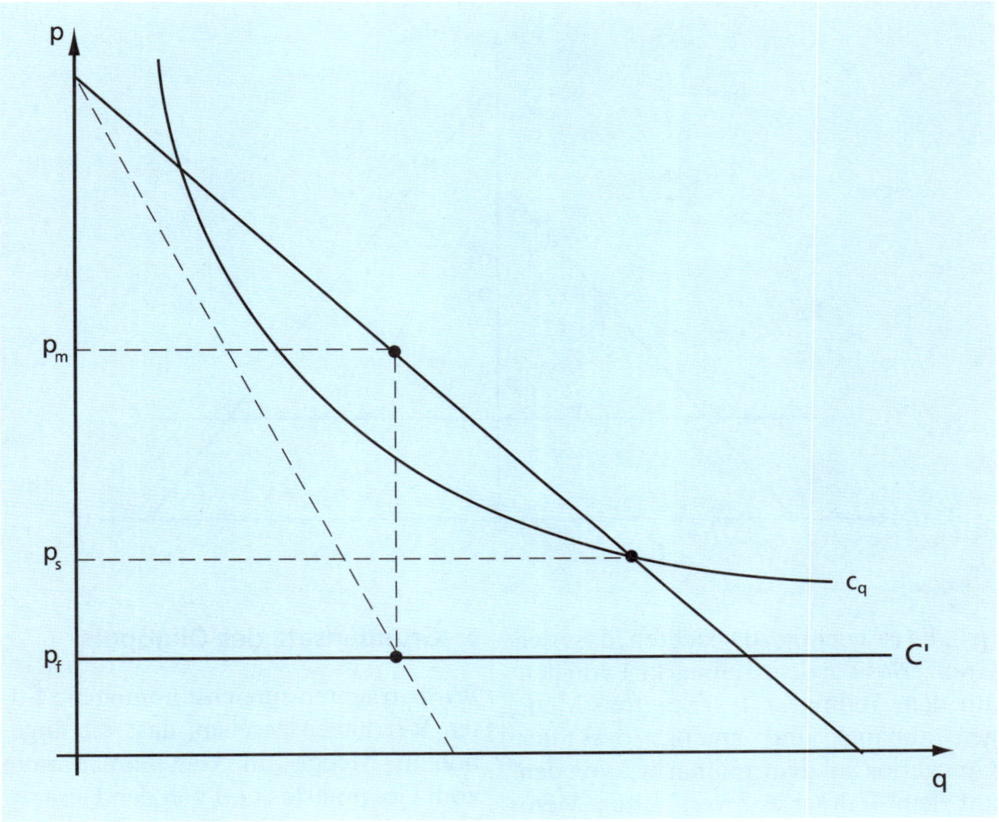

obergrenze vorgegeben wird. Diese Preisobergrenze wird üblicherweise für einen ganzen Warenkorb von Monopolleistungen des Unternehmens definiert und passt sich in einer zuvor festgelegten Weise an die allgemeine Preisentwicklung und an erwartete Produktivitätssteigerungen an.

Price-Caps werden in Deutschland z. B. zur Regulierung des Postmonopols eingesetzt.

9.6 Preisdifferenzierung

Betrachtet man einen Monopolisten, der sich zwei getrennten räumlichen Märkten gegenüber sieht, so stellt sich die Frage, ob der Monopolist dadurch seinen Gewinn maximieren kann, dass er seinen Preis zwischen den beiden Teilmärkten differenziert. Es werden wieder konstante Grenzkosten unterstellt (Schaubild 9.6). Das Gewinnmaximum ist dadurch gekennzeichnet, dass der Grenzgewinn gleich null ist, dass also der Grenzerlös auf dem Teilmarkt 1 (E'_1) gleich den Grenzkosten (C') ist und dass der Grenzerlös auf dem Teilmarkt 2 (E'_2) ebenfalls gleich den Grenzkosten ist. Es muss also gelten

$$E'_1 (q_1) = E'_2 (q_2) = C' (q)$$

Auf dem Teilmarkt 1 stellt sich ein höherer Preis (p_2) ein als auf dem Teilmarkt 2

Schaubild 9.6: Preisdifferenzierung

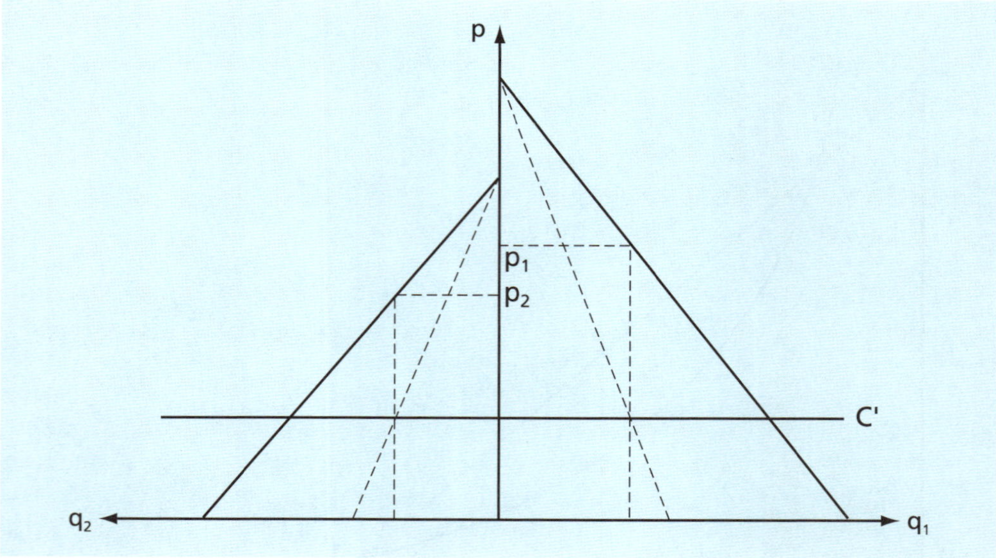

(p_2). Es ist wichtig zu beachten, dass der Grenzerlös auf dem Teilmarkt 1 von den auf dem Teilmarkt 1 verkauften Mengen abhängt und analog, dass der Grenzerlös auf dem Teilmarkt 2 von den auf dem Teilmarkt 2 verkauften Mengen abhängt. Die Grenzkosten dagegen variieren mit der Gesamtproduktionsmenge q, für die gilt $q = q_1 + q_2$.

9.7 Oligopol

Zwischen dem Grenzfall der vollständigen Konkurrenz (viele kleine Anbieter) und dem Grenzfall des Monopols (ein einziger Anbieter) ist der Fall des Oligopols einzuordnen. Unter einem Oligopol verstehen wir jene Marktform, die durch wenige Anbieter gekennzeichnet ist. Dem homogenen Oligopol liegt ein vollkommener Markt (Homogenität des Produktes, Markttransparenz) zugrunde. Dagegen sind bei einem heterogenen Oligopol die Güter lediglich ähnlich, es liegt ein unvollkommener Markt vor.

1. Grundansatz des Oligopols

Wir betrachten zunächst homogene Güter. Wir haben gesehen, dass die angebotene Menge im Gewinnmaximum vom Gesamterlös und von den Gesamtkosten abhängt. Das Unternehmen bietet die Menge an, für die gilt: Grenzerlös (E′) gleich Grenzkosten (C′), also E′ = C′. Die Kostensituation ist in der Regel unabhängig von der Marktform. Anders dagegen verhält es sich mit der Erlössituation. In vollständiger Konkurrenz ist für das einzelne Unternehmen der Preis (Grenzerlös) vom Markt gegeben, also E′ = p. Für den Monopolisten ist die Bedingung E′ = C′ schon schwieriger zu interpretieren, denn er muss dazu die Gesamtnachfragekurve des Marktes kennen; diese stellt seine Preis-Absatz-Funktion dar und gibt die Zahlungsbereitschaft der Nachfrager in Abhängigkeit von der Angebotsmenge des Monopolisten wieder. Er bekommt bei einer zusätzlichen Mengeneinheit zwar für diese Einheit einen zusätzlichen Preis p (aber nicht mehr den alten Preis), er muss aber einen Preisverfall für die bisher von ihm abgesetzten Mengen in Kauf nehmen. Bei einer Nachfragefunktion $p = p(q)$ ist sein Gesamterlös $E = p(q)\,q$ und sein Grenzerlös $E' = p + p'q$, wobei $p'q$ den Rückgang des Erlöses auf Grund des Preisverfalls kennzeichnet; p' ist die (negative) Steigung der Nachfragekurve.

Noch schwieriger wird die Bestimmung der Erlössituation beim Oligopolisten: Dieser muss nicht nur die Reaktion der Nachfrager, sondern auch das Angebotsverhalten seiner Konkurrenten kennen. Denn das Verhalten der anderen Oligopolisten bestimmt, wie viel der gesamten Nachfrage auf den einen Oligopolisten entfällt und damit, wie groß sein Erlös ist. Die meisten Modelle stellen dabei auf einen vereinfachten Oligopol-Fall ab, bei dem nur zwei Anbieter auf dem Markt sind. Diesen Fall bezeichnet man als Duopol. Für die Duopolisten sind zahlreiche Verhaltensweisen möglich. Je nachdem, welche Verhaltensweise unterstellt wird, erhält man völlig unterschiedliche Modelle. Eine nahe liegende Annahme ist, dass ein Duopolist die Angebotsmenge des anderen als gegeben betrachtet und unter dieser Bedingung seinen Gewinn maximiert (Cournot-Mengenwettbewerb). In diesem Fall hängt der Grenzerlös des Duopolisten auch von dem Mengenangebot des anderen ab. Er sucht also für vorgegebene Mengen des anderen seine eigene gewinnmaximale Menge. Entsprechend muss er seine Menge anpassen, wenn der andere seine Menge verändert. Mit $q_1 + q_2$ als Ausbringungsmenge der Unternehmen 1 und 2 gilt für das Gewinnmaximum des Oligopolisten 1 die Bedingung $E'_1(q_1 + q_2) = C'(q_1)$. Analog gilt für den anderen Duopolisten $E'_2(q_1 + q_2) = C'(q_2)$. Wenn beide Bedingungen erfüllt sind, liegt ein Gleichgewicht vor. Im Gleichgewicht wählen beide Duopolisten die für sie gewinnmaximierende Menge, und keiner der beiden hat einen Anreiz, bei gegebener Angebotsmenge des anderen von seiner Angebotsmenge abzuweichen. Dies ist das Nash-Gleichgewicht im Cournot-Duopol. Intuitiv wird man erwarten, dass die Duopol-Lösung zwischen dem Monopol und der vollständigen Konkurrenz liegt: Im Duopol liegt der Preis niedriger als im Monopol, aber höher als in vollständiger Konkurrenz. Die Menge ist höher als im Monopol, aber niedriger als in vollständiger Konkurrenz; der Gewinn der beiden Duopolisten ist niedriger als im Monopol.

2. Ein Zahlenbeispiel

Im Folgenden unterstellen wir zur Vereinfachung, dass die Produktionskosten null sind, wie bei der ursprünglichen Darstellung am Beispiel zweier konkurrierender Mineralquellen durch Cournot. Ferner betrachten wir zur Vereinfachung eine lineare Nachfragefunktion $p = 10 - 0{,}5\,q$. Im Fall des Monopols ist der Monopolgewinn definiert als $G_M = pq = (10 - 0{,}5\,q)\,q$. Der Grenzgewinn des Monopolisten $10 - q$ ist im Gewinnmaximum null, so dass $q = 10$ (Monopolmenge). Der Monopolpreis ist dann $p_M = 5$ Euro. Der Monopolgewinn ist $G = 50$ Euro.

Im Duopol teilen sich die beiden Monopolisten die gesamte Absatzmenge q, es gilt also $q = q_1 + q_2$. Der Gewinn des Duopolisten 1 ist definiert als $G_1 = [10 - 0{,}5\,(q_1 + q_2)]\,q_1$. Betrachtet der Duopolist 1 die Angebotsmenge des anderen als gegeben, so liegt sein Gewinnmaximum dort, wo sein Grenzgewinn gleich Null ist, d. h. $G'_1 = 10 - q_1 - 0{,}5q_2 = 0$. Diese Bedingung definiert die gewinnmaximierende Angebotsmenge des Duopolis-

Schaubild 9.7: Reaktionsfunktionen im Duopol

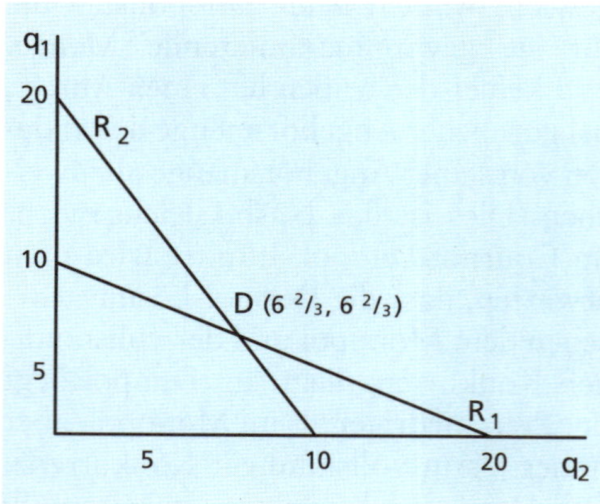

ten 1 in Abhängigkeit der Mengen des 2, also $q_1 = 10 - 0{,}5q_2$. In Schaubild 9.7 ist diese Reaktionsfunktion R_1 eingezeichnet. Analog lässt sich die Reaktionsfunktion des zweiten Duopolisten R_2 herleiten. Sie lautet $q_2 = 10 - 0{,}5\, q_1$. Diese Funktion muss zur Darstellung im Schaubild nach q_1 aufgelöst werden, also $q_1 = 20 - q_2/0{,}5$. Die Duopollösung ergibt sich im Schnittpunkt D der beiden Reaktionskurven. Er lässt sich auch bestimmen, indem man die eine Reaktionsfunktion in die andere einsetzt. Die Duopolmengen der beiden Anbieter sind $q_1 = q_2 = 6^2/_3 = 20/3$, also insgesamt $13^1/_3 = 40/3$; dies ist mehr als im Monopol. Der Oligopolpreis ist $3^1/_3 = 10/3$, und damit geringer als im Monopol. Der Gewinn der beiden Duopolisten zusammen macht 44 4/9 = 400/9 aus, ist also geringer als im Monopol.

Würde man in dem Zahlenbeispiel auch die vollständige Konkurrenz betrachten, so liegt bei Produktionskosten von null die Angebotsmenge bei 20. Der Preis ist dann gleich den Grenzkosten von null. In Schaubild 9.8 sind die drei Lösungen für das Monopol (M), das Duopol (D) und die vollständige Konkurrenz dargestellt. Gibt man die Prämisse auf, dass keine Produktionskosten anfallen, so würden sich die Punkte verschieben. Der Konkurrenzpunkt K würde dann durch die Grenzkosten bestimmt werden.

Schaubild 9.8: Monopol- und Duopollösung auf der Nachfragekurve

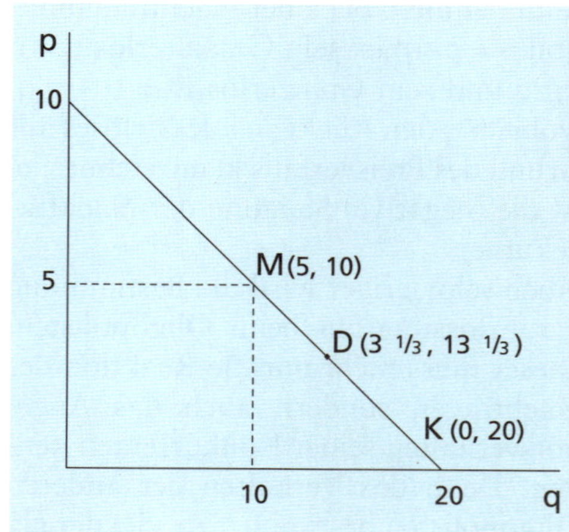

3. Andere Verhaltensannahmen

Die Unternehmen können statt der Menge auch die Preise als strategische Variable einsetzen. Dies ist der Bertrand-Preiswettbewerb. Bei Preiswettbewerb kann sich ein gänzlich anderes Gleichgewicht ergeben als im Mengenwettbewerb. Wenn die beiden Güter der Duopolisten nämlich vollkommen homogen sind, dann kaufen die Nachfrager immer beim günstigeren Anbieter, und der andere kann nichts mehr absetzen. Eine Situation, in der beide Duopolisten einen Preis oberhalb der Grenzkosten verlangen, kann dann kein Gleichgewicht sein. Denn es lohnt sich dann immer für einen der beiden Anbieter, seinen Konkurrenten geringfügig zu unterbieten. Auf diese Weise erhält der Niedrigpreisanbieter die gesamte

Marktnachfrage, während er beim gleichen Preis nur den halben Markt und bei einem höheren Preis gar keine Nachfrage hätte. Erst wenn beide Unternehmen beim Grenzkostenpreis angelangt sind, lohnt sich ein weiteres Unterbieten nicht mehr. Das homogene Duopol mit Preiswettbewerb führt dann zum gleichen Ergebnis wie die vollständige Konkurrenz, obwohl nur zwei Anbieter am Markt sind.

4. Beobachtete Verhaltensweisen

Aus der Beobachtung der Wirklichkeit lassen sich auch folgende Verhaltensweisen der Oligopolisten herauskristallisieren:

Oligopolistische Verdrängungspolitik. Ein starker Anbieter versucht, seine »Unabhängigkeitsposition« zu realisieren und die anderen Anbieter vom Markt zu verdrängen. Diese Politik, die von den Unternehmen in den »Flegeljahren des Kapitalismus« verfolgt wurde, bestand darin, die eigene Kapazität auszubauen und den Preis zu senken, um so den Konkurrenten aus dem Markt zu werfen. War der Konkurrent verschwunden, so hatte man ein Monopol und konnte den Preis wieder heraufsetzen (Beispiel: US-amerikanische Eisenbahnen, Rockerfellers Standard Oil Company, die 1911 von der amerikanischen Anti-Trust Politik aufgelöst wurde).

Preisführerschaft. Bei der Preisführerschaft setzt ein Oligopolist den Preis; die anderen bleiben in seinem »Preisschatten«. Der Preisführer ist so stark, dass die anderen Anbieter nicht anders können, als seinem Preisverhalten zu folgen. Der Preisführer hat einen großen Marktanteil z. B. von 50 vH oder mehr. Durchkreuzt ein Oligopolist die Preispolitik dieses Marktbeherrschers, so muss er mit Gegenmaßnahmen des Preisführers rechnen, die seinen Gewinn beeinträchtigen oder ihn vom Markt verdrängen können. Aus diesem Grund werden die Oligopolisten dem Marktbeherrscher folgen.

Ein Sonderfall der Preisführerschaft ist das Modell der »Friedhofsruhe auf dem Oligopolmarkt« (Preisstarrheit). In diesem Ansatz gibt es einen Preisführer und mehrere Preisfolger. Gegeben ist der Preis p_0 in Schaubild 9.9. Wenn nun der Preisführer den Preis heraufsetzt, machen die anderen nicht mit. Die Nachfrage wandert vom Preisführer ab, die anderen Oligopolisten erhalten einen größeren Teil der Nachfrage. Links von P ist die Nachfragekurve des Preisführers also relativ flach, die Preiselastizitäten der Nachfrage in den einzelnen Punkten der Kurven sind sehr hoch. Senkt dagegen der Preisführer den Preis, ziehen die anderen Oligopolisten mit. Durch eine Preissenkung kann der Oligopolist also keine beachtlichen zusätzlichen Nachfragemengen gewinnen. Die Preiselastizität der Nachfrage wird in den einzelnen Punkten relativ gering sein. Es ergibt sich eine geknickte Nachfragekurve für den Preisführer.

Schaubild 9.9: Geknickte Preisabsatzfunktion

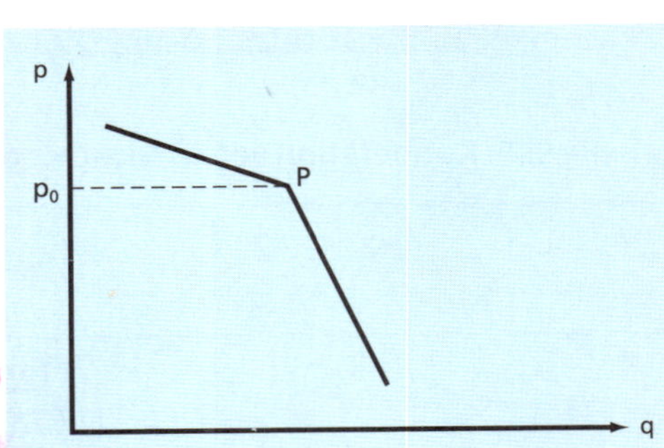

Das Fazit dieser Überlegungen ist, dass der Preisführer in seinem Verhalten so eingeengt ist, dass er den Preis p_0 nicht ändern wird. So entsteht eine Preisstarrheit. Im Grunde genommen ist dieser Preisführer kein Preisführer mehr.

Zusammenarbeit. Offene oder versteckte Vereinbarungen über den Preis (oder andere Aktionsparameter) stellen eine weitere, oft geübte Verhaltensweise im Oligopol-Fall dar. Diese Art des Verhaltens reicht von den »informatorischen Gesprächen«, bei denen man erfährt, wie der andere die Marktlage beurteilt, über ein »Frühstückskartell« (Kegelabendkartell) bis hin zu fest organisierten Kartellen (Preiskartelle, meistens durch Quotenkartelle ergänzt, Syndikate).

9.8 Spieltheoretische Ansätze

Die Oligopol- und Duopolsituation kann man mit der in einem strategischen Spiel, z. B. dem Schachspiel, vergleichen. Ähnlich wie der einzelne Schachspieler eine Fülle von unterschiedlichen Zügen auswählen und ähnlich wie der Gegner mit unterschiedlichen Zugfolgen antworten kann, können auch die Oligopolisten verschiedenen Strategien folgen. Sie können sich strategisch verhalten. Die Spieltheorie versucht, mit einer »Theorie der Spiele« derartige strategische Situationen in den Griff zu bekommen. Ein wichtiges Lösungskonzept der Spieltheorie ist das Nash-Gleichgewicht. Es besagt, dass im Gleichgewicht jeder Spieler seine erwartete Auszahlung (seinen Gewinn) maximiert bei gegebenem Verhalten der anderen Spieler. Nur in diesem Fall bereut keiner der Spieler im Nachhinein seine Strategiewahl. Das ist genau das Lösungskonzept, dass wir im Cournot-Mengenwettbewerb und im Bertrand-Preiswettbewerb implizit unterstellt haben.

Eine einfache Darstellung des spieltheoretischen Ansatzes ergibt sich aus dem obigen Zahlenbeispiel zum Cournot-Mengenwettbewerb. In Tabelle 9.2 werden die Gewinne der beiden Duopolisten bei unterschiedlichen Strategiekombinationen dargestellt. Zur Vereinfachung gehen wir dabei davon aus, dass die beiden Anbieter nur zwischen den Produktionsmengen $q^M = 5$ und $q^D = 6\ 2/3$ wählen können. Wählen beide Duopolisten die Produktionsmenge q^M, so entspricht die insgesamt angebotene Menge der Monopollösung. Der gemeinsame Gewinn der Unternehmen ist dann maximal. Jedes Unternehmen erhält einen Gewinn von 25. Bietet 1 hingegen die Menge $q^D = 6\ 2/3$ an, während 2 bei $q^M = 5$ bleibt, so ist der Preis $p = 25/6$. Der Gewinn von 1 steigt dann auf 27 7/9, während der Gewinn von 2 zurückgeht auf 20 5/6. Genau umgekehrt sind die Gewinne, wenn 1 eine Menge von 5 und 2 eine Menge von 6 2/3 anbietet. Wählen beide die Duopol-

Tabelle 9.2: Kooperation versus Nicht-Kooperation im Duopol

1 \ 2	q^M	q^D
q^M	(25 – 25)	(20 5/6 – 27 7/9)
q^D	(27 7/9 – 20 5/6)	(22 2/9 – 22 2/9)

menge $q^D = 6\ 2/3$ als Strategie, so erhalten beide einen Gewinn von 22 2/9.
Die Frage lautet nun, wie sich beide Duopolisten in diesem Spiel verhalten. Bei der Konstellation aus Tabelle 9.2 haben wir es mit einer besonders einfachen Situation zu tun, einem Gleichgewicht in dominanten Strategien. Egal welche Strategie 2 wählt, für 1 ist es immer besser, q^D zu wählen als q^M. Die Duopolmenge q^D stellt die dominante Strategie von 1 dar. In der gleichen Weise stellt sich auch 2 bei gegebenem Verhalten von 1 immer besser, wenn er q^D wählt. Im Gleichgewicht entscheiden sich also beide für q^D. Vergleichen wir die Gewinne mit dem Fall, dass beide die Monopolmenge q^M wählen, so sehen wir, dass sich beide Unternehmen gegenüber der Monopollösung verschlechtern. Das Problem ist jedoch, dass es sich für die Spieler lohnt, unilateral von q^M abzuweichen, so dass die Monopolmenge kein nicht-kooperatives Gleichgewicht ist. Man nennt eine solche Situation, bei der sich beide Spieler durch ihr strategisches Verhalten schlechter stellen als bei einer Kooperation, ein Gefangenendilemma.

9.9 Kartelle

1. Kartell. Ein Kartell ist ein freiwilliger Zusammenschluss selbstständiger Unternehmen zur Kontrolle wichtiger Marktparameter. Ein Beispiel ist das Preiskartell, das einen Preis über dem Gleichgewichtspreis anstrebt. Im obigen Duopolbeispiel wäre der optimale Kartellpreis der Monopolpreis, denn dort wird der gemeinsame Gewinn beider Unternehmen maximiert. Die beiden Unternehmen sorgen dann durch Absprachen und gegebenenfalls Sanktionen dafür, dass jeder den höheren Monopolpreis verlangt.
Schaubild 9.10 stellt den Fall unterschiedlicher Grenzkostenverläufe dar. C'_1 ist die Grenzkostenkurve von Unternehmen 1 und C'_2 diejenige von Unternehmen 2. Punkt D kennzeichnet die Produktionsmenge im Wohlfahrtsoptimum.
Das Kartell setzt einen Kartellpreis K. Zu diesem hohen Preis ist aber nur die Menge OE abzusetzen. Das Preiskartell setzt Absprachen darüber voraus, wie die Produktionsmenge auf die Anbieter aufgeteilt werden soll (Quotenkartell). Unternehmen 1 sollte die Menge produzieren, bei der seine Grenzkosten diejenigen von Unternehmen 2 nicht übersteigen. Das ist bis zum Punkt B der Fall. Den Rest, d. h. die Menge BE, sollte dann Unternehmen 2 herstellen.
Oft sind auch Absprachen darüber erforderlich, wie der Kartellgewinn angemessen verteilt wird. Je unterschiedlicher die Produktionsbedingungen der einzelnen Kartellmitglieder und je unterschiedlicher die Interessenlagen, umso schwieriger wird es, die Mengen und den Gewinn aufzuteilen und umso unsicherer ist daher der Bestand eines Kartells.

2. OPEC. Die OPEC bestritt zum Zeitpunkt ihrer größten Bedeutung mit 31 Millionen Fass pro Tag 55 vH der Welterdölproduktion (1973). Der Listenpreis lag 1980 bei 40 US-Dollar. Die unterschiedliche Interessenlage im Kartell führte dazu, dass einzelne Länder ihre Produktionsquoten überschritten. Saudi-Arabien als größter Produzent sorgte zeitweise für die Stabilität des Kartells, indem es seine Förderkapazität von etwa 10 Millionen Fass pro Tag nicht ausschöpfte. Auch in den 1990er-Jahren produzierte Saudi-Arabien deutlich un-

Schaubild 9.10: Preisbildung im Kartell

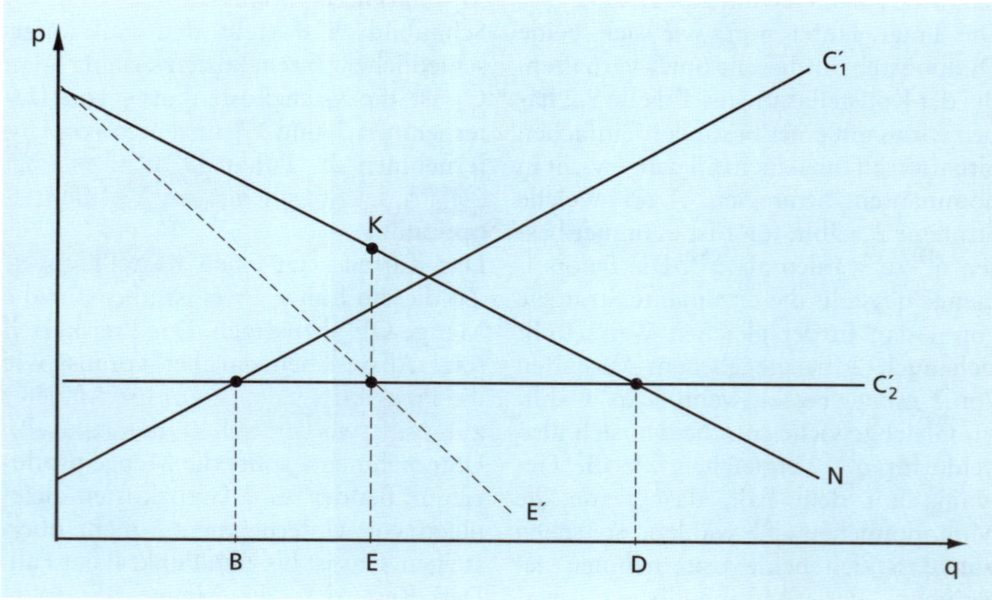

terhalb seiner Kapazität. Zeitweise fielen die Preise pro Fass bis auf 10 US-Dollar. Die OPEC bestritt 2004 nur noch etwa 42 vH der Welterdölproduktion. Zwischenzeitlich war in den 1980er-Jahren ihr Anteil auf unter 30 vH gefallen, stabilisierte sich dann aber aufgrund der seit 1995 stetig steigenden Weltnachfrage bei etwa 40 vH. Der Verlust an Marktanteilen kann unter anderem durch das Angebot der Länder der ehemaligen UDSSR erklärt werden.

Vor allem wegen der Unsicherheit infolge des Irak-Krieges stieg der Ölpreis zu Anfang des Jahres 2003 auf etwa 30 US-Dollar. Danach sorgten die allgemeine politische Unsicherheit im arabischen Raum und in Lateinamerika sowie die stetig steigende Nachfrage vor allem der Schwellenländer Indien und China für einen Preisanstieg auf über 62 US-Dollar im Januar 2006.

3. Der Rand der Kartelle. Für die Stabilität eines Kartells spielt auch der Kartellrand, d. h. die Unternehmen, die nicht zum Kartell gehören, eine große Rolle. Sind nicht alle Anbieter erfasst, so stimuliert der hohe Kartellpreis ein zusätzliches Angebot des Kartellrandes (Mexiko-, Nordsee- und Alaska-Öl), und das Kartell kommt vom Kartellrand aus unter Druck. Schließlich bewirkt der hohe Kartellpreis in aller Regel Substitutionsprozesse (Energiesparen), und damit wird es schwieriger, die Quotenregelung im Kartell aufrechtzuerhalten.

9.10 Monopolistische Konkurrenz und Bestreitbare Märkte

1. Monopolistische Konkurrenz. Ist Marktzugang möglich, so lockt der Gewinn eines Monopolisten zusätzliche Anbieter an. Dies schränkt die Macht des Monopols ein. Zudem können die Nachfrager auf ähnliche Produkte

ausweichen (Substitutionskonkurrenz). Das Modell der monopolistischen Konkurrenz stellt diesen Fall dar, bei dem sehr viele Unternehmen auf dem Markt sind, wobei jedes Unternehmen eine andere Variante anbietet. Man kann sich etwa vorstellen, dass sehr viele unterschiedliche Varianten von Autos angeboten werden. Es gibt Nachfrager, die eher die eine, und Nachfrager, die eher die andere Variante bevorzugen. Jede einzelne Variante wird zwar von einem Monopol angeboten, zwischen den verschiedenen Varianten herrscht jedoch Konkurrenz (monopolistische Konkurrenz), da die Nachfrager auf eine andere Variante ausweichen können, wenn der Preis ihrer eigentlich bevorzugten Variante zu stark ansteigt. Die Substitutionskonkurrenz schränkt also das Marktsegment eines monopolistischen Anbieters ein. Substitutionsmöglichkeiten sorgen so für Wettbewerb. Wenn wir außerdem freien Markteintritt von Unternehmen mit neuen Varianten annehmen, dann gehen die Gewinne langfristig auf null zurück. Angenommen, wir gehen von einer Situation wie in Schaubild 9.4 aus und das Unternehmen macht einen Gewinn. Dann lockt der Gewinn zusätzliche Anbieter mit neuen Varianten auf den Markt. Die zusätzlichen Anbieter ziehen einen Teil der für den Monopolisten relevanten Nachfrage ab. Dessen Preisabsatzfunktion verschiebt sich nach unten und verläuft flacher. Die Preisabsatzfunktion verschiebt sich so lange, bis der Monopolgewinn auf null zurückgeht. Diese Situation ist in Schaubild 9.11 dargestellt (Tangentenphänomen). Die Durchschnittskostenkurve ist tangential zu der Preisabsatzfunktion des Anbieters. In dem Punkt K macht der Monopolist langfristig keinen Gewinn.

2. Bestreitbarer Markt. Eine weitere Modellvariante, die sich mit den Folgen des freien Marktzutritts befasst, ist der Ansatz des Bestreitbaren Markts. Hier wird nicht auf den tatsächlichen Marktzutritt mit unterschiedlichen Produktvarianten abgestellt, sondern auf den potentiellen Marktzutritt mit der gleichen Variante. Gehen wir von der Situation in Schaubild 9.5 aus und unterstellen wir vollkommen freien Marktzutritt. Nehmen wir nun jedoch an, dass ein Unternehmen seine Preise nur langsam anpassen kann. Wenn das Unternehmen den Monopolpreis p_m verlangt und Gewinne macht, so würde es sich für potentielle Konkurrenten lohnen, in diesen Markt mit der gleichen Produktvariante einzutreten und das etablierte Unternehmen preislich zu unterbieten. Die Nachfrager wechseln dann alle zum neuen, günstigeren Anbieter und das etablierte Unternehmen würde Verluste machen. Aufgrund der Annahme der langsamen Preisanpassung kann das etablierte Unternehmen erst verzögert auf den Markteintritt reagieren und dann erst seinen Preis senken. Die einzige Möglichkeit, einen solchen Markteintritt abzuschrecken, besteht darin, von vornherein einen Preis in Höhe der Durchschnittskosten zu verlangen. Es kommt also zu einer Situation, in der das natürliche Monopol von sich aus, ohne Regulierung, den Durchschnittskostenpreis verlangt. Der potentielle Marktzutritt reicht demnach aus, um das Monopol in seiner Preissetzung zu »disziplinieren«.
Eine wichtige wirtschaftspolitische Konsequenz dieser Überlegungen ist, den Marktzugang offen zu halten und einem Anbieter den Markt nicht durch institutionelle Regelungen auch noch abzusichern. Vielmehr muss der Marktzugang erleichtert werden. Dazu gehört auch der Abbau von Regulierungen, die

Schaubild 9.11: Preisbildung bei monopolistischer Konkurrenz

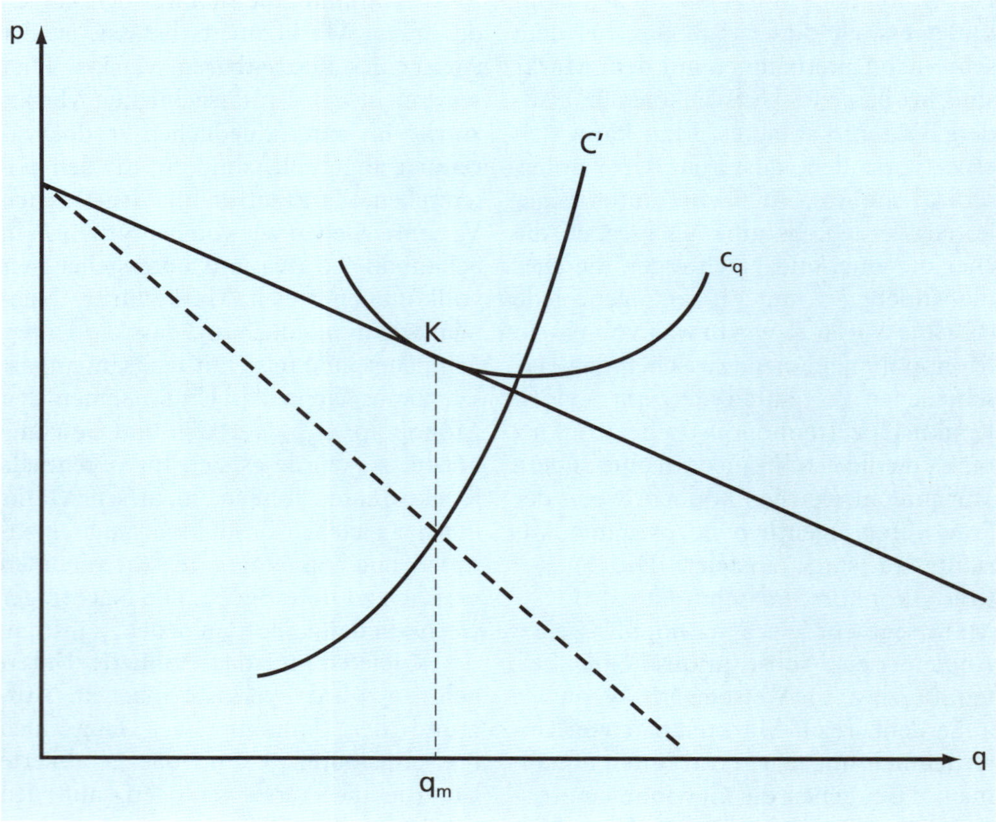

die etablierten Unternehmen schützen, und von protektionistischen Regelungen, wie z. B. Zölle, Kontingente und andere Maßnahmen. Eine offene Volkswirtschaft ist der beste Weg, Monopole in Schach zu halten.

Bei Bestreitbaren Märkten spielen versunkene Kosten (»sunk costs«) eine wichtige Rolle. Darunter versteht man beispielsweise Aufwendungen für Investitionen, die in einem Unternehmen so spezifisch gebunden sind, dass die investierten Summen etwa durch eine Veräußerung der geschaffenen Kapitalgüter nicht mehr wieder zu gewinnen sind. In diesem Sinn sind Kosten »versunken«. Ein Beispiel für versunkene Kosten sind Werbeaufwendungen, um einen Markennamen aufzubauen. Diese versunkenen Kosten stellen Marktzutrittsschranken dar und können die am Markt etablierten Unternehmen – die Altsassen – zumindest teilweise vor potentieller Konkurrenz schützen. Damit ein Neuankömmling in den Markt eintritt, muss der erwartete Gewinn mindestens so hoch sein, dass er die versunkenen Kosten deckt. Für die Frage, ob ein Markt bestreitbar ist, kommt es also ganz entscheidend darauf an, in welchem Ausmaß versunkene Kosten vorliegen. Ein vollkommen Bestreitbarer Markt ist nur dann gegeben, wenn keine versunkenen Kosten vorliegen.

9.11 Marktphasen

Gemäß dem Produktzyklus lassen sich verschiedene Marktphasen in der Zeit unterscheiden: Wird ein neues Produkt auf dem Markt eingeführt, so hat oft ein einzelner Unternehmer, der dieses Produkt einführt (der Innovator im Sinne von Schumpeter) eine monopolistische Stellung. Im Verlauf der Zeit treten andere Anbieter (die Imitatoren) auf dem Markt auf; die monopolistische Stellung des Innovators wird abgebaut, und es stellen sich konkurrenzähnliche Verhältnisse ein. Nach diesem Ansatz verändert sich also die Marktform für einen spezifischen Wirtschaftszweig in der Zeit.

Wichtige Begriffe in Kapitel 9

Atomistische Konkurrenz
Oligopol
Monopol
Vollständige Konkurrenz
Mengenanpasser
Kurzfristiges Gewinnmaximum
Langfristiges Konkurrenzgleichgewicht
Preisfixierer
Mengenfixierer
Monopolpreisbildung
Preisdifferenzierung im Monopol
Preisregulierung
Cost Plus-Regulierung
Price Caps-Regulierung
Preisführerschaft
Cournot-Nash-Lösung
Bertrand-Nash-Lösung
Geknickte Preisabsatzfunktion
Spieltheorie
Nash-Gleichgewicht
Gefangenendilemma
Monopolistische Konkurrenz
Substitutionskonkurrenz
Bestreitbare Märkte
Versunkene Kosten
Marktphasen

10 Preisbildung auf dem Faktormarkt: Der Lohn

Die Löhne sollten dem gerechten und freien Wettbewerb des Markts überlassen und niemals durch eine Einmischung der Regierung kontrolliert werden.
David Ricardo

In den bisherigen Kapiteln haben wir die Preisbildung auf den Gütermärkten analysiert. Die dabei gewonnenen Erkenntnisse müssen jetzt auf den Faktormarkt (Markt für Produktionsfaktoren) angewendet werden. Dabei sind die Preise für die Produktionsfaktoren Arbeit (Lohn), Kapital (Zins) und Boden (Bodenrente) zu erklären.

Auch diese Preise werden durch das Zusammenwirken von Angebot und Nachfrage gebildet. Nimmt z. B. die Nachfrage nach Arbeit zu, so wird bei konstantem Arbeitsangebot der Lohn steigen. Vermindert sich die Nachfrage nach Kapital und bleibt das Angebot konstant, so sinkt der Zins. Steigt bei konstantem Bodenangebot die Nachfrage nach Boden, so nimmt die Bodenrente zu.

Die Preisbildung auf dem Faktormarkt wird von den Bedingungen auf dem Produktmarkt beeinflusst. Wenn ein Unternehmen einen hohen Preis für sein Produkt erzielt, wird es zusätzliche Produktionsfaktoren nachfragen. Die Nachfrage nach Faktoren steigt, und damit steigt der Faktorpreis. Ist der Produktpreis niedrig, so wird die Nachfrage des Unternehmens nach Faktoren niedriger sein, der Faktorpreis fällt. Nimmt die Nachfrage nach einem Gut zu, so steigt der Preis dieses Gutes; es lohnt sich, mehr Produktionsfaktoren in der Produktion des Gutes einzusetzen. Bei rückläufiger Nachfrage nach dem Gut wird es weniger attraktiv, Faktoren zu seiner Produktion einzusetzen.

Wir wollen die Faktorpreisbildung ausführlicher bei der Lohnbildung analysieren. Dazu ist – ähnlich wie bei der Produktpreisbildung – erforderlich, die Nachfrage nach und das Angebot an Arbeit darzustellen.

10.1 Die Nachfrage nach Arbeit

Die Nachfrage nach Arbeit – in der Umgangssprache die Nachfrage nach Arbeitskräften – wird von den Unternehmen entfaltet. Wir müssen erklären, wie sich die Nachfrage eines einzelnen Unternehmens nach Arbeit bestimmen lässt.

1. Gewinnmaximum und Nachfrage nach Arbeit. Wir gehen wie auch bei der Analyse des Güterangebots davon aus, dass das Unternehmen seinen Gesamtgewinn maximieren will. Der Gesamtgewinn wird von zwei Komponenten bestimmt: Einmal von den Gesamteinnahmen, die dem Unternehmen aus der Beschäftigung seiner Faktoren zufließen, zum anderen von den Gesamtausgaben, die die Produktionsfaktoren verursachen. Bei der Produktpreisbildung hatten wir diese beiden Komponenten als Gesamterlös und Gesamtkosten bezeichnet. Diese Größen sind von der

ausgebrachten Produktmenge abhängig. Die Begriffe »Gesamteinnahmen« und »Gesamtausgaben« sind dagegen in Bezug auf die eingesetzten Produktionsfaktoren definiert.
Der Gesamtgewinn ist die Differenz von Gesamteinnahmen und Gesamtausgaben für Faktoren. Also:

Gesamtgewinn
= Gesamteinnahmen
– Gesamtausgaben

Der Gesamtgewinn ist dort am größten, wo die Differenz zwischen Gesamteinnahmen und Gesamtausgaben am größten ist. Da die Veränderung der Gesamteinnahmen durch die Grenzeinnahmen und die Veränderung der Gesamtausgaben durch die Grenzausgaben gemessen wird, kann die Bedingung für das Gewinnmaximum auch durch

Grenzeinnahme
= Grenzausgabe

wiedergegeben werden. Die Grenzeinnahme ist ungleich dem Grenzerlös. Der Grenzerlös ist definiert als Erlös pro zusätzlich abgesetzter Mengeneinheit des Gutes; die Grenzeinnahme ist definiert als Einnahme pro zusätzlich eingesetzter Faktoreinheit. Ebenso ist die Grenzausgabe ungleich den Grenzkosten. Die Grenzkosten sind definiert als Kosten pro zusätzlicher Ausbringungseinheit; die Grenzausgabe ist definiert als Ausgabe pro zusätzlich eingesetzter Faktoreinheit (z. B. pro zusätzlichem Arbeiter). Solange bei der Einstellung z. B. eines zusätzlichen Arbeiters die Grenzeinnahme größer ist als die Grenzausgabe, wird das Unternehmen Arbeiter einstellen. Wenn die Grenzeinnahme kleiner ist als die Grenzausgabe, dann steigt der Gewinn mit einem geringeren Arbeitseinsatz. Nur bei Gleichheit von Grenzeinnahme und Grenzausgabe ist der Gewinn maximal.

2. **Grenzeinnahme und Grenzausgabe**. Wovon hängt nun die Grenzeinnahme ab? Einmal davon, was der zusätzlich eingestellte Arbeiter zusätzlich produziert, also von seinem Grenzertrag (Grenzprodukt, Grenzproduktivität). Das Unternehmen wird z. B. eher einen Arbeiter einstellen, wenn er täglich zehn Einheiten zusätzlich erstellt, als wenn er nur zwei zusätzliche Einheiten produziert.[1]
Die Grenzeinnahme hängt aber offenbar auch davon ab, wie teuer das Unternehmen die zusätzlichen Produkte, die der Arbeiter herstellt, verkaufen kann, wie hoch also der Produktpreis ist.
Da die Einnahme immer als Produkt von Menge und Preis definiert ist, stellt die Grenzeinnahme das Produkt aus Produktpreis und Grenzertrag dar.

Grenzeinnahme
= Produktpreis · Grenzertrag

Aus diesen Überlegungen folgt, dass sich das Unternehmen bei der Einstellung eines zusätzlichen Arbeiters über die Entwicklung der folgenden Variablen klar werden muss:
1. Wie verändert sich der Produktpreis? – Mit steigendem Angebot z. B. kann der Produktpreis fallen (Frage des Absatzmarktes).
2. Wie verändert sich der Grenzertrag? – Mit zunehmendem Einsatz des va-

[1] Vorausgesetzt ist, dass das Unternehmen in seiner Produktion variabel ist. Wenn es sich um eine fixe Produktionsfunktion handelt, hat die Grenzüberlegung für einen zusätzlichen Arbeiter keine Bedeutung.

riablen Faktors Arbeit z. B. kann der Grenzertrag fallen (Frage der Produktionsbedingungen).
3. Wie verändert sich die Grenzausgabe? – Mit zunehmender Nachfrage nach Arbeit kann der Faktorpreis (Lohn) steigen (Frage nach dem Beschaffungsmarkt).

Um seine Nachfrage nach Arbeit zu bestimmen, hat das Unternehmen also die rein produktionstechnischen Beziehungen (Produktionsfunktion) und den Absatz- und Beschaffungsmarkt zu berücksichtigen.

Um unsere Überlegung zu vereinfachen, führen wir folgende Annahme ein: Das Unternehmen befindet sich auf dem Bezugs- und Absatzmarkt in vollständiger Konkurrenz.

Vollständige Konkurrenz auf dem Faktormarkt bedeutet, dass der Lohn für das Unternehmen ein Datum ist. Es muss also für jeden zusätzlichen Arbeiter den gleichen Lohn zahlen. Die Grenzausgabe ist gleich dem Lohn.

Grenzausgabe = Lohn

Tabelle 10.1: Arbeitseinsatz

(1)	(2)	(3)	(4)	(5)
Zahl der eingesetzten Arbeiter	Grenzausgabe	Grenzertrag	Grenzeinnahme = Grenzertrag × Produktpreis	Grenzgewinn
1	1 000	24	2 400	+ 1 400
2	1 000	16	1 600	+ 600
3	1 000	11	1 100	+ 100
4	1 000	7	700	– 300
5	1 000	6	600	– 400
6	1 000	2	200	– 800
7	1 000	0	0	– 1 000

Spalten 1 und 2 der Tabelle 10.1 verdeutlichen diesen Zusammenhang.

Bei einem Lohn von 1000 Euro pro Zeiteinheit ist die Grenzausgabe für jeden zusätzlichen Arbeiter 1000 Euro. Graphisch ergibt sich Schaubild 10.1.

Vollständige Konkurrenz auf dem Produktmarkt bedeutet, dass der Produktpreis für das Unternehmen ein Datum ist. Da die Grenzeinnahme dem Produktpreis × Grenzertrag entspricht, hängt die Grenzeinnahme bei gegebenem Produktpreis vom Grenzertrag ab. Der Grenzertrag ist uns von der Produktionsfunktion her bekannt (formal: F′). Ist der Grenzertrag hoch, so ist bei gegebenem Produktpreis auch die Grenzeinnahme groß. Bei zusätzlichem Einsatz von Arbeitern fällt der Grenzertrag. Und damit fällt auch bei konstant bleibendem Produktpreis die Grenzeinnahme. Die Kurve der Grenzeinnahme verläuft also ähnlich wie die Grenzertragskurve.

Um die Grenzeinnahmekurve zu zeichnen, müssen die einzelnen Punkte der Grenzertragskurve mit dem konstant bleibenden Produktpreis multipliziert

Schaubild 10.1: Grenzausgabe für Arbeit

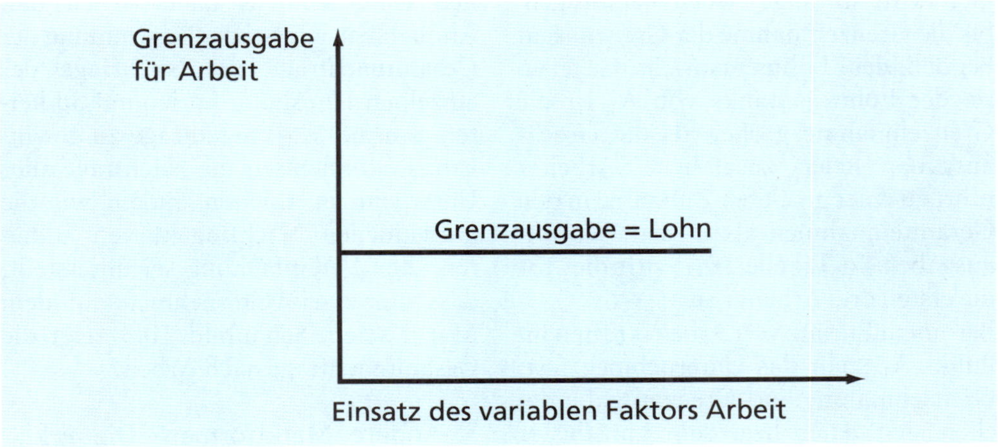

werden. Ist z. B. der Produktpreis = 1, dann bleibt die Grenzertragskurve erhalten. Ist der Produktpreis = 2, so verdoppeln sich die Werte des Grenzertrages; bei einem Produktpreis von 3 verdreifachen sich die Werte der Grenzertragskurve (vgl. Schaubild 5.7).

In Tabelle 10.1 ist ein Produktpreis von 100 Euro unterstellt. Die Grenzeinnahme (Spalte 4) wird ermittelt, indem der Grenzertrag mit dem Produktpreis multipliziert wird. Die Werte für den Grenzertrag sind aus Tabelle 5.1 entnommen. Sie stellen den Fall abnehmender Grenzerträge dar.

Die Spalten 2 und 4 aus Tabelle 10.1 können zeichnerisch wie in Schaubild 10.2 dargestellt werden:

Schaubild 10.2: Gewinnmaximale Arbeitsnachfrage

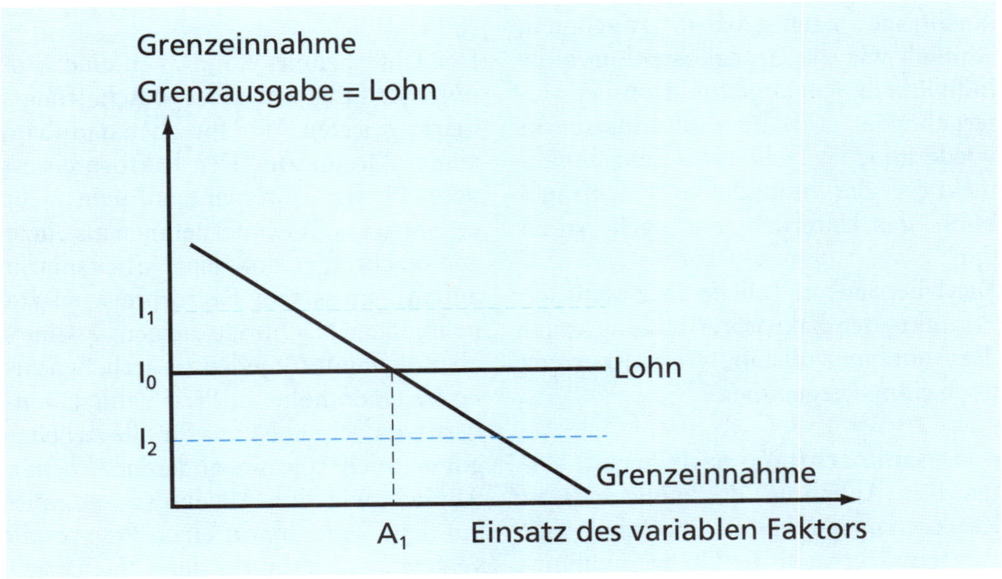

3. Arbeitsnachfrage. Das Unternehmen wird so lange Arbeit nachfragen, bis die Grenzeinnahme der Grenzausgabe, d. h. dem Lohn entspricht. Gegeben sei der Lohn l_0. Links von A_1 ist die Grenzeinnahme größer als die Grenzausgabe. Jeder zusätzliche Arbeiter führt zu einer größeren Zunahme in den Gesamteinnahmen als in den Gesamtausgaben. In Tabelle 10.1 trifft dies für die ersten drei Arbeiter zu.
Bei einem Einsatz von Arbeitskräften im Punkt A_1 stellt das Unternehmen fest: Grenzeinnahme und Grenzausgabe decken sich. Hier liegt sein günstigster Punkt. In der Tabelle 10.1 ist diese Situation zwischen dem dritten und vierten Arbeiter erreicht. Eine Nachfrage über A_1 hinaus bringt das Ergebnis, dass das Unternehmen für den zusätzlichen Arbeiter mehr ausgeben muss als dieser ihm einbringt: Grenzausgabe (= Lohn) > Grenzeinnahme. Ist der Lohn l_0 gegeben, wird das Unternehmen also die Menge A_1 an Arbeitern nachfragen.
Bei einem Lohn von l_1 verringert sich die Nachfrage des Unternehmens nach Arbeit, weil seine Grenzausgabe höher liegt. Bei einem Lohn von l_2 wird die Nachfrage nach Arbeit zunehmen. Ähnlich wie die Grenzkostenkurve die individuelle Angebotsfunktion des Unternehmens auf dem Produktmarkt wiedergibt, so stellt die Grenzeinnahmekurve die individuelle Nachfragekurve des Unternehmens nach Arbeit dar.
Die Übersicht in Tabelle 10.2 stellt die Produkt- der Faktorpreisbildung unter der Annahme vollständiger Konkurrenz noch einmal gegenüber.

4. Gesamtnachfrage nach Arbeit. Unter der Annahme der vollständigen Konkurrenz auf dem Beschaffungs- und Absatzmarkt stellt die Grenzeinnahmekurve die Nachfragekurve eines einzelnen Unternehmens nach Arbeit dar. Ähnlich wie wir bei der Bestimmung der Gesamtnachfrage die Nachfrage der einzelnen Haushalte horizontal addierten, um die Marktnachfrage zu gewinnen, so können wir die Nachfrage aller Unternehmen ableiten, indem wir die individuellen Nachfragekurven addieren. Zur Vereinfachung sei unterstellt, dass nur zwei Unternehmen auf dem Markt seien. Schaubild 10.3 zeigt die Gesamtnachfrage nach Arbeit.

5. Andere Marktformen. Die Erklärung der Nachfrage nach Arbeit kann wirklichkeitsnäher gestaltet werden, wenn wir die Annahme der vollständigen Konkurrenz aufheben. Nehmen wir z. B. an, das Unternehmen sei auf seinem Absatzmarkt Monopolist. Dann fällt sein Produktpreis mit steigender Ausbringungsmenge. Das bedeutet, dass für die Bestimmung der Grenzeinnahmekurve jetzt der Grenzertrag mit dem sich verändernden (fallenden) Produktpreis multipliziert wird. Da der Produktpreis fällt, ist damit zu rechnen, dass die Grenzeinnahme jetzt stärker sinkt.
Der Unternehmer kann auch eine Monopolstellung auf dem Beschaffungsmarkt besitzen. Wir sprechen dann von einem Monopson. Der Faktorpreis ist dann für das Unternehmen nicht mehr gegeben: Da das Unternehmen als einziger Nachfrager auf dem Arbeitsmarkt auftritt, muss sein Faktorpreis bei zunehmender Nachfrage steigen. Es muss aber nicht nur für jeden zusätzlichen Arbeiter einen höheren Preis zahlen, sondern – da der neue Preis für alle Arbeiter gilt – auch für die anderen Arbeiter. Ähnlich wie der Angebotsmonopolist auf dem Warenmarkt einen Preisverfall verzeichnet, erfährt der Nachfrage-

Tabelle 10.2: Ein Vergleich der Produkt- und Faktorpreisbildung

Produktpreisbildung	**Faktorpreisbildung**
Die Bedingung der Gewinnmaximierung lautet:	
(1) Grenzerlös = Grenzkosten In vollständiger Konkurrenz auf dem Produktmarkt ist der Preis ein Datum. Es gilt dann: (2) Grenzerlös = Preis Daraus folgt: (3) Grenzkosten = Preis. Die gewinnmaximale Produktionsmenge des Unternehmens in vollständiger Konkurrenz liegt also bei der Menge, bei der der Preis einer zusätzlichen Gutseinheit gleich den Grenzkosten ist (Erklärung der Angebotskurve an Produkten).	(1) Grenzeinnahme = Grenzausgabe Befindet sich das Unternehmen in vollständiger Konkurrenz auf dem Faktormarkt, so gilt: (2) Grenzausgabe = Faktorpreis Daraus folgt: (3) Grenzeinnahme = Faktorpreis Die gewinnmaximale Beschäftigungsmenge eines Unternehmens in vollständiger Konkurrenz liegt also dann vor, wenn die zusätzliche Faktoreinheit (Arbeit) die gleiche Grenzeinnahme erbringt wie ihr Preis (Erklärung der Nachfragekurve nach einem Faktor).

Schaubild 10.3: Gesamtnachfrage nach Arbeit

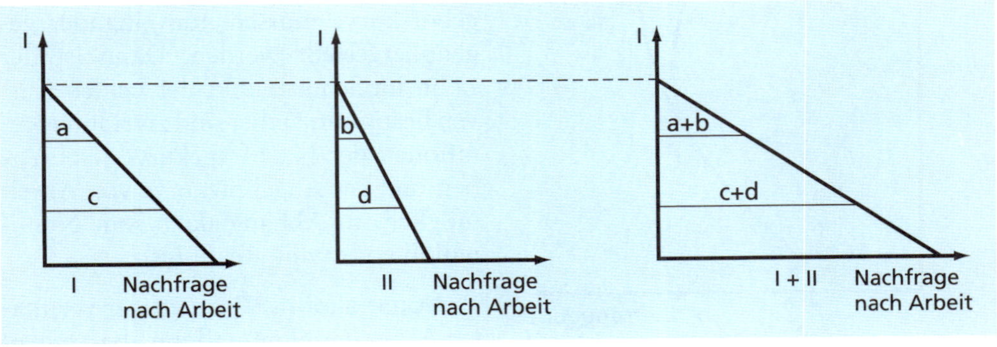

monopolist auf dem Faktormarkt einen Preisanstieg.
Schließlich kann das Unternehmen Monopolist auf dem Beschaffungs- und Absatzmarkt sein. Dann ändern sich beide Preise mit einer Veränderung des Arbeitseinsatzes.

10.2 Das Angebot an Arbeit

In einer ähnlich umfangreichen Analyse wie bei der Nachfrage lässt sich auch das Angebot an Arbeit erklären. Zur Vereinfachung sollen aber folgende Überlegungen ausreichen: Der Anbieter von Arbeitskraft wird in der Regel eine Entscheidung zwischen Freizeit und Arbeitszeit treffen. Für jede angebotene Arbeitseinheit (z. B. Arbeitszeit in Stunden) erhält der Arbeitsanbieter einen Lohn. Je mehr Arbeit er anbietet, d. h. je geringer seine Freizeit ist, desto höher ist sein Arbeitseinkommen. Der Arbeitsanbieter entscheidet sich für diejenige Kombination aus Freizeit und Arbeitseinkommen, die seinen Nutzen maximiert. Ähnlich wie bei einer Preisänderung in Abschnitt 4.2 lassen sich die Wirkungen einer Lohnänderung auf das Arbeitsangebot unterteilen in einen Einkommens- und einen Substitutionseffekt. Der Substitutionseffekt besagt, dass der höhere Lohn einen Anreiz darstellt, auf Freizeit zu verzichten und damit das Arbeitsangebot zu vermehren.

Schaubild 10.4: Das Angebot an Arbeit

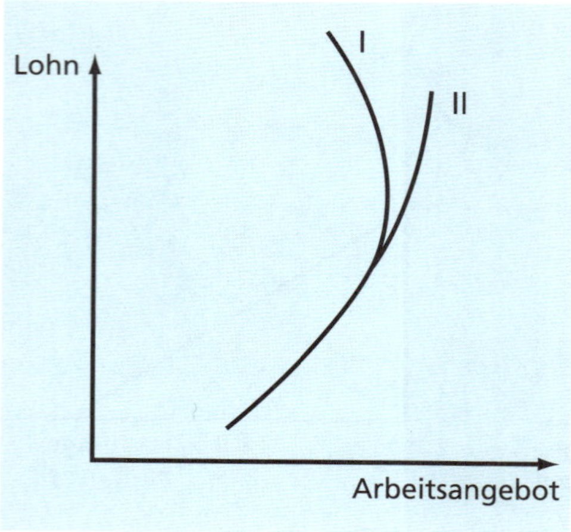

Der Einkommenseffekt wirkt allerdings im Normalfall darauf hin, dass der Arbeitsanbieter, der durch steigenden Lohn ein höheres Einkommen erhält, auch mehr Freizeit konsumieren möchte. Es kann also passieren, dass, wenn der Einkommenseffekt den Substitutionseffekt dominiert, bei einer Zunahme des Lohns die Freizeit, auf die man verzichten muss, höher bewertet wird als das zusätzliche Einkommen, das man durch längeres Arbeiten erhält. In diesem Fall verzichtet man auf weiteres Arbeitseinkommen und bietet ab einem bestimmten Lohn weniger Arbeit an (Kurve I in Schaubild 10.4). Es ist aber auch denkbar, dass die Anbieter von Arbeitskraft mit steigendem Lohn in eine so hohe Einkommensgruppe vorstoßen können, dass sich ihnen neue Konsumgewohnheiten eröffnen. Um sich diese neuen Konsumgüter (Autos usw.) leisten zu können, dehnen die Anbieter von Arbeitskraft ihr Angebot aus (Kurve II) und verzichten auf einen Teil ihrer Freizeit.

10.3 Die Bildung des Lohnes aus Angebot und Nachfrage

Gesamtnachfragekurve und Gesamtangebotskurve müssen nun einander gegenübergestellt werden. Dann ist der Lohn im Schnittpunkt der beiden Kurven bestimmt. Dabei sind zwei Interpretationen der Nachfragekurve nach Arbeit und der Angebotskurve von Arbeit möglich, in Abhängigkeit vom Nominallohn oder vom Reallohn.

1. Nominallohn. Wird auf der vertikalen Achse der Nominallohn abgetragen, so werden beide Kurven in Abhängigkeit vom Nominallohn interpretiert (Schaubild 10.5). Wenn die Arbeitnehmer keine Geldillusion haben und in einer inflationären Situation erkennen, dass ihr Nominallohn real weniger wert wird, weil die Güterpreise steigen, dann verschiebt sich die Angebotskurve von Arbeit mit steigendem Preisniveau proportional zum Preisanstieg nach oben. Entsprechend muss dann auch die Grenzeinnahmekurve des Unternehmens interpretiert werden. Jeder Punkt

Schaubild 10.5: Arbeitsmarkt und Nominallohn

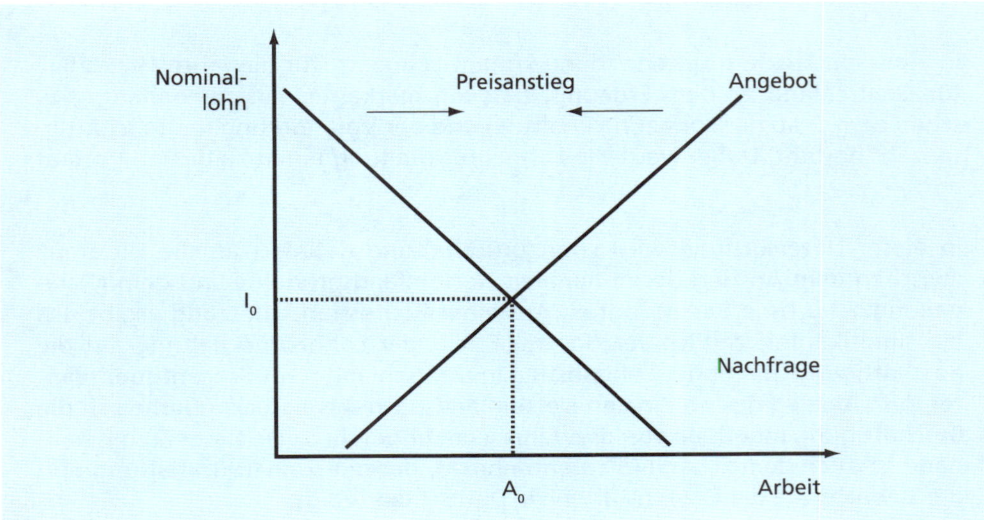

der Grenzeinnahmekurve geht zum einen auf die Grenzproduktivität zurück – also auf eine reale Größe – und wird zum anderen von dem Preis beeinflusst, den das Unternehmen für seine Produkte erwirtschaftet, also von einer nominalen Größe. Steigen die Preise für das Produkt des Unternehmens, so verschiebt sich die Grenzeinnahmekurve nach oben. Ein Anstieg der Güterpreise verschiebt also die Nachfragekurve nach Arbeit proportional zum Preisanstieg nach oben. Da sich Arbeitsangebot und Arbeitsnachfrage gleich stark nach oben verschieben, steigt der Nominallohn im Arbeitsmarktgleichgewicht mit dem Preisanstieg, während sich die Arbeitsmenge nicht verändert.

2. Reallohn. Um diesen Einfluss der Preissteigerungen auf Arbeitsangebot und Arbeitsnachfrage aus der Betrachtung auszuklammern, kann man die Bedingung Grenzeinnahme = Lohn, also

$$p \cdot F' = l$$

umschreiben, so dass gilt

$$F' = \frac{l}{p}$$

Das heißt: Die Grenzproduktivität der Arbeit muss dem Reallohn entsprechen. Liegt die Grenzproduktivität der Arbeit über dem Reallohn, so lohnt es sich, zusätzliche Arbeitnehmer einzustellen. In Schaubild 10.6 entspricht die Nachfragekurve nach Arbeit N der Grenzproduktivität der Arbeit. Bei einem Arbeitsangebot OB liegt die Grenzproduktivität BH über dem Reallohn BI, zu dem die Arbeitsmenge OB angeboten wird. Es lohnt sich also für die Unternehmen, zusätzliche Arbeitnehmer einzustellen. Bei einem Arbeitsangebot OD liegt die Grenzproduktivität ED niedriger als der dem Arbeitsangebot zugeordnete Reallohn DF. Eine solche Beschäftigung kann nicht aufrecht erhalten werden.

3. Reallohn, andere Faktoren. In der Realität spielen bei der Lohnbildung eine Fülle anderer Faktoren eine Rolle.

Kasten 10.1 Bringt Lohnzurückhaltung Arbeitsplätze?

In einer empirischen Untersuchung kommt Lehment[1] für die Jahre 1975–2002 für Deutschland zu dem Ergebnis, dass ein markanter Zusammenhang zwischen dem Grad der Lohnzurückhaltung und der Veränderung der Beschäftigtenzahl besteht. Dabei weist die Lohnzurückhaltung einen zeitlichen Vorlauf auf.

In dieser Untersuchung wird Lohnzurückhaltung definiert als die Differenz zwischen dem Anstieg des nominalen Nettoinlandsprodukts und dem Nominallohnzuwachs je Beschäftigten. Aus einer Regressionsschätzung ergibt sich ein signifikanter, zeitlich verzögerter Effekt der Lohnzurückhaltung auf die Beschäftigung. Bleibt der Lohnanstieg in Deutschland um 1 Prozentpunkt hinter dem Anstieg des nominalen Nettoinlandsprodukts zurück, erhöht sich die Beschäftigung innerhalb von drei Jahren um ungefähr 1 vH. Dieser Zusammenhang ist auch dem Schaubild zu entnehmen, das die Lohnzurückhaltung und die Zuwachsrate der Erwerbstätigen in Deutschland zeigt.

Lohnzurückhaltung ist nicht gleichzusetzen mit einem Reallohnverzicht. Der Reallohn kann – z. B. aufgrund von technischem Fortschritt – steigen; Lohnzurückhaltung verlangt dann lediglich, dass die Lohnsteigerungen hinter dem Anstieg der Wertschöpfung zurückbleiben. Darüber hinaus dämpft der positive Beschäftigungseffekt der Lohnzurückhaltung die Steuer- und Abgabenbelastung, beispielsweise bei den Beiträgen zur Arbeitslosenversicherung.

[1] H. Lehment und F. Oskamp, Gesamtwirtschaftliche Bedingungen für einen Anstieg des Arbeitsvolumens. In: Die Weltwirtschaft, Heft 1, 2004.

Die Arbeiter sind in Gewerkschaften, die Unternehmer in Arbeitgeberverbänden organisiert. Der Lohn wird also heute von Verbänden ausgehandelt (Bilaterales Monopol). Auch der Staat beeinflusst durch gesetzliche Regelungen, z. B. durch die Sicherung der Koalitionsfreiheit, durch die Regulierung der Arbeitszeit, durch gesetzliche Lohnnebenkosten und andere Maßnahmen Lohnbildung und Beschäftigung.

10.4 Mindestlohn

Auch für den Arbeitsmarkt können wir unsere Aussagen über den Mindestpreis aus Abschnitt 7.5 anwenden. Wird auf dem Arbeitsmarkt, z. B. durch gesetzliche Regulierungen oder durch Verhandlungen der Tarifparteien, ein Mindestlohn (Tariflohn) gesetzt, so kann der Fall eintreten, dass gesamtwirtschaftliches Angebot und die Nachfrage nach Arbeit differieren. Es entsteht ein Überschussangebot auf dem Arbeitsmarkt, d. h. Arbeitslosigkeit.

Schaubild Kasten 10.1: Lohnzurückhaltung und Beschäftigungszuwachs in Deutschland (in vH)

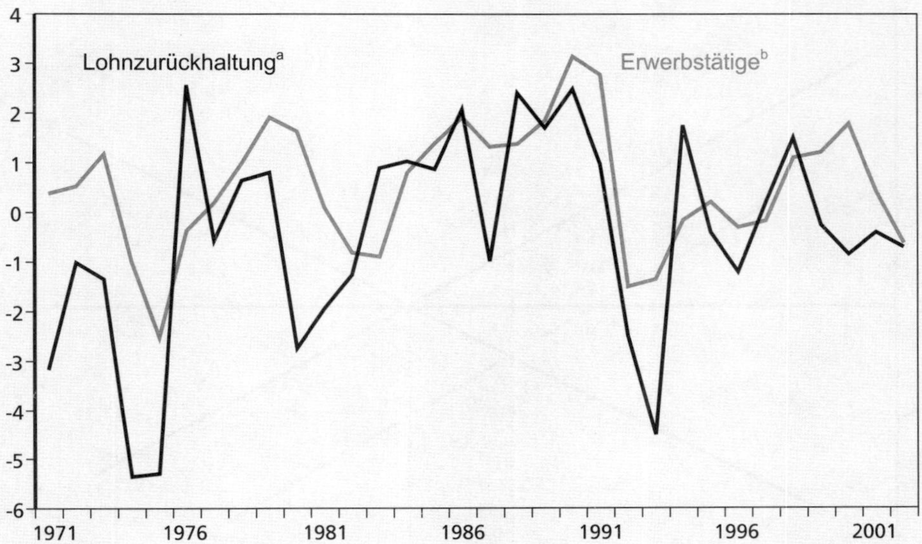

[a] Lohnzurückhaltung: Differenz zwischen der Zuwachsrate des Nettoinlandsprodukts und der Zuwachsrate des Arbeitnehmerentgelts je Beschäftigten. – [b] Erwerbstätige: Zuwachsrate der Erwerbstätigen. – Bis 1991: Westdeutschland.

Quelle: Lehment, a.a.O.; eigene Berechnungen; Quelle für Daten: Statistisches Bundesamt.

Angenommen, in einer konjunkturellen Flaute sinke die Nachfrage nach Arbeit. Dies drückt sich in Schaubild 10.6 durch eine Linksverschiebung der Nachfragekurve von N auf N′ aus. Durch die Verhandlungen der Tarifpartner sei ein Tariflohn festgelegt, der zum Reallohn OT führt. In diesem Fall muss Arbeitslosigkeit in Höhe der Strecke JG eintreten. Über die Beschäftigungslage wird also auch durch die Verhandlungen der Tarifpartner entschieden.

Aus verschiedenen Gründen sind die Löhne nach unten häufig nicht ausreichend flexibel. Diese mangelnde Flexibilität der Löhne nach unten bezieht sich auf die Nominallöhne. Bei Konstanz der Nominallöhne könnte der Reallohn jedoch immer noch sinken, wenn das Preisniveau ansteigt. Preisflexibilität kann dann die mangelnde Flexibilität der Nominallöhne ausgleichen.

Im Gegensatz zu einer mangelnden Flexibilität der Nominallöhne nach unten existiert jedoch eine Flexibilität nach oben. Angenommen, bei einem tariflich festgelegten Lohn verschiebt sich die Nachfragekurve nach Arbeit nach

Schaubild 10.6: Arbeitsmarkt und Reallohn

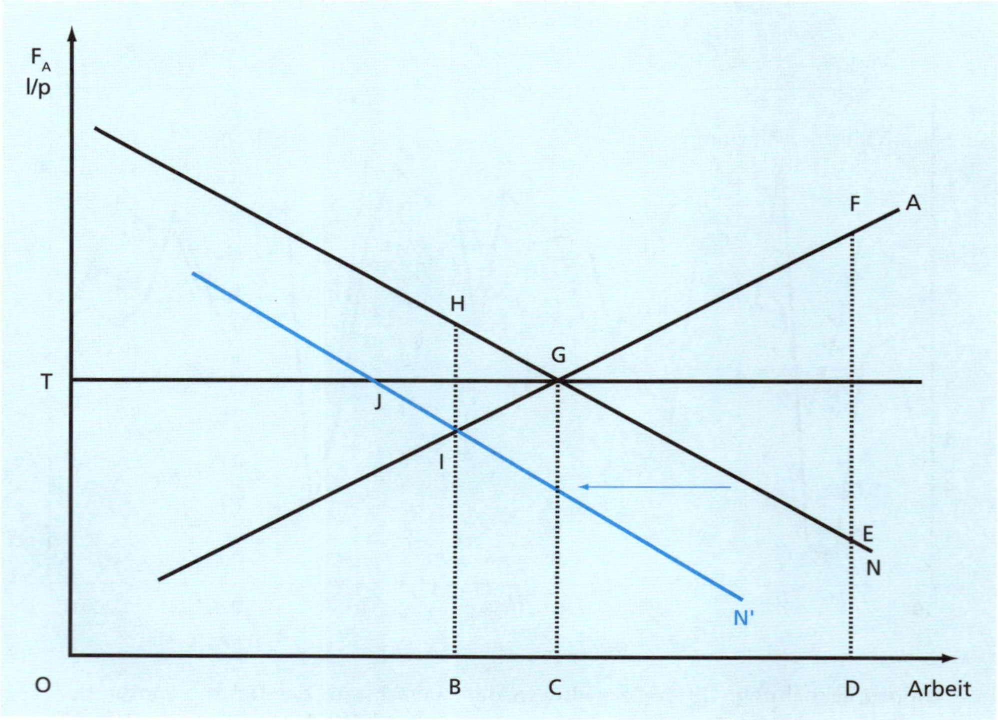

rechts (z. B. in einer Hochkonjunktur). Dann steigen trotz institutionell festgelegter Tariflöhne die Effektivverdienste, da die einzelnen Unternehmen bereit sind, höhere Löhne (oberhalb des Tarifs) zu zahlen. Diese Diskrepanz von Effektiv- und Tariflöhnen nach oben ist empirisch beobachtet und festgestellt worden; man spricht in diesem Fall von der Lohndrift.

Die Mindestlohnproblematik stellt sich dann ein, wenn man unterschiedliche Arbeitsarten mit einer Abstufung der Qualifikation unterscheidet. Dann bedeuten Lohnerhöhungen um einen festen Sockelbetrag eine relative Einkommensverbesserung der unteren Lohngruppen. Diese relative Einkommensverbesserung impliziert aber auch eine Verteuerung der unteren Lohngruppen. Aus der Sicht der Unternehmen wird es uninteressanter, Arbeit nachzufragen. Man darf sich deshalb nicht wundern, dass die Nachfrage nach Arbeit bei Lohnerhöhungen um feste Sockelbeträge zurückgeht. Bei den in Deutschland üblichen Tarifverhandlungen werden Pilotabschlüsse von einem Tarifbezirk auf alle Tarifbezirke und in der Regel auf andere Branchen übertragen. Dieses so genannte Geleitzugverfahren wirkt einer Lohndifferenzierung entgegen.

Kasten 10.2 SMIG und SMIC in Frankreich

In Frankreich gibt es seit 1950 einen Mindestlohn (Salaire Minimum Interprofessionel Garanti, SMIG) für alle Wirtschaftsbereiche, der seit 1970 stärker auf die Zunahme der Kaufkraft abstellt (Salaire Minimum Interprofessionel de Croissance, SMIC). Der Mindestlohn ist auf den Stundenlohn bezogen. Er ist teilweise an einen Preisindex für einen bestimmten Güterkorb indexiert. Im Jahr 2006 beträgt er 8,27 Euro pro Stunde. Dies bedeutet bei 35 Stunden pro Woche ein Monatseinkommen von 1254,28 Euro. Alle Betriebe über 20 Beschäftigte müssen den SMIC anwenden. Etwas geringere Mindestlohnsätze gelten für Jugendliche unter 18 Jahren, jüngere Auszubildende und Behinderte. Die Idee ist, den Arbeitnehmern ein Mindesteinkommen zu sichern und dieses Mindesteinkommen am Wachstum der Wirtschaft partizipieren zu lassen. Der SMIC wird durch diskretionäre Entscheidung der Regierung an die Preissteigerungsrate angepasst. Wenn das Preisniveau um mehr als 2 vH ansteigt, wird der SMIC automatisch um diese Rate erhöht. Es gibt eine intensive politische Diskussion darüber, wie hoch dieser Mindestlohn gesetzt werden soll und wie stark er im Verlaufe der Zeit zunehmen soll. Die Empfänger des SMIC – die »smicards« – haben ein garantiertes Mindesteinkommen aus Arbeit, das die Unternehmen bezahlen müssen. Zeitweise stieg der SMIC stärker als das reguläre Lohneinkommen.

Die ökonomische Theorie sagt voraus, dass – wenn ein solcher Mindestlohn bindet – die Nachfrage nach Arbeitskräften zurückgeht. Vor allem wirkt sich ein solcher Mindestlohn negativ für diejenigen aus, die vom Arbeitsmarkt nicht intensiv nachgefragt werden, wie Geringqualifizierte und auch Jugendliche, die noch nicht über eine hinreichende Produktivität verfügen. In Frankreich ist nahezu jeder vierte Jugendliche zwischen 15 und 24 Jahren arbeitslos. Dies ist höher als in vielen anderen Industrienationen. Es ist nicht von der Hand zu weisen, dass dabei der Mindestlohn hierbei eine wichtige Rolle spielen kann. Im Jahr 1994 versuchte die Regierung Balladur, die Mindestlohnregelung zu ändern. Sie stieß jedoch auf heftigen politischen Protest und musste von ihrem Vorhaben Abstand nehmen. Ein Mindestlohn kann auch zur regionalen Arbeitslosigkeit beitragen, wenn er in Regionen als Restriktion bindet, in denen der Gleichgewichtslohn, etwa wegen geringerer Lebenshaltungskosten, niedrig liegt.

10.5 Regulierung des Arbeitsmarktes

1. Steuern und Sozialversicherungsbeiträge. Ähnlich wie Produktsteuern auf dem Gütermarkt wirken Steuern auf den Faktor Arbeit, wie die Lohnsteuer auf dem Arbeitsmarkt. Auch Sozialversicherungsbeiträge (Beiträge zur Kranken-, Pflege-, Renten- und Arbeitslosenversicherung) treiben einen Keil zwischen die Arbeitskosten, welche die Unternehmen aufwenden müssen, und den Nettolohn, der bei den Arbeitnehmern ankommt. Sofern den Beiträgen nicht auch höhere Leistungen zugerechnet werden können, wirken die Sozialversicherungsbeiträge wie eine Steuer

Schaubild 10.7: Regulierungen des Arbeitsmarktes

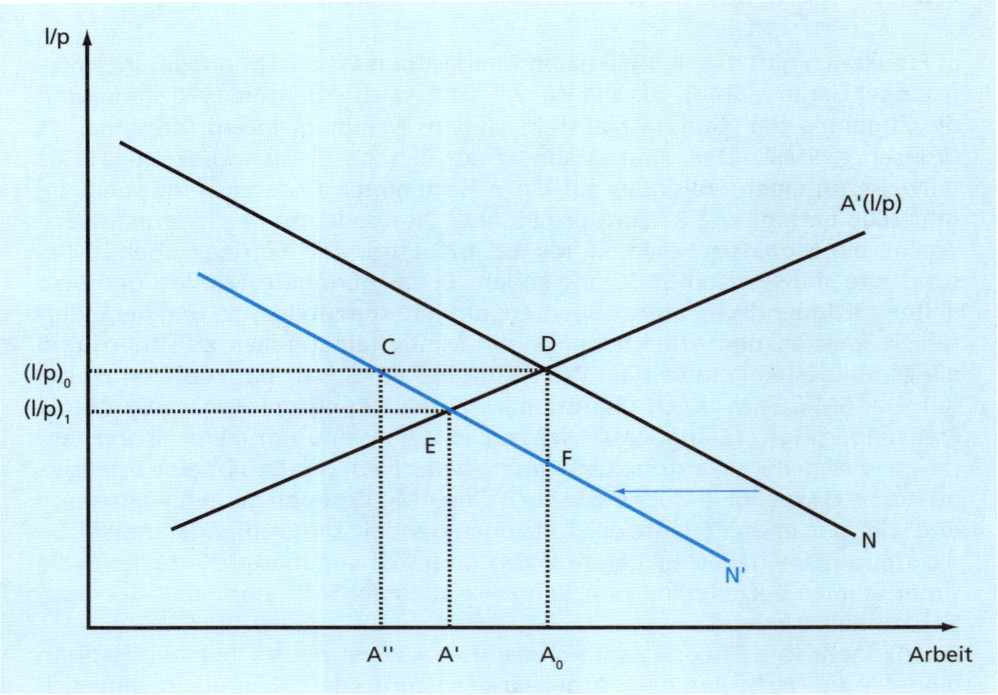

auf den Faktor Arbeit. Ein Beispiel sind Beiträge zur gesetzlichen Krankenversicherung, bei denen alle Versicherten die gleichen Leistungsansprüche haben, die Beiträge jedoch proportional zum Einkommen sind. Die Wirkungen von Steuern und Sozialbeiträgen lassen sich in Schaubild 10.7 darstellen. Sie reduzieren das (beim Unternehmen anfallende) Wertgrenzprodukt der Arbeit; die Nachfragekurve nach Arbeit verschiebt sich nach unten.[1] Beiträge in Höhe von DF reduzieren die Nachfrage nach Arbeit von N auf N'; der gleichgewichtige Reallohn sinkt von l/p_0 auf l/p_1, die Beschäftigung auf A'. Ist der Reallohnsatz l_0/p_0 fixiert, so stellt sich Arbeitslosigkeit in Höhe von A_0'' ein.

[1] Analog dazu könnte man die Angebotskurve nach oben verschieben.

2. Schutz der Insider. Kündigungsschutz und Sozialpläne beim Konkurs von Unternehmen sollen den Arbeitnehmer schützen. Der Kündigungsschutz verlangt, dass Arbeitnehmer nicht ohne weiteres entlassen werden können. Sozialpläne fordern, dass ein Unternehmen nur dann aus dem Markt ausscheiden kann, wenn es den arbeitslos werdenden Mitgliedern eine Abschlagszahlung leisten kann. Diese Abschlagszahlung beträgt in der Bundesrepublik etwa ein Jahresgehalt. Welche Anreize gehen von einer solchen Regelung aus? Man darf erwarten, dass die Unternehmen die gegebenenfalls anfallenden Stilllegungskosten antizipieren und ihre Nachfrage nach Arbeitnehmern von vornherein reduzieren.

Viele Regulierungen des Arbeitsmarktes schützen die beschäftigten Arbeitnehmer davor, dass sie ihre Arbeit verlieren.

Schaubild 10.8: Die Marktzutrittsschranken im Insider-Outsider-Modell

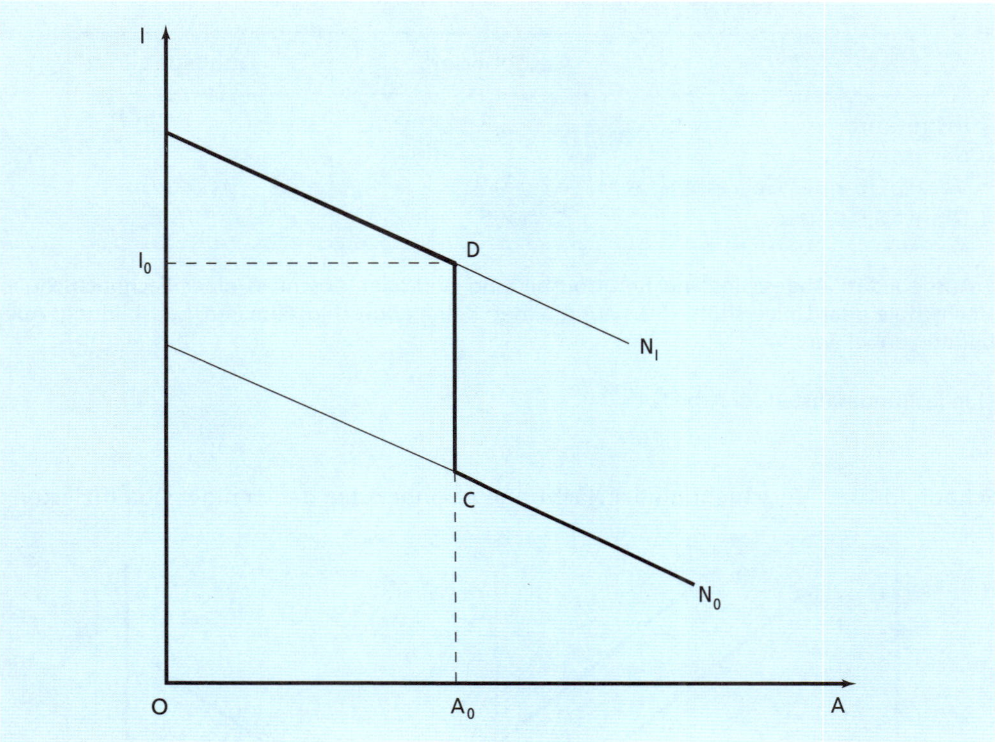

Diese Regelungen schützen also die so genannten »Insider«. Die Unternehmen nehmen allerdings die Schutzvorschriften vorweg, wenn es um die Neueinstellung von Arbeitnehmern geht. Die Unternehmen verringern daher ihre Nachfrage nach Arbeit. Diejenigen, die keine Arbeit haben oder in Zukunft neu auf den Arbeitsmarkt kommen, werden also nicht geschützt. Das sind die »Outsider«. Manche institutionelle Regelung schützt also nur die Insider, wirkt aber zum Nachteil der Outsider.

Eine ähnliche Auswirkung lässt sich beim Mieterschutz und bei der Regulierung für Wohnungsmieten beobachten. Wer eine Wohnung hat, wird geschützt; per Saldo wird aber der Anreiz verringert, zusätzliche Wohnungen zu bauen.

10.6 Das Insider-Outsider-Modell

Viele Regulierungen des Arbeitsmarktes schützen die Beschäftigten (vgl. Kasten 22.2). Dadurch haben es diejenigen, die einen Arbeitsplatz finden wollen, schwerer. Die Arbeitslosen haben auch in anderer Hinsicht im Vergleich zu den Beschäftigten einen Nachteil. Wer beschäftigt ist, erfährt durch das »Training-on-the-Job« eine Verbesserung seines Humankapitals, er eignet sich betriebsspezifisches Humankapital an. Zudem ist das Unternehmen über seine Qualifikation informiert. Durch diese Vorteile und die relative Absicherung haben die Arbeitsplatzbesitzer einen künstlichen Schutz.

Tabelle 10.3: Veränderung der Beschäftigung von ausgebildeten und unausgebildeten Arbeitskräften in Mio., 1980–1998, Westdeutschland

	Ausgebildet[a]	Unausgebildet[b]
Insgesamt	2,5	–1,2
darunter:		
Verarbeitendes Gewerbe	–0,2	–1,6
Dienstleistungen	2,8	0,8

[a] Ausgebildet: Abgeschlossene Berufsausbildung und/oder Abschluss einer Fachhochschule, Hochschule oder Universität. – [b] Unausgebildet: Keine abgeschlossene Berufsausbildung; Ausbildung unbekannt.

Quelle: Bundesanstalt für Arbeit.

Schaubild 10.9: Verschiebung der Nachfrage zu Ungunsten der weniger Qualifizierten

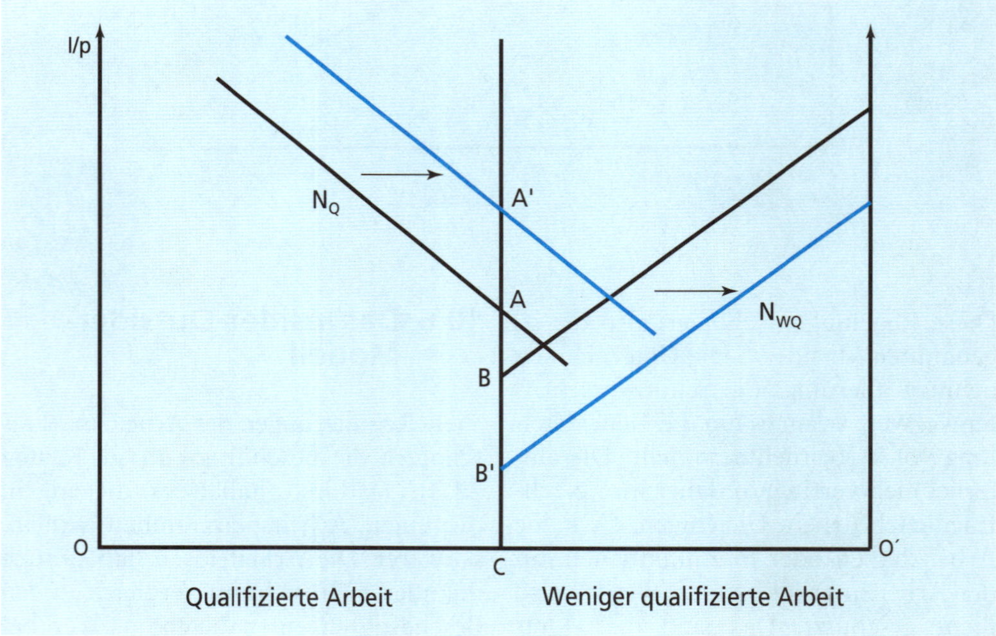

Würde der Arbeitslose den gleichen Lohn wie der Insider verlangen, so hätte er nur geringe Chancen, einen Arbeitsplatz zu finden. Dies wird in Schaubild 10.8 erläutert. Es kennzeichnet N_I die Nachfragekurve der Unternehmen nach Insidern. In der Ausgangslage sind A_0 Insider beschäftigt (Punkt D). Die Arbeitsplatzbesitzer sind gegen die Outsider geschützt; die Außenstehenden müssten schon ihre Arbeitskraft zu einem Lohn anbieten, der um DC niedriger liegt, um gegen die Insider wettbewerbsfähig zu sein. Letztlich führt dies zu einer Spaltung des Arbeitsmarktes zwischen Insidern und Outsidern. Ganz lassen sich die Nachteile der Außenseiter nicht beheben. Wie oben beschrieben, können jedoch auch gesetzliche Regulierungen wie der Kündigungsschutz den Nachteil der Outsider verstärken.

10.7 Nachfrageverschiebung zu Ungunsten der weniger Qualifizierten

In den letzten dreißig Jahren beobachtet man sowohl in den europäischen Volkswirtschaften als auch in den Vereinigten Staaten eine Verschiebung in der Nachfrage zu Gunsten der qualifizierten Arbeitskräfte und zu Ungunsten der weniger Qualifizierten.

So hat in Gesamtdeutschland zwischen 1991 und 2003 die Beschäftigung der Qualifizierten um 1,35 Millionen zugenommen, die Beschäftigung der weniger Qualifizierten ist um 0,68 Millionen gesunken. Tabelle 10.3 zeigt die Entwicklung in Westdeutschland jeweils für das Verarbeitende Gewerbe und den Dienstleistungssektor. Ob jemand qualifiziert ist, wird dabei daran gemessen, ob er eine abgeschlossene Berufsausbildung hat und/oder einen Abschluss an einer Fachhochschule, Hochschule oder Universität besitzt. Weniger Qualifizierte haben keine abgeschlossene Berufsausbildung.

In Schaubild 10.9 ist die Auswirkung einer solchen Verschiebung in der Nachfrage nach Arbeitskräften graphisch erläutert. Die gesamten Arbeitskräfte der Volkswirtschaft sind durch die Strecke OO′ dargestellt. Von O aus wird die Nachfragekurve nach Qualifizierten dargestellt, sie ist in der Ausgangslage durch die Kurve N_Q gegeben. Von O′ wird die Nachfrage nach weniger Qualifizierten N_{WQ} abgetragen. Die Arbeitskräfte teilen sich also in qualifizierte (OC) und weniger Qualifizierte (CO′) auf. In der Ausgangslage besteht ein Lohnunterschied zwischen Qualifizierten und weniger Qualifizierten in Höhe von AB.

Nimmt nun die Nachfrage nach Qualifizierten zu, so verschiebt sich die Nachfragekurve N_Q nach rechts. Dies bedeutet, dass der Reallohn der Qualifizierten steigt. Geht gleichzeitig die Nachfrage nach weniger Qualifizierten zurück, so sinkt der Reallohn dieser Gruppe. Die Lohndifferenz weitet sich aus und beträgt nach der Nachfrageverschiebung A′B′. Insoweit es gelingt, die weniger Qualifizierten zusätzlich auszubilden, können sie in den Bereich der Qualifizierten überwechseln. Insoweit dies nicht möglich ist, wird eine stärkere Lohndifferenzierung erforderlich. Wenn keine stärkere Lohndifferenzierung zugelassen wird, so kommt es zu Arbeitslosigkeit bei den weniger Qualifizierten.

Wichtige Begriffe in Kapitel 10

Faktormarkt
Gewinnmaximale Arbeitsnachfrage
Produktpreisbildung
Faktorpreisbildung
Gesamtnachfrage nach Arbeit
Arbeitsangebot
Nominallohn
Reallohn
Grenzproduktivität der Arbeit
Lohnzurückhaltung und Arbeitsplätze
Mindestlohn
Regulierung des Arbeitsmarkts
Lohnnebenkosten
Insider/Outsider-Problematik
Qualifizierte/weniger qualifizierte Arbeit

11 Preisbildung auf dem Faktormarkt: Andere Faktoreinkommen

Unternehmerische Gewinne ... sind der Ausdruck des Wertes, den der Unternehmer zur Produktion beisteuert ...
Joseph Alois Schumpeter

11.1 Der Zins

Der Zins ist der Preis für die Überlassung des Produktionsfaktors Kapital. Da der Zins einen Preis darstellt, kann er ähnlich wie der Lohn auch durch das Zusammenwirken von Angebot und Nachfrage erklärt werden.

1. Grenzeinnahme gleich Grenzausgabe. Ein Unternehmen wird dann ein Kapitalgut nachfragen, wenn die Grenzeinnahme, die aus dem zusätzlichen Einsatz eines Kapitalgutes erwächst, höher liegt als die Grenzausgabe für dieses Kapitalgut. Die Grenzeinnahme hängt wie beim Produktionsfaktor Arbeit von zwei Faktoren ab: Einmal von der mengenmäßigen Zunahme des Produktionsergebnisses, die auf den Einsatz einer Faktoreinheit Kapital zurückzuführen ist (Grenzertrag oder Grenzproduktivität des Kapitals) und zum anderen vom Preis, den das Unternehmen für sein Produkt auf dem Absatzmarkt erzielt. Befindet sich das Unternehmen auf dem Absatzmarkt in vollständiger Konkurrenz, so ergibt sich die Grenzeinnahme – ähnlich wie beim Faktor Arbeit – durch Multiplikation des Grenzertrags mit dem konstanten Produktpreis.
Wenn das Unternehmen auf seinem Beschaffungsmarkt – hier dem Kapitalmarkt – in vollständiger Konkurrenz steht, so ist die Grenzausgabe, der Zins, für das Unternehmen ein Datum. Es kann den Marktzins nicht beeinflussen. Aus der Gegenüberstellung der Grenzausgabenkurve und der Grenzeinnahmenkurve bestimmt sich die gewinnmaximale Nachfrage des einzelnen Unternehmens nach Kapital (K_1 in Schaubild 11.1).
Eine Addition der Nachfragekurven aller Unternehmen ergibt die Gesamtnachfrage nach Kapital.
Ähnlich wie beim Arbeitsmarkt kann auch auf Realgrößen abgestellt werden. Dann wird der Realzins (Nominalzins minus Preissteigerungsrate) mit der Grenzproduktivität des Kapitals verglichen. Es lohnt sich zu investieren, wenn die Grenzproduktivität des Kapitals größer ist als der Realzins.

2. Angebot an Kapital. Die Gesamtnachfrage nach Kapital muss der Angebotskurve gegenübergestellt werden. Das Angebot an Kapital ergibt sich aus den Ersparnissen der Haushalte und Unternehmen. Ersparnis bedeutet, dass ein Haushalt auf sofortigen Konsum eines Teils seines Einkommens verzichtet und dafür in der Zukunft mehr konsumieren kann.[1] So kann z. B. während des Arbeitslebens für die individuelle Altersvorsorge gespart werden. Der Zinssatz ist die Entschädigung dafür, dass der Sparer sein Vermögen dem Kapital-

[1] Zur Vereinfachung vernachlässigen wir hier die Ersparnisse der Unternehmen.

Schaubild 11.1: Gewinnmaximale Nachfrage nach Kapital

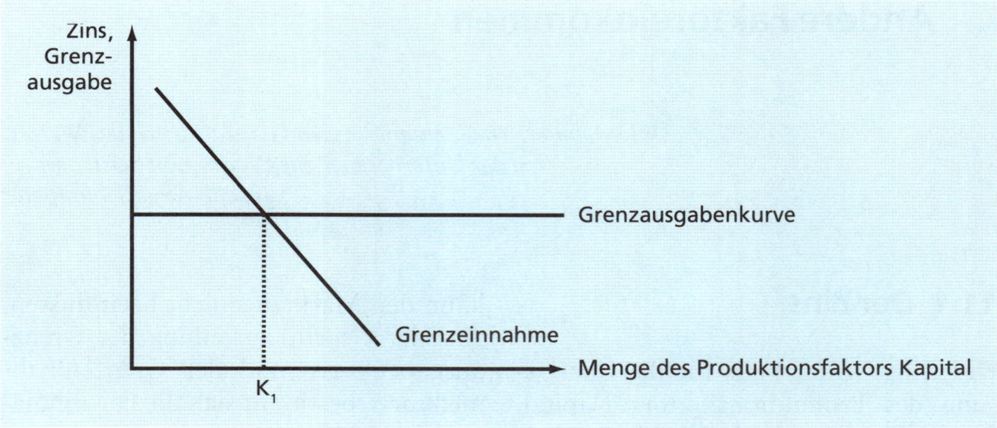

markt vorübergehend zur Verfügung stellt. Man kann sich die Ersparnisentscheidung vorstellen wie eine Konsumentscheidung zwischen zwei Gütern (Abschnitt 4.2), nur dass an die Stelle zweier einzelner Güter nun die Konsummöglichkeiten in der Gegenwart und die Konsummöglichkeiten in der Zukunft treten. Wenn der Haushalt mehr spart, dann verzichtet er auf Konsum in der Gegenwart und erhält dafür mehr Konsum in der Zukunft. Ähnlich wie das Arbeitsangebot hängt die Bereitschaft zu sparen vom Zinssatz ab, wobei wieder Einkommens- und Substitutionseffekt gegenläufig wirken. Der Substitutionseffekt wirkt auf einen positiven Zusammenhang zwischen Zinssatz und Ersparnis hin; der Einkommenseffekt besagt hingegen, dass mit steigendem Zins das Kapitaleinkommen eines Haushalts in der Zukunft steigt und der Haushalt daher (bei einem normalen Einkommenseffekt) auch mehr in der Gegenwart konsumieren möchte und somit weniger spart. Wir unterstellen, dass die Angebotskurve an Kapital einen steigenden Verlauf hat, d. h. es wird angenommen, dass der Substitutionseffekt den Einkommenseffekt überwiegt. Mit zunehmendem Marktzins werden die Sparer dann eine größere Menge Kapital anbieten.

3. Marktgleichgewicht. Diese Gesamtnachfrage muss der Angebotskurve gegenübergestellt werden. Die Gegenüberstellung der Gesamtnachfrage und der Gesamtangebotskurve ergibt den Zinssatz auf dem Kapitalmarkt.
Die Grenzproduktivität des Kapitals gibt an, welches zusätzliche Produktionsergebnis eine Einheit Kapital, also die Investition, ermöglicht. Davon zu unterscheiden ist der Preis für ein Kapital- oder Investitionsgut. Dieser Preis stellt die Bewertung eines Kapitalgutes am Markt dar.
Ein anderer Ansatz zur Bestimmung eines Gleichgewichts geht von der Investitionsrechnung des einzelnen Unternehmens aus. Danach fallen die Ausgaben für ein Kapitalgut bei der Installierung einer neuen Anlage an, die Einnahmen werden in zukünftigen Perioden erzielt. Dann muss man berechnen, wie sich das investierte Kapital verzinst. Dieser interne Zins oder die Grenzleistungsfähigkeit des Kapitals ist dann dem Marktzins gegenüberzustellen.

Schaubild 11.2: Nachfrage nach und Angebot an Boden

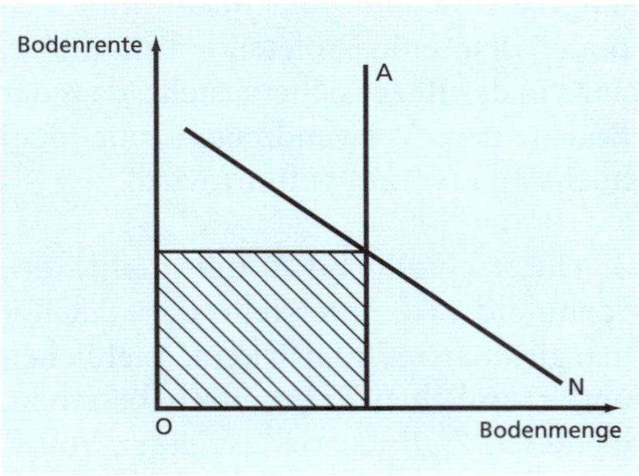

4. Entscheidungen bei Risiko. Da die Ersparnisentscheidung die Zukunft betrifft und da die Zukunft unsicher ist, ist die Ersparnisentscheidung im Allgemeinen eine Entscheidung unter unvollständiger Information. So kennt der Haushalt die Verzinsung für seine Ersparnis nicht mit Sicherheit, wenn er z. B. sein Geld in Aktien anlegt, deren Dividenden schwanken können. Auch die Inflationsrate, die den Realzins bestimmt, ist nicht im Voraus bekannt. Um wirtschaftliche Entscheidungen unter diesen Bedingungen modellieren zu können, nehmen wir an, dass ein Wirtschaftssubjekt bei unvollständiger Information zwar nicht mit Sicherheit eine bestimmte zukünftige Entwicklung voraussagen kann, aber immerhin in der Lage ist, Wahrscheinlichkeiten für unterschiedliche Szenarien anzugeben. In diesem Fall sprechen wir von Entscheidungen unter Risiko. Ein Kriterium, nach dem man Entscheidungen unter Risiko treffen kann, ist der Erwartungswert. Wenn z. B. ein Wertpapier bewertet werden soll, das mit der Wahrscheinlichkeit von 0,8 eine Rendite von 4 vH und mit der Wahrscheinlichkeit von 0,2 eine Rendite von 9 vH liefert, dann kann daraus der Erwartungswert der Rendite berechnet werden als $0{,}8 \cdot 4 + 0{,}2 \cdot 9 = 5$ vH. Beim Vergleich zweier Wertpapiere kauft dann der Anleger das mit dem höheren Erwartungswert. Der Erwartungswert macht aber keine Aussage über die Höhe des Risikos, das eingegangen wird. So liefert z. B. ein zweites Wertpapier, bei dem mit einer Wahrscheinlichkeit von 0,8 die Rendite bei 0 und mit der Wahrscheinlichkeit von 0,2 bei 25 vH liegt, den gleichen Erwartungswert von 5 vH, aber bei einem wesentlich höheren Risiko. Die Risikoeinstellung der Wirtschaftssubjekte bei der Entscheidungsfindung lässt sich berücksichtigen, wenn der Erwartungswert des Nutzens gebildet wird, d. h., man nimmt die Nutzenfunktion des Individuums zum Ausgang, berechnet den jeweiligen Nutzen bei den verschiedenen möglicherweise eintretenden Ereignissen und ermittelt daraus den Erwartungswert. Ein risikoscheues Individuum hat dann einen geringeren Erwartungsnutzen bei dem zweiten, riskanteren Wertpapier als bei dem ersten.

11.2 Die Bodenrente

Die Bodenrente ist der Preis für die zeitweilige Überlassung des Produktionsfaktors Boden. Sie ist zu unterscheiden vom Bodenpreis, der für den Erwerb des Produktionsfaktors gezahlt wird.

1. Bodenrente als Knappheitsindikator. Ebenso wie Lohn und Zins kann auch die Bodenrente aus dem Zusammenwirken von Nachfrage und Angebot erklärt werden. Die Nachfrage nach diesem Produktionsfaktor lässt sich wieder durch die Bedingung Grenzeinnahme = Grenzausgabe bestimmen. So werden Unternehmen mehr Boden nachfragen, wenn die Grenzeinnahme höher liegt als die Grenzausgabe.

Die Grenzeinnahmekurve stellt wieder die individuelle Nachfragekurve eines Unternehmens dar. Auch die Haushalte fragen Boden nach, z. B. für Wohnungen. Die Aggregation dieser Nachfragekurven aller Unternehmen und aller Haushalte ergibt die Gesamtnachfrage für die Überlassung von Boden.

Das Gesamtangebot an Boden ist unabhängig von der Bodenrente, da der Gesamtboden nicht vermehrt werden kann. Die Angebotselastizität ist in diesem Fall also gleich null (starres Angebot); die Angebotskurve verläuft vertikal. Die Gegenüberstellung von Angebot und Nachfrage ergibt die Gleichgewichtshöhe der Bodenrente, die in diesem Fall ausschließlich Knappheitsrente ist. Die schraffierte Fläche in Schaubild 11.2 kennzeichnet die gesamte Bodenrente.

2. Steigende Nachfrage und Bodenrente. Falls sich die Nachfrage nach Boden nach rechts verschiebt, fällt den Bodenbesitzern eine höhere Rente zu.

Während eine Zunahme im Preis eines Gutes oder eines Faktors in der Regel zu einer Ausdehnung des Angebots führt, hat eine Erhöhung der Bodenrente diese Wirkung nicht, da der Boden nicht vermehrt werden kann. Bei einer gegebenen Angebotsmenge an Boden enthält die Bodenrente keinerlei Kostenelemente (diese Kosten sind in früheren Zeiten einmal bei der Bodengewinnung, wie z. B. durch Rodungen, angefallen). Die Bodenbesitzer würden den Boden daher auch bei einem Preis von null anbieten. Aus diesem Grund ist an der Bodenrente immer wieder Kritik geübt worden, da sie ein reines Renteneinkommen darstellt. Es ist aber zu betonen, dass die Bodenrente eine wichtige ökonomische Funktion erfüllt, da sie die Produktionsfaktoren in die optimale Verwendung lenkt. Indem eine hohe Bodenrente Nachfrager mit einer niedrigen Zahlungsbereitschaft ausschließt und den Boden dem Höchstbietenden zuschlägt, wird in der Regel sichergestellt, dass der Boden den Verwendungen mit dem höchsten Ertrag zugeführt wird.

3. Unterschiedliche Bodenqualitäten. Schaubild 11.2 unterstellt, dass der Boden gleichartig ist, also keine sachlichen und räumlichen Präferenzen bestehen. In diesem Fall existiert in einer Volkswirtschaft eine einheitliche Bodenrente. Die Annahme eines gleichartigen Bodenangebots ist jedoch kaum realistisch. So können sich bei der Nutzung landwirtschaftlichen Bodens unterschiedliche Bodenrenten ergeben, wenn wir unterschiedliche Bodenqualitäten I und II unterstellen.

Im Folgenden sei ein landwirtschaftliches Unternehmen betrachtet, das zusätzlichen Boden pachten will. Böden I und II stehen zur Wahl. Das Angebot dieser Böden ist auf A_I und A_{II} begrenzt. Die Nachfragekurve des Unternehmens wird durch die Grenzeinnahmekurve angegeben. Unterstellen wir, dass der Produktpreis gleich 1 ist, so ist die Grenzeinnahmekurve des Unternehmens gleich seiner Grenzertragskurve. Wegen der niedrigeren Qualität des Bodens II ist die Grenzeinnahmekurve (Grenzertragskurve) für diesen Boden niedriger. Das Unternehmen ist also bereit, den Boden I zu einer höheren Bodenrente nachzufragen als den Boden II. Werden Böden mit einer immer geringeren Qualität in der Produktion eingesetzt, so muss die Bodenrente für diese Böden fallen: Die Bodenrente r_{II} ist niedriger als r_I.

Diese Zusammenhänge können nicht nur von der Nachfrageseite, sondern auch vom Blickwinkel des Bodenbesit-

Schaubild 11.3: Rente bei heterogener Bodenqualität

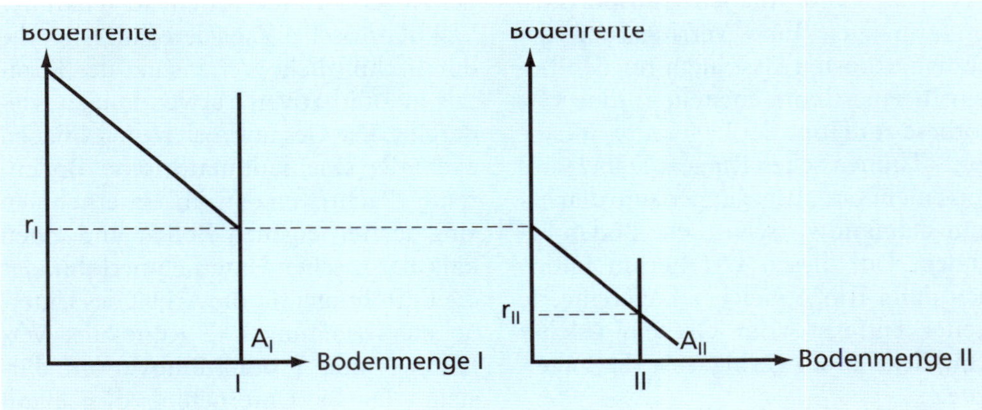

zers erklärt werden. Nehmen wir an, es gebe vier Bodenarten, auf denen der Bodenbesitzer Weizen anbauen kann. Die Bodenart I ist durch eine hohe Produktivität gekennzeichnet. Bei dem gegebenen Weizenpreis deckt der Eigentümer nicht nur seine Produktionskosten einschließlich seiner Arbeitsstunden, sondern er behält als eine Restgröße noch einen Gewinn übrig. Auf Boden der Qualität II ist der Gewinn pro ha niedriger. Auf dem Boden der Güte III deckt der Eigentümer gerade noch seine Produktionskosten. Auf dem schlechtesten Boden IV schließlich kann er seine Produktionskosten nicht mehr decken; der Boden IV wird also nicht bewirtschaftet. Auf dem Boden I und II wird eine Bodenrente erwirtschaftet, die auf die Qualität des Bodens zurückzuführen ist. Wir bezeichnen sie als *Qualitätsrente* oder *Differentialrente*. Die Qualitätsrente für III ist null.

Wenn nun die Eigentümer ihren Boden einem Nachfrager zur Verfügung stellen, so werden sie darauf bestehen, dass die Bodenrente, die sie erhalten, der Qualität ihres Bodens entspricht. Der Eigentümer von I würde in diesem Fall eine hohe Qualitätsrente erhalten; dem Eigentümer von III dagegen würde niemand etwas zahlen wollen. Die Differentialrente ist also eine Knappheitsrente für unterschiedlich gutes Bodenangebot.

Wenn der Preis für Weizen steigt, so steigen auch die Bodenrenten der Bodenqualitäten I und II; gleichzeitig wird jetzt III eine Bodenrente erzielen. Der Preisanstieg kann so stark sein, dass es jetzt auch lohnt, den Boden IV für die Produktion zu nutzen.

Ähnlich verhält es sich, wenn die Böden I, II, III, IV landwirtschaftliche Böden mit unterschiedlicher Entfernung zum Markt (z. B. in einer Stadt) sind. Boden I liegt dabei am nächsten zum Markt, während Boden IV am weitesten vom Markt entfernt ist. Der Besitzer von Boden III erhält im Preis seiner Produkte gerade noch die Transportkosten zum Markt vergütet. Die Böden I und II liegen so günstig, dass sie wegen der niedrigen Transportkosten eine (unterschiedliche) Bodenrente beziehen. Boden IV wird nicht bewirtschaftet. In diesem Fall geht die Rente der Böden I und II nicht auf die Qualität des Bodens, sondern auf seine Lage zurück. Wir sprechen deshalb von einer *Lagerente*.

Wie sich aus dem Beispiel ersehen lässt, ist die Lagerente von den Transportkosten abhängig. Eine Verringerung der Transportkosten lässt auch für den Boden III eine Rente entstehen. Eine Hypothese zur Höhe der Lagerente sind die sog. »Thünen'schen Ringe«. Dabei wird von einem Ort ausgegangen, um den herum sich landwirtschaftliche Böden befinden. Um diesen Ort herum bilden sich dann Ringe gleicher Lagerente. Je weiter entfernt vom Ort ein solcher Ring liegt, desto geringer ist die Lagerente.

11.3 Der Unternehmensgewinn

1. Begriff. Der Unternehmensgewinn ist die Differenz zwischen dem Gesamterlös und den Gesamtkosten. Die Gesamtkosten enthalten alle Lohn-, Zins- und Rentenzahlungen eines Unternehmens. Bestandteil der Gesamtkosten ist auch die Entlohnung des eigenen Kapitals, das ein Unternehmen einsetzt. In der Regel wird hierfür ein so genannter kalkulatorischer Zins berechnet, der die durchschnittliche Verzinsung des Kapitals in alternativen Verwendungen wiedergibt. Die Gesamtkosten umschließen ebenfalls eine kalkulatorische Bodenrente (Pacht) für den im Unternehmen eingesetzten eigenen Boden und einen kalkulatorischen Unternehmerlohn, der die Entlohnung für die Arbeit des Unternehmers (Leitung und Kontrolle, Verfahrens- und Produktinnovation) darstellt. Dieser Unternehmerlohn kann etwa in der Art berechnet werden, dass der Unternehmer die Lohnkosten eines Geschäftsführers, den er einstellen müsste, ansetzt oder seine Verdienstmöglichkeit in einer vergleichbaren Position als seine Lohnkosten betrachtet. Zins, Bodenrente und Unternehmerlohn für den eigenen Faktorbestand sind also Bestandteile der Gesamtkosten. Sie werden von dem Gesamterlös genau wie alle anderen Kosten abgezogen, um den Unternehmensgewinn zu erhalten. Schematisch ergibt sich:

Gesamterlös	–	Kosten für fremde Produktionsfaktoren	–	Kosten für eigene Produktionsfaktoren (Zins, Grundrente, Unternehmerlohn)	=	Unternehmensgewinn

Der volkswirtschaftliche Gewinnbegriff unterscheidet sich vom buchhalterischen Gewinn, bei dem die Verzinsung des Eigenkapitals und die Entlohnung anderer Eigenleistungen nicht berücksichtigt werden.

Schaubild 11.4: Der Unternehmensgewinn bei vollständiger Konkurrenz

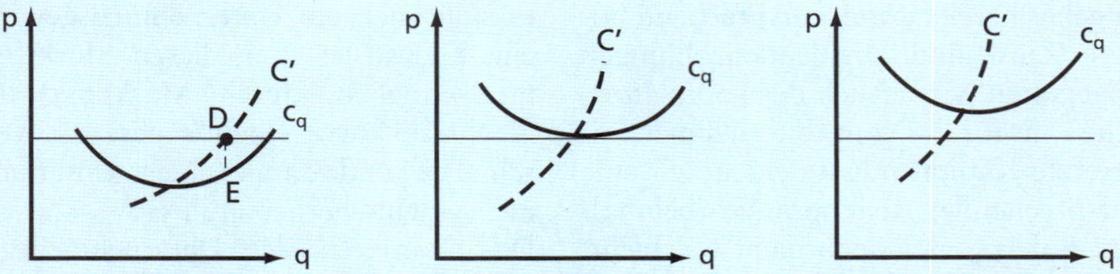

a: Unternehmen A b: Unternehmen B c: Unternehmen C

2. Unterschiedliche Gewinnsituationen. Der Unternehmensgewinn kann ähnlich wie die Qualitätsrente als eine Größe gedeutet werden, die bestimmte Unternehmen auf Grund größerer Wirtschaftlichkeit (ihrer »Qualität«) gegenüber anderen beziehen. Stellen wir uns drei Unternehmen A, B, C vor, wobei A die günstigste und C die schlechteste Kostensituation hat, und unterstellen wir die Marktform der vollständigen Konkurrenz, so kann man sich den Unternehmensgewinn zeichnerisch wie folgt verdeutlichen:
Unternehmen A erhält einen Preis, der nicht nur seine Kosten deckt, sondern auch einen Stückgewinn von DE übrig lässt (Schaubild 11.4a). Wir bezeichnen dieses Unternehmen als intramarginalen Anbieter. Unternehmen B kann gerade seine Kosten decken, es macht aber keinen Gewinn. B ist ein marginaler (Grenz-)Anbieter (Schaubild 11.4b). Unternehmen C kann seine Kosten nicht erwirtschaften. Es ist ein submarginaler Anbieter und würde mit Verlust arbeiten (Schaubild 11.4c). Wie wir bereits gesehen haben, sind langfristig die Unternehmensgewinne bei vollständiger Konkurrenz gleich null, so dass dann nur die Situation des marginalen Anbieters mit einem langfristigen Gleichgewicht vereinbar ist.

3. Ursachen des Unternehmensgewinns. Der Unternehmensgewinn kann auf folgende Ursachen zurückzuführen sein:
(1) Die entscheidende Ursache für den Unternehmensgewinn sind Innovationen. Unter einer Innovation verstehen wir die Anwendung neuen technischen Wissens. Die Innovation kann die Verbesserung eines bestehenden oder die Einführung eines neuen Produktionsverfahrens darstellen (Verfahrensneuerung). Sie kann die Verbesserung der Qualität eines bereits erzeugten Gutes oder die Erstellung eines neuen Gutes bedeuten (Produktneuerung). Eine Innovation kann auch in der Auffindung neuer oder besserer Rohstoffe gesehen werden (Rohstoffneuerung). Schließlich können die Organisation eines Betriebes, der Produktionsfluss, die Lagerhaltung und die Verwaltung neu gestaltet werden (Organisationsneuerung). Alle diese Neuerungen können vom Unternehmen durchgesetzt werden. Sie führen zu einer Senkung der Kosten (Verschiebung der Kostenkurve nach unten) und damit zu einem Unternehmensgewinn.
(2) Eine weitere Ursache für Unternehmensgewinne wird darin gesehen, dass der Unternehmer Risiken übernimmt und dafür mit einer entsprechenden Risikoprämie entschädigt werden muss.

Dabei müssen wir jedoch berücksichtigen, dass das Risiko der fremden Kapitalgeber bereits durch entsprechend höhere Zins- und Dividendenzahlungen abgegolten wird. Auch der kalkulatorische Zins für das vom Unternehmer eingesetzte Kapital müsste eigentlich eine entsprechende Risikoprämie beinhalten. Sofern das jedoch nicht geschieht, muss der Unternehmensgewinn auch als Preis für die Übernahme von Risiken interpretiert werden.

(3) Ein Unternehmensgewinn kann auch durch externe, nicht im Unternehmen begründete Faktoren verursacht werden. Dieser Fall tritt dann ein, wenn sich die Nachfragekurve des Unternehmens nach oben verschiebt. So steigt im Konjunkturzyklus infolge der gestiegenen Nachfrage der Preis des von einem Unternehmen abgesetzten Gutes und, falls die Kosten nachhinken, es stellt sich ein Unternehmensgewinn ein. Eine Änderung in dem Präferenzsystem der Haushalte zu Gunsten eines Gutes führt zu einem Unternehmensgewinn. Neue Regierungsausgaben, die auf eine besondere Gruppe von Unternehmen treffen, können ebenfalls wegen der Zunahme der Nachfrage zu einem Unternehmensgewinn führen. Oder ein Streik im B-Sektor kann zu einem Unternehmensgewinn im A-Sektor führen, falls das A-Gut ein Substitut für B ist und infolge des Streiks die bisherige Nachfrage nach B jetzt auf den A-Sektor abwandert. Die Unternehmensgewinne der hier besprochenen Art können in allen Marktformen auftreten. Sie sind üblicherweise nur kurzfristiger Natur.

(4) Neben diesen Veränderungen in der Nachfrage sind noch die Fälle zu erwähnen, in denen ein Unternehmensgewinn auf Grund einer Marktstellung auftritt: Im nicht-bestreitbaren Monopol oder beispielsweise auch im Cournot-Oligopol ist in der Regel der Preis höher als die Durchschnittskosten, und es stellt sich ein Unternehmensgewinn ein. Ebenso ist es in diesen Marktformen möglich, durch Marketing die Nachfragekurve nach rechts zu verschieben und damit einen Unternehmensgewinn herbeizuführen.

Das Auftreten des Unternehmensgewinns wird in einer Marktwirtschaft mit intensivem Wettbewerb und geringen Marktzutrittsschranken allerdings nicht zu einem Dauerzustand: Treten in einer Branche Gewinne auf, so werden sich andere Unternehmen für diese Branche interessieren und durch tatsächliche oder auch nur potentielle Konkurrenz den Unternehmensgewinn verringern bzw. vollständig abbauen.

11.4 Substitutionsprozesse und Faktornachfrage

Wird ein Produkt mit unterschiedlichen »Mixturen« aus Produktionsfaktoren erstellt, dann steuern die technologischen Bedingungen und die Faktorpreise den Faktoreinsatz in der Produktion. Zum Beispiel können wir unterstellen, dass die Unternehmen Arbeit und Kapital in der Produktion einsetzen. Das Verhältnis, mit dem diese beiden Faktoren in der Produktion eingesetzt werden, hängt dann vom Verhältnis der Faktorpreise für Arbeit und Kapital, dem Lohnzinsverhältnis, ab. Definieren wir die Kapitalintensität als Kapitaleinsatz pro Arbeiter, so nimmt die Kapitalintensität mit steigendem Lohnzinsverhältnis zu. Wenn Arbeit relativ zum Kapital teurer wird, dann wird Arbeit durch Kapital substituiert. Dieser Zusammenhang ist im Schaubild 11.5 für Westdeutschland empirisch belegt.

Schaubild 11.5: Faktorpreisverhältnis und Kapitalintensität

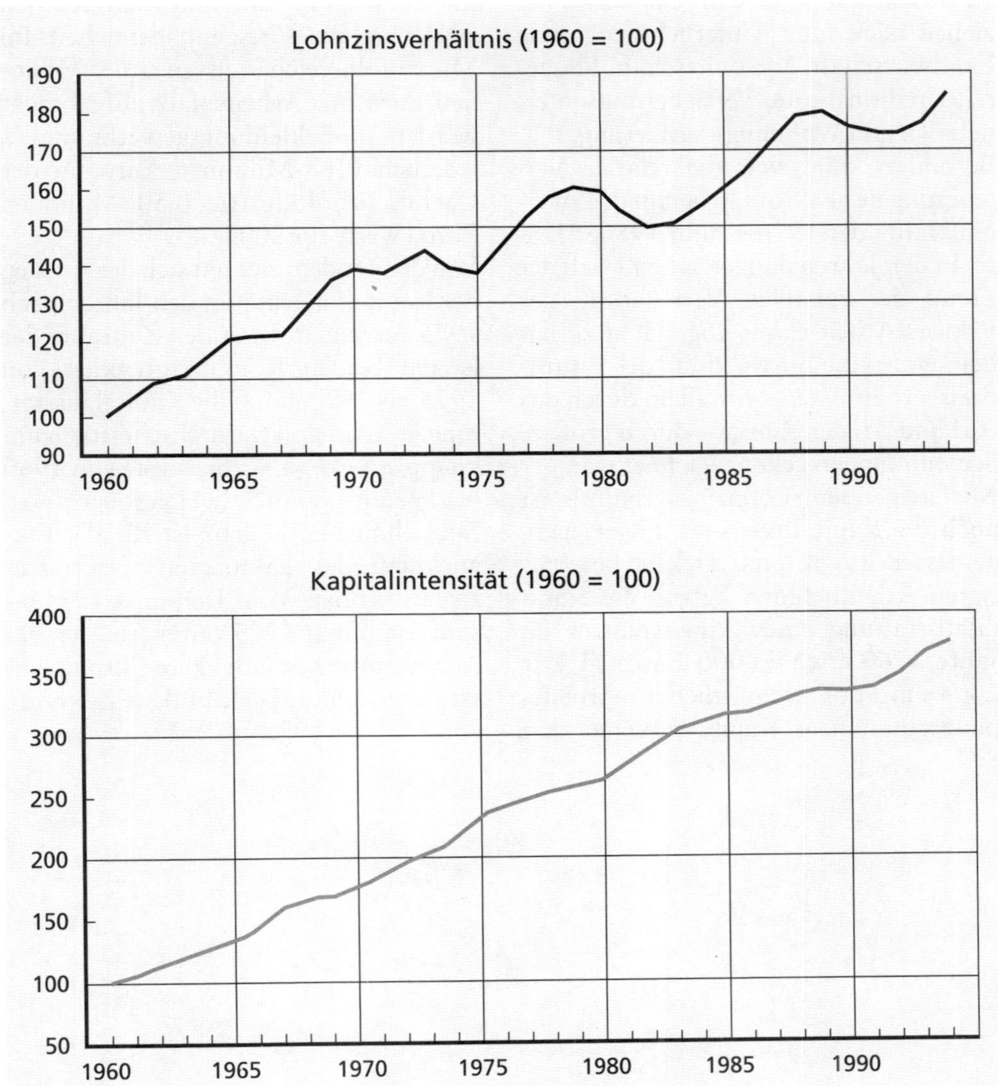

Quelle: Berechnungen des Sachverständigenrates.

Langfristig ist das Faktorpreisverhältnis Arbeit zu Kapital in Deutschland (West) gestiegen. Dabei wird das Lohnzinsverhältnis durch das Verhältnis der realen Lohnkosten und der realen Kapitalnutzungskosten gemessen. Beide Größen lassen sich aus der Gewinn-Erlös-Relation des Sachverständigenrates ermitteln. Dabei sind die realen Lohnkosten gegeben durch das Bruttoeinkommen aus unselbstständiger Arbeit je beschäftigten Arbeitnehmer, und zwar korrigiert mit dem Deflator des Bruttoinlandsprodukts. Die Kapitalnutzungskosten sind gegeben durch die Zinskosten und Abschreibungen in vH des Vermögensbestandes (Anlage- und Vorratsvermögen zu Anschaffungspreisen). Die Daten beziehen sich auf Unternehmen ohne Landwirtschaft, Forstwirtschaft, Fischerei, Kreditinstitute, Versicherungsunternehmen und Wohnungsvermietung.

Besonders stark war die relative Verteuerung des Faktors Arbeit in der zweiten Hälfte der 1970er- und 1980er-Jahre. In den Jahren danach scheint sich der Trend der relativen Verteuerung des Faktors Arbeit etwas abgeflacht zu haben, wobei die Entwicklung des Faktorpreisverhältnisses – vor allem durch das Auf und Ab der Zinsen – durch größere Schwankungen gekennzeichnet war.

Mit steigendem Lohnzinsverhältnis ist auch die Kapitalintensität angestiegen, gemessen am Kapitalstock je beschäftigten Arbeitnehmer. Betrug die Kapitalausstattung eines Arbeitsplatzes im Jahre 1960 etwa 31 000 Euro, so war 2004 ein »durchschnittlicher« Arbeitsplatz mit einem Kapitalaufwand von 329 955 Euro verbunden. Die Kapitalintensität streut allerdings beträchtlich zwischen den Wirtschaftsbereichen. Im Mineralölbereich müssen 1,63 Millionen Euro pro Arbeitsplatz aufgebracht werden, im Bekleidungsgewerbe sind es lediglich 0,17 Millionen Euro, in der Chemischen Industrie 0,50 Millionen Euro (Werte für 2003).

Von der Tendenz her hat sich der Anstieg der Kapitalintensität in den Jahren nach 1975 verringert. Über den Zeitraum der letzten beiden Konjunkturzyklen von 1975 bis 1993 nahm die Kapitalausstattung je Arbeitsplatz durchschnittlich um knapp 2,5 vH zu, während sie von 1960 bis 1975 noch um 5,3 vH gestiegen war. Eine ähnliche Tendenz ist für die Entwicklung des Faktorpreisverhältnisses zu verzeichnen. Vom Tiefpunkt 1975 bis zum Tiefpunkt 1993 verteuerte sich der Arbeitseinsatz relativ zum Kapitaleinsatz um rund 1,5 vH, in dem Zeitraum von 1960 bis 1975 um 2 vH.

Wichtige Begriffe in Kapitel 11

- Zins
- Gewinnmaximale Kapitalnachfrage
- Bodenrente
  - Knappheitsrente
  - Qualitätsrente
  - Lagerente
- Unternehmensgewinn
- Ursachen des Unternehmensgewinns
  - Innovation
  - Risikoübernahme
  - konjunkturelle Entwicklung
  - Marktstellung
- Unternehmereinkommen
- Faktorsubstitution
- Faktorpreisverhältnis
- Kapitalintensität

12 Faktorallokation und Sektorstruktur

Capitalism ... is by nature a form or method of economic change and not only never is but never can be stationary.
Joseph Alois Schumpeter

12.1 Zusammenhang zwischen Güter- und Faktormarkt

Nach der Analyse der Preisbildung auf dem Güter- und Faktormarkt sind wir nun in der Lage, die Wechselwirkungen zwischen beiden Märkten näher zu beleuchten. Güternachfrage und Güterangebot bestimmen die produzierte Menge im Gleichgewicht. Wenn die produzierte Menge festgelegt ist, dann ist damit auch der gleichgewichtige Faktoreinsatz bestimmt, nämlich gerade die Faktormenge, die zur Produktion der gleichgewichtigen Gütermenge benötigt wird. Wenn der Gütermarkt im Gleichgewicht ist, dann muss auch der Faktormarkt im Gleichgewicht sein. Umgekehrt können wir ebenfalls argumentieren: Faktorangebot und Faktornachfrage bestimmen zusammen das Faktormarktgleichgewicht. Mit der gleichgewichtigen Faktormenge ist auch die gleichgewichtige Gütermenge, die produziert wird, vorbestimmt. Die Gleichgewichte werden simultan bestimmt. Auch die gleichgewichtigen Preise auf beiden Märkten werden simultan bestimmt. Schaubild 12.1 stellt diesen Zusammenhang dar. Der Produktpreis, der im Gleichgewicht auf dem Gütermarkt gebildet wird, bestimmt die Höhe der Grenzeinnahmen und damit auch die Nachfrage auf dem Faktormarkt. Der Produktpreis beeinflusst aber auch das Faktorangebot (gestrichelte Linie). Umgekehrt gilt, dass der Faktorpreis Rückwirkungen auf den Gütermarkt hat, indem er die Grenzkosten und damit das Güterangebot beeinflusst. Er beeinflusst auch die Güternachfrage, da der Faktorpreis das Einkommen der Konsumenten bestimmt (gestrichelte Linie).

Im Übrigen kennzeichnet Schaubild 12.1 auch die zentrale Stellung der Produktionsfunktion, die einmal die Angebotskurve (über die Kostenfunktion) und zum anderen die Grenzeinnahme (über die Grenzproduktivitätskurve) bestimmt. Schließlich sei daran erinnert, dass die Produktionsfunktion im Fall zweier Sektoren auch die Transformationskurve festlegt.

12.2 Preisverhältnis und Sektorstruktur

In einem marktwirtschaftlichen System erfolgt die Abstimmung der Produktion auf die Nachfrage über die Güterpreise. Dies bedeutet, dass der Produktionspunkt auf der Transformationskurve durch die Güterpreise festgelegt wird. Diese Abstimmung kann man sich wie im Folgenden verdeutlichen.

Man betrachte den Ausdruck:

$$c = p_1 q_1 + p_2 q_2$$

wobei p_1 und p_2 die Güterpreise und c den Wert der insgesamt konsumierten Güter in der Volkswirtschaft kenn-

Schaubild 12.1: Zusammenhang zwischen Güter- und Faktormarkt

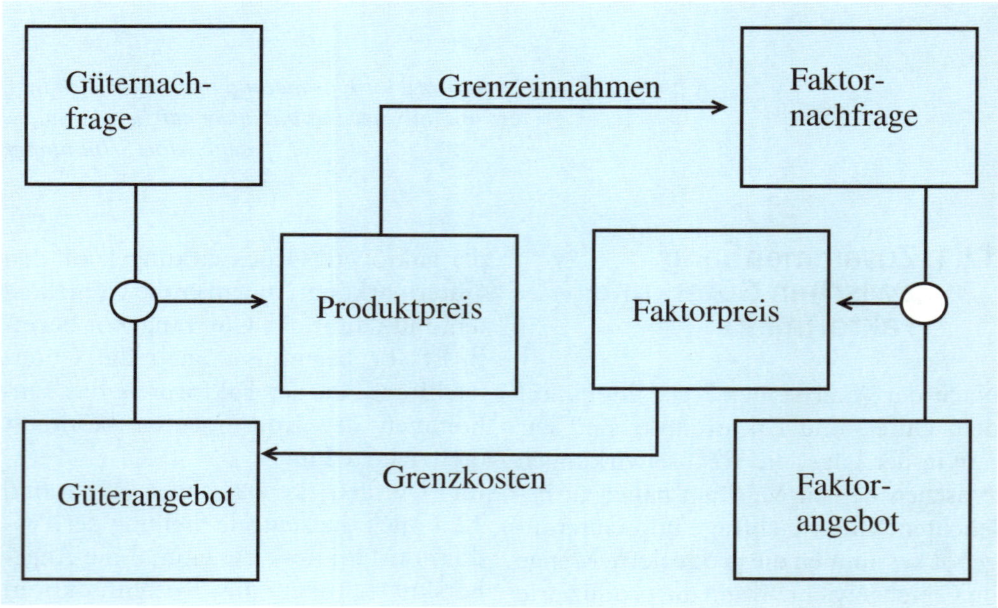

zeichnen, ausgedrückt in Euro. Die rechte Seite gibt die bewerteten Gütermengen an, wenn die Preise p_1, p_2 vorgegeben sind. Dieser Produktionswert bestimmt das Einkommen der Volkswirtschaft, das für Konsumzwecke ausgegeben kann. Die Gleichung ist also als Budgetrestriktion der Volkswirtschaft zu interpretieren. Sie besagt, dass (ohne Verschuldung) der Wert der konsumierten Güter dem Wert der produzierten Güter einer Volkswirtschaft entsprechen muss. Man kann sich unterschiedliche Konsumwerte c, c′, c″ usw. vorstellen, wobei z. B. c′ einen höheren Konsumwert (und damit ein höheres Einkommen) kennzeichnet als c (und c″ einen höheren Konsumwert als c′). In Schaubild 12.2a sind die Konsumwerte c, c′ und c″ eingezeichnet. Die Steigung dieser Konsumwertkurve (tg α) wird bestimmt durch das Preisverhältnis p_2/p_1.[1]
Wir nehmen an, dass die Volkswirtschaft den höchsten Konsumwert (das höchste Einkommen) anstrebt. Aber die Produktionsmöglichkeiten sind begrenzt durch die Transformationskurve. Diese ist in Schaubild 12.2b eingezeichnet. Die Punkte A und B liegen auf der Konsumwertkurve c′ und auf der Transformationskurve. Sie verletzen zwar die Produktionsbeschränkung nicht, aber die Volkswirtschaft kann in P ein höheres Einkommen c″ erreichen. Wenn die Volkswirtschaft den höchstmöglichen Konsumwert anstrebt, so wird sie in Punkt P produzieren.
Dieser Punkt ist dadurch gekennzeichnet, dass das Preisverhältnis gleich ist der Steigung der Transformationskurve, der sog. »Grenzrate der Transformation«. Diese Grenzrate der Transforma-

[1] Dies folgt aus der Umformung in

$$q_1 = \frac{c}{p_1} - \frac{p_2}{p_1} q_2$$

Schaubild 12.2: Konsumniveaus und Transformationskurve

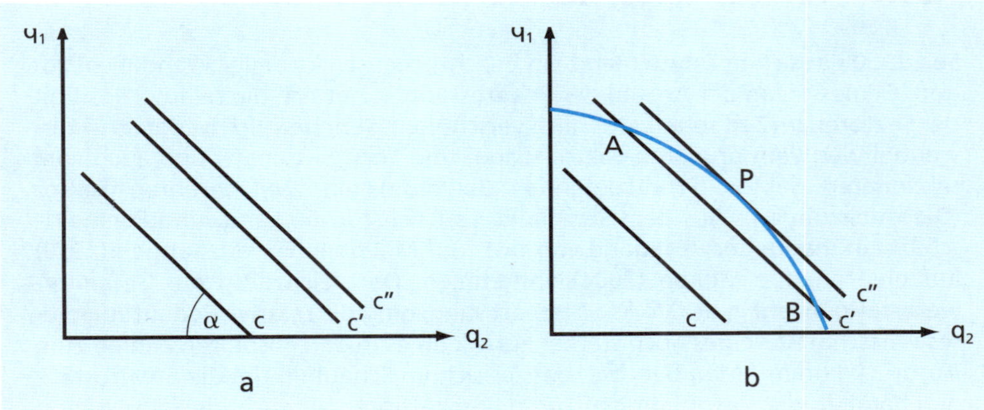

tion gibt die Opportunitätskosten des Gutes 2 an, nämlich den Verzicht auf das Gut 1, der erforderlich wird, wenn man eine zusätzliche Einheit des Gutes 2 haben möchte.[2] Angenommen, das Preisverhältnis p_2/p_1 steigt. Dies bedeutet, dass Gut 2 von den Nachfragern höher und Gut 1 relativ weniger hoch bewertet wird (als in der Ausgangslage). In diesem Fall erwarten wir, dass eine größere Menge des Gutes 2 und eine kleinere Menge des Gutes 1 produziert wird. Durch die Anpassung der Produktion steigt die Grenzrate der Transformation, bis sie wieder mit dem neuen Preisverhältnis übereinstimmt.

Genau diese Anpassung wird aus Schaubild 12.3 ersichtlich. Ein Anstieg des Preisverhältnisses p_2/p_1 bedeutet eine steilere Konsumwertkurve. Die Produktion verschiebt sich von P zu P'. Die produzierte Menge des Gutes 1

---

[2] Dies lässt sich aus dem folgenden Lagrange-Ansatz zeigen: Die Volkswirtschaft maximiere ihr Konsumniveau $c = p_1 q_1 + p_2 q_2$. Als Restriktion ist die Transformationskurve $q_1 = q_1 (q_2)$ zu beachten. Schreibt man diese Gleichung in die implizite Form, so erhält man den Lagrange-Ausdruck:

$L = p_1 q_1 + p_2 q_2 - \lambda [q_1 - q_1 (q_2)]$.

Daraus ergeben sich die Bedingungen:

(1) $$\frac{\partial L}{\partial q_1} = p_1 - \lambda = 0$$

(2) $$\frac{\partial L}{\partial q_2} = p_2 + \lambda \frac{\partial q_1}{\partial q_2} = 0$$

Aus (1) und (2) folgt

$$-\frac{p_2}{p_1} = \frac{\partial q_1}{\partial q_2}$$

Das Preisverhältnis der Güter 2 und 1 ist gleich dem Steigungsmaß der Transformationskurve, der so genannten Grenzrate der Transformation. Diese Grenzrate der Transformationskurve gibt die Opportunitätskosten des Gutes 2 an, nämlich den Verzicht auf das Gut 1, der erforderlich wird, wenn man eine zusätzliche Einheit des Gutes 2 haben möchte.

Kasten 12.1 Strukturwandel in Deutschland

Seit 1950 hat sich in Deutschland ein beachtlicher struktureller Wandel vollzogen. Gemessen an der Anzahl der Erwerbstätigen hat sich die relative Position der Sektoren im Zeitablauf erheblich verschoben. Sehr deutlich ist der Strukturwandel weg vom primären Sektor (Land- und Forstwirtschaft) und auch vom sekundären Sektor (Produzierendes Gewerbe) hin zum tertiären Sektor (Dienstleistungen). Aus dem Schaubild lässt sich für die Land- und Forstwirtschaft ein markanter Rückgang von fast fünf Millionen Erwerbstätigen (1950) auf eine knappe Million (2004) entnehmen. Da gleichzeitig die Gesamterwerbstätigenzahl in der Volkswirtschaft stieg, ging die relative Bedeutung dieses Wirtschaftszweiges noch stärker zurück als es in den absoluten Zahlen zum Ausdruck kommt. Man beachte, dass es sich im Schaubild um die Erwerbstätigen handelt, die sowohl die abhängig Beschäftigten als auch die Selbstständigen (etwa 4 Millionen) umfassen. Der Anteil des primären Sektors an der Bruttowertschöpfung beträgt heute 1 vH. Auch das produzierende Gewerbe ist durch starke Veränderungen gekennzeichnet. Die Zunahme um etwa 3,5 Millionen Beschäftigte im Verlauf der 1950er-Jahre spiegelt den Wiederaufbau wider. Seit den 1960er-Jahren ist ein Rückgang zu verzeichnen; die Relativposition fällt von 46,4 vH (1970) auf 27,8 vH (2004). In der Industrie, dem verarbeitenden Gewerbe (einem Teilbereich des produzierenden Gewerbes), ist dieser Rückgang ähnlich stark. Hier ist ein Rückgang von 37,9 vH (1970) auf 19,6 vH (2004) zu verzeichnen. Der Strukturwandel in Deutschland ist also, wie auch in anderen hoch entwickelten Volkswirtschaften, durch die Tertiarisierung, d. h. durch eine zunehmende Bedeutung von Dienstleistungen in Produktion und Beschäftigung, geprägt. Lagen 1960 noch 38,4 vH aller Arbeitsplätze im Dienstleistungssektor, sind es heute 71,3 vH. Für die absolute Beschäftigungszunahme in der Gesamtwirtschaft sind schon seit 1965 allein die Dienstleistungen verantwortlich, wobei der Staat seinen Anteil an der Beschäftigung verdoppelt hat. Dagegen ist die Zahl der Erwerbstätigen im produzierenden Gewerbe selbst in absoluten Zahlen rückläufig.

Die Zunahme in der Gesamtbeschäftigung spiegelt auch die deutsche Vereinigung wider. So beziehen sich die Angaben für 1990 auf Westdeutschland, die Daten ab 1991 auf Deutschland insgesamt. Man erkennt einen starken Sprung in der industriellen Beschäftigung nach der deutschen Vereinigung; diese Beschäftigung wird vor allem in Ostdeutschland in den 1990er-Jahren zurückgedrängt.

Das Schaubild kann nur die großen Entwicklungslinien skizzieren. So haben sich häufiger die statistischen Abgrenzungen der Wirtschaftszweige verändert. Auch hat sich die organisatorische Zuordnung von Tätigkeiten z. B. durch »Outsourcing«, d. h. durch Auslagerung an dafür spezialisierte Firmen, verändert. Beispielsweise erscheinen Dienstleistungen, die früher im Industrieunternehmen angesiedelt waren, bei Outsourcing nicht mehr in diesem Sektor.

Schaubild Kasten 12.1: Strukturwandel in Deutschland, Erwerbstätige[a] nach Wirtschaftsbereichen

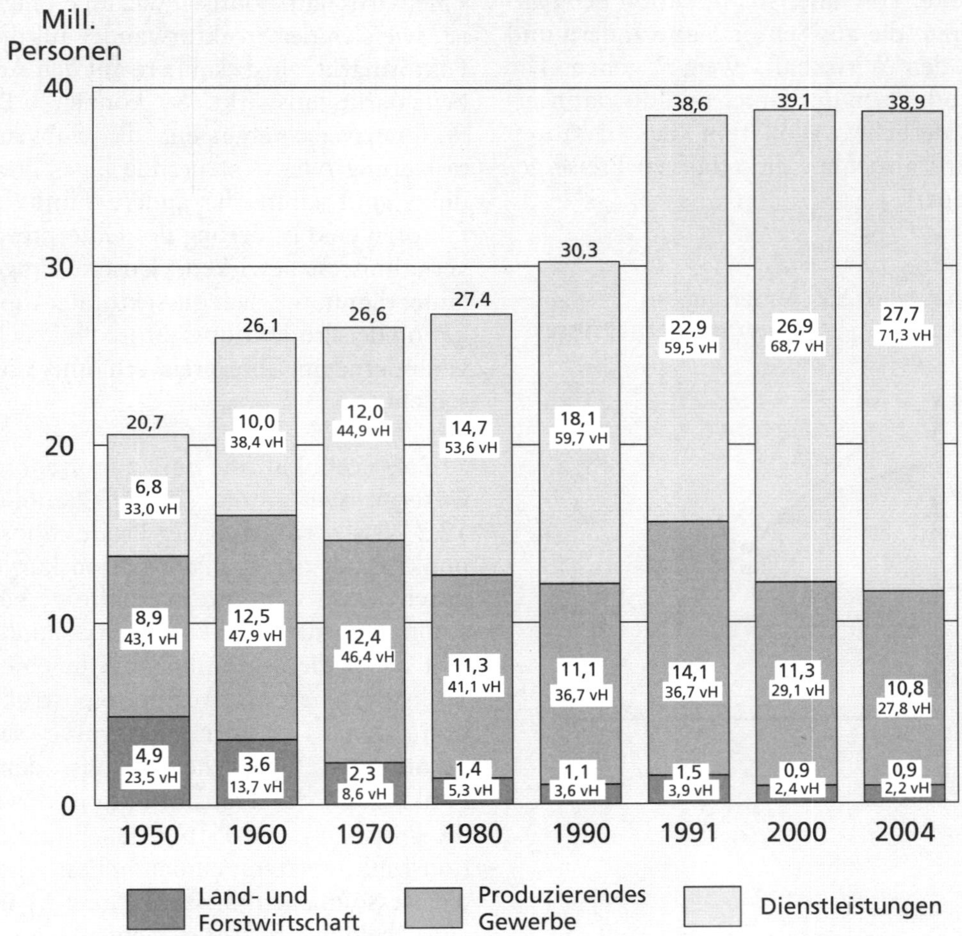

[a] In Millionen. 1950–1990: früheres Bundesgebiet, ab 1991: Deutschland. Ab 1970: Abgrenzung der Wirtschaftbereiche nach ESVG 1995. Vorher: Andere Abgrenzung der Sektoren.

Quelle: Sachverständigenrat; verschiedene Jahrgänge

sinkt, die hergestellte Menge des Gutes 2 steigt. Die sektorale Struktur der Volkswirtschaft ändert sich. Die Produktionsausdehnung bei Gut 2 ist begleitet von einer Reallokation der Faktoren, die aus Sektor 1 abwandern und in den Wirtschaftszweig 2 gehen. Die Produktion der Güter und die dafür erforderliche Allokation der Faktoren wird also über die relativen Preise gesteuert.

Schaubild 12.3: Änderung des Güterpreisverhältnisses

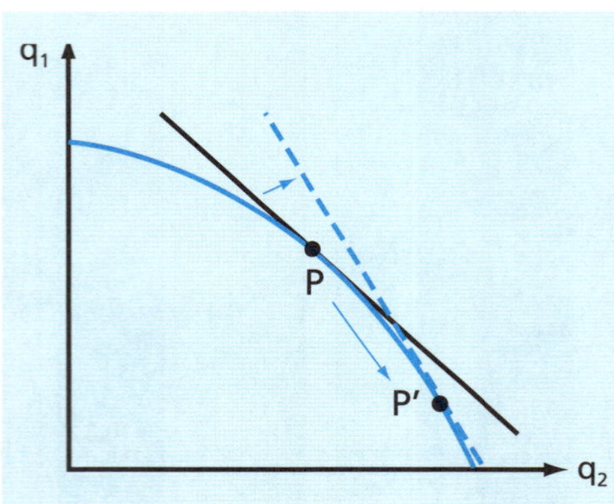

12.3 Sektoraler Strukturwandel und Faktormarkt

Eine wirtschaftspolitisch wichtige Frage ist, wie sich der Strukturwandel auf die Faktormärkte, insbesondere auf den Arbeitsmarkt, auswirkt. So können z. B. Präferenzverschiebungen, die Subventionierung oder Besteuerung eines Produkts und zahlreiche andere Einflussfaktoren eine Änderung des Güterpreisverhältnisses bewirken. Unsere Frage lautet damit, wie sich die sektorale Allokation der Produktionsfaktoren mit sich veränderndem Güterpreisverhältnis verschiebt.

1. Sektorallokation bei gegebenem Güterpreisverhältnis. Aus Schaubild 12.3 wissen wir, dass der Produktionspunkt P auf der Transformationskurve durch das Güterpreisverhältnis bestimmt wird. Der Produktionspunkt gibt dabei die sektorale Struktur einer Volkswirtschaft an. Aus der Konstruktion der Transformationskurve in Schaubild 2.3 geht hervor, dass dem Punkt P auf der Transformationskurve die Punkte P_1 und P_2 auf den Produktionsfunktionen mit eindeutig bestimmten Ressourceneinsätzen A_1 und A_2 in den beiden Sektoren entsprechen. Schließlich wissen wir aus Kapitel 11, dass eine Ressource in jedem Sektor so lange nachgefragt wird, bis die Grenzausgabe (d. h. der Lohnsatz l) gleich der Grenzeinnahme (p_1 F'_1) ist. Bei freier Faktormobilität zwischen den Sektoren muss der Lohnsatz in beiden Sektoren gleich hoch sein. Aus dieser Überlegung folgt:

$$l = p_1 F'_1 = p_2 F'_2$$

Daraus ergibt sich

$$\frac{p_2}{p_1} = \frac{F_1'}{F_2'}$$

d. h., das Güterpreisverhältnis ist gleich dem umgekehrten Verhältnis der Grenzproduktivitäten.

In Abschnitt 12.2 haben wir festgestellt, dass das Güterpreisverhältnis gleich der Grenzrate der Transformation ist. Damit können wir die bisherigen Resultate wie folgt zusammenfassen:

In Schaubild 12.4 kennzeichnet der tg α das Preisverhältnis p_2/p_1 und das Steigungsmaß der Transformationskurve im Punkt P. Das Steigungsmaß der Tangenten an die Produktionskurven in den Punkten P_1 und P_2 gibt die Grenzproduktivität der Ressourcen in beiden Sektoren an.

Güterpreisverhältnis = Grenzrate der Transformation = Verhältnis der Grenzproduktivitäten

$$\frac{p_2}{p_1} = -\frac{dQ_1}{dQ_2} = \frac{F_1'}{F_2'}$$

Schaubild 12.4: Anpassung in der Faktorallokation

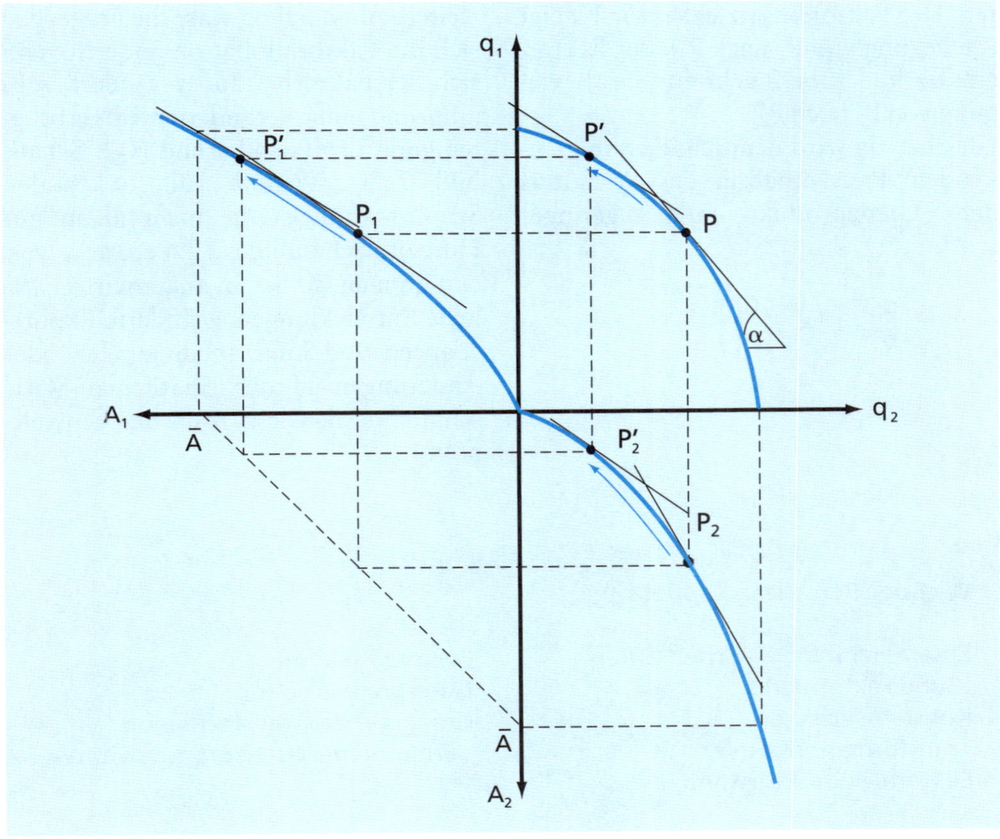

2. Sektoraler Strukturwandel. Nehmen wir an, im Verlauf der wirtschaftlichen Entwicklung sinkt das Preisverhältnis p_2/p_1. Dies ergibt sich dann, wenn sich die Präferenz der Nachfrager zu Gunsten des Gutes 1 und/oder zu Ungunsten des Gutes 2 verschiebt oder wenn Gut 2 mit einer Steuer belegt wird oder wenn Gut 1 subventioniert wird. Wie passt sich eine Volkswirtschaft durch eine Reallokation der Faktoren an diese geänderten Bedingungen an?
Schaubild 12.4 zeigt die Anpassung in der Faktorallokation. Wenn das Preisverhältnis p_2/p_1 sinkt, wird eine geringere Menge des Gutes 2 und eine größere Menge des Gutes 1 erstellt. Der Produktionspunkt der Volkswirtschaft bewegt sich auf der Transformationskurve von P auf P'. Dieser Bewegung entspricht eine Reallokation der Faktoren. Der Faktoreinsatz in Sektor 1 steigt (Bewegung von P_1 nach P_1'); der Faktoreinsatz in Sektor 2 geht zurück (Bewegung von P_2 nach P_2').
Gleichzeitig wird deutlich, dass mit sinkendem Preisverhältnis das Verhältnis der Grenzproduktivitäten geringer wird:

$$\frac{p_2}{p_1}(\downarrow) = \frac{F_1'(\downarrow)}{F_2'(\uparrow)}(\downarrow)$$

Denn mit zunehmendem Faktoreinsatz in Sektor 1 sinkt die Grenzproduktivität; und mit abnehmendem Faktoreinsatz in Sektor 2 steigt die Grenzproduktivität. Mit diesem einfachen Ansatz lässt sich beispielsweise eine sektorale Verschiebung der Beschäftigung hin zu den Dienstleistungen (Tertiarisierung, Deindustrialisierung) erklären (Kasten 12.1).

3. Weitere Ursachen sektoralen Strukturwandels. Der Strukturwandel ist aber nicht allein nachfragebestimmt. Daher sollen der Vollständigkeit halber auch andere wichtige Einflussfaktoren des sektoralen Wandels erwähnt werden. Bei technischem Fortschritt wird sich sowohl das Güterpreisverhältnis als auch die Lage der Transformationskurve verändern (vgl. Schaubild 2.5b). Eine weitere Anwendung wäre die Frage, wie sich die Faktorallokation ändert, wenn sich der Faktorbestand verändert, z. B. aufgrund einer veränderten Erwerbsbeteiligung der Bevölkerung (vgl. Schaubild 2.5a). Weitere Fälle sektoralen Strukturwandels, die nicht allein mit Hilfe des Schaubildes 12.4 erörtert werden können, sind z. B. außenwirtschaftliche Entwicklungen, geänderte Exportchancen und Importbedingungen oder Änderungen in der staatlichen Wirtschaftspolitik wie z. B. in der Umweltpolitik.

Wichtige Begriffe in Kapitel 12

Zusammenhang zwischen Güter- und Faktormarkt
Konsumwertkurve
Transformationskurve
Sektoraler Strukturwandel
Faktorallokation
Güterpreisverhältnis
Grenzrate der Transformation
Verhältnis der Grenzproduktivitäten

13 Preismechanismus und marktwirtschaftliches System

Es ist irreführend, von einem Profitsystem zu sprechen.
Wir haben ein Gewinn- und Verlustsystem.
Der Gewinn ist das Zuckerbrot, das als Leistungsanreiz dient,
und der Verlust ist die Peitsche als Strafe
für den Einsatz ineffizienter Produktionsverfahren
oder den Einsatz von Rohstoffen in Produkten,
die die Konsumenten mit ihren Geldausgaben nicht honorieren.
Paul A. Samuelson

Die in den bisherigen Kapiteln diskutierten Aussagen zur Preisbildung erhalten ihren Stellenwert aus der spezifischen Bedeutung des Preismechanismus als Steuerungsinstrument. Die Ausführungen zur Preisbildung würden deshalb in einem wirtschafts- und gesellschaftspolitischen Vakuum bleiben, wenn es nicht gelingt, die Bedeutung dieser Überlegungen für bestehende Wirtschaftsordnungen zu verdeutlichen.

13.1 Dezentrale Autonomie oder zentrale Lenkung?

Wirtschaftssysteme können in unterschiedlicher Weise institutionell verfasst sein. Ein wesentliches Unterscheidungsmerkmal liegt darin, mit welchem Ausmaß von Autonomie Subsysteme eines Wirtschaftssystems ausgestattet sind. Die Frage der Autonomie bezieht sich darauf, ob die folgenden Entscheidungen von einer zentralen Instanz (Staat, Politik, Planbüro) oder von dezentralen Einheiten, z. B. einzelnen Haushalten oder Unternehmen, gefällt werden:

- Was wird produziert?
- Was wird konsumiert?
- Wie wird das Produktionsergebnis verteilt?
- Wie viel Kapital wird gebildet?
- Wo wird investiert?
- Welches Arbeitsangebot wird zur Verfügung gestellt?

Bei diesen (und anderen) Entscheidungen in der Ökonomie sind verschiedene Subsysteme betroffen, etwa beim Arbeitsangebot und bei den Konsumentscheidungen die Haushalte, bei der Kapitalbildung die Sparer (Haushalte und Unternehmen) und bei der Produktion von Gütern vorrangig die Unternehmen. Die Frage, wer die Entscheidungen über diese Fragen fällen soll, ist eine Wertfrage par excellence, möglicherweise die zentrale Wertfrage der politischen Ökonomie.

Es ist heute unbestritten, dass die Entscheidung über das Arbeitsangebot nicht von einer zentralen Instanz gefällt werden kann, die jedem einzelnen Individuum eine Arbeitspflicht vorgibt. Ansätze einer direkten Arbeitslenkung hat es in größerem Ausmaß vorübergehend in der damaligen UdSSR gegeben. Es käme heute wohl auch niemand auf die Idee, den Haushalten ihren Konsum durch ein zentrales Planbüro vorzuschreiben. Die grundsätzliche Autonomie der Konsumentscheidung und des Arbeitsangebotsverhaltens kann deshalb als allgemein akzeptierte Norm unterstellt werden. Da Sparen identisch ist mit Nichtkonsum, muss auch die Entscheidung über das Sparverhalten in diese Autonomie mit einbezogen werden.

Die Frage der Autonomie bezieht sich auch auf die Produktionsentscheidungen. Eine dezentral organisierte Volkswirtschaft hat gegenüber einem System zentraler Lenkung einen wesentlichen Vorteil: Die Subsysteme der Produktion können wesentlich schneller als eine zentrale Planungsinstanz auf geänderte Datenkonstellationen reagieren. Die Zeit für die Informationsweitergabe von dezentralen Einheiten an die zentrale Planungsinstanz und für die Weitergabe der Signale von oben nach unten entfällt. Ferner sind dezentrale Einheiten im Vergleich zu einer Zentrale durch eine größere Problemnähe gekennzeichnet. Die Erfahrung mit Zentralplanungssystemen hat gezeigt, dass die Zentrale nicht hinreichend über die ökonomischen Bedingungen bei den einzelnen Einheiten informiert sein kann. Die dezentralen Einheiten haben oftmals keinen Anreiz, ihre Information bereitzustellen; sie verzerren vielmehr die Informationen, etwa über die Inputs, die sie zur Produktion von Gütern brauchen, zu ihrem eigenen Vorteil. Nicht zuletzt an diesem Informationsproblem ist die Planwirtschaft gescheitert. Die Dezentralisierung ökonomischer Aktivitäten bringt dagegen eine erhebliche Flexibilität und Anpassungsfähigkeit ökonomischer Systeme mit sich. Auch muss ein Zentralplanungssystem gewaltige Anreizprobleme lösen, da der Unternehmensgewinn als Anreizmechanismus entfällt.

These: Eine dezentral organisierte Volkswirtschaft kann schneller und flexibler auf geänderte Datenkonstellationen reagieren. In einer dezentral organisierten Volkswirtschaft, in der die Produktionsentscheidungen in den einzelnen Unternehmen fallen, spielt der Preismechanismus die wichtige Rolle eines Informations- und Anreizsystems.

Letztlich lässt sich die Autonomie auch im Freiheitsziel, also außerökonomisch, begründen. Autonomie weist den dezentralen Einheiten wie Haushalten und Unternehmen Entscheidungen zu, die diese auf freiwilliger Basis fällen. Im entgegengesetzten Fall einer Zentralplanung werden den dezentralen Einheiten Entscheidungsbefugnisse entzogen und es wird damit ihr Freiheitsspielraum eingeschränkt. Hinzu kommt, dass dezentrale Autonomie, verkörpert in einem vielfältigen System von Entscheidungseinheiten, das Entstehen bürokratischer Strukturen und großer Entscheidungsgebilde vermeidet. Dezentrale Autonomie kontrolliert somit Macht. Im Übrigen zeigen Wirtschaftssysteme mit zentraler Planung, dass die Zentrale sehr oft eigene Zielsetzungen entwickelt, die mit den Wünschen von Individuen keineswegs übereinstimmen sein müssen.

These: Eine dezentral organisierte Volkswirtschaft gestattet den einzelnen Mitgliedern einer Gesellschaft autonome Entscheidungsspielräume und erlaubt damit die Artikulierung individueller Präferenzen.

13.2 Dezentrale Autonomie und Superauktionator

Wird unterstellt, dass eine Ökonomie dezentral organisiert ist, so kann man sich (theoretisch) einen Superauktionator für eine Volkswirtschaft vorstellen, der hervorragend informiert und sozusagen ökonomisch allwissend die Preise aller Güter kennt und die Preise »ausruft«. Die dezentralen Einheiten reagieren mit ihren Produktions- und Konsumentscheidungen auf diese Preisnennungen. Dieser gesamtwirtschaftliche »Versteigerer« kennt sich nicht nur auf dem Kunstmarkt oder dem Viehmarkt aus, sondern er ist ein Experte für alle Märkte. Außerdem hat dieser Generalbundesversteigerer alle Informationen über das Mengenverhalten von Nachfragern und Anbietern, ohne eine Versteigerung abhalten zu müssen. Zum Verständnis des Preismechanismus ist es wichtig zu fragen, wie dieser Superauktionator die Preise zu setzen hätte.

Konsistenz autonomer Entscheidungen. Von zentraler Bedeutung ist, welche Restriktionen oder ökonomische Sachzwänge der Auktionator zu beachten hat. An diesen Restriktionen oder Sachzwängen kann leider keine politische Instanz etwas ändern. Es sind Grundtatbestände.
Die entscheidende Restriktion für den Superauktionator ist, dass er die Preise so auszurufen hat, dass alle Entscheidungen der verschiedenen, autonom handelnden Subsysteme konsistent sind, d. h. dass sich die Entscheidungen der verschiedenen Individuen decken. Im Einzelnen ergeben sich die folgenden Bedingungen:

1. **Mengenkonsistenz bei Gütern.** Der Preis für Güter ist so festzulegen, dass die nachgefragte Menge eines jeden einzelnen Gutes genau der angebotenen Menge entspricht, das Verhalten der Nachfrager und der Anbieter muss sich also decken. Der Auktionator muss den Gleichgewichtspreis ausrufen.
Wird der Preis relativ zum Gleichgewichtspreis zu hoch festgelegt, so ist der Anreiz zu produzieren zu groß, und es entsteht ein Angebotsüberschuss. Die Einzelpläne der Nachfrager und der Anbieter sind nicht koordiniert. Die Fehlabstimmung ist in diesem Fall daran zu erkennen, dass sich die Läger füllen und die Produkte keinen Absatz finden. Die Volkswirtschaft hat ihre knappen Produktionsfaktoren für die Herstellung von Produkten eingesetzt, die die Nachfrager gar nicht haben wollen.
Wird dagegen der Preis zu niedrig ausgerufen, so liegt ein Angebotsdefizit vor. Es wird im Vergleich zur Nachfrage eine zu geringe Menge angeboten. Die Fehlallokation zeigt sich darin, dass die Konsumenten Schlange stehen. Mit dem Ausrufen des Gleichgewichtspreises durch den Auktionator ist zugleich sichergestellt, dass die in Abschnitt 6.3 beschriebenen Funktionen des Preismechanismus (Bewertungs-, Anreiz-, Informations-, Koordinierungs-, Markträumungs- und Lenkungsfunktion) wirksam werden.

2. **Interdependenz der Gütermärkte.** Der Auktionator hat nicht nur das Gleichgewicht auf einem Markt zu beachten, er muss auch die Interdependenz der Märkte in Rechnung stellen. Diese Wechselbeziehung zwischen Märkten erklärt sich durch Substitutions- oder Komplementaritätsbeziehungen sowohl in der Nachfrage als auch in der Produktion. Ruft der Auktionator etwa einen hohen Preis für Heizöl aus, z. B. weil Heizöl relativ knapp ist, so hat er damit zu rechnen, dass die Nachfrager auf ein Substitutionsgut, wie z. B. Holzpellets, ausweichen. Würde der Preis für Holzpellets dann zu niedrig ausgerufen werden, so wäre der Produktionsanreiz dafür zu gering und alle potentiellen Käufer könnten nicht bedient werden.
Analog hat der Auktionator Komplementaritätsbeziehungen in der Nachfra-

ge zu berücksichtigen. Wenn der Preis für Benzin sehr hoch festgelegt ist, wird die Nachfrage nach Automobilen relativ niedrig sein, und es bilden sich Autohalden. Auch die Reaktionen der Produzenten in Bezug auf Substituierbarkeit oder Komplementarität im Güterangebot sind zu beachten.

3. Gleichgewicht auf dem Arbeitsmarkt. Auch auf dem Arbeitsmarkt muss ein Gleichgewicht herrschen. Wenn etwa Arbeitslosigkeit vorliegt, muss der Lohn sinken, damit alle Arbeitnehmer Beschäftigung finden. Inwieweit diese Bedingung in Bezug auf andere Ziele der Wirtschaftspolitik akzeptabel ist, muss noch untersucht werden.

4. Gleichgewicht auf dem Kapitalmarkt. Die Bedingung vom Gleichgewicht auf allen Märkten gilt auch für den Kapitalmarkt. Der Auktionator muss den Preis für Kapital (Zins) so setzen, dass die angebotenen Kapitalmengen (Ersparnisse der Haushalte, nicht ausgeschüttete Gewinne) genau den nachgefragten Kapitalmengen (Investitionsnachfrage) entspricht.

5. Zusammenhang von Güter- und Faktormärkten. Der Auktionator muss auch den Zusammenhang zwischen Güter- und Faktorpreisen beachten. Wie bereits in Kapitel 12 dargelegt, besteht dieser Zusammenhang in zweierlei Richtung:
Zum einen bestimmen die produzierten Gütermengen im Gütermarktgleichgewicht den dafür notwendigen Einsatz an Produktionsfaktoren. Zum anderen determiniert das Gleichgewicht auf den Faktormärkten den Faktoreinsatz und damit die produzierten Gütermengen. Es besteht darüber hinaus auch ein Zusammenhang zwischen den relativen Güterpreisen und den Faktorpreisen. Wenn z. B. der relative Preis besonders arbeitsintensiv produzierter Güter zurückgeht, dann verlagert sich die Produktion weg von diesen Gütern und hin zu eher kapitalintensiven Erzeugnissen. Mit dieser sektoralen Produktionsverlagerung verschiebt sich auch die Faktornachfrage: es wird weniger Arbeit und mehr Kapital nachgefragt. Damit sinkt der reale Lohn, während der Faktorpreis des Kapitals steigt.
Bei der Festlegung der Güter- und Faktorpreise steht der Superauktionator vor einem beachtlichen Informationsproblem (das wir durch die Annahme seiner ökonomischen Allwissenheit hinwegdefiniert haben), denn wenn er die Preise für ein Gut an den Produktionskosten dieses Gutes festlegt, so muss er diese Kosten kennen. Da Kosten bewerteter »Inputverzehr« sind, hängen die Kosten bei gegebenen Faktorpreisen wiederum von der Produktionsmenge des Gutes ab. Die produzierte (abgesetzte) Menge variiert aber mit dem Preis, der erst festzulegen ist. Ferner kann man ja eben nicht davon ausgehen, dass die Preise des Inputs festliegen. Im Gegenteil: der Auktionator hat auch diese zu bestimmen. Also muss er alle Preise aller Güter gleichzeitig festsetzen, und zwar so, dass die Einzelpläne konsistent sind – eine hehre Aufgabe.

6. Sektorales Preisgefüge. Der ideale »Auktionator« würde auch sektorale Verschiebungen (Strukturwandel) im Preisgefüge einer Volkswirtschaft weitergeben, etwa wenn sich die Nachfragepräferenzen zu Gunsten eines Wirtschaftszweiges verschieben oder ein Sektor technischen Fortschritt realisiert, indem er neue Produkte herstellt, ein neues Produktionsverfahren anwendet

oder Organisationsneuerungen durchsetzt.

7. Export- und Importpreise im Gleichgewicht. In einer offenen Volkswirtschaft, die mit anderen Ländern handelt, kann der Preis eines Gutes nicht unabhängig von den Weltmarktpreisen festgelegt werden. Setzt ein Auktionator den Preis für ein zu exportierendes Gut relativ zu niedrig, so wird das Ausland sehr viel von diesem Gut nachfragen. Das Exportangebot des Inlands wird hingegen sehr gering sein. Es herrscht dann kein Gleichgewicht auf dem Exportmarkt, da die Importnachfrage des Auslands größer ist als das Exportangebot des Inlands. Wird hingegen der Preis für zu importierende Güter zu niedrig festgelegt, so wird das Inland mehr Importgüter nachfragen als das Ausland anbietet, da es für die Anbieter auf dem Weltmarkt lohnend ist, ihre Güter anderen Volkswirtschaften anzubieten. Das Austauschverhältnis der Güter (die sog. »Terms of Trade«) muss demnach so gewählt werden, dass Export- und Importmarkt im Gleichgewicht sind.

8. Budgetrestriktion des Landes. Beim internationalen Güterhandel müssen auch die Budgetrestriktionen der Länder erfüllt sein. Ein Land kann (wenn internationale Verschuldung vernachlässigt wird) wertmäßig nur so viel importieren, wie es wertmäßig für seine Exporte erhält. In diesem Fall ist die Handelsbilanz des Landes ausgeglichen. Übersteigt dagegen der Devisenbedarf für die Importe die Exporterlöse, kann ein Land die gewünschten Importe nicht durchführen. Die Handelsbilanz wäre dann defizitär.

9. Gleichgewicht auf dem Devisenmarkt. Der Auktionator muss auch den relativen Preis für ausländische Währungen, den Wechselkurs, richtig festsetzen. Der Wechselkurs gibt an, wie viel Euro man für eine Einheit der ausländischen Währung, z. B. Dollar, erhält oder bezahlen muss.[1]
Wird der Wechselkurs niedrig festgelegt, muss man also wenig Euro aufwenden, um einen Dollar zu erhalten, so sind dann Waren aus den USA für Europäer relativ günstig, und wir werden viel importieren. Umgekehrt müssen die Amerikaner relativ viel Dollar aufwenden, um einen Euro zu erhalten. Die Amerikaner kaufen deshalb ungünstig bei uns ein. Da die Importwaren mit Devisen bezahlt werden müssen, ist die Devisennachfrage aufgrund des niedrigen Wechselkurses sehr hoch, während das Devisenangebot, das aus der ausländischen Importnachfrage resultiert, gering ist. Ein Gleichgewicht auf dem Devisenmarkt verlangt hingegen, dass das Angebot an Devisen mit der Nachfrage übereinstimmt.

10. Der Markt als Auktionator. In der wirtschaftlichen Praxis gibt es den idealen Superauktionator nicht. Das müsste ein Preisamt sein, das bei der Vielzahl der in einer modernen Volkswirtschaft hergestellten Produkte – man denke an die 10 000 Produktgruppen in der Warenstatistik (vgl. Tabelle 1.1) – ein schwerfälliger bürokratischer Apparat sein dürfte, der der Komplexität ökonomischer Nachfrage- und Produktionsentscheidungen relativ hilflos gegen

[1] Das ist die sog. »Preisnotierung« des Wechselkurses. Als Alternative dazu kann der Wechselkurs auch in einer »Mengennotierung« definiert sein, die angibt, wie viele ausländische Währungseinheiten man für einen Euro erhält. Der Wechselkurs in Mengennotierung ist gerade der Kehrwert des Wechselkurses in Preisnotierung.

überstehen würde. Ein solches Preisamt würde ein unvorstellbares Ausmaß an Information benötigen.
Es ergibt sich die These:
Die bisher diskutierten Aufgaben des Superauktionators können vom Markt übernommen werden – einem Koordinierungsmechanismus, der die Informationskosten einzelner Tausch- und Kaufakte den betroffenen Individuen zuweist und mit staatlichen Koordinierungskosten von null arbeitet. Der Markt leistet die Aufgaben des Superauktionators.

13.3 Institutionelle Regeln und ökonomische Anreize

In einer marktwirtschaftlich organisierten Volkswirtschaft entscheiden Haushalte autonom über die Konsummengen, die Ersparnisse und das Arbeitsangebot. Die Unternehmen entscheiden autonom über Produktion, Güterangebot, Faktornachfrage und Investition. Der Markt koordiniert über Preise diese Einzelpläne.
Das Verhalten der autonomen Entscheidungseinheiten und die Koordinierung über den Preismechanismus hängen entscheidend von den »institutionellen« Regeln ab, die informell oder formell (etwa: per Gesetz) festlegen, wie Dinge zu geschehen haben. Zu den institutionellen Regeln zählen die Wirtschaftsverfassung einschließlich der Eigentumsordnung sowie die Nutzungsrechte von Ressourcen und soziale Absicherungen.
Die Wirtschaftsverfassung ",4> (Wirtschaftsordnung) legt fest, welche organisatorischen Einheiten welche Entscheidungen fällen dürfen. So enthält die Wirtschaftsverfassung Regeln darüber, welche Entscheidungen den Privaten (Haushalten, Unternehmen) überlassen bleiben und welche Entscheidungen vom Staat zu fällen sind. In einem föderativen System wird auch die Rolle der Zentralregierung und der Länder geregelt (Kanada, Bundesrepublik, Schweiz, USA).
Die Eigentumsordnung spezifiziert, welche Verfügungsrechte ein Eigentümer über eine Sache hat. Privateigentum hat sich als ein wichtiger Anreiz erwiesen, sparsam mit Gütern und Ressourcen umzugehen. Das Eigentum an einem Unternehmen ist ein Anreiz dafür, dieses Unternehmen weiterzuentwickeln, z. B. neues technisches Wissen zu realisieren oder die Kosten zu senken. Wenn ein Eigentümer den Wert eines Unternehmens durch seine Anstrengungen vermehrt, kann er durch Verkauf des Unternehmens den Kapitalwert erlösen. Die Transferierbarkeit ist also eine wichtige Voraussetzung dafür, dass Menschen motiviert werden. Wie das Beispiel der kommunistischen Planwirtschaften in Mittel- und Osteuropa gezeigt hat, lässt sich ohne Privateigentum eine Volkswirtschaft nicht effizient entwickeln.
Die Eigentumsordnung kann als ein spezieller Aspekt der Nutzungsrechte interpretiert werden, welche festlegen, wie man über Ressourcen verfügen kann. Die seit einiger Zeit diskutierte Theorie der Nutzungsrechte stellt die Frage, wie Nutzungsrechte für Ressourcen, Produktionsfaktoren und Güter in einer Gesellschaft zu definieren sind, damit die Ziele der Wirtschafts- und Gesellschaftspolitik erreicht werden. Die Festlegung institutioneller Regeln muss so erfolgen, dass die gesamtwirtschaftlichen Zwänge den Teilsystemen einer Volkswirtschaft verdeutlicht werden. Der Preismechanismus als Signal

für Knappheiten stellt eine solche Regelung dar. Aber auch andere institutionelle Regelungen wie etwa das Verfügungsrecht über natürliche Ressourcen müssen die Knappheiten signalisieren. Im Paradies braucht man keine Nutzungsrechte für Wasser und Luft. In der komplexen Welt von heute müssen die Nutzungsrechte über Wasser und Luft (etwa Begrenzung der Abgabe von Schadstoffen) den Knappheitsbedingungen Rechnung tragen.
Institutionelle Regelungen müssen also so beschaffen sein, dass für die einzelnen Teileinheiten (Haushalte, Unternehmen) Anreize geschaffen werden, sich im Gesamtinteresse verhalten und damit bestimmte Ziele der Gesellschaft durch das Handeln einer Vielzahl von Wirtschaftssubjekten erreicht werden können. Diese Frage geeigneter Anreize wird in der Literatur auch als »Mechanism-Design«-Problem bezeichnet. Mechanism Design ist eng verwandt mit dem Begriff des »Principal-Agent«-Ansatzes aus der Vertragstheorie. Der Prinzipal, also die Gesellschaft, will die von ihm angestrebten Ziele erreichen. Damit stellt sich die Frage, durch welche institutionellen Regeln und Maßnahmen er das Verhalten der Agenten, also der Haushalte und Unternehmen, so beeinflussen kann, dass die Ziele ereicht werden. Dabei ist davon auszugehen, dass der Prinzipal nur ungenügende Informationen besitzt, sowohl was das das Verhalten der Agenten betrifft, als auch die Rahmenbedingungen, unter denen sie handeln. Die Agenten werden dann alle ihnen zur Verfügung stehenden Handlungsspielräume mit Phantasie ausschöpfen. Die Konzipierung institutioneller Regeln muss »anreizkompatibel« sein; sie darf nicht Reaktionen stimulieren, welche Ausweichverhalten darstellen. Institutionelle Mechanismen müssen also potentielles Ausweichverhalten antizipieren.

13.4 Marktwirtschaftliche Allokation und wirtschaftspolitische Ziele

Soll die marktwirtschaftliche Allokation wirtschaftspolitische Ziele berücksichtigen, so werden zusätzliche Restriktionen deutlich.

1. Budgetrestriktion bei der Bereitstellung öffentlicher Güter. Will die Gesellschaft ein Angebot an öffentlichen Gütern sicherstellen, so müssen für die Bereitstellung dieser öffentlichen Güter Produktionsfaktoren aus anderen Verwendungen abgezogen werden. Damit muss zwangsläufig das Angebot an privaten Gütern zurückgehen. Um die Kosten für die öffentlichen Güter zu finanzieren, muss der Staat Steuern oder Abgaben erheben.

2. Finanzierungsrestriktion bei Steuern und Subventionen. Angenommen, der Staat greift, z. B. aus sozial- oder umweltpolitischen Gründen, in die Preisbildung ein, so dass es zu einer Trennung von Produzenten- und Konsumentenpreis kommt. So kann versucht werden, die Konsumentenpreise für lebenswichtig betrachtete Güter niedrig halten. Da jedoch bei diesem niedrigen Preis nicht hinreichend große Mengen produziert werden (der Anreizeffekt der Produktion ist zu gering), wird der Produzentenpreis durch eine Subvention höher gesetzt. Bei gesundheitspolitisch weniger erwünschten Produkten (Alkohol, Tabak) kann durch eine Besteuerung der Konsumentenpreis höher gesetzt werden als der Produzentenpreis.

Kasten 13.1 Nutzungsrechte folgen der Knappheit

Nutzungsrechte oder Verfügungsrechte bestimmen, wie dezentrale Einheiten (Konsumenten, Unternehmen) über knappe Güter oder knappe Produktionsfaktoren verfügen dürfen. Nutzungsrechte sind also die Gesamtheit der rechtlichen und auch der informellen Regelungen, welche die Art und Weise determinieren, wie man Güter und Produktionsfaktoren einsetzen kann. Dieses Verfügungsrecht schließt ein, unter welchen Bedingungen das Recht selbst veräußerbar ist. Ein wichtiger Aspekt ist, dass das Verfügungsrecht eines Einzelnen auch allgemein respektiert wird.

In der Entwicklung der Menschheitsgeschichte folgten die Nutzungsrechte den Knappheiten. Die Jagd stand zunächst jedem offen; im Verlauf der Zeit haben sich jedoch Regeln entwickelt, die das Jagdrecht in den meisten Ländern der Erde an bestimmte Bedingungen knüpfen. Ein anderes Beispiel für die Entwicklung von Nutzungsrechten ist das Eigentumsrecht am Wasser, das ursprünglich ein freies Gut mit freiem Nutzungszugang war. Im Verlauf der Menschheitsgeschichte haben sich komplizierte Nutzungsrechte für Wasser entwickelt. Dabei gewannen diese Nutzungsrechte besondere Bedeutung in den wasserarmen Regionen der Welt, etwa im Westen der USA. Im mittleren Osten haben sich auf der Basis von Wasser- oder Brunnenrechten ganze Dynastien entwickelt.

Ein weiteres interessantes Beispiel von Nutzungsrechten ist die rechtliche Regelung der Bebauung von Grundstücken. So fand sich im englischen Recht des 17. Jahrhunderts eine Vorschrift, dass ein Gebäude – unter bestimmten Bedingungen – keinen Schatten auf das Nachbargrundstück werfen dürfe. Dies limitierte zwangsläufig die Höhe der Gebäude. Diese Vorschrift ging mit nach den USA und wirkte sich in Manhattan, wo Boden besonders knapp war, bald als eine Restriktion aus. Nicht zuletzt infolge dieser Verknappung des Standortbodens wurde die Vorschrift aufgegeben; damit konnten höhere Gebäude errichtet werden.

Folgt man einer solchen Politik, so tritt eine neue Restriktion auf, die zu beachten ist: Subventionen für zu fördernde Produkte belasten den Staatshaushalt und sind durch Steuern, auch solche auf unerwünschte Produkte, oder andere Staatseinnahmen zu decken. Eine Strategie der Trennung von Konsumenten- und Produzentenpreis findet also ihre Grenze in der Bedingung des Budgetausgleichs.

3. Rückwirkungen der Verteilungspolitik. Angenommen, die Gesellschaft möchte auch verteilungspolitische Ziele berücksichtigen und die Einkommensverteilung, die sich aus dem freien Marktgleichgewicht ergibt, wird als unerwünscht erachtet. So kann der Staat etwa die Kapitaleinkommen oder -vermögen besteuern, um diejenigen stärker zu belasten, die viel Kapital besitzen. Dann kann aber der Fall eintreten, dass nicht die gewünschte Höhe an Ersparnissen zur Verfügung gestellt wird. Oder angenommen, der Staat führt Mindesteinkommen ein bzw. zahlt Sozialtransfers, die oberhalb des Gleichgewichts-

In den 1970er-Jahren wurde die Flächennutzungsplanung in New York noch einmal geändert. Zwar gab es Beschränkungen der Geschossflächenzahl, es wurde aber erlaubt, dass ein Eigentümer die Rechte, den Luftraum über seinem Grundstück zu bebauen, veräußern darf. Damit wurde ein transferierbares Eigentumsrecht an dem Luftraum über einem Grundstück geschaffen. So hat Tiffany an der Fifth Avenue Bebauungsrechte für den Luftraum über seinem Grundstück an Donald Trump verkauft. Für Trump hatte der Erwerb deshalb einen Wert, weil er damit den benachbarten Trump Tower höher bauen konnte.

Die Entwicklung von Nutzungsrechten spielt auch bei der Nutzung natürlicher Ressourcen eine Rolle, insbesondere bei den Abbaurechten für energetische und mineralische Rohstoffe. So verkauften beispielsweise vor der ersten Ölkrise die Ölländer ihre Ölreserven im Rahmen von Konzessionsverträgen an die multinationalen Ölunternehmen. Diese Konzessionsverträge liefen in der Regel über siebzig Jahre und erstreckten sich auf die gesamten Ölreserven des Ressourcenlandes. Nach der ersten Ölkrise hat sich die Ausgestaltung dieser Eigentumsrechte verändert. Die Ressourcenländer gewährten Entnahmerechte nur unter der Bedingung, dass sie an den geförderten Mengen mit einem bestimmten Prozentsatz beteiligt werden (so genanntes »production sharing«). Mit der Verknappung des Erdöls haben sich also die Nutzungsrechte verändert.

Auch für das Gut Umwelt sind neue Nutzungsrechte entwickelt worden. Nachdem sich Ende der 1960er-Jahre die Verknappung der Umwelt herausstellte, ist man vor allem in den Industrienationen dabei, neue Nutzungsrechte für die Umwelt zu spezifizieren. Insbesondere wird die Umwelt als Aufnahmemedium von Schadstoffen – als Senke – neuen rechtlichen Regelungen unterworfen. Während die Umwelt in dieser Eigenschaft bis Ende der 1960er-Jahre als so genanntes freies Gut eingesetzt werden konnte, werden heute für die Abgabe von Schadstoffen neue rechtliche Regelungen formuliert. Diese Regelungen beziehen sich darauf, dass bestimmte Entsorgungstechnologien angewendet werden müssen; die Regelungen können auch spezifizieren, dass für die Abgabe von Schadstoffen ein Preis zu entrichten ist.

einkommens in einigen Bereichen der Volkswirtschaft liegen. Es kann dann Arbeitslosigkeit auftreten. In beiden Fällen kommt es somit zum Konflikt zwischen den Zielen der Allokation (Ziel einer möglichst effizienten Produktion) und dem der Distribution (Ziel einer gewünschten Einkommensverteilung).

13.5 Dynamische Funktionen des Wettbewerbs

In der bisherigen Darstellung herrschte eine eher statische Beschreibung von Märkten vor. Beispielsweise haben wir erarbeitet, dass Märkte Informationssignale an Haushalte und Unternehmen aussenden und über Preise die Mengenplanungen von Haushalten und Unternehmen koordiniert werden. In einer dynamischen Betrachtung werden weitere Funktionen des Wettbewerbs deutlich.

Kasten 13.2 Die Interdependenz zwischen Gütermarkt- und Faktormarktregulierung

Wie wir bereits gesehen haben, sind alle Märkte einer Volkswirtschaft interdependent. Damit stehen aber auch die Regulierungen dieser Märkte miteinander im Zusammenhang. Das gilt z. B. für die Gütermarktregulierungen und die Regulierungen des Arbeitsmarktes. So beeinflussen viele Gütermarktregulierungen den Marktzugang und damit die Intensität der Konkurrenz. Wir können auch sagen, dass sie die Höhe der Monopolrenten beeinflussen, die auf dem Markt erzielt werden können. Demgegenüber beeinflussen Arbeitsmarktregulierungen u. a. die Verteilung der Renten, indem sie die beschäftigten Insider vor einer Konkurrenz durch Outsider schützen.

Man kann sich verschiedene Kombinationen von Gütermarkt- und Faktormarktregulierungen vorstellen: Eine intensive Gütermarktregulierung schafft hohe Renten, eine dichte Arbeitsmarktregulierung hat zum Ergebnis, dass diese Renten zu einem beachtlichen Teil den Arbeitnehmern zufallen. Eine Deregulierung der Gütermärkte lässt die Renten geringer werden. Bleibt es jedoch bei einer starken Arbeitsmarktregulierung, so kann das Ziel, Wirtschaftsbereiche wettbewerbsfähiger zu machen, nicht voll erreicht werden, wenn die Arbeitsmarktregulierung weiterhin für hohe Arbeitskosten verantwortlich ist. Umgekehrt sollte eine Deregulierung der Arbeitsmärkte auch mit einer Deregulierung der Gütermärkte einhergehen.

Im internationalen Vergleich haben die Länder unterschiedliche Ansätze bei beiden Regulierungen gewählt (Schaubild). Mediterrane Länder einschließlich Frankreich sind durch eine intensive Regulierung der Gütermärkte und der Arbeitsmärkte gekennzeichnet. Sie weisen eine hohe Arbeitslosigkeit auf. Die angelsächsischen Volkswirtschaften weisen eine geringere Regulierungsdichte beider Märkte auf; sie haben eine geringe Arbeitslosigkeit. Deutschland bildet nach diesen Indikatoren eine Mittelgruppe.

1. **Informationsprozess.** Märkte als Informationsprozess liefern auch Information bei geänderten Rahmenbedingungen. Nimmt die Nachfrage nach einem Gut zu, so steigt – bei kurzfristig gegebenem Angebot – sein Preis. Damit entsteht ein Anreiz, das Gut verstärkt zu produzieren. Sinkt das Angebot eines Produktes, so steigt der Preis, und es setzen Substitutionsprozesse auf der Nachfrageseite ein (z. B. Erdölprodukte). Zudem wird es lohnend, Substitutionsprodukte auf der Angebotsseite zu entwickeln.

2. **Entdeckungsverfahren.** Wettbewerb kann aber auch als ein Mechanismus zur Entdeckung neuen Wissens, als Entdeckungsverfahren, begriffen werden (Hayek). Indem Wettbewerb einen Anreiz liefert, neues technisches Wissen zu finden, trägt er dazu bei, den technischen Horizont einer Volkswirtschaft zu erweitern. Schumpeter[2] entwickelte das Konzept des dynamischen Unternehmers. Ein Unternehmer ist nach Schum-

[2] J. Schumpeter, Theorie der wirtschaftlichen Entwicklung, München 1926, 5. Auflage, Berlin 1952, S. 100 ff.

Schaubild Kasten 13.2: Regulierung von Gütermärkten und Arbeitsmarkt

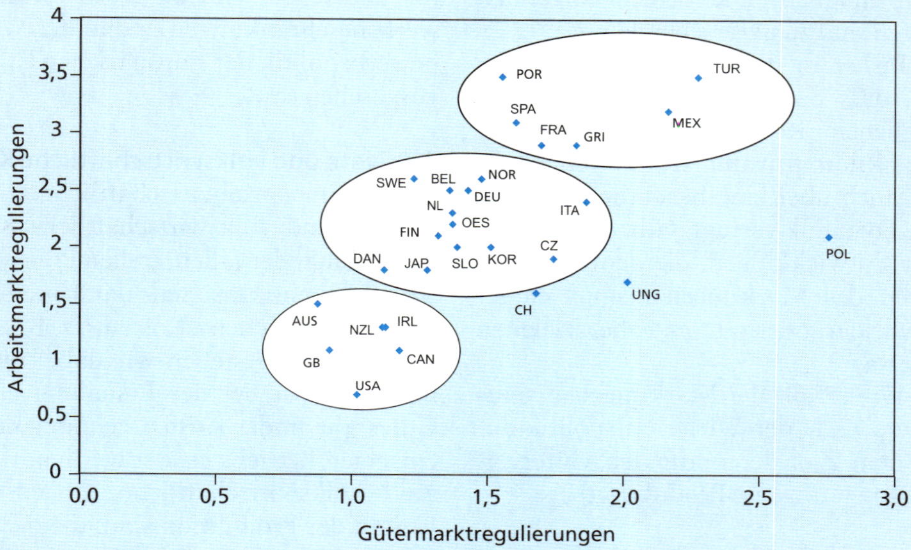

Quelle: OECD, Product Market Regulations in OECD Countries, 1998 to 2003, Paris 2005.

peter dadurch gekennzeichnet, dass er neue Faktorkombinationen, also technischen Fortschritt, durchsetzt. Der dynamische Unternehmer verschafft sich gegenüber seinen Konkurrenten einen Wettbewerbsvorsprung, indem er neue Verfahren realisiert. Die hohen Gewinne des Innovators locken die Nachahmer an, so dass der Wettbewerbsvorsprung durch Imitation abgebaut wird. Dieser Ansatz betont die Rolle des Wettbewerbs zur Aufdeckung neuer technischer Verfahren. Der Gewinn ist der entscheidende Stimulator für die Aufdeckung neuen Wissens. Marktkräfte bauen (bei offenen Märkten) dann im Zeitablauf die Gewinne des Innovators wieder ab.

13.6 Zur Bewertung der Marktprozesse

In den vorstehenden Kapiteln ist bereits an mehreren Stellen deutlich geworden, dass der Preismechanismus gegebenenfalls einer Korrektur bedarf, wenn wichtige vorgegebene Ziele der Wirtschaftspolitik anders nicht zu erreichen sind. Im Folgenden sollen diejenigen Problembereiche angesprochen werden, die möglicherweise eine Korrektur des Preis- und Marktmechanismus erfordern. Eine abschließende Würdigung dieser Probleme ist hier allerdings noch nicht möglich. Die beiden folgenden Fragen sind zu unterscheiden:

(1) Bisher ist die These vertreten worden, dass der Marktmechanismus bei gegebenen Ressourcen die optimale Produktion privater Güter sicherstellt und auch über eine beachtliche technische Dynamik verfügt. Gibt es Faktoren oder Entwicklungen, die dem Funktionieren des Marktmechanismus entgegenwirken, oder gibt es Fälle, in denen er versagt?

(2) Wie erfüllt der Marktmechanismus andere Ziele der Wirtschaftspolitik außer dem Ziel der optimalen Güterversorgung (effiziente Produktion)?

1. **Immanente Tendenzen zur Beschränkung des Wettbewerbs.** Das Funktionieren des Preismechanismus setzt zwar nicht notwendigerweise vollständige Konkurrenz voraus, aber doch einen funktionsfähigen Wettbewerb, d. h. Märkte mit einer relativ starken Wettbewerbsintensität. Die Märkte müssen offen sein und dürfen nicht durch hohe Markteintrittsbarrieren abgeschottet sein. Diese Anforderung kann durch folgende Phänomene in Frage gestellt werden:

- Durch internes Unternehmenswachstum, begünstigt durch Betriebsgrößendegression, entstehen größere Unternehmenseinheiten mit relativ starken Marktanteilen (Konzentration durch Unternehmenswachstum).
- Durch Unternehmenszusammenschlüsse und Absprachen (Fusionen, Kartelle) wird die Konzentration begünstigt und die Wettbewerbsintensität wird möglicherweise reduziert.

Diese Tendenzen, die die Funktionen des Preismechanismus tangieren, erfordern staatliches Tätigwerden im Rahmen der Wettbewerbspolitik (Fusionskontrolle, Kartellpolitik), wie es etwa im deutschen Gesetz gegen Wettbewerbsbeschränkungen und in der Wettbewerbspolitik der Europäischen Union vorgesehen ist.

2. **Private und volkswirtschaftliche Kosten.** Wenn einzelwirtschaftliche (oder private) und volkswirtschaftliche Kosten auseinander fallen, stellen Preise falsche Informationssignale dar. Unter einzelwirtschaftlichen Kosten, z. B. der Produktion, verstehen wir dabei diejenigen Kosten bei der Erstellung eines Gutes, die in der Kostenrechnung eines einzelnen Betriebs erfasst werden, während volkswirtschaftliche Kosten die Kosten der Produktion sind, die der gesamten Volkswirtschaft entstehen. Das Umweltproblem ist ein Beispiel für das Auseinanderklaffen von privaten und volkswirtschaftlichen Kosten. Indem z. B. ein Betrieb Schadstoffe an die Umwelt abgibt und die Qualität des öffentlichen Konsumgutes »Umweltqualität« beeinträchtigt, verursacht er der Gesellschaft Umweltschäden, die seinen Produktionskosten nicht zugerechnet werden, die er folglich nicht trägt und die auch nicht in den Preisen der von ihm produzierten Güter eingerechnet sind.[3] Damit werden umweltschädigend produzierte Güter zu billig produziert, zu einem zu niedrigen Preis verkauft und in einer zu großen Menge nachgefragt und auch produziert.

[3] Vgl. H. Siebert, Economics of the Environment. Theory and Policy, Heidelberg 1998, 5. Aufl., Kap. 2.

Kasten 13.3 Soziale Sicherung und wirtschaftliche Basis

In Deutschland wird der sozialen Absicherung eine große Bedeutung zugemessen. Das »Sozialbudget«, in dem die wesentlichen Sozialleistungen enthalten sind, macht etwa ein Drittel des Bruttoinlandsprodukts aus. Für die Sozialversicherung, also für die Renten-, Kranken-, Pflege- und Arbeitslosenversicherung, wurden im Jahr 2003 etwa 22,3 vH des Bruttoinlandsprodukts aufgewendet. Seit einigen Jahren ist deutlich geworden, dass diese Sicherungssysteme an ihre Finanzierungsgrenze geraten sind. Der Beitragssatz für die Rentenversicherung betrug 19,5 vH in 2005. Auch werden erhebliche Bundeszuschüsse zur Finanzierung der Ausgaben der Rentenversicherung gezahlt. Im Jahr 2005 betrugen diese Zuschüsse 78 Mrd. Euro. Zudem wurde die Untergrenze für die Nachhaltigkeitsrücklage (bis 2003: Schwankungsreserve), die als finanzielle Reserve zum Ausgleich von Einnahmen- und Ausgabenschwankungen dient, von einer Monatsausgabe auf zuletzt 0,2 Monatsausgaben abgesenkt und es wurde die Fälligkeit der Beitragszahlungen nach vorne verlagert, um einmalig im Jahr 2006 mehr Beiträge einsammeln zu können. In der Krankenversicherung betrug der Beitragssatz (einschließlich Sonderbeitrag) in 2005 durchschnittlich 14,2 vH. Hinzu kommen die Pflegeversicherung mit einem Beitragssatz von 1,7 vH (zusätzlich zahlen Kinderlose einen Zuschlag von 0,25 vH) und die Arbeitslosenversicherung mit 6,5 vH. Insgesamt belaufen sich so die Beitragssätze für die Sozialversicherung auf 41,9 vH. Langfristig stellt sich bei alternder Bevölkerung umso stärker die Finanzierungsfrage, insbesondere bei der Kranken-, Pflege- und Rentenversicherung (siehe Kapitel 26).

Die soziale Absicherung wirkt sich auf die wirtschaftliche Basis aus. Sie entzieht den Privaten Kaufkraft und ihre Finanzierung verteuert den Produktionsfaktor Arbeit (zumindest insoweit den Beiträgen keine individuellen Leistungen gegenüberstehen, auf die ohne Beitragszahlung kein Anspruch bestehen würde). Dabei interessiert vor allem, wie die Finanzierung auf das Verhalten von Arbeitnehmern und Unternehmen wirkt und wie sie zur Arbeitslosigkeit beiträgt (siehe Abschnitt 10.5). Auch ist der Anreiz nicht so stark ausgeprägt, Geld und Freizeit in die Bildung und damit den Aufbau des eigenen Humankapitals zu investieren, wenn die Erträge dieser Investition (das zusätzliche Arbeitseinkommen) durch hohe Sozialbeiträge belastet werden. Darüber hinaus wird es interessant, in die Schattenwirtschaft auszuweichen. Doch nicht nur von der Finanzierungsseite, sondern auch von der Leistungsseite beeinflusst die Soziale Sicherung den Arbeitsmarkt, da durch Lohnersatzleistungen sowie Sozialhilfe ein Mindestlohn festgelegt wird, unter dem kein Arbeitsangebot zustande kommt. All dies sind die Opportunitätskosten der sozialen Sicherung, die berücksichtigt werden müssen.

Zur Lösung dieses Problems ist es erforderlich, den privaten Verursachern alle volkswirtschaftlichen Kosten, z. B. durch Einführung einer Emissionssteuer, zuzurechnen.

3. Öffentliche Güter. Wie bereits betont wurde, kann die Bereitstellung öffentlicher Güter nicht dem Preismechanismus überlassen werden. Über das Angebot öffentlicher Güter ist deshalb im Rahmen politischer Prozesse zu entscheiden.

4. Allokation in der Zeit. In dieser Einführung haben wir uns im Wesentlichen mit statischen Allokationsproblemen beschäftigt und sind nur hin und wieder auf die Veränderung der Faktorallokation eingegangen. Es ist gezeigt worden, dass der Preismechanismus beim sektoralen Strukturwandel eine wichtige Rolle spielen kann. Offen blieb jedoch das Problem, ob der Preismechanismus die günstigste Nutzung langfristig knapper Ressourcen (Energie, Rohstoffe) sicherstellt und ob die privaten Ersparnisse ausreichend sind, um zukünftige Generationen mit Kapital zu versorgen. So wird die These vertreten, dass die Preise von heute nicht die Knappheitsrelationen in der Zukunft widerspiegeln, zukünftige Knappheiten nicht hinreichend berücksichtigt werden und damit heute eine zu starke Nutzung langfristig knapper Ressourcen erfolgt. Allerdings können zukünftige Knappheiten in die Erwartungen der Anbieter und damit auch in deren aktuelles Angebotsverhalten eingehen. An dieser Stelle wird die Frage einer Ressourcenpolitik als mögliche Ergänzung des Preismechanismus deutlich.

5. Asymmetrische Information. Sind die Marktteilnehmer unterschiedlich gut über relevante Sachverhalte informiert, so kann dies die Funktionsfähigkeit eines Marktes einschränken. Man nennt dieses Phänomen »adverse Selektion«. Nehmen wir zur Verdeutlichung einen Markt an, auf dem Güter unterschiedlicher Qualität gehandelt werden (z. B. ein Markt für Gebrauchtwagen). Die Nachfrager können die Qualität der angebotenen Güter oftmals nicht erkennen (z. B. ob der angebotene Wagen tatsächlich unfallfrei ist oder der Kilometerstand nicht manipuliert wurde). Ein potentieller Verkäufer, der eine gute Qualität anbietet, kann auf einem solchen Markt möglicherweise keinen angemessenen Preis erzielen, da er sich von den Anbietern mit einer schlechten Qualität nicht unterscheiden kann. Das hat zur Folge, dass die guten Qualitäten einem solchen Markt fernbleiben und nur Güter mit einer schlechten Qualität gehandelt werden. Der Staat kann in diesen Fällen durch eine Bereitstellung von Informationen (Kennzeichnungspflichten) oder durch bestimmte Mindeststandards (Hygienevorschriften in der Gastronomie) die Informationsasymmetrien zwischen den Marktteilnehmern verringern. Es gibt aber auch privatwirtschaftliche Mechanismen, die das Informationsproblem abschwächen. Ein Beispiel ist die Bewertung von Handelspartnern bei Auktionsplattformen im Internet oder die zahlreichen Internetseiten, auf denen Konsumenten ihre Erfahrungen mit gekauften Produkten schildern können. Auch können Gutachter eingeschaltet werden oder man kann vom Verkäufer bestimmte Garantien verlangen. Adverse Selektion kann auch auf Versicherungsmärkten eine Rolle spielen, wenn die Versicherungskunden besser informiert sind über die Wahrscheinlichkeit eines Schadensfalls als die Ver-

sicherungsanbieter. Dann werden besonders diejenigen mit einer hohen Schadenswahrscheinlichkeit einen umfangreichen Versicherungsschutz suchen, während dadurch für die anderen potentiellen Kunden die Versicherung zu teuer wird und diese dann u. U. auf einen Versicherungsschutz verzichten. Daher stufen z. B. Kraftfahrzeugversicherungen ihre Tarife nach zahlreichen Kriterien, wie Wohnort, Geschlecht und Alter, ab. Hierbei handelt es sich nicht um eine Diskriminierung, sondern um den Versuch, dem Problem der adversen Selektion zu begegnen.

6. Konsumentensouveränität. Eine wesentliche Prämisse des marktwirtschaftlichen Systems, das ja den Anspruch erhebt, dass Individuen in ihren ökonomischen Entscheidungen vom ökonomischen System her einen Freiheitsspielraum haben, ist die Annahme der Konsumentensouveränität. Diese Frage kann sich nicht darauf beziehen, dass die Konsumentscheidung eines einzelnen Individuums auch sozial, also gesellschaftlich (z. B. vom Konsumverhalten der Bezugsgruppen des Individuums), beeinflusst ist. Dies steht außer Frage. Entscheidend ist vielmehr, dass die Konsumnachfrage unabhängig von den Produktionsentscheidungen ist, so dass letztlich die Produktion über den Markt an den Konsumentscheidungen ausgerichtet wird und auszurichten ist. Es gibt die These, dass Werbung diesen Zusammenhang umdrehen kann, indem sie Konsumenten »manipuliert«. Abschließend können wir diese These hier nicht diskutieren. Es gibt aber eine Reihe von Ansatzpunkten, wie beispielsweise Konsumenteninformation, die eine Absicherung der Konsumentensouveränität gestatten. Zudem darf man auch darauf setzen, dass die Menschen irgendwann merken, wenn sie an der Nase herumgeführt werden.

7. Gerechte Verteilung und soziale Absicherung. Der Markt kann zu einer Faktorentlohnung führen, die gesellschaftlich als unerwünscht betrachtet wird. Aus diesem Grund erklären sich staatliche Maßnahmen der sozialen Absicherung (Arbeitslosenunterstützung, obligatorische Alterssicherung usw.) sowie staatliche Einflüsse auf die Preisbildung (Mindest- und Höchstpreise, Trennung von Produzenten- und Konsumentenpreisen durch Steuern und Subventionen) und staatliche Maßnahmen der Verteilungs- und Vermögensbildungspolitik. Allerdings kann sich Verteilungspolitik negativ auf die Höhe des Produktionsergebnisses auswirken.

8. Makroökonomische Ziele der Wirtschaftspolitik. Es ist heute umstritten, inwieweit der Staat zur Erreichung von Zielen der Wirtschaftspolitik, wie Vollbeschäftigung, Stabilisierung des Konjunkturzyklus, Ausgleich der Zahlungsbilanz, aktiv intervenieren soll. Diese im Wesentlichen auf die Erreichung makroökonomischer Ziele ausgerichtete Wirtschaftspolitik wirft die sehr schwierige Frage auf, wie makroökonomische Zielgrößen in einer dezentral organisierten Ökonomie in einzelwirtschaftliche Entscheidungen umgesetzt werden können. Diese Problematik wird in der Makroökonomie und in der Wirtschaftspolitik diskutiert, wo die Frage zur Debatte steht, mit welchen Instrumenten makroökonomische Ziele erreicht werden können.

9. Zielkonflikt. Bei der Bewertung der Resultate des Marktmechanismus sollte nicht vergessen werden, dass die Bewertungsmaßstäbe in der Realität im Zielkonflikt zueinander stehen kön-

nen. Diese Zielkonflikte aufzudecken, Knappheiten der Güter und die Verwendungskonkurrenz der Produktionsfaktoren aufzuzeigen, ist eine zentrale Aufgabe der ökonomischen Theorie.

Wichtige Begriffe in Kapitel 13

Preismechanismus
Autonomie
Zentralplansystem
Dezentral organisierte Volkswirtschaft
Auktionator-Modell
Mengenkonsistenz
Interdependenz der Gütermärkte
Zusammenhang von Güter- und Faktormärkten
Budgetrestriktion
Devisenmarkt
Institutionelle Regeln
Wirtschaftsverfassung
Eigentumsordnung
Nutzungsrechte
Wirtschaftspolitische Ziele
Dynamische Funktion des Wettbewerbs
Markt als Informationsprozess
Markt als Entdeckungsverfahren
Marktzugang
Beschränkung des Wettbewerbs
Private und volkswirtschaftliche Kosten
Öffentliche Güter
Allokation in der Zeit
Asymmetrische Information
Konsumentensouveränität
Gerechte Verteilung und soziale Absicherung
Zielkonflikt

14 Grundlegende Zusammenhänge der Preistheorie

To treat variables as constants
is the characteristic vice of the unmathematical economist.
F. Y. Edgeworth

In diesem Kapitel werden einige wichtige Zusammenhänge der Preistheorie formal dargestellt. Vier Annahmen sind bereits hinreichend, um wichtige Konzepte und Zusammenhänge zu verdeutlichen.

14.1 Annahmen

1. Die Produktionsfunktion der Sektoren i = 1,2 sei durch abnehmende Grenzerträge gekennzeichnet. Bezeichne Q das Produktionsergebnis und A den Faktoreinsatz, so gilt

$$Q_i = F_i(A_i), \quad F'_i > 0; F''_i < 0$$

In Schaubild 5.4 ist eine solche Produktionsfunktion eingezeichnet. Der Output nimmt mit zunehmendem Faktoreinsatz zu, aber die Zuwächse werden immer kleiner. Zur Vereinfachung unterstellen wir, dass nur mit einem einzigen Faktor Arbeit produziert wird.
2. Der Faktorbestand sei gegeben mit $\overline{A}$. Der Faktor kann in Sektor 1 und Sektor 2 eingesetzt werden, so dass

$$A_1 + A_2 = \overline{A}$$

3. Die Unternehmen befinden sich auf den Güter- und Faktormärkten in vollständiger Konkurrenz, d. h. sie nehmen Güter- und Faktorpreise vom Markt. Die Unternehmen verhalten sich als Mengenanpasser.
4. Unternehmen maximieren ihren Gewinn.

14.2 Produktions- und Verbrauchsfunktion

Die Verbrauchsfunktion gibt den (erforderlichen) Faktoreinsatz in Abhängigkeit vom Output an. Die Verbrauchsfunktion kann als Umkehrfunktion zur Produktionsfunktion interpretiert werden. Im Folgenden werden die Subskripte für die Sektoren zur Vereinfachung weggelassen. Die Verbrauchsfunktion wird geschrieben als

$$A = F^{-1}(Q)$$

In Tabelle 5.2 ist die Verbrauchsfunktion in der Weise enthalten, dass man für gewünschte Produktionsergebnisse (Spalte 2) die erforderlichen Einsatzmengen des Faktors (Spalte 1) erkennt. Interpretiert man in Schaubild 5.7b die senkrechte Achse als Arbeitseinsatz (mit l = 1), so gibt die Kurve in Schaubild 5.7b die Verbrauchsfunktion an.
Wenn die Produktionsfunktion durch abnehmende Grenzerträge gekennzeichnet ist, muss die Verbrauchsfunktion dieser Produktionsfunktion durch zunehmende Inputerfordernisse gekennzeichnet sein. Der erforderliche Faktoreinsatz nimmt mit zunehmendem Output überproportional zu. Die Verbrauchsfunktion ist konvex; ihre zweite Ableitung ist

also positiv. Dies lässt sich wie folgt zeigen:

$$\frac{dA}{dQ} = \frac{1}{\frac{dQ}{dA}} = \frac{1}{F'} > 0$$

$$\frac{d^2A}{dQ^2} = \frac{d\left(\frac{1}{F'}\right)}{dQ} = \frac{-\frac{dF'}{dQ}}{F'^2}$$

Wegen

$$\frac{dF'}{dQ} = \frac{dF'}{dA}\,\frac{dA}{dQ} = F''\,\frac{1}{F'}$$

folgt

$$\frac{d^2A}{dQ^2} = -\,\frac{F''}{F'^3} > 0$$

14.3 Transformationskurve

Aus den Produktionsfunktionen der beiden Sektoren und der Ressourcenrestriktion ergibt sich die Transformationskurve, welche die maximalen Produktionsmöglichkeiten einer Volkswirtschaft darstellt (Schaubild 2.3).

$$Q_1 = T\,(Q_2)$$

Die Grenzrate der Transformation (T') ist negativ. Denn: Totale Differentiation der Produktionsfunktion ergibt

$$dQ_i = F'_i\, dA_i$$

so dass man nach Division der Veränderung dQ_1 durch dQ_2 erhält

$$\frac{dQ_1}{dQ_2} = \frac{F_1'\, dA_1}{F_2'\, dA_2}$$

Da $dA_2 = d\,(\bar{A} - A_1) = -\,dA_1$, gilt

$$T' = \frac{dQ_1}{dQ_2} = -\,\frac{F_1'}{F_2'} < 0$$

Das bedeutet: Will man eine marginale Einheit mehr von Gut 2 erzeugen, so geht die Produktion des anderen Gutes zurück. Zudem erkennen wir, dass die Grenzrate der Transformation dem Verhältnis der Grenzproduktivitäten entspricht. Bei Produktionsfunktionen mit abnehmendem Grenzprodukt und einem Produktionsfaktor ist die Transformationskurve streng konkav. Denn für die zweite Ableitung erhalten wir

$$T'' = \frac{d^2 Q_1}{dQ_2^2} = \frac{d\left(-\frac{F_1'}{F_2'}\right)}{dQ_2} = -\,\frac{F_2'\frac{dF_1'}{dQ_2} - F_1'\frac{dF_2'}{dQ_2}}{F_2'^2}$$

$$\frac{dF_2'}{dQ_2} = \frac{dF_2'}{dA_2}\,\frac{dA_2}{dQ_2} = F_2''\,\frac{1}{F_2'}$$

$$\frac{dF_1'}{dQ_2} = \frac{dF_1'}{dA_1}\,\frac{dA_1}{dA_2}\,\frac{dA_2}{dQ_2} = F_1''\,(-1)\,\frac{1}{F_2'} = -\,\frac{F}{F}$$

$$T'' = \frac{d^2Q_1}{dQ_2^2} = -\,\frac{-\frac{F_2' F_1''}{F_2'} - \frac{F_1' F_2''}{F_2'}}{F_2'^2} = \frac{F_1'' + \frac{F_2'' F_1'}{F_2'}}{F_2'^2} < 0$$

da $F_1'' < 0$, $F_2'' < 0$, $F_1' > 0$ und $F_2' > 0$.
Da $T' < 0$ und $T'' < 0$, fällt die Transformationskurve und ist streng konkav.

14.4 Kostenfunktion

Aus der Produktionsfunktion lässt sich bei gegebenem Faktorpreis die Kostenfunktion ableiten. Die Kostenfunktion stellt eine Abhängigkeit der Kosten von der Produktionsmenge dar (Schaubild 5.6).

$$C_v = lA = lF^{-1}(Q)$$

Kosten sind bewerteter Faktorverzehr. Der Faktoreinsatz wird mit dem (als konstant unterstellten) Faktorpreis multipliziert. Der Faktoreinsatz schließlich bestimmt sich gemäß der Verbrauchsfunktion und hängt von dem gewünschten Produktionsergebnis ab. Die Verbrauchsfunktion F^{-1} ist die Umkehrfunktion zur Produktionsfunktion.
Die Grenzkosten sind die erste Ableitung der Kostenfunktion. Sie lautet

$$C'_v = l\frac{dA}{dQ} = \frac{l}{F'} > 0$$

Bei einer Produktionsfunktion mit einem Produktionsfaktor und abnehmendem Grenzprodukt steigen die Grenzkosten. Die zweite Ableitung der Kostenfunktion ist positiv

$$C''_v = l\frac{d^2A}{dQ^2} = -\frac{lF''}{F'^3} > 0$$

14.5 Gewinnmaximales Güterangebot

Sind Produktionsfunktion sowie Güter- und Faktorpreise gegeben und maximiert ein Unternehmen seinen Gewinn, so lässt sich das gewinnmaximale Güterangebot bestimmen.
Der Gewinn ist definiert als Erlös minus Kosten, also

$$G = pQ - lA$$

Als notwendige Bedingung für das Gewinnmaximum ergibt sich – da $A = F^{-1}(Q)$ – bei gegebenem Güter- und Faktorpreis für den Grenzgewinn

$$\frac{dG}{dQ} = p - \frac{l}{F'} = 0$$

oder

$$p = \frac{l}{F'}$$

p gibt den Grenzerlös an. Der Grenzerlös ist definiert als die Veränderung des Gesamterlöses bei Verkauf einer zusätzlichen Mengeneinheit.

$\frac{l}{F'}$ kennzeichnet die Grenzkosten.

Das Unternehmen in vollständiger Konkurrenz wird also sein Angebot so lange verändern, bis der Grenzerlös gleich den Grenzkosten ist. Schaubild 5.11 stellt diesen Zusammenhang dar.

14.6 Angebotskurve

Die Angebotskurve gibt die Abhängigkeit der angebotenen Menge von der Höhe des Preises an. Sie wird bestimmt durch die Bedingung Preis = Grenzkosten.
Mit sich veränderndem Preis p variiert die Angebotsmenge (Schaubild 5.11). Fällt der Marktpreis auf p_1, so muss sich das Unternehmen mit seiner Menge anpassen, wenn es auch in dieser Situation seinen Gewinn maximieren will. Es reduziert seine Menge. Steigt der Preis auf p_2, so wird das Unternehmen seine Menge ausdehnen.

Diese Beziehung folgt aus $p = \frac{l}{F'}$, denn

$$\frac{dp}{dQ} = -\frac{l}{F'^2}F''\frac{dA}{dQ} = -\frac{lF''}{F'^3}$$

Daraus folgt

$$\frac{dQ}{dp} = -\frac{F'^3}{lF''} > 0$$

Das Unternehmen passt sich also auf Preisänderungen seines Produkts entlang seiner Grenzkostenkurve an. Die Grenzkostenkurve gibt damit die Reaktionskurve des Unternehmens auf Preisänderungen wieder. Sie zeigt das Angebotsverhalten des einzelnen Unternehmens an.

14.7 Gewinnmaximale Faktornachfrage

Aus einer gegebenen Produktionsfunktion und gegebenen Preisen auf Güter- und Faktormarkt sowie der Verhaltensannahme der Gewinnmaximierung folgt nicht nur das gewinnmaximale Angebot, sondern auch die gewinnmaximale Faktornachfrage.
Die Gewinndefinition kann wegen $Q = F(A)$ auch geschrieben werden als

$$G = pF(A) - lA$$

Als notwendige Bedingung für die gewinnmaximale Faktornachfrage ergibt sich bei gegebenem Güter- und Faktorpreis

$$pF' = l \qquad \text{oder} \qquad F' = l/p$$

Diese Bedingung erhält man auch durch Umformung der Gewinnmaximierungsbedingung für den Gütermarkt. Der Lohnsatz l gibt an, wie sich die Gesamtausgaben eines Unternehmens verändern, wenn das Unternehmen eine zusätzliche Arbeitseinheit einsetzt (Grenzausgaben). F′ ist die Grenzproduktivität; pF′ gibt die bewertete Zunahme des Produktionsergebnisses infolge der Beschäftigung einer zusätzlichen Ressourceneinheit an (Grenzeinnahme) (vgl. dazu die Diskussion in Schaubild 10.2). Diese Bedingung kann dahingehend interpretiert werden, dass Grenzproduktivität und Reallohn gleich sein müssen (vgl. dazu die Diskussion in Schaubild 10.6).

14.8 Faktornachfragekurve

Die Bedingung, dass im Gewinnmaximum Lohnsatz und Grenzwertprodukt gleich sein müssen, informiert auch darüber, wie sich die Faktornachfrage bei variierendem Lohn verändert. Denn wenn z. B. der Lohn sinkt und der Produktpreis gegeben ist, muss im Unternehmensoptimum das Grenzprodukt sinken: die Nachfrage nach Arbeit nimmt zu (vgl. Schaubilder 10.2 und 10.6). Das folgt auch aus der Ableitung

$$F''\frac{dA}{dl} = \frac{1}{p} \quad \text{oder} \quad \frac{dA}{dl} = \frac{1}{pF''} < 0$$

14.9 Relativpreis und vollständige Konkurrenz

Für die Allokation der Faktoren und die Sektorstruktur spielt der Relativpreis eine große Rolle. Der Relativpreis ist z. B. definiert als p_2/p_1 und hat dann die Dimension

$$\frac{[€/ME_2]}{[€/ME_1]} = \left[\frac{ME_1}{ME_2}\right]$$

gibt also das Tauschverhältnis zwischen zwei Gütern (Mengeneinheiten) an. Aus der Bedingung des Gewinnmaximums $p_i = l/F_i$ folgt für den Relativpreis

$$\frac{p_2}{p_1} = \frac{lF_1'}{lF_2'}$$

d. h., das Güterpreisverzeichnis entspricht in vollständiger Konkurrenz dem umgekehrten Verhältnis der Grenzproduktivitäten.

Wir wissen aber bereits, dass F_1/F_2 gleich der Grenzrate der Transformation ist. Damit gilt in vollständiger Konkurrenz

$$\frac{p_2}{p_1} = \frac{F_1'}{F_2'} = -\frac{dQ_1}{dQ_2}$$

Angenommen, das Preisverhältnis p_2/p_1 steige, weil das Gut 2 höher bewertet wird. Wie passt sich die Volkswirtschaft in diesem Fall an? Diese Frage wird in Schaubild 12.3 verdeutlicht.

Es kennzeichnet Punkt P eine Ausgangssituation mit gegebenem Relativpreis p_2/p_1. Der Anstieg der Tangente kennzeichnet die Grenzrate der Transformation und das Preisverhältnis. Steigt das Preisverhältnis p_2/p_1, so wird eine neue Situation P realisiert. Die Produktionsmenge des Sektors 1 nimmt ab, die Produktionsmenge des Sektors 2 nimmt zu. Die Sektorstruktur verschiebt sich zu Gunsten des Sektors 2.

Da p_2/p_1 steigt, muss auch F_1/F_2 steigen. Dies ist leicht zu erklären. Die Expansion der Produktionsmengen des Sektors 2 ist nur möglich, wenn A_2 zunimmt. Damit sinkt aber auch F_2. Andererseits nimmt A_1 ab und F_1 zu. Die Ressource wandert von Sektor 1 nach 2 (vgl. Schaubild 12.4).

Wichtige Begriffe in Kapitel 14

Produktionsfunktion
Faktorbestand
Mengenanpasser
Gewinnmaximierer
Verbrauchsfunktion
Transformationskurve
Grenzrate der Transformation
Verhältnis der Grenzproduktivitäten
Kostenfunktion
Gewinnmaximales Güterangebot
Grenzerlös
Grenzkosten
Angebotskurve
Gewinnmaximale Faktornachfrage
Relativpreis
Tauschverhältnis

Teil II: Makroökonomie

The division of Economics between the Theory of Value and Distribution on the one hand and the Theory of Money on the other hand, is, I think, a false division.
John Maynard Keynes

In der Mikroökonomie befasst man sich vorwiegend mit dem wirtschaftlichen Verhalten einzelner Entscheidungseinheiten und richtet damit sein Interesse auf den Einzelhaushalt, das Einzelunternehmen und auf die Wechselbeziehung zwischen Haushalten und Unternehmen auf dem Markt für das einzelne Gut. So werden in der Mikroökonomie die Fragen gestellt, von welchen Faktoren die Nachfrage eines Haushalts abhängt, wie die Angebotsfunktion für ein einzelnes Gut aussieht oder wie die Preisbildung auf einzelnen Märkten zu erklären ist. Außerdem interessiert man sich in der Mikroökonomie für die Frage, ob die Entscheidungen einer Vielzahl von selbstständig handelnden Einheiten in dem Sinn miteinander »konsistent« sind, dass die einzelnen Märkte geräumt werden, und durch welche Abstimmungsmechanismen die Übereinstimmung der Einzelpläne erreicht werden kann. Demgegenüber ist die *Makroökonomie* dadurch gekennzeichnet, dass nicht das wirtschaftliche Verhalten einzelner Entscheidungseinheiten der Gegenstand der Analyse ist, sondern das Hauptaugenmerk auf gesamtwirtschaftliche Aggregatgrößen gerichtet ist. Solche gesamtwirtschaftlichen Variablen sind z. B. der Gesamtkonsum einer Volkswirtschaft, die gesamte Investition, das Volkseinkommen, die Beschäftigungssituation, das Preisniveau, die Konjunkturlage und wirtschaftliches Wachstum. Während die Mikroökonomie sich also auf einzelne Entscheidungseinheiten und ihre Interdependenz bezieht, steht in der Makroökonomie die Erklärung des gesamtwirtschaftlichen Geschehens im Vordergrund.

Die Trennungslinie zwischen Mikro- und Makroökonomie ist nicht eindeutig zu ziehen. Da in beiden Gebieten jedoch unterschiedliche Fragestellungen vorliegen, die z. T. unterschiedliches methodisches Vorgehen und auch andere theoretische Instrumente erforderlich machen, hat sich diese Unterscheidung eingebürgert. Da die Makroökonomie sich an der gesamtwirtschaftlichen Situation orientiert und da die Beeinflussung der gegebenen gesamtwirtschaftlichen Lage eine zentrale Aufgabe der Wirtschaftspolitik ist, stellt die makroökonomische Theorie eine bedeutende theoretische Grundlage für wirtschaftspolitische Entscheidungen dar.

In der Makroökonomie werden vor allem folgende Fragen beantwortet:

- Wie vollzieht sich der Kreislauf der Wirtschaft und durch welche Kreislaufschemata ist er zu erfassen?
- An welcher Größe kann man die Leistungskraft einer Volkswirtschaft messen? Wie wird das Volkseinkommen definiert und wie wird es statistisch ermittelt?

- Welche Faktoren beeinflussen die Höhe des Volkseinkommens? Warum kann sich in einer Volkswirtschaft Arbeitslosigkeit einstellen? Von welchen Einflussfaktoren hängen die Konsumausgaben einer Volkswirtschaft ab? Wie ist das Sparen zu erklären? Welche Determinanten bestimmen die Investitionstätigkeit?
- Weshalb verändert sich die Kaufkraft des Geldes? Warum kommt es zur Inflation? Wie kann die Notenbank die Geldmenge einer Volkswirtschaft bestimmen? Welche Instrumente eignen sich zur Inflationsbekämpfung?
- Wie entwickelt sich das Volkseinkommen kurz- und langfristig? Wie sind Konjunkturbewegungen zu erklären? Wie vollzieht sich der Prozess wirtschaftlicher Entwicklung? Welches sind die Bestimmungsfaktoren wirtschaftlichen Wachstums? Inwieweit stellen Umwelt- und Rohstoffknappheit Grenzen des Wachstums dar?
- Welche Verflechtungen bestehen zwischen einzelnen Volkswirtschaften über Güterströme, Faktorwanderungen und Geldbewegungen? Von welchen Größen wird die Zahlungsbilanzsituation eines Landes bestimmt? Warum streben Volkswirtschaften eine ausgeglichene Zahlungsbilanz an, und welche Probleme ergeben sich, wenn die Zahlungsbilanz nicht ausgeglichen ist? Durch welche Maßnahmen kann ein Ausgleich der Zahlungsbilanz herbeigeführt werden?
- Welchen Einfluss übt der Staat auf das wirtschaftliche Geschehen aus, indem er z. B. öffentliche Güter bereitstellt, Steuern erhebt und durch sein Ausgaben- und Einnahmenverhalten die konjunkturelle Situation zu beeinflussen sucht?

Diese Fragestellungen machen deutlich, dass die Makroökonomie – ähnlich wie die Mikroökonomie – ihren Ausgangspunkt von wirtschaftspolitischen Problemen nimmt. Die wirtschaftspolitischen Ziele sind letzten Endes der Suchscheinwerfer, mit dem der Wirtschaftstheoretiker in das Dunkel der Unwissenheit über ökonomische Zusammenhänge leuchtet. Die »positive« Theorie bezieht – wie auch in der Problemstellung in Kapitel 1 gezeigt – ihre Fragestellungen aus dem normativen Bereich. Während die Mikroökonomie sich wesentlich am Ziel der effizienten Produktion (Allokationsziel) orientiert, stehen in der Makroökonomie die Ziele der Preisniveaustabilität, der Vollbeschäftigung, des Wachstums und des Zahlungsbilanzausgleichs im Vordergrund.[1]

Die Ausrichtung einzelner Fragestellungen der ökonomischen Theorie an spezifischen wirtschaftspolitischen Problemen, wie z. B. am Problem der Arbeitslosigkeit, darf nicht darüber hinwegtäuschen, dass wirtschaftspolitische Probleme miteinander in Beziehung stehen. Eine hohe Inflationsrate kann sich z. B. auf die Beschäftigungslage und die Zahlungsbilanz auswirken. Neben der Darstellung der einzelnen Probleme in den Kapiteln 15–26 wird deshalb in Kapitel 27 diese Interdependenz der wirtschaftspolitischen Fragestellungen charakterisiert.

1 Das Verteilungsproblem kann sowohl mikroökonomisch als auch makroökonomisch analysiert werden.

15 Das gesamtwirtschaftliche Produktionsergebnis

As every economist knows, calculations of GNP...
are largely exercises in the statistical imagination
and even if they were accurate,
the GNP itself can be a very poor measure of welfare.
Kenneth E. Boulding

15.1 Kreislauf zwischen Haushalten und Unternehmen ohne Spartätigkeit

1. Geld- und Güterkreislauf. Eine moderne Volkswirtschaft ist durch einen hohen Grad der Arbeitsteilung und einen intensiven Austausch der Güter gekennzeichnet: Die Entscheidungseinheit A produziert ein Gut, das B braucht; B stellt ein Produkt her, das C benötigt usw. Wir können uns das Marktgeschehen als eine Vielzahl von Tauschakten zwischen Haushalten und Unternehmen vorstellen. Dabei wird der Tausch in einer modernen Wirtschaft durch die Existenz des Geldes erheblich erleichtert. Das Grundschema des Tauschaktes ist unter Berücksichtigung von Geld in Schaubild 15.1 dargestellt.

Schaubild 15.1: Grundschema des Tauschaktes

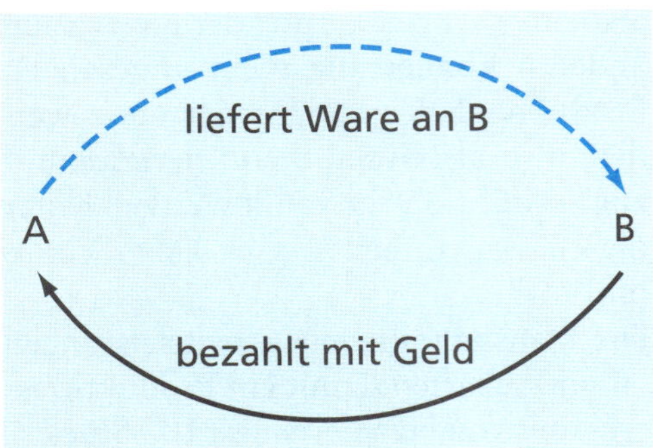

Jedem Güterstrom steht in entgegengesetzter Richtung ein Geldstrom gegenüber. Wir können deshalb Güterströme von Geldströmen unterscheiden. Die Makroökonomie interessiert sich nun nicht für den Güter- und Geldkreislauf zwischen einzelnen Entscheidungseinheiten (→ Mikroökonomie), sondern versucht, die einzelnen Entscheidungseinheiten zu aggregierten Gebilden zusammenzufassen. Dabei unterscheidet man die Gruppe der Produktionseinheiten (d. h. die Unternehmen) von der Gruppe der Haushalte. Die Unternehmen stellen Produkte her und bieten diese auf dem Gütermarkt an. Die Haushalte fragen diese Produkte nach. Gleichzeitig bieten die Haushalte ihre Arbeitskraft an; die Unternehmen fragen diese Arbeitskraft nach. Im Folgenden werden einige einfache Kreislaufschemata dargestellt.

2. Einfaches Kreislaufschema ohne Sparen. Wir unterstellen zunächst eine Volkswirtschaft,

- die nach außen geschlossen ist, also weder exportiert noch importiert,
- in der kein Staat existiert,
- in der die Haushalte nicht sparen (d. h., die Haushalte konsumieren ihr gesamtes Einkommen),
- in der die Unternehmen nicht investieren, d. h., es wird kein zusätzliches Kapital gebildet, die Unternehmen

nehmen lediglich Ersatzinvestitionen vor, um einen gegebenen Kapitalbestand zu erhalten.

Unter diesen Annahmen können die wirtschaftlichen Beziehungen zwischen dem Unternehmens- und Haushaltssektor durch Schaubild 15.2 verdeutlicht werden.

Schaubild 15.2: Kreislauf zwischen Haushalten und Unternehmen ohne Spartätigkeit

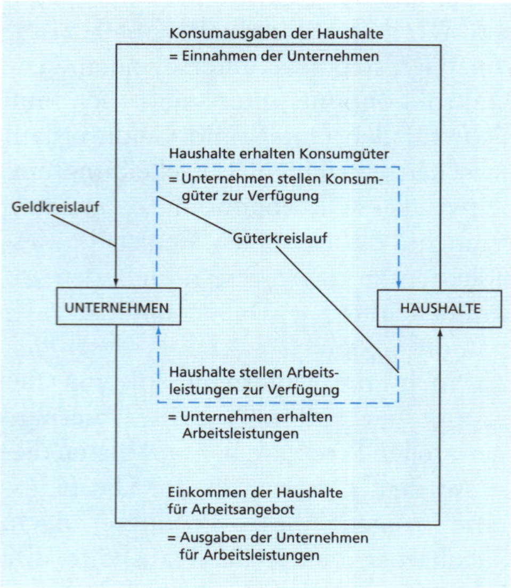

Die Haushalte bieten den Unternehmen ihre Arbeitskraft an, die Unternehmen zahlen dafür einen Lohn. Diese Lohnzahlungen stellen das Einkommen der Haushalte dar. Da die Haushalte annahmegemäß nicht sparen, fragen sie mit diesem Einkommen Konsumgüter nach, die von den Unternehmen bereitgestellt werden. Dem Strom der Arbeitsleistung entspricht monetär die Faktorentlohnung. Dem realen Fluss von Konsumgütern stehen die Konsumausgaben der Haushalte gegenüber.

Den Geldkreislauf bezeichnen wir auch als Einkommenskreislauf: Die Einkommen der Haushalte werden annahmegemäß vollständig konsumiert und damit werden die Konsumausgaben zu Einnahmen der Unternehmen. Die Einnahmen der Unternehmen werden für Arbeitsleistungen verwendet und werden damit zu Einkommen der Haushalte. In dem Kreislaufschema umfassen die Haushalte alle Entscheidungseinheiten, die konsumieren; sie schließen also auch die Haushalte der Unternehmer ein.

15.2 Kreislauf zwischen Haushalten und Unternehmen bei Spartätigkeit

Im Folgenden wird die Annahme fallen gelassen, dass die Haushalte ihr Einkommen nur für den Konsum verwenden: Sie können auch sparen. Ersparnis ist der Teil des Einkommens, der nicht zu Konsumzwecken ausgegeben wird. Die Ausgaben des Haushalts werden also aufgeteilt in Konsum und Sparen. Da durch Sparen Nachfrage nach Produkten entfällt, können die Unternehmen nicht alle ihre Produkte absetzen: Es verbleiben Güter im Produktionsbereich. Diese nicht in den Bereich der Haushalte gelangten Güter bezeichnet man als Investition. Dabei kann es sich einmal um Lagerinvestitionen handeln, also um die Erweiterung der Läger; zum anderen können die nicht abgesetzten Produkte als Kapitalgüter benutzt werden, also als Güter, die in der Zukunft zur Produktion verwandt werden. Unter diesen Annahmen ergibt sich Schaubild 15.3.

Die Haushalte bieten Arbeitsleistungen an und schaffen damit ein Produktionsergebnis von beispielsweise 100 Stück.

Schaubild 15.3: Kreislauf mit Spartätigkeit

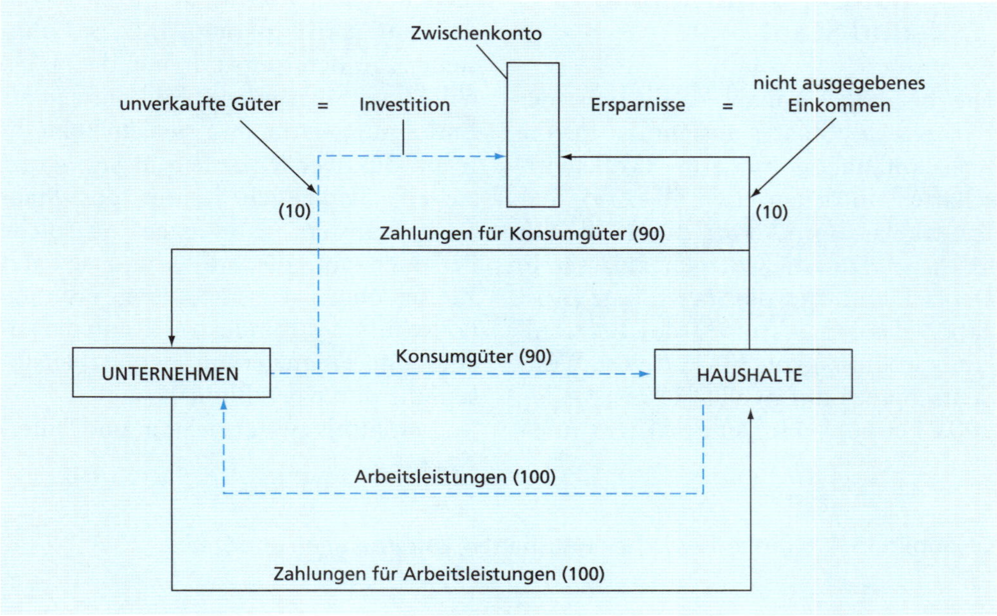

Jedes Stück habe einen Preis von 1 Euro. Für ihre Produktionstätigkeit erhalten die Haushalte (einschließlich der Unternehmerhaushalte) ein Einkommen von 100 Euro. Das Produktionsergebnis (also das Bruttoinlandsprodukt) beträgt 100 Euro. Von dem Gesamteinkommen der Haushalte in Höhe von 100 Euro wird nur ein Teil für den Konsum ausgegeben, z. B. 90 Euro. Der Rest (10 Euro) wird für Ersparnisse abgezweigt und damit – für unsere vereinfachte Betrachtung – dem bisherigen Einkommenskreislauf entzogen. Die Unternehmen können nur 90 Einheiten der produzierten Güter absetzen. Ein Teil der produzierten Güter wird von dem Konsumstrom abgezweigt. Auf einem Zwischenkonto können wir nun die Investition (d. h. die bei den Unternehmen verbleibenden Produkte) und Ersparnis (d. h. von den Haushalten nicht ausgegebenes Einkommen) gegenüberstellen.

An dieser Stelle können wir bereits erkennen, wie ein »Ungleichgewicht« in der Volkswirtschaft entstehen kann: Wenn die Unternehmen z. B. planen, nicht neu zu investieren, wenn sie also alle ihre Produkte an die Haushalte verkaufen wollen, die Haushalte dagegen in dieser Periode sparen wollen, so stimmen geplante Ersparnisse und geplante Investitionen nicht überein. Die Unternehmen werden zu unfreiwilligen Investitionen gezwungen: Sie müssen die Produkte auf Lager nehmen. Die geplanten Entscheidungen der Unternehmen und Haushalte stimmen nicht überein. Durch die unfreiwilligen Investitionen der Unternehmen werden die tatsächlichen Ersparnisse und Investitionen für das Ende der Periode zur Übereinstimmung gebracht, aber nur dadurch, dass die Unternehmen zu einer nicht beabsichtigten Investition (d. h. Lagerhaltung) von 10 Einheiten gezwungen werden.

15.3 Kreislauf zwischen Haushalten, Unternehmen und Staat

Die bisherige Annahme, die von der Existenz des Staates absieht, ist für die Kreislaufanalyse moderner Volkswirtschaften, in denen etwa 40–50 vH des Bruttoinlandsproduktes durch die öffentliche Hand fließen, nicht zulässig. In Deutschland stieg die Staatsquote (Ausgaben des Staates in vH des Bruttoinlandsprodukts) von 33 vH (1960, Westdeutschland) auf 50 vH (1995); sie lag 2005 bei 46,7 vH. Der Staat tritt in einem Kreislaufschema in vielerlei Formen auf: Er entzieht den Haushalten durch Steuern Einkommen (z. B. Lohnsteuer). Andererseits erhalten die Haushalte vom Staat wieder Einkommen als Entlohnung dafür, dass sie dem Staat ihre produktiven Dienste zur Verfügung stellen. Schließlich nimmt der Staat auch Transfers (Zahlungen) an solche Personen vor, die auf Grund sozialer Zielsetzungen Unterstützung erhalten (Zuschuss des Bundes zur Rentenversicherung, Finanzierung der Arbeitslosenhilfe durch den Bund).
Im Verhältnis zwischen Staat und Unter-

Schaubild 15.4: Kreislauf zwischen Haushalten, Unternehmen und Staat

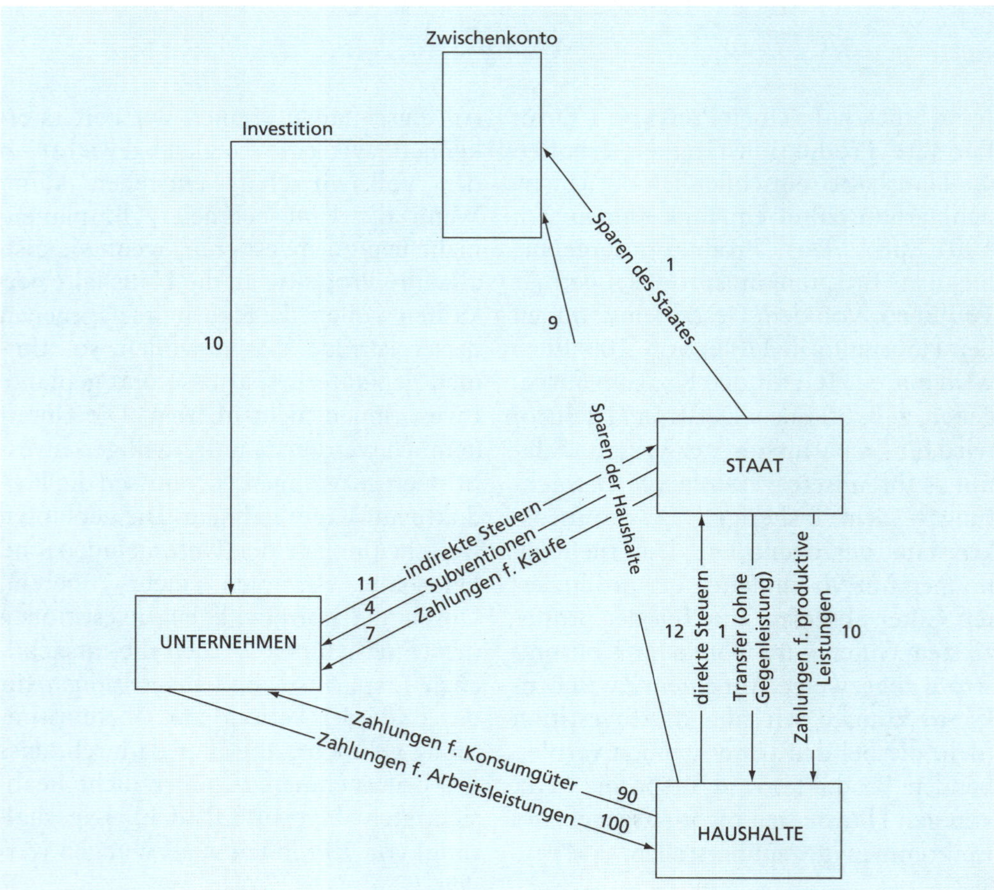

Tabelle 15.1: Ströme zwischen Haushalten, Unternehmen und Staat

Bezüge Lieferungen	Haushalte	Unternehmen	Staat	Zwischenkonto	Summe Bezüge
Haushalte	–	90	12	9	111
Unternehmen	100	–	11	–	111
Staat	10	7	–	1	23
	1	4			
Zwischenkonto	–	10	–	–	10
Summe Lieferungen	111	111	23	10	

nehmen fließen indirekte Steuern (Mehrwertsteuer) von den Unternehmen an den Staat, während der Staat den Unternehmen Subventionen gewährt (z. B. der Landwirtschaft). Der Staat fragt von den Unternehmen Produkte nach. Schließlich geht ein Teil der Ausgaben des Staates auf ein Zwischenkonto. Dies ist die Ersparnis des Staates, d. h. der Budgetsaldo. In der letzten Zeit ist dieser Saldo negativ, 2005 lag er bei – 3,3 vH des Bruttoinlandsprodukts.

Wird die Existenz des Staates berücksichtigt, so ergibt sich Schaubild 15.4, in dem zur Vereinfachung nur Geldströme enthalten sind. Ist die Ersparnis des Staates negativ, d. h. verschuldet sich der Staat, so muss der Geldstrom zwischen Staat und Zwischenkonto in umgekehrter Richtung eingezeichnet werden. In Tabelle 15.1 sind die in Schaubild 15.4 unterstellten Zahlungsströme in Matrixform enthalten, wobei in den Zeilen die von einer Organisationseinheit (Haushalte usw.) geleisteten Zahlungen (Lieferungen) stehen und in den Spalten die empfangenen Zahlungen. Das Konto jeder der Organisationseinheiten muss ausgeglichen sein. So summieren sich die erste Zeile und die erste Spalte von Tabelle 15.1, also das Konto der Haushalte, zu 111. Diese Zahl 111 weist auch das Unternehmenskonto auf. Das Produktionsergebnis, also das Bruttoinlandsprodukt, beträgt 111 Euro. Das Konto des Staates weist Zahlungseingänge in Höhe von 23 auf (dritte Spalte) und ebenfalls Zahlungsausgänge in Höhe von 23. Es wird dem Leser empfohlen, zur gedanklichen Durchdringung des Problems ein anderes Zahlenbeispiel zu konstruieren.

Das Kreislaufschema in Schaubild 15.4 und Tabelle 15.1 kann noch erweitert werden, indem zusätzliche Überlegungen eingeführt werden. Wenn z. B. die Annahme aufgegeben wird, dass die Volkswirtschaft geschlossen ist, so müssen die Güterströme mit dem Ausland (Exporte und Importe) und die entsprechenden Geldströme (Kapitalimporte und Kapitalexporte) berücksichtigt werden. Für unsere Zwecke reichen die bisherigen Kreislaufschemata aus.

15.4 Ex-post-Charakter der Kreislaufströme

Die Kreislaufschemata stellen keine Theorie dar, denn sie enthalten keine Hypothesen (Gesetzmäßigkeiten); sie beruhen auf Definitionen. So ist die Aussage »Das Volkseinkommen (Y) wird von den Haushalten für Konsum (C) und Sparen (S) verwendet« eine Definitionsgleichung, nämlich $Y = C + S$. Diese Gleichung stellt keine Gesetzmäßigkeit dar, wie sie etwa in der Nachfragefunktion formuliert wird. Kreislaufschemata sind also Systeme von Definitionen, die es ermöglichen, die Einkommens- und Güterströme einer Volkswirtschaft in einer Periode zu erfassen. Auf diese Weise können die Ströme am Ende eines Jahres, also im Nachhinein, festgestellt werden. Man spricht in diesem Fall von einer ex-post-Erfassung der Ströme des Volkseinkommens. Die ex-post-Ermittlung der Geld- und Güterströme einer Volkswirtschaft kann statistisch in Kontenform erfolgen. Für diese Vorgehensweise haben sich die Begriffe nationale Buchhaltung oder volkswirtschaftliche Gesamtrechnung eingebürgert.

Der Leser sollte sich immer darüber im Klaren sein, dass die Kreislaufschemata nicht die Ströme und die Höhe des Volkseinkommens im Voraus bestimmen können. Sie erklären nichts. Sie halten ökonomische Geschehnisse nur statistisch fest. Für die Erklärung, d. h. die ex-ante-Analyse, brauchen wir Hypothesen, die in den folgenden Kapiteln entwickelt werden.

15.5 Das Bruttoinlandsprodukt

Der Zweck des Wirtschaftens ist die Erstellung von Gütern für die Mitglieder einer Gesellschaft. Um zu wissen, wie einzelne Volkswirtschaften dieses zentrale Problem der Gütererstellung lösen, brauchen wir ein Maß für die Gesamtproduktion und das Gesamteinkommen einer Volkswirtschaft. Wir interessieren uns jetzt also nicht mehr für die Güter- und Geldströme, sondern wir suchen nach einer Gesamtgröße, die uns Aufschluss über den Stand der wirtschaftlichen Lage, über die Höhe der Gesamtproduktion und ihre Entwicklung gibt.

1. Wertschöpfung. Bei der Ermittlung der in einem Jahr geschaffenen Werte sind Doppelzählungen zu vermeiden. Dies soll an einem Beispiel erläutert werden:

Ein Auto werde für 40 000 Euro verkauft. Zur Produktion des Wagens werde für 4 000 Euro Blech, 2 000 Euro Kunststoff und 1 000 Euro Farbstoff verwandt. Dann ist der Beitrag zum Inlandsprodukt nicht 40 000 Euro + 4 000 Euro + 2 000 Euro + 1 000 Euro. Denn in dem Verkaufspreis des Autos von 40 000 Euro sind die Materialkosten von 7 000 Euro bereits enthalten. Wollen wir die Faktoreinkommen ermitteln, die in der Automobilproduktion entstehen, so müssen wir die Vorleistungen der anderen Sektoren vom Verkaufspreis abziehen. Das in der Automobilindustrie geschaffene Faktoreinkommen (z. B. Arbeit einschließlich Unternehmerleistung) beträgt also 40 000 Euro minus 7 000 Euro, also 33 000 Euro.

Dieses Faktoreinkommen ist der Beitrag der Autoindustrie zum Volkseinkommen. Wir bezeichnen diesen Beitrag als Wertschöpfung. Die Wertschöpfung erhalten wir also, indem wir den Wert der Vorleistungen (Inputs, Materialkosten) vom Verkaufspreis abziehen. In den anderen Bereichen ist eine Wertschöpfung von 2000 Euro zu verzeichnen. In vereinfachter Darstellung ergibt sich Tabelle 15.2.

Im Inlandsprodukt darf jedes Produkt also nur mit der Wertschöpfung angesetzt werden, die bei seiner Produktion letztlich entsteht.

Tabelle 15.2: Vorleistung und Wertschöpfung

Vertikaler Aufbau der Produktion	Verkauf	Vorleistung	Wertschöpfung
Stahlindustrie	4 000	3 000	1 000
Kunststoffindustrie	2 000	1 500	500
Farbstoffindustrie	1 000	500	500
Autoindustrie	40 000	7 000	33 000
Summe	47 000	12 000	35 000

Tabelle 15.3: Entwicklung des Bruttoinlandsprodukts (Mrd. Euro)

Jahr	in jeweiligen Preisen	preisbereinigt[b]
1970	352,00	897,00
1975	536,00	1 002,80
1980	766,60	1 178,70
1985	955,30	1 249,30
1990	1 274,90	1 479,60
1991	1 534,60	85,36
1992	1 646,62	87,26
1993	1 694,37	86,56
1994	1 780,78	88,86
1995	1 848,45	90,54
1996	1 876,18	91,44
1997	1 915,58	93,09
1998	1 965,38	94,98
1999	2 012,00	96,89
2000	2 062,50	100,00
2001	2 113,16	101,24
2002	2 145,02	101,30
2003	2 163,40	101,11
2004	2 215,65	102,76
2005	2 247,40	103,75
2006[c]	2 269,87	104,78

[a] Bis 1990: früheres Bundesgebiet, ab 1991: Deutschland.

[b] Bis 1990: in Preisen von 1995, ab 1991: in Preisen des jeweiligen Vorjahres als Kettenindex (2000=100).

[c] Prognose.

Quelle: Sachverständigenrat, Jahresgutachten (bis 1990); Statistisches Bundesamt.

Schaubild 15.5: Entwicklung des Bruttoinlandsprodukts (preisbereinigt und nominal)[a]

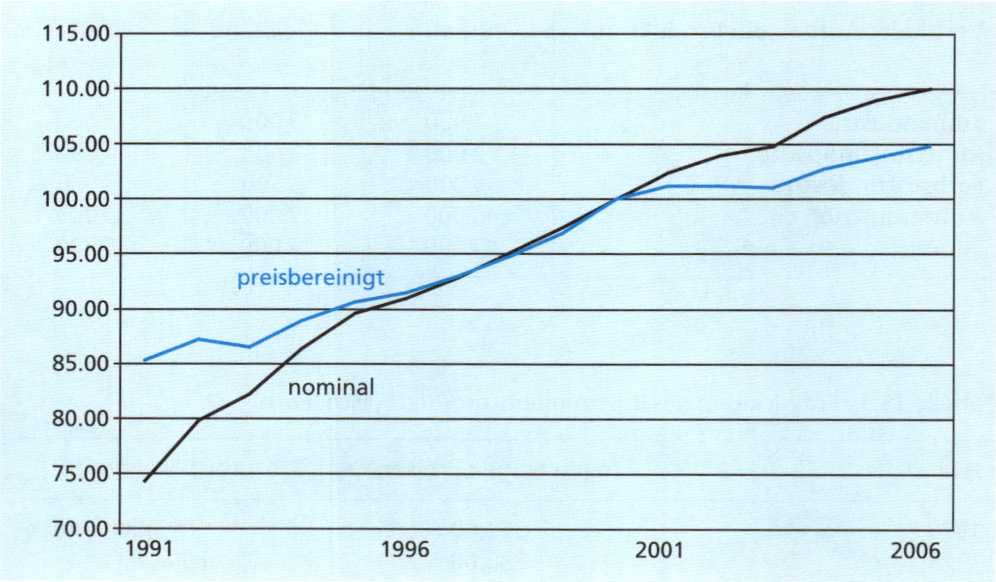

[a] 2000 = 100.

Quelle: Statistisches Bundesamt; eigene Berechnungen.

2. Bruttoinlandsprodukt. Was eine Volkswirtschaft in einem Jahr produziert, wird im Bruttoinlandsprodukt erfasst. Dieses ist ein Maß für die wirtschaftliche Leistung eines Landes. Es gibt an, welchen Wert die Produktionsfaktoren Arbeit, Kapital und natürliche Ressourcen bei gegebener Technologie produziert haben. Gleichzeitig beschreibt es den Geldwert der gesamten Verwendung des Produktionsergebnisses für den Konsum, und zwar für die privaten Konsumausgaben und die Konsumausgaben des Staates, für die Investition und die Nettoexporte. Das Bruttoinlandsprodukt ist die Gesamtheit aller in einem Jahr im Inland erzeugten Endprodukte einer Volkswirtschaft. Es umfasst alle Konsum-, aber auch alle Investitionsgüter, die in einem Jahr erstellt wurden, nicht jedoch die Zwischenprodukte.

3. Entwicklung des Bruttoinlandsprodukts. Schaubild 15.5 zeigt die Entwicklung des Bruttoinlandsprodukts für Deutschland seit 1991, und zwar in laufenden Preisen (nominal) sowie preisbereinigt, also real. Zum Vergleich sind beide Reihen auf 2000 = 100 normiert. Man erkennt, dass real das Bruttoinlandsprodukt weniger stark steigt als nominal, da das nominale Wachstum des Bruttoinlandsprodukts zum Teil auf die Inflation zurückzuführen ist. Tabelle 15.3 gibt die tatsächlichen Werte des nominalen Bruttoinlandsprodukts für die einzelnen Jahre und für den Zeitraum vor 1991 wieder.

Statistische Angaben über das Bruttoinlandsprodukt findet man im Statistischen Jahrbuch der Bundesrepublik Deutschland, in laufenden Veröffentlichungsreihen des Statistischen Bundesamts oder in dem Jahresgutachten des

Sachverständigenrates. Dort werden z. B. auch die Verwendung des Inlandsprodukts, die Anteile einzelner Sektoren an der Gesamtproduktion usw. aufgeführt.

15.6 Inlandsprodukt, Volkseinkommen und entsprechende Begriffe

Im Folgenden werden einige zentrale Begriffe erörtert. Gleichzeitig werden wichtige Fragen bei der Bestimmung des Bruttoinlandsprodukts behandelt.

1. Entstehungsrechnung. Bei einer Berechnung des gesamtwirtschaftlichen Produktionsergebnisses von der Entstehungsseite her geht man von den Produktionswerten der Unternehmen zu Herstellungspreisen aus. Das ist der Wert der Verkäufe von Waren und Dienstleistungen aus eigener Produktion sowie von Handelswaren an andere Wirtschaftseinheiten ohne Gütersteuern (u. a. Mehrwertsteuer, Importabgaben, Mineralöl-, Branntwein- und Tabaksteuer) und Produktsubventionen. Von diesem Produktionswert werden die Vorleistungen abgezogen. Die dadurch erhaltene Bruttowertschöpfung muss noch bereinigt werden, indem der Wert von Finanzserviceleistungen abgezogen wird. Da die Wertschöpfung die Gütersteuern und die Einfuhrabgaben noch nicht enthält, müssen diese hinzuaddiert werden, um die Produktionsleistung insgesamt, das Bruttoinlandsprodukt, zu erhalten.

2. Verwendungsrechnung. Das auf diese Weise von der Entstehungsseite konstruierte Bruttoinlandsprodukt lässt sich auch von der Verwendungsseite erstellen. Denn der Wert der tatsächlichen Produktion muss der gesamtwirtschaftlichen Nachfrage und damit der Summe ihrer Komponenten, d. h. private Konsumausgaben, Konsumausgaben des Staates, Bruttoinvestitionen und Außenbeitrag (Exporte abzüglich Importe), entsprechen.

3. Investitionen. Bei den Investitionen handelt es sich um Güter, die aus dem Unternehmensbereich nicht in den Bereich der Haushalte gelangen. Zu den Investitionen zählen nicht nur Sachanlagen wie Bauten oder Ausrüstungen, sondern auch immaterielle Anlagegüter, z. B. Computersoftware oder Urheberrechte in den Bereichen Musik, Film und Fernsehen. Sofern ein Unternehmen die von ihm produzierten Zwischen- oder Fertigprodukte im betrachteten Zeitraum nicht verkauft, müssen sie als Vorratsveränderungen zu den Investitionen hinzugezählt werden. Man bezeichnet dies auch als Lagerinvestitionen. Wir unterscheiden zwischen Brutto- und Nettoinvestitionen. Zu den Bruttoinvestitionen zählen die Ersatzinvestitionen. Das sind diejenigen Investitionen, die zur Erhaltung des Produktionsapparates bestimmt sind. Wenn eine Maschine zehn Jahre benutzt wird, so verringert sich in jedem Jahr ihr Wert. Das Unternehmen muss also in jedem Jahr eine Abschreibung von dem Anschaffungswert der Maschine vornehmen. Nehmen wir eine lineare Abschreibung von 10 vH pro Jahr an, so werden bei einem Anschaffungswert von 100 000 Euro in jedem Jahr 10 000 Euro abgeschrieben. Im 10. Jahr kann das Unternehmen mit der Summe der Abschreibungen eine neue Maschine für 100 000 Euro erwerben. Diese neue Anlage erweitert aber nicht den Produktionsapparat: Sie ersetzt nur eine alte Anlage (Ersatzinvestitionen).

Um einen anderen Sachverhalt handelt es sich, wenn in der Periode ein neues Kapitalgut für die Volkswirtschaft erzeugt, aber keine alte Anlage außer Betrieb gesetzt wird. Dann ist dem Produktionsapparat eine Maschine hinzugefügt worden. Wir sprechen von einer Nettoinvestition. Nettoinvestitionen und Ersatzinvestitionen ergeben zusammen die Bruttoinvestitionen:

	Nettoinvestitionen
+	Ersatzinvestitionen (Abschreibungen)
=	Bruttoinvestitionen

4. Inlandsprodukt und Nationaleinkommen. Das Bruttoinlandsprodukt ist das Produktionsergebnis des Inlandes. Zum gesamten, von allen Inländern erwirtschafteten Bruttonationaleinkommen, das auch als Bruttosozialprodukt bezeichnet wird, gelangt man, indem man zum Bruttoinlandsprodukt den Saldo der Primäreinkommen aus der übrigen Welt addiert. Dies ist die Differenz zwischen den Erwerbs- und Vermögenseinkommen, die die Inländer von der übrigen Welt bezogen haben, und den Erwerbs- und Vermögenseinkommen, die an die übrige Welt geleistet wurden. Ferner zählt dazu der Saldo aus empfangenen Subventionen (der Europäischen Union) und den vom Inland geleisteten Produktions- und Importabgaben (an die Europäische Union). Das Bruttoinlandsprodukt berechnet somit das Einkommen, das im Inland erwirtschaftet wird (Inlandskonzept), während das Bruttonationaleinkommen auf das Einkommen der Inländer abstellt (Inländerkonzept).

5. Brutto- und Nettonationaleinkommen. Im Bruttonationaleinkommen sind die Bruttoinvestitionen enthalten. Das Bruttonationaleinkommen umfasst also auch die in einer Periode erstellten Güter, die dazu dienen, bisherige Anlagen zu ersetzen. Zieht man vom Bruttonationaleinkommen die Abschreibungen, d. h. den Gegenwert für die Ersatzinvestitionen, ab, so erhält man das Nettonationaleinkommen.

6. Marktpreise und Herstellungspreise. Das Bruttonationaleinkommen wie auch das Nettonationaleinkommen setzt sich aus einer Vielzahl unterschiedlicher Güter zusammen. Da man nicht unterschiedliche Güterarten mengenmäßig addieren kann (z. B. 5 Autos und 3 Fahrräder), müssen die Güter zu Marktpreisen bewertet werden. Wir sagen deshalb genauer: Bruttonationaleinkommen zu Marktpreisen und Nettonationaleinkommen zu Marktpreisen.
In die Marktpreise gehen als ein Element die Herstellungspreise ein. Als Herstellungspreis bezeichnet man den Betrag, den der Produzent je Einheit eines Gutes erhält. Im Normalfall werden durch den Herstellungspreis die Kosten für die in der Produktion eingesetzten Faktoren (Arbeit, auch für Unternehmerleistung, und Kapital) gedeckt. Der Herstellungspreis bestimmt damit das Einkommen der Produktionsfaktoren.
In den Marktpreisen sind zusätzlich zu den Herstellungspreisen aber auch die Gütersteuern enthalten. Gütersteuern, die auch als indirekte Steuern bezeichnet werden, sind solche Belastungen, die vom Steuerzahler (dem Unternehmen) über höhere Marktpreise auf andere Wirtschaftssubjekte (die Käufer) abgewälzt werden können. Dazu zählen die Mehrwertsteuer, Verbrauchsteuern wie die Mineralöl-, die Branntwein- oder die Tabaksteuer, die Ökosteuer, aber auch Importabgaben. Die Marktpreise liegen im Allgemeinen über den Herstellungs-

preisen; es kann aber auch der Fall eintreten, dass die Herstellungspreise höher liegen als die Marktpreise, wenn nämlich der Staat den Unternehmen Subventionen zahlt. Zur Ermittlung der Herstellungspreise müssen die Gütersteuern von den Marktpreisen abgezogen und die Gütersubventionen hinzugezählt werden.

7. **Volkseinkommen**. Wenn man vom Nettonationaleinkommen zu Marktpreisen die Produktions- und Importabgaben abzieht und die Subventionen hinzuzählt, so erhält man das Nettonationaleinkommen zu Herstellungspreisen oder das Volkseinkommen. Es umfasst die Gesamtheit aller Faktoreinkommen in der Volkswirtschaft. Es ist die Summe aller Erwerbs- und Vermögenseinkommen, die die inländischen Wirtschaftssubjekte in einer Periode empfangen haben.

8. **Einkommen aus Arbeit und Unternehmertätigkeit**. Von der Verteilungsseite her werden das Arbeitnehmerentgelt (das ist das Bruttoeinkommen aus unselbstständiger Arbeit) und die Unternehmens- und Vermögenseinkommen unterschieden. Das Arbeitnehmerentgelt umfasst die Bruttolohn- und Bruttogehaltssumme und die Sozialbeiträge der Arbeitgeber. Die Unternehmens- und Vermögenseinkommen werden ermittelt, indem vom Volkseinkommen das Arbeitnehmerentgelt abgezogen wird. Zieht man vom Bruttoeinkommen aus unselbstständiger Tätigkeit die Sozialbeiträge der Arbeitnehmer und die Lohnsteuer ab, so erhält man die Nettolohn- und gehaltssumme.

9. **Verfügbares Einkommen und Sparen**. Vom Volkseinkommen zu unterscheiden ist das verfügbare Einkommen. Es ist derjenige Teil des gesamtwirtschaftlichen Einkommensstroms, der Personen (Haushalte) erreicht. Von den Bruttoeinkommen aus unselbstständiger Tätigkeit müssen einerseits die Sozialbeiträge der Arbeitgeber, die Sozialbeiträge und die direkten Steuern der Arbeitnehmer (Lohnsteuer) abgezogen werden. Andererseits leistet der Staat Transferzahlungen an die Haushalte (Arbeitslosengeld, Elterngeld, Sozialhilfe). Diese Zahlungen müssen zum Faktoreinkommen hinzugezählt werden. Beim Unternehmensbereich gelangen die nicht ausgeschütteten Gewinne nicht an die Haushalte. Auch die direkten Steuern, die ein Unternehmen zu tragen hat (Körperschaftsteuer), werden vom Staat abgeschöpft, bevor Einkommen bei den Personen ankommen. Zieht man von diesem verfügbaren Einkommen der Haushalte die privaten Konsumausgaben ab, so erhält man das Sparen der privaten Haushalte.

10. **Drei Methoden der Berechnung**. Das Inlandsprodukt kann nach folgenden drei Methoden berechnet werden (Tabelle 15.4):

a) *nach der Wertschörpfungsmethode (Entstehungsrechnung)*:
Diese Methode ist oben dargestellt. Es werden die Wertschöpfungen aller Unternehmen, des Staates und der Haushalte aufsummiert. Das Brutto- oder Nettoinlandsprodukt wird so an der Stätte des Entstehens ermittelt. Es ergibt sich das Bruttoinlandsprodukt zu Marktpreisen.

b) *nach der Verwendungsrechnung*
Das Volkseinkommen wird nach seiner Verwendung berechnet. Es ist dann die Summe aller privaten und staatlichen Konsumausgaben, der Investitionsausgaben und der Nettonachfrage des Auslandes. Es ergibt sich wieder das Bruttoinlandsprodukt zu Marktpreisen.

Kasten 15.1 Die Lücke zwischen Nachfrage und Produktion, Ostdeutschland im Jahr 1994

Ein inzwischen historisches Beispiel für die Anwendung der volkswirtschaftlichen Gesamtrechnung ist die gesamtwirtschaftliche Betrachtung Ostdeutschlands. Allerdings sind Daten nur bis zum Jahr 1994 vorhanden, danach wurde die Verwendungsseite für die neuen Bundesländer nicht mehr berechnet. 1994 klafften in Ostdeutschland die gesamtwirtschaftliche Nachfrage von 562,4 Mrd. DM und das Bruttoinlandsprodukt von 340,6 Mrd. DM auseinander. Die gesamtwirtschaftliche Nachfrage resultierte aus den privaten Konsumausgaben von 261,6 Mrd. DM, den Konsumausgaben des Staates von 119,7 Mrd. DM, den Anlageinvestitionen von 177,6 Mrd. DM und den Vorratsveränderungen von 3,5 Mrd. DM. Die Differenz zwischen gesamtwirtschaftlicher Nachfrage und Produktion ist der Importüberschuss, also der negative Außenbeitrag, der 221,8 Mrd. DM betrug. Finanziert wurde dieser Importüberschuss durch Kapitalimport und staatliche Transfers aus Westdeutschland.

Tabelle Kasten 15.1: Volkswirtschaftliche Gesamtrechnung Ostdeutschland

	1994 (Mrd. DM)[a]
Private Konsumausgaben	261,6
Konsumausgaben des Staates	119,7
Anlageinvestitionen	177,6
Ausrüstungen	54,2
Bauten	123,4
Vorratsveränderung	3,5
Letzte inländische Verwendung	562,4
Außenbeitrag	–221,8
Ausfuhr	67,6
Einfuhr	289,4
Bruttoinlandsprodukt	340,6

[a] In laufenden Preisen.

Quelle: Statistisches Bundesamt, Volkswirtschaftliche Gesamtrechnungen, Fachserie 18.

c) *nach der personellen Methode (Verteilungsrechnung)*
Das Volkseinkommen wird bei der Verteilung erfasst. Nach der Verteilungsmethode werden die Faktoreinkommen (Zins, Bodenrente, Lohn und Unternehmergewinn) aufaddiert. Es ergibt sich das Nettonationaleinkommen zu Herstellungspreisen (= Volkseinkommen).

Die drei Methoden der Berechnung unterscheiden sich vor allem dadurch, an welcher Stelle des Kreislaufschemas die Berechnung ansetzt: bei der Produktion, bei der Verwendung oder bei der Verteilung.

Tabelle 15.4: Drei Berechnungsarten in den Volkswirtschaftlichen Gesamtrechnungen

I.	Entstehungsrechnung	II.	Verwendungsrechnung
	Produktionswert		Private Konsumausgaben
–	Vorleistungen	+	Konsumausgaben des Staates
=	Bruttowertschöpfung (unbereinigt)	+	Ausrüstungsinvestitionen
–	Finanzserviceleistungen	+	Bauinvestitionen
=	Bruttowertschöpfung (bereinigt)	+	sonstige Anlagen
+	Gütersteuern	+	Vorratsveränderungen
–	Gütersubventionen	+	Nettozugang an Wertsachen
		+	Exporte
		–	Importe

	=	Bruttoinlandsprodukt
	+	Saldo der Primäreinkommen aus der übrigen Welt
	=	Bruttonationaleinkommen
	–	Abschreibungen
	=	Nettonationaleinkommen
	–	Produktions- und Importabgaben
	+	Subventionen
III. Verteilungsrechnung	=	Volkseinkommen
	–	Arbeitnehmerentgelt
	=	Unternehmens- und Vermögenseinkommen

Die wichtigsten Schritte in der Konstruktion des Bruttoinlandsprodukts und der verwandten Größen sind im Schaubild 15.6 dargestellt. Der Leser vergleiche auch den Anhang »Erläuterungen von Begriffen der Volkswirtschaftlichen Gesamtrechnungen für die Bundesrepublik Deutschland«, der in dem Jahresgutachten des Sachverständigenrates zur Begutachtung der gesamtwirtschaftlichen Entwicklung enthalten ist.

Tabelle 15.5 fasst die entscheidenden Begriffe nochmals in anderer Form zusammen.

15.7 Einige Probleme bei der statistischen Messung des Volkseinkommens

Bei der vorliegenden Darstellung der Begriffe handelt es sich um Definitionen und nicht um Theorien. Die Begriffe sind heute weitgehend durch Übereinkunft international für die Statistik festgelegt. Das Volkseinkommen und das Bruttoinlandsprodukt können für eine Wirtschaftsperiode statistisch nur nach Ablauf dieser Periode – d. h. ex-post – festgestellt werden. Erst im Nachhinein sind die Größen bekannt. In der Theorie wird dagegen eine ex-ante-Bestimmung versucht. Es gibt jedoch auch bei der ex-post-Messung einige Probleme:

Tabelle 15.5: Inlandsprodukt, Volkseinkommen und verwandte Begriffe

Produktionswert = Gesamtsumme aller Verkäufe (bewertet zu Herstellungspreisen: ohne Gütersteuern, inkl. Gütersubventionen) – Käufe bei anderen Unternehmen (Vorleistungen, bewertet zu Anschaffungspreisen)
= Bruttowertschöpfung – Finanzdienstleistungen
= Bereinigte Bruttowertschöpfung + Nettogütersteuern (Gütersteuern, einschl. Einfuhrabgaben, abzüglich Gütersubventionen)
= Bruttoinlandsprodukt (zu Marktpreisen) + Saldo der Primäreinkommen zwischen Inländern und der übrigen Welt
= Bruttonationaleinkommen (Bruttosozialprodukt) – Abschreibungen
= Nettonationaleinkommen (zu Marktpreisen) – Gütersteuern (z. B. Mehrwertsteuer) + Gütersubventionen
= Nettonationaleinkommen (zu Herstellungspreisen) = Volkseinkommen – nicht entnommene Gewinne aus Kaptialgesellschaften – direkte Unternehmensteuern (z. B. Körperschaftsteuer) – Sozialbeiträge (so weit von den Arbeitgebern entrichtet) + Transfers
= Einkommen der Haushalte – direkte Steuern – Sozialbeiträge (so weit von den Arbeitnehmern entrichtet)
= verfügbares Einkommen der Privaten Haushalte

1. Bereiche ohne Marktpreise. Es gibt auch in einer Marktwirtschaft viele Bereiche, deren Produkte keinen Marktpreis haben. So wird z. B. die bäuerliche Eigenversorgung nicht erfasst, da sie nicht über den Markt läuft. Auch die Arbeit der Hausfrau oder des Hausmanns wird nicht mitgezählt, da hierfür kein Preis besteht. Dagegen wird die Dienstleistung einer Hausangestellten berechnet. Statistisch nimmt das Volkseinkommen also ab, wenn der eingefleischte Junggeselle seine Hausangestellte heiratet.

Auch für Staatsleistungen existiert oft kein Preis. Deshalb muss man zu einer Hilfskonstruktion greifen: Die Staatsleistungen werden zu den Herstellungspreisen, d. h. mit dem Faktoreinkommen der vom Staat angestellten Personen einschließlich der Sozialbeiträge, angesetzt.

Schaubild 15.6: Bruttoinlandsprodukt und Volkseinkommen 2005 (in Mrd. Euro)

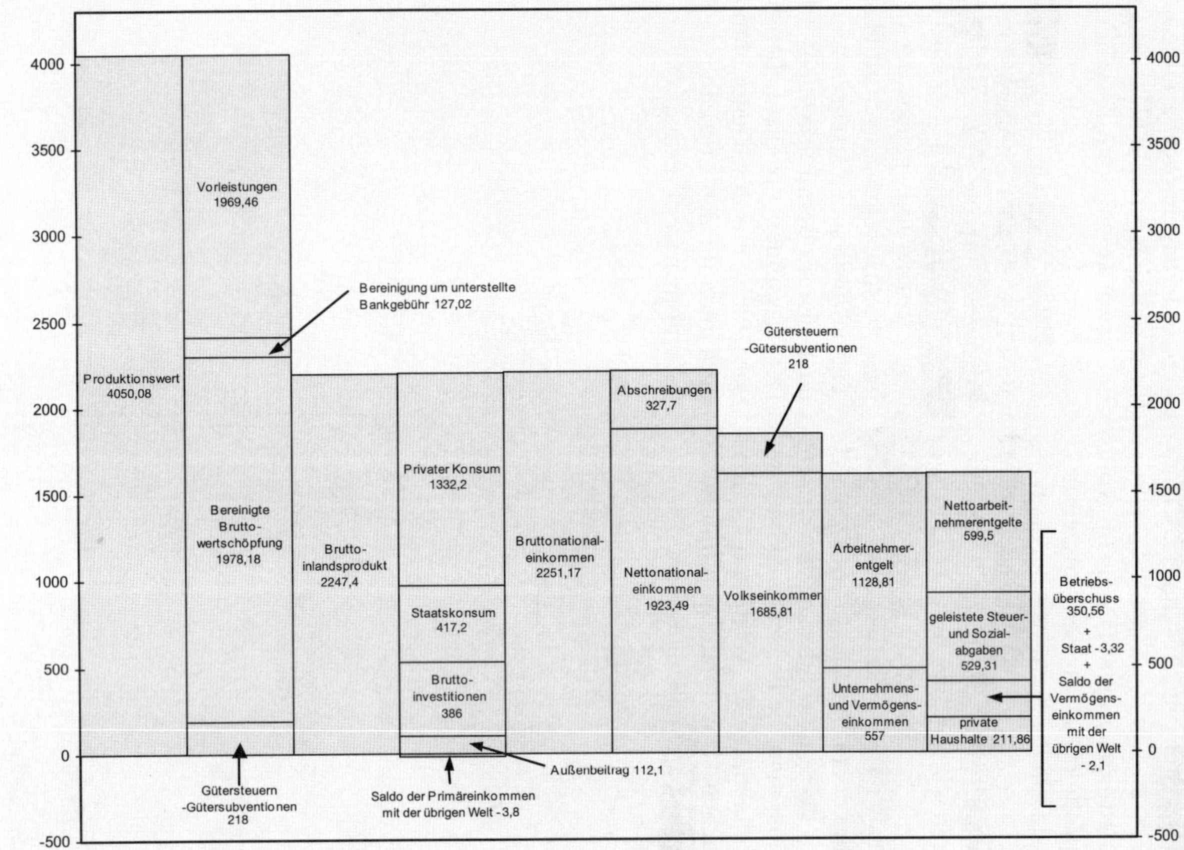

Quelle: Statistisches Bundesamt, Fachserie 18, Reihe 1.4.

2. Maß der Nettowohlfahrt? Das Inlandsprodukt ist der Wert der jährlichen Produktion, gibt also eine Stromgröße an. Sein Anstieg ist aus einer Reihe von Gründen nicht notwendigerweise mit der Zunahme der Nettowohlfahrt gleichzusetzen. Es werden nur marktmäßige Transaktionen erfasst; Bestandsgrößen oder Kapitalwerte wie die Qualität der Natur sind in diesem Index nicht enthalten (vgl. Abschnitt 24.1).

3. Preissteigerungen. Da das Bruttoinlandsprodukt in Preisen ausgedrückt wird, sind in den Jahreswerten auch die Preissteigerungen (inflationäre Entwicklung) enthalten. In der Regel interessieren wir uns aber für die Frage, wie sich das Inlandsprodukt real entwickelt hat, etwa dann, wenn wir die Entwicklung des Inlandsproduktes in Deutschland in der Zeit vergleichen. In diesem Fall muss man die Preisentwicklung herausrechnen, um die Werte vergleichbar zu machen. Das Inlandsprodukt wird dann preisbereinigt angegeben.

Rechnet man das nominalen Bruttoinlandsprodukt wie in Schaubild 15.5 in einen Index um (2000 = 100) und teilt man diesen durch den Index des preisbereinigten Bruttoinlandsprodukts, so erhält man den sog. »BIP-Deflator«. Dieser BIP-Deflator erfasst die Veränderungen des Preisniveaus für die in einem Jahr produzierten Güter, also für die Stromgrößen. Nicht enthalten sind Preisänderungen von Variablen, die im Bruttoinlandsprodukt nicht erfasst sind, wie etwa so genannte Bestandsgrößen, z. B. Immobilien.

Das Preisniveau wird in der Regel nicht am BIP-Deflator gemessen, sondern am Preisindex für die Lebenshaltung aller privaten Haushalte. Dabei wird ein Warenkorb zugrunde gelegt, der den Verbrauch eines repräsentativen Haushalts angibt. In diesem Warenkorb sind auch die Preise für Bestandsgrößen enthalten. Der Preisindex für die Lebenshaltung wird nicht nur für Deutschland, sondern auch für den Euroraum berechnet (Harmonisierter Preisindex).

Wichtige Begriffe in Kapitel 15

Güterströme
Geldströme
Kreislauf zwischen Haushalten und Unternehmen
Kreislauf zwischen Haushalten, Unternehmen und Staat
Definitionsgleichung
Ex-post-Erfassung
Ex-ante-Analyse
Bruttoinlandsprodukt
Volkseinkommen
Wertschöpfung
Vorleistung
Entstehungsrechnung
Verwendungsrechnung
Bruttonationaleinkommen
Immaterielle Anlagegüter
Nettoinvestition
Bruttoinvestition
Ersatzinvestitionen
Nettonationaleinkommen
Bruttonationaleinkommen zu Marktpreisen
Nettonationaleinkommen zu Marktpreisen
Nettonationaleinkommen zu Herstellungspreisen
Einkommen aus Arbeit
Einkommen aus Unternehmertätigkeit
Verfügbares Einkommen
Privater Verbrauch
Privates Sparen
Inländerkonzept
Inlandskonzept
Verteilungsrechnung
Preisbereinigtes Inlandsprodukt
BIP-Deflator

16 Gesamtwirtschaftliche Nachfrage, gesamtwirtschaftliches Angebot, Beschäftigung und Preisniveau: Ein Überblick

The whole world may be looked upon as a vast general market
made up of diverse special markets
where social wealth is bought and sold.
Léon Walras

16.1 Produktionspotential und Kapazitätsauslastung

In Schaubild 16.1 ist die Entwicklung des Produktionspotentials und des Bruttoinlandsprodukts in Westdeutschland seit 1970 verzeichnet. Man erkennt, dass die Auslastung des Produktionspotentials im Zeitablauf schwankt. In den Rezessionen 1974/75, 1981/82 und 1993 war die Kapazitätsauslastung gering. Auch in den 1980er-Jahren divergierten Produktionskapazität und Bruttoinlandsprodukt. Folgende Begriffe sind zu unterscheiden:

Bruttoinlandsprodukt. Das Bruttoinlandsprodukt (BIP) ist der Wert aller Güter und Leistungen, die in einer Volkswirtschaft in einem Jahr erstellt werden. Es drückt die Produktion von Waren und Dienstleistungen im Inland nach Abzug der Vorleistungen und Importe aus. Dieser Begriff stellt auf die tatsächliche Produktion ab und ist ein Produktionsindikator.

Produktionspotential. Das Produktionspotential ist das Inlandsprodukt, das sich bei Vollbeschäftigung – bzw. Normalbeschäftigung – aller im Inland verfügbaren Produktionsfaktoren einstellen würde. Es wird auch als Kapazitäts-BIP bezeichnet. Aufgrund konjunktureller Schwankungen kann das tatsächliche BIP vom Kapazitäts-BIP abweichen. Die Kapazitätsauslastung, also die Relation zwischen tatsächlichem Bruttoinlandsprodukt und Produktionspotential, sagt etwas darüber aus, inwieweit die Produktionskapazität nicht ausgelastet ist, inwieweit also Produktionsfaktoren brachliegen.
Das Produktionspotential lässt sich auf verschiedene Arten ermitteln. Man kann z. B. aus der Entwicklung des BIP in der Vergangenheit einen Trend bestimmen, der dann die Veränderung des Produktionspotentials angeben soll. Der Sachverständigenrat hat in der Vergangenheit das Produktionspotential berechnet, indem die Werte für den Kapitalstock mit der potentiellen Kapitalproduktivität multipliziert wurden. Die Veränderung der potentiellen Kapitalproduktivität wurde für Stützzeiträume geschätzt, die einen abgeschlossenen Konjunkturzyklus umfassen.

Produktionslücke. Die relative Abweichung zwischen tatsächlicher Produktion und Produktionspotential wird als Produktionslücke (oder auch als Output-Lücke) bezeichnet. Entsprechend wird der Begriff Beschäftigungslücke für den relativen Abstand zwischen tatsächlicher Beschäftigung und Vollbe-

Schaubild 16.1: Produktionslücke

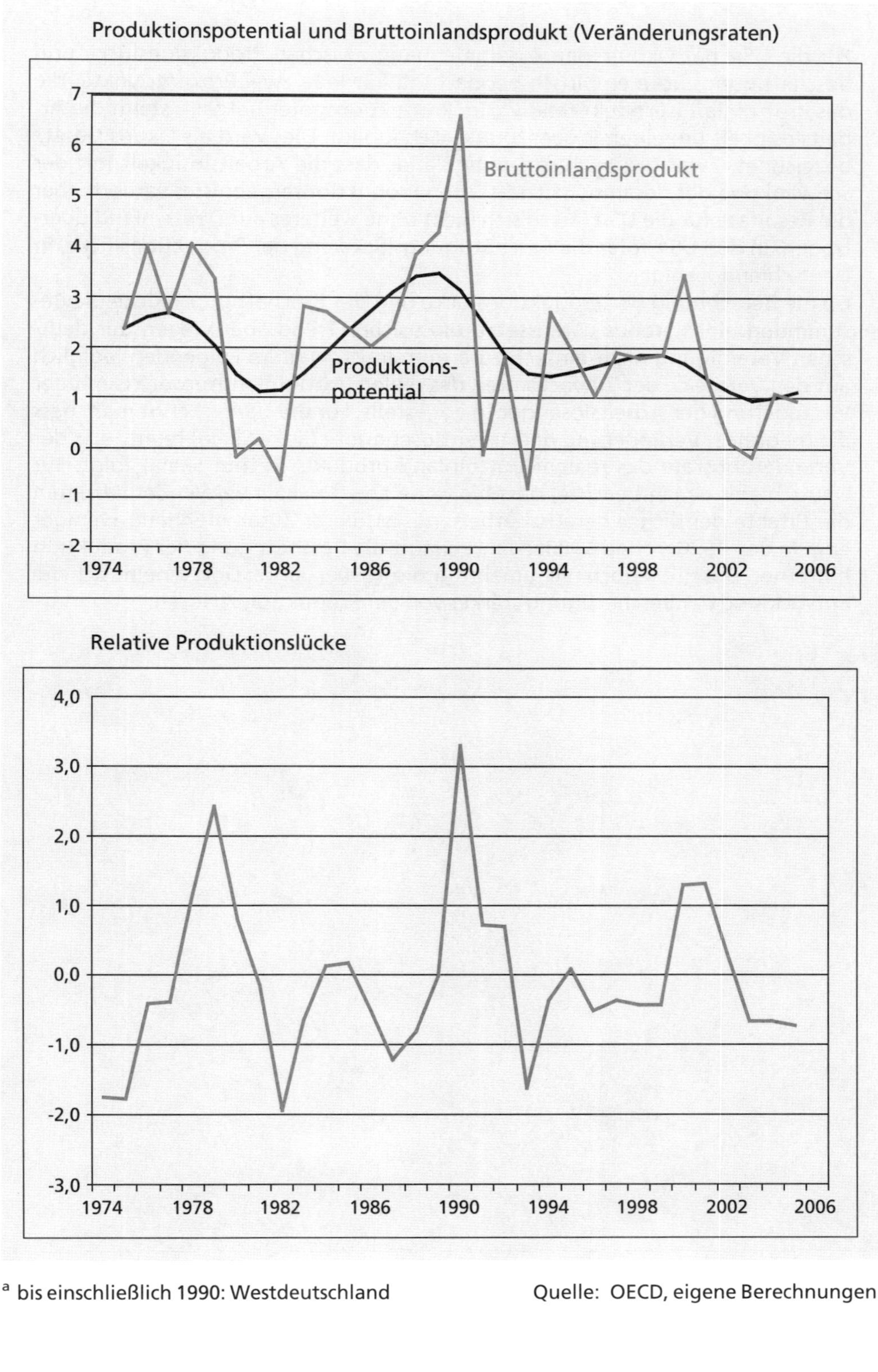

[a] bis einschließlich 1990: Westdeutschland

Quelle: OECD, eigene Berechnungen.

Kasten 16.1 Produktions- und Beschäftigungslücke

Für die USA hat Okun einen Zusammenhang zwischen Produktionslücke und Beschäftigungslücke empirisch beobachtet: Für jede zwei Prozentpunkte, die das Bruttoinlandsprodukt relativ zum Produktionspotential fällt, steigt die Arbeitslosigkeit um einen Prozentpunkt (Schaubild). Dies wird als Okuns Gesetz bezeichnet. Zwar gilt auch in Deutschland, dass die Arbeitslosigkeit mit der Schwankung des gesamtwirtschaftlichen Produktionsergebnisses variiert, aber die Resultate für die USA lassen sich nicht ohne weiteres auf Deutschland übertragen. In den USA folgt die Beschäftigungslücke eng der Produktionslücke, in Deutschland weniger.

Da die Berechnung der Produktionslücke und der Beschäftigungslücke die Bestimmung eines Trends voraussetzt, ein solcher Trend aber wegen der deutschen Vereinigung nicht einfach zu ermitteln ist, wird im Folgenden lediglich auf den Vergleich der Zuwachsraten des realen Bruttoinlandsprodukts mit der Veränderung der Arbeitslosenquote abgestellt. Für die USA erkennt man, dass die (negative) Veränderung der Arbeitslosenquote (linke Skala) relativ eng der Veränderungsrate des realen Bruttoinlandsprodukts (rechte Skala) folgt. Für Deutschland – man beachte, dass hier eine andere Skala verwendet wird, um die Effekte deutlicher herauszuarbeiten – ist dieser Zusammenhang weniger eng. In den 1970er- und 1980er-Jahren läuft die Beschäftigung der Produktion hinterher. Das gilt jedoch nicht mehr für die 1990er-Jahre. Dort scheint sich die Entwicklung der Beschäftigung stärker von der Produktion zu lösen.

Schaubild Kasten 16.1: Veränderung von Arbeitslosigkeit und Inflation

Deutschland (bis 1990: Westdeutschland)

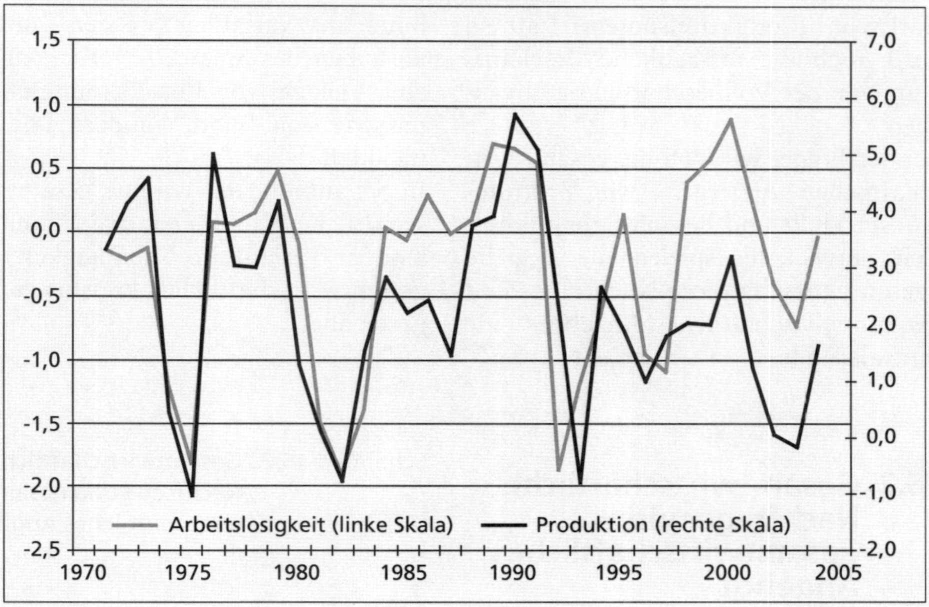

Vereinigte Staaten

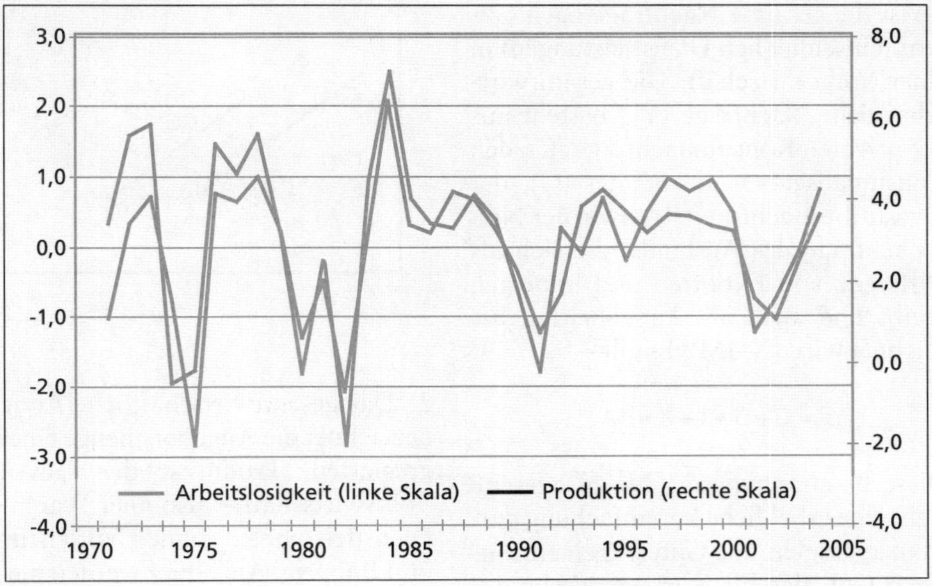

Quelle: Statistisches Bundesamt, eigene Berechnungen.

schäftigung angewandt. Grundsätzlich sollte man erwarten, dass die Beschäftigungslücke der Produktionslücke folgt. Weicht die tatsächliche Produktion stark vom Produktionspotential ab, so wird auch die tatsächliche Beschäftigung von der Vollbeschäftigung abweichen.

Bei der Frage, wie sich die gesamtwirtschaftlichen Aggregate wie Bruttoinlandsprodukt und Beschäftigung in der Zeit entwickeln, spielen die Begriffe »gesamtwirtschaftliche Nachfrage« und »gesamtwirtschaftliches Angebot« eine zentrale Rolle.

16.2 Gesamtwirtschaftliche Nachfrage und gesamtwirtschaftliches Angebot

1. Die gesamtwirtschaftliche Nachfrage ist die gesamte Nachfrage nach Gütern (einschließlich Dienstleistungen) in einer Volkswirtschaft. Die gesamtwirtschaftliche Nachfrage (Y^n) besteht aus der privaten Konsumnachfrage (C), den Konsumausgaben des Staates (G), der Investitionsnachfrage (I) sowie der Nettonachfrage des Auslands, die sich als Differenz von Exporten und Importen ergibt und auch als Außenbeitrag bezeichnet wird (X–IM). Es gilt

$$Y^n = C + G + I + X - IM$$

Diese Beschreibung der Nachfrageseite stellt eine erhebliche Vereinfachung dar: Man aggregiert alle Güter zu einem einzigen Gut, das für Konsumzwecke der Privaten oder des Staates und für Investitionszwecke verwendet werden kann. Ferner fasst man das Nachfrageverhalten der Vielzahl der Haushalte in einer einzigen Größe, der privaten Konsumnachfrage, und das Nachfrageverhalten der Vielzahl der Unternehmen in den Investitionsausgaben zusammen. Auch hinter der Variablen G – den Konsumausgaben des Staates – verbergen sich eine Vielzahl von Entscheidungseinheiten wie von Bund, Ländern und Gemeinden.

In Schaubild 16.2 ist eine gesamtwirtschaftliche Nachfragekurve Y^n mit fallendem Verlauf in Abhängigkeit vom gesamtwirtschaftlichen Preisniveau eingezeichnet.[1]

Schaubild 16.2: Gesamtwirtschaftliche Nachfrage und gesamtwirtschaftliches Angebot

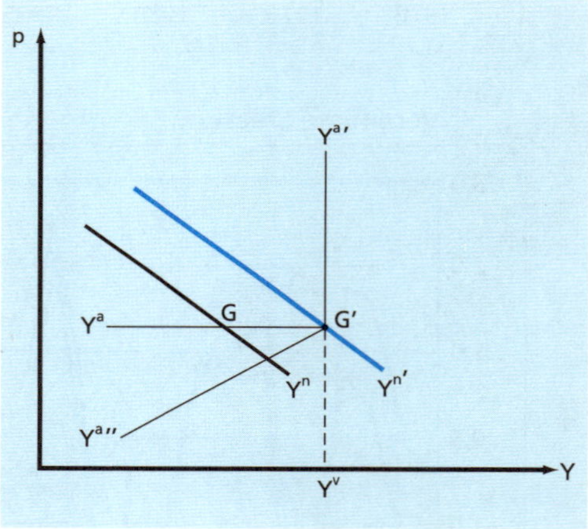

2. Das gesamtwirtschaftliche Angebot bezeichnet die Angebotsmenge eines aggregierten Produkts der gesamten Volkswirtschaft – also aller Waren und Dienstleistungen ohne Vorleistungen und Importe. Auch hier werden die ver-

[1] Es wird noch zu zeigen sein, wie diese gesamtwirtschaftliche Nachfragekurve konstruiert werden kann.

schiedenen Güter zu einem einzigen Produkt zusammengefasst. Dieses gesamtwirtschaftliche Angebot hängt von den eingesetzten Produktionsfaktoren ab. Je mehr Produktionsfaktoren eingesetzt werden, desto mehr kann in der Gesamtwirtschaft produziert und angeboten werden. Das volkswirtschaftliche Angebot (Y^a) ist also u. a. durch eine gesamtwirtschaftliche Produktionsfunktion zu beschreiben. Die gesamtwirtschaftliche Angebotsmenge (Y^a) kann mit dem Preisniveau (p) in einer Volkswirtschaft variieren. Dabei sind unterschiedliche Verlaufsformen der Angebotskurve denkbar (Schaubild 16.2). In der sehr kurzen Frist, wenn die Unternehmen ihre Preise nicht anpassen können, verläuft die Angebotskurve horizontal (Kurve Y^a). Die Unternehmen produzieren dann bei gegebenen Preisen alle nachgefragten Mengen. In der langen Frist bestimmt sich das Angebot hingegen aus der Produktionskapazität, d. h., es wird so viel produziert, dass die Produktionsfaktoren Arbeit (A), Kapital (K) und technisches Wissen (T) ausgeschöpft sind (Kurve $Y^{a\prime}$). Die Angebotskurve hat dann einen vertikalen Verlauf. Zwischen diesen Extremfällen können wir uns schließlich auch einen steigenden Verlauf der Angebotskurve vorstellen, bei dem die Produktionsmenge erhöht wird, wenn das Preisniveau ansteigt (Kurve $Y^{a\prime\prime}$). In den nachfolgenden Kapiteln werden wir sehen, unter welchen Bedingungen die Angebotskurve welchen Verlauf hat.
Für die Angebotsfunktion gilt also

$$Y^a = Y^a\,(p, A, K, T)$$

3. Das Gleichgewicht zwischen gesamtwirtschaftlicher Nachfrage und gesamtwirtschaftlichem Angebot ist erreicht, wenn beide Größen gerade gleich sind, wenn also

$$Y^n = Y^a$$

Bei einer gesamtwirtschaftlichen Nachfragekurve (Y^n) und einer horizontalen Angebotskurve ist dies in Schaubild 16.2 in Punkt G der Fall. Punkt G kennzeichnet jedoch ein Gleichgewicht bei Unterbeschäftigung. Das Produktionspotential Y^a wird nicht ausgeschöpft (Keynes-Fall). Ein Anstieg der Nachfrage erhöht dann die Produktionsmenge und die Beschäftigung. Bei einer gesamtwirtschaftlichen Nachfragekurve $Y^{n\prime}$ dagegen wird der Gleichgewichtspunkt G′ bei Vollbeschäftigung erreicht.

4. Wachstum bezeichnet die langfristige Zunahme des aktuellen oder potentiellen Bruttoinlandsprodukts. Wird das gesamte Produktionspotential ausgeschöpft, so kann sich weiteres Wachstum nur einstellen, wenn auf der Angebotsseite Wachstumsfaktoren wirksam werden, wenn also die Produktionsfaktoren zunehmen (Kapitalakkumulation, technischer Fortschritt). Eine offene Frage ist, unter welchen Bedingungen die Zunahme der gesamtwirtschaftlichen Nachfrage das Angebotspotential stimuliert (Beispiel Bundesrepublik in den 1950er-Jahren durch eine Unterbewertung der DM).

5. Konjunkturelle Schwankungen von Gesamtangebot und Gesamtnachfrage können sich im Verlauf der Zeit einstellen. Das maximal mögliche Angebot einer Volkswirtschaft wird von der Produktionskapazität bestimmt. Die gesamtwirtschaftliche Nachfrage kann im Verlauf der Zeit um diese Produktionskapazität schwanken. Bleibt die gesamtwirtschaftliche Nachfrage unterhalb der Produktionskapazität, so liegt eine Un-

terauslastung der Produktionsfaktoren vor. Im Konjunkturzyklus ist eine Rezession gegeben. Stößt dagegen die gesamtwirtschaftliche Nachfrage real an die Produktionskapazität oder ist sie höher, so handelt es sich um Vollbeschäftigung oder Überbeschäftigung (oder um eine Hochkonjunktur).

16.3 Drei wichtige Märkte

Bei einer gesamtwirtschaftlichen Betrachtung wird eine Vielzahl von Entscheidungseinheiten und Märkten »aggregiert«. Dabei gewinnen drei Märkte besondere Bedeutung:

1. Gütermarkt: Auf dem Gütermarkt treffen die Güternachfrage aller Haushalte und das Güterangebot aller Unternehmen aufeinander. Wie wir in Abschnitt 16.2 gesehen haben, ist das Preisniveau ein Bestimmungsfaktor von Nachfrage und Angebot, so dass wir schreiben können

$$Y^n(p, \ldots) = Y^a(p, \ldots)$$

Die Punkte deuten an, dass die gesamtwirtschaftliche Nachfrage und das gesamtwirtschaftliche Angebot noch von anderen Faktoren beeinflusst werden.

2. Geldmarkt: Auf dem Geldmarkt treffen Nachfrage nach und Angebot an Geld aufeinander. Das nominale Geldangebot M wird durch die Notenbank und das Bankensystem bestimmt. Wirtschaftssubjekte fragen Geld nach, weil sie Transaktionen durchführen wollen; ob sie Geld halten, hängt auch davon ab, welche alternativen Anlagemöglichkeiten ihnen etwa bei Wertpapieren entgehen, also letztlich vom Zins i. Wirtschaftssubjekte sind an dem realen Wert ihres Geldes interessiert. Interpretiert man also die Geldnachfrage L als die Nachfrage nach Realkasse, so ist das Gleichgewicht auf dem Geldmarkt bestimmt durch die Gleichheit von nominalem Geldangebot und dem Produkt aus realer Geldnachfrage und Preisniveau (nominale Geldnachfrage).

$$pL(i, \ldots) = M$$

Auch hier deuten Punkte an, dass noch andere Faktoren bei der Bestimmung des Gleichgewichts auf dem Geldmarkt eine Rolle spielen.

3. Arbeitsmarkt: Die Nachfrage nach Arbeit (Angebot an Arbeitsplätzen) und das Angebot an Arbeit (Nachfrage nach Arbeitsplätzen) treffen auf dem Arbeitsmarkt zusammen. Sowohl die Nachfrage nach Arbeit (A^n) als auch das Angebot (A^a) hängen vom realen Lohnsatz l/p (und anderen Faktoren) ab, so dass wir für das Gleichgewicht schreiben können

$$A^n(l/p, \ldots) = A^a(l/p, \ldots)$$

Übersteigt die Nachfrage nach Arbeit das Angebot, so herrscht Überbeschäftigung. Ist dagegen die Nachfrage nach Arbeit geringer als das Arbeitsangebot, so liegt Arbeitslosigkeit vor.

Gütermarkt, Geldmarkt und Arbeitsmarkt haben also zentrale Bedeutung für die Bestimmung der gesamtwirtschaftlichen Aggregate. Der Güterpreis – das Preisniveau – spielt eine besondere Rolle bei der Bestimmung des Gleichgewichts auf dem Gütermarkt. Der Zinssatz ist für das Geldmarktgleichgewicht relevant, und der Lohn ist dem Arbeitsmarkt zugeordnet. Alle drei Märkte sind aber voneinander abhängig und müssen daher im Zusammenhang betrachtet werden.

Wichtige Begriffe in Kapitel 16

Bruttoinlandsprodukt
Produktionspotential
Kapazitätsauslastung
Produktionslücke
Beschäftigungslücke
Okuns Gesetz
Gesamtwirtschaftliche Nachfrage
Konsumnachfrage (privater Verbrauch)
Investitionsnachfrage
Nachfrage des Staates
Außenbeitrag
Gesamtwirtschaftliches Angebot
Gesamtwirtschaftliche Produktionsfunktion
Gleichgewicht
Gleichgewicht bei Unterbeschäftigung (Keynes-Fall)
Wachstum
Konjunkturelle Schwankungen
Gütermarkt
Geldmarkt
Arbeitsmarkt

17 Gesamtwirtschaftliche Nachfrage und Volkseinkommen: Der Gütermarkt

So schuf Gott am vierten Tag Keynes,
Und es herrschte eine große Depression im Lande,
Und die Reservearmee der Arbeitslosen seufzte ob der rigiden Lohnsätze,
Und Keynes sah, dass die aggregierte Nachfrage nicht hinreichte
Und dass die unsichtbare Hand zu schwach war.
So sandte Keynes die Regierung aus, die unsichtbare Hand zu ersetzen,
Und die Regierung trachtete danach, Gottes Güte auf Erden zu vertreten,
Aber Gott sah, dass es deprimierend war.
Lawrence H. Hadley[1]

17.1 Das Ziel der Vollbeschäftigung

Zur Zeit der Weltwirtschaftskrise in den 1930er-Jahren herrschte in den meisten hochentwickelten Volkswirtschaften eine andauernde, sehr hohe Arbeitslosigkeit. 1931 waren im Deutschen Reich 34 vH der Arbeitskräfte ohne Arbeitsplatz, im Jahr 1932 waren es 30,4 vH und 1933 immer noch 26,2 vH. Von ungefähr 18 Mio. Arbeitskräften waren rund 6 Mio. ohne Arbeit – jeder dritte Arbeitnehmer war unbeschäftigt. Diese Unterbeschäftigung der Arbeitskräfte ging einher mit einer Unterbeschäftigung der anderen Produktionsfaktoren und einer Nichtausnutzung der Produktionskapazität. Zugleich sank das Niveau des Volkseinkommens, so z. B. im Deutschen Reich in konstanten Preisen von 75 Mrd. Mark (1928) auf 56 Mrd. Mark (1932).

Die Arbeitslosenquote Deutschlands ist in Tabelle 1.4 für die Zeit ab 1950 festgehalten. Man erkennt, dass die Arbeitslosigkeit von 10,4 vH (1950) in den 1950er-Jahren abgebaut wurde – und dies trotz der immensen Zuwanderung in diesem Zeitraum. In den 1960er-Jahren lag die Arbeitslosigkeit im Durchschnitt bei 1 vH. In den 1970er-Jahren zog dann die Arbeitslosenquote an. Im Gefolge der Rezession zu Beginn der 1980er-Jahre stieg die Quote explosionsartig auf bis zu 8 vH (1985) an. Der wirtschaftliche Aufschwung hatte die Entstehung von ungefähr 2,6 Millionen neuen Stellen zwischen 1983 und 1991 zur Folge, jedoch blieb die Arbeitslosenquote bis 1988 auf einem hohen Niveau. In der Rezession 1993 stieg die Arbeitslosigkeit an; 1998 und 2005/2006 überstieg sie die Marke von 11 vH. Über die Entwicklung der Arbeitslosigkeit in einigen ausgewählten Industrienationen (Deutschland, Frankreich, Großbritannien, USA, Japan) informiert Tabelle 1.5.

Das hohe Ausmaß der Arbeitslosigkeit in den 1930er-Jahren führte zu einem Umdenken in der ökonomischen Theorie und in der staatlichen Wirtschaftspolitik. Die ökonomische Theorie wendete vor dem Hintergrund der gravierenden Un-

[1] Eine Geschichte der ökonomischen Lehrmeinungen, entnommen aus: Nationalökonomologie, Hrsg. v. Orestes v. Trebeis, 7. Aufl., Tübingen 1994.

terbeschäftigung von Produktionsfaktoren und eines relativ niedrigen Volkseinkommens ihre Aufmerksamkeit darauf, das Phänomen der Arbeitslosigkeit zu erklären. Die staatliche Wirtschaftspolitik nahm zur Kenntnis, dass Arbeitslosigkeit in marktwirtschaftlichen Systemen auftreten kann, und erkannte, dass ein solcher Zustand gesellschaftlich und politisch nicht erwünscht ist, und zwar aus den folgenden Gründen:

1. Für den Betroffenen stellt der Verlust des Arbeitsplatzes ein schweres Schicksal dar. Er bedroht seine ökonomische Basis und damit seine menschliche Existenz. Die Arbeitslosigkeit beraubt den Einzelnen der Möglichkeit, sich in einer sinnvollen Weise an der gesellschaftlichen Arbeitsteilung zu beteiligen und damit seinen Beitrag zu der Leistung einer Volkswirtschaft zu erbringen. In einer Gesellschaft, in deren Normensystem Bereitschaft zur Arbeit und Arbeitsleistung positiv bewertet werden, muss dies für den Einzelnen zu einer schweren seelischen Belastung führen.

2. Für das politische System bringt Arbeitslosigkeit einer größeren Anzahl von Mitgliedern der Gesellschaft erhebliche Probleme mit sich. Der Einzelne ist nicht mehr in der Lage, die gesellschaftlichen Normen zur Arbeitsleistung zu erfüllen, und die persönlichen Frustrationen führen zur sozialen und politischen Instabilität. Für den Zusammenhalt einer Gesellschaft ist daher die Lösung des Beschäftigungsproblems von großer Bedeutung.

3. Von der ökonomischen Dimension her liegen Arbeitskräfte brach. Dies bedeutet, dass das Produktionspotential einer Volkswirtschaft nicht ausgeschöpft wird und damit der erstellte Güterberg geringer ist als er sein könnte.

Aus diesen und anderen Gründen ist die Vollbeschäftigung ein allgemein akzeptiertes Ziel der Wirtschaftspolitik.

17.2 Die Bedeutung der gesamtwirtschaftlichen Nachfrage

Betrachtet man die Produktionskapazität einer Volkswirtschaft als gegeben, so gewinnt die gesamtwirtschaftliche Nachfrage nach Gütern eine entscheidende Rolle als Bestimmungsfaktor der Kapazitätsauslastung, des tatsächlichen Volkseinkommens und letztlich auch der Beschäftigung.

1. Die These von der unzureichenden Nachfrage. Vor dem Hintergrund der gravierenden Unterbeschäftigung von Produktionsfaktoren und einem relativ niedrigen Volkseinkommen in den 1930er-Jahren stellte der englische Nationalökonom John Maynard Keynes, eine Theorie für die Bestimmung von Volkseinkommen und Beschäftigung auf.[2]
Die Keynes'sche Position geht davon aus, dass infolge eines Nachfrageeinbruchs auf dem Gütermarkt eine zu geringe gesamtwirtschaftliche Nachfrage herrscht, dass also die Anbieter auf dem Gütermarkt rationiert werden. Die Nachfrage nach Arbeit ist im Keynes'schen Ansatz eine abgeleitete Nachfrage; bei einer Unterauslastung der Kapazitäten leitet sie sich aus der nachgefragten Gütermenge ab. Daher entsteht als Folgewirkung eines Nachfragerückgangs auf dem Gütermarkt Arbeitslosigkeit

2 J. M. Keynes, Allgemeine Theorie der Beschäftigung, des Zinses und des Geldes. Aus dem Englischen übersetzt, 10. Auflage, Berlin 2006.

Kasten 17.1 Bestandteile der gesamtwirtschaftlichen Nachfrage

Das Schaubild vermittelt einen Eindruck von der Entwicklung und der Bedeutung der vier Komponenten der gesamtwirtschaftlichen Nachfrage: private Konsumausgaben, Konsumausgaben des Staates, Bruttoinvestitionen und Außenbeitrag. Den größten Anteil erreichen die privaten Konsumausgaben mit 59 vH des Bruttoinlandsprodukts. Die Konsumausgaben des Staates – die Nachfrage des Staates ohne Investitionen und ohne die Umlenkungsfunktion des Staates durch Transfers – machen etwa 18 vH aus. Die Ausgaben für den Konsum insgesamt, privater Konsum plus Staatskonsum, erreichen also 77 vH. Die Bruttoinvestitionen liegen bei 18 vH; der Außenbeitrag macht 5 vH aus.

Schaubild Kasten 17.1: Komponenten der gesamtwirtschaftlichen Nachfrage in Deutschland

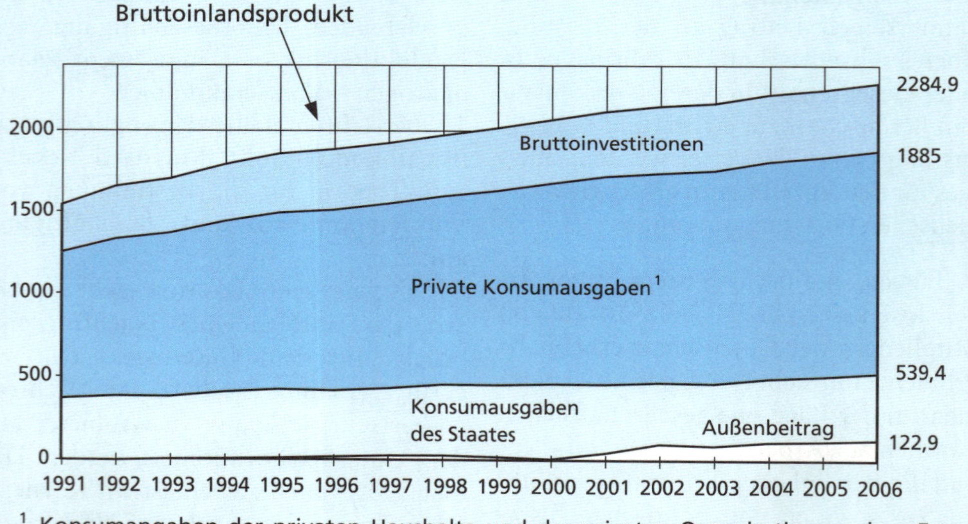

[1] Konsumangaben der privaten Haushalte und der privaten Organisationen ohne Erwerbszweck.

Quelle: Sachverständigenrat, Jahresgutachten 2005/2006; eigene Berechnungen.

(Angebotsüberhang auf dem Arbeitsmarkt). Eine zentrale Frage der keynes Analyse ist also, ob die gesamtwirtschaftliche Nachfrage ausreichend ist, das Produktionspotential auszuschöpfen.
In einer Situation, in der ein Teil der Produktionsfaktoren brachliegt und in der das Produktionspotential einer Volkswirtschaft nicht ausgeschöpft ist, kann die Frage, ob die Produktionsfaktoren Arbeit, Kapital und technisches Wissen z. B. durch Bevölkerungswachstum, Kapitalbildung und Erfindungen vermehrt werden, notwendigerweise in den Hintergrund des Interesses treten. Die zentrale Frage lautet, warum die gegebenen Produktionsfaktoren nicht beschäftigt sind.
Zur Vereinfachung wird deshalb die Annahme eingeführt, dass das Produktionspotential einer Volkswirtschaft, d. h. die Angebotsseite, gegeben ist und konstant bleibt. Es wird also unterstellt, dass Arbeitsangebot, Kapitalbestand und technisches Wissen sich nicht verändern. Diese Annahme ist für eine kurzfristige Untersuchung zulässig.
Die zentrale These von Keynes war: Bei gegebenem Bestand an Faktoren hängt die Höhe des Volkseinkommens von der Beschäftigungslage ab. Bei Vollbeschäftigung wird das Produktionspotential einer Volkswirtschaft voll ausgeschöpft. Liegt dagegen Arbeitslosigkeit vor, so stellt sich ein geringeres Volkseinkommen ein. Die Höhe der Beschäftigung und damit die Höhe des Volkseinkommens hängen nun wiederum von der Gesamtnachfrage ab.
Ist die aggregierte Nachfrage gering, so wird das Produktionspotential nicht voll ausgenutzt, es könnten mehr Güter hergestellt werden: Die Beschäftigung und damit das Volkseinkommen sind relativ niedrig. Ist die Gesamtnachfrage größer als das Produktionspotential, so entsteht eine Überbeschäftigung. Das Volkseinkommen und damit die Beschäftigung werden also von der gesamtwirtschaftlich wirksamen Nachfrage bestimmt. Die Analyse der Gesamtnachfrage wird damit zum zentralen Ansatzpunkt der keynes'schen makroökonomischen Theorie.

2. **Komponenten der gesamtwirtschaftlichen Nachfrage**. Wie in Kapitel 16 dargestellt, spaltet sich die Gesamtnachfrage in einer geschlossenen Volkswirtschaft auf in private Konsumnachfrage (C), Investitionsnachfrage (I) und die Konsumnachfrage des Staates (G). Die Investitionsnachfrage beinhaltet private und staatliche Investitionsnachfrage. In einer offenen Volkswirtschaft ist zusätzlich die Netto-Nachfrage des Auslandes, der Außenbeitrag zu berücksichtigen. Dieser Außenbeitrag ist definiert durch die Exporte des Inlandes (X) minus den Importen aus dem Ausland (IM), also X – IM.

$$Y^n = C + G + I + X - IM$$

Es wird also zunächst ein konstantes Preisniveau unterstellt. Die Angebotskurve verläuft dann horizontal (Schaubild 16.2). Die Unternehmen richten ihre Produktion an der Nachfrage aus.
Ob die Gesamtnachfrage ausreicht, um ein gegebenes Produktionspotential auszuschöpfen, hängt davon ab, ob diese einzelnen Bestandteile der Nachfrage in Bezug auf das Angebotspotential groß genug sind. Folglich muss das Verhalten dieser Nachfragekomponenten untersucht werden, wenn man die Frage nach der Beschäftigungslage und der Höhe des Volkseinkommens beantworten will.
Vereinfachend gehen wir zunächst von einer geschlossenen Volkswirtschaft ohne staatliche Aktivitäten aus. Dann gilt Y = C + I, d. h., die entscheidenden makroökonomischen Größen sind die Konsum-

und Investitionsfunktion. Diese Funktionen sind im Folgenden zu erklären.

17.3 Die Konsum- und Sparfunktion

In der Mikroökonomie haben wir die Nachfragefunktion eines einzelnen Haushalts nach einem einzigen Gut kennen gelernt. Aus einer Menge solcher Nachfragefunktionen einzelner Haushalte haben wir die Nachfragefunktion aller Haushalte nach einem einzelnen Gut durch Addition der Gütermengen erhalten.[3] Diesen Aggregationsprozess können wir noch einen Schritt weitertreiben, indem wir die Konsumnachfrage aller Haushalte nicht nach einem einzelnen Konsumgut, sondern nach allen Konsumgütern einer Volkswirtschaft bestimmen. Wir interessieren uns also für die gesamtwirtschaftliche Konsumnachfrage. Diese erhält man, indem man wertmäßig die Konsumnachfrage nach allen Gütern aller Haushalte aggregiert. Die Konsumfunktion drückt nun die Abhängigkeit der Konsumnachfrage (C), also der gesamtwirtschaftlichen Ausgaben für Konsumgüter, von ihren Bestimmungsfaktoren aus.

1. Bestimmungsfaktoren des Konsums

1. Verfügbares Einkommen. Eine wichtige Bestimmungsgröße der Konsumausgaben aller Haushalte ist das Einkommen, über das die Haushalte in einer Periode verfügen (verfügbares Einkommen). Mit einer Zunahme des verfügbaren Einkommens steigt die Konsumnachfrage; sie fällt, wenn das verfügbare Einkommen geringer wird.

2. Bezugsgruppe. Der Konsum einer Gruppe von Haushalten kann aber auch von der Stellung dieser Gruppe in der Gesellschaft abhängen. Eine Hypothese hierzu besagt, dass in einer Gesellschaft mit vertikaler sozialer Mobilität, d. h. mit Aufstiegschancen in Gruppen mit höherem Sozialprestige, die Haushalte ihr Konsumverhalten an den Bezugsgruppen ausrichten, in die sie aufsteigen wollen (Bezugsgruppenkonsum). Das Konsumverhalten der angestrebten Bezugsgruppe (z. B. Zweitwagen) wird bereits vorweggenommen, bevor man in die höhere soziale Gruppe aufsteigt. Dieses Konsumverhalten kann auch darauf zurückzuführen sein, dass der Konsumgütermarkt vor allem bei langlebigen Konsumgütern dem Haushalt Statussymbole vermittelt und sein soziales Ansehen beeinflusst. Aus der Orientierung des Konsums an Bezugsgruppen mit höheren Einkommen oder aus dem Statuskonsum folgt, dass Haushalte ihre Konsumausgaben nicht allein an ihren eigenen Einkommen ausrichten, sondern an dem Konsumverhalten der anderen. Bei einem solchen gruppenbezogenen Konsumverhalten führt eine kurzfristige Reduzierung des verfügbaren Einkommens nicht zu einer Einschränkung des Konsums, da das Individuum den zu seiner Gruppe gehörenden Statuskonsum nicht aufgeben möchte. In diesem Fall wird ein einmal erreichter Konsumstandard durch Verringerung der Ersparnisse aufrechterhalten.

3. Permanentes Einkommen. Der Konsum kann aber auch von dem permanenten Einkommen des Individuums abhängen. Das permanente Einkommen ist das erwartete Einkommen über einen längeren Zeitraum, so z. B. über die gesamte persönliche Lebensdauer.

---
[3] Vgl. Abschnitt 4.4.

Ein Individuum kann durch Sparen und Entsparen das permanente Einkommen so auf die einzelnen Perioden verteilen, um das gewünschte Konsumprofil zu erhalten. Eine nur vorübergehende Einkommenssteigerung führt dann nicht zu einer deutlich spürbaren Änderung der Konsumausgaben. Stattdessen wird das Individuum mehr sparen und somit die vorübergehende Einkommensänderung auf viele Perioden verteilen. Eine Erhöhung des Einkommens vermehrt die Konsumausgaben demnach nur dann, wenn die Einkommenserhöhung dauerhaft ist. So hat man z. B. festgestellt, dass Familien mit stark variierenden Einkommen, wie die amerikanischen Farmer, bei zufällig hohen Einkommen ihren Konsum konstant halten und die Ersparnisse erhöhen.

4. Vermögen. Die Konsumausgaben können auch mit zunehmenden Vermögen (d. h. mit den bereits angesammelten Ersparnissen) größer werden. Es ist anzunehmen, dass von zwei Haushalten A und B mit gleichem Einkommen und unterschiedlichen Geldvermögen der Haushalt mit dem höheren Geldvermögen die größeren Konsumausgaben tätigt.

5. Zins. Auch der Zins kann die Konsumausgaben beeinflussen. Wenn der Zins die Belohnung für die Hergabe von Kapital ist, d. h. für den Nicht-Konsum, dann beeinflussen Zinsänderungen die Ersparnisse und damit auch den Konsum.

Es wird auch Haushalte geben, die sich verschulden, um konsumieren zu können, etwa weil sie in Zukunft ein höheres Einkommen erwarten. In diesem Fall bewirkt ein geänderter Zins eine Anpassung der Kreditaufnahme.

6. Lebenszyklus. Das Konsumverhalten variiert über den Lebenszyklus eines Haushalts. Junge Familien werden einerseits beispielsweise in Erwartung steigender zukünftiger Einkommen einen größeren Anteil ihres Einkommens verbrauchen. Außerdem fragen sie dauerhafte Konsumgüter (z. B. ein eigenes Haus) in jungen Jahren nach und müssen sich dafür in der Regel verschulden. Andererseits müssen Individuen während ihres Arbeitslebens für die Zeit des Alters Vermögen ansammeln. Damit variiert die Konsumnachfrage auch mit dem Altersaufbau einer Gesellschaft.

7. Weitere Faktoren. Konsumausgaben hängen von einer Reihe weiterer Faktoren ab. So sind Erwartungen über zukünftige Preissteigerungen oder Steuererhöhungen ein Bestimmungsfaktor der Konsumausgaben. Auch neue Güter können zu einem vermehrten Konsum führen. Ferner hängt die Höhe des Konsums von der Einkommensverteilung ab. Haushalte mit niedrigerem Einkommen geben einen relativ hohen Teil ihres Einkommens für den Konsum aus, während Haushalte mit hohem Einkommen einen kleineren Anteil ihres Einkommens konsumieren. Wenn diese These zutrifft, bewirkt eine Umverteilung des Volkseinkommens zu Gunsten niedriger Einkommen eine Erhöhung des Konsums. Ferner wird die gesamtwirtschaftliche Konsumnachfrage auch von den Kreditmöglichkeiten bestimmt. Schließlich hängt der Konsum auch vom Bevölkerungswachstum ab.

2. Die Konsumfunktion

Aus der Fülle der genannten Bestimmungsfaktoren wählen wir zur Vereinfachung das Einkommen als wichtigste Determinante aus. Die Konsumfunktion lautet dann:

$$C = C(Y)$$

Mit zunehmendem Volkseinkommen Y steigen die geplanten gesamtwirtschaftlichen Ausgaben für Konsumzwecke. Da wir zunächst vom Staat absehen, entspricht das Volkseinkommen dem verfügbaren Einkommen der Haushalte. Diese Konsumfunktion wird anhand eines Zahlenbeispiels in Tabelle 17.1 erläutert.

Tabelle 17.1: Konsum und Sparen

Y	C geplant	S geplant
0	25	–25
50	62,50	–12,50
100	100	0
150	137,50	+12,50
200	175	+25

In dem Beispiel wird unterstellt, dass das Einkommen jeweils um 50 Euro zunimmt. Die geplanten Konsumausgaben verändern sich um 37,50 Euro. Das Verhältnis der Zunahme des Konsums (ΔC) zur Zunahme des Einkommens (ΔY) wird als Grenzneigung zum Konsum (marginale Konsumneigung) bezeichnet und für geringe Einkommensänderungen durch die erste Ableitung der Konsumfunktion angegeben. Sie ist im Beispiel konstant:

$$\frac{\Delta C}{\Delta Y} = \frac{37{,}5}{50} = 0{,}75$$

Die Grenzneigung zum Konsum gibt an, wie sich der Konsum bei einer Veränderung des Einkommens verändert. Die in Tabelle 17.1 enthaltenen Werte sind in Schaubild 17.1 zeichnerisch dargestellt. Die Konsumkurve in Schaubild 17.1 unterstellt, dass bei einem Einkommen von Null für 25 Euro konsumiert wird. Diese Ausgabe – die als Existenzminimum interpretiert werden kann – wird dann z. B. durch Verschuldung ermöglicht. Die Steigung der Konsumkurve ist im Beispiel konstant. Sie wird durch die Grenzneigung zum Konsum angegeben.

Die Konsumfunktion erfasst nur den Zusammenhang der Größen C und Y.

Schaubild 17.1: Konsumfunktion

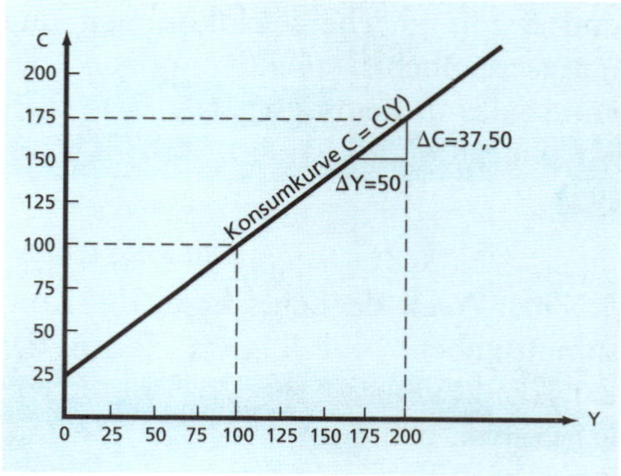

Die anderen Bestimmungsfaktoren des Konsums wie z. B. das Vermögen wirken sich in einer Verschiebung der Konsumkurve aus. Eine Zunahme des Vermögens z. B. verschiebt die Konsumkurve nach oben.

3. Die Sparfunktion

Ähnlich wie die Konsumfunktion kann auch die Sparfunktion bestimmt werden. Die Ersparnisse sind definiert als der Teil des Einkommens, der nicht konsumiert wird:

$$S = Y - C$$

Sie hängen wie der Konsum vom Einkommen ab:

$$S = S(Y)$$

d. h., mit steigendem Volkseinkommen nehmen auch die gesamtwirtschaftlichen Ersparnisse zu. Das Verhältnis der Zunahme der Ersparnisse (ΔS) zur Zunahme des Volkseinkommens (ΔY) wird als Grenzsparneigung bezeichnet:

$$\frac{\Delta S}{\Delta Y}$$

In dem obigen Beispiel ist

$$\frac{\Delta S}{\Delta Y} = 0{,}25$$

Da zusätzliches Einkommen entweder zu Konsum- oder zu Sparzwecken verwendet werden kann, addieren sich die marginale Konsumneigung und die marginale Sparneigung zu 1. Das folgt aus

$$\frac{\Delta C}{\Delta Y} + \frac{\Delta S}{\Delta Y} = \frac{\Delta C + \Delta S}{\Delta Y} = \frac{\Delta Y}{\Delta Y} = 1$$

Um den Zusammenhang zwischen Konsum- und Sparfunktion zu verdeutlichen, wird in Schaubild 17.2a eine Winkelhalbierende eingezeichnet. Das ist eine Gerade vom Nullpunkt mit einem Steigungsmaß von 45 Grad. Für alle Punkte dieser Kurve gilt: Der Abstand von der Ordinate (senkrechte Achse) und von der Abszisse (waagerechte Achse) ist gleich. Auf allen Punkten der Winkelhalbierenden wird also das gesamte Einkommen konsumiert: Für diese Punkte gilt C = Y. Alle Punkte oberhalb der Winkelhalbierenden stellen Situationen dar, in denen eine Volkswirtschaft mehr als ihr Einkommen konsumiert. Bei allen Punkten unterhalb der Winkelhalbierenden wird weniger konsumiert als das Einkommen.

Aus Schaubild 17.2a lässt sich die Sparfunktion ableiten.[5] Bei einem Einkommen von 200 Euro werden 175 Euro konsumiert. Der Rest, 25 Euro, wird gespart. Bei einem Einkommen von 150 Euro und einem Konsum von 137,50 Euro belaufen sich die Ersparnisse auf 12,50 Euro. Sinkt das Einkommen auf 100 Euro, so werden die Ersparnisse Null. Fällt das Einkommen noch weiter auf 50 Euro, so wird mehr für den Konsum ausgegeben als das vom Produktionsergebnis her möglich ist. Die Volkswirtschaft verschuldet sich in Höhe von 12,50 Euro oder löst Vermögen der Vorperioden auf. Es liegt negatives Sparen (Entsparen) vor. Bei einem Einkommen von Null schließlich beträgt die Verschuldung oder der Vermögensabbau 25 Euro.

Aus der Konsumfunktion kann die Sparfunktion abgeleitet werden, indem die Differenz zwischen Winkelhalbierender und Konsumfunktion in ein neues Schaubild eingetragen wird. Dann ergibt sich das Schaubild 17.2b.

[5] Vgl. dazu die Angaben in Tabelle 17.1.

Kasten 17.2 Ein stabiler Zusammenhang zwischen Konsum und verfügbarem Einkommen

Die makroökonomische Konsumfunktion weist für Deutschland einen stabilen Zusammenhang zwischen dem privaten Konsum und dem verfügbaren Einkommen der privaten Haushalte auf. Diese Beziehung wird für den Zeitraum von 1991 bis 2006 an Hand von Quartalsdaten geschätzt. Es wird eine einfache Kleinstquadrateschätzung vorgenommen.
Die marginale Konsumneigung der privaten Haushalte ist in diesem Zeitraum 0,85, d. h., von einem zusätzlichen Einkommen in Höhe eines Euros werden 85 Cent für zusätzlichen Konsum ausgegeben. Die marginale Sparneigung beträgt entsprechend 0,15. Die geschätzte Konsumfunktion lautet:

$$C = -74{,}10 + 0{,}85\, Y_v$$ [1]

Ein Kriterium für die Strenge des geschätzten Zusammenhangs ist das Bestimmtheitsmaß, das Werte zwischen 0 und 1 annehmen kann. In dieser Regression beträgt es 0,96, d. h., 96 Prozent der gesamten Variation des privaten Konsums wird durch das verfügbare Einkommen beschrieben. Dies ist ein gutes Ergebnis.
Die Schätzung kann zur Veranschaulichung graphisch dargestellt werden. Auf der Ordinate wird der private Konsum abgetragen, auf der Abszisse das verfügbare Einkommen. Die in der Realität beobachteten Ausprägungen sind als Punktwolke abgebildet, die geschätzte Konsumfunktion ist eine Gerade, deren Steigung der marginalen Konsumneigung entspricht. Das hohe Bestimmtheitsmaß der Schätzung zeigt sich in der guten Entsprechung von Punktwolke und Gerade.

[1] Man beachte, dass der empirisch ermittelte Achsenabschnitt negativ ist im Gegensatz zu unserer Annahme in Schaubild 17.1.

17.4 Die Investitionsfunktion

Neben der Konsumnachfrage ist die Investitionsnachfrage eine weitere Komponente der gesamtwirtschaftlichen Nachfrage.

1. Produktivität und Kapitalnutzungskosten. Investitionen dienen dazu, den Kapitalstock zu vergrößern oder zu erhalten. Ob ein Unternehmen investiert, also Kapital bildet, hängt davon ab, ob eine zusätzliche Einheit des Kapitals den Gewinn erhöht, d. h. ob der Grenzgewinn positiv ist (Abschnitt 11.1). Ein positiver Grenzgewinn liegt dann vor, wenn die Grenzeinnahmen, also der zusätzliche Erlös, der durch die zusätzliche Einheit Kapital entsteht, die Grenzausgaben, oder auch Kapitalnutzungskosten, übersteigen, die durch die Nutzung der Kapitaleinheit anfallen. Die einzelwirtschaftliche Investitionsentscheidung können wir auch als

Schaubild Kasten 17.2: Eine Konsumfunktion für Deutschland, 1991–2006

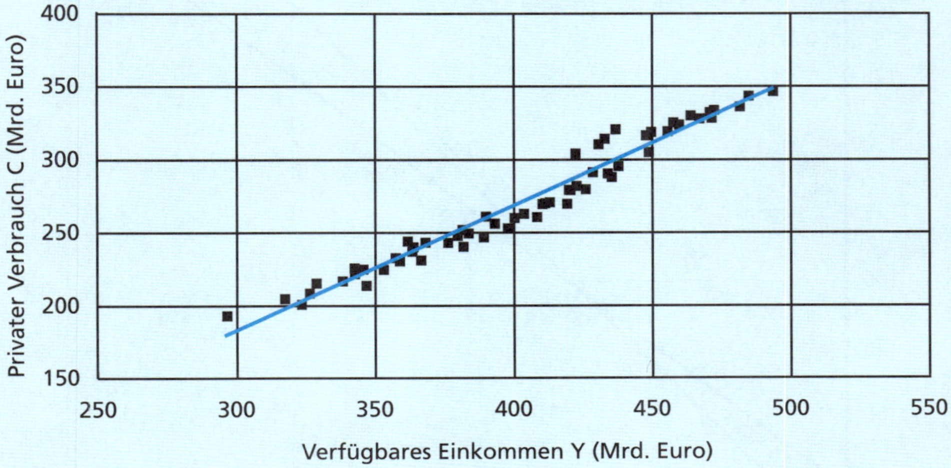

Quelle: Statistisches Bundesamt; eigene Berechnungen.

Grundlage für die makroökonomische Investitionsfunktion nehmen. Wir gehen dafür wieder von gegebenen Preisen aus, die wir zur Vereinfachung gleich eins setzen. Dann entspricht die Kurve der Grenzeinnahmen der Grenzproduktivität des Kapitals.

Es ist realistisch anzunehmen, dass nicht jedes Investitionsprojekt die gleiche Produktivität hat, sondern dass die Produktivität mit zunehmender Investitionstätigkeit (oder steigendem Kapitalstock) abnimmt. Schaubild 17.3a ordnet die Investitionsprojekte nach ihrer Kapitalproduktivität an. Daraus ergibt sich eine fallende Kurve der Grenzproduktivität des Kapitals in der Gesamtwirtschaft, wie in Schaubild 17.3b gezeichnet.

Kapitalnutzungskosten bestehen darin, dass ein Unternehmen einen Zins pro Einheit Kapital bezahlen muss. Selbst wenn es seine Investitionen aus zurückbehaltenen Gewinnen finanziert, so entstehen dem Unternehmen Kosten – so

Schaubild 17.2: Ableitung der Sparfunktion

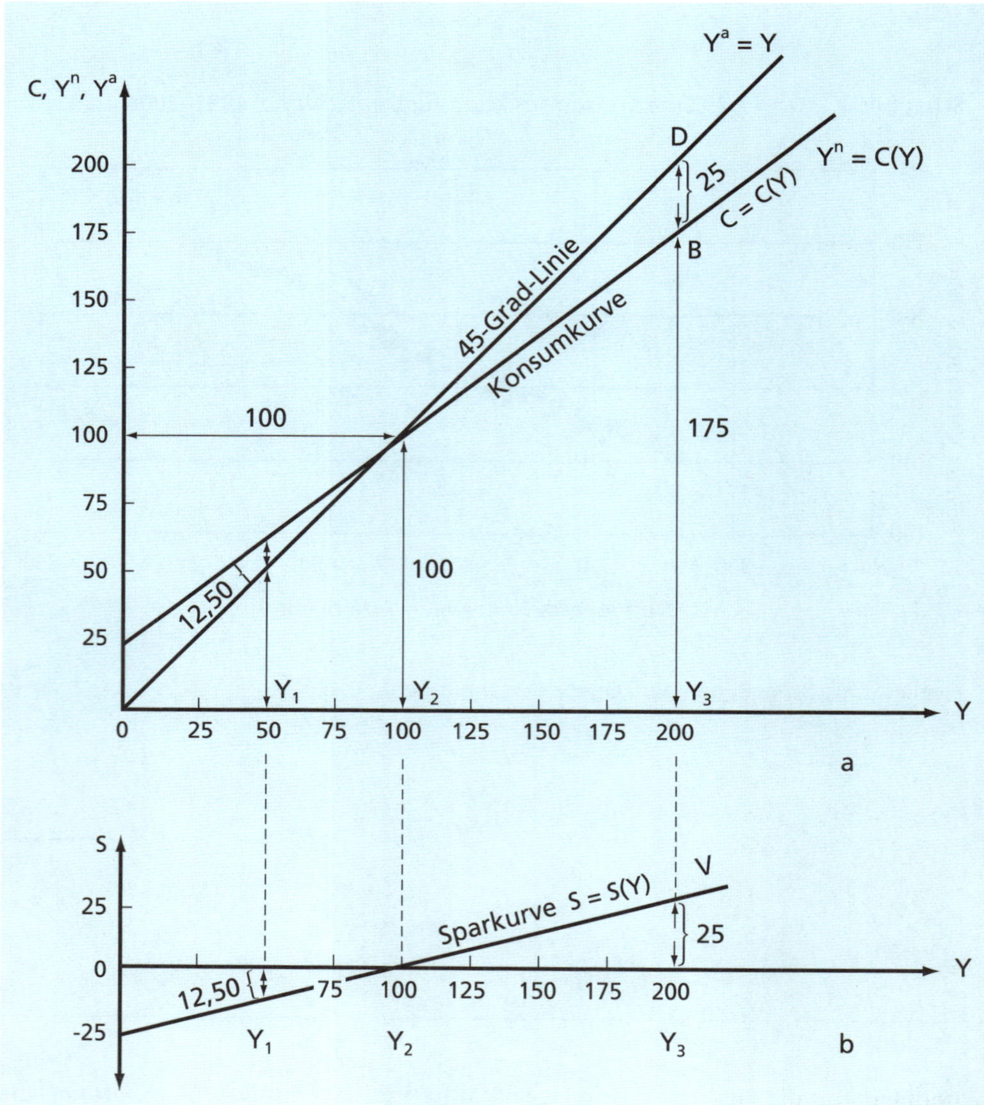

genannte Opportunitätskosten –, da es die finanziellen Mittel auf dem Kapitalmarkt hätte anlegen können. Würde das physische Kapital auf ewig bestehen, so würde das Unternehmen alleine die Grenzproduktivität des Kapitals mit dem Zinssatz vergleichen. Diese Regel haben wir bereits in Abschnitt 11.1 abgeleitet – offenbar unter der Annahme, dass das Kapitalgut ewig besteht. Da der Kapitalstock aber im Verlaufe der Zeit obsolet wird, beinhalten die Kapitalnutzungskosten zusätzlich auch die Abschreibungsrate (δ).

In einer Welt ohne Inflation wird also die Grenzproduktivität des Kapitals (z) mit dem Zinssatz (i) und der Abschreibungsrate (δ) verglichen; die Investition

Schaubild 17.3: Interner Zins

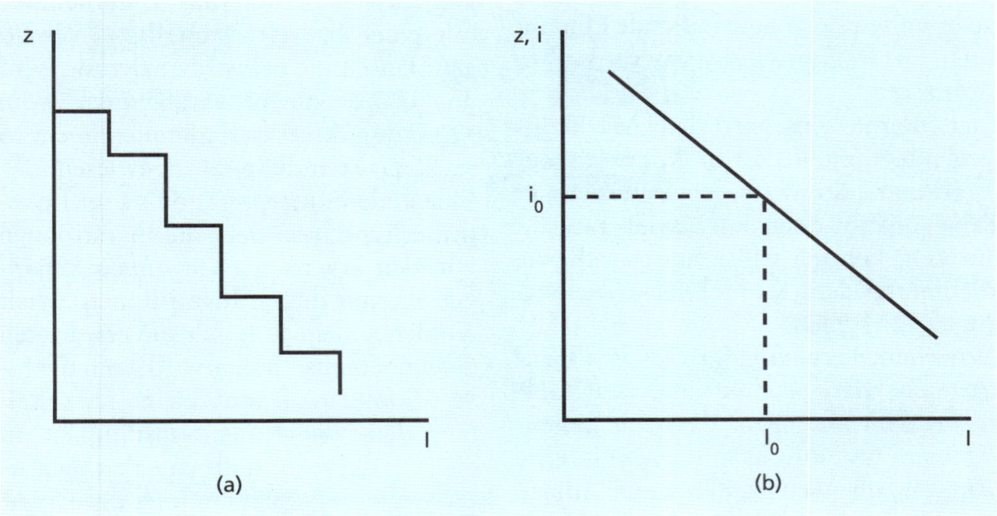

wird vorgenommen, wenn die Grenzproduktivität des Kapitals größer ist als der Zinssatz plus Abschreibungsrate

$$z > i + \delta$$

Wenn die Preise steigen, so kann das Unternehmen seine Produkte in aller Regel zu höheren Verkaufspreisen absetzen; die Verschuldung wird aber durch den Preisanstieg real entwertet, so dass es am Ende eines Jahres in realer Rechnung entsprechend der Inflationsrate weniger für seine Schulden bezahlt. Die Kapitalnutzungskosten sind also um den Preisanstieg ($\hat{p}$) zu korrigieren. Mit anderen Worten: es ist der Realzins (Nominalzins minus Preissteigerungsrate) bei den Kapitalnutzungskosten heranzuziehen, so dass der Vergleich lautet

$$z > i - \hat{p} + \delta$$

2. Interner Zins versus Marktzins. Dieser Sachverhalt wird in der älteren Literatur mit anderen Begriffen dargestellt, und zwar mit Hilfe des »internen Zinses«. Verglichen wird dann der interne Zins mit dem Marktzins.

Der interne Zins – auch als Grenzleistungsfähigkeit des Kapitals bezeichnet – stellt die erwartete innerbetriebliche Verzinsung des Kapitals dar. Er gibt Aufschluss darüber, welchen Ertrag eine Investition in einem Betrieb erwirtschaftet. Um den internen Zins zu bestimmen, stellt ein Unternehmen die Anfangsauszahlung für eine Investition den erwarteten abgezinsten Nettoeinzahlungen aus dieser Investition gegenüber. Der interne Zins ist derjenige Zinssatz, bei dem die Summe der abgezinsten Nettoeinzahlungen der Anfangsauszahlung entspricht.[6] Er ist also eine Erwartungsgröße: Sind die Unternehmer pessimistisch, so werden sie geringere Einnah-

[6] Formal lässt sich der interne Zins z berechnen, mit A_0 als Anfangsauszahlung und E_i als erwarteten Nettoeinzahlungen der Perioden i = 1 . . . n, aus der Gleichung

$$A_0 = \frac{E_1}{(1+z)} + \frac{E_2}{(1+z)^2} + \ldots + \frac{E_n}{(1+z)^n}$$

men erwarten; der interne Zins ist niedrig. Sind die Unternehmer optimistisch, so erwarten sie höhere laufende Einnahmen. Der interne Zins ist ceteris paribus höher.

Der interne Zins wird dem Marktzins gegenübergestellt. Ist er höher als der Marktzins, so wird der Unternehmer seine Investitionen im Betrieb tätigen. Im umgekehrten Fall lohnt es sich, die Geldmittel dem Kapitalmarkt zur Verfügung zu stellen.

Wir können erneut aufgrund der abnehmenden Grenzproduktivität des Kapitals davon ausgehen, dass mit zunehmender Investitionshöhe der interne Zins (z) fällt. Wenn z. B. nur eine Anlage auf dem Markt ist, so werden die erwarteten Einzahlungen hoch sein. Werden zusätzliche Anlagen eingesetzt, so nimmt der interne Zins ab. Es ergibt sich also, dass der interne Zins mit zunehmender Investition sinkt (Schaubild 17.3a).

Ist der Marktzins i_0 gegeben, so bestimmt die Kurve des internen Zinses die Höhe der geplanten Investition (I_0) (Schaubild 17.3b). Es gilt also eine Investitionsfunktion

$$I = I(i)$$

3. Weitere Investitionshypothesen.

Zur Erklärung der Investitionen sind auch andere Hypothesen herangezogen worden.

Die Nettoinvestition (I) kann als abhängig betrachtet werden von der Höhe der Gewinne (G). Die Investitionsfunktion lautet dann:

$$I = I(G)$$

Diese Funktion kann einmal dahingehend interpretiert werden, dass hohe Gewinne eine günstige Finanzierungsquelle für unternehmerische Investitionen darstellen und das Unternehmen mit einer breiten Kapitalbasis versorgen. Durch die Selbstfinanzierung wird das Unternehmen unabhängiger vom Kapitalmarkt; es ist damit nicht mehr so stark auf Fremdkapital angewiesen.

Eine andere Interpretation dieser Investitionshypothese sieht die Investitionen von den erwarteten Gewinnen abhängig, die mit diesen Investitionen erzielt werden sollen. Je höher die erwarteten Gewinne, umso höher wird auch die Investition sein. Damit bleibt festzuhalten, dass die Investitionstätigkeit in einer Volkswirtschaft von den Erwartungen, d. h., der Stimmung der Unternehmer abhängt.

Eine zweite Hypothese beschäftigt sich mit der möglichen Abhängigkeit der Investitionen von der Konsumnachfrage. Eine hohe Konsumnachfrage stellt einen starken Anreiz für die Unternehmen dar zu investieren; eine niedrige Konsumnachfrage wird die Unternehmen nicht zu Investitionen anregen. Die Hypothese bezieht sich jedoch nicht auf die absolute Höhe der Konsumausgaben, sondern auf ihre Veränderung. Nehmen die Konsumausgaben stark zu, so müssen die Unternehmer bei voll ausgelasteter Kapazität ihre Produktionsmöglichkeiten durch Investitionen erweitern, um die wachsende Konsumnachfrage bedienen zu können. Eine schwache Zunahme der Konsumnachfrage erfordert nur eine geringe Ausdehnung der Kapazitäten, d. h. eine geringe Investitionstätigkeit. Die Netto-Investition sind u. U. auch negativ: Die Unternehmen nehmen dann keine Ersatzinvestitionen mehr vor. Das ist z. B. dann der Fall, wenn die Konsumnachfrage abnimmt.

Diese Hypothese, die auch als Akzelerationsprinzip bezeichnet wird, kann in der Form

$$I = I(\Delta C)$$

dargestellt werden, wobei ΔC die zeitliche Veränderung des Konsums angibt. Der Akzelerator wird in Kapitel 23 dargestellt.

17.5 Die Höhe des Volkseinkommens ohne geplante Investitionen

Nachdem wir die wichtigsten Bausteine des gesamtwirtschaftlichen Systems, die Konsum- und die Investitionsfunktion, kennen gelernt haben, können wir die Frage beantworten, wie durch Konsum- und Investitionsfunktion die Höhe des Volkseinkommens bestimmt werden kann. Zunächst wird zur Vereinfachung unterstellt, dass die Unternehmen nichts investieren wollen. Die geplanten Investitionen seien also null.

1. Gleichgewicht auf dem Gütermarkt. Wir suchen das Gleichgewichtseinkommen. Dieses ist erreicht, wenn das geplante gesamtwirtschaftliche Angebot Y^a und die geplante gesamtwirtschaftliche Nachfrage Y^n gerade gleich sind, wenn also gilt:

$$Y = Y^a = Y^n$$

In Schaubild 17.2a kennzeichnet die 45-Grad-Linie eine Situation, in der das Volkseinkommen Y gleich dem Güterangebot Y^a ist. Dieser Zusammenhang ergibt sich aus der volkswirtschaftlichen Gesamtrechnung: dem Wert der Produktion entspricht das Faktoreinkommen.

Aus der gesamtwirtschaftlichen Nachfrage

$$Y^n = C + I$$

folgt für den Fall, dass die Investitionen null sind, als Gleichgewichtsbedingung

$$Y^n = C = Y^a$$

Ein Gleichgewicht liegt in Schaubild 17.2 also bei einem Volkseinkommen von $Y_2 = 100$ vor (siehe auch Tabelle 17.1). Im Punkt Y_3 in Schaubild 17.2a liegt die Gesamtnachfrage (die aufgrund unserer Annahmen nur aus dem Konsum besteht) niedriger als die Gesamtproduktion. Die Konsumnachfrage beträgt 175 Euro, das Angebot 200 Euro. Die Strecke BD kennzeichnet die Ersparnisse in Höhe von 25 Euro. Da wir eine geplante Investition von null unterstellt haben, entstehen ungeplante Investitionen (Lagerinvestitionen). Die Unternehmen schränken die Produktion ein, die Entwicklung geht in Richtung Y_2.

Im Punkt Y_1 liegt die Gesamtnachfrage dagegen über dem Angebot. Der geplante Konsum (62,50 Euro) ist größer als das tatsächlich vorhandene Angebot (50 Euro). Die Unternehmen werden sich bemühen, mehr zu produzieren, das Volkseinkommen steigt in Richtung Y_2. In Y_2 wird ein Gleichgewicht erreicht, da C und Y den Wert 100 haben.

Dieses Gleichgewicht zwischen gesamtwirtschaftlicher Konsumnachfrage und gesamtwirtschaftlichem Angebot kann nun ein Einkommen sein, das nicht mit einer Vollbeschäftigung der Faktoren einhergeht. Ist das Vollbeschäftigungseinkommen etwa Y_3, so wird bei Y_2 ein Gleichgewicht bei Unterbeschäftigung erreicht. Die Wirtschaft befindet sich dann auf einem Beschäftigungsniveau, das keine Vollbeschäftigung des Produktionsfaktors Arbeit und der anderen Produktionsfaktoren erlaubt. Es stellt sich also ein Gleichgewicht bei Unterbeschäftigung ein.

Kasten 17.3 Ausrüstungsinvestitionen und Gewinn-Erlös-Relation

Die Bruttoinvestitionen werden in der volkswirtschaftlichen Gesamtrechnung in Anlageinvestitionen und Vorratsveränderungen (einschließlich Nettozugang an Wertsachen) unterteilt. Die Bruttoinvestitionen lagen 2004 bei 380,9 Mrd. Euro. Die Bruttoinvestitionen werden wiederum in Ausrüstungsinvestitionen (149,4 Mrd. Euro), Bauinvestitionen (210,5 Mrd. Euro) und sonstige Anlagen (24,9 Mrd. Euro, darunter Computersoftware) unterteilt. Die Vorratsveränderungen erfassen die Veränderungen der Lagerbestände. In 2004 nahmen die Läger geringfügig ab.

Bruttoinvestitionen 2004	380,9 Mrd. Euro
Ausrüstungsinvestitionen	149,4 Mrd. Euro
Bauinvestitionen	210,7 Mrd. Euro
Sonstige Anlagen	24,9 Mrd. Euro
Vorratsveränderungen	– 4,0 Mrd. Euro

Quelle: Sachverständigenrat, Jahresgutachten 2002/03, Tabelle 45.

Es besteht ein empirischer Zusammenhang zwischen den Ausrüstungsinvestitionen und der Gewinn-Erlös-Relation, welche die Gewinne in vH der Erlöse angibt und als ein grobes Maß für die Rentabilität der Investitionen angesehen werden kann (Sachverständigenrat, 1998, Tabelle B1, S. 287). Die Gewinn-Erlös-Relation unterliegt starken zyklischen Schwankungen. Sie ist in den drei Rezessionen Mitte der 1970er, Anfang der 1980er-Jahre und 1993 stark zurückgegangen und nach den Rezessionsjahren wieder angestiegen. Man erkennt, dass die Ausrüstungsinvestitionen in Westdeutschland mit rückläufiger Gewinn-Erlös-Relation zurückgehen – so Mitte der 1970er, Anfang der 1980er- und Anfang der 1990er-Jahre – und dass sie sich mit einer Verbesserung der Gewinn-Erlös-Relation erholen, so Ende der 1970er-Jahre und im Verlauf der 1980er-Jahre. Die Tiefpunkte der Gewinn-Erlös-Relation stimmen nahezu mit den Tiefpunkten der Ausrüstungsinvestitionen überein. Das zyklische Verhalten der Ausrüstungsinvestition folgt also der Gewinn-Erlös-Relation. Seit 1999 hat der Sachverständigenrat keine Gewinn-Erlös-Relation mehr ausgewiesen.

Schaubild Kasten 17.3: Ausrüstungsinvestitionen und Gewinn-Erlös-Relation

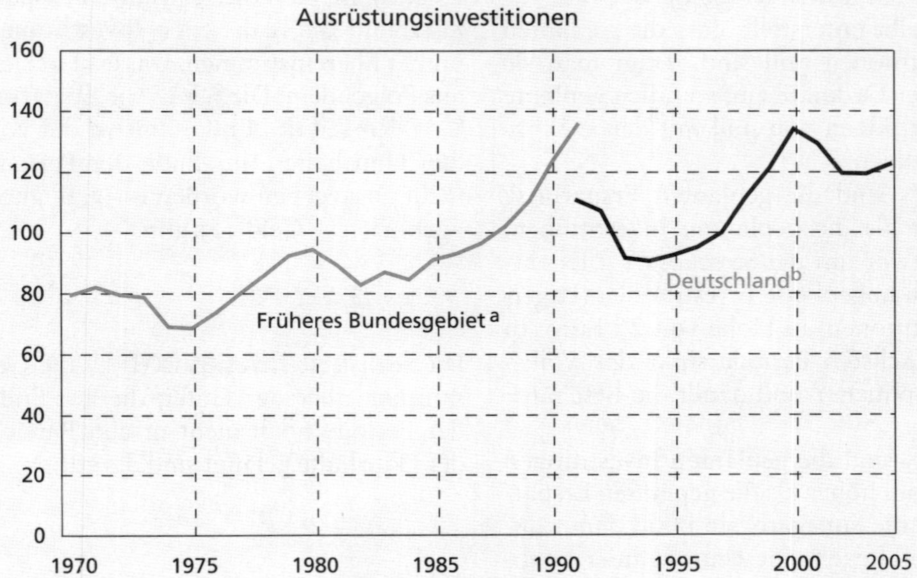

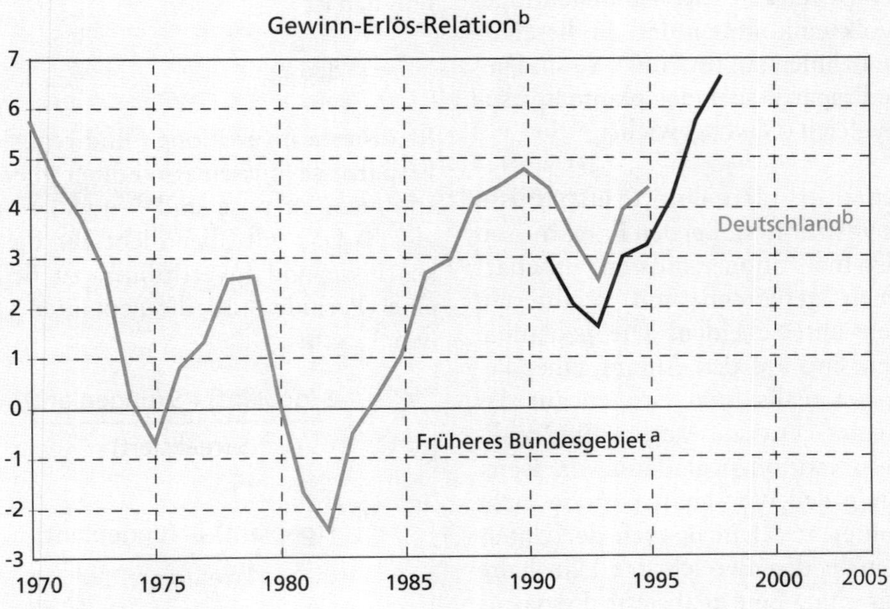

[a] Gesamtwirtschaft ohne Staat; in Preisen von 1995; linke Achse.
[b] Gesamtwirtschaft; preisbereinigt (2000=100); rechte Achse.
[c] Gewinne in vH der Erlöse; Jahresdaten für Produktionsunternehmen, Wohnungsvermietung, Kreditinstitute und Versicherungsunternehmen.

Quelle: Sachverständigenrat, Jahresgutachten 2002/2003 und 1998/1999.

Diese Zusammenhänge können auch mit Hilfe der Sparfunktion im Schaubild 17.2b dargestellt werden.
Es bleibt unterstellt, dass die geplanten Investitionen null sind. Trägt man sie auf der Ordinate ein, so fallen geplante Investitionen von null mit der x-Achse zusammen.
Bei Y_3 sind die geplanten Ersparnisse höher als die geplanten Investitionen, und zwar um die Strecke VY_3. Es entstehen ungeplante Investitionen (Lagerinvestitionen) in Höhe von 25 Euro. In der nächsten Periode sinkt das Volkseinkommen Y und damit die Beschäftigung.
Bei Y_1 sind die geplanten Investitionen von null höher als die geplanten Ersparnisse, die ja negativ sind und damit unter null liegen. Die Unternehmer erfahren eine stärkere Konsumnachfrage. Das Volkseinkommen und die Beschäftigung nehmen zu. Im Punkt Y_2 sind geplante Ersparnisse und geplante Investitionen gleich (Gleichgewicht).

2. **Geplante und realisierte Ersparnisse und Investitionen**. Bei den Ersparnissen und den Investitionen müssen wir scharf zwischen geplanten und realisierten Größen unterscheiden. Die geplanten Größen sind auf den Anfang einer Periode, die realisierten Größen auf das Ende einer Periode bezogen. Eine realisierte Investition liegt dann vor, wenn am Ende der Wirtschaftsperiode nicht alle Güter aus dem Bereich der Unternehmen in den Bereich der Haushalte gelangt sind. Eine realisierte Ersparnis liegt vor, wenn die Haushalte am Ende der Periode einen Teil ihres Einkommens nicht ausgegeben haben. Geplante Investitionen sind solche Investitionen, die von den Unternehmern zu Beginn einer Wirtschaftsperiode geplant sind. Geplante Ersparnisse sind die Ersparnisse, die die Haushalte zu Beginn einer Periode planen.
Es gilt nun, dass die realisierten Ersparnisse und die realisierten Investitionen immer übereinstimmen. Das erklärt sich aus Folgendem: Die realisierte Ersparnis S ist der Teil des Einkommens, der von den Haushalten am Ende der Periode nicht ausgegeben worden ist (z. B. auch »gehortetes« Geld). Es gilt:

$$S = Y - C$$

Die realisierte Investition (I) ist die Gesamtheit aller der Güter, die am Ende der Periode noch nicht in den Bereich der Haushalte gelangt sind. Es gilt:

$$I = Y - C$$

Folglich ist

$$I = S$$

Realisierte Investitionen und realisierte Ersparnisse müssen also immer übereinstimmen; ex post sind S und I immer gleich. Das gilt aber nicht für die Ersparnisse und Investitionen zu Beginn einer Periode, also die geplanten Größen. Es gilt:

$$\underbrace{S\,(\text{geplant}) + S\,(\text{ungeplant})}_{S\,(\text{realisiert})} =$$

$$\underbrace{I\,(\text{geplant}) + I\,(\text{ungeplant})}_{I\,(\text{realisiert})}$$

Da die Haushalte die Ersparnisse und die Unternehmen die Investitionen planen und damit die Planung dieser Größen unabhängig voneinander erfolgt, können Diskrepanzen zwischen geplanten Ersparnissen und geplanten Investitionen entstehen:

Fall 1: Die geplanten Ersparnisse sind größer als die geplanten Investitionen. Das bedeutet, dass die Konsumnachfrage nicht ausreichend ist; die Unternehmen bleiben auf ihren Produkten sitzen. Nur durch diese unfreiwilligen Investitionen können am Ende der Periode die tatsächlichen Investitionen und die tatsächlichen Ersparnisse übereinstimmen.
Fall 2: Die geplanten Investitionen sind größer als die geplanten Ersparnisse. Das bedeutet, dass die Unternehmen mehr investieren wollen als die Haushalte bereit sind zu sparen. Damit ist die Nachfrage größer als das Angebot, und die Haushalte müssen unfreiwillig sparen (erzwungenes Sparen). Die tatsächlichen Ersparnisse und die tatsächlichen Investitionen stimmen am Ende der Periode wegen der erzwungenen Ersparnisse wieder überein.

3. Keynes und das Say'sche Gesetz. Unterbeschäftigung kommt nach diesem Keynes'schen Ansatz durch einen Nachfrageausfall zustande. Die geplante Nachfrage ist geringer als das Vollbeschäftigungseinkommen. Diese Erklärung steht im Widerspruch zum sog. »Say'schen Gesetz«, das besagt, dass jedes Angebot seine eigene Nachfrage schafft. Angenommen – so lässt sich die Say'sche Argumentation illustrieren – es können bei Vollbeschäftigung mit den verfügbaren Produktionsfaktoren Schuhe im Wert von 1 Mio. Euro produziert werden. Dann entsteht genau in dieser Höhe Faktoreinkommen und aus diesen Einkommen wird wirksame Nachfrage. Die These von Keynes ist, dass das Say'sche Gesetz bei der Einkommensverwendung durchbrochen werden kann. Wenn die Wirtschaftssubjekte in dem obigen Beispiel nicht ihr gesamtes Einkommen konsumieren sondern stattdessen Kassenbestände aufbauen, so entfällt wirksame Nachfrage. Den Aufbau der Kassenbestände bezeichnen wir auch als »Horten«. Die Frage, warum Wirtschaftssubjekte horten und damit dem System Güternachfrage entziehen, ist ein zentraler Ansatzpunkt des Keynes'schen Systems.

4. Mengenanpassungen statt Preisanpassungen. Aus der Diskussion der Ungleichgewichte im Schaubild 17.2 erkennt man, dass bei Keynes ein Gleichgewicht nicht über Güterpreise erreicht wird, die ja als gegeben unterstellt sind, sondern über Mengenanpassungen, also Änderungen in der Höhe des Volkseinkommens und letztlich der Beschäftigung. Der Zusammenhang zwischen Volkseinkommen und Beschäftigung ergibt sich daraus, dass mit größerem Volkseinkommen mehr Produktionsfaktoren eingesetzt werden und damit auch die Beschäftigung steigt.

17.6 Die Höhe des Volkseinkommens mit geplanten Investitionen

Wir geben jetzt die Annahme auf, dass die geplanten Investitionen gleich null sind. Vielmehr nehmen wir geplante Investitionen in einer bestimmten Größenordnung an, die unabhängig von der Höhe des Einkommens sind. Diese Annahme kann dadurch in Einklang mit unserer Investitionsfunktion gebracht werden, indem wir unterstellen, der Zinssatz i sei fixiert. Bei konstantem Zinssatz ergibt sich eine konstante Investition. Zur Vereinfachung nehmen wir an, die Höhe der Investitionen sei mit 12,50 Euro vorgegeben.
Das Einkommen Y entspricht dem Angebot Y^a; dies wird durch die 45°-Linie dargestellt. Das gleichgewichtige Volks-

einkommen Y ist wieder dadurch bestimmt, dass Y^n gleich Y^a ist.

$$Y = Y^a = Y^n$$

Zeichnerisch kann man sich die Zusammenhänge wie folgt klarmachen: Die Investition ist unabhängig von der Höhe des Volkseinkommens (Schaubild 17.4a). Da die gesamtwirtschaftliche Nachfrage aus Konsum und (hier als konstant unterstellter) Investition besteht, also

$$Y^n = C(Y) + I$$

ist das Gleichgewicht dort gegeben, wo sich die gesamtwirtschaftliche Nachfrage und das Angebot treffen (Punkt B in Schaubild 17.4b).

Im Vergleich zu Tabelle 17.1 ergibt sich in Tabelle 17.2 bei konstanten Investitionen von 12,50 Euro ein gleichgewichtiges Einkommen, dort wo das Angebot Y von der Gesamtnachfrage C + I ausgeschöpft wird. Dies ist jetzt bei einem Volkseinkommen von 150 Euro der Fall.

Die Determinanten des Einkommens sind jetzt die Konsum- und die Investitionsnachfrage, da sich die Gesamtaus-

Schaubild 17.4: Investition, Konsumfunktion und gesamtwirtschaftliches Gleichgewicht

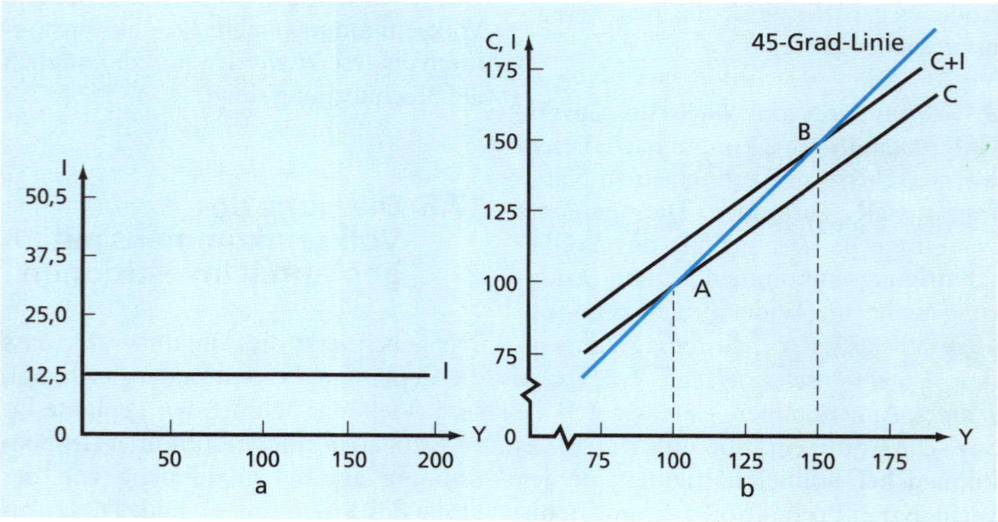

Tabelle 17.2: Konsum, Sparen und Investition

Y	C	S	I	I ungeplant
–	25	–25	12,50	–37,50
50	62,50	–12,50	12,50	–25
100	100	0	12,50	–12,50
150	137,50	+12,50	12,50	0
200	175	+25	12,50	+12,50

gaben aus Konsum- und Investitionsausgaben zusammensetzen. Um zu einer Kurve der Gesamtnachfrage zu kommen, müssen C und I addiert werden.
Auf der Ordinate werden in Schaubild 17.4b Konsum C und Investition I aufgetragen, auf der Abszisse wie bisher Y. Es handelt sich um eine Vertikaladdition.
Die Gesamtausgabenkurve C + I wird wieder mit der 45-Grad-Linie zum Schnitt gebracht. Der Schnittpunkt kennzeichnet das Gleichgewichtseinkommen, das auch jetzt bei Unterbeschäftigung gegeben sein kann. Wir sehen aber, dass die Investitionen zu einer höheren Nachfrage und damit einem höheren Gleichgewichtseinkommen von 150 führen, verglichen mit dem Gleichgewichtseinkommen ohne Investitionen von 100.

17.7 Der Multiplikator

Bei der Darstellung des Systems von Keynes haben wir die Frage gestellt, von welchen Faktoren die Höhe des Volkseinkommens abhängt. Dabei haben wir gesehen, dass die Höhe des Volkseinkommens von den einzelnen Komponenten der Gesamtnachfrage bestimmt wird.

1. Multiplikatorwirkung der Investition. Im Folgenden soll nun nicht gefragt werden, wie hoch das Volkseinkommen ist, wenn die Investitionsausgaben eine bestimmte Höhe haben. Im Gegensatz zu der Betrachtung dieser beiden Größen zu einem Zeitpunkt wollen wir jetzt etwas über die Veränderung des Volkseinkommens wissen: Wir fragen, wie sich das Volkseinkommen ändert, wenn sich die Ausgaben für Investitionen ändern. Wir nehmen dabei wieder an, dass die Investitionen gegeben sind, d. h. wir gehen von einem konstanten Zins aus. Diese Frage ist z. B. für die Wirtschaftspolitik in einer unterbeschäftigten Wirtschaft von großem Interesse. Wenn eine solche Beziehung bekannt ist, kann man ersehen, wie sich eine Investitionsspritze unter den vereinfachten Annahmen des keynes'schen Systems auf die Höhe des Volkseinkommens auswirkt.
In Schaubild 17.4b ist das gleichgewichtige Volkseinkommen bei einer Investitionstätigkeit von null mit 100 Euro gegeben (Punkt A). Erhöhen die Unternehmer die Investition von null auf 12,50 ($\Delta I = 12{,}50$), so resultiert daraus ein höheres gleichgewichtiges Volkseinkommen von 150 Euro. Die Veränderung des Volkseinkommens ΔY beträgt 50 Euro. Die Veränderung des Volkseinkommens ist also um ein Vielfaches größer als die Zunahme der Investition. Im Beispiel gilt:

$$\Delta Y = 4 \cdot \Delta I$$

Die Zahl 4 gibt die Multiplikatorwirkung einer Investitionszunahme an. Da die Zunahme des Volkseinkommens auf die Steigerung der Investition zurückzuführen ist, sprechen wir vom *Investitionsmultiplikator.*[7]
Um den Investitionsmultiplikator zu verdeutlichen, gehen wir von der angenommenen Grenzkonsumneigung $\frac{\Delta C}{\Delta Y} = 0{,}75$ aus. Die Grenzsparneigung ist

$\frac{\Delta S}{\Delta Y} = 0{,}25$, da Konsumneigung und Spar-

[7] Vgl. die Darstellung des Geldschöpfungsmultiplikators in Kapitel 18.

neigung sich zu 1 addieren. In der Periode 1 steigt die Investitionsnachfrage um 12,50 Euro. Dieses Investitionsniveau gilt für alle folgenden Perioden. Die Unternehmen fragen eine Maschine zu diesem Wert nach. Diese zusätzliche Investitionsnachfrage stellt ein zusätzliches Einkommen für die Produktionsfaktoren dar, die an der Produktion dieser Maschine beteiligt waren. Das zusätzliche Volkseinkommen in dieser ersten Runde beträgt dementsprechend 12,50 Euro. Dann entfallen bei einer Grenzkonsumneigung von 0,75 auf den Konsum 9,38 Euro und auf die Ersparnisse 3,12 Euro. Die Konsumausgaben von 9,38 Euro stellen aber wieder Nachfrage und damit auch Einkommen dar. Zusammen mit der zusätzlichen Investition von 12,50 Euro ergibt sich in der zweiten Runde für $\Delta Y = 9{,}38 + 12{,}5 = 21{,}88$. Die weiteren Wege für ΔY, ΔC und ΔS sind aus Tabelle 17.3 zu ersehen. In dieser Tabelle ist I autonom und damit vorgegeben. ΔC wird berechnet nach der Formel: $\Delta C = 0{,}75\ \Delta Y$. Dabei ist ΔY gegeben durch $\Delta Y = \Delta I + \Delta C$ der Vorperiode. ΔS ist definiert als $\Delta S = \Delta Y - \Delta C$.

Tabelle 17.3: Der Investitionsmultiplikator

	ΔI	ΔY	ΔC	ΔS
1	12,5	12,5	9,38	3,12
2	12,5	21,88	16,41	5,47
3	12,5	28,91	21,68	7,23
4	12,5	34,18	25,63	8,55
5	12,5	38,13	28,59	9,54
6	12,5	41,09	30,82	10,27
.	.	.	.	.
.	.	.	.	.
.	.	.	.	.
∞	12,5	50	37,5	12,5

Bei diesem Prozess entsteht aus einem Investitionsstoß von 12,50 Euro in jeder Periode nach einer unendlichen Serie von Runden ein zusätzliches Einkommen von 50 Euro pro Periode. Der Multiplikator m beträgt in diesem Fall 4. Also $50 = m \cdot 12{,}5$ oder: Die Veränderung des Volkseinkommens (ΔY) ist gleich dem Multiplikator (m) mal der Veränderung der Investition (ΔI):

$$\Delta Y = m \cdot \Delta I$$

Wir wollen jetzt annehmen, dass nicht $^3/_4$ des zusätzlichen Einkommens konsumiert und gespart, sondern dass die Grenzkonsumneigung $^1/_2$ und die Grenzsparneigung $^1/_2$ betragen. Dann ergibt sich Tabelle 17.4.

Aus einer Investition von 12,50 Euro resultiert in diesem Fall ein zusätzliches Einkommen von 25 Euro. Der Multiplikator ist 2. Offenbar ist der Multiplikator also geringer, wenn viel gespart wird. Ist die Sparneigung $^1/_4$, so ergibt sich ein Multiplikator von 4. Bei einer Sparneigung von $^1/_2$ ist der Multiplikator 2. Der Multiplikator ist also der Kehrwert der Sparneigung: Mit s als

Tabelle 17.4: Investitionsmultiplikator mit geringerer Konsumneigung

	ΔI	ΔY	ΔC	ΔS
1	12,5	12,5	6,25	6,25
2	12,5	18,75	9,37	9,375
3	12,5	21,88	10,94	10,94
4	12,5	23,44	11,72	11,72
.	.	.	.	.
.	.	.	.	.
.	.	.	.	.
∞	12,5	25	12,5	12,5

Sparneigung und c als Konsumneigung können wir schreiben:

$$\Delta Y = \frac{1}{s} \cdot \Delta I \quad \text{oder, da} \quad s = 1 - c$$

$$\Delta Y = \frac{1}{1-c} \cdot \Delta I$$

Als Ergebnis können wir festhalten: Je größer die Neigung zum Sparen, desto geringer ist der Multiplikatoreffekt. Oder anders formuliert: Je größer die Konsumneigung, desto größer ist der Investitionsmultiplikator. Die Ersparnisse können wir auch als Absickerverluste ansehen: Zusätzliches Einkommen, das gespart wird, entfaltet keine zusätzliche Nachfrage; damit wird kein neues Einkommen geschaffen.

Der Multiplikator kann auch auf die staatliche Investitionsnachfrage angewendet werden. Er besagt dann, dass eine Erhöhung der Staatsausgaben das Volkseinkommen um ein mehrfaches steigert.

2. Weitere Einflussfaktoren des Multiplikatoreffekts. In der vorstehenden einfachen Formulierung des Multiplikators bleibt die Veränderung des Zinses unberücksichtigt. Dies ist eine stark vereinfachende Annahme. Angenommen, der Staat erhöht seine Investitionen und das Volkseinkommen steigt aufgrund der Investitionszunahme, dann steigt – wie wir im nächsten Kapitel sehen werden – der Zins. Der steigende Zins bremst jedoch die Investitionen, so dass wir im Vergleich zu einer Situation mit konstantem Zins erwarten können, dass der Multiplikatorprozess abgeschwächt wird. Flexible Zinsen reduzieren also die Multiplikatorwirkung. Die privaten Investitionen werden dann zurückgedrängt (crowding out).

Die Multiplikatoreffekte einer staatlichen Ausgabenerhöhung hängen auch von der Art der Finanzierung ab. Finanziert sich der Staat über Steuern, so reduziert die Steuerbelastung das verfügbare Einkommen der Bürger und damit die privaten Konsumausgaben. Die höheren Staatsausgaben verdrängen dann zum Teil die privaten Ausgaben. Finanziert sich der Staat über Kredite, so verschiebt er die Steuerbelastung in die Zukunft, da die Kredite irgendwann bedient werden müssen. Es kann sein, dass die Bürger in Erwartung der zukünftigen Steuerbelastung bereits heute ihren Konsum einschränken und mehr sparen. Damit gehen ebenfalls die Konsumausgaben zurück. Finanziert der Staat seine Schulden, wie in der Vergangenheit häufig geschehen über die Notenpresse, so können die Staatsausgaben letztlich zu mehr Inflation führen.

Der Multiplikator kann auch auf eine offene Volkswirtschaft angewandt werden. Dann wird z. B. diskutiert, wie eine Zunahme der Exporte sich auf das Volkseinkommen auswirkt.

Der Multiplikator stellt nur auf den Nachfrageeffekt einer Investition ab. Die Investition stellt aber langfristig einen Zuwachs des Kapitalbestandes dar. Sie vermehrt also das Produktionspotential. In einer langfristigen Betrachtung muss auch dieser Kapazitätseffekt einer Investition berücksichtigt werden, der die Wirkung einer Investition auf die Angebotsseite zum Ausdruck bringt. Mit diesem bei Keynes vernachlässigten Aspekt, nämlich der Analyse der Angebotsseite, beschäftigen wir uns in der Wachstumstheorie (Kapitel 24).

17.8 Die Stimulierung der gesamtwirtschaftlichen Nachfrage

Als Zwischenfazit können wir festhalten, dass in dem bisher dargestellten Modell eine Nachfrageexpansion das Volkseinkommen zunehmen lässt. Da die Beschäftigung über die Produktionsfunktion direkt an das Volkseinkommen gekoppelt ist, so dass Volkseinkommen und Beschäftigung synonym verwendet werden können, nimmt damit auch die Beschäftigung zu.

In Schaubild 17.5 ist dieses vorläufige Ergebnis dargestellt. Die Volkswirtschaft befindet sich unterhalb der Kapazitätsgrenze Y^v. Die gesamtwirtschaftliche Nachfrage ist in diesem vereinfachten Ansatz unabhängig vom Preisniveau. Auch für die Angebotsseite spielt das Preisniveau keine Rolle. Wenn die gesamtwirtschaftliche Nachfrage von B nach B′ steigt, so nimmt das Volkseinkommen zu. Ein Anstieg der Konsumnachfrage, der Investitions-

Schaubild 17.5: Gesamtwirtschaftliche Nachfrage und gesamtwirtschaftliches Gleichgewicht

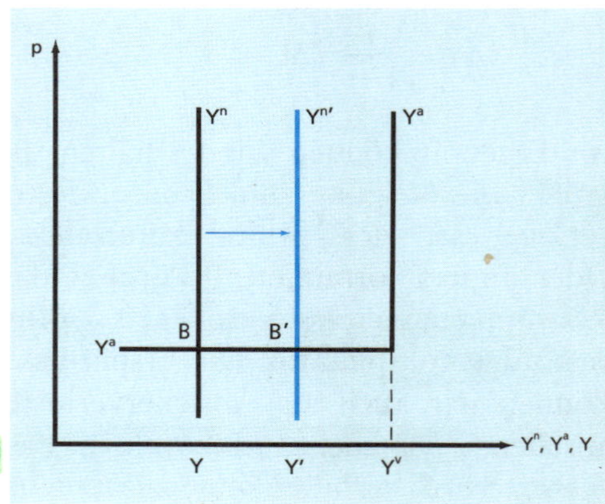

nachfrage, der Nachfrage des Staates oder der Nettonachfrage des Auslandes würde also stimulierend wirken und dazu beitragen, dass eine Volkswirtschaft sich der Kapazitätsgrenze nähert.

Wichtige Begriffe in Kapitel 17

Gesamtwirtschaftliche Nachfrage
Volkseinkommen
Unterbeschäftigung
Konsumfunktion
Verfügbares Einkommen
Grenzneigung zum Konsum
Sparfunktion
Grenzsparneigung
Investitionsfunktion
Grenzproduktivität des Kapitals
Kapitalnutzungskosten
Interner Zins
Realzins
Grenzleistungsfähigkeit des Kapitals
Investitionshypothesen
Akzelerationsprinzip
Geplante und ungeplante Investitionen
Überbeschäftigung
Gewinn-Erlös-Relation
Multiplikator

18 Geldmenge und Zins: Der Geldmarkt

Money... is none of the wheels of trade:
it is the oil which renders the motion of the wheels more smooth and easy.
If we consider any one kingdom by itself,
it is evident that the greater or less plenty of money is of no consequence,
since the prices of commodities are always proportioned
to the plenty of money.
David Hume

18.1 Begriff und Funktionen des Geldes

Unter Geld versteht man ein Gut, das in einer Gesellschaft allgemein als Tauschmittel, als Recheneinheit (Wertausdrucksmittel) und als Wertaufbewahrungsmittel akzeptiert wird, oder in Kurzform: »Geld ist, was gilt«.

1. Funktionen des Geldes. Die *Tauschmittelfunktion* erleichtert den Austausch der Güter; sie ermöglicht die Arbeitsteilung und Spezialisierung in der Produktion. Ohne die Existenz eines allgemein akzeptierten Tauschmittels würde sich der Austausch der Güter wesentlich komplizierter vollziehen. Angenommen, der Haushalt A brauche ein Gaspedal für einen Audi A3 und er habe einen Tennisschläger. Dann muss er nicht nur jemanden finden, der ein Gaspedal hat; sein Tauschpartner muss auch bereit sein, das Gaspedal gegen einen Tennisschläger einzutauschen. Die Wünsche der Tauschparteien müssen also zusammenfallen. Außerdem ist fragwürdig, ob ein Tennisschläger wertmäßig einem Gaspedal entspricht. Eventuell müsste der Haushalt A seinen Tennisschläger mit einem Haushalt C gegen ein anderes Gut eintauschen, das Haushalt B akzeptieren würde. Aus diesem Beispiel wird deutlich, dass die Arbeitsteilung und Spezialisierung der modernen Wirtschaft zusammenbrechen müssten, wenn nicht ein Gut existieren würde, das jeder als Gegenleistung akzeptiert. Die Einführung des Geldes kann deshalb als eine große Innovation betrachtet werden, mit der die Transaktionskosten erheblich gesenkt wurden.

Geld dient ferner als *Recheneinheit*, d. h., durch Geld werden die Güter wertmäßig vergleichbar. Auch diese Funktion des Geldes wird am besten deutlich, wenn man sich vorstellt, dass sie nicht erfüllt sei. Unterstellen wir beispielsweise vier Güter: Gaspedal, Tennisschläger, Weizen und Radio. In einer Wirtschaft ohne Geld müssten für diese vier Güter bereits sechs Austauschverhältnisse bekannt sein, nämlich Gaspedal : Tennisschläger, Gaspedal : Weizen, Gaspedal : Radio, Tennisschläger : Weizen, Tennisschläger : Radio und Weizen : Radio. Bei 1 000 Gütern, die heute von einem einzigen großen Mehrproduktunternehmen hergestellt werden, müssten eine halbe Million Austauschverhältnisse bekannt sein.[1] Das Informa-

---

[1] Genau sind es 499 500 Preisverhältnisse. Die Zahl berechnet sich nach der Formel $\frac{N^2 - N}{2}$, wobei N die Anzahl der Güter angibt.

tionsbedürfnis der modernen Wirtschaft würde also ohne eine zentrale Recheneinheit ins Unermessliche steigen und wäre auch mit Hilfe von Computern nicht mehr zu bedienen.
Schließlich dient Geld auch als *Wertaufbewahrungsmittel*. Das bei einem Verkauf erhaltene Geld braucht nicht direkt zum Kauf eines Gutes verwandt zu werden, sondern kann auch für den Wert einer Gegenleistung in der Zukunft, für einen zukünftigen Kauf, benutzt werden. Die Wertaufbewahrungsfunktion ist aber an einen stabilen Geldwert gebunden. Verschlechtert sich der Geldwert, so wird die Wertaufbewahrungsfunktion beeinträchtigt.

2. Währung. Geld ist in der Wirtschaftsgeschichte in vielerlei Erscheinungsformen aufgetreten. In alten Gesellschaften[2] bestand Geld aus wertvollen Gegenständen oder Metallen. Wir sprechen von Stoffgeld oder *Metallgeld*. Da die Währung an ein anderes Gut wie Gold und Silber gebunden war, handelte es sich um eine gebundene Währung. In der Regel waren dies Münzen (Münzgeld), die durch eine hoheitliche Stelle geprägt wurden. Die Münzen waren mit dem Zeichen des Landesherrn als Garantie für eine bestimmte Metallmenge versehen.
Im Mittelalter tauchten zum ersten Mal Vorformen des *Papiergeldes* auf. Geld in der Form des Goldes wurde in der Regel den sicheren Tresoren der Goldschmiede anvertraut. Die Goldschmiede stellten über die Einlage eine Quittung aus, in der sie sich zur Auszahlung einer Goldmenge verpflichteten. Anstatt bei dem Kauf eines Gutes das Gold bei dem Goldschmied herauszuholen und mit Gold zu bezahlen, bürgerte sich die Sitte ein, den Kaufpreis mit der Quittung des Goldschmieds zu begleichen, die ja eine Anweisung auf eine Goldmenge darstellte. Die Anweisung war also ein Vorläufer des Papiergeldes. Nach und nach bildeten sich aus den Goldschmiedeläden Banken heraus, die Anweisungen auf Goldeinlagen der Kunden ausstellten. Es zeigte sich bald, dass nicht alle Marktteilnehmer gleichzeitig ihre Quittungen in Gold umtauschen wollten. Die Goldschmiede und Banken konnten also mehr Anweisungen auf Gold ausgeben als Gold bei ihnen deponiert war. Das von den Banken ausgegebene Papiergeld war damit nur teilweise gedeckt.
In der weiteren Entwicklung erkannte der Staat, dass die Papiergeldbeschaffung nicht den einzelnen Banken überlassen werden sollte. Deshalb entstanden Zentralbanken als staatliche Institutionen, die allein das Recht der Papiergeldherstellung und der Münzausgabe hatten.
Obwohl eine volle Deckung des Papiergeldes durch Gold nicht mehr erfolgte, blieb die Einlösepflicht des Papiergeldes in Gold lange Zeit erhalten. Diese so genannte *Goldkernwährung* gab man nach dem ersten Weltkrieg auf, weil sie eine autonome Konjunkturpolitik einzelner Länder nicht zuließ.
Die heute übliche *Papierwährung* ist eine freie Währung, die nicht an ein Metall gebunden ist. Banknoten sind also nichts anderes als ein Stück Papier, das als Zahlungsmittel allgemein akzeptiert wird. Dies gilt auch analog für das Buchgeld. Die Zentralbank hat die Aufgabe, die Ausgabe an Papier- und Buchgeld so zu gestalten, dass der Wert des Geldes nicht beeinträchtigt wird. Von

---
[2] Vgl. dazu: W. Gerloff, Die Entstehung des Geldes und die Anfänge des Geldwesens, Frankfurt/M. 1962; B. Laum, Heiliges Geld. Eine historische Untersuchung über den sakralen Ursprung des Geldes, Tübingen 1924.

einer Deckung der Währung kann keine Rede sein. Letztlich hängt der Wert des Geldes an dem Vertrauen in die Zentralbank.
Seit einigen Jahren gewinnt eine neue Erscheinungsform, das *elektronische Geld*, zunehmend an Bedeutung. Hierunter versteht man im Allgemeinen elektronisch gespeicherte Werteinheiten, die zu Zahlungszwecken verwendet werden können. Man unterscheidet dabei zwischen kartengestützten Produkten, wie beispielsweise der »elektronischen Geldbörse«, welche reale Kaufkraft auf einer Plastikkarte speichert, und softwaregestützten Produkten, bei denen elektronisch gespeicherte Werteinheiten (»Cybermoney«) über das Internet übertragen werden.

18.2 Die Geldmenge

Wie die Geldmenge abzugrenzen ist, hängt davon ab, welche Funktionen dem Geld definitionsmäßig zugewiesen werden. Stellt man auf die Tauschmittelfunktion ab, so ist Geld das Medium, mit dem Zahlungen geleistet werden können. Folglich muss die Geldmenge alle für Zahlungszwecke bereitstehenden Tauschmittel umfassen. Die Geldmenge gibt demnach so etwas wie den Zahlungsmittelbestand der Nichtbanken an. Folgende Begriffe sind dabei zu unterscheiden:

1. Zentralbankgeld (Z) ist das von der Zentralbank geschaffene Geld, und zwar das Bargeld und die Sichtguthaben bei der Zentralbank.
Dieses Zentralbankgeld kann von Nichtbanken und Banken gehalten werden. Insoweit es von Banken gehalten wird, steht es nicht für die Tauschmittelfunktion zur Verfügung. Der Begriff des Zentralbankgeldes kann also die Geldmenge nicht hinreichend erfassen.

2. Zahlungsmittel sind einerseits die per Gesetz als Zahlungsmittel deklarierten Zentralbankgeldbestände der Nichtbanken. Andererseits können die Nichtbanken auch jederzeit über ihre Sichteinlagen (Depositen) bei Geschäftsbanken verfügen und z. B. per Überweisungen vom Girokonto Zahlungen leisten. Je nach Abgrenzung ergeben sich damit unterschiedliche Geldmengenkonzepte (Schaubild 18.1):

3. Geldmenge M1. Die Geldmenge M1 ist definiert als die Summe aus dem Bargeldumlauf der Nichtbanken und den täglich fälligen Einlagen der Nichtbanken, die Bargeld gleichstehen (Sichtguthaben). Die durch M1 abgegrenzte Geldmenge erfasst also dasjenige Geld, das die Nichtbanken direkt als Tauschmittel verwenden können.

4. Geldmenge M2. Eine zweite Version des Geldmengenbegriffs erfasst zusätzlich Einlagen mit einer Laufzeit von bis zu zwei Jahren sowie Einlagen mit vereinbarter Kündigungsfrist von bis zu drei Monaten (Spareinlagen).

5. Geldmenge M3. Die weit abgegrenzte Geldmenge (M3) umfasst zusätzlich von den Monetären Finanzinstituten (MFI-Sektor, dazu zählen Zentralbanken, Kreditinstitute und Geldmarktfonds) ausgegebene marktfähige Geldmarktinstrumente, bei denen es sich aufgrund des hohen Liquiditätsgrads und der Kurssicherheit um enge Substitute für Einlagen handelt (Repogeschäfte, Geldmarktfondsanteile, Geldmarktpapiere und Schuldverschreibungen bis zwei Jahre einschließlich).

Schaubild 18.1: Verschiedene Geldmengenabgrenzungen in Mrd. Euro[a], 2006

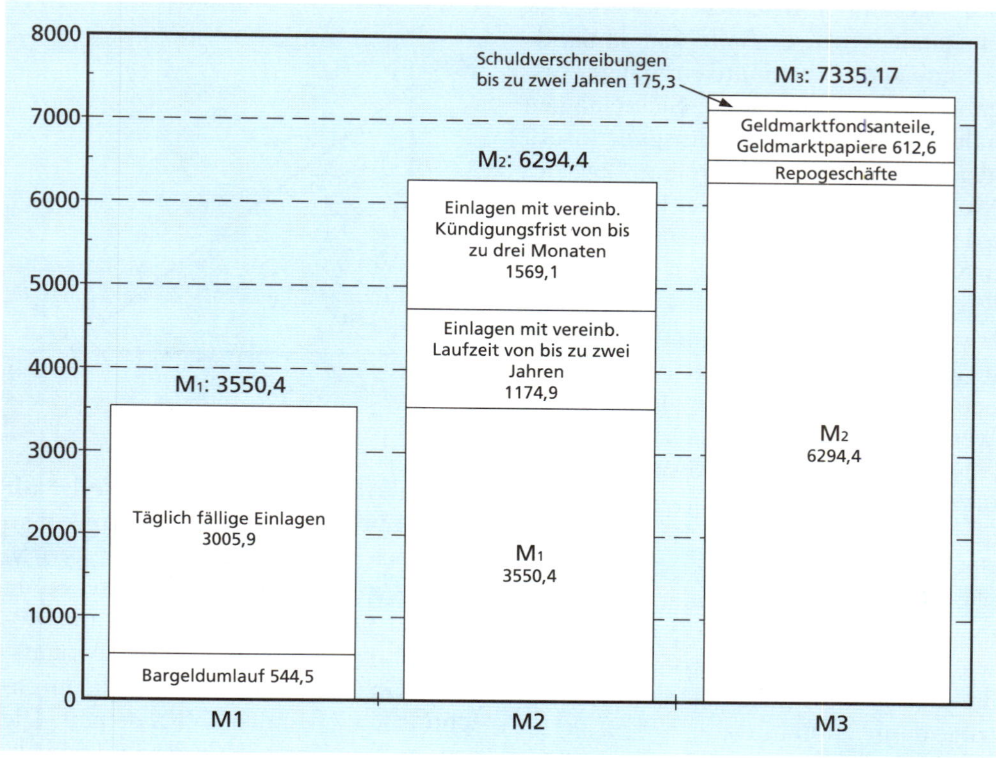

[a] Saisonbereinigter Bestand Ende Mai 2006.

Quelle: Europäische Zentralbank, Monatsbericht Juli 2006.

Schaubild 18.1 stellt die verschiedenen Geldmengenkonzepte für Ende Mai 2006 dar. Die Geldmenge M1 im Euro-Raum belief sich auf 3 550,4 Mrd. Euro, die Geldmenge M3 machte 7 335,2 Mrd. Euro aus.
Letztlich ist die »richtige« Abgrenzung eine Zweckmäßigkeitsfrage.

18.3 Die Nachfrage nach Geld

Warum halten die Wirtschaftssubjekte Geld, das ja keine Zinsen bringt? Warum legen die Wirtschaftssubjekte Geld nicht in Form von zinstragenden Wertpapieren an? Warum verzichten sie auf das Zinseinkommen, das sie aus Wertpapieren beziehen könnten? Warum fragen also Wirtschaftssubjekte Geld nach? Unter Nachfrage nach Geld verstehen wir dabei den Tatbestand, dass die Wirtschaftssubjekte, also Haushalte und Unternehmen, Geld als Kasse oder Sichtguthaben zu halten wünschen.

1. Die Vorteile der Geldhaltung. Wirtschaftssubjekte halten Geld, um damit Güter zu erwerben. Wenn ein Haushalt am Monatsanfang ein Einkommen von 3 000 Euro bezieht, so wird er in der Regel dieses Einkommen nicht am Monatsersten vollständig ausgeben. Viel-

mehr muss er mit Ausgaben im Verlauf des gesamten Monats rechnen. Der Haushalt wird deshalb für laufende Ausgaben oder geplante einmalige Ausgaben eine Kasse oder Sichteinlagen halten. Wenn das Ausgabenprofil gleichmäßig über alle dreißig Tage des Monats verteilt ist, gibt der Haushalt an jedem Tag 100 Euro aus. Die Kurve AB in Schaubild 18.2 gibt dann an, wie viel Kasse ein Haushalt halten würde, wenn er sein Geld vorübergehend nicht anderweitig anlegt. Im Monatsdurchschnitt beträgt die Geldhaltung 1 500 Euro. Wenn das Einkommen sich erhöht, die Ausgaben im gleichen Ausmaß steigen und das Ausgabenprofil gleichmäßig über den Monat verteilt ist, verschiebt sich diese Kurve entsprechend nach oben. Bei einer nominalen Verdoppelung des Einkommens auf 6 000 Euro würden pro Tag 200 Euro ausgegeben; die durchschnittliche Geldhaltung betrüge dann 3 000 Euro.

Der Haushalt hat also einen Vorteil davon, Geld für seine Transaktionen zur Hand zu haben. Man kann sich diesen Vorteil oder Nutzen pro gehaltener Einheit Euro auch dadurch klarmachen, dass man sich als Alternative vorstellt, der Haushalt müsse für jeden Euro, den er ausgeben will, zur Bank laufen und den Euro von einem Wertpapierkonto abheben. Dann würden ihm Zeitkosten entstehen; außerdem würden Gebühren bei der Bank anfallen. Es ist also vorteilhaft, Geld zu halten. Wie hoch der Vorteil aus dem Halten von Geld ist, hängt von einer Reihe von Faktoren ab; von den Kosten und Mühen, die es macht, eine Einheit Euro von der Bank abzuholen (»Schuhsohlenkosten«), der Höhe der Gebühren, aber auch von dem zeitlichen Ausgabenprofil des Haushaltes. Zusätzlich zu diesen beiden Extremen, dass der Haushalt entweder sein gesam-

Schaubild 18.2: Transaktionsnachfrage nach Kasse

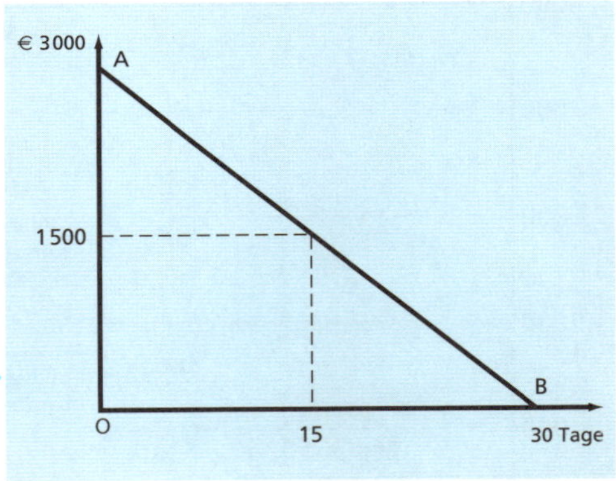

tes Einkommen als Kasse hält oder für jeden Euro zur Bank geht, kann man sich noch beliebig viele Zwischenstufen der Kassenhaltung vorstellen. So könnte sich der Haushalt z. B. einmal am Monatsanfang und einmal in der Monatsmitte Geld besorgen, so dass er durchschnittlich 750 Euro an Kasse hält. Die gewünschte Kassenhaltung zu Transaktionszwecken bestimmt sich aus einem Vergleich des Grenzvorteils mit den Opportunitätskosten der Geldhaltung.

Es erscheint realistisch anzunehmen, dass der Grenzvorteil der Geldhaltung, d. h. der zusätzliche Vorteil daraus, einen Euro mehr an Kasse zu halten, mit zunehmender Kassenhaltung abnimmt. Eine solche fallende Kurve des Grenzvorteils ist in Schaubild 18.3 durch die Kurve AV dargestellt.

Ähnlich wie ein Haushalt muss auch ein Unternehmen liquide Mittel bereithalten. Wir sprechen bei dieser Geldhaltung für Transaktionszwecke auch von der Transaktionskasse.

2. **Die Opportunitätskosten der Geldhaltung.** Wenn ein Wirtschaftssubjekt Geld hält, verzichtet es darauf, Anleihen zu halten. Dadurch entgeht ihm Zins-

Schaubild 18.3: Zins und optimale Geldhaltung

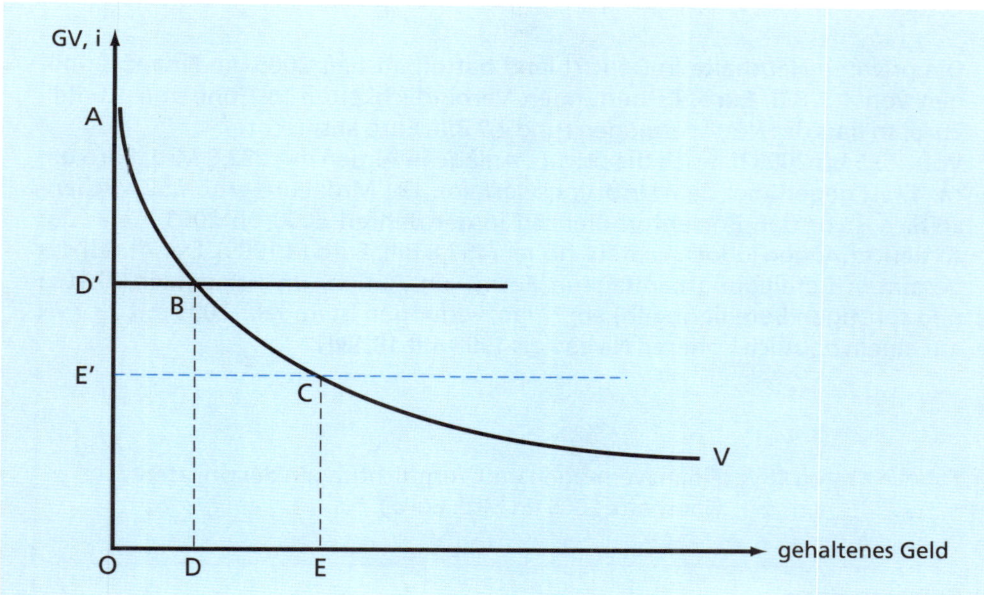

einkommen. Der entgangene Zins stellt die Opportunitätskosten der Geldhaltung dar. Würde ein Haushalt bei einem Zins von OD′ in Schaubild 18.3 eine größere Geldmenge als OD halten, so wäre der Zinsverlust größer als der Grenzvorteil des zusätzlich gehaltenen Geldes. Bei einem Zins OD′ lohnt es sich also nicht, eine größere Geldmenge als OD zu halten. Es wäre aber auch nicht optimal, eine geringere Geldmenge als OD zu halten, da der Grenzvorteil der Geldhaltung dann die entgangenen Zinsen übersteigen würde. Ist der Zins hoch, so verliert der Haushalt ein relativ hohes Zinseinkommen. Die Kosten der Geldhaltung sind hoch. Bei einem hohen Zins wird man eine geringe Geldmenge halten (Punkt B). Ist dagegen der Zins niedrig, wie z. B. OE′, so verliert das einzelne Wirtschaftssubjekt weniger Zinseinkommen. Es lohnt sich, mehr Geld nachzufragen (Punkt C).

3. Einkommen und Transaktionskasse. Die Geldhaltung für Transaktionszwecke hängt auch von der Höhe des Einkommens ab. Wird der Einfluss des Zinses vernachlässigt, so gilt: Je höher das Einkommen, umso größer sind auch die laufenden Ausgaben und umso größer ist die gewünschte Kassenhaltung. Das haben wir an obigem Zahlenbeispiel gesehen, wo sich die Kassenhaltung mit einer Verdopplung des Einkommens (von 3 000 Euro auf 6 000 Euro) ebenfalls verdoppelt hat (von 1 500 Euro auf 3 000 Euro). Interessieren wir uns für die Transaktionskasse aller Haushalte und aller Unternehmen (aggregierte Nachfrage nach Transaktionskasse), so können wir entsprechend annehmen, dass die gewünschte Geldmenge der Volkswirtschaft, die für Transaktionszwecke gehalten wird, von der Höhe des gesamten Einkommens in einer Volkswirtschaft, dem Volkseinkommen (Y),

Kasten 18.1 Finanzvermögen der privaten Haushalte

Die privaten Haushalte in Deutschland hatten im Jahr 2005 ein Finanzvermögen von 4,3 Bill. Euro. Es bestanden Verbindlichkeiten in Höhe von 1,6 Bill. Euro, so dass das Nettovermögen rund 2,7 Bill. Euro ausmachte.
Von 1995 bis 2005 hat sich die private Anlage in Aktien mit 282,8 Mrd. Euro um ca. 47 vH gegenüber dem Ursprungswert von 191 Mrd. Euro erhöht. Zwischenzeitlich – vor den Börsenturbulenzen in den Jahren 2000 bis 2003 – war das Aktienvermögen jedoch weitaus höher (457,8 Bill. Euro in 1999). Der Anteil des gesamten Beteiligungskapitals (in Form von Aktien, Investmentzertifikaten und sonstigen Beteiligungen) am Finanzvermögen ist im Jahr 2005 mit 23,7 vH auf einem deutlich höheren Niveau als 1995 mit 18,1 vH.

Tabelle Kasten 18.1: Finanzvermögen und Verpflichtungen der privaten Haushalte 2005 (in Mrd. Euro)

Geldvermögen	
Bargeld und Sichteinlagen	591,5
Termingelder (mit Bauspareinlagen)	239,4
Spareinlagen	596
Sparbriefe	65,4
Geldmarktpapiere	1,0
Rentenwerte	410,3
Aktien	282,8
Sonstige Beteiligungen	211,1
Investmentzertifikate	516,3
Ansprüche gegen Versicherungen	
Kurzfristige Ansprüche	79,2
Langfristige Ansprüche	964,9
Ansprüche aus Pensionsrückstellungen	242,6
Sonstige Forderungen	59,3
Insgesamt	4259,9
Verbindlichkeiten	
Kredite	1557,1
Kurzfristige Kredite	85,6
Langfristige Kredite	1471,5
Sonstige Verbindlichkeiten	12,2
Insgesamt	1569,3
Nettovermögen	2690,6

Quelle: Deutsche Bundesbank, Finanzierungsrechnung 1991–2005.

Schaubild 18.4: Transaktionsnachfrage und Einkommen

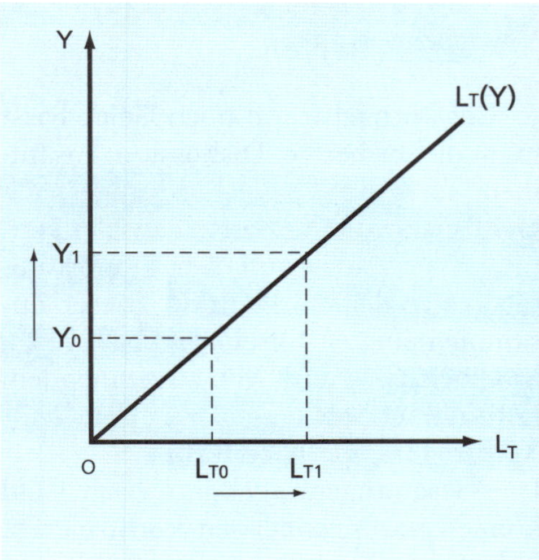

abhängt. Mit zunehmendem Volkseinkommen nimmt die Transaktionskasse (L_T) zu (Schaubild 18.4).
Zusammenfassend haben wir dann zwei Einflussgrößen der gesamtwirtschaftlichen Nachfrage nach Transaktionskasse: zum einen das Volkseinkommen Y und zum anderen den Zinssatz i.

4. Geldnachfrage und Wertaufbewahrung. Haushalte und Unternehmen halten Geld aber nicht nur für Transaktionszwecke, sondern auch als ein Mittel zur Wertaufbewahrung. Am Jahresende 2005 hielten Haushalte in Deutschland ein Finanzvermögen von knapp 4,3 Billionen Euro . Bargeld und Sichteinlagen, d. h. die Geldmenge M1, machten davon 0,6 Billionen Euro aus. Geld ist im Portfolio verschiedener Wertpapiere ein möglicher Kandidat. Zwar bringt es, je nach Abgrenzung der Geldmenge, keine oder nur geringe Zinsen, aber es unterliegt auch keinen Kursschwankungen, wenn man einmal davon absieht, dass es über eine kontinuierliche Inflation entwertet wird. Dagegen bringen Wertpapiere eine höhere Verzinsung, sind aber Kursschwankungen ausgesetzt.
Die einzelnen Haushalte wählen bei der Bestimmung ihres optimalen Portfolios zwischen verschiedenen Anlageformen, wobei die Risiken dieser Anlageformen eine wichtige Rolle spielen. Auch Erwartungen sind von erheblicher Bedeutung. Keynes bezeichnete diese Begründung der Nachfrage nach Geld aus dem Motiv der Wertaufbewahrung als Spekulationsmotiv.
Die Menge an Geld, die als Spekulationskasse gehalten wird, hängt von der Höhe der Zinsen für alternative Anlageformen ab. Bei Wertpapieren unterscheidet man den Effektivzins (i) – auch Rendite genannt –, den Nominalzins (r) und den Kurs (k), zu dem das Wertpapier gekauft und verkauft wird. Der Effektivzins (i) eines Wertpapiers wird wie folgt berechnet:

$$i = \frac{r \cdot 100}{k}$$

Ist z. B. der Kurs eines Wertpapiers, das für 100 Euro ausgegeben wurde, 105 Euro und beträgt die Nominalverzinsung 6 vH des Ausgabewertes, so ist die Effektivverzinsung

$$i = \frac{6 \cdot 100}{105} = 5{,}7\,\%$$

Kurs und Effektivzins verhalten sich also bei festverzinslichen Wertpapieren umgekehrt zueinander. Ist der Kurs eines Wertpapiers hoch, so muss der Anleger einen relativ großen Betrag an Liquidität aufgeben. Gleichzeitig ist aber der Effektivzins niedrig, d. h., die Verzinsung des angelegten Kapitals ist gering. Bei

hohem Kurs und niedrigem Effektivzins ist die Anlage der Liquidität in festverzinslichen Wertpapieren kein allzu interessantes Geschäft.
Die Spekulationskasse wird also bei hohem Kurs und niedrigem Zins groß sein, da sich eine Anlage der Gelder kaum lohnt. Steigt dagegen der Zins, so werden die Wirtschaftssubjekte ihre Liquidität verstärkt in Wertpapieren anlegen. Sie verringern die Spekulationskasse. Die Spekulationskasse L_s ist damit abhängig von der Höhe des Effektivzinses i. Schaubild 18.3 kann also auch im Keynes'schen Sinn als Nachfrage nach Spekulationskasse interpretiert werden. Der Kauf eines Wertpapiers wird nicht nur von dessen Effektivverzinsung sondern auch von den Erwartungen des Wirtschaftssubjekts über die Höhe des zukünftigen Kurses bestimmt. Bei gegebenem Nominalzins lohnt sich der Kauf eines Wertpapiers dann nicht, wenn der erwartete Verlust aus dem Kursverfall den Zinsgewinn übersteigt. Erwartet man sinkende Kurse, so wird man weniger geneigt sein, Wertpapiere zu kaufen. Sinkende Kurse bedeuten aber eine steigende Effektivverzinsung. Wir können auch sagen: Erwartet man eine steigende Effektivverzinsung, so wird man weniger geneigt sein, Wertpapiere zu kaufen.

5. Vorsichtsmotiv. Die Nachfrage nach Geld kann schließlich auch aus einem Vorsichtsmotiv erklärt werden. Haushalte und Unternehmen sind mit dem Risiko konfrontiert, dass unvorhergesehene Ereignisse Liquidität erfordern. Liquidität wird deshalb nicht gerne aufgegeben. Der Zins stellt eine Belohnung für die Preisgabe von Liquidität dar. Die Bereitschaft, liquide Mittel aufzugeben, wird mit steigendem Zins größer, da die Opportunitätskosten der Geldhaltung steigen. Mit anderen Worten: Mit steigendem Zins nimmt bei gegebenem Risiko die Nachfrage nach Geld aus dem Vorsichtsmotiv ab.

6. Gesamtnachfrage nach Geld. Fasst man die bisherige Diskussion zusammen, so resultiert die Nachfrage nach Geld aus dem Grenzvorteil aus der Haltung des Geldes und den Opportunitätskosten der Geldhaltung. Dieser Zusammenhang ist für ein gegebenes Einkommen definiert. Mit zunehmendem Einkommen verschiebt sich die Geldnachfrage weiter nach rechts.
Die Gesamtnachfragekurve nach Geld können wir zeichnerisch konstruieren, indem wir die individuellen Geldnachfragekurven horizontal addieren. Die Gesamtnachfrage nach Geld hängt dann zum einen vom Zinssatz ab (mit negativem Vorzeichen) und zum anderen vom Volkseinkommen (mit positivem Vorzeichen). Formal ergibt sich eine Geldnachfrage L als Funktion vom Einkommen Y und vom Zinssatz i:

$$L = L(Y,i)$$

7. Erwartungen. Die Nachfrage nach Geld (Kasse) variiert mit den Erwartungen der Wirtschaftssubjekte. Sind die Erwartungen über das Einkommen pessimistisch (z. B. unsichere Beschäftigungssituation), so wird aus dem Vorsichtsmotiv die Tendenz bestehen, eine höhere Kasse zu halten. Sind die Erwartungen über das Einkommen optimistisch, so wird die Geldnachfrage geringer sein. Eine Änderung in den Erwartungen kann sich also auf die Geldnachfrage und – wie noch zu zeigen sein wird – auch auf andere makroökonomische Variablen auswirken.

8. Geldnachfrage und Preisniveau. Die Haushalte und Unternehmen sind an realer Kasse interessiert. Betrachten wir das Transaktionsmotiv und lassen wir nun einen Anstieg des allgemeinen Preisniveaus zu. Dann würden die Haushalte nominal ein höheres Einkommen bekommen, müssten aber auch höhere Preise für ihre Ausgaben bezahlen. Ihre nominale Kassenhaltung wird sich dann ebenfalls anpassen (steigen). Eine Verdopplung des Preisniveaus würde zu einer Verdopplung der nominalen Kassenhaltung führen. An der realen Geldhaltung (nominale Geldhaltung geteilt durch das Preisniveau) ändert sich nichts. Wir müssen daher die Geldnachfrage real interpretieren.

18.4 Das Angebot an Geld

Während die Haushalte und Unternehmen Geld nachfragen und die Geldnachfrage somit aus dem Verhalten von Haushalten und Unternehmen zu erklären ist, wird das Geldangebot vom Bankensystem determiniert, und zwar durch die Bereitstellung von Zentralbankgeld, etwa durch die Ausgabe von Banknoten, und durch das Zusammenwirken der Notenbank und der Geschäftsbanken.
Das Geldangebot einer Volkswirtschaft ist für den Wirtschaftswissenschaftler deshalb eine interessante Größe, weil es wichtige gesamtwirtschaftliche Variablen und damit Zielwerte der Wirtschaftspolitik beeinflussen kann. Beispielsweise zeigt die Erfahrung der Hyperinflation von 1923, dass sich das Geldangebot auf die wirtschaftlichen Prozesse auswirkt. Oder: Geht man von der These aus, dass Investitionen zinsabhängig sind und dass sich der Zinssatz durch Geldnachfrage und Geldangebot bestimmt, so lässt sich über eine Veränderung des Geldangebots die gesamtwirtschaftliche Investition und damit das Sozialprodukt und gegebenenfalls die Beschäftigungssituation beeinflussen. Diese Überlegungen machen die ökonomische Bedeutung des Geldangebots deutlich.

1. Geldangebot und Geldmenge. Beim Geldangebot ist klar zwischen dem Zentralbankgeld und der Geldmenge zu unterscheiden. Das Geldangebot ist in einer engen Interpretation die Zentralbankgeldmenge, also das von der Zentralbank geschaffene Geld, und zwar das Bargeld und Sichtguthaben bei der Zentralbank. Dagegen ist die Geldmenge der Zahlungsmittelbestand der Nichtbanken. Die Geldmenge ergibt sich dann aus dem Zentralbankgeld als Resultat des Geldschöpfungsprozesses.

2. Notenbank und Geschäftsbanken. Inwieweit kann die Notenbank das Geldangebot kontrollieren?
Eine Notenbank wie die Europäische Zentralbank hat die Befugnis zur Ausgabe von Banknoten und zur Beeinflussung der Geldmenge durch ihre geldpolitischen Instrumente. Um Aussagen über die Kontrollierbarkeit der Geldmenge durch die Notenbank treffen zu können, ist es notwendig, die Bestimmungsgründe der Geldmenge M näher zu analysieren. Die Notenbank kann durch eine geeignete Versorgung der Geschäftsbanken und Nichtbanken mit Zentralbankgeld (Bargeld und Sichtguthaben bei der Notenbank) Einfluss auf das Geldangebot M nehmen.
Um die Frage beantworten zu können, inwieweit die Notenbank die Geldmenge M bestimmen kann, betrachten wir die vereinfachte Bilanz einer Notenbank:

Aktiva	Notenbank		Passiva
Währungsreserven	W	Zentralbankgeld	Z
Refinanzierungskredite an die Geschäftsbanken	R		
Sonstige Aktiva	A		

Vereinfachend lassen sich drei Bestandteile des Zentralbankgeldes Z unterscheiden:

$$Z = W + R + A$$

Dem Zentralbankgeld auf der Passivseite stehen also als Aktiva die Währungsreserven W, die Refinanzierungskredite an die Geschäftsbanken R und sonstige Aktiva A gegenüber.
Konkret stellt sich die Bilanz des Eurosystems wie folgt dar (Tabelle 18.1):

Tabelle 18.1: Aggregierte Bilanz des Eurosystems[a]

Aktiva		**Passiva**	
Kredite	662,3	Bargeldumlauf	588,6
Wertpapiere ohne Aktien	194,0	Einlagen	427,8
Aktien und sonstige Dividenden-werte, Beteiligungen	16,4	Geldmarktpapiere	–
		Begebene Schuldverschreibungen	0,1
		Kapital und Rücklagen	217,4
Aktiva gegenüber nicht im Euro-Währungsgebiet Ansässigen	357,2	Passiva gegenüber nicht im Euro-Währungsgebiet Ansässigen	31,2
Sachanlagen	14,6		
Sonstige Aktivposten	227,6	Sonstige Passivposten	207,1
Insgesamt	**1472,2**	**Insgesamt**	**1472,2**

[a] Mrd. €; nicht saisonbereinigter Bestand Ende Mai 2006.

Quelle: Europäische Zentralbank, Monatsbericht, Juli 2006, S. S10.

Im Folgenden betrachten wir nur den Bargeldbestand der Nichtbanken und das Zentralbankgeld der Geschäftsbanken. Beides zusammen wird als Geldbasis oder monetäre Basis bezeichnet. Die monetäre Basis umfasst also nicht die Guthaben der öffentlichen (und privaten) Nichtbanken bei der Zentralbank. Die Notenbank kann den Geschäftsbanken einen Kredit einräumen, indem sie ihnen ein Guthaben eröffnet. Auf der Aktivseite der Bilanz der Notenbank erscheint dann eine Forderung an die Geschäftsbank, z. B. in Höhe von 10 000 Euro. Auf der Passivseite steht das Guthaben der Geschäftsbank in gleicher Höhe. Zur Vereinfachung erfassen wir nur die Veränderung der Bilanz.

Aktiva	Notenbank		Passiva
Neue Forderungen	10 000,–	Neue Verbindlichkeiten	10 000,–

Die Bilanzsumme der Notenbank verlängert sich um die neuen Forderungen und Verbindlichkeiten. In der Bilanz der Geschäftsbank hat sich ebenfalls eine Bilanzverlängerung ergeben:

Aktiva	Geschäftsbank		Passiva
Guthaben bei der Notenbank	10 000,–	Verpflichtung gegenüber der Notenbank	10 000,–

Die Guthaben bei der Notenbank und die Verpflichtung haben um 10 000 Euro zugenommen und die monetäre Basis ist um den gleichen Betrag gestiegen.

Die Zentralbank kann Zentralbankgeld aber auch dadurch in Umlauf bringen, dass sie von den Geschäftsbanken Aktiva (Gold, Devisen) erwirbt und mit Zentralbankgeld bezahlt. In diesem Fall findet bei der Geschäftsbank ein Aktivtausch statt, während bei der Notenbank eine Bilanzverlängerung erfolgt. Damit kann in einer offenen Volkswirtschaft mit Güter- und Kapitalverkehr die Zentralbankgeldmenge auch durch die Transaktionen mit dem Ausland beeinflusst werden.

Betrachten wir beispielsweise den internationalen Warenaustausch, d. h. Exporte und Importe des Euroraums mit der übrigen Welt: Es sei ein konstanter Wechselkurs des Euro zum US-Dollar unterstellt. Liegt ein Leistungsbilanzüberschuss des Euroraums vor, d. h., übersteigen die Exporte wertmäßig die Importe, so kommen mehr Devisen nach Euroland als Euroland für die Bezahlung seiner Importwünsche braucht. Die Devisenbilanz von Euroland weist einen Überschuss auf (Kapitalverkehr wird vernachlässigt). Die Exporteure können die bei den Exporten verdienten Devisen bei den Geschäftsbanken umtauschen. Die Geschäftsbanken wiederum tauschen die Devisen bei der Europäischen Zentralbank um. In Höhe des Leistungsbilanzüberschusses wird also das Geldangebot erhöht (sog. »outside money«). Angenommen, wir betrachten einen Leistungsbilanzüberschuss in Höhe von 10 000 Euro, dann wird das Geldangebot um 10 000 Euro erhöht. Analog wird bei einem Defizit in der Leistungsbilanz die Zentralbankgeldmenge verringert.

Die Notenbank kann die extern bedingte Vermehrung der Geldmenge durch Devisenswapgeschäfte neutralisieren, d. h. durch ein gleichzeitiges Kassa- und

Termingeschäft. So wird Liquidität (temporär) absorbiert, indem die Notenbank Devisen verkauft und zu einem festgelegten Datum zu einem Terminkurs zurückkauft. Der Swapsatz ist die Differenz zwischen Terminkurs und Kassakurs. Durch Devisentermingeschäfte kann auch Liquidität zugeführt werden, indem die Notenbank Devisen Kassa kauft und per Termin verkauft.

Ist die Notenbank verpflichtet, einen Wechselkurs zu verteidigen, beispielsweise eine Relation Euro zu US-Dollar, so bedeutet dies bei einer unter Aufwertungsdruck stehenden heimischen Währung (Euro), dass die Notenbank eigenes Zentralbankgeld anbieten muss, um damit fremdes Geld zu kaufen. Damit steigt die heimische Zentralbankgeldmenge. Die Verteidigung eines Wechselkurses bedeutet in diesem Fall, dass die Notenbank das Geldangebot nicht mehr autonom steuern kann. In aller Regel haben deshalb Interventionsverpflichtungen zur Verteidigung von Wechselkursen Grenzen. Dies gilt auch für die Europäische Zentralbank (siehe Kapitel 19).

3. **Notenbank, Geschäftsbanken und die Geldschöpfung**. Bisher wurde die Frage erörtert, inwieweit die Zentralbank die Zentralbankgeldmenge (monetäre Basis) beeinflussen kann. Mit unserer Analyse dieser Frage ist aber noch nicht geklärt, welcher Zusammenhang zwischen monetärer Basis und der Geldmenge besteht.

Sichtguthaben entstehen etwa, wenn eine Geschäftsbank von einer Nichtbank ein festverzinsliches Wertpapier (Anleihe) kauft und den entsprechenden Betrag auf dem Girokonto des Kunden gutschreibt. Sichtguthaben entstehen auch, wenn eine Geschäftsbank einem Kunden einen Kredit einräumt. Diese Sichtguthaben der Nichtbanken sind ein Bestandteil der Geldmenge.

Eine Geschäftsbank will Gewinn erzielen. Auf der einen Seite vergibt sie Kredite bzw. kauft festverzinsliche Wertpapiere und erhält dafür Zinseinnahmen. Auf der anderen Seite nimmt sie liquide Mittel als Einzahlungen entgegen. Ferner bietet sie ihren Kunden bestimmte Dienste, wie z. B. die unbare Verfügungsmöglichkeit über Guthaben durch Überweisungen. Um solvent oder zahlungsfähig zu bleiben, muss die Geschäftsbank in gewissem Umfang Zahlungsmittel – und zwar Zentralbankgeld – halten, entweder als Bargeld oder als Einlage bei der Zentralbank. Die von den Geschäftsbanken gehaltenen Zentralbankgeldbestände werden Barreserve der Geschäftsbanken genannt. Da die Zentralbankgeldbestände der Geschäftsbanken im Allgemeinen nicht verzinst werden, sind die Geschäftsbanken bestrebt, ihre Barreserve möglichst gering zu halten. Um die Zahlungsunfähigkeit einer Bank zu vermeiden, sind die Geschäftsbanken daher verpflichtet, gewisse Mindestreserven bei der Zentralbank zu halten, so etwa in der Europäischen Währungsunion bei den nationalen Zentralbanken. Dieses Reservesoll richtet sich nach der Mindestreservebasis. Für den überwiegenden Teil der in der Mindestreservebasis enthaltenen Verbindlichkeiten beträgt der Mindestreservesatz 2 vH; es sind also 2 vH dieser Verbindlichkeiten als Pflichteinlage bei den nationalen Zentralbanken zu halten. Bei den Verbindlichkeiten handelt es sich um täglich fällige Einlagen mit einer Laufzeit von weniger als zwei Jahren, Schuldverschreibungen bis zu zwei Jahren und Geldmarktpapiere. Mindestreserven sind ein Kontrollinstrument der Notenbank gegenüber den Geschäftsbanken; sie helfen bei der Steuerung der Geldmenge. Die (positive) Differenz zwischen der gesamten Barreserve bei der Zentralbank und der Mindestreserve einer Geschäftsbank wird ihre Überschussreserve genannt.

Das Bankensystem kann »Geld machen«,[3] also die Giralgeldmenge – die Sichteinlagen der Nichtbanken bei den Geschäftsbanken – erhöhen. Nehmen wir an, die A-Bank vermehre ihre Bestände an Zentralbankgeld um 10 000 Euro, indem sie z. B. Devisen an die Notenbank verkauft. Der Verkauf der Devisen bedeutet eine Umschichtung auf der Aktivseite der Bank. Der Devisenbestand nimmt um 10 000 Euro ab; die Barreserve und die Überschussreserve der Geschäftsbank nehmen um diesen Betrag zu. In Höhe dieses Betrages kann die A-Bank einen Kredit in Form der Einräumung eines Sichtguthabens gewähren.

A-Bank			
Forderung aus Kreditvertrag	10 000,–	Sichteinlagen	10 000,–

Auf der Aktivseite erscheint die Forderung der A-Bank an den (Kredit-)Kunden; auf der Passivseite stehen die Sichteinlagen des Kunden.

Da mit der Kreditgewährung die Höhe der Sichteinlagen der Nichtbanken und damit die Zahlungsmittelbestände der Nichtbanken zugenommen haben, vermehrt sich die Geldmenge der Volkswirtschaft um 10 000 Euro. Der Prozess der Geldschöpfung ist aber noch nicht beendet; der Kreditkunde der A-Bank wird über seinen Kredit verfügen. Die A-Bank verliert Sichtguthaben in Höhe von 10 000 Euro und gibt die Überschusskasse entweder bar an ihren Kreditkunden ab oder verliert diese Kasse, wenn sie die Überweisungen des Kreditkunden honoriert, die ihr von anderen Banken präsentiert werden.

Was die A-Bank an Barreserve verliert, gewinnt die B-Bank, die auf der Passivseite ihre Sichteinlagen und auf der Aktivseite ihre liquiden Mittel um 10 000 Euro erhöht.

Die B-Bank hat die Vermehrung ihrer Barreserve nicht durch eine Umschichtung ihrer Aktiva erhalten; sie kann über den Zugang an Barreserven nicht in vollem Umfang verfügen, da eine gesetzliche Mindestreserve auf Sichteinlagen vorgeschrieben ist. Diese Mindestreserve ist bei der Notenbank zu halten. Wir wollen annehmen, dass der Mindestreservesatz 5 vH sei. Dann ergibt sich folgende Bilanz der B-Bank:

B-Bank			
Mindestreserve	500,–	Sichteinlage	10 000,–
Überschussreserve	9 500,–		

Da die Überschussreserve eine ertragslose Vermögensanlage ist, wird die B-Bank versuchen, in Höhe der Überschussreserve nun ebenfalls wieder Kredite zu

[3] Zur Darstellung vgl. O. Issing, Einführung in die Geldtheorie, 13. wes. überarb. Aufl., München, 2003.

Tabelle 18.2: Der einfache Geldschöpfmultiplikator

Periode	ΔKredite	ΔSichteinlagen	ΔMindestreserven
1 (A-Bank)	10 000,–	10 000,–	–
2 (B-Bank)	9 500,–	9 500,–	500,–
3 (C-Bank)	9 025,–	9 025,–	475,–
4 (D-Bank)	8 573,75	8 573,75	452,25
5 (E-Bank)	8 145,06	8 145,06	428,69
.	.	.	.
.	.	.	.
.	.	.	.
	200 000,–	200 000,–	10 000,–

geben. Der Prozess der Geldschöpfung, der sich bereits bei der A-Bank vollzogen hat, spielt sich bei der B-Bank noch einmal ab, allerdings mit einem geringeren Betrag. Die B-Bank erhöht die Geldmenge der Volkswirtschaft um 9 500 Euro.

Das aus Kredit geschaffene Sichtguthaben der B-Bank wird abgebaut, sobald der Kunde über sein Guthaben verfügt. Die B-Bank verliert ihre Überschussreserve von 9 500 Euro; der C-Bank fließt dieser Betrag aber als neue Barreserve zu, der eine zusätzliche Sichteinlage in dieser Höhe gegenübersteht. Die C-Bank muss für diese neue Sichteinlage eine Reserve von 475 Euro halten. Sie hat eine Überschussreserve von 9 025 Euro, mit der sie ebenfalls einen Kredit geben kann, der sich bei der D-Bank niederschlägt. Der Prozess setzt sich über eine Reihe von Runden fort. Da auf jeder Stufe immer wieder eine Mindestreserve gehalten werden muss, wird die Menge des zusätzlichen Buchgeldes auf jeder Stufe kleiner. Addiert man das in den einzelnen Runden geschaffene Buchgeld auf (10 000 + 9 500 + 9 025 + 8 573,75 + 8 145,06 + ...), so resultiert im gesamten Bankensystem aus einer anfänglichen Überschusskasse von 10 000 Euro bei der A-Bank eine Buchgeldschöpfung von 200 000 Euro. Tabelle 18.2 fasst den Geldschöpfungsmultiplikator zusammen.

In unserem Beispiel hat das Bankensystem aus der anfänglichen Überschussreserve die zwanzigfache Geldmenge geschaffen. Bezeichnen wir die Änderung der Barreserve – die ja der Erhöhung der Zentralbankgeldmenge entspricht – mit ΔZ und die Änderung der Sichteinlagen mit ΔD, so besteht eine Abhängigkeit zwischen ΔD und ΔZ, die wir als ΔD = f (ΔZ) schreiben können.

In unserem Beispiel ist ΔD ein Vielfaches von ΔZ. Wir sprechen vom Multiplikator. Der Wert des Multiplikators (im Beispiel 20) hängt mit dem Mindestreservesatz von 5 vH = 1/20 zusammen. Bei einem Mindestreservesatz von 1/5 ist der Multiplikator 5; bei einem Mindestreservesatz von 1/10 ist der Multiplikator 10. Es gilt:

$$\Delta D = \frac{1}{\text{Mindestreservesatz}} \cdot \Delta Z$$

In unserem Beispiel:

$$\Delta D = \frac{1}{1/20} \cdot 10\,000$$

Tabelle 18.3: Geldschöpfungsmultiplikator mit Barabhebung

Periode	ΔKredite	ΔBarabzüge	ΔSichteinlagen	ΔMindestreserven
1 (A-Bank)	10 000,–	1 000,–	9 000,–	–
2 (B-Bank)	8 550,–	855,–	7 695,–	450,–
3 (C-Bank)	7 310,25	731,02	6 579,23	384,75
4 (D-Bank)	6 250,27	625,03	5 625,24	328,96
.	.	.	.	.
.	.	.	.	.
.	.	.	.	.

$$\Delta D = 20 \cdot 10\,000 = 200\,000$$

Da die Multiplikatorwirkung der obigen Gleichung sich auf die Geldschöpfung bezieht, sprechen wir vom Geldschöpfungsmultiplikator.

Die Multiplikatorwirkung beruht auf der Annahme, dass die Kunden Sichteinlagen, die nicht aus Kredit entstehen, nicht abheben. Verfügt z. B. der Kunde, der bei der A-Bank ein Guthaben eröffnet, über einen Teil seines Guthabens in bar, so wird die Überschussreserve reduziert. Die Geldschöpfung ist dann wesentlich geringer. In Tabelle 18.3 ist angenommen, dass jeder Kreditnehmer 10 vH seines Kredits in bar abhebt. Von dem Kredit, den die A-Bank in Höhe von 10 000 Euro gewährt, hebt der Kunde also 1 000 Euro ab. Folglich erreicht die B-Bank nur eine Überschussreserve von 9 000 Euro. Von diesem Betrag muss die B-Bank eine Mindestreserve von 450 Euro halten, so dass sie einen Kredit nur in Höhe von 9 000 – 450 = 8 550 Euro vergeben kann. Bei einem Barabzug von 855 Euro erreicht die C-Bank nur eine Überschussreserve von 8 550 – 855 = 7 695 Euro. Der Bargeldabzug reduziert also die Geldschöpfungskapazität des Geschäftsbankensystems.

Bezeichnen wir den Mindestreservesatz mit r und den Anteil, der bar von den Krediten abgehoben wird, mit b, so lautet die Formel für die Veränderung der Geldmenge

$$\Delta M = \frac{1}{b + r(1-b)} \cdot \Delta Z$$

Diese Formel gibt an, um welches Vielfache sich die Geldmenge M verändert, wenn die Überschussreserve der Geschäftsbanken zunimmt. Da der Mindestreservesatz r und die Barabzugsquote b zusammen weniger als 100 vH sind, ist der Multiplikator immer größer als 1.

Da die Vermehrung von Zentralbankgeld die Barreserve der Geschäftsbanken (um den gleichen Betrag) erhöht, gibt die Formel auch Auskunft darüber, um welchen Betrag die Geldmenge M durch die Tätigkeit der Geschäftsbanken bei Ver-

mehrung der monetären Basis zunimmt.[4]
Geht man also davon aus, dass die Nichtbanken ihre Zahlungsmittelbestände in Zentralbankgeld und Giralgeld halten wollen, davon einen bestimmten Anteil (Barabzugsquote) in bar, steht das Geldangebot einer Volkswirtschaft über den Geldschöpfungsmultiplikator mit der Zentralbankgeldmenge in Verbindung. Bei gegebenem Mindestreservesatz und gegebener Barzahlungsquote

---

[4] Der Geldschöpfungsmultiplikator lässt sich wie folgt ableiten: Im Folgenden bezeichnet M die Geldmenge, Z die Zentralbankgeldmenge (monetäre Basis), die sich aus dem Zentralbankgeld des Bankensektors Z^B und des Nichtbankensektors Z^N zusammensetzt, und D die Sichteinlagen der Nichtbanken bei Banken. Damit gilt:

$$Z = Z^B + Z^N \tag{1}$$

Die Zentralbankgeldmenge besteht aus dem Zentralbankgeld im Bankensektor und im Nichtbankensektor.

Die Geldmenge M setzt sich zusammen aus dem Zentralbankgeld bei Nichtbanken und den Sichteinlagen der Nichtbanken bei den Banken.

$$M = Z^N + D \tag{2}$$

Die Banken sind verpflichtet, Mindestreserven als Zentralbankgeld (Z^B) in einem bestimmten Prozentsatz r der von ihnen geschaffenen Buchgeldmenge (D) zu halten

$$Z^B = rD \tag{3}$$

Schließlich halten die Wirtschaftssubjekte einen bestimmten Prozentsatz b der Geldmenge M in Form von Bargeld (Z^N), so dass $b = Z^N/M$ oder

$$Z^N = bM \tag{4}$$

Setzt man (3) und (4) in Gleichung (1) ein, so erhält man

$$Z = bM + rD \tag{5}$$

Aus Gleichung (2) folgt unter Beachtung von (4)

$$M = bM + D$$

oder

$$D = (1 - b)\,M \tag{6}$$

Setzt man (6) in (5) ein, so ergibt sich nach Umformung

$$Z = [b + r\,(1 - b)]\,M \tag{7}$$

Daraus folgt

$$M = \frac{1}{b + r\,(1 - b)} \cdot Z \tag{8}$$

oder

$$M = mZ \qquad \text{bzw.}$$
$$\Delta M = m\Delta Z$$

wobei m den Geldschöpfungsmultiplikator kennzeichnet.

kann demnach die Notenbank durch entsprechende Steuerung der Zentralbankgeldmenge das Geldangebot der Volkswirtschaft beeinflussen. Zu beachten ist hierbei, dass bei gegebenen Größen r und b über den Geldschöpfungsmultiplikator die zu einer bestimmten Zentralbankgeldmenge korrespondierende Geldmenge errechenbar ist.

4. Geldmengen- oder Zinspolitik. In der Praxis kann die Notenbank die Geldmenge über das von ihr angebotene Zentralbankgeld (Mengenpolitik) oder über die von ihr festgesetzten Zinsen für Kredite oder Wertpapiere, die sie hereinnimmt oder verkauft (Preispolitik), steuern. So kauft sie z. B. Offenmarktpapiere von den Banken auf und verschafft damit den Banken Liquidität (Offenmarktpolitik). In diesem Fall vermehren sich die Aktiva der Zentralbank, und gleichzeitig nehmen auch die Passiva zu (Bilanzverlängerung). Die Notenbank kann aber auch durch andere Instrumente die Liquidität des Bankensektors steuern, so durch die Refinanzierungsfazilitäten der Europäischen Zentralbank. Dann überlässt die Zentralbank den Geschäftsbanken Liquidität gegen einen Preis, nämlich den Refinanzierungssatz (siehe Kapitel 19). Sowohl über die Mengenpolitik als auch über die Preispolitik kann die Zentralbank die Geldbasis (monetäre Basis), d. h. die Summe aus dem Bargeldbestand der Nichtbanken und aus dem Zentralbankgeld der Kreditinstitute, kontrollieren.

5. Budgetdefizite und Geldmenge. Defizite im Budget des Staates können die Geldmenge nur indirekt beeinflussen. Angenommen, das Budget des Staates weist ein Defizit auf, und der Staat finanziert dieses Defizit durch die Aufnahme einer Anleihe bei Privaten (die Staatsobligationen kaufen), dann lösen Private Kasse oder Sichtguthaben auf und die Geldmenge in der M_1-Definition nimmt zunächst ab. Die Verwendung der Mittel durch den Staat im privaten Sektor lässt die Geldmenge M_1 jedoch wieder zunehmen. Die gesamte Geldmenge bleibt dann unverändert. Wird dagegen das Defizit durch die Notenbank finanziert, indem diese dem Staat einen Kredit einräumt bzw. Bargeld zur Verfügung stellt, so nimmt die Geldmenge zu. Man spricht in diesem Fall von der Monetarisierung des Budgetdefizits. In den meisten Ländern ist eine solche Monetarisierung nicht zulässig. Dies gilt auch für die Europäische Währungsunion.

6. Zur Steuerbarkeit der Geldmenge. Nach den bisherigen Ausführungen kann man zusammenfassen, dass die Zentralbankgeldmenge oder die Geldbasis von der Notenbank gesteuert werden kann. Wenn sie Wertpapiere aufkauft oder verkauft, so hängt die Geldmengenveränderung zwar vom Angebots- und Nachfrageverhalten der Geschäftsbanken auf dem Wertpapiermarkt ab, aber bei der Kreditierung oder beim Kauf von Wertpapieren kann die Notenbank die Finanzierungsmodalitäten bestimmen.
Zwar kann die Notenbank die Zentralbankgeldmenge steuern. Diese ist sozusagen ihr Angebotsparameter. Aber die Geldmenge M_3 ist auch das Resultat des Geldschöpfungsprozesses im Bankensektor und das Ergebnis des Nachfrageverhaltens der Wirtschaftssubjekte nach Geld. Die statistisch beobachtete Geldmenge reflektiert also sowohl das Angebot als auch das Nachfrageverhalten nach Geld, sie entzieht sich somit teilweise dem Einfluss der Notenbank. Wenn die Notenbank eine bestimmte

Geldmenge anstrebt, so muss sie die Nachfrage der Wirtschaftssubjekte nach Geld in ihr Kalkül mit einbeziehen. Sie muss ihre Angebotsinstrumente so wählen, dass unter Berücksichtigung des Geldnachfrageverhaltens der Wirtschaftssubjekte die von der Notenbank angestrebte Geldmenge sich letztlich auf den Markt einstellt.

Schaubild 18.5: Das Geldangebot

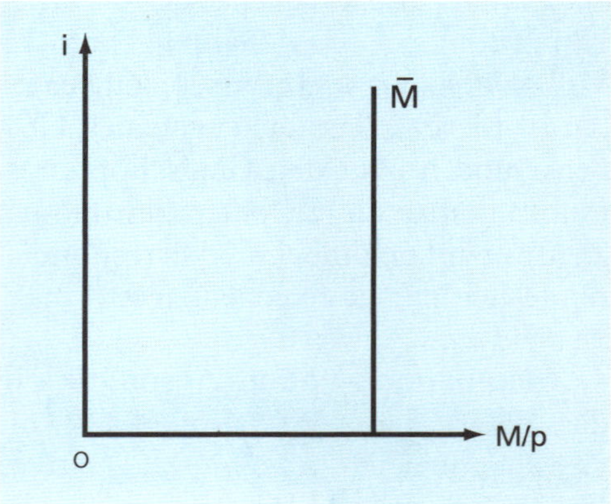

18.5 Die Bestimmung des Zinses aus Geldangebot und Geldnachfrage

In Abschnitt 18.3 haben wir die Nachfragekurve nach Geld konstruiert. Dieser Nachfragekurve muss die Geld-Angebotskurve gegenübergestellt werden. Dann lässt sich der Zins als Preis für die Liquidität determinieren.

1. Geldmarktgleichgewicht. Unterstellt man, dass die Notenbank das Geldschöpfungsverhalten der Geschäftsbanken direkt beeinflussen kann, so hat sie auch die vollständige Kontrolle über die Geldmenge. Schaubild 18.5 stellt die Geldangebotskurve $\overline{M}$ der Zentralbank dar. Wir nehmen hierbei an, dass die Zentralbank die angebotene Geldmenge völlig unabhängig vom Zins festlegt. Man beachte, dass M die nominale Geldmenge bezeichnet. Dividiert man die nominale Geldmenge M durch das Preisniveau p, so erhält man die reale Geldmenge M/p. Wir hatten bei der Diskussion der Geldnachfrage gesehen, dass die Geldnachfrage auf die Realkasse abstellt. Folglich muss auch das Geldangebot real gefasst werden.

Der Zins bestimmt sich nun durch die Gegenüberstellung von Nachfrage- und Angebotskurve nach Liquidität, ähnlich wie sich der Produktpreis aus Angebot und Nachfrage ergibt (Schaubild 18.6). Ein Gleichgewicht liegt dann vor, wenn sich Geldangebot und Geldnachfrage bei einem Zinssatz i_0 entsprechen, wenn also

$$L(Y, i) = M/p$$

wobei die Geldnachfrage L real zu interpretieren ist und M/p das reale Geldangebot kennzeichnet.

Der Zins kann sich ändern, wenn sich Angebots- und/oder Nachfragekurven verschieben. Die Angebotskurve M verschiebt sich nach rechts, wenn die Notenbank die Geldmenge vergrößert. In diesem Fall muss der Zins fallen. Die Nachfragekurve nach Liquidität L kann sich verschieben, wenn sich die Komponenten der Geldnachfrage verändern; L verschiebt sich z. B. nach rechts, wenn das Einkommen größer wird. Eine Rechtsverschiebung der Geldnachfragekurve L muss zu einem Ansteigen des Zinses führen.

2. LM-Kurve. Punkt S in Schaubild 18.6 stellt eine Situation dar, in der die Nachfrage nach Geld und das Angebot an Geld sich entsprechen. Bei gegebener Geldmenge und gegebener Geldnach-

Schaubild 18.6: Geldmarktgleichgewicht

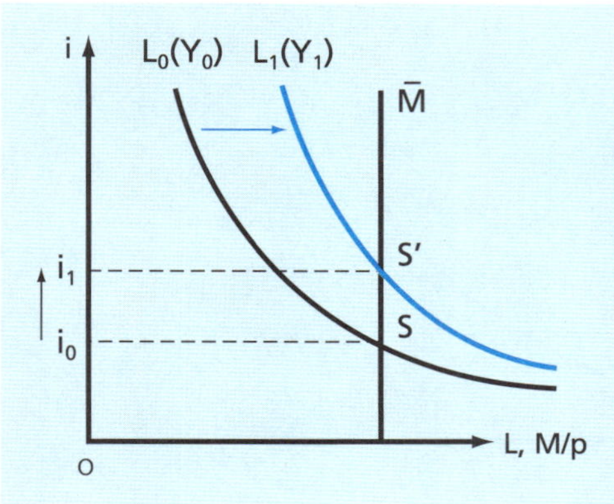

fragefunktion herrscht ein Geldmarktgleichgewicht. Da der L-Kurve ein ganz bestimmtes Volkseinkommen zugeordnet ist, kann Punkt S auch als eine Zuordnung von Zinssatz i_0 und Volkseinkommen Y_0 ausgedrückt werden. Angenommen, wir betrachten ein höheres Volkseinkommen, dann ist die Transaktionsnachfrage größer, und die neue Geldnachfragekurve verläuft weiter rechts. Das neue Geldmarktgleichgewicht mit höherem Volkseinkommen und höherem Zins ist durch Punkt S′ gekennzeichnet. Offenbar gibt es eine Vielzahl von Geldmarktgleichgewichten bei gegebener Geldmenge mit unterschiedlichen Kombinationen von Zinssatz und Volkseinkommen. Die Menge der Geldmarktgleichgewichte wird durch die LM-Kurve abgebildet.

Die LM-Kurve wird in Schaubild 18.7 dargestellt. Dabei werden die Kombinationen aus Zinssatz und Einkommen, für die der Geldmarkt im Gleichgewicht ist, in ein i-Y-Diagramm übertragen. Die beiden Punkt S und S′ aus Schaubild 18.7 liegen auf dieser LM-Kurve. Wie diese beiden Punkte lässt sich die gesamte LM-Kurve aus dem Geldmarktgleichgewicht konstruieren.

Eine graphische Herleitung der LM-Kurve zeigt Schaubild 18.8. Dort wird im Südost-Quadranten die Nachfrage nach Transaktionskasse eingetragen. Zur Vereinfachung wird in diesem Schaubild angenommen, dass die Transaktionskasse ausschließlich vom Einkommen abhängt. Mit steigendem Einkommen steigt die Nachfrage nach

Schaubild 18.7: Zins und Einkommen im Geldmarktgleichgewicht

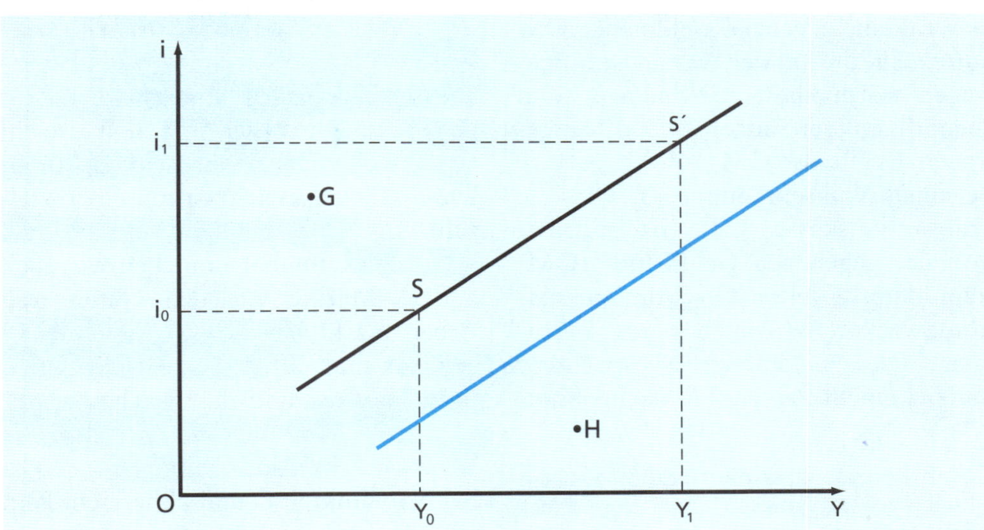

Schaubild 18.8: Konstruktion der LM-Kurve

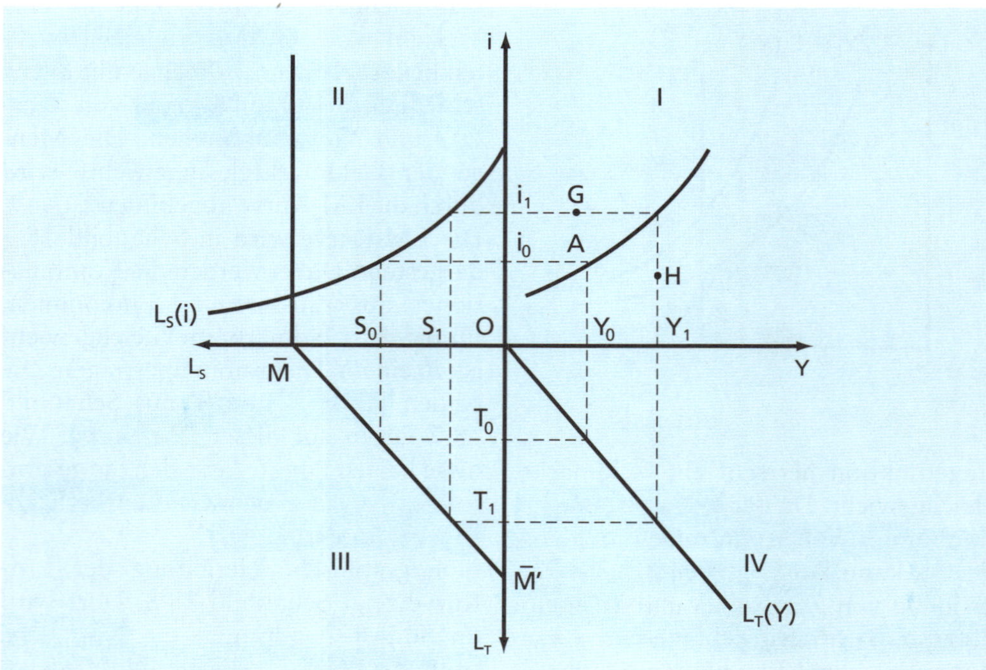

Transaktionskasse. Im Nordwest-Quadranten wird die Nachfrage nach Spekulationskasse (und Vorsichtskasse) eingetragen. Mit steigendem Zinssatz geht die Nachfrage nach Spekulationskasse zurück.

Es wird eine gegebene Geldmenge $O\overline{M}$ unterstellt, die auf der Westachse aufgetragen wird; diese Geldmenge wird ebenfalls auf der Südachse ($O\overline{M}'$) aufgetragen. Es gilt also $O\overline{M} = O\overline{M}'$.

Bei einem Volkseinkommen Y_0 wird die Transaktionskasse OT_0 nachgefragt. Von der gegebenen Geldmenge ($O\overline{M}$) steht dann $T_0\overline{M}' = OS_0$ für Spekulationszwecke als Angebot zur Verfügung.[5] Diese Geldmenge OS_0 wird aber nur bei einem Zinssatz i_0 nachgefragt. Folglich stellt Punkt A mit einem Volkseinkommen Y_0 und einem Zinssatz i_0 ein geldwirtschaftliches Gleichgewicht dar. Analog sind andere Punkte der LM-Kurve zu finden.

Die LM-Kurve kennzeichnet alle diejenigen Kombinationen des Volkseinkommens Y und des Zinssatzes i, bei denen Geldnachfrage und Geldangebot gleich sind. Die LM-Kurve stellt also ein Gleichgewicht auf dem Geldmarkt dar. Dieses Gleichgewicht ist mit einer Vielzahl von Kombinationen von Y und i vereinbar. Offenbar brauchen wir noch andere Märkte wie den Güter- und Arbeitsmarkt, um das Gesamtgleichgewicht und damit den gleichgewichtigen Zinssatz und das gleichgewichtige Volkseinkommen für die gesamte Volkswirtschaft zu bestimmen.

Bei den Punkten G und H herrscht kein Gleichgewicht auf dem Geldmarkt. Bei

---

5 Man beachte, dass die Gerade $\overline{MM}'$ ein Steigungsmaß von 45° hat. Von daher folgt $OT_0 = \overline{M}S_0$ und $T_0\overline{M}' = OS_0$

Punkt G ist die Gesamtnachfrage nach Geld niedriger als das Geldangebot. Es besteht ein Angebotsüberhang. Bei Punkt H besteht ein Angebotsdefizit.

Wenn nun die Geldmenge ausgedehnt wird, dann verschiebt sich die LM-Kurve nach rechts (blaue Kurve in Schaubild 18.7).

3. Umlaufgeschwindigkeit des Geldes. Die Umlaufgeschwindigkeit des Geldes V gibt an, wie oft der Geldbestand pro Jahr umgeschlagen wird, um den Einkommensstrom zu finanzieren. Sie ist definiert als das Verhältnis des nominalen Volkseinkommens zur nominalen Geldmenge, d. h.

$$V = Y_N/M$$

Berücksichtigt man, dass das nominale Volkseinkommen gleich ist dem Produkt aus dem Preisniveau p und dem realen Volkseinkommen, also $Y_N = pY$, und bezieht man ferner ein, dass im Geldmarktgleichgewicht die reale Geldmenge gleich der realen Kassenhaltung ist, also $L(\cdot) = M/p$, so ergibt sich für die Umlaufgeschwindigkeit

$$V = \frac{Y_N}{M} = \frac{pY}{M} = \frac{Y}{L(i, Y)}$$

Die Umlaufgeschwindigkeit des Geldes kann also auch als das Verhältnis zwischen dem realen Sozialprodukt und der realen Geldnachfrage interpretiert werden.

Die Umlaufgeschwindigkeit V verändert sich im Allgemeinen mit diesen beiden Größen. Zum einen variiert sie mit dem realen Bruttoinlandsprodukt. Eine Zunahme des Bruttoinlandsprodukts verändert die Umlaufgeschwindigkeit allerdings dann nicht, wenn die Einkommenselastizität der realen Geldnachfrage gerade gleich 1 ist. Dann steigt die Geldnachfrage um den gleichen Prozentsatz wie das reale Bruttoinlandsprodukt und das Verhältnis der beiden Größen bleibt unverändert. Zum anderen variiert sie mit dem Zinssatz. Steigt der Zinssatz, so sinkt die reale Nachfrage nach Geld und die Umlaufgeschwindigkeit steigt. Sinkt der Zinssatz, so nimmt die reale Kassenhaltung zu und die Umlaufgeschwindigkeit geht zurück. In Deutschland beobachtete man in den letzten 30 Jahren einen abnehmenden Trend in der Umlaufgeschwindigkeit des Geldes. Dieser Trend folgt einem stabilen Muster.

4. Kreditmarkttheorie des Zinses. Der Zins kann auch als Preis für die Überlassung eines Kredits erklärt werden. Der Zins ergibt sich dann durch die Gegenüberstellung der Nachfrage und des Angebots an Krediten. Beide Erklärungsversuche schließen sich aber nicht aus. Geschäftsbanken können dann zusätzlich zu einer Anlage in Anleihen Kredite an Haushalte und Unternehmen vergeben. Neben dem Zins für Anleihen wird dann auch der Kreditzins durch die Geldpolitik der Zentralbank bestimmt. Zwischen beiden Zinssätzen besteht ein positiver Zusammenhang. Wenn der Anleihenzins steigt, dann werden die Geschäftsbanken eher Anleihen kaufen und weniger Kredite vergeben. Das sinkende Kreditangebot hat dann einen Anstieg des Kreditzinses zur Folge.

18.6 Der Zusammenhang zwischen Geld- und Gütermarkt

In Kapitel 17 sind der Gütermarkt und das Gleichgewicht auf dem Gütermarkt dargestellt worden. Dabei wurde die Investition als gegeben betrachtet. Die Investitionen variieren jedoch mit dem Zinssatz, der auf dem Geldmarkt be-

Schaubild 18.9: Zusammenhang zwischen Geldmarkt und Gütermarkt

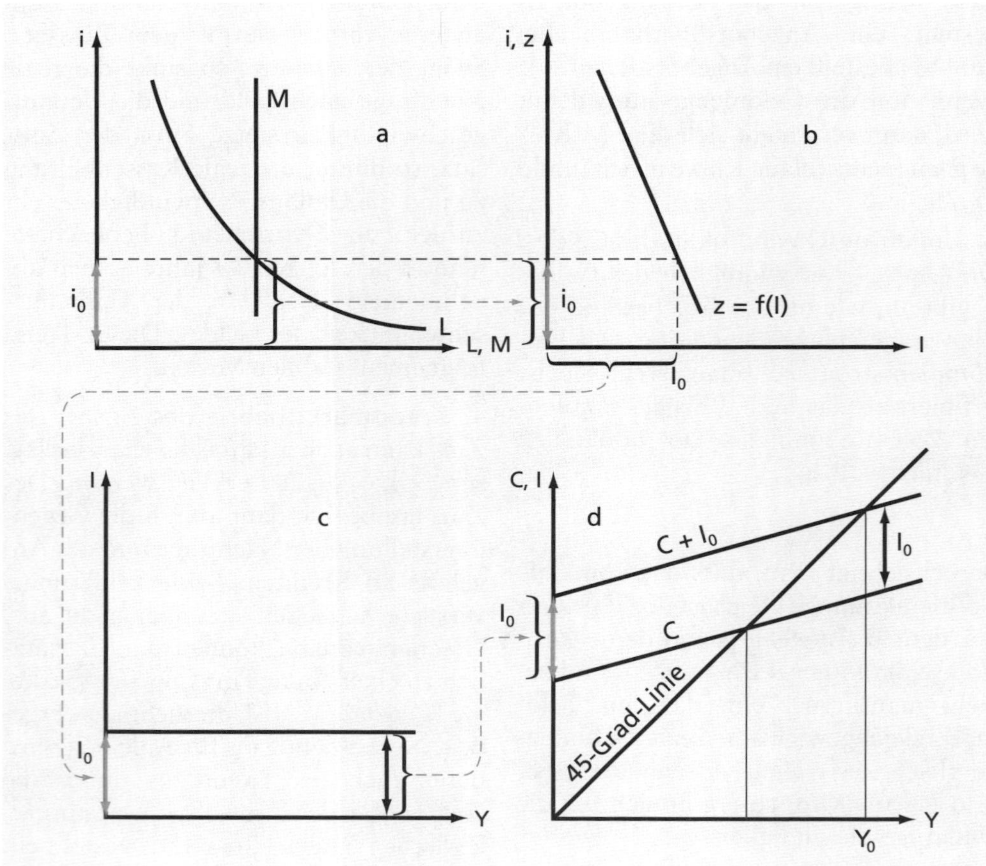

stimmt wird (dieses Kapitel). Wir können also erwarten, dass ein Zusammenhang zwischen Güter- und Geldmarkt besteht.

1. Geldmarkt und Investitionsnachfrage. Wie wir oben gesehen haben, wird der Marktzins i_0 durch die Gegenüberstellung der Angebots- und Nachfragekurve nach Geld ermittelt (Schaubild 18.9a).

Zur Bestimmung der Investitionsnachfrage wird der Marktzins i_0 in Schaubild 18.9b dem internen Zins gegenübergestellt. Der Marktzins wird in die Investitionsfunktion eingetragen und determiniert auf diese Weise die Investition I_0. Die Investition ist unabhängig von der Höhe des Volkseinkommens (Schaubild 18.9c).

Neben der Investitionsfunktion ist auch die Konsumfunktion gegeben. Beide Funktionen werden in Schaubild 18.9d vertikal zu einer Gesamtausgabenkurve addiert; der Schnittpunkt der Gesamtausgabenkurve mit der Winkelhalbierenden bestimmt das gleichgewichtige Volkseinkommen (Y_0). Wie bereits ausgeführt, kann dieses Volkseinkommen ebenso das Vollbeschäftigungseinkommen wie auch ein Volkseinkommen bei Unterbeschäftigung sein.

Schaubild 18.9a–d gibt vereinfacht die Zusammenhänge des Systems von Keynes wieder. In Schaubild 18.9 ist folgender Modellzusammenhang dargestellt: Ein gegebenes Geldangebot bestimmt zusammen mit einer gegebenen Geldnachfragekurve, die einem Volkseinkommen Y_0 zugeordnet ist, den Zinssatz i_0, der die Investitionen I_0 festlegt, die wiederum zusammen mit den Konsumausgaben die Höhe des Volkseinkommens determinieren. Dieses Volkseinkommen kann zufällig das der Geldnachfrage zugeordnete Volkseinkommen Y_0 sein, es kann aber auch ein anderes Volkseinkommen Y_1 sein. In letzterem Fall würde sich jedoch eine andere Geldnachfragekurve einstellen.

Diese Überlegungen zeigen, dass Schaubild 18.9 zwar das Gleichgewicht auf dem Geldmarkt und das Gleichgewicht auf dem Gütermarkt isoliert darstellt, aber nicht garantiert, dass beide Märkte simultan im Gleichgewicht sind. Um dieses sicherzustellen, muss eine andere zeichnerische Darstellung gewählt werden. Zur Vorbereitung von Schaubild 18.11 wird in Schaubild 18.10 eine andere Darstellung des güterwirtschaftlichen Gleichgewichts entwickelt.

2. Die IS-Kurve. Ein güterwirtschaftliches Gleichgewicht liegt vor, wenn die Gesamtausgaben C + I dem Volkseinkommen Y entsprechen oder wenn geplante Investitionen und geplantes Sparen gleich sind: wenn gilt $I(i) = S(Y)$. In Schaubild 18.10 zeigt der Südost-Quadrant die Ersparnisse in Abhängigkeit vom Volkseinkommen; der Nordwest-Quadrant gibt die Investitionen in Abhängigkeit vom Zins an. Im Nordost-Quadranten werden diejenigen Kombinationen von i und Y angegeben, bei denen $I = S$ gilt, d. h. bei denen ein güterwirtschaftliches Gleichgewicht vorliegt (IS-Kurve).

Schaubild 18.10: Zins und Einkommen im güterwirtschaftlichen Gleichgewicht

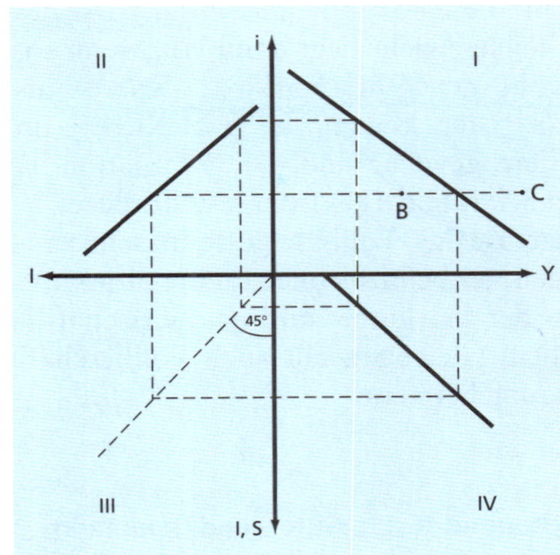

Die Punkte B und C stellen Situationen dar, bei denen das Gleichgewicht auf dem Gütermarkt verletzt ist. Bei einer durch Punkt B gekennzeichneten Kombination von Zinssatz und Volkseinkommen ist die Investition größer als die Ersparnis. Es besteht ein Nachfrageüberhang auf dem Gütermarkt. Bei einer durch Punkt C gekennzeichneten Kombination von Zinssatz und Volkseinkommen wird zu viel gespart; es besteht ein Nachfragedefizit auf dem Gütermarkt. Man beachte, dass auf der Geraden BC der Zinssatz i und damit die Investitionen gegeben sind, aber das Volkseinkommen Y und damit die Ersparnisse variieren.

3. Güter- und geldwirtschaftliches Gleichgewicht. Die IS-Kurve in Schaubild 18.10 gibt diejenigen Kombinationen von Zinssatz und Volkseinkommen an, bei denen ein güterwirtschaftliches Gleichgewicht herrscht. Die LM-Kurve in Schaubild 18.7 gibt diejenigen Kombinationen von i und Y an, bei denen ein

geldwirtschaftliches Gleichgewicht herrscht, d. h. Geldnachfrage und Geldangebot übereinstimmen.
Ein Güter- und geldwirtschaftliches Gleichgewicht liegt dann vor, wenn sowohl der Gütermarkt (IS-Kurve) als auch der Geldmarkt (LM-Kurve) im Gleichgewicht sind. Diese Situation ist in Schaubild 18.11 dargestellt. Bezeichnet Y_v das Vollbeschäftigungseinkommen, so kennzeichnet E eine Situation, in der bei güter- und geldwirtschaftlichem Gleichgewicht auch Vollbeschäftigung herrscht.

Schaubild 18.11: Güter- und Geldmarktgleichgewicht

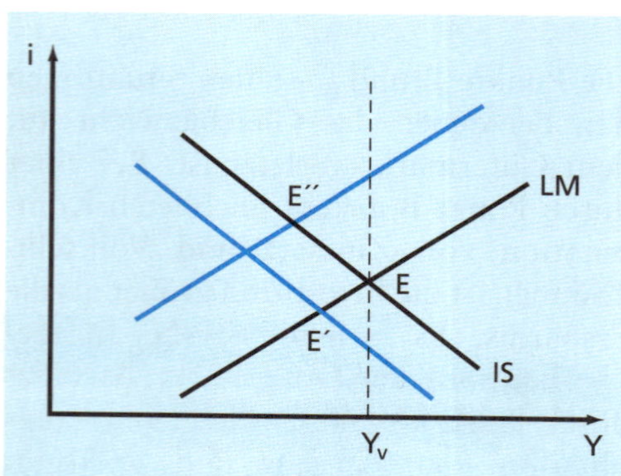

4. Wie entsteht Arbeitslosigkeit? Wir können uns jetzt auch klarmachen, wie in diesem System Arbeitslosigkeit auftritt. Angenommen, in einer Ausgangssituation herrscht ein Gleichgewicht bei Vollbeschäftigung (E in Schaubild 18.11). Arbeitslosigkeit entsteht dann als Folge einer Störung auf dem Gütermarkt oder auf dem Geldmarkt, d. h. wenn sich die IS-Kurve oder die LM-Kurve nach links verschiebt. Wodurch kann das geschehen?
Angenommen, die Konsumenten reduzieren ihre Konsumnachfrage und planen, einen größeren Teil ihres Einkommens zu sparen. Auf dem Gütermarkt entfällt dann Nachfrage, und das tatsächliche Volkseinkommen wird abnehmen. In Schaubild 18.10 wirkt sich eine Reduzierung der Konsumnachfrage als Verschiebung der Sparfunktion nach links aus, d. h. bei gegebenem Einkommen wird mehr gespart. Die IS-Kurve verschiebt sich nach links. Im Keynes'schen System kommt es somit zu Arbeitslosigkeit, weil in einer gegebenen Ausgangslage im Gleichgewicht die Gesamtnachfrage zurückgeht. Betrachten wir eine geschlossene Volkswirtschaft ohne Staat und bezeichnen wir mit $A = C + I$ die Gesamtnachfrage oder Absorption, so gibt $Y - A$ an, welcher Teil des potentiellen Güterangebots durch die Gesamtnachfrage nicht absorbiert wird. Bei $Y > A$ liegt ein Nachfrageausfall vor, und zwar genau in dem Betrag $H = Y - A$. Das Angebot richtet sich an der verringerten Nachfrage aus, bis für $H = 0$ der Gütermarkt wieder im Gleichgewicht ist.
Wir sehen in Schaubild 18.11 aber auch, dass es eine Wechselwirkung zwischen Güter- und Geldmarkt gibt. Wenn das Volkseinkommen aufgrund der gesunkenen Konsumnachfrage zurückgeht, dann verringert sich damit auch die Geldnachfrage und der Zinssatz sinkt (Bewegung auf der LM-Kurve). Der Rückgang des Zinses wirkt sich wiederum positiv auf die Investitionen aus, so dass der Einkommensrückgang im IS-LM-Ansatz nicht ganz so stark ist wie im reinen Gütermarktmodell aus Kapitel 17. Es ergibt sich ein neues Gleichgewicht E′ bei insgesamt gesunkenem Einkommen und geringerem Zins als in der Ausgangslage.
Arbeitslosigkeit kann aber auch durch eine Störung auf dem Geldmarkt entstehen. Wenn z. B. die Geldnachfrage an-

steigt, z. B. weil die Wirtschaftssubjekte aufgrund veränderter Erwartungen mehr Kasse und weniger Wertpapiere halten wollen, dann verschiebt sich die LM-Kurve nach links. Auf dem Geldmarkt kommt es zu einer Überschussnachfrage nach Geld, die den Zins steigen lässt. Der steigende Zins wiederum wirkt sich auf den Gütermarkt aus, indem dort die Investitionsnachfrage zurückgeht. Damit sinkt das Volkseinkommen und es kommt zu Arbeitslosigkeit. Im neuen Gleichgewicht E″ ist dann das Einkommen gesunken und zwar bei gestiegenem Zinssatz.

Schaubild 18.12: Expansive Geld- und Fiskalpolitik

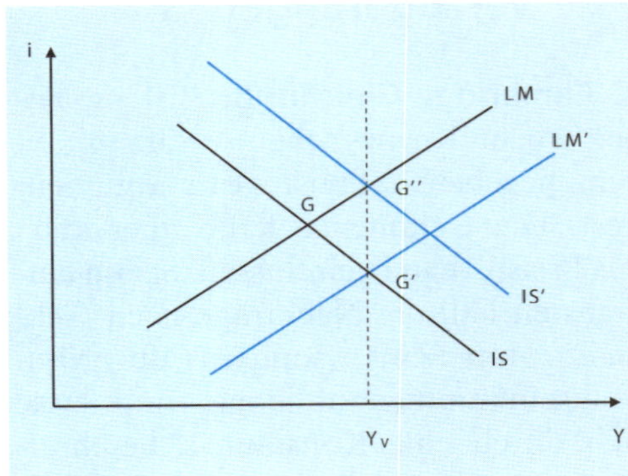

5. **Expansive Geld- und Fiskalpolitik**. Berücksichtigt man nun auch den Staat in diesem System, so kann durch eine expansive Geld- und Fiskalpolitik dem Nachfrageausfall entgegengewirkt werden. Angenommen, es herrscht im Ausgangspunkt ein Gleichgewicht in Punkt G bei Unterbeschäftigung. Durch eine Ausdehnung des Geldangebots verschiebt sich die LM-Kurve nach rechts (nach LM′). Dadurch sinkt der Zinssatz und die Investitionsnachfrage steigt. Damit kann wieder das ursprüngliche Vollbeschäftigungseinkommen in Punkt G′ erreicht werden (Schaubild 18.12). Alternativ können die Staatsausgaben erhöht werden. Dann verschiebt sich die IS-Kurve nach rechts (nach IS′). Das Einkommen steigt dann und es wird Punkt G″ erreicht. Schaubild 18.12 zeigt, dass der Zinssatz steigt, wenn zusätzlich das Geldmarktgleichgewicht berücksichtigt wird. Damit ist die expansive Wirkung weniger stark als im reinen Gütermarktmodell mit gegebenen Investitionen (vgl. Kap. 17), denn durch den gestiegenen Zins verringern sich die zinsabhängigen Investitionen (»crowding out«).

In einer Situation des Nachfrageausfalls stellt sich für den Staat das Problem, dass seine Steuereinnahmen (die abhängig sind von der Höhe des Einkommens) sinken. Wenn der Staat sich um einen Budgetausgleich bemüht, dann muss er seine Ausgaben senken. Damit tritt eine weitere Nachfragereduzierung in dem System auf, und die Situation verschlechtert sich. Entsprechend könnte man von der Theorie her fordern, dass das Budget nicht unbedingt für eine einzelne Periode ausgeglichen sein muss, sondern dass der Budgetausgleich über den gesamten Konjunkturzyklus zu interpretieren ist. In der Depression sollte der Staat dann ein Defizit machen, während das Budget in der Hochkonjunktur einen Überschuss aufweisen sollte.

In der Praxis hat sich aber gezeigt, dass eine solche antizyklische Geld- und Fiskalpolitik von der Politik nicht so einfach eingesetzt werden kann, wie dieses Lehrbuchmodell suggeriert (vgl. Kapitel 22).

18.7 Geldmenge, Preisniveau und Wirkungsverzögerungen

1. Cambridge-Gleichung. Bislang haben wir im Keynes'schen Ansatz mit einem gegebenen Preisniveau argumentiert. Die Geldmenge kann aber auch das Preisniveau beeinflussen. Sei im einfachsten Fall die Nachfrage nach Geld nicht vom Zins, sondern nur vom Volkseinkommen abhängig und lasse sich durch eine Konstante k beschreiben, so bestimmt bei gegebenem Vollbeschäftigungseinkommen Y die Geldmenge das Preisniveau p nach der so genannten Cambridge-Gleichung

$$M = kpY$$

Der Frage nach der Bestimmung des Preisniveaus durch die Geldmenge gehen wir in Kapitel 20 nach.

2. Wirkungskette der Geldpolitik. Die Zusammenhänge auf der Angebotsseite des Geldmarktes sowie die möglichen Steuerungsinstrumente sind im Schaubild 18.13 zusammengefasst.

Schaubild 18.13: Wirkungskette der Geldpolitik

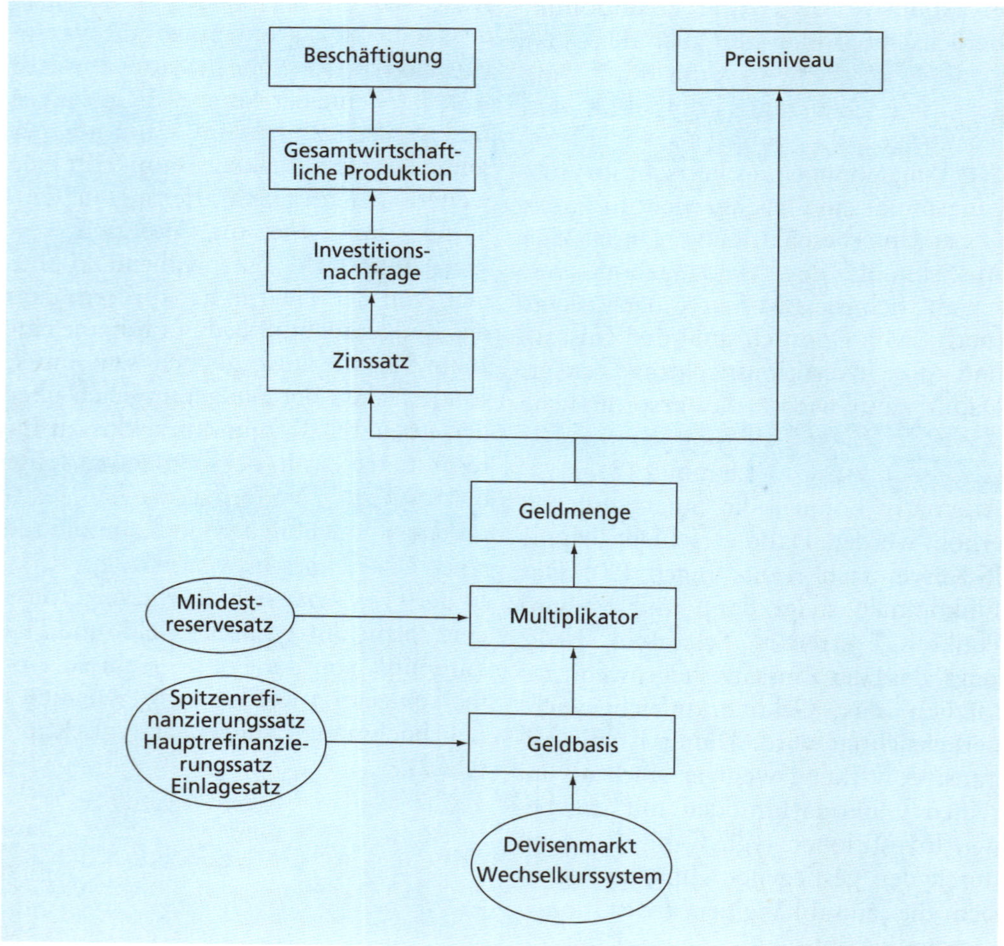

3. Zeitliche Wirkungsverzögerungen. Bei der Anwendung geldpolitischer Maßnahmen verstreicht Zeit – wie bei anderen wirtschaftspolitischen Instrumenten – bis sie wirken. Bei diesen sog. »time-lags« unterscheidet man einen »Entscheidungs-lag« und einen »Wirkungs-lag«. Bei geldpolitischen Maßnahmen ist der Entscheidungs-lag in der Regel sehr gering, da der Zentralbankrat zügig entscheiden kann. Bis eine geldpolitische Maßnahme sich auf die ins Visier genommene Variable auswirkt, kann hingegen viel Zeit verstreichen. Dabei ist zu unterscheiden, ob es sich um die Auswirkung auf die gesamtwirtschaftliche Produktion oder um die Auswirkung auf das Preisniveau handelt. Bei der Auswirkung auf die gesamtwirtschaftliche Produktion lautet die Wirkungskette: Einlagesatz – Geldmarktzins – Kapitalmarktzins – Investitionsentscheidung – gesamtwirtschaftliche Produktion. Diese Wirkungsverzögerung wird etwa mit 9 bis 12 Monaten angegeben. Bei einer Auswirkung auf das Preisniveau (siehe im Folgenden) wird in der Regel ein Zeitraum von 2,5 Jahren angesetzt.

Wichtige Begriffe in Kapitel 18

Geld
Währung
Geldmenge
Zentralbankgeld
Geldnachfrage
Transaktionskasse
Opportunitätskosten
Spekulationskasse
Erwartungen
Preisniveau
Geldangebot
Notenbank
Überschussreserve
Geldschöpfungsmultiplikator
Geldmarktgleichgewicht
LM-Kurve
Umlaufgeschwindigkeit des Geldes
Stabilität der Geldnachfragefunktion
IS-Kurve
Güter- und Geldmarktgleichgewicht
Cambridge-Gleichung

19 Der Euro und die Europäische Zentralbank

A currency, to be perfect, should be absolutely invariable in value.
David Ricardo

19.1 Stellung und Ziele der Europäischen Zentralbank

Am 1. Januar 1999 startete die Europäische Währungsunion. Mit der Einführung des Euro als gemeinsamer Währung – zunächst im bargeldlosen Zahlungsverkehr, ab 2002 auch als Bargeld – wurde die Zuständigkeit für die Geldpolitik im Euro-Währungsgebiet (13 der 27 EU-Staaten seit Jan. 2007) an das Europäische System der Zentralbanken (ESZB, kurz: Eurosystem) übertragen. Dieses umfasst die Europäische Zentralbank (EZB) sowie die nationalen Zentralbanken (NZB), darunter die Deutsche Bundesbank (Schaubild 19.1). Die EZB ist dafür verantwortlich, dass alle geldpolitischen Aufgaben des Eurosystems erfüllt werden. Der EZB-Rat, das oberste Beschlussorgan der EZB, ist verantwortlich für

- die Festlegung der Geldpolitik des Euro-Währungsgebietes, darunter geldpolitische Zwischenziele, Leitzinssätze und die Bereitstellung von Zentralbankgeld,
- Entscheidungen über die Anwendung weiterer Instrumente der Geldpolitik,
- die Festlegung der Berechnung und Bestimmung des Mindestreservesolls,
- die Genehmigung der Ausgabe von Euro-Banknoten und -Münzen.

Das Direktorium besteht aus dem Präsidenten und dem Vizepräsidenten der EZB und vier weiteren Mitgliedern, die als anerkannte Experten in Währungs- oder Bankfragen einvernehmlich durch die Regierungen der Mitgliedstaaten ernannt werden. Die Hauptaufgabe des Direktoriums ist die Ausführung der Geldpolitik und die Führung der laufenden Geschäfte der EZB gemäß den Leitlinien und Entscheidungen des EZB-Rates. Solange nicht alle EU-Mitgliedstaaten den Euro eingeführt haben, besteht als drittes Organ der Erweiterte Rat, dem der Präsident und der Vizepräsident der EZB sowie die Präsidenten der nationalen Zentralbanken aller Mitgliedstaaten der Europäischen Union angehören, er hat eine primär beratende Funktion im ESZB.

Wie jede Notenbank bestimmt die Europäische Zentralbank die Zentralbankgeldmenge (monetäre Basis) ihres Währungsgebiets, des Euro-Raums. Vier Fragen treten dabei auf:

1. Welche Ziele verfolgt die Europäische Zentralbank?
2. Welche Position hat die Europäische Zentralbank im Verhältnis zu den nationalen Regierungen?
3. Welche geldpolitische Strategie ist im Hinblick auf das Ziel der Sicherung der Währung geeignet?
4. Welche Instrumente stehen der Europäischen Zentralbank zur Verfügung, um ihre geldpolitische Strategie umzusetzen?

Schaubild 19.1: Struktur der Europäischen Zentralbank im Eurosystem

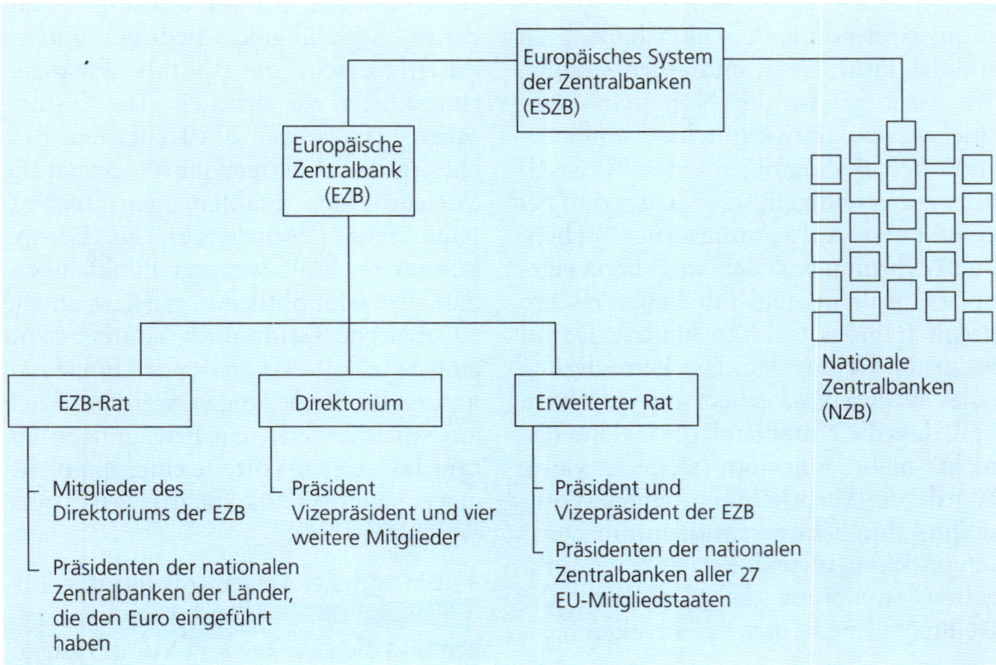

1. Ziele der Europäischen Zentralbank. Die Europäische Zentralbank ist dem Ziel der Preisniveaustabilität verpflichtet. Ihre Aufgabe ist in Artikel 105 Absatz 1 EG-Vertrag definiert. Dort heißt es: »Das vorrangige Ziel des ESZB ist es, die Preisstabilität zu gewährleisten. Soweit dies ohne Beeinträchtigung des Zieles der Preisstabilität möglich ist, unterstützt die ESZB die allgemeine Wirtschaftspolitik in der Gemeinschaft, um zur Verwirklichung der in Artikel 2 festgelegten Ziele der Gemeinschaft beizutragen.«
Vorrangiges Ziel der Geldpolitik des Eurosystems ist es also, Preisniveaustabilität zu gewährleisten. Preisstabilität wird von der EZB als Anstieg des Harmonisierten Verbraucherpreisindex (HVPI) von weniger als 2 vH gegenüber dem Vorjahr definiert. 2 vH gibt demnach die Obergrenze für den jährlichen Preisanstieg an. Der HVPI basiert auf der Entwicklung der Verbraucherpreise, die in allen Ländern des Eurogebietes auf einheitliche Weise berechnet wird, so dass auf unterschiedlichen statistischen Messstandards beruhende Unterschiede ausgeschlossen werden. Die Verwendung eines Preisindikators, der die Verbraucherpreise berücksichtigt, bietet außerdem den Vorteil, für die Öffentlichkeit leicht nachvollziehbar zu sein.

2. Die Rolle des Wechselkursziels. Nach Artikel 111 Abs. 2 EG-Vertrag kann der Europäische »Rat mit qualifizierter Mehrheit allgemeine Orientierungen für die Wechselkurspolitik ... aufstellen«. Zwar gilt die Einschränkung, dass diese Orientierungen »das vorrangige Ziel der ESZB, die Preisstabilität zu gewährleisten, nicht beeinträchtigen«. Dennoch wirft dies für die

Europäische Zentralbank Probleme auf, denn die Geldpolitik kann nicht gleichzeitig zwei nominale Anker haben, ein stabiles Preisniveau und einen stabilen Wechselkurs. Ist die Notenbank beispielsweise dazu verpflichtet, unter bestimmten Bedingungen einen Wechselkurs zu verteidigen, so bedeutet dies bei einer unter Aufwertungsdruck stehenden Währung, dass die Notenbank eigenes Zentralbankgeld anbieten muss, um damit fremdes Geld zu kaufen. Damit steigt die Geldmenge. Die Verteidigung eines Wechselkurses bedeutet in diesem Fall, dass die Notenbank die Geldmenge nicht mehr autonom steuern kann. Würde die Verpflichtung, einen Wechselkurs durch Interventionen am Devisenmarkt zu verteidigen, unbeschränkt gelten, so könnte die Notenbank die Geldmenge nicht mehr kontrollieren.

3. Unabhängigkeit der Europäischen Zentralbank. Die EZB ist von politischen Weisungen der nationalen Regierungen unabhängig. Gemäß Art. 108 des EG-Vertrages »darf weder die EZB noch eine nationale Zentralbank noch ein Mitglied ihrer Beschlussorgane Weisungen von Organen oder Einrichtungen der Gemeinschaft, Regierungen oder Mitgliedstaaten oder anderen Stellen einholen oder entgegennehmen«. In Deutschland war die Vorgängerin der EZB, die Deutsche Bundesbank, ebenfalls unabhängig. Die institutionelle Regelung der Unabhängigkeit erklärt sich aus den schlechten Erfahrungen, die man mit weisungsgebundenen Notenbanken in Deutschland und in anderen Ländern gemacht hat. Die Finanzierung von Staatsausgaben durch Notenbankkredite bei weisungsgebundenen Notenbanken ist für Regierungen immer wieder eine Versuchung gewesen. Auch bei einer Anleihefinanzierung bei Privaten besteht die Gefahr, dass eine Regierung versucht, bei der weisungsgebundenen Notenbank niedrige Zinsen durchzusetzen, um so ihre Finanzierungskosten zu drücken. Die historischen Erfahrungen des Deutschen Reiches in den dreißiger Jahren zeigen die Vorteile einer unabhängigen Zentralbank sehr deutlich auf. In Europa kommt noch als weiterer Punkt hinzu, dass die Geldpolitik europäisiert ist. Die europäische Geldpolitik könnte somit zum Spielball divergierender Interessen nationaler Regierungen werden. Auch aus spieltheoretischen Erwägungen heraus lassen sich Vorteile einer unabhängigen Zentralbank begründen (siehe Abschnitt 22.4).

4. Befugnisse. Das ESZB hat das ausschließliche Recht, Banknoten auszugeben und die Prägung von Münzen zu genehmigen. Das Recht zur Emission von Münzen, das sog. Münzregal, verbleibt bei den nationalen Regierungen, der Umfang der Münzprägung bedarf aber der Genehmigung durch die EZB.

19.2 Die geldpolitische Strategie der Europäischen Zentralbank

Für die Geldpolitik werden unterschiedliche geldpolitische Strategien diskutiert, mit denen ein stabiles Preisniveau angestrebt werden kann. Bei einer diskretionären Strategie wird die Geldpolitik »auf Sicht« gefahren, das heißt die geldpolitischen Instrumente werden nach der Einschätzung der Zentralbank eingesetzt. Dies erfordert, dass die Zentralbank eine hervorragende Reputation hat und die Marktteilnehmer dem Zentralbankchef voll vertrauen. Auf diese Weise ist mitunter die Rolle des früheren amerikanischen Notenbankchefs Alan Greenspan charakterisiert worden. Demgegenüber ist eine regelgebundene Geldpolitik dadurch gekennzeichnet, dass die Notenbank einer festen Regel folgt. Damit bindet sie sich selbst, aber sie gibt damit auch wichtige vertrauensbildende Signale an die Marktteilnehmer. Die wichtigsten regelgebundenen Strategien sind die Geldmengensteuerung und die Inflationssteuerung.

1. Geldmengensteuerung. Um ihre Aufgabe, die Währung zu sichern, durchführen zu können, muss sich die Notenbank Vorstellungen darüber machen, wie sie die Geldmenge einer Volkswirtschaft steuern soll. In der Regel kann man einerseits davon ausgehen, dass in einer wachsenden Wirtschaft von Jahr zu Jahr größere Mengen an Zahlungsmitteln gebraucht werden; andererseits kann eine zu große Ausdehnung der Geldmenge zur Inflation führen.
Bei der Geldmengensteuerung wird eine Zielgröße (oder ein Zielkorridor) für die Geldmenge des nächsten Jahres festgelegt. Mit den jährlichen Geldmengenzielen ist die Geldpolitik eher langfristig orientiert, im Gegensatz etwa zu einer Ausrichtung der Zielvorgaben an Quartalsdaten. Da zeitliche Verzögerungen (time lags) bei den Instrumenten der Notenbank auftreten, ist darauf zu achten, dass heute eingesetzte geldpolitische Instrumente nicht aus der aktuellen Situation heraus beurteilt werden, sondern nach ihrer Wirkung in der Zukunft. Dabei muss berücksichtigt werden, dass eine Geldmengenexpansion erst mit erheblicher zeitlicher Verzögerung – für Deutschland betrug diese 2,5 Jahre – auf das Preisniveau durchschlägt.
Hintergrund der Geldmengensteuerung ist die Cambridge-Gleichung $M = kpY$. Die Zielgröße für die Wachstumsrate der Geldmenge orientiert sich dann an der Wachstumsrate des Produktionspotentials und der langfristigen Veränderung des Kassenhaltungskoeffizienten k. Die Begründung für diese Strategie liegt darin, dass zwischen Geldmenge und dem Preisniveau ein enger Zusammenhang besteht. Nach dem Konzept der Geldmengensteuerung ist die Geldpolitik für die Preisniveaustabilität und nicht für die Konjunkturstabilisierung zuständig. Daher orientiert sich das Geldmengenziel am Wachstum des Produktionspotentials und nicht an der aktuellen Konjunkturlage. Würde die Geldversorgung in den Dienst der Konjunkturstabilisierung gestellt, so müsste in der Rezession die Geldmenge über das Produktionspotential hinaus ausgedehnt werden, woraus mit einer zeitlichen Verzögerung ein inflationärer Impuls durch die Geldpolitik entstehen würde. In einer Hochkonjunktur dagegen würde die Geldmengenpolitik bremsend gefahren, so dass sich mit einer zeitlichen Verzögerung ein deflationärer Einfluss ergeben würde.
Die Notenbank muss darauf hinwirken, ihre Zielgröße mit ihren geldpolitischen Instrumenten auch zu erreichen. Mit der Zielvorgabe gibt sie den Märkten ein Signal und stellt damit auch die Erwartungen der Marktteilnehmer ein. Gleichzeitig bindet sie sich selbst auch intern, diesen Zielbereich einzuhalten.

2. Inflationssteuerung. Der Inflationssteuerung (»inflation targeting«) liegt eine Inflationsprognose über die Inflationsrate in der Zukunft, z. B. in zwei Jahren, zugrunde. Dabei handelt es sich um eine Status-quo Prognose, bei der die geldpolitischen Instrumente unverändert bleiben. Kommt die Prognose zu dem Ergebnis, dass die Inflationsrate

Kasten 19.1 Warum die Geldnachfrage stabil sein muss

Aus der Gleichung für das Geldmarktgleichgewicht p = M/L (Y, i) folgt, dass eine Aussage darüber, wie die Geldmenge M auf das Preisniveau p wirkt, nur dann möglich ist, wenn die Geldnachfrage L einigermaßen stabil ist. Würde sich die Geldnachfrage im Verlauf der Zeit erratisch verändern, so ließe sich aus der obigen Gleichgewichtsbedingung kein Zusammenhang zwischen einer Geldmengenänderung und dem Preisniveau herstellen. Die Geldmengenpolitik könnte dann nicht als Grundlage der Geldpolitik einer Zentralbank dienen.

Die Nachfrage nach Geld – oder auch die Umlaufgeschwindigkeit des Geldes – kann aus einer Reihe von Gründen nicht stabil sein. So können Finanzinnovationen dazu führen, dass die Marktteilnehmer auf andere Zahlungsmöglichkeiten wie Kreditkarten und Geldmarktfonds ausweichen, so dass die Umlaufgeschwindigkeit des Geldes steigt und die Geldhaltung, die Nachfrage nach Geld, zurückgeht. Elektronisches Geld kann die Umlaufgeschwindigkeit verändern. Auch wenn sich das Vertrauen der Wirtschaftssubjekte in das Geld ändert, kann es dazu kommen, dass das vorhandene Geld, wie das Beispiel der Hyperinflation zeigt, schneller umläuft. Ferner kann sich die statistisch beobachtete Geldnachfrage dann verändern, wenn eine Währung verstärkt im Ausland als Wertaufbewahrungs- oder Transaktionsmittel verwendet wird oder wenn eine etablierte Leitwährung in anderen Ländern wegen eines Vertrauensverlusts verstärkt durch eine neue Leitwährung ersetzt wird.

Allerdings kommt es nicht auf eine Stabilität der Geldnachfragefunktion in dem Sinne an, dass über einen längeren Zeitraum betrachtet diese Geldnachfragefunktion vollständig gleich sein muss, sondern es ist hinreichend, wenn die Geldnachfragefunktion einem stabilen Trend folgt. In einigen Industrienationen ist in Zweifel gezogen worden, ob die Geldnachfragefunktion noch stabil ist. So geht man heutzutage allgemein von einer Instabilität der Geldnachfragefunktion für die USA aus. Für Deutschland, wie für eine Reihe von Ländern des Euroraums, lässt sich vor der Währungsunion ein stabiler Trend in der Umlaufgeschwindigkeit beobachten. Für die Europäische Währungsunion, die einen neuen institutionellen Rahmen darstellt, lässt sich derzeit aber nicht etablieren, dass die Geldnachfrage im Euroraum nachhaltig stabil ist.

höher liegt als von der Notenbank toleriert, so muss die Geldpolitik restriktiver werden. Die Prognose erlaubt also einen Rückschluss über die Geldpolitik. Diese Strategie wird derzeit von vielen Wissenschaftlern favorisiert, da sie sich direkt an der Preisniveaustabilität orientiert und z. B. kurzfristige Veränderungen des Kassenhaltungskoeffizienten bei ihrer Angebotspolitik berücksichtigen kann. Der Nachteil dieses Verfahrens ist allerdings, dass die Qualität der Geldpolitik von der Qualität der Inflationsprognose abhängt. Schlagen Inflationsprognosen fehl, so gelingt es der Notenbank weniger gut als bei der Geldmengensteuerung, die Erwartungen der Marktteilnehmer zu stabilisieren.

3. Zwei-Säulen-Strategie. Die Europäische Zentralbank verfolgt eine ande-

Schaubild 19.2: Geldmengenpolitik der Deutschen Bundesbank

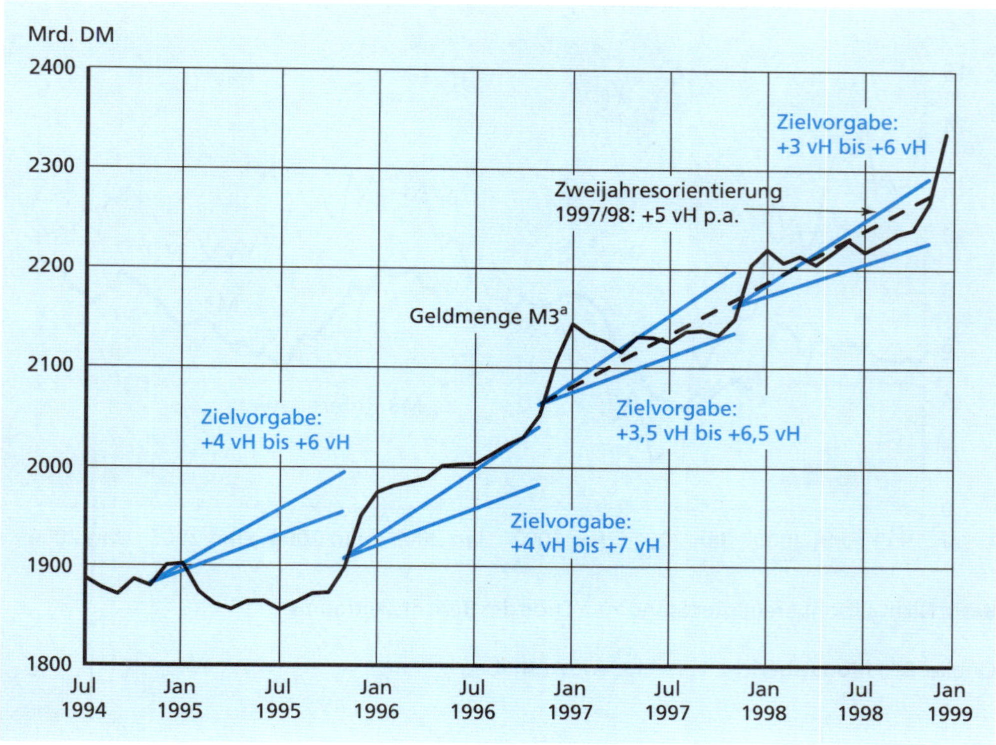

[a] Saisonbereinigt.

Quelle: Deutsche Bundesbank, Monatsberichte, verschiedene Jahrgänge.

re geldpolitische Strategie als die Deutsche Bundesbank. Die Bundesbank praktizierte die Geldmengensteuerung. Wenn die aktuelle Geldmengenentwicklung nicht der Zielvorgabe entsprach, musste die Bundesbank der Öffentlichkeit erklären, warum dies nicht der Fall war. Sie tat dies unter Hinweis auf Sonderfaktoren. In der Regel ist ihr gelungen, die Märkte zu überzeugen.

Dagegen verfolgt die Europäische Zentralbank eine Zwei-Säulen-Strategie, bei der einerseits die Geldmenge und andererseits weitere Faktoren, darunter die erwartete Preissteigerungsrate, in Betracht gezogen werden. Begründet wurde diese Strategie unter anderem damit, dass zu Beginn der Europäischen Währungsunion noch eine erhebliche Unsicherheit über die monetären Grundrelationen bestehe und insbesondere die Stabilität der Geldnachfragefunktion noch nicht etabliert sei. Deshalb reiche es nicht aus, alleine die Geldmengenentwicklung zu betrachten, sondern man müsse auch auf andere Faktoren schauen, die als monetäre Indikatoren gelten können. Eine ganze Reihe von Wissenschaftlern drängen die EZB, stärker zur Inflationssteuerung überzugehen.

Aber auch für die erste Säule in der geldpolitischen Konzeption der Europäischen Zentralbank gibt es einen beacht-

Schaubild 19.3: Geldmengenaggregate: Veränderung gegenüber Vorjahr und Referenzwert

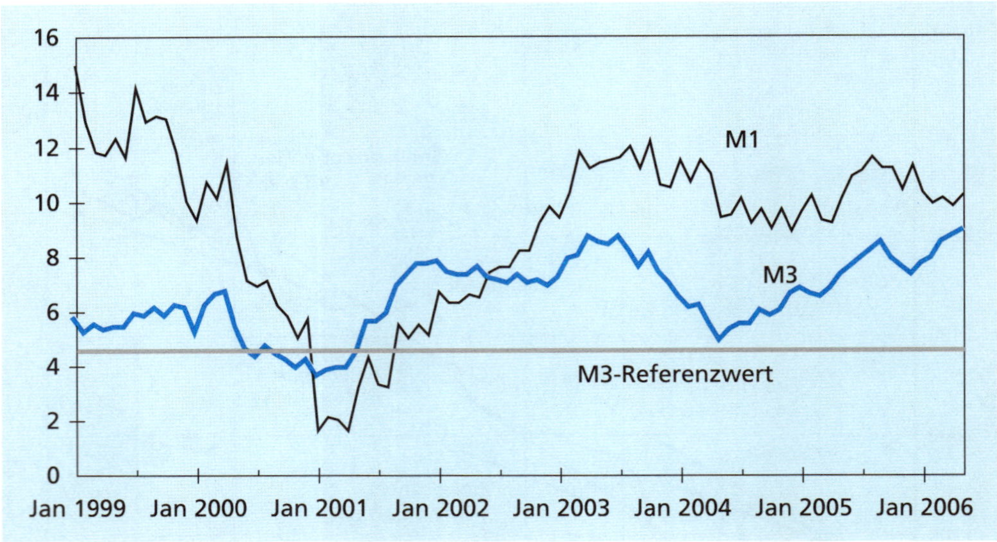

Basis: Nicht saisonbereinigter Stand zum Ende des Berichtszeitraums.

Quelle: EZB Monatsbericht, verschiedene Ausgaben.

lichen Unterschied zur Strategie der Deutschen Bundesbank. In Schaubild 19.2 ist dargestellt, wie die Deutsche Bundesbank das Geldmengenziel definiert hat. Sie machte eine Zielvorgabe für die angestrebte Geldmengenentwicklung in einer Bandbreite, beispielsweise von 3 vH bis 6 vH für 1998. Dabei setzte sie die Zielvorgabe an dem Wert der Geldmenge an, die im IV. Quartal des Vorjahres gegeben war. Damit entstand ein Zieltrichter, in dem sich die Geldmenge zu bewegen hatte.

Das Schaubild 19.2 zeigt die von der Deutschen Bundesbank angekündigten Zielkorridore für die Jahre 1995–1999 und die Entwicklung der Geldmenge M3. Man erkennt, dass diese Zielvorgaben nicht immer eingehalten werden konnten. Es wird deutlich, dass die Deutsche Bundesbank den Startpunkt eines Zielkorridors an der aktuellen Geldmenge festmachte und nicht an der angestrebten Geldmenge des vergangenen Jahres.

Demgegenüber legt die Europäische Zentralbank lediglich einen Referenzwert für die jährliche Veränderungsrate der Geldmenge fest; für die Jahre 1999 bis 2006 betrug dieser 4,5 vH (Schaubild 19.3). Ein Korridor oder ein Trichter werden nicht angegeben. Auch wird der Referenzwert nicht auf einen Ausgangswert bezogen. Damit wird nicht mehr die später beobachtete Geldmenge mit dem (im Trichter erfassten) Geldmengenzielwert in Beziehung gesetzt. Es geht also nicht um Niveaus. Verglichen werden nur noch die aktuelle Veränderungsrate der Geldmenge und die im Referenzwert festgelegte Rate. Die Ausgangsniveaus der Geldmenge, an der die Bundesbank ihren Trichter ansetzte, spielen keine Rolle mehr.

Ansonsten geht die EZB aber bei der Bestimmung der Zielvorgabe ähnlich vor wie die Deutsche Bundesbank. Bei der Festlegung des Referenzwertes werden die Zuwachsrate des Produktionspotentials im Euroraum (2 vH bis 2,5 vH) und ein Korrekturfaktor für die abnehmende Umlaufgeschwindigkeit des Geldes, d. h. den steigenden Kassenhaltungskoeffizienten (0,5 vH bis 1 vH) zugrunde gelegt. Ferner wird die Preisnorm beachtet, die bestimmt, dass der Anstieg des Preisniveaus unterhalb von 2 vH bleiben soll. Dies ergibt insgesamt einen Referenzwert von 4,5 vH.

19.3 Instrumente der Geldpolitik

Geldpolitische Instrumente erlauben es der Europäischen Zentralbank, die Geldmenge zu steuern. Dabei geht es um Offenmarktgeschäfte, um ständige Fazilitäten und um Mindestreserven, die von den Kreditinstituten verlangt werden.

Offenmarktgeschäfte

Offenmarktgeschäfte werden eingesetzt, um die Zinssätze und die Liquidität am Markt zu steuern. Bei Offenmarktgeschäften geht die Initiative von der EZB aus, die auch über das einzusetzende Instrument und die Bedingungen für die Durchführung der Geschäfte entscheidet. Offenmarktgeschäfte können in Form von Standardtendern, Schnelltendern oder bilateralen Geschäften durchgeführt werden. Standardtender werden (von der Bekanntmachung des Tenders bis zur Bestätigung des Zuteilungsergebnisses) innerhalb von 24 Stunden durchgeführt, Schnelltender innerhalb von einer Stunde.

Man unterscheidet je nach Zielsetzung und Rhythmus vier verschiedene Kategorien von Offenmarktgeschäften, nämlich Hauptrefinanzierungsinstrumente, längerfristige Refinanzierungsgeschäfte mit einer Laufzeit bis zu drei Monaten, kurzfristige Feinsteuerungsoperationen und strukturelle Operationen.

Das Hauptrefinanzierungsinstrument wird im wöchentlichen Abstand und mit einer Laufzeit von einer Woche von den nationalen Zentralbanken als »befristete Transaktion« durchgeführt. Bei dem Hauptrefinanzierungsinstrument kann die EZB zwischen *Mengentendern* und *Zinstendern* wählen. Bei einem Mengentender bietet die EZB den Kreditinstituten insgesamt eine bestimmte Menge an Zentralbankgeld an; der Zinssatz (Refi-Satz) ist vorgegeben. Die Kreditinstitute melden ihre Mengenwünsche an. Übersteigen diese Meldungen das insgesamt bereitgestellte Zentralbankgeld (Überbietungen), so wird das Volumen repartiert, d. h. zugeteilt. Bei einem Zinstender geben die Geschäftsbanken sowohl die Zinsen als auch die Mengen an, zu denen sie Wertpapiere gegen Zentralbankgeld tauschen wollen. Es kommen nur diejenigen Gebote zum Zug, deren Zinsgebot den Gleichgewichtszins nicht unterschreitet. Gleichgewichtszins heißt, dass sich Angebot und Nachfrage in Bezug auf Zentralbankgeld und auf Wertpapiere ausgleichen und die mit dem Zinstender von der Zentralbank beabsichtigte Menge an Zentralbankgeld nicht überschritten wird. Der Festzins für den Mengentender lag im Mai 2006 bei 2,5 vH und der Mindestbietungssatz des Zinstenders seit Juni 2006 bei 2,75 vH.

In der konkreten Ausgestaltung stehen folgende fünf verschiedene Instrumente zur Verfügung:

Befristete Transaktionen sind Geschäfte, bei denen die nationalen Zentralbanken (oder die EZB) refinanzierungsfähige Titel entweder mit Rückkaufsvereinbarung kaufen oder verkaufen (»Pensionsgeschäfte«) oder beleihen. Dabei überlässt das ESZB den Geschäftsbanken Liquidität, in der Regel für zwei Wochen, und nimmt als Besicherung Wertpapiere herein. Die Notenbank »tauscht« kurzfristig das von ihr geschaffene Zentralbankgeld gegen Papiere (Wertpapiere) der Geschäftsbanken. Diese Papiere gehen später wieder an die Geschäftsbanken zurück.

Definitive Käufe bzw. Verkäufe (definitive Offenmarkttransaktionen) sind Geschäfte, bei denen die nationalen Zentralbanken (oder die EZB) zentralbankfähige Wertpapiere endgültig am Markt kaufen oder verkaufen.

Schuldverschreibungen können emittiert werden, um die strukturelle Liquiditätsposition des ESZB gegenüber dem Bankensystem zu beeinflussen und damit eine Liquiditätslücke am Markt herbeizuführen (oder zu vergrößern).

Devisenswapgeschäfte sind Geschäfte, bei denen die nationalen Zentralbanken (oder die EZB) Euro per Kasse gegen eine Fremdwährung kaufen (oder verkaufen) und diese gleichzeitig per Termin zu einem festgelegten Datum zurückverkaufen (oder zurückkaufen).
Ferner kann das ESZB den Geschäftspartnern die Möglichkeit anbieten, verzinsliche Termineinlagen hereinzunehmen. Die Geschäftspartner tätigen dann bei den NZB'en unbesicherte Einlagen mit fester Laufzeit und festem Zins.

Ständige Fazilitäten

Die ständigen Fazilitäten dienen dazu, Übernachtliquidität bereitzustellen oder zu absorbieren. Sie setzen eine Ober- und Untergrenze der Geldmarktsätze für Tagesgelder. Diese Fazilitäten können auf Initiative der Gesellschaftsbanken in Anspruch genommen werden.
Die Spitzenrefinanzierungsfazilität erlaubt den Kreditinstituten, sich von den nationalen Zentralbanken Übernachtliquidität zu einem vorgegebenen Zinssatz gegen refinanzierungsfähige Sicherheiten zu beschaffen. In der Regel gibt es keine Kredithöchstgrenzen, und die Inanspruchnahme dieser Fazilität durch die Geschäftspartner unterliegt auch keinen sonstigen Beschränkungen, mit Ausnahme der Bedingung, dass ausreichende Sicherheiten zur Verfügung stehen müssen. Der Zinssatz für die Spitzenrefinanzierungsfazilität liegt über dem Hautrefinanzierungssatz und bildet im Allgemeinen die Obergrenze des Tagesgeldsatzes; er lag im Juli 2006 bei 4,00 vH.
Die Einlagefazilität ermöglicht es, bei den nationalen Zentralbanken Guthaben bis zum nächsten Geschäftstag anzulegen. In der Regel gibt es keine Betragsbegrenzungen für die entsprechenden Einlagekonten, und die Inanspruchnahme dieser Fazilität durch die Geschäftspartner unterliegt auch keinen sonstigen Beschränkungen. Der Zinssatz für die Einlagefazilität bildet im Allgemeinen die Untergrenze des Tagesgeldsatzes. Er lag im Juli 2006 bei 2,00 vH.

Mindestreserven

Die Kreditinstitute müssen bei der ESZB Mindestreserven halten, die mit dem Satz für die ESBZ-Hauptrefinanzierungsgeschäfte verzinst werden. Die Reservepflicht des einzelnen Kreditinstituts wird anhand bestimmter Positionen seiner Bilanz wie Sichteinlagen, Termineinlagen und Spareinlagen der Nichtbanken festgelegt.

Schaubild 19.4: Zinssätze

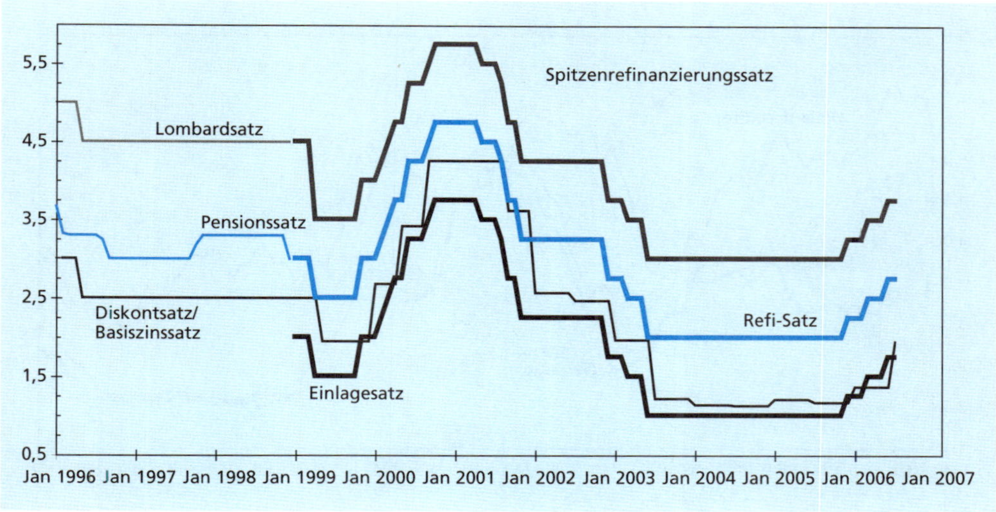

Quelle: Deutsche Bundesbank; Europäische Zentralbank, Monatsberichte.

Daraus wird eine Mindestreservebasis berechnet; für einige Verbindlichkeiten gilt ein Reservesatz von 2 vH, für andere von 0 vH. Die Mindestreserven werden nach dem Hauptrefinanzierungssatz verzinst. Mit Mindestreserven ist es möglich, die Geldmarktzinsen zu stabilisieren.

In Schaubild 19.4 ist die Entwicklung der Zinssätze dargestellt.

19.4 Zusammenhang von Geldmarktzins und Kapitalmarktzins

Der Geldmarkt ist der Markt, auf dem die kurzfristige Nachfrage und das kurzfristige Angebot an Geld (z. B. für Tage, bis zu 3 Monaten) gegenübertreten. Anbieter und Nachfrager auf dem Geldmarkt sind hauptsächlich die Geschäftsbanken, die mit Hilfe des Geldmarktes kurzfristige Spitzen abdecken. Angenommen, die Notenbank erhöht den Refisatz und der Geldmarktzins steigt. Dann muss grundsätzlich auch der Kapitalmarktzins, d. h. der Zins für die langfristige Überlassung von Geld steigen. Dies ist wie folgt zu erklären: Mit steigendem Geldmarktzins kann es zum einen lohnend werden, Geldangebot vom Kapitalmarkt abzuziehen und dieses Geld kurzfristig zur Verfügung zu stellen. Damit verknappt sich das Angebot auf dem Kapitalmarkt (die Angebotskurve auf dem Kapitalmarkt verschiebt sich nach links) und der langfristige Zins muss steigen. Mit steigendem Geldmarktzins kann es zum anderen für die Nachfrager nach (kurzfristigem) Geld sinnvoll sein, auf die langfristigen Kredite auszuweichen. Damit erhöht sich die Nachfrage nach langfristigen Krediten (die Nachfragekurve auf dem Kapitalmarkt verschiebt sich nach rechts) und der Kapitalmarktzins muss auch aus diesem Grund steigen. Eine Erhöhung des Geldmarktsatzes wirkt sich über den Geldmarktzins auf den

Schaubild 19.5: Geld- und Kapitalmarktzinsen

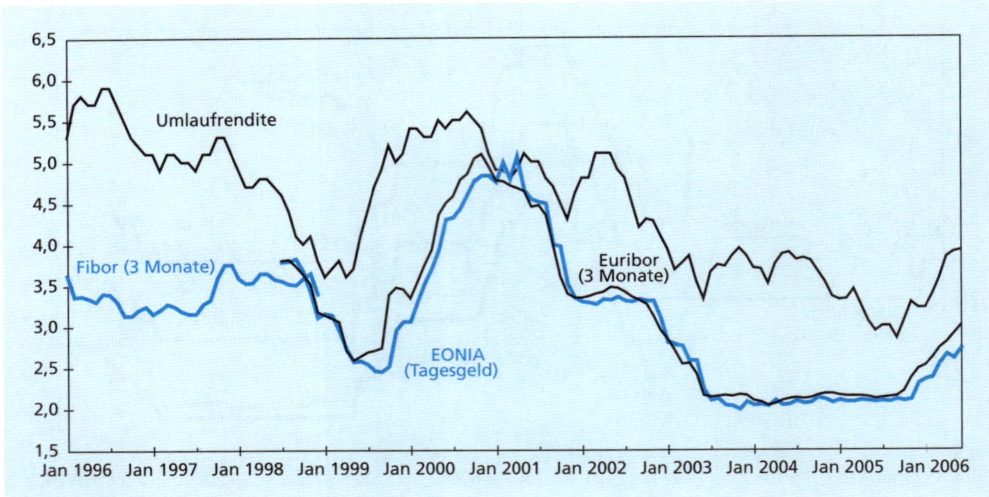

[a] Bis 1998 Deutschland, danach Euro-Gebiet.

Quelle: Deutsche Bundesbank; Europäische Zentralbank, Monatsberichte.

Kapitalmarktzins aus. Unterstellt man, dass die Investitionen von der Höhe des Kapitalmarktzinses abhängen, so wird deutlich, dass die Notenbank über die Variation des Geldmarktzinssatzes die Möglichkeit hat, auf die Investitionstätigkeit in einer Volkswirtschaft einzuwirken.

Es besteht jedoch kein zwingend enger Zusammenhang zwischen kurzfristigem Zins und Kapitalmarktzins. Erstens gibt es eine Reihe von Institutionen, die am Kapitalmarkt Kredite vergeben, aber nicht von der Zentralbank durch ihre geldpolitischen Instrumente beeinflusst werden können. Dies sind die so genannten Kapitalsammelstellen (Hypothekenbanken, Lebensversicherungen, Rentenversicherungen), die gewissermaßen außerhalb des von der Zentralbank kontrollierten Bankensystems operieren und beispielsweise keine Mindestreserven halten müssen. Zweitens kann die Zinspolitik der Zentralbank bei internationaler Kapitalmobilität dann wirkungslos werden. Angenommen, die Notenbank erhöht die Geldmenge und im Ausland liegen niedrige Zinssätze vor. Die Erhöhung des Geldmarktzinses und die damit verbundene Erhöhung des Kapitalmarktzinses lockt jedoch ausländisches Kapital an, wodurch das Kapitalangebot im Inland erhöht wird. Drittens können Erwartungen den hier unterstellten Zusammenhang zwischen kurzfristigem Geldmarktzins und langfristigem Kapitalmarktzins unterbrechen. Eine expansive Geldpolitik, die den kurzfristigen Geldmarktzins eigentlich senken müsste, kann bei rationalen Erwartungen (Kapitel 22) dazu führen, dass die Wirtschaftsteilnehmer eine Inflation erwarten und deshalb einen höheren langfristigen Nominalzins verlangen.

In Schaubild 19.5 ist zu erkennen, dass es keine eindeutige Anbindung des langfristigen Zinses an den kurzfristigen Zins gibt. Inflationserwartungen, Wechselkursänderungserwartungen und zahlreiche andere Faktoren wirken sich aus. Geldmarktzins und Kapitalmarktzins sind lediglich mit einem sehr elastischen »Gummiband« verbunden. EONIA kennzeichnet den Euro-Tagesgeldsatz, Euribor die Interbankrate (Euro Interbank Offered Rates), Fibor die Interbankrate Frankfurt (Frankfurt Interbank Offered Rates). Die Umlaufrendite ist hier die Rendite von 7-jährigen Staatsanleihen.

Wichtige Begriffe in Kapitel 19

Europäisches System der Zentralbanken
Geldmengensteuerung
Inflationssteuerung
Stabilität der Geldnachfrage
Offenmarktgeschäft
Mengentender
Zinstender
Finanzierungsfazilität
Mindestreserven
EONIA
Euribor
Umlaufrendite

20 Preisniveau

Inflation is always and everywhere a montary phenomenon
Milton Friedman

20.1 Das Ziel der Preisniveaustabilität

1923 erreichte in Deutschland die galoppierende Inflation einen heute unvorstellbaren Höhepunkt: Die Mark war so entwertet, dass man für einen US-Dollar 4,2 Billionen Mark aufwenden musste. Bei dieser bis dahin unbekannten Hyperinflation stieg das Preisniveau von August 1922 bis November 1923 auf das $1{,}02 \cdot 10^{10}$fache, in Österreich von Oktober 1921 bis August 1922 auf das 70fache, in Polen von Januar 1923 bis Januar 1924 auf das 699fache. Der Geldwert verfiel so schnell, dass die Löhne täglich ausgezahlt wurden und die Kaufkraft des Lohnes bereits in der Zeit halbiert war, die man brauchte, um den Lohn auszugeben. Ein anderes Beispiel für die Inflation erlebte Deutschland nach dem zweiten Weltkrieg: Papiergeld wurde als Zahlungsmittel nur noch in begrenztem Umfang akzeptiert; es kam zur Repudiation (Ablehnung) des Papiergeldes, und andere handliche und leicht transportierbare Güter nahmen die Aufgaben des Papiergeldes wahr (Zigarettenwährung). Am 20. Juni 1948 wurde bei der Währungsreform das Geld für ungültig erklärt; das alte Geld war wertlos geworden. Jeder Bundesbürger erhielt 20 DM des neuen Geldes.

Die Inflationsrate Deutschlands in den Jahren 1950–2006 ist in Tabelle 1.4 erfasst. Die Preissteigerungsrate lag in den 1960er-Jahren zwischen 1,6 und 3,3 vH, zog dann während der ersten Ölkrise auf über 7 vH und in der zweiten Ölkrise auf über 6 vH an und stieg auch noch einmal während des deutschen Vereinigungsbooms vorübergehend an. Auch international ist die Inflationsrate in den 1970er- und frühen 1980er-Jahren angestiegen (Tabelle 1.6). Seit Mitte der 1980er-Jahre geht international die Inflationsrate deutlich zurück (vgl. auch Schaubild 1.5).

In den Extremfällen der Hyperinflation und der Repudiation des Geldes wird unmittelbar deutlich, dass sich Probleme im Geldsystem auf die realwirtschaftlichen Prozesse auswirken können, und zwar in einer äußerst unerwünschten Weise. Dies gilt auch für weniger dramatische inflationäre Prozesse. So wird befürchtet, dass auch eine schleichende Inflation mit einem Prozentsatz um, sagen wir, 5 vH eine Eigendynamik entwickeln und in eine sog. trabende Inflation umschlagen kann, die möglicherweise sogar in einer Hyperinflation enden kann, und zwar einmal deshalb, weil die Wirtschaftssubjekte in Erwartung höherer Preise ihre aktuelle Nachfrage erhöhen und ihr Angebot reduzieren. Zum anderen kann ein Anstieg des Preisniveaus Forderungen nach Lohnerhöhungen bewirken, die ihrerseits wieder preissteigernd wirken können.

Aber auch ohne die Gefahr des Umschlagens in eine neue »Qualität« der

Preissteigerung ist Inflation unerwünscht. Durch die Inflation steigen für die Wirtschaftssubjekte die Opportunitätskosten der Geldhaltung. Die Wirtschaftssubjekte halten weniger Kasse und haben dadurch höhere Transaktionskosten (Schuhsohlenkosten), da sie, bildlich gesprochen, häufiger zur Bank laufen müssen, um Geld abzuheben. Die Unternehmen müssen zudem häufiger ihre ausgewiesenen Preise anpassen – neue Preisauszeichnungen sind notwendig, neue Kataloge müssen gedruckt werden etc. – was ebenfalls mit Kosten verbunden ist. Inflation kann, zumindest vorübergehend, mit einer unterschiedlichen Erhöhung der Preise für verschiedene Unternehmen oder auch Sektoren verbunden sein, je nachdem, wie flexibel sich die einzelnen Einheiten an die Veränderung des Preisniveaus anpassen können. Die Funktion der Preise wird dadurch beeinträchtigt, und sie können die in Teil I besprochene Bewertungs-, Anreiz-, Informations-, Koordinierungs- und Lenkungsfunktionen nicht mehr hinreichend erfüllen. Schließlich hat die Inflation unerwünschte Verteilungseffekte, da sie die Besitzer von Sachwerten begünstigt und die Bezieher von (festen) Nominaleinkommen (z. B. Renten) und die Besitzer von Geldvermögen benachteiligt. Da die Reichen in der Regel Sachwerte besitzen, bewirkt die Inflation eine Vermögensumverteilung zu Ungunsten der armen Bevölkerungsschichten. Zu den Verteilungswirkungen der Inflation gehört bei progressiv gestalteten Steuertarifen auch eine Umverteilung zwischen privatem und öffentlichem Sektor. Infolge der Inflation und der Nominallohnerhöhungen geraten Steuerzahler in eine höhere Progressionsstufe (»kalte Progression«); die Staatsquote steigt an und der private Sektor wird zurückgedrängt. Aus den hier genannten Gründen ist die Preisniveaustabilität heute ein allgemein akzeptiertes Ziel der Wirtschaftspolitik.

20.2 Preisniveau, gesamtwirtschaftliche Nachfrage und gesamtwirtschaftliches Angebot

1. Preisniveau. Unter dem Preisniveau verstehen wir den Index der Preise einer Reihe von Gütern einer Volkswirtschaft. Der Preisindex kann sich z. B. auf einen Warenkorb derjenigen Güter beziehen, die ein Durchschnittshaushalt mit vier Personen üblicherweise nachfragt; wir sprechen dann vom Verbraucherpreisindex. Das Preisniveau kann aber auch auf alle Güter bezogen werden, die eine Volkswirtschaft herstellt (Bruttoinlandsprodukt-Index). Ein Anstieg des Preisniveaus ist gleichbedeutend mit einer Verschlechterung der Kaufkraft des Geldes, die wir auch als Inflation bezeichnen. Die Frage nach den Ursachen eines Preisniveauanstiegs ist also gleichbedeutend mit der Suche nach Erklärungsansätzen der Inflation.

2. Gesamtwirtschaftliche Nachfrage. Im System von Keynes ist das Preisniveau als konstant unterstellt worden. Diese Annahme wollen wir jetzt aufgeben. Lässt man zu, dass sich das Preisniveau verändert, so ergibt sich, dass die reale Geldmenge mit dem Preisniveau variiert. Ein Anstieg des Preisniveaus lässt bei gegebener nominaler Geldmenge die reale Geldmenge sinken. Damit aber verschiebt sich die LM-Kurve nach links (Schaubild 20.1). Es ergibt sich ein neuer Schnittpunkt S′, der das güterwirtschaftliche und geldwirtschaftliche Gleichgewicht kennzeichnet. Den Punkten S_0 und S′ sind also unterschiedliche Preisniveaus p_0 und p′ sowie unter-

schiedliche Volkseinkommen Y_0 und Y′ zugeordnet. Überträgt man diese Information in Schaubild 20.1b, so ergibt sich die gesamtwirtschaftliche Nachfragekurve Y^n in Abhängigkeit vom Preisniveau. Man beachte, dass die Bewegung von S_0 nach S′ mit einem Anstieg des Zinssatzes verbunden ist. Diese Information ist in der gesamtwirtschaftlichen Nachfragekurve nicht mehr enthalten.

Schaubild 20.1: Preisniveau und gesamtwirtschaftliche Nachfrage

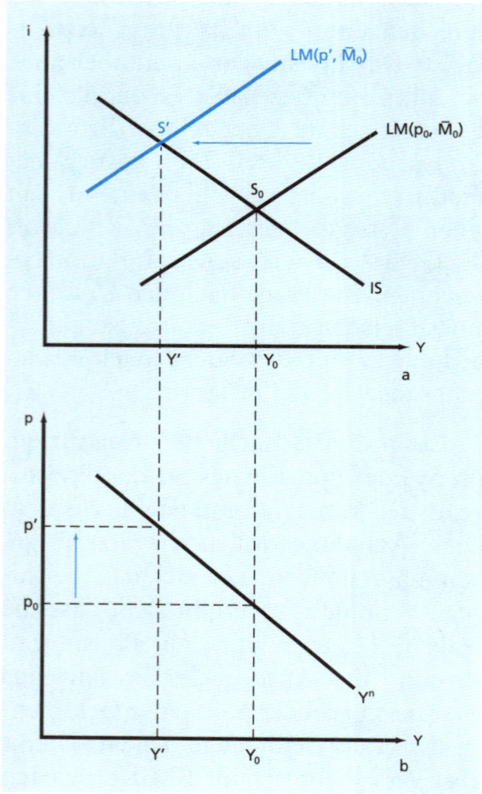

3. Nominale Geldmenge und gesamtwirtschaftliche Nachfrage. In Schaubild 20.1 ist dargestellt, wie sich bei gegebener nominaler Geldmenge (M_0) eine Veränderung des Preisniveaus auf die reale Geldmenge auswirkt. Im oberen Schaubild verschiebt sich die LM-Kurve nach links. Durch die Zunahme des Preisniveaus sinkt die reale Geldmenge. Als Resultat erhalten wir eine gesamtwirtschaftliche Nachfragekurve, die offenbar für eine gegebene nominale Geldmenge definiert ist. Sie gibt an, dass die gesamtwirtschaftliche Nachfrage mit sinkendem Preisniveau steigt. Halten wir nun das Preisniveau konstant und erhöhen die nominale Geldmenge, so verschiebt sich die LM(p_0)-Kurve nach rechts (Schaubild 20.2a), und anstelle von S_0 wird ein neuer Gleichgewichtspunkt S″ mit höherem Volkseinkommen Y″ erreicht. Aber das Preisniveau ist annahmegemäß konstant geblieben. Folglich muss sich die gesamtwirtschaftliche Nachfragekurve bei

Schaubild 20.2: Geldmenge und gesamtwirtschaftliche Nachfrage

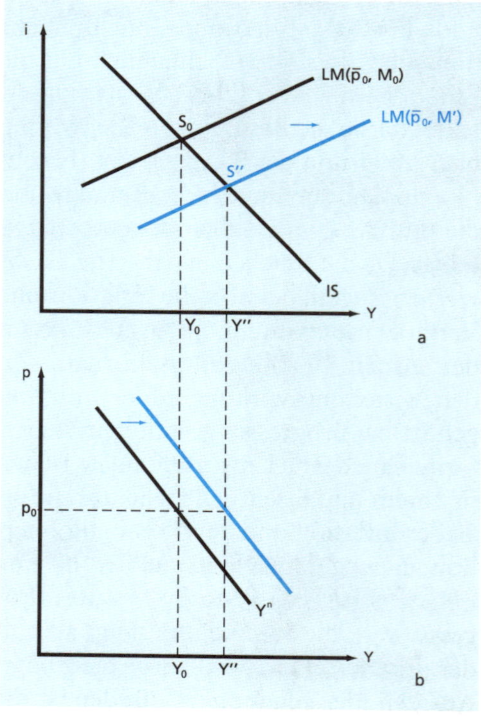

einer Zunahme der nominalen Geldmenge nach rechts verschieben.

4. Gesamtwirtschaftliches Angebot. Im einfachen keynes'schen Modellrahmen aus den vorangehenden Kapiteln verläuft die gesamtwirtschaftliche Angebotskurve horizontal. Die Preise werden als fix angenommen. Man kann sich vorstellen, dass diese Annahme in der kurzen Frist erfüllt ist, z. B. dadurch, dass Unternehmen an ihre Preisauszeichnungen gebunden sind, die sie nicht laufend ändern können. Mittel- und langfristig jedoch können die Unternehmen ihre Preise ändern. Wenn die Nachfrage zu gering ist, so dass die Kapazitäten nicht ausgelastet sind, so ist anzunehmen, dass die Unternehmen ihre Preise senken, genauso wie sie bei einem Nachfrageüberhang höhere Preise setzen können. Bei einer gegebenen Kapazität und langfristig flexiblen Preisen verläuft die langfristige Angebotskurve vertikal.

5. Gleichgewicht. Mit dieser Unterscheidung zwischen kurz- und langfristiger Angebotskurve soll zunächst noch einmal das Problem des keynes'schen Nachfrageausfalls betrachtet werden (Schaubild 20.3). Gehen wir z. B. wieder von Ausgangspunkt A aus und nehmen wir an, dass sich die gesamtwirtschaftliche Nachfrage y^n, z. B. aufgrund pessimistischer Erwartungen der Investoren, nach links verschiebt. Bei kurzfristig fixen Preisen kommt es zu einem kurzfristigen Gleichgewicht mit Unterbeschäftigung in B. In B übersteigt die Produktionskapazität jedoch die gesamtwirtschaftliche Nachfrage. In der langen Frist, wenn die Preise flexibel sind, geht das Preisniveau zurück und die Nachfrage steigt, bis ein neues Gleichgewicht in C erreicht wird. Die Volkswirtschaft erreicht somit bei Preisflexibilität wieder von selbst das Vollbeschäftigungsniveau, nun aber mit gesunkenen Preisen.

Umgekehrt steigt das Preisniveau langfristig, wenn ausgehend von A ein Nachfrageimpuls, z. B. durch eine Geldmengenausweitung, die gesamtwirtschaftliche Nachfragekurve nach rechts verschiebt.

Schaubild 20.3: Preisniveau, gesamtwirtschaftliches Angebot und gesamtwirtschaftliche Nachfrage

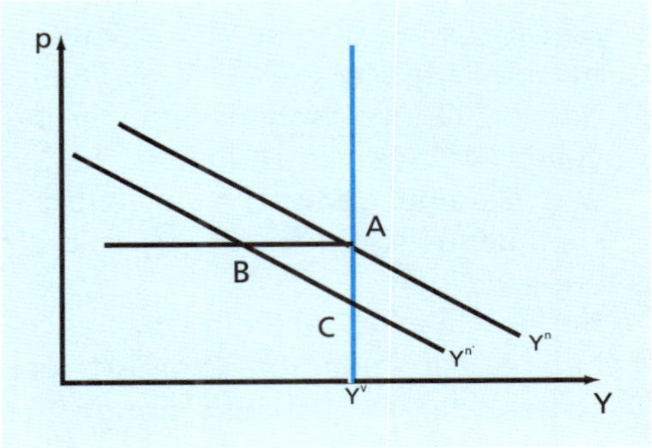

Es gibt also langfristig einen Zusammenhang zwischen gesamtwirtschaftlichem Preisniveau und nominaler Geldmenge

$$p = f(M)$$

20.3 Quantitätstheorie

Die Klassiker haben den Zusammenhang zwischen Preisniveau und Geldmenge in der bereits in Kapitel 18 angesprochenen Cambridge-Gleichung dargestellt:

$$kpY = M$$

Kasten 20.1 Zusammenhang zwischen Geldmenge und Preisniveau

Auf längere Sicht ist Inflation ein monetäres Phänomen, d. h., das Preisniveau wird von der Geldmenge bestimmt. Allerdings wirkt sich die Geldmengenentwicklung nicht schlagartig auf das Preisniveau aus. So kam die Bundesbank in einer empirischen Untersuchung für den Zeitraum von 1970 bis 1990 (Monatsbericht Januar 1992) zu dem Resultat, dass die Preisentwicklung in Deutschland mit einer zeitlichen Verzögerung auf die Geldmengenentwicklung folgt. Erst nach 10 Quartalen – also 2,5 Jahren – setzt der größere Teil des Effekts ein. Es ist verblüffend, dass es 2,5 Jahre braucht, bis sich die Geldmengenveränderung auf das Preisniveau auswirkt. Auch für den Euro-Raum folgt die Inflation dem Wachstum der Geldmenge M3 mit einer Zeitverzögerung. Dies wird aus dem nebenstehenden Schaubild ersichtlich, in dem der Trend der Expansionsrate der Geldmenge M3 und der Trend der Inflationsrate für die Länder des Euroraums seit 1984 abgebildet sind. Längerfristige Schwankungen im Geldmengenwachstum werden später von der Preisentwicklung nachgeholt (EZB-Monatsbericht, Mai 2001). Auch Querschnittsanalysen für viele Länder zeigen, dass die längerfristigen Veränderungsraten der Geldmengen und der Preisniveaus eng beisammen liegen. Der Zusammenhang zwischen Preisentwicklung und Geldmengenwachstum liefert eine Rechtfertigung dafür, dass sich die Geldmenge stetig entwickeln soll, um Schwankungen in der Preisentwicklung zu vermeiden.

Kurzfristig wird das Preisniveau auch von anderen Faktoren als der Geldmenge beeinflusst, etwa von Ölpreissteigerungen, einer Erhöhung der Mehrwertsteuer oder von Lohnerhöhungen. Langfristig scheint jedoch die Geldmenge zu dominieren. Würde bei einer Ölpreiserhöhung die Geldmenge nur im Ausmaß des Produktionspotentials steigen, so würde die Ölpreiserhöhung zwar kurzfristig auf das Preisniveau durchschlagen, aber über mehrere Jahre müssten andere Preise nachgeben und das ursprüngliche Preisniveau würde sich wieder einstellen.

wobei Y das reale Bruttoinlandsprodukt und k ein Kassenhaltungskoeffizient ist. Die Klassiker sind nun von einem konstanten Kassenhaltungskoeffizienten ausgegangen, d. h., es wird unterstellt, dass die Wirtschaftssubjekte einen konstanten Anteil ihres Einkommens als Kasse halten. Auch wird das reale Einkommen als vom Gütermarkt gegeben angenommen.

Die Quantitätsgleichung wird auch in der Form

$$pY = MV$$

geschrieben. Dabei kennzeichnet $V = 1/k$ die Umlaufgeschwindigkeit des Geldes, wie sie in Abschnitt 18.5 definiert ist. Diese Gleichung stellt das Geldmarktgleichgewicht im klassischen System

Die Geldmenge ist somit nach wie vor ein guter Indikator für die zukünftige Entwicklung der Inflation in einem längeren Zeithorizont. Die Geldmenge hat also einen Informationsgehalt für das Preisniveau. Es wäre auch merkwürdig, wenn die Liquidität nichts mit dem Preisniveau zu tun hätte.

Schaubild Kasten 20.1: Längerfristige Geldmengen-[a] und Preisentwicklung[b]

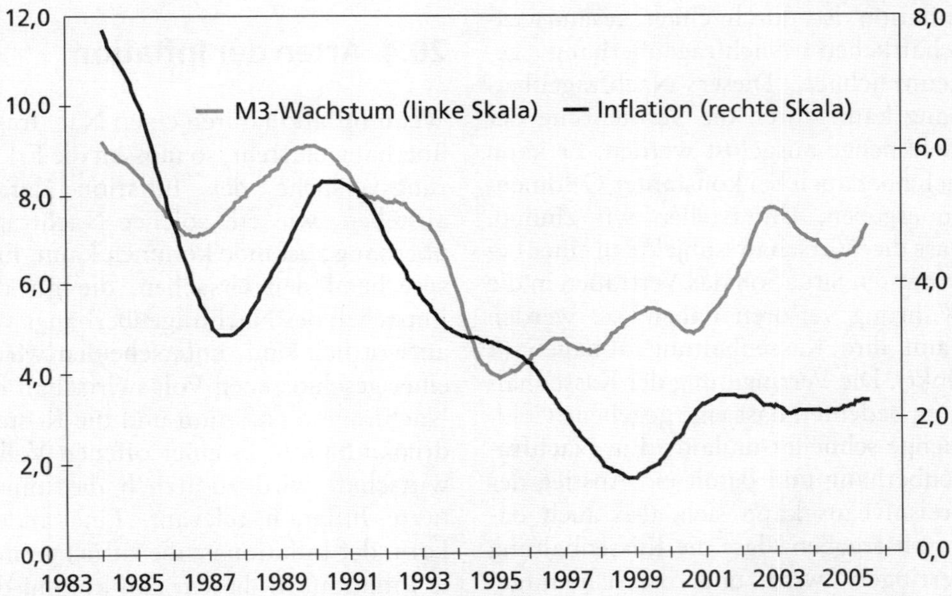

[a] Veränderung gegenüber dem Vorjahr, gleitender 24-Monatsdurchschnitt der jährlichen Veränderungsrate. – [b] Gleitender 24-Monatsdurchschnitt der jährlichen Veränderungsrate der Verbraucherpreise.

Quelle: Deutsche Bundesbank; Eurostat; eigene Berechnungen.

dar, wobei der Zins annahmegemäß für den Geldmarkt irrelevant ist. Schreibt man die Cambridge-Gleichung um, so ergibt sich der Zusammenhang zwischen Preisniveau p und der Geldmenge M

$$p = \frac{1}{kY} M = \frac{V}{Y} M$$

Aus der Gleichung folgt, dass eine Zunahme der Geldmenge bei konstantem Kassenhaltungskoeffizienten eine proportionale Zunahme des Preisniveaus mit sich bringt, wenn das Bruttoinlandsprodukt konstant ist. Steigt die Geldmenge also beispielsweise um 3 vH und ist das reale Bruttoinlandsprodukt konstant, so beträgt die Inflationsrate gemäß der Cambridge-Gleichung ebenfalls 3 vH. Nimmt das Bruttoinlandsprodukt in einer wachsenden Wirtschaft zu, so kann die Geldmenge im gleichen Ausmaß steigen, ohne dass sich das Preisniveau verändert. Dies ist die Grundlage einer potentialorientierten Geldmengenpolitik, nach der die Notenbank die Geldmenge im Ausmaß des Potentialwachstums steigen lassen kann.

Inflation ist durch einen gesamtwirtschaftlichen Nachfrageüberhang gekennzeichnet. Dieser Nachfrageüberhang kann durch die Vermehrung der Geldmenge ausgelöst werden. Er kann sich aber auch bei konstanter Geldmenge ergeben. Unterstellen wir einmal, dass die Wirtschaftssubjekte in einer bestimmten Situation das Vertrauen in die Währung verloren haben; sie werden dann ihre Kassenhaltung abbauen (k sinkt). Die Verringerung der Kassenhaltung bedeutet, dass eine gegebene Geldmenge schneller umläuft. Ein Nachfrageüberhang und damit ein Anstieg des Preisniveaus kann sich also auch dadurch ergeben, dass die Kassenhaltung verringert wird und die Umlaufgeschwindigkeit des Geldes steigt.

Wir können mit der Quantitätstheorie festhalten: Inflation setzt einen Nachfrageüberhang voraus. Ein Nachfrageüberhang geht bei der Quantitätsgleichung immer mit der Änderung der Geldseite einher. Entweder nimmt die Geldmenge zu oder die Umlaufgeschwindigkeit steigt oder beide Größen ändern sich gleichzeitig.

Die Klassiker gingen davon aus, dass die Existenz des Geldes keine Auswirkungen auf die realen wirtschaftlichen Prozesse ausübt. Ihre Vorstellung war, dass Geld wie ein »Schleier« über der Volkswirtschaft liege. Würde man diesen Schleier entfernen, so blieben die realen Preise unverändert. Diese Vorstellung eines Geldschleiers erscheint jedoch - zumindest für die kurze Frist – fragwürdig. Wir haben bereits gesehen, dass in der kurzen Frist eine Zunahme der Geldmenge den Zins sinken lässt und dass mit sinkendem Zins die Investitionen zunehmen, so dass eine Geldmengenveränderung durchaus reale Auswirkungen haben kann.

20.4 Arten der Inflation

Wenn Inflation durch einen Nachfrageüberhang entsteht, so müssen die Erklärungsversuche der Inflation darauf abstellen, wie ein solcher Nachfrageüberhang zustande kommen kann. Entsprechend den Ursachen, die für das Entstehen des Nachfrageüberhangs verantwortlich sind, unterscheiden wir in einer geschlossenen Volkswirtschaft die Nachfragesoginflation und die Kostendruckinflation. In einer offenen Volkswirtschaft wird zusätzlich die importierte Inflation relevant. Eine andere Form der Inflation ist die zurückgestaute Inflation. In diesem Fall kommt der Preisanstieg zunächst nicht offen zum Zug, weil die Regierung die Preise und die Löhne einfriert (Deutschland ab 1936). Es bildet sich ein schwarzer Markt. Wird der Preisstopp aufgehoben, tritt die Inflation offen zutage (Bundesrepublik 1948).

1. Die Nachfragesoginflation

Die reine Nachfragesoginflation lässt die Preise aufgrund einer autonomen, vom Kostendruck unabhängigen Nachfrageerhöhung ansteigen. Die Nachfragesoginflation »zieht« bei konstant unterstellten Kapazitäten die Gesamtnachfrage »in die Höhe«. Die Gesamtnachfragekurve verschiebt sich in Schaubild 20.4 von N_1 auf N_2. Das

Preisniveau muss langfristig von p_0 auf p′ steigen. Die langfristige Angebotskurve ist wieder vertikal gezeichnet, um zum Ausdruck zu bringen, dass eine Steigerung der Produktion nicht möglich ist.

Schaubild 20.4: Nachfragesoginflation

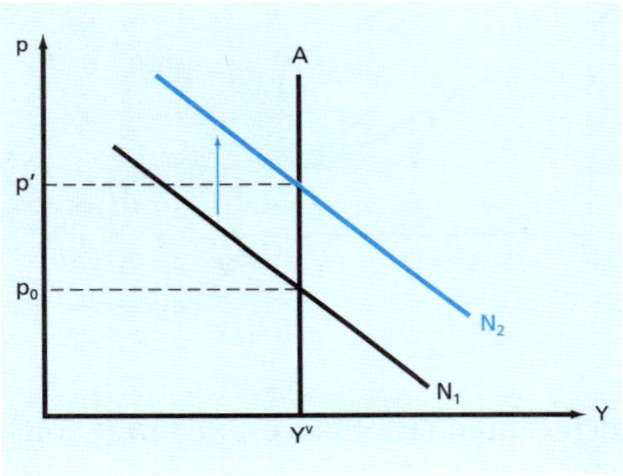

Da sich die Gesamtnachfrage aus dem Konsum, den Investitionen, den Staatsausgaben und der Nachfrage des Auslandes zusammensetzt, kann die Vermehrung der Gesamtnachfrage auf eine Zunahme dieser einzelnen Bestandteile der Nachfrage zurückzuführen sein. Bei zunehmender Staatsnachfrage spricht man von Fiskal-Inflation, bei zunehmenden Exporten (Exportüberschüsse bei stabilen Wechselkursen) von importierter Inflation. Eine Ursache für die Zunahme der Nachfrage kann auch die bereits besprochene Vermehrung der Geldmenge sein, die zu einer Zunahme der Liquidität bei den Nichtbanken führt und damit die Komponenten der Gesamtnachfrage steigen lässt. Oft haben Staaten gerade für die Kriegsfinanzierung die Notenpresse bedient und so über die Geldmengenvermehrung ihre Ausgaben finanziert. Das war, wie bereits erwähnt, einer der Gründe, die Deutsche Bundesbank als unabhängige Institution zu organisieren.

2. Die Kostendruckinflation

Die Kosteninflation bezieht sich auf die Angebotsseite. Die Preise werden in diesem Fall von der Kostenseite, etwa durch Lohnschübe, in die Höhe gedrückt. Man spricht deshalb auch von Kostendruckinflation (Schaubild 20.5). Mit diesem Begriff will man die Tatsache kennzeichnen, dass Kostenerhöhungen, besonders Lohnsteigerungen und Preissteigerungen bei den Rohstoffen (Energie), zu den Preiserhöhungen beigetragen haben.

Zur Verdeutlichung der Kostendruckinflation nehmen wir z. B. an, dass Gewerkschaften in der Gesamtwirtschaft höhere Löhne durchsetzen. Durch die höheren Löhne steigen die Kosten allgemein. Damit die Unternehmen bereit sind, die gleiche Menge anzubieten, muss das Preisniveau ebenfalls ansteigen.

Die Nachfragekurve schneidet die gesamtwirtschaftliche Angebotskurve dann bei einem höheren Preisniveau und einer Unterauslastung der Kapazitäten. Es kommt aufgrund des Kostendrucks zunächst zu einem Rückgang der Beschäftigung (Punkt B). Die Beschäftigung kann erhalten werden, wenn z. B. die Zentralbank reagiert und durch eine Vermehrung der Geldmenge genügend Gesamtnachfrage erzeugt. Auch könnte der Staat durch höhere Staatsausgaben die Nachfrage ankurbeln.

Die Nachfragekurve würde sich dann nach rechts verschieben. Es stellt sich ein neues langfristiges Gleichgewicht in C ein bei gestiegenem Preisniveau. Wenn die Politik nicht reagiert, dann sind die höheren Preise nicht durchsetzbar, und das Preisniveau muss allgemein wieder sinken, bis das Ausgangsniveau in A erreicht wird.

Schaubild 20.5: Kostendruckinflation

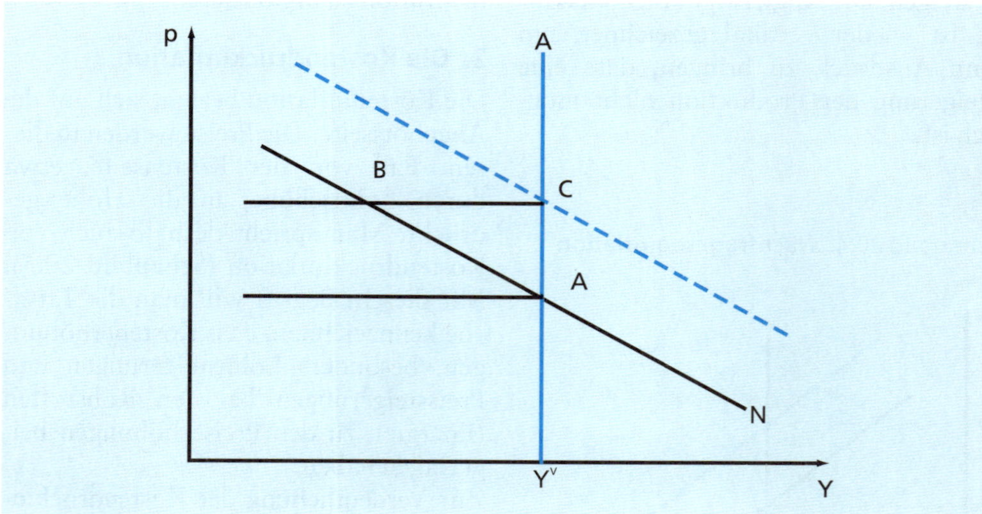

Wir sehen, dass eine Unterscheidung zwischen Nachfrage- und Kosteninflation problematisch ist, denn der Kostendruck wird nur dann wirksam, wenn er einen (von der Geld- oder Fiskalpolitik verursachten) Nachfragesog auslöst. Das Problem besteht darin, festzustellen, ob der Nachfragesog eine Folge des Kostendrucks ist oder die Nachfrageexpansion einen Kostendruck nach sich zieht.

Bei einer Inflation, die auf eine Steigerung der ausländischen Preise zurückgeht, sprechen wir auch von einer importierten Inflation.

3. Die importierte Inflation

In einer offenen Volkswirtschaft kann bei konstantem Wechselkurs die Inflation aus dem Ausland importiert werden, wenn im Ausland ein höherer Anstieg des Preisniveaus gegeben ist als im Inland. Man unterscheidet drei Mechanismen, durch die eine Inflation aus dem Ausland übertragen werden kann: den internationalen Preiszusammenhang, den Liquiditätseffekt und den Einkommenseffekt.

1. Internationaler Preiszusammenhang: Exportpreiseffekt. Die Inflation im Ausland kann als eine Rechtsverschiebung der Nachfragekurve des Auslandes interpretiert werden. Die Inflation wird über den Exportmarkt importiert:

- Die Preise der Exportgüter steigen, da diese wegen der Auslandsinflation konkurrenzfähiger werden und die Nachfrage nach diesen Exportgütern steigt. Für das Inland kann der Inflationsimport über den Exportmarkt als eine Nachfragesoginflation gekennzeichnet werden.
- Die inländischen Nachfrager weichen wegen steigender Preise des Exportgutes auf Substitute des Exportgutes aus. Folglich müssen auch die Preise von Substitutionsgütern steigen.
- Die Erweiterung der Exportproduktion ist nur möglich, wenn zusätzliche Produktionsfaktoren in den Exportbereich gelockt werden. Folglich

müssen die Faktorpreise im Exportsektor nominal steigen. Dieser Faktorpreiseffekt pflanzt sich auf die anderen Sektoren der Volkswirtschaft fort, für die das Faktorangebot verknappt wird.

2. Internationaler Preiszusammenhang: Importpreiseffekt. Die Inflation wird auch über den Importmarkt importiert. Während der Inflationsimport über den Exportmarkt für das Inland als eine Nachfragesoginflation interpretiert werden kann, ist der Importpreiseffekt ein Beispiel für eine Kostendruckinflation.
Handelt es sich bei den Importen um Konsumgüter, so steigt infolge der zunehmenden Preise der Importgüter direkt das Preisniveau.
Handelt es sich dagegen bei den Importen um Rohstoffe oder Zwischenprodukte, so steigen die Produktionskosten, und die Preissteigerung wird in der vertikalen Kette der Produktion weitergegeben. Die Preissteigerung pflanzt sich über die Inputkosten auf die anderen Sektoren fort.
Die Stärke des Importpreiseffekts hängt u. a. von der Preiselastizität der Importnachfrage des Inlandes ab. Bei einer elastischen Importnachfrage, d. h. einer Elastizität absolut größer 1, kann das Inland seine Nachfrage nach Importen relativ stark reduzieren; die Preissteigerung ist ceteris paribus schwächer. Ist dagegen die Importnachfrage unelastisch, d. h., ist das Inland auf das Importgut stark angewiesen, so kann die Importmenge nicht merklich eingeschränkt werden. Der Importpreiseffekt ist dann größer.
Kann das Inland Importsubstitute herstellen, so mildert diese Tatsache zwar die Preissteigerung bei den Importgütern. Aber die Preise der Importsubstitute steigen.
Steigende Preise für Importsubstitute stellen Produktionsanreize in diesen Bereichen dar. Eine vermehrte Produktion dieser Güter ist aber nur möglich, wenn Produktionsfaktoren angelockt werden können. Dazu müssen die Faktorpreise steigen.

3. Liquiditätseffekt. Ein Exportüberschuss hat bei konstanten Wechselkursen Devisenzuflüsse zur Folge. Durch die Umtauschpflicht der Zentralbank wird – wenn Exporteure ihre Devisenerlöse gegen Euro eintauschen – die Geldmenge um den Betrag des Leistungsbilanzsaldos vermehrt. Dieser Primäreffekt kann durch die erweiterten Kreditschöpfungsmöglichkeiten der Banken verstärkt werden.

4. Einkommenseffekt. Unterstellt man eine vollbeschäftigte inländische Wirtschaft, so führt ein sich einstellender Exportüberschuss im Inland zur Inflation, wenn er nicht durch eine Zunahme der Ersparnisse und damit der Abnahme des Konsums kompensiert wird.

20.5 Deflation

Unter Deflation versteht man eine Situation, in der das Preisniveau einer Volkswirtschaft sinkt. Vielfach geht es dabei um einen sich selbst verstärkenden Prozess nach unten. Die Deflation ist damit das Gegenstück zur Inflation. Zu einer solchen Situation kann es beispielsweise durch die Erwartungen der Marktteilnehmer kommen, etwa dann, wenn sie damit rechnen, dass sich eine rückläufige wirtschaftliche Entwicklung fortsetzt. Dann führt die Erwartung sinkender Güterpreise zu einer Nachfragezurückhaltung. Es lohnt sich, den Kauf eines Konsumgutes oder auch eines Investitionsgutes zeitlich zu verschieben, da die Produkte billiger werden. Das Geld wird also mehr wert. Die Zurückhaltung in der Nachfrage führt dazu, dass die Produktionskapazität nicht ausgeschöpft wird, hat also unerwünschte gesamtwirtschaftliche Wirkungen. Häufig geht die Deflation mit einer Rezession oder einem länger anhaltenden Konjunktureinbruch, einer Depression, einher. Deshalb muss die Deflation vermieden werden. Ein Beispiel für eine solche Deflation war die Weltwirtschaftskrise. Auch die Erfahrung Japans in den 1990er-Jahren weist deflationäre Eigenschaften auf. Allerdings ist eine Abwärtsspirale nicht zwangsläufig.

Wichtige Begriffe in Kapitel 20

Preisniveaustabilität
Währungsreform
Schleichende Inflation
Trabende Inflation
Hyperinflation
Geldmenge und gesamtwirtschaftliche Nachfrage
Geldmenge und Preisniveau
Quantitätstheorie
Kassenhaltungskoeffizient
Umlaufgeschwindigkeit
Inflationsarten
- Nachfragesoginflation
- Kostendruckinflation
- importierte Inflation
Internationaler Preiszusammenhang
Deflation

21 Gesamtwirtschaftliche Nachfrage und Beschäftigung: Der Arbeitsmarkt

If the Treasury were to fill old bottles with banknotes,
bury them at suitable depths in disused coalmines
which are then filled up to the surface with town rubbish,
and leave it to private enterprise on well-tried principles of laissez-faire
to dig the notes up again ...
there need be no more unemployment and,
with the help of the repercussions,
the real income of the community, and its capital wealth also,
would probably become a good deal greater than it actually is.
John Maynard Keynes

In der bisherigen Argumentation ist das gesamtwirtschaftliche Produktionsergebnis mit der Beschäftigung gleichgestellt worden. Wenn das Bruttoinlandsprodukt steigt, nimmt auch die Beschäftigung zu. Gesamtwirtschaftliche Produktion und Beschäftigung wurden also als Synonyme behandelt. Dabei wurden lediglich der Gütermarkt und der Geldmarkt betrachtet. Der Arbeitsmarkt war explizit nicht berücksichtigt.

21.1 Ungleichgewicht am Arbeitsmarkt

In Deutschland lag im Jahr 2006 die Arbeitslosenquote bei 11,6 vH. 4,8 Millionen Menschen waren ohne Arbeit; weitere 1,1 Millionen wurden zusätzlich durch arbeitsmarktpolitische Maßnahmen des Staates in der einen oder anderen Form aufgefangen. 13,7 vH der Erwerbstätigen waren offen oder verdeckt arbeitslos. Die Arbeitslosigkeit ist im Verlaufe der Zeit beachtlich angestiegen, in Westdeutschland von 150 000 Personen im Jahre 1970 auf eben 4,8 Millionen in 2006. In jeder der drei Rezessionen in den 1970er-, 1980er- und 1990er-Jahren hat sich die Arbeitslosigkeit um etwa 1 Million nach oben verschoben, so dass auch die Arbeitslosenquote schubweise anstieg (Schaubild 21.1). Mit der deutschen Vereinigung trat die Arbeitslosigkeit in Ostdeutschland hinzu.

Der Anteil der Langzeitarbeitslosen an den Arbeitslosen ist von unter 10 vH im Jahre 1970 auf über 30 vH angestiegen. Es scheint ein Sperrklinken-Effekt zu bestehen, so dass der Sockel der Arbeitslosigkeit sich im Verlauf der Zeit nach oben schiebt. Diese Tendenz ist z. T. auch in anderen europäischen Ländern zu beobachten, nicht jedoch in den USA. Wir haben uns bisher an zwei Stellen mit der Frage der Arbeitslosigkeit und der Beschäftigung auseinandergesetzt. Dabei ging es in den Kapiteln 18–20 um die gesamtwirtschaftliche Nachfrage nach Gütern und den möglichen Einfluss auf die Beschäftigungssituation, und es ging zum anderen um die Erklärung eines Ungleichgewichts am Arbeitsmarkt in Kapitel 10. Beide Bausteine sind nun zusammenzuführen. Dafür ist in Schaubild 21.2 das Resultat aus Kapitel 10

Schaubild 21.1: Entwicklung der Arbeitslosigkeit in Deutschland

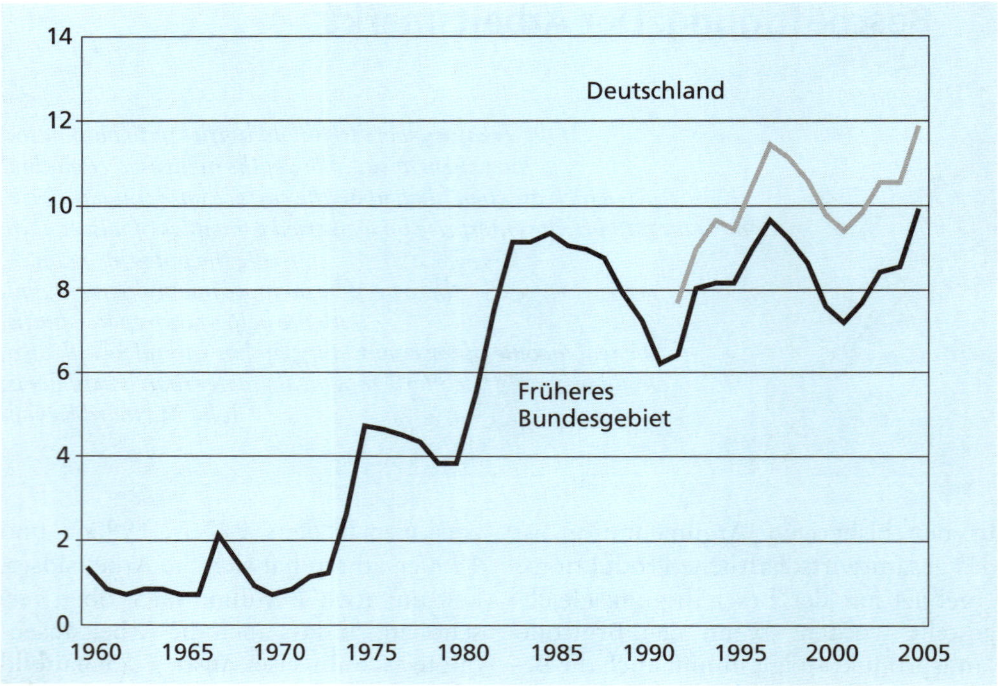

Quelle: H. Siebert, Der Kobra-Effekt. Wie man Irrwege der Wirtschaftspolitik vermeidet, Stuttgart, S. 105; aktualisiert.

noch einmal festgehalten. Ob am Arbeitsmarkt ein Ungleichgewicht herrscht, hängt davon ab, ob die Nachfrage nach Arbeit und das Angebot an Arbeit zusammenpassen (Schaubild 21.2). Bei einem Reallohn OT ist dies der Fall, bei einem Reallohn OT′ klaffen Nachfrage nach Arbeit und Angebot an Arbeit auseinander, es besteht ein Angebotsüberhang (in Höhe von AB), also Arbeitslosigkeit.

Schaubild 21.2: Ungleichgewicht am Arbeitsmarkt

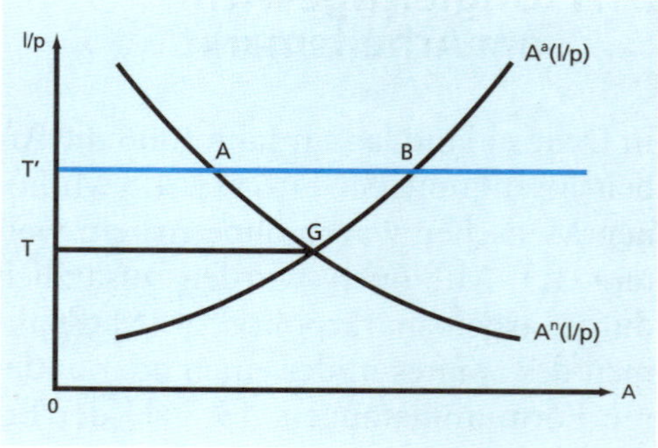

21.2 Der Zusammenhang zwischen Güter- und Arbeitsmarkt

Beim Zusammenhang zwischen Güter- und Arbeitsmarkt werden folgende Aspekte berücksichtigt:

1. Gesamtwirtschaftliche Produktionsfunktion. Um das Zusammenwirken von Güter- und Arbeitsmarkt beschreiben zu können, muss zunächst die Angebotsseite der Volkswirtschaft erklärt werden.
Ist der Kapitalstock gegeben und ist Arbeit ein variabler Faktor, kann man die Angebotsseite durch eine makroökonomische Produktionsfunktion erfassen (Schaubild 21.3). Diese gesamtwirtschaftliche Produktionsfunktion habe abnehmende Grenzerträge. Mit zunehmendem Arbeitseinsatz steige das Produktionsergebnis, aber die Ertragszuwächse (= Grenzerträge) sinken (Schaubild 21.3). Y^a kennzeichnet das mit Arbeit produzierte und damit von der Angebotsseite bestimmte Sozialprodukt.
Diese gesamtwirtschaftliche Produktionsfunktion verknüpft nun den Güter- und Arbeitsmarkt. Dieser Zusammenhang ist in Schaubild 21.4 dargestellt.

Schaubild 21.3: Gesamtwirtschaftliche Produktionsfunktion

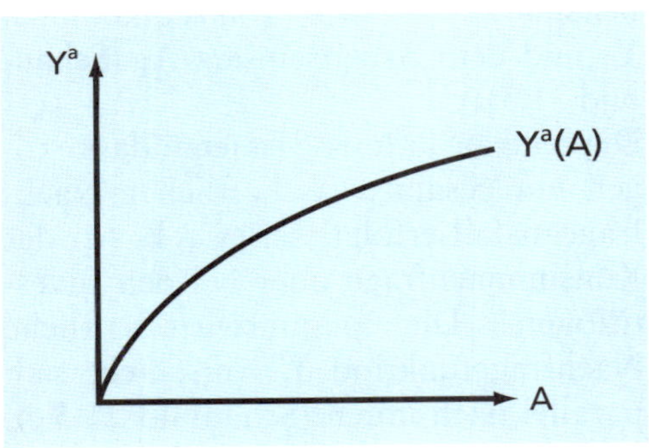

2. Arbeitsmarkt. In Schaubild 21.4a ist der Arbeitsmarkt abgebildet. Wie in Teil I abgeleitet, verändert sich die Nachfrage nach Arbeit mit dem Reallohn. Mit sinkendem Reallohn (l/p) nimmt die Nachfrage nach Arbeit zu. Die in der Preistheorie abgeleiteten Nachfragegesetzmäßigkeiten werden hier also nicht für einzelne Märkte, sondern für die gesamtwirtschaftliche Nachfrage nach Arbeit betrachtet.

3. Gleichgewicht. Durch die gleichgewichtige Arbeitsmenge A_1, bei der Angebot gleich Nachfrage ist, wird das gesamtwirtschaftliche Produktionsergebnis Y_1^a bestimmt. Liegt eine Nachfrage $Y^n = C + I^a$ – wie in Schaubild 21.4c gezeichnet – vor, so ist Y_1 das gleichgewichtige Volkseinkommen, bei dem auch Vollbeschäftigung herrscht.

4. Klassische Arbeitslosigkeit. Geht man von einem Gleichgewicht auf dem Arbeits- und Gütermarkt mit dem Arbeitseinsatz A_1, dem Lohnsatz OR und dem Volkseinkommen Y_1 aus, und erhöht man nun - z. B. durch Verhandlungen der Tarifpartner – den Lohn auf OS, so fragen die Unternehmen weniger Arbeit nach. Mit dem verringerten Arbeitseinsatz A_2 wird ein geringeres Produktionsergebnis Y_2 erstellt (siehe Schaubild 21.4b). Es liegt zum Lohn OS ein Überschussangebot auf dem Arbeitsmarkt vor, d. h., es herrscht Arbeitslosigkeit. Bei gegebenem gesamtwirtschaftlichem Nachfrageverhalten übersteigt die Nachfrage auf dem Gütermarkt Y_1 das Angebot Y_2^a. Es liegt ein Nachfrageüberhang vor. Der Fall der klassischen Arbeitslosigkeit besteht also in einem Überschussangebot an Arbeit auf dem Arbeitsmarkt und in einem Nachfrageüberhang auf dem Gütermarkt.

Schaubild 21.4: Zusammenhang von Arbeits- und Gütermarkt

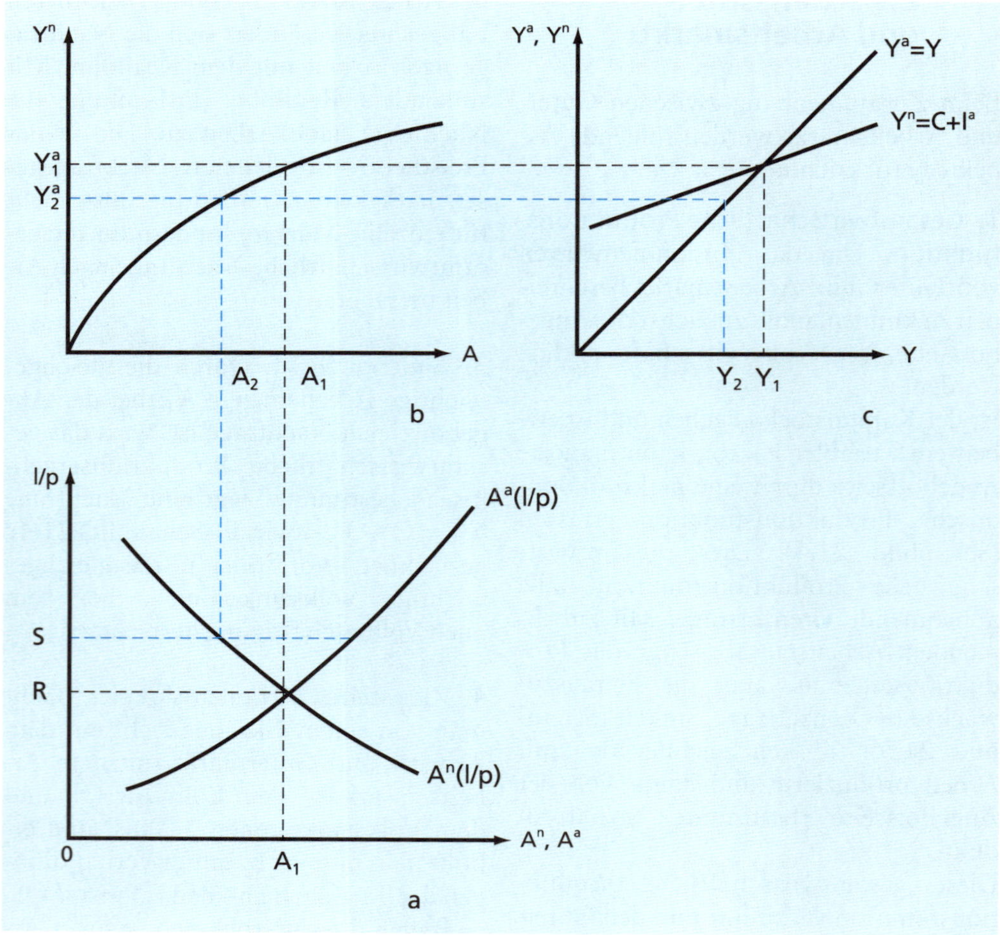

5. Bekämpfung der klassischen Arbeitslosigkeit. Die klassische Arbeitslosigkeit kann beseitigt werden, indem der Lohnsatz sinkt oder der Güterpreis steigt. Beide Entwicklungen lassen den Reallohn sinken; damit steigt die Nachfrage nach Arbeit. Gleichzeitig wird die Überschussnachfrage auf dem Gütermarkt abgebaut.

6. Keynes'sche Arbeitslosigkeit. Durch eine kleine Variation des Schaubilds 21.4 lässt sich die Keynes'sche Arbeitslosigkeit darstellen. Ausgangspunkt der Überlegung ist wieder ein Gleichgewicht auf dem Güter- und Arbeitsmarkt mit dem Volkseinkommen Y_1 und dem Arbeitseinsatz A_1 (Schaubild 21.5).

Die zentrale Prämisse ist jetzt, dass exogen ein gesamtwirtschaftlicher Nachfrageausfall erfolgt, sei es z. B. bei der Konsumnachfrage oder bei den Investitionen. Die gesamtwirtschaftliche Nachfragefunktion Y^n verschiebt sich parallel nach unten (Schaubild 21.5 c).

Schaubild 21.5: Keynes'sche Arbeitslosigkeit

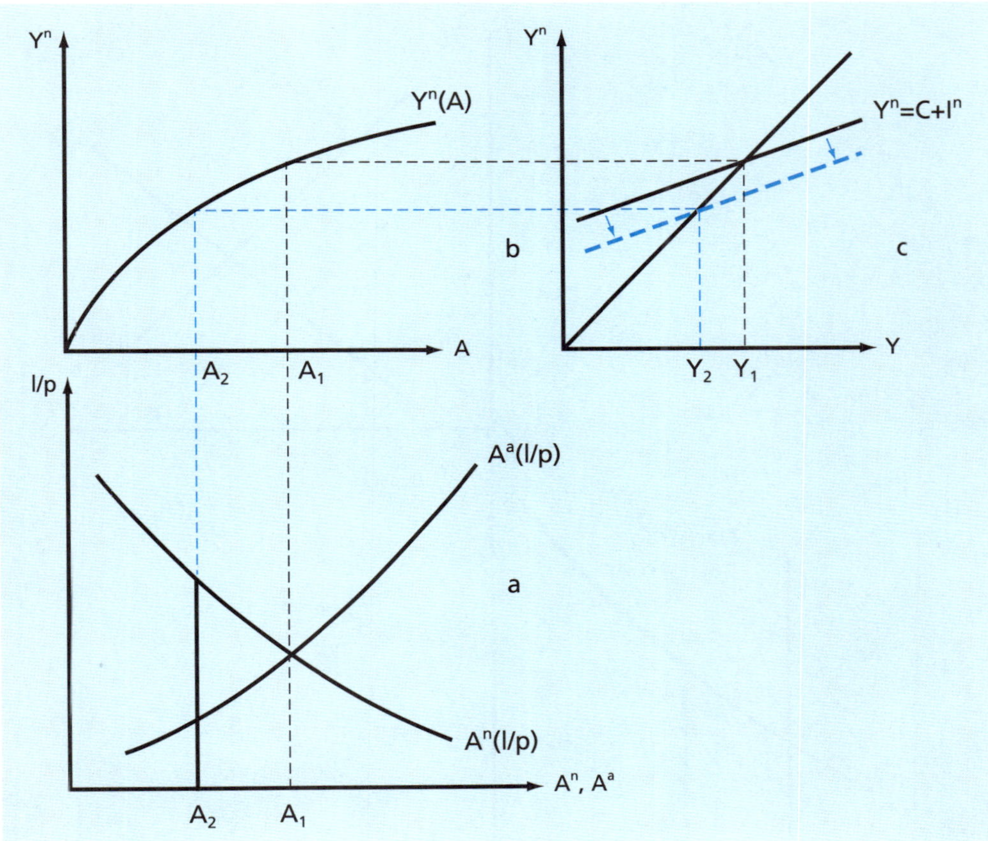

Sind die Preise nach unten starr, so erfolgt die Anpassung über die Mengen. Die Produzenten drosseln ihre Produktion. Sie bieten jetzt die Menge Y_2 an. Dieses gesamtwirtschaftliche Angebot erfordert aber einen geringeren Arbeitseinsatz A_2, so dass die Nachfrage nach Arbeit bei dem Arbeitseinsatz A_2 abknickt. Die Nachfrage nach Arbeit wird nicht allein durch den Lohnsatz l und den Preis p bestimmt; die effektive Gesamtnachfrage erweist sich als eine Schranke für die Höhe der Nachfrage nach Arbeit und damit für die Höhe der Beschäftigung. Sowohl auf dem Gütermarkt als auch auf dem Arbeitsmarkt herrscht ein Angebotsüberhang. Unterbeschäftigung tritt auf, weil die Preise starr sind und weil die effektive Nachfrage zurückgeht.

7. **Bekämpfung Keynes'scher Arbeitslosigkeit.** Akzeptiert man die Erklärung der Keynes'schen Arbeitslosigkeit und geht man von starren Preisen auf dem Gütermarkt aus, so liegt die beschäftigungspolitische Strategie in der Stimulierung der gesamtwirtschaftlichen Nachfrage, etwa durch fiskalpolitische Maßnahmen (Staatsausgaben).

Schaubild 21.6: Gesamtwirtschaftliches Gleichgewicht bei Nachfragebeschränkung

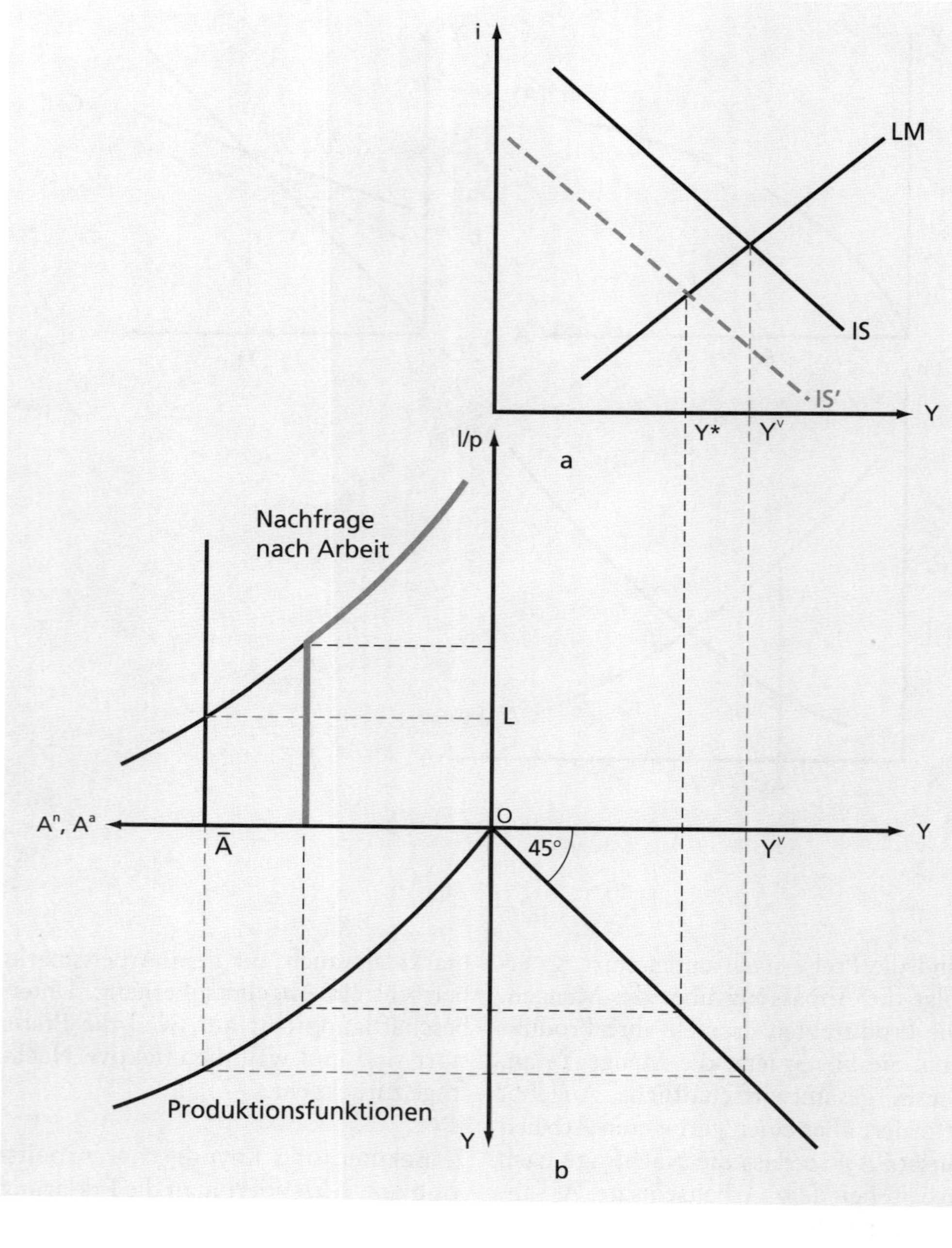

21.3 Der Zusammenhang zwischen Güter-, Geld- und Arbeitsmarkt

In Schaubild 18.11 ist ein güter- und geldwirtschaftliches Gleichgewicht im System von Keynes dargestellt. In diesem Schaubild ist nun noch der Arbeitsmarkt einzubeziehen. Zu diesem Zweck greifen wir auf Schaubild 21.6 zurück. Zur Vereinfachung unterstellen wir ein konstantes Arbeitsangebot $\overline{A}$, das unabhängig vom Reallohn ist.

In Schaubild 21.6a ist das bereits erörterte güter- und geldwirtschaftliche Gleichgewicht verdeutlicht. Bei einem durch die IS-Kurve dargestellten güterwirtschaftlichen Gleichgewicht wird das Vollbeschäftigungseinkommen Y_v erreicht. Die Nachfrage nach Arbeit (im Nordwest-Quadranten von Schaubild 21.6b) ist bei einem Reallohn $\underline{OL}$ hinreichend, um alle Arbeitskräfte $\overline{A}$ nachzufragen. Aufgrund der gesamtwirtschaftlichen Produktionsfunktion (Südwest-Quadrant in Schaubild 21.6b) wird ein Volkseinkommen in Höhe von Y_v produziert.

Wenn jedoch eine geringere Nachfrage auf dem Gütermarkt vorliegt (Kurve IS′ anstatt IS), so bricht die effektive Nachfrage nach Arbeit ab einem bestimmten Niveau ab; es wird nicht das gesamte Arbeitsangebot nachgefragt. Damit wird auch ein geringeres gesamtwirtschaftliches Produktionsergebnis erzielt.

21.4 Eine einfache Philosophie: Beschäftigungssteigerung durch Stimulierung der Nachfrage

Übersichtsartig ist in Schaubild 21.7 das Modell von Keynes mit den wichtigsten Zusammenhängen und den drei (durch Kreise gekennzeichneten) Märkten Geld-, Güter- und Arbeitsmarkt nochmals dargestellt. Um die Zusammenhänge des Modells zu verstehen, wird dem Leser empfohlen, dieses Schaubild sowohl von »unten nach oben« als auch von »oben nach unten« zu interpretieren.

Zwangsläufig vereinfacht Schaubild 21.7 stark, da im Modell (und in der wirtschaftlichen Wirklichkeit) alle drei Märkte zusammenhängen und alle Größen gleichzeitig bestimmt werden.

Geht man von starren Preisen aus, so kann man mit Hilfe von Schaubild 21.7 analysieren, durch welche wirtschaftspolitischen Maßnahmen eine Volkswirtschaft näher an die Vollbeschäftigung herangeführt werden kann. Die Maßnahmen sind so zu wählen, dass sich entweder die LM-Kurve oder die IS-Kurve nach rechts verschiebt.

Die LM-Kurve verschiebt sich nach rechts, wenn die Notenbank die Geldmenge vermehrt oder wenn aufgrund von geänderten Erwartungen die Geldnachfrage abnimmt. Die IS-Kurve verschiebt sich nach rechts, wenn aufgrund geänderter Erwartungen bei gegebenem Zins mehr investiert wird, wenn der Staat zusätzliche Ausgaben tätigt, wenn z. B. infolge technischen Fortschritts der interne Zins zunimmt oder wenn die Ersparnisse sinken.

Schaubild 21.7: **Geld-, Güter- und Arbeitsmarkt im Keynes'schen System**

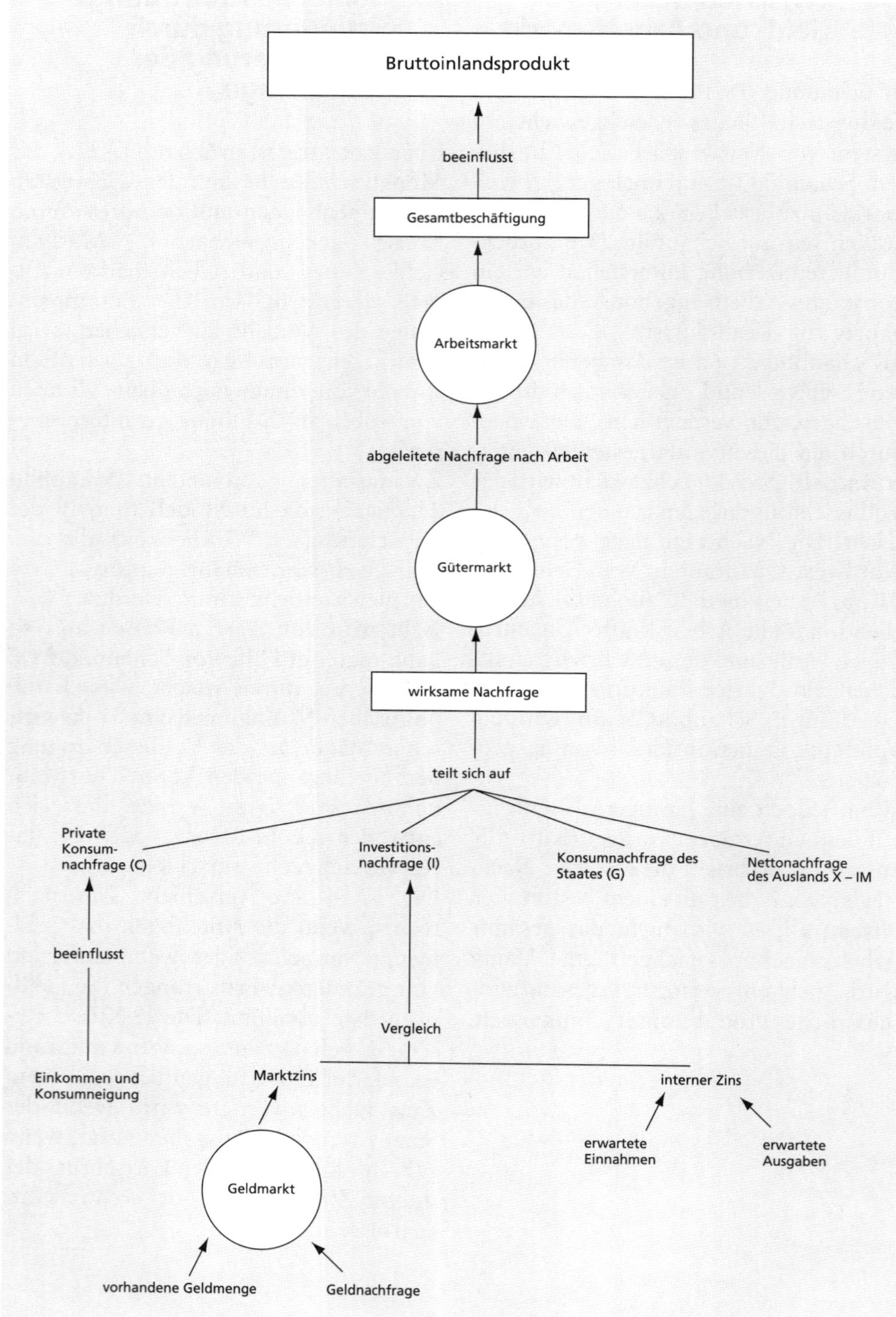

21.5 Das formale Modell

Formal kann das Keynes'sche System durch die folgenden Gleichungen dargestellt werden:

1. Ein Gütermarktgleichgewicht ist gegeben, wenn die geplanten Ersparnisse und die geplanten Investitionen übereinstimmen.

$$S(Y) = I(i)$$

2. Ein Geldmarktgleichgewicht liegt vor, wenn die Geldmenge M und Geldnachfrage pL(Y, i) im Gleichgewicht sind.

$$M = pL(Y, i)$$

3. Im Arbeitsmarktgleichgewicht stimmen Arbeitsnachfrage und Arbeitsangebot überein. Zur Vereinfachung kann das Arbeitsangebot A^a als konstant unterstellt werden. Der allgemeine Fall ist, dass das Arbeitsangebot vom Reallohn abhängt.

$$A^n + A^u = A^a (l/p)$$

Bei klassischer Arbeitslosigkeit ist die Nachfrage nach Arbeit eine Funktion des Reallohns, $A^n = A^n(w/p)$. Bei Keynes'scher Arbeitslosigkeit wird die Nachfrage nach Arbeit durch die Nachfrage auf dem Gütermarkt rationiert, $A^n = A^n(Y)$. Die Arbeitslosigkeit A^u ergibt sich als Differenz von Arbeitsangebot und Arbeitsnachfrage.

4. Schließlich bestimmt die Nachfrage nach Arbeit über eine Produktionsfunktion

$$Y = F(A^n)$$

das Volkseinkommen.

In diesem Gleichungssystem mit vier Gleichungen werden die Geldmenge M und die autonomen staatlichen Investitionen als exogene Größen interpretiert. Auch das Preisniveau p ist konstant. Ferner wird der Nominallohn l als gegeben betrachtet. Zu bestimmen sind dann der Zins i, das Volkseinkommen Y, die Beschäftigung A^n und die Arbeitslosigkeit A^u.

Wichtige Begriffe in Kapitel 21

Arbeitslosigkeit
Arbeits- und Gütermarkt
Klassische Arbeitslosigkeit
Keynes'sche Arbeitslosigkeit
Güter-, Geld- und Arbeitsmarkt
Gesamtwirtschaftliches Gleichgewicht bei Nachfragebeschränkung
Nachfrageorientierte Fiskalpolitik
Keynes'sches Modell

22 Die Alternative zur Nachfrageorientierung: Die Angebotstheorie

Supply creates its own demand.
Jean Baptiste Say

In der bisherigen Darstellung herrschte die Überlegung vor, dass die Arbeitslosigkeit vorwiegend von der Nachfrageseite her erklärt werden kann. Entsprechend lautet dann die wirtschaftspolitische Schlussfolgerung, dass an der Nachfrageseite anzusetzen ist, um Arbeitslosigkeit zu verringern und die Beschäftigungssituation zu verbessern. Dieser Ansatz ist aus einer Reihe von Gründen auf Kritik gestoßen. Diese Kritik resultiert vor allem aus der großen Simplizität einer reinen Nachfrageorientierung, bei der wichtige gesamtwirtschaftliche Interdependenzen nicht berücksichtigt werden. Werden diese Interdependenzen beachtet, so lassen sich die Empfehlungen einer rein nachfrageseitig angelegten Makroökonomie nicht halten.

Folgende Aspekte sind hierbei zu berücksichtigen.

Erstens: Es gibt keinen einfachen Zusammenhang zwischen gesamtwirtschaftlicher Produktion und Beschäftigung. Es kommt vielmehr auf die Beschäftigungsintensität der Produktion an, die von zahlreichen Faktoren, etwa den Lohnstrukturen, beeinflusst wird.

Zweitens: Die Fiskalpolitik als Stimulanz der gesamtwirtschaftlichen Nachfrageseite ist mit beachtlichen Folgewirkungen verbunden. Werden diese Folgewirkungen beachtet, so verringert sich der Gestaltungsspielraum erheblich.

Drittens: Wenn die Geldpolitik in den Dienst der Beschäftigungspolitik gestellt wird, würde das Ziel der Preisniveaustabilität verletzt. Außerdem würde dies von den Marktteilnehmern antizipiert. Letzten Endes müsste, um die Inflation wieder zurückzudrehen, die Geldpolitik restriktiv gefahren werden, was in eine Rezession münden kann (Stabilisierungsrezession).

Schließlich ist der gesamte Ansatz der Nachfrageseite kurzfristig orientiert und berücksichtigt zum einen nicht die langfristig in der Angebotsseite angelegten Fragen des wirtschaftlichen Wachstums, etwa der Verbesserung des Humankapitals oder der Stärkung des technischen Wissens durch Innovationen, was mittel- und langfristig die Arbeitsproduktivität erhöhen und damit die Nachfrage nach Arbeitskräften stärken kann. Zum anderen wird durch die bestenfalls kurzfristig gerechtfertigte Annahme rigider Güterpreise der Preismechanismus völlig aus der Betrachtung ausgeklammert.

22.1 Mengenrationierung auf den Gütermärkten – ein sinnvolles Konzept?

Wie wir in Kapitel 21 gesehen haben, betont die Keynes'sche Theorie die von den Unternehmen erwartete gesamtwirtschaftliche Güternachfrage Y^n als Bestimmungsfaktor der Nachfrage nach Arbeit. Die Nachfrage nach Arbeit ist aus der Güternachfrage abgeleitet. Ein Rückgang der Nachfrage nach Arbeit hat also bei gegebenen Preisen seine Ursache im Rückgang der Nachfrage nach Gütern.

Erwarten die Unternehmen einen Rückgang der gesamtwirtschaftlichen Güternachfrage, so werden sie bei gegebenen Preisen für Güter und Faktoren weniger Arbeit nachfragen. Die Nachfragekurve nach Arbeit A^n (l/p, Y) knickt – etwa bei Punkt B – nach unten ab (Schaubild 22.1). Bei allen Reallöhnen innerhalb des Intervalls BC – so die These - kann die Arbeitslosigkeit nicht beseitigt werden. Erst wenn der Reallohn bis auf Punkt C zurückgehen würde, wäre die Arbeitslosigkeit verschwunden. Eine

Schaubild 22.1: Mengenrationierung auf den Gütermärkten und Arbeitsnachfrage

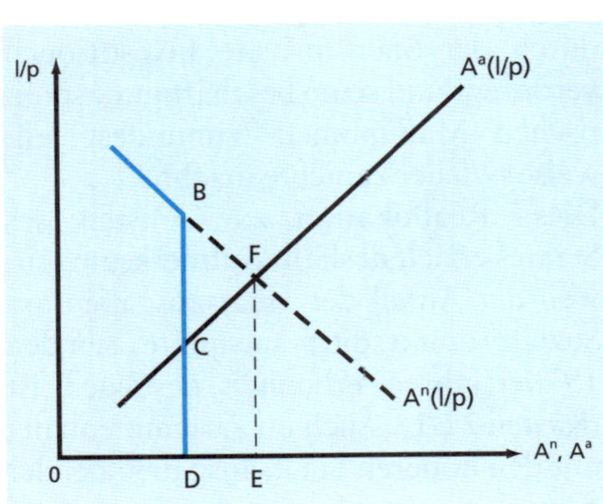

solche Reallohnsenkung wäre jedoch nicht die richtige wirtschaftspolitische Antwort auf die Situation der geringen Nachfrage. Wenn statt dessen eine expansive Politik die Güternachfrage beleben würde, dann kann der Schnittpunkt F erreicht werden mit einer höheren Beschäftigung OE und einem höheren Reallohn als in C.

Mit dem hier diskutierten Begriff der Keynes'schen Arbeitslosigkeit ist der Begriff der konjunkturellen Arbeitslosigkeit weitgehend deckungsgleich (vorausgesetzt, man erklärt konjunkturelle Bewegungen durch das Gedankengebäude von Keynes).

Man beachte, dass hier eine Rationierung auf dem Gütermarkt vorliegen muss und die Produzenten erwarten, buchstäblich auf ihren Gütern sitzen zu bleiben. Folglich passen sie sich mengenmäßig an und produzieren weniger. Die Rationierung auf dem Gütermarkt schlägt auf den Arbeitsmarkt durch. Entscheidend ist, dass die Produzenten sich nicht durch eine Senkung der Güterpreise anpassen können. Zentral ist also die unterstellte mangelnde Flexibilität der Preise.

Wie bereits in Kapitel 20 argumentiert, ist die Prämisse der Preisstarrheit jedoch zumindest für die mittlere und lange Frist fragwürdig.

Eine Erklärung für unzureichende Preisflexibilität können die bereits erwähnten Kosten der Preisanpassung sein. Unternehmen passen ihre Preise nicht fortlaufend an, da dann sie z. B. neue Kataloge und Preislisten drucken oder ihre Konsumenten anderweitig informieren müssten. Der Grad der Preisrigidität, der sich aus diesen Anpassungskosten ergibt, hängt dann auch von der Schärfe des Wettbewerbs zwischen den Unternehmen ab. Bei vollkommener Konkurrenz hat das einzelne

Unternehmen trotz Anpassungskosten einen sehr großen Anreiz seine Preise zu ändern, da es weiß, dass es nichts absetzen kann, wenn der Preis über dem Preis der Konkurrenten liegt. Bei einem monopolistischen Unternehmen sieht das anders aus: Das Monopol muss keinen Wettbewerber fürchten und kann seine Gewinneinbuße durch die fehlende Preisanpassung mit den Kosten der Anpassung vergleichen. Es wird seinen Absatzpreis erst dann ändern, wenn die Gewinneinbuße die Anpassungskosten übersteigt. Wettbewerb sorgt also dafür, dass die Güterpreise flexibler reagieren; monopolistische Positionen lassen sich dann nicht halten. Besonders in einer offenen Volkswirtschaft wie der Bundesrepublik bringt der Wettbewerb von außen flexible Preise mit sich. Auch eine Deregulierung kann rigide Preise (Tarife) wie bei der Telekommunikation, der Elektrizitätsversorgung oder im Verkehrswesen flexibler machen. Aber nicht nur die Absatzpreise geben nach, auch die Preise für Zwischenprodukte und Produktionsfaktoren können zurückgehen. Letztlich widerspricht auch die tatsächliche Preisentwicklung der These einer längerfristig anhaltenden Preisstarrheit. Viele Güter zeigen im Zeitablauf deutliche Preisbewegungen nach oben und unten. Umfragen zufolge passen Unternehmen ihre Preise im Turnus von einigen Monaten bis zu einem Jahr an.[1]

Hebt man die Annahme der Preisstarrheit auf, so passt sich die Volkswirtschaft an eine Reduzierung der gesamtwirtschaftlichen Nachfrage an, indem die Preise sinken. Dann aber hat die Mengenanpassung eine geringere Bedeutung. Bei flexiblen Preisen verliert der Ansatz einer Mengenrationierung an Legitimation. Man kann also erwarten, dass sich eine effektive Nachfrageschranke auf den Gütermärkten nicht lange hält, sondern dass Mechanismen einsetzen, die diese Nachfrageschranke aufheben. Im Übrigen muss eine nachfrageseitig orientierte Erklärung der Arbeitslosigkeit motivieren, wie es zu einer Schwächung der Nachfrage auf den Gütermärkten kommen kann. Wir kehren zu diesem Problem an anderen Stellen des Buches zurück (vgl. Kapitel 23).

22.2 Die Ohnmacht der Fiskalpolitik

Eine Stimulierung der gesamtwirtschaftlichen Nachfrage durch höhere Staatsausgaben hat erhebliche Konsequenzen, die in einem umfassenderen Ansatz zu berücksichtigen sind.

1. Der Verdrängungseffekt. Den Verdrängungseffekt (crowding out) bei einer Stimulierung der gesamtwirtschaftlichen Nachfrage durch Staatsausgaben haben wir bereits in Kapitel 18 kennen gelernt. Die höheren Staatsausgaben erhöhen den Zinssatz, wodurch der Staat private Investitionen verdrängt und seine beschäftigungspolitischen Maßnahmen (zumindest teilweise) wieder zunichte macht.

Diese Reallokation zu Gunsten des Staates erzielt deshalb Aufmerksamkeit, weil der Anteil der Staatsausgaben am Sozialprodukt, die Staatsquote , seit den 1970er-Jahren erheblich gestiegen ist (Kasten 22.1). Auch im Zusammenhang mit den höheren Staatsausgaben bei der deutschen Vereinigung ist die Staats-

[1] Vgl. A. Blinder, 1994, On Sticky Prices: Academic Theory Meets the Real World, in N.G. Mankiw (Hrsg.) Monetary Policy, Chicago.

Kasten 22.1 Staatsquote in Deutschland

Die Staatsquote gibt an, welchen Anteil die Staatsausgaben am Bruttoinlandsprodukt erreichen. Sie ist ein Maß dafür, wie viel des gesamtwirtschaftlichen Produktionsergebnisses eines Jahres der Staat für seine Zwecke beansprucht. Damit zeigt die Staatsquote auch an, welcher Raum für den privaten Sektor in einer Volkswirtschaft verbleibt.

Die Staatsquote erfasst Staatsausgaben im weitesten Sinne und nicht nur die Konsumausgaben des Staates. Zu den Staatsausgaben im Sinne der Staatsquote zählen auch die gesamten Sozialleistungen, wie die Ausgaben im Rahmen der Sozialversicherung und der Arbeitslosenversicherung.

Die Staatsquote in Westdeutschland lag in 1970 bei 39,1 vH und ist in der ersten Hälfte der 1970er-Jahre um 10 Prozentpunkte auf knapp 50 vH angestiegen (Schaubild). In den 1980er-Jahren ist es gelungen, die Staatsquote um etwa 6 Prozentpunkte zurückzuführen. In der Folge der deutschen Vereinigung ist die Staatsquote dann jedoch wieder auf zuletzt 46,9 vH angestiegen (2004). Mit der Staatsquote sind auch die Abgabenquote (d. h. Steuern und Sozialabgaben in vH des BIP) bzw. die Einnahmenquote (Staatseinnahmen in vH des BIP) angestiegen. Außerdem wurde ein Teil der Staatsausgaben durch höhere Staatsverschuldung finanziert.

Schaubild Kasten 22.1: Staatsquote in Deutschland[a]

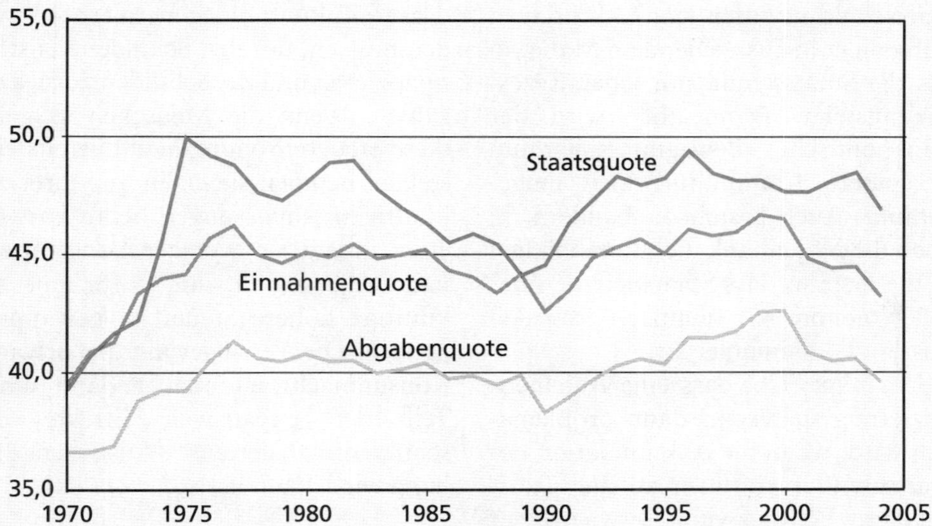

[a] Angaben in Relation zum Bruttoinlandsprodukt in jeweiligen Preisen; bis 1990: früheres Bundesgebiet, Strukturbrüche durch Änderung der volkswirtschaftlichen Gesamtrechnung.

Quelle: Sachverständigenrat, Jahresgutachten, verschiedene Jahrgänge; eigene Berechnungen.

quote angestiegen. Es ist also in Rechnung zu stellen, dass sich – bei einem bereits starken Anteil der Staatsausgaben am Sozialprodukt – staatliche Nachfrageankurbelungen durch den Verdrängungseffekt selbst behindern.

2. Die Opportunitätskosten der Staatsverschuldung. Die Grundidee der Keynes'schen Fiskalpolitik ist es, in Zeiten schwacher Nachfrage durch erhöhte Staatsausgaben gegenzusteuern, während in Zeiten der Hochkonjunktur die Staatsausgaben wieder gedrosselt werden. Dadurch soll ein intertemporaler Budgetausgleich über den gesamten Konjunkturzyklus hinweg erzielt werden, d. h., der Staat macht Defizite bei geringer Nachfrage und Überschüsse bei starker Nachfrage. In der Realität zeigt sich jedoch, dass der anvisierte Budgetausgleich über einen Konjunkturzyklus hinweg häufig nicht durchgehalten wird. Die Politiker reduzieren die Staatsschuld in guten Konjunkturlagen häufig nicht in ausreichendem Maße, so dass die Staatsschuld mit jeder Rezession ansteigt. Dann aber wird der finanzpolitische Bewegungsspielraum für spätere Konjunkturzyklen eingeschränkt. Auch besteht in Ländern, in denen die Notenbank nicht unabhängig ist, die Gefahr, dass Staatsdefizite über die Notenpresse finanziert werden (Russland, Lateinamerika).
Zudem zeigt sich, dass eine Anleihefinanzierung spätestens dann problematisch wird, wenn die Akkumulation der Staatsschuld irgendwann zu einer Revision dieser Politik zwingt – etwa in einer ungünstigen beschäftigungspolitischen Situation. Wird der Staat gezwungen, angesichts eines zu hohen Schuldenstandes seine Nachfrage zu reduzieren, so kann er seinerseits einen Rückgang der gesamtwirtschaftlichen Nachfrage verursachen und damit Arbeitslosigkeit auslösen. Wir können dann von einer politikverursachten Arbeitslosigkeit sprechen.

3. Rationale Erwartungen. Die Keynes'sche globale Nachfragesteuerung ist auch durch die Hypothese der rationalen Erwartungen unter Beschuss geraten. Nach der Theorie der rationalen Erwartungen bilden die Marktteilnehmer ihre Erwartungen über die künftige wirtschaftliche Entwicklung in einer mathematisch korrekten Weise aus allen ihnen zur Verfügung stehenden Informationen. Sie begehen keine systematischen Erwartungsfehler. Die Marktteilnehmer antizipieren also die Auswirkungen wirtschaftspolitischer Maßnahmen und richten ihr Verhalten entsprechend darauf ein. Für die Finanzpolitik bedeutet dies, dass die Bürger bei einer Ausgabenfinanzierung durch Budgetdefizite damit rechnen, dass in Zukunft die Steuern erhöht werden müssen, um den Schuldendienst zu finanzieren und die Schulden zurückzuzahlen. Wenn die Menschen sich auf diese Steuererhöhung heute bereits einstellen, nehmen sie einen Teil ihrer zukünftigen Anpassungen heute vorweg, etwa indem sie weniger konsumieren und mehr sparen, um so für eine zukünftige höhere Steuerlast gewappnet zu sein. Die Verringerung der privaten Konsumnachfrage macht dann einen Teil der expansiven Effekte der schuldenfinanzierten Ausgabenerhöhung wieder zunichte.

4. Steuern und Standortwettbewerb. Die Finanzpolitik muss zunehmend auch den Standortwettbewerb berücksichtigen: Kapital, technisches Wissen und hochqualifizierte Arbeitskräfte sind mobil. Sie können durch eine Standort-

verlagerung der nationalen Besteuerung ausweichen. Folglich hat eine expansive Finanzpolitik in dem Sinne einen geringeren Bewegungsspielraum, der Staat mobile Produktionsfaktoren durch Steuern nur so stark belasten kann, dass diese keinen Anreiz haben, das Land zu verlassen. Dies reduziert die Gestaltungsmöglichkeiten der Finanzpolitik allgemein und damit auch im Rahmen der Konjunktursteuerung.

22.3 Geldpolitik und Inflation

Im Keynes'schen makroökonomischen Modell mit einer nicht ausgeschöpften Produktionskapazität hat auch eine Geldmengenexpansion einen stimulierenden Effekt auf die Nachfrage. Wie die Fiskalpolitik so kann auch die Geldpolitik jedoch nur in der kurzen Frist expansiv wirken, solange sich die Preise noch nicht angepasst haben. Längerfristig wirkt sich die Geldmengenexpansion in einem Anstieg des Preisniveaus aus – eine übermäßige Geldmengenexpansion zur Stimulierung der Nachfrage führt also zur Inflation (Kapitel 19).

Vor allem die Theorie rationaler Erwartungen weist auf die Notwendigkeit hin, eine Geldpolitik zu verfolgen, die sich an der Preisniveaustabilität orientiert. Angenommen, die Notenbank erhöht die Geldmenge, um den Zinssatz zu senken und damit die Beschäftigung zu stimulieren, und angenommen, diese Geldmengenexpansion übersteige die Zunahme des Produktionspotentials. Nach der Theorie der rationalen Erwartungen antizipieren die Marktteilnehmer, dass dieses Geldmengenwachstum letztlich das Preisniveau erhöhen wird. Die Inflationserwartungen setzen die Marktteilnehmer in ihrem Kalkül ein. Sie lassen sich deshalb nicht von einem nominal gesunkenen Zinssatz beirren, sondern betrachten den Realzins unter Berücksichtigung der erwarteten Inflationsrate bei ihrer Investitionsentscheidung. Der Anreiz zu investieren ist reduziert, und im Grenzfall vollkommen rationaler Erwartungen ändert sich die Investition durch Geldmengenausdehnung nicht. Geldpolitik ist dann wirkungslos, wenn die Inflationseffekte antizipiert werden.

22.4 Die Phillips-Kurve

Der Engländer A. W. Phillips hatte für die erste Hälfte dieses Jahrhunderts einen Zusammenhang zwischen der Änderungsrate des Nominallohns und der Arbeitslosenquote festgestellt. Führt man in diesem Zusammenhang die Vorstellung einer sog. »natürlichen« Arbeitslosenquote $\overline{U}$ ein, das heißt einer Arbeitslosigkeit, die auf Dauer bei stabilem Preisniveau nicht unterschritten werden kann, und bezeichnet U die tatsächliche Arbeitslosenquote, so gilt ein Zusammenhang zwischen der erwarteten prozentualen Veränderung des Reallohns und dem Überhang der Arbeitslosigkeit über die natürliche Arbeitslosenrate

$$\frac{\Delta\,(l/p^e)}{(l/p)} = \lambda \cdot (\overline{U} - U)$$

Bei Überbeschäftigung ($U < \overline{U}$) steigt der Reallohn, bei Unterbeschäftigung ($U > \overline{U}$) sinkt er. λ gibt die Reaktionsgeschwindigkeit an.

Da die Reallohnänderung aus einer Nominallohnänderung und der Änderung des Preisniveaus zu definieren ist, kann diese Gleichung auch geschrieben werden als

$$\frac{\Delta l}{l} = \frac{\Delta p^e}{p} + \lambda(\bar{U} - U)$$

wobei $\Delta\ p^e/p$ die von den Arbeitnehmern erwartete Inflationsrate ist. Das Lohnwachstum gleicht dieser Hypothese zufolge zum einen die erwartete Inflation aus und reagiert zum anderen auf die Beschäftigungssituation. Unterstellt man, dass die Nominallöhne der entscheidende Bestimmungsfaktor der Preise sind, so bestimmt das Wachstum der Nominallöhne die tatsächliche Preisentwicklung. Wir nehmen also an, dass $\Delta p/p = \Delta l/l$. Daraus folgt ein Zusammenhang zwischen Inflationsrate (d.h. Änderung des Preisniveaus), der erwarteten Inflationsrate und der Beschäftigungssituation:

$$\frac{\Delta p}{p} = \frac{\Delta p^e}{p} + \lambda(\bar{U} - U)$$

Schaubild 22.2: Die Phillips-Kurve

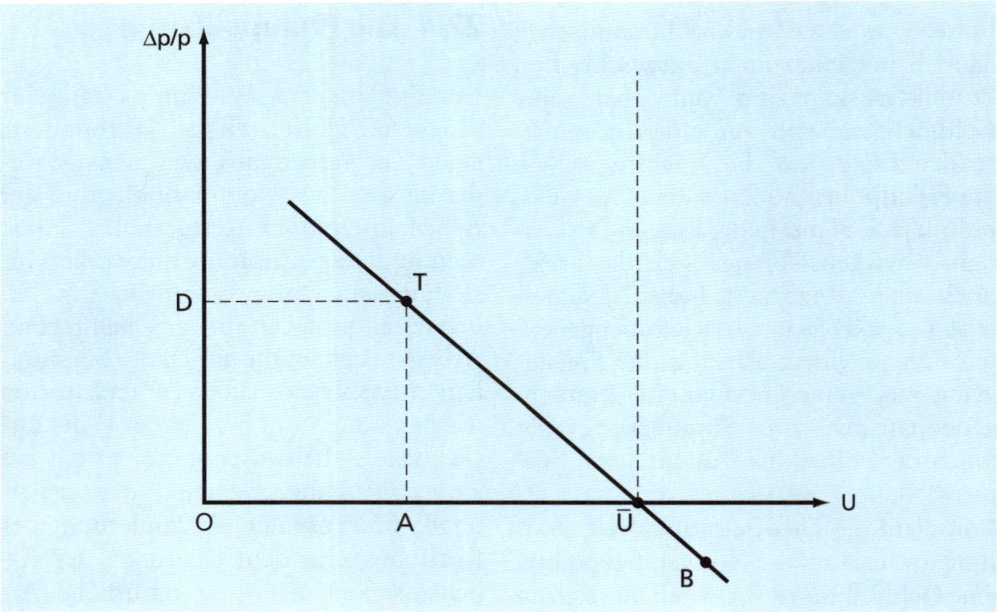

In Schaubild 22.2 ist diese Phillips-Kurve dargestellt. Dabei wird angenommen, dass die erwartete Inflationsrate $\Delta p^e/p$ gleich null ist. Ist die Inflationsrate null, so entspricht die Arbeitslosigkeit der natürlichen Arbeitslosenquote in Punkt $\bar{U}$. Wird die Arbeitslosigkeit kurzfristig auf das Niveau OA zurückgeführt (Punkt T), so steigt das Preisniveau, bei höherer Arbeitslosigkeit sinkt es (Punkt B). Will man nur eine Arbeitslosenquote OA haben, so muss man also demnach eine Preissteigerungsrate OD in Kauf nehmen.

Die Phillips-Kurve kann als Ausgangspunkt genommen werden, um die Problematik einer beschäftigungsorientierten Geldpolitik bei rationalen Erwartungen zu analysieren. Hierfür nehmen wir zur Vereinfachung an, dass die

Schaubild 22.3: Phillipskurve und Geldpolitik

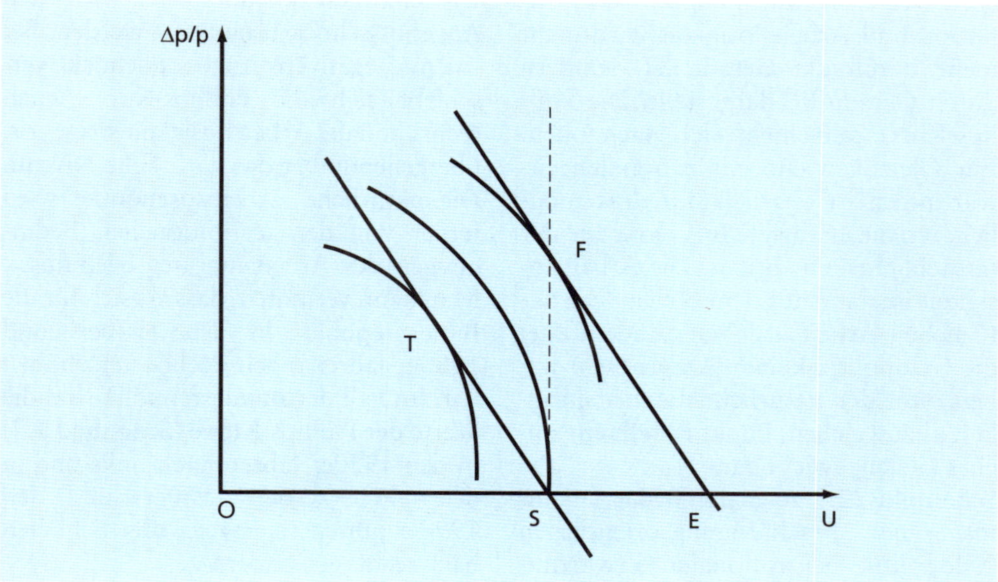

Zentralbank mit ihrer Geldpolitik die Inflationsrate direkt steuert und sowohl an einer Preisniveaustabilität als auch an der Beschäftigung interessiert ist. Schaubild 22.2 legt nahe, dass die Geldpolitik eingesetzt werden kann, um die Arbeitslosigkeit zu verringern, ähnlich wie im einfachen Keynes'schen Ansatz. Dafür müsste eine entsprechende Inflation in Kauf genommen werden. Die Zentralbank wird dann versuchen, auf der Phillips-Kurve die aus ihrer Sicht optimale Kombination aus Inflation und Arbeitslosigkeit zu erreichen. Sei Punkt T aus Schaubild 22.2 eine solche gewünschte Kombination. Dieser Punkt ist in Schaubild 22.3 noch einmal abgebildet. Dabei zeichnen wir auch eine Indifferenzkurve ein, die angibt, welche Inflations-Arbeitslosigkeits-Kombinationen aus Sicht der Zentralbank gleich erwünscht sind. Man beachte, dass die Indifferenzkurven gerade entgegengesetzt zu den Indifferenzkurven aus Kapitel 4 verlaufen, da die Geldpolitik ja an einer möglichst geringen Inflationsrate und einer geringen Arbeitslosigkeit interessiert ist. Die Zentralbank versucht also, möglichst nahe an den Punkt O zu kommen. In Punkt T berührt die beste Indifferenzkurve gerade die Phillips-Kurve; sie ist somit die beste Indifferenzkurve, die auf der Phillips-Kurve erreicht werden kann. Punkt T ist aus Sicht der Zentralbank besser als Punkt S ohne Inflation.

Punkt T ist aber kein Gleichgewicht, wenn die Marktteilnehmer rationale Erwartungen haben. Rationale Erwartungen bedeuten, dass die Wirtschaftssubjekte das Verhalten der Zentralbank antizipieren und ihre Erwartungen darauf einstellen. Wenn die Wirtschaftssubjekte wissen, dass die Zentralbank eine positive Inflationsrate wählt, dann werden sie auch eine positive Inflationsrate erwarten. Sie stellen sich also von vornherein auf die höhere Inflationsrate ein, indem sie etwa in Lohnverhandlungen entsprechend höhere Löhne verlangen. Damit steigt das Preisniveau, ohne dass sich an der Arbeitslosigkeit etwas ändert. Der Zusammenhang zwischen Inflation und Arbeitslosigkeit wird nicht mehr durch die Gerade ST, sondern durch Gerade EF dargestellt. Die Phillips-Kurve verschiebt sich nach oben. Ein Gleichgewicht mit rationalen Erwartungen ist letztlich nur dort möglich, wo die erwartete Inflationsrate der tatsächlichen entspricht. Die Arbeitslosigkeit ist dann auf dem Niveau der natürlichen Arbeitslosigkeit. Zudem darf die Geldpolitik keinen Anreiz mehr haben, von der natürlichen Arbeitslosigkeit abzuweichen. Punkt F stellt ein solches Gleichgewicht dar.

Schaubild 22.3 zeigt damit das Dilemma einer beschäftigungsorientierten Geldpolitik bei rationalen Erwartungen. Trotz Inflation liegt die Arbeitslosigkeit unverändert auf dem Niveau $\bar{U}$. Punkt S ohne Inflation wäre eindeutig besser, kann aber von der Zentralbank nicht erreicht werden, solange die Geldpolitik sich nicht glaubhaft auf eine Politik der Preisstabilität festlegt.

Es gibt zwei Folgerungen, die aus dem beschriebenen Dilemma der diskretionären Geldpolitik abgeleitet werden können. Die erste ist die Vorteilhaftigkeit einer unabhängigen Zentralbank, die sich nicht politischen Einflüssen unterwirft. Eine unabhängige Institution steht nicht im politischen Wettbewerb, so dass sie sich leichter gegen Forderungen abgrenzen kann, zugunsten einer Beschäftigungssteigerung die geldpolitischen Zügel zu lockern. Als Zentralbankziel müsste dann eindeutig die Preisstabilität und nicht das Beschäftigungsziel festgelegt sein. Als zweite Folgerung zeigt sich, dass durch eine Regelbindung, mit der sich die Geldpolitik glaubhaft auf einen stabilitätsorientierten geldpolitischen Kurs festlegt, eine geringere Inflationsrate erreicht werden kann.

Die Phillips-Kurve kann auch von realwirtschaftlichen Phänomenen wie einem Angebotsschock beeinflusst werden. Bei einem negativen Angebotsschock verschiebt sich die Phillips-Kurve nach rechts und die Arbeitslosigkeit steigt vorübergehend über das natürliche Niveau. Die natürliche Arbeitslosenquote wird ferner von den institutionellen Bedingungen des Arbeitsmarktes beeinflusst. Man kann vermuten, dass sie sich für die Bundesrepublik in den 1970er- und 1980er-Jahren nach rechts verschoben hat. Im Fall der Bundesrepublik sind die Werte der Phillips-Kurve (Schaubild 1.7) in den 1950er-Jahren nach links und in den 1970er-, den 1980er- und den 1990er-Jahren in jeweils drei Schleifen nach rechts gewandert.

Aus der Phillips-Kurve ist für empirische Studien die inflationsstabile Arbeitslosenquote NAIRU entwickelt worden (Non-Accelerating Inflation Rate of Unemployment). Dies ist also diejenige Arbeitslosenquote, bei der die Inflationsrate sich nicht verändert. Es zeigt sich aber, dass die NAIRU keine Konstante ist, sondern – wie auch bei der Diskussion der Phillips-Kurve deutlich wurde – von einer Reihe von Faktoren, z. B. den Inflationserwartungen, abhängig ist. So ist die NAIRU in den USA für die 1980er-Jahre mit etwa 6 vH angesetzt, in den 1990er-Jahren gesunken. Dies ist seit Mitte der 1990er-Jahre auch für Frankreich der Fall. Für Deutschland dagegen steigt die NAIRU in den 1990er-Jahren an (vgl. wieder Schaubild 1.7). Die NAIRU hängt auch beispielsweise von der Art der exogenen Schocks ab, etwa ob es ein Nachfrage- oder Angebotsschock ist, aber auch von den institutionellen Regelungen. Nimmt die Starrheit des Arbeitsmarktes zu, so steigt die NAIRU an. Bei der Argumentation mit der NAIRU ist also Vorsicht geboten.

Schaubild 22.4: Anpassung bei starrem Nominallohn

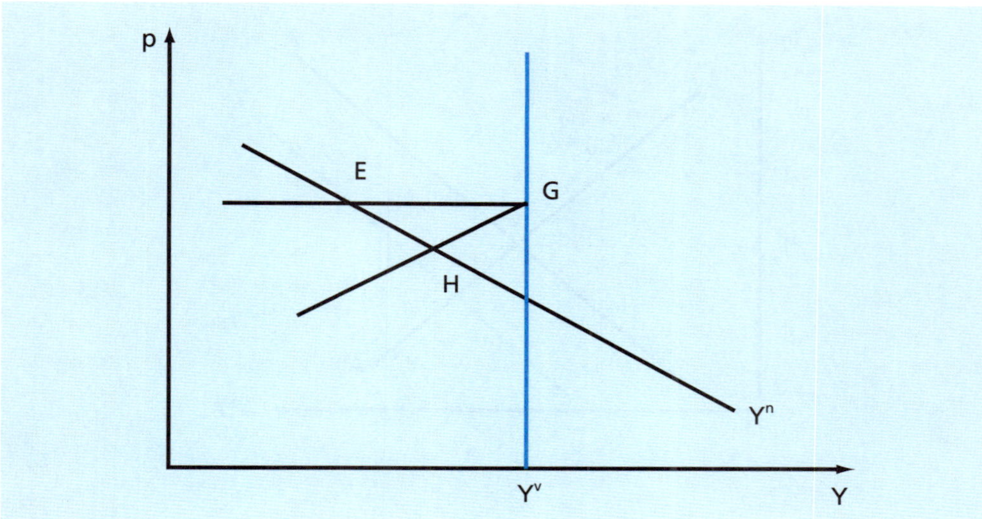

22.5 Flexible Reallöhne

1. Wenn der nominale Lohnsatz und das Preisniveau hinreichend flexibel sind, dann spielt Keynes'sche Arbeitslosigkeit keine Rolle und es stellt sich im Schaubild 22.1 ein Gleichgewicht bei Vollbeschäftigung ein. Was passiert aber, wenn das Nominallohnniveau starr ist? Dieser Zusammenhang ist in Schaubild 22.4 für den gesamtwirtschaftlichen Gütermarkt dargestellt. Wir betrachten wieder einen Nachfragerückgang, ausgehend vom gesamtwirtschaftlichen Gleichgewicht bei Vollbeschäftigung in Punkt G. Bei zunächst unveränderten Preisen bekommen wir ein neues kurzfristiges Gleichgewicht in Punkt E mit entsprechender Arbeitslosigkeit. Wenn sich jetzt mittel- und langfristig zwar die Güterpreise anpassen können, aber der Nominallohn institutionell durch die Verhandlungen der Tarifpartner und die Festlegung der Tariflöhne nach unten fixiert ist, dann scheidet ein möglicher Mechanismus aus, der die Arbeitslosigkeit beseitigen könnte. Bei flexiblen Güterpreisen drückt sich die Nachfrageschwäche in der Volkswirtschaft in fallenden Absatzpreisen aus. Dieser Preisrückgang führt zum einen zu einem Anstieg der Güternachfrage entlang der Nachfragekurve Y^n. Zum anderen steigt aber auch – aufgrund des fixen Nominallohns – der Reallohn (l/p) aus der Sicht der Unternehmen. Die Nachfrage nach Arbeit kehrt deshalb nicht mehr auf das ursprüngliche Niveau zurück. Es kommt dann zu einem neuen Gütermarktgleichgewicht in H. Die steigende Gerade durch H und G stellt die gesamtwirtschaftliche Angebotskurve bei einem starren Nominallohn und einem flexiblen Preisniveau dar. In Punkt H ist die gesamtwirtschaftliche Produktion und damit auch die Beschäftigung geringer als im Vollbeschäftigungsgleichgewicht G. Vollbeschäftigung kann nur dann erreicht werden, wenn der Reallohn l/p

Schaubild 22.5: Arbeitslosigkeit und Reallohn

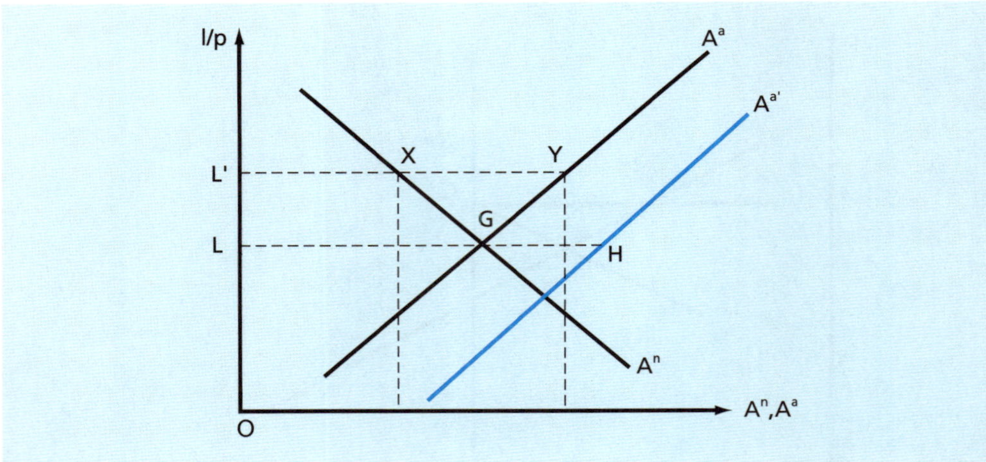

wieder auf sein Ausgangsniveau zurückkehrt. Das kann einerseits durch eine expansive Nachfragepolitik (Erhöhung von p) andererseits aber auch durch einen Rückgang des Nominallohns l geschehen. Schaubild 22.5 zeigt die Anpassung auf dem Arbeitsmarkt. Vollbeschäftigung liegt in Punkt G vor. Wenn bei einem nach unten starren Nominallohn das Preisniveau sinkt, dann steigt der Reallohn und die Arbeitsnachfrage verringert sich, z. B. auf Punkt X. Die Arbeitslosigkeit entspricht dann der Strecke XY.

2. An dieser Stelle lässt sich auch die vom Sachverständigenrat verfolgte Regel für die Lohnerhöhungen verdeutlichen. Betrachten wir eine Ausgangssituation mit einem Reallohn OL und einem Gleichgewicht am Arbeitsmarkt im Punkt G in Schaubild 22.5. Steht eine neue Tarifrunde bevor, so stellt sich die Frage, welche Lohnerhöhungen möglich sind, ohne dass Arbeitslosigkeit eintritt. Hier folgt der Sachverständigenrat der Grenzproduktivitätsorientierung. Bezeichnet F_A die Grenzproduktivität der Arbeit bei Vollbeschäftigung, l den Nominal- oder Tariflohn und p das Preisniveau, so folgt aus der Formel $F_A = l/p$, also der Gleichheit von Grenzproduktivität der Arbeit und Reallohn, für die Veränderungen dieser Größen in der Zeit, dass der Anstieg des Nominallohns ($\hat{l}$) den Anstieg der Produktivität der Arbeit, den Produktivitätsfortschritt ($\hat{F}_A$), und den Anstieg des Preises für die abzusetzenden Güter ($\hat{p}$) nicht übersteigen darf.

$$\hat{F}_A + \hat{p} > \hat{l}$$

Der Produktivitätsfortschritt und der Überwälzungsspielraum der Unternehmen in Bezug auf die Güterpreise sind also die Schranke für die Nominallohnerhöhungen. Dabei muss als Kriterium für den Produktivitätsfortschritt das Produktivitätswachstum bei Vollbeschäftigung herangezogen werden. Wird diese Schranke überschritten, so stellt sich Arbeitslosigkeit ein.[2] Insoweit sich die Grenzproduktivität nicht ermitteln lässt, sollte sich die Lohnpolitik an der Zuwachsrate der Durchschnittsproduktivität orientieren. Eine produktivitätsorientierte Lohnpolitik bedeutet in einer wachsenden Volkswirtschaft nicht, dass die Reallöhne in der Gesamtwirtschaft sinken müssen. Aufgrund des Produktivitätswachstums kann schon eine Lohnerhöhung, die auf bzw. unterhalb der Fortschrittsrate liegt, zu einer konstanten bzw. ansteigenden Beschäftigung führen. Die hier geschilderte Position findet sich in der öffentlichen Diskussion etwa der Bundesrepublik wieder, wenn z. B. die Gewerkschaften aufgefordert werden, bei den Lohnabschlüssen die Auswirkung der Lohnabschlüsse auf die Gesamtnachfrage nach Arbeit zu berücksichtigen.

3. Neben einer reallohnbedingten Arbeitslosigkeit lässt sich in diesen Ansatz auch eine friktionelle Arbeitslosigkeit integrieren, die daraus resultiert, dass in einer Wirtschaft laufend Arbeitsplatzwechsel stattfinden. Unternehmen wachsen und schrumpfen, neue Unternehmen entstehen, andere verschwinden, Arbeitnehmer scheiden aus dem Arbeitsleben aus, neue Arbeitnehmer treten ein, etc. Der Arbeitsmarkt ist bereits unter statischen Bedingungen – also ohne strukturelle Verschiebungen – durch einen komplexen »Matching-Prozess« gekennzeichnet, bei dem es darauf ankommt, dass die Anforderungsprofile, welche die Unternehmen aus ihrer Sicht formulieren, und die Profile der Arbeitnehmer zusammenpassen. Dabei geht es einmal um ein Matching in Bezug auf Qualifikation, es handelt sich aber zum anderen auch um ein Matching bezüglich des räumlichen Angebots und der räumlichen Nachfrage und möglicherweise auch um ein Matching in Bezug auf die Zeitvorstellungen. Insgesamt ist der Arbeitsmarkt durch ein hohes Maß an Fluktuation gekennzeichnet. So sind im Jahresdurchschnitt in Deutschland über 7 Millionen Zugänge in die Beschäftigung und um 7 Millionen Zugänge in die Arbeitslosigkeit zu verzeichnen (Sachverständigenrat 2002, Schaubild 40). Dass bei solchen hohen Fluktuationsraten Friktionen auftreten, ist zu erwarten. Man spricht auch von einem »Mismatch«. In Schaubild 22.5 ist diese friktionelle Arbeitslosigkeit durch die Strecke GH dargestellt. Die Kurve A^a kennzeichnet also das Arbeitsangebot in Abhängigkeit vom Reallohn, die Kurve $A^{a'}$ kennzeichnet das Arbeitsangebot unter Abzug der friktionellen Arbeitslosigkeit. Beim Gleichgewichtslohn OL herrscht im Punkt G ein Gleichgewicht am Arbeitsmarkt in dem Sinne, dass alle diejenigen Arbeit finden, die nicht in friktioneller Arbeitslosigkeit sind.

22.6 »Natürliche« Arbeitslosigkeit und institutionelle Regelungen

Bei flexiblen Reallöhnen dürfte es mit Ausnahme der friktionell bedingten Unterbeschäftigung keine Arbeitslosigkeit geben. Die Anpassung des gesamtwirtschaftlichen Reallohns würde dafür sorgen, dass Arbeitslosigkeit nicht auftritt. Diese Hypothese ist aus zwei Gründen zu einfach: Erstens kommt es nicht nur auf die Höhe des Reallohns an, sondern

[2] H. Siebert, Der Kobra Effekt. Wie man Irrwege der Wirtschaftspolitik vermeidet, Stuttgart 2002.

auch auf die Lohnstruktur, und zwar für die verschiedenen Qualifikationen, für die Regionen, für die Sektoren und für die Unternehmen. Zweitens sind die institutionellen Regelungen des Arbeitsmarktes von Bedeutung. Dabei geht es um Regeln, welche die Anpassungsflexibilität auf dem Arbeitsmarkt beeinflussen und die für die Entscheidung der Unternehmen, Arbeitskräfte nachzufragen, wichtig sind.

Die Lohnstruktur hat etwas mit struktureller Arbeitslosigkeit zu tun, die dadurch bedingt ist, dass die Struktur des Arbeitsangebots der Struktur der Arbeitsnachfrage nicht entspricht. Man unterscheidet hier sektorale, qualifikatorische und regionale Aspekte. Die strukturelle Arbeitslosigkeit kommt zur friktionellen Arbeitslosigkeit hinzu. Insbesondere ist zu beachten, dass Strukturen das Resultat vergangener Prozesse sind.

Besonders seit den 1970er-Jahren ist die Flexibilität des Arbeitsmarktes durch eine Reihe institutioneller Regelungen reduziert worden. Hohe Lohnnebenkosten, der mit guter Absicht eingerichtete Schutz bestimmter Gruppen von Arbeitnehmern (etwa ältere Arbeitnehmer) oder der Insider allgemein, die verstärkte Unkündbarkeit, aber auch soziale Absicherungen haben die Lohnstruktur verfestigt und damit zur Arbeitslosigkeit beigetragen. Die strukturellen Anpassungserfordernisse, beispielsweise durch die Energiekrisen 1973/74 und 1979/80 und die weltwirtschaftlichen Veränderungen vor allem in den 1990er-Jahren konnten dann von den Arbeitsmärkten nicht hinreichend geleistet werden. Sowohl die Lohnstruktur als auch die institutionellen Regelungen wirkten dahingehend, dass die Unternehmen einen Anreiz hatten, weniger Arbeitskräfte nachzufragen.

Folgt man dieser These, so beeinflussen strukturelle und institutionelle Ursachen die Höhe der natürlichen Arbeitslosigkeit, die wir bereits bei der Phillips-Kurve kennen gelernt haben. Diese Art der Unterbeschäftigung ist letztlich nicht von der Höhe des Reallohns bestimmt und auch die Nachfragesituation auf den Gütermarkt hat auf diese Arbeitslosigkeit keinen Einfluss. Vielmehr wird institutionelle Arbeitslosigkeit von den Lohnstrukturen und den institutionellen Regelungen des Arbeitsmarktes bestimmt. Setzen wir vereinfacht einmal die natürliche Quote der Arbeitslosigkeit mit dieses Sockelarbeitslosigkeit gleich, so hat sich die natürliche Quote der Arbeitslosigkeit seit 1970 in den USA kaum verändert; in Europa ist sie dagegen erheblich angestiegen. Expansive Finanzpolitik und expansive Geldpolitik können nichts an den grundsätzlichen Fehlanreizen ändern, die mit den institutionellen Regelungen verbunden sind.

Der Vollständigkeit halber ist auch noch die technologische Arbeitslosigkeit zu erwähnen, bei der die Frage im Vordergrund steht, ob technischer Fortschritt nicht vorwiegend kapitalintensiv und arbeitssparend ist und damit Arbeitskräfte freigesetzt werden (z. B. Übergang von Handarbeit zu Fabriken oder die Mikroprozessoren). Die friktionelle, strukturelle und technologische Arbeitslosigkeit sind Begriffe, die sich auf Anpassungsprobleme an geänderte Bedingungen einer Volkswirtschaft beziehen. Diese Begriffe sind deshalb in der Nähe des Begriffs der klassischen Arbeitslosigkeit anzusiedeln, da sie alle nicht von einer Nachfrageschwäche wie im Keynes'schen Ansatz verursacht werden. Hinter den hier erwähnten Arten der Arbeitslosigkeit stehen unterschiedliche Erklärungsansätze, die

Kasten 22.2 Tarifautonomie und Tarifkartell

Durch die Tarifautonomie ist das Recht, die Löhne (die »Tarife«) zu bestimmen an die Tarifvertragsparteien delegiert. Die Tarifautonomie der Tarifparteien wird durch eine Reihe rechtlicher Regelungen abgesichert, die verhindern, dass sich die Löhne auf den Märkten bilden.

§ 77 Absatz 3 Betriebsverfassungsgesetz lautet:
»Arbeitsentgelte und sonstige Arbeitsbedingungen, die durch Tarifvertrag geregelt sind oder üblicherweise geregelt werden, können nicht Gegenstand einer Betriebsvereinbarung sein. Dies gilt nicht, wenn ein Tarifvertrag den Abschluss ergänzender Betriebsvereinbarungen ausdrücklich zulässt.«

Durch diese Regelung wird verhindert, dass sich Unternehmensleitung und Belegschaft dezentral einigen, wenn dies nicht im Flächentarifvertrag vorgesehen ist. Dezentrale Einigungen sind rechtlich wirkungslos, wenn Klage erhoben wird. Dies gilt für die so genannten Standortsicherungsverträge, die in vielen Industrieunternehmen abgeschlossen worden sind. In diesen Betriebsvereinbarungen haben die Arbeitnehmer einer flexibleren Arbeitszeit (zuweilen auch einer längeren Wochenarbeitszeit) zugestimmt, während die Unternehmensleitung den Erhalt des Standorts zusichert (oder zugesagt, keine betriebsbedingten Kündigungen z. B. in den nächsten drei Jahren vorzunehmen).

§ 4 Absatz 3 Tarifvertragsgesetz lautet:
»Abweichende Abmachungen sind nur zulässig, soweit sie durch den Tarifvertrag gestattet sind oder eine Änderung der Regelungen zugunsten des Arbeitnehmers enthalten.«

Dieses Günstigkeitsprinzip bedeutet nach der derzeitigen Rechtsprechung, dass vom Tarifvertrag nur abgewichen werden kann, wenn der Lohn höher oder die Arbeitszeit niedriger ausfallen. Nicht abgewichen werden darf, wenn durch einen geringeren Lohn vermieden wird, dass der Arbeitnehmer arbeitslos wird. Der von den Tarifparteien ausgehandelte Tarif wird rechtlich also selbst dann verteidigt, wenn er zur Arbeitslosigkeit führt. Andere Regelungen haben eine ähnlich absichernde Wirkung für die Tarifvertragsparteien, so die Regelung, dass Tarifabschlüsse vom Arbeitsminister für allgemeinverbindlich erklärt werden können.

Zugespitzt formuliert schaffen diese und andere gesetzliche Vorschriften ein Tarifkartell, das die Insider schützt, aber zum Nachteil der Outsider, der Arbeitslosen, wirkt.

auch unterschiedliche beschäftigungspolitische Maßnahmen bedingen. Beispielsweise lassen sich die gewaltigen Anpassungsprobleme, denen sich die westlichen Industrienationen angesichts der Energiekrisen und angesichts der geänderten Werthaltungen in Bezug auf die Umwelt gegenüber sahen und sehen, nicht durch eine Keynes'sche Beschäftigungspolitik lösen. Dies gilt auch für

den weltwirtschaftlichen Umbruch angesichts der Öffnung der Planwirtschaften in Mittel- und Osteuropa und in Asien (China) und für die Anpassung an die Globalisierung. Es sei noch darauf verwiesen, dass die hier genannten Arten der Arbeitslosigkeit nicht leicht in der Realität zu isolieren sind. Die Auswahl geeigneter Instrumente der Beschäftigungspolitik ist also immer mit dem Risiko verbunden, dass nicht die richtige Maßnahme ausgesucht wird.
Die arbeitsmarktpolitische Schlussfolgerung dieses Ansatzes lautet, dass die Löhne nach unten flexibel zu halten sind. So können strukturelle Anpassungen erfolgen, indem der Reallohn z. B. in schrumpfenden Sektoren zurückgehen kann, genauso, wie er in expandierenden Sektoren ansteigt. Dies muss nicht bedeuten, dass die Löhne allgemein sinken, vielmehr soll eine sektorale, regionale und qualifikationsbezogene Differenzierung der Löhne stärker möglich sein.
Eine andere Denkrichtung untersucht, inwieweit die Löhne durch Gewinnbeteiligung flexibel gemacht werden können. Nach diesem Ansatz soll der Lohn aus einem fixen und einem flexiblen Bestandteil, dem Gewinnanteil, bestehen. Da der Gewinnanteil mit der Gewinnsituation einer Unternehmung variiert, wird der Lohn insgesamt beweglicher. Man erhofft sich daraus einen Anreiz, dass Unternehmen verstärkt Arbeit nachfragen.
Insgesamt stimmen die Schlussfolgerungen dieses alternativen Ansatzes mit den Überlegungen überein, die als Resultat der Preistheorie in Kapitel 11 dargestellt worden sind. Sie decken sich mit der in der wirtschaftspolitischen Diskussion erörterten angebotsorientierten Wirtschaftspolitik.

22.7 Das System der Klassiker

Gibt man die Annahme der fixen Güterpreise, der gegebenen Nominallöhne und damit der Mengenrationierung auf, so befindet man sich im System der Klassiker. Auch in diesem Ansatz ist das Gütermarktgleichgewicht durch die Gleichheit von geplanten Ersparnissen und geplanten Investitionen gegeben. Das Sparen hängt jetzt aber vom Zins ab:

$$S(i) = I(i)$$

Ein Geldmarktgleichgewicht liegt dort vor, wo Geldangebot M, und Geldnachfrage kpY, übereinstimmen. Die Geldnachfrage hängt entsprechend der Cambridge-Gleichung lediglich vom nominalen Volkseinkommen pY ab; k ist der Kassenhaltungskoeffizient:

$$M = kpY$$

In der Arbeitsnachfrage wird die Schranke der gesamtwirtschaftlichen Nachfrage nicht berücksichtigt.

$$A^n (l/p) = A^a (l/p)$$

Ferner wird eine gesamtwirtschaftliche Produktionsfunktion $Y = F(A^n)$ unterstellt.
Auf dem Kapitalmarkt bestimmt sich der Zinssatz, der auf keinen der anderen Märkte zurückwirkt. Damit sind die Spar- und Investitionspläne ausgeglichen; durch die Sparentscheidung ist auch der Konsum festgelegt. Der Arbeitsmarkt wird durch den Reallohn zum Ausgleich gebracht. Da Vollbeschäftigung herrscht, ist über die Produktionsfunktion das Volkseinkommen Y bestimmt. Bei gegebenem Kassenhal-

tungskoeffizienten k determiniert die Geldmenge das Preisniveau p. Über das Preisniveau ist bei gleichgewichtigem Reallohn auch der Nominallohn bestimmt.

22.8 Zur Philosophie einer angebotsorientierten Wirtschaftspolitik

Das Stichwort angebotsorientierte Wirtschaftspolitik wird in der Öffentlichkeit kontrovers diskutiert. Teilweise ist dieser Begriff negativ besetzt. Abstrahiert man von diesen Debatten in der Öffentlichkeit, so enthält die Philosophie einer angebotsorientierten Wirtschaftspolitik folgende Elemente:

1. Im Gegensatz zu einer vorrangig an der Nachfrageseite orientierten Wirtschaftspolitik weist die Angebotspolitik auf langfristige Aspekte und Interdependenzen hin, die den Erfolg kurzfristig orientierter Maßnahmen erheblich beeinträchtigen können. Dabei geht es zum einen um die langfristigen Wirkungen einer kurzfristigen Fiskalpolitik, etwa die langfristigen Effekte einer erhöhten Staatsverschuldung, die den Gestaltungsspielraum der staatlichen Wirtschaftspolitik in der Zukunft einschränkt. Eine angebotsorientierte Wirtschaftspolitik würde auch stärker gewichten, wenn in Zukunft die produktive Generation aufgrund des steigenden Durchschnittsalters der Bevölkerung sowohl höhere Steuern zu zahlen hat, um die Staatsschulden zu bedienen, als auch höhere Sozialabgaben entrichten muss, um die sozialen Sicherungssysteme zu finanzieren. Die wirtschaftlichen Zwänge einer Volkswirtschaft – Ökonomen sprechen von Restriktionen – würden also in diesem Ansatz stärker berücksichtigt.

2. Auch der Zielkonflikt zwischen Geld- und Beschäftigungspolitik wird unter einer eher langfristigen Perspektive betrachtet. Eine expansive Geldpolitik zur Ankurbelung der Beschäftigung führt zu einer Verletzung des Ziels der Preisstabilität.

3. Andere langfristige Aspekte rücken bei einer angebotsorientierten Wirtschaftspolitik stärker in den Vordergrund, z. B. die Verbesserung der Rahmenbedingungen für Investitionen und für die Bildung von Humankapital. Dabei wird betont, dass hinreichende Anreize im Wirtschaftssystem vorhanden sein müssen, um Kapital zu bilden. Ein wichtiger Aspekt dabei ist die Besteuerung. Auch für das Arbeitsangebot und die Leistungsbereitschaft sind Steuern von zentraler Bedeutung. Um dem privaten Sektor mehr Raum zu schaffen, wird häufig auch die Rückführung der Staatsquote als ein wirtschaftspolitisches Ziel genannt.

4. Zusammen mit der eher langfristigen Orientierung setzt die angebotsorientierte Wirtschaftspolitik darauf, die Wachstumskräfte zu stärken. Stoßrichtung dieser wirtschaftspolitischen Orientierung ist dementsprechend eine Erhöhung des Produktionspotentials. Ansatzpunkt dazu ist die Intensivierung des Wettbewerbs, die Stimulierung von Wachstumskräften und die Zurückführung solcher institutioneller Reglementierungen, die den Wettbewerb einschränken.

5. Schließlich ist eine angebotsorientierte Wirtschaftspolitik auch dadurch gekennzeichnet, dass sie über institutio-

nelle Rahmenregelungen – Ordnungen – nachdenkt, welche für das Verhalten von Haushalten und Unternehmen die »richtigen« Anreize setzen, also das Marktgeschehen auf der Angebots- und Nachfrageseite so steuern, dass optimale Resultate für die Gesellschaft dabei herauskommen.

Wichtige Begriffe in Kapitel 22

- Angebotstheorie
- Verdrängungseffekt (crowding out)
- Staatsverschuldung
- Rationale Erwartungen
- Politikineffizienz
- Standortwettbewerb
- Staatsquote
- Phillips-Kurve
- Grenzproduktivität der Arbeit und Reallohn
- Flexibler Reallohn
- Natürliche Arbeitslosigkeit
- Friktionelle Arbeitslosigkeit
- Institutionelle Arbeitslosigkeit
- Technologische Arbeitslosigkeit
- Klassisches Modell
- Angebotsorientierte Wirtschaftspolitik

23 Der Konjunkturzyklus

A period of boom is one of special increase
in the production of fixed capital;
a period of decline or a depression is one
in which this production falls below the point
it had previously reached.
Gustav Cassel

Bisher stand die Frage im Vordergrund, wie das Niveau der gesamtwirtschaftlichen Produktion, das Preisniveau und das Niveau der Beschäftigung – damit auch das Ausmaß der Arbeitslosigkeit – bestimmt werden. Dabei wurde eine mehr oder weniger statische Betrachtungsweise verfolgt, also – mit einigen Ausnahmen wie z. B. bei den Geldmengeneffekten auf das Preisniveau – vom Zeitverlauf weitgehend abstrahiert. Wirtschaftliche Prozesse vollziehen sich aber in der Zeit. Dabei geht es zum einen um das Wachstum, d. h. um die Veränderung des Produktionspotentials. Diese Frage wird in Kapitel 24 verfolgt. Zum anderen geht es um Schwankungen im Wachstumsprozess, um das »Auf« und »Ab« der wirtschaftlichen Tätigkeit im Rahmen des *Konjunkturzyklus*. Dieses Thema steht in diesem Kapitel zur Debatte.

23.1 Rezession und Boom

Zur Darstellung von Konjunkturschwankungen unterscheiden wir wieder die kurze Frist von der langen Frist. Bei der kurzfristigen Analyse sind wir im einfachen Keynes-Modell davon ausgegangen, dass Güterpreise und Lohnsatz völlig starr sind, dass die Angebotskurve also horizontal verläuft. Eine Alternative für die mittlere Frist ist die Angebotsfunktion aus Schaubild 22.5 bei starrem Nominallohn, die einen steigenden Verlauf hat. Ein Anstieg des Preisniveaus verringert den Reallohn, führt zu höherer Beschäftigung und damit zu einem höheren Einkommen. Von dieser Angebotsfunktion wollen wir hier ausgehen. Langfristig ist dann auch der Nominallohn flexibel, so dass die langfristige Angebotsfunktion durch die Produktionskapazität gegeben ist. Sie verläuft vertikal bei Y^V (Schaubild 23.1). Sie gibt die langfristigen Produktionsmöglichkeiten einer Volkswirtschaft an und ist unabhängig vom Preisniveau. Allerdings kann sich dieses Produktionspotential mit der Zeit nach rechts verschieben, etwa wenn Kapital akkumuliert wird.

Es ist denkbar, dass vorübergehend die langfristige Kapazitätsgrenze überschritten wird, etwa wenn verstärkt Überstunden gefahren und die Anlagen über ein langfristig vertretbares Maß hinaus intensiver genutzt werden. Wir nehmen an, dass die Angebotskurve dann sehr steil wird, was bedeutet, dass eine Erhöhung des Angebots über das langfristige Kapazitätsniveau hinaus nur begrenzt möglich ist und mit sehr hohen Preissteigerungen verbunden ist.

Geht man von diesem Verlauf der Angebotskurve A aus, so lassen sich Rezes-

Schaubild 23.1: Nachfragebedingte Rezession und Hochkonjunktur

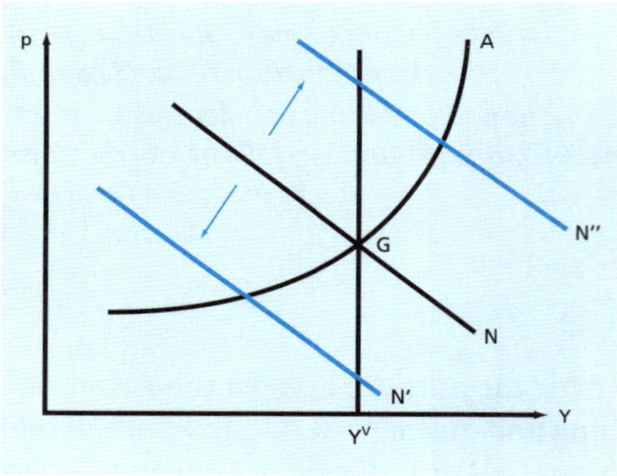

sion und Hochkonjunktur leicht darstellen. Sei in der Ausgangslage ein Gleichgewicht G gegeben, bei dem das langfristige Produktionspotential gerade durch die Nachfrage ausgeschöpft ist (Schaubild 23.1). Sinkt nun die gesamtwirtschaftliche Nachfrage von N auf N′, so stellt sich eine nachfragebedingte Rezession ein. Steigt dagegen die gesamtwirtschaftliche Nachfrage auf N″, so gerät die Volkswirtschaft in einen Nachfrageboom. Schwankungen der gesamtwirtschaftlichen Nachfrage führen also einerseits zur Rezession, andererseits zur Hochkonjunktur.

Eine Rezession kann aber auch von der Angebotsseite her kommen. Dies gilt beispielsweise für einen Angebotsschock wie die beiden Erdölschocks in den 1970er-Jahren, bei denen sich der Preis für Erdöl – also für einen wichtigen Produktionsfaktor – nahezu vervierfachte. Dies bedeutete einen Anstieg der Produktionskosten mit der Folge einer Verschiebung der mittelfristigen Angebotskurve nach oben (Schaubild 23.2). Das neue Gleichgewicht G′ ist dadurch gekennzeichnet, dass das Volkseinkommen gesunken ist. Bei einem solchen Angebotsschock kann sich im Übrigen auch die langfristige Kapazitätsgrenze nach links verlagern. Eine solche angebotsseitig bedingte Rezession kann auch dann auftreten, wenn die Tarifpolitik die Nominallöhne stärker erhöht als dies durch den Produktivitätsspielraum abgedeckt ist. Dann steigen für die Unternehmen die Kosten der Produktion, und die Unternehmen müssen höhere Preise für eine gegebene Produktionsmenge verlangen. Als Reaktion darauf fahren die Unternehmen ihre Arbeitsnachfrage und damit die Produktion zurück.

Schaubild 23.2: Angebotsbedingte Rezession

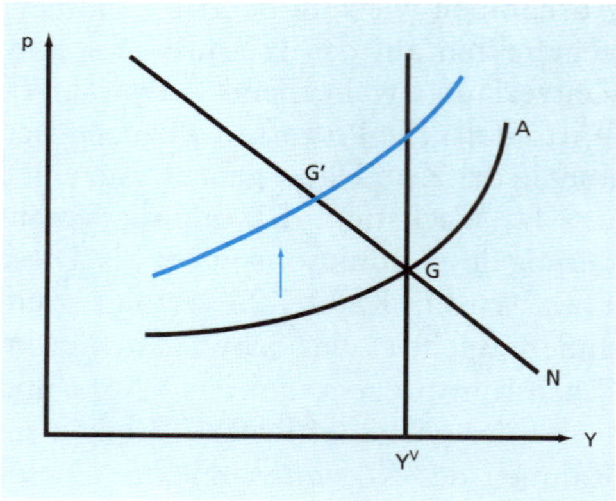

Diese Form einer kosteninduzierten Rezession ist ähnlich wie eine Kostendruckinflation zu behandeln. Es kommt zu einem Rückgang der Produktion bei gleichzeitigem Anstieg des Preisniveaus (Stagflation). Dagegen ähnelt der Boom einer Nachfragesoginflation, bei der eine verstärkte gesamtwirtschaftliche Nachfrage, welche das Produktionspotential übersteigt, zu einem Preisanstieg führt.

23.2 Konjunktur als Abweichung vom gleichgewichtigen Wachstum

Konjunkturelle Phasen können auch als Abweichungen von einem langfristigen Wachstumstrend interpretiert werden. Während sich die Wachstumstheorie auf die Analyse der Angebotsseite konzentriert und auf die langfristige Zunahme der Produktionskapazität abstellt, ist für die Ausnutzung der zusätzlichen Kapazität jedoch die Entwicklung der Nachfrageseite relevant. Unterstellen wir eine jährliche Zunahme der Produktionskapazität im Wert von 60 Mrd. Euro, was einer Zunahme des Produktionspotentials um etwa 3 vH entspricht. Wenn nun die Nachfrageseite nicht entsprechend steigt, etwa nur um 50 Mrd. Euro, so wird ein Teil der zusätzlichen Produktionskapazität (10 Mrd. Euro) nicht ausgenutzt. Bezeichnen wir die Zunahme der Produktionskapazität mit ΔY^v und die Zunahme der Nachfrage mit ΔN, so sind folgende drei Fälle zu unterscheiden:

1. $\Delta Y^v = \Delta N$. Die Produktionskapazität und die Nachfrage steigen im gleichen Ausmaß. In diesem Fall stimmen die Zunahme des potentiellen und des tatsächlichen Produktionsergebnisses überein. Zu einer Inflation wird es in dieser gesamtwirtschaftlichen Situation nicht kommen. Alle Produktionsfaktoren sind voll beschäftigt. Dieser Fall des gleichgewichtigen Wachstums liegt den einfachen Wachstumsmodellen zugrunde.

2. $\Delta Y^v > \Delta N$. Die Produktionskapazität steigt stärker als die Nachfrage. Die Volkswirtschaft verschenkt eine Wachstumschance, da die Kapazität nicht voll ausgeschöpft ist. Die Produktionsfaktoren sind unterbeschäftigt.

3. $\Delta N > \Delta Y^v$. Die Nachfrage steigt stärker als die Produktionskapazität. Unter dieser Annahme kommt es zu einer Überbeschäftigung, da ein Nachfrageüberhang besteht.

Wir halten fest: Der Zustand des gleichgewichtigen Wachstums wird in einer Volkswirtschaft dann nicht erreicht, wenn die Zunahme der wirksamen Nachfrage und die Veränderung der Produktionskapazität auseinander klaffen. In diesem Fall kommt es zu Abweichungen von einem gleichgewichtigen Wachstumspfad, die dadurch gekennzeichnet sind, dass Beschäftigungslage und Volkseinkommen um einen langfristigen Trend schwanken. Wir bezeichnen die periodisch auftretende Entfernung vom und Rückkehr zum langfristigen Trend als konjunkturelle Bewegung oder als Konjunkturzyklus. Der Konjunkturzyklus ist also ein Prozess, der sich als Schwankung der Lücke zwischen wirksamer Nachfrage und potentiellem Angebot darstellt.
In Schaubild 23.3 ist deutlich zu erkennen, dass im Konjunkturzyklus üblicherweise die Nachfrage der Produktion vorauseilt – oder die Produktion der Nachfrage folgt. Die Nachfrage wird dabei am Auftragseingang gemessen, die Produktion am Produktionsindex des produzierenden Gewerbes.

23.3 Phasen des Konjunkturzyklus

In Schaubild 23.4 sind vier Phasen der konjunkturellen Bewegung erläutert:
Aufschwung. In der ersten Phase wird die Rezession überwunden. Es werden

Schaubild 23.3: Auftragseingang und Produktion[a]

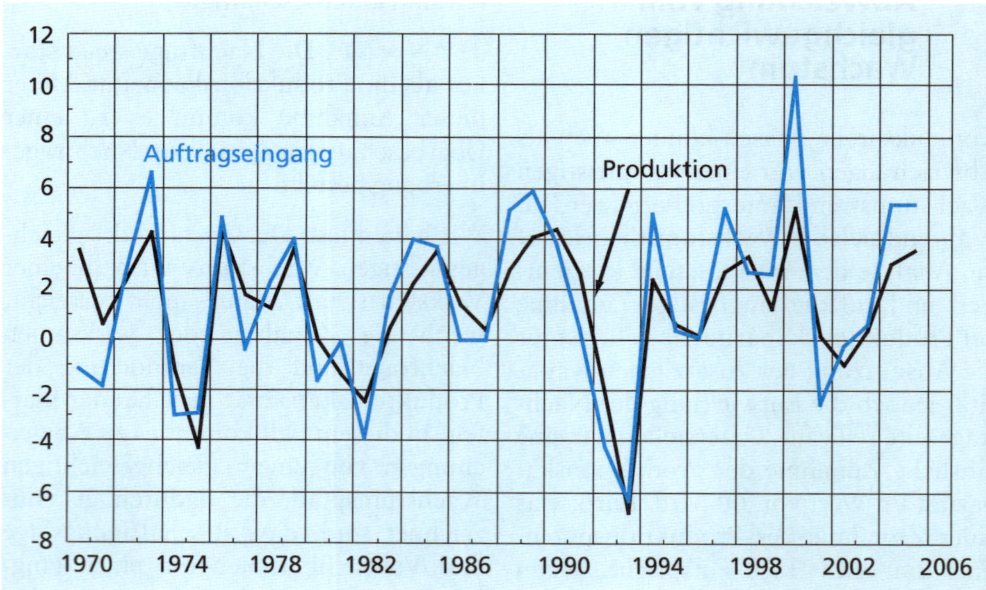

[a] Abweichung in vH gegenüber Trend.

Quelle: OECD, eigene Berechnungen.

unterlassene Ersatzinvestitionen durchgeführt. Die Erwartungen der Unternehmer ändern sich. Die Gesamtnachfrage steigt, die gesamtwirtschaftliche Produktion – das Bruttoinlandsprodukt – nimmt zu. Umsätze, Gewinne und Faktoreinkommen werden größer. Neue Investitionen werden in Angriff genommen. Durch die zusätzliche Nachfrage wird das Produktionspotential ausgeschöpft. Die Beschäftigung nimmt wieder leicht zu, oft jedoch nur mit erheblicher zeitlicher Verzögerung. Preissteigerungen müssen im Aufschwung bis zur Kapazitätsauslastung nicht einsetzen, da die Gesamtnachfrage das Angebotspotential noch nicht übersteigt. Allerdings können sich in einzelnen Sektoren bereits Engpässe bilden, und trotz Übereinstimmung von gesamtwirtschaftlicher Nachfrage und gesamtwirtschaftlichem Angebot können sektorale Angebotsdefizite auftreten, die zu sektoralen Preissteigerungen führen.

Hochkonjunktur (Boom). Die Gesamtnachfrage ist größer als das Produktionspotential. Immer mehr Engpässe machen sich in den einzelnen Sektoren bemerkbar. Nachfragesteigerungen bringen nun keine Mengenausdehnungen in der Produktion mehr mit sich, sondern führen zu Preissteigerungen. Es besteht eine Übernachfrage nach Gütern und Produktionsfaktoren. Die Gewinne werden größer und regen neue Investitionen an. Die Zinssätze gehen in die Höhe, da für die zusätzlichen Investitionen mehr Kredite in Anspruch genommen werden. Auch die Notenbank kann sich gezwungen sehen, die kurzfristigen Zinsen heraufzusetzen. Damit

Schaubild 23.4: Konjunkturphasen

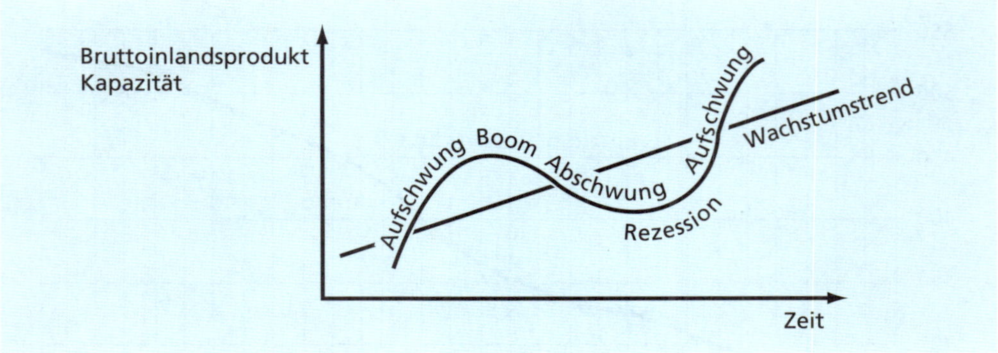

steigen im Boom die langfristigen Zinsen, die Finanzierung der Investitionen wird ungünstiger. Die Erwartungen sind optimistisch. Die Löhne steigen. Die Gewerkschaften setzen höhere Tariflöhne durch, die Lohndrift kann über den Anstieg der Tariflöhne hinaus gehen. Sind die Tariflohnanhebungen übermäßig, so kann dies der Keim für den Abschwung sein. Die höheren Löhne schmälern die Rendite.
Die erste Phase der Hochkonjunktur ist mit der Nachfragesoginflation identisch, bei der eine Zunahme der Nachfrage der auslösende Faktor des Inflationsprozesses ist, genau wie eine Nachfragesteigerung die »conditio sine qua non« eines Booms darstellt. Dagegen ist eine Nachfragesoginflation in der Rezession unmöglich, da bei Arbeitslosigkeit ein gesamtwirtschaftliches Nachfragedefizit vorliegt. Mit der Hochkonjunktur kann in der zweiten Phase auch eine Kostendruckinflation einhergehen; allerdings ist diese Inflationsart auch in der Rezession beobachtet worden. Die Kostendruckinflation ist also nicht mit der Hochkonjunktur gleichzusetzen.

Abschwung. Im Abschwung nimmt die Gesamtnachfrage (im Vergleich zum Produktionspotential) ab, das Bruttoinlandsprodukt sinkt. Die Kapazitäten sind nicht ausgelastet. Preise und Gewinne fallen. Die im Boom begonnenen Investitionen können nicht mehr zu Ende geführt werden, da die Erwartungen über die zukünftigen Einnahmen die hohen Schuldzinsen nicht mehr rechtfertigen. Der Abschwung ist der Beginn der Rezession. Die Beschäftigung geht zurück, allerdings unter den Bedingungen der europäischen Arbeitsmärkte nur verzögert.

Rezession. Die Rezession ist gekennzeichnet durch einen Anstieg der Arbeitslosigkeit, durch Unterauslastung auch der anderen Produktionsfaktoren und durch ein relativ niedriges Niveau der wirksamen Gesamtnachfrage im Vergleich zum gegebenen Produktionspotential und in der Regel durch eine negative Wachstumsrate des realen Bruttoinlandsprodukts. Wegen der sinkenden Einkommen, vor allem des Produktionsfaktors Arbeit, fällt die Konsumnachfrage. Die Preise für Konsumgüter steigen weniger stark an oder sinken; damit nehmen auch die Gewinne der Unternehmen in der Konsumgüterindustrie ab, und es bestehen keine Anreize für neue Investitionen. Die In–

Schaubild 23.5: Reales Bruttoinlandsprodukt und Wachstumstrend in Mrd. Euro

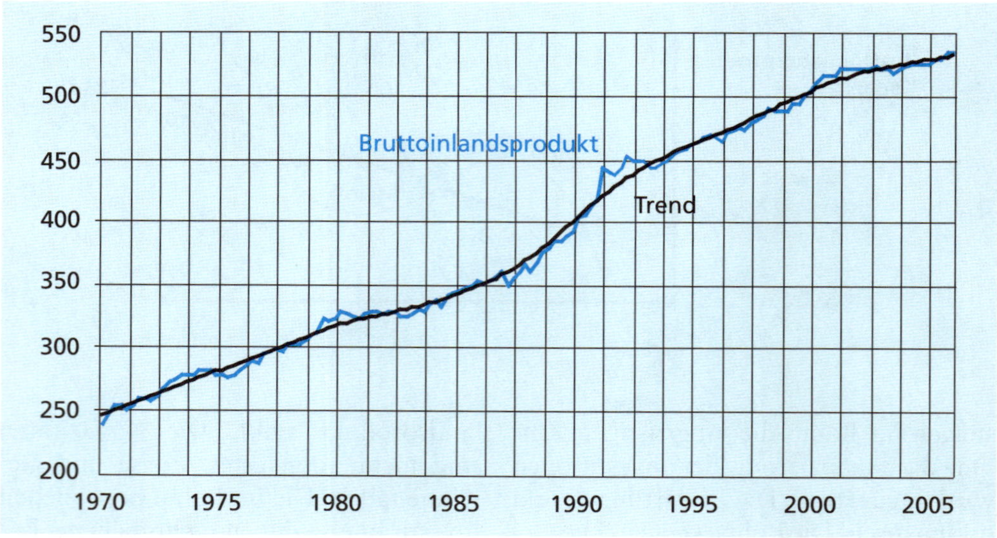

Quelle: OECD, eigene Berechnungen.

vestitionsnachfrage geht zurück. Der Bankensektor besitzt eine hohe Überschusskasse und hält zu niedrigen Zinsen Kredite für die Nichtbanken bereit, die aber davon wenig Gebrauch machen.

In Schaubild 23.5 ist die konjunkturelle Bewegung in Deutschland ab 1970 dargestellt. Dabei ist der Wachstumstrend mit der gleichgewichtigen Wachstumsrate identisch, wenn sich die Nachfrageseite in gleicher Weise entwickelt wie das Produktionspotential. Weicht die Nachfrageseite jedoch in ihrer Entwicklung temporär von der Kapazität ab, so ergeben sich Schwankungen des Volkseinkommens um den langfristigen Wachstumstrend. Der Trend wurde mit einem Hodrick-Prescott Filter berechnet, einem speziell für Zeitreihen geeigneten ökonometrischen Verfahren. Der Wachstumstrend ist naturgemäß stabiler; gewisse Schwankungen sind jedoch auch hier zu beobachten: seit 2000 hat sich der Wachstumstrend gegenüber den 1990er-Jahren abgeschwächt.

Nach der Rezession 1982 waren die 1980er-Jahre durch einen lang anhaltenden Aufschwung gekennzeichnet. Durch die deutsche Vereinigung kann es dann in Westdeutschland zu einer konjunkturellen Überhitzung und 1993 zu einem starken Einbruch.

Der Konjunkturzyklus in Deutschland seit 1970 ist in Schaubild 23.6 dargestellt. Dabei sind die Abweichungen des realen Bruttoinlandsprodukts (Quartalswerte) vom Wachstumstrend dargestellt. Der Trend des Bruttoinlandsprodukts definiert das Referenzmaß für die Schwankungen, also die Nulllinie; er variiert in der Zeit. In Schaubild 23.6 sind die Höhepunkte der Konjunkturbewegungen mit den Quartalswerten angegeben; Höhepunkte wurden erreicht im 1. Quartal 1973, im 2. Quartal 1979 und im 2. Quartal 1991. Tiefpunkte der Konjunktur lagen vor im 1. Quartal 1968, im 1. Quartal 1975, im 4. Quartal 1982 und im 1. Quartal 1993. Weitere Tiefpunkte lagen im

Kasten 23.1 Was ist eine Rezession?

Die Klassifikation der einzelnen Konjunkturphasen ist nicht einfach. Es gibt drei Ansätze:

1. Man ermittelt die maximale bzw. normale Produktionsmöglichkeit (das Produktionspotential) und untersucht, inwieweit die tatsächliche Produktion davon abweicht.
   Das maximale Produktionspotential kann berechnet werden als die mit den gegebenen Faktoren Arbeit und Kapital maximal mögliche Produktion. Ferner wird eine normale Auslastung des Produktionspotentials ermittelt, die – je nach Konjunkturzyklus – etwa bei knapp 97 vH des Potentials liegt.
   Eine Rezession liegt dann vor, wenn das Bruttoinlandsprodukt
   - deutlich unter der Normalauslastung liegt und
   - gleichzeitig fällt oder langsamer wächst als das Produktionspotential.

   Entsprechend ist ein Boom dadurch gekennzeichnet, dass das Bruttoinlandsprodukt
   - deutlich über der Normalauslastung (nahe dem Produktionspotential) liegt und
   - schneller steigt als das Potential.

   Ein Aufschwung ist nach diesem Ansatz dadurch gekennzeichnet, dass sich die Auslastung verbessert, und zwar sowohl unterhalb als auch oberhalb der Normalauslastung. Analog ist ein Abschwung dadurch charakterisiert, dass der Auslastungsgrad abnimmt, und zwar sowohl oberhalb als auch unterhalb der Normalauslastung. Der kritische Punkt dieses Ansatzes ist die Frage, inwieweit das Produktionspotential eindeutig bestimmt werden kann.

Schaubild Kasten 23.1: Was ist eine Rezession?

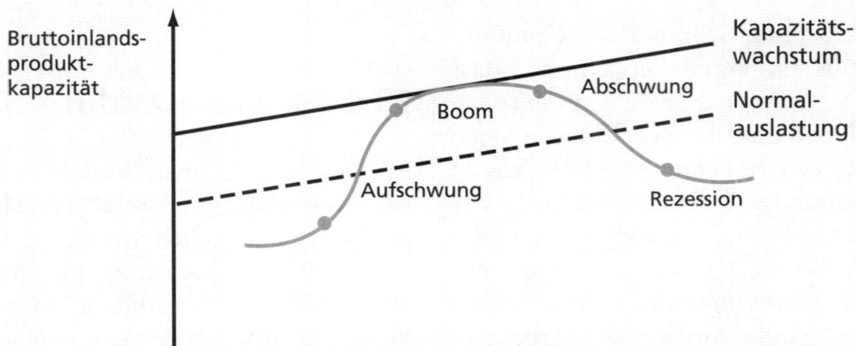

2. Der zweite Ansatz besteht darin, einen langfristigen Wachstumspfad zu ermitteln dem die Volkswirtschaft folgt. Abweichungen von dieser Trend-Wachstumsrate stellen dann Auf- und Abschwung bzw. Boom und Rezession dar. In den Schaubildern 23.5 und 23.6 ist dazu ein Wachstumstrend berechnet worden, von dem die Abweichungen definiert werden.
3. Pragmatisch wird von einer Rezession dann gesprochen, wenn in zwei aufeinander folgenden Quartalen die Veränderungsrate des Bruttoinlandsprodukts negativ ist.

Schaubild 23.6: Der Konjunkturzyklus in Deutschland

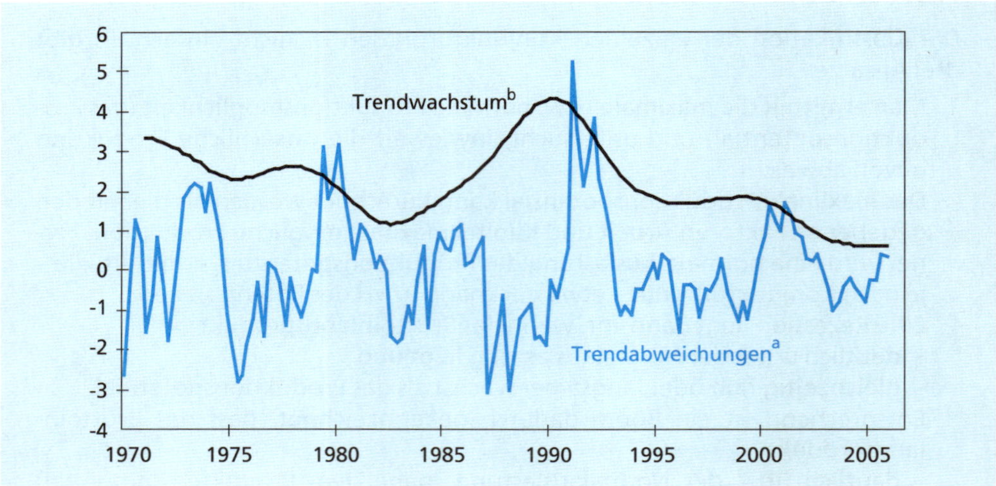

[a] Trendabweichungen berechnet mit Hilfe eines Hodrick-Prescott-Filters, rechte Skala. –
[b] Veränderung der Trendkomponente gegenüber dem Vorjahr in vH (Westdeutschland).

Quelle: OECD, Datastream; eigene Berechnungen.

1. Quartal 1997 und auch in der ersten Jahreshälfte 1999 sowie eine leichte Rezession in der ersten Jahreshälfte 2002.

Aus der Kennzeichnung des Konjunkturzyklus ist bereits ersichtlich, dass eine Schwankung von gesamtwirtschaftlich wirksamer Nachfrage und gesamtwirtschaftlichem Angebot äußerst unerwünschte Wirkungen hat: (1) Die Nachfrage nach Arbeitskräften und damit die Beschäftigungslage variiert mit dem Konjunkturzyklus. Rezessionen sind Zeiten des Anstiegs der Arbeitslosigkeit. (2) Die soziale Absicherung der Arbeitslosen belastet bei lang andauernder Rezession in der Regel den Staatshaushalt. (3) Das Preisniveau steigt in der Hochkonjunktur (Inflationsproblem). (4) Die Steuereinnahmen variieren mit dem Konjunkturverlauf, so dass der Spielraum staatlicher Tätigkeit in der Rezession eingeschränkt wird. (5) Die internationale Übertragung des Konjunkturzyklus bringt die Gefahr mit sich, dass Länder den Freihandel einschränken.

23.4 Dauer des Zyklus

In der Vergangenheit sind konjunkturelle Bewegungen als relativ regelmäßige Zyklen beobachtet worden. Über die Dauer des Konjunkturzyklus sind unterschiedliche Hypothesen formuliert worden. Oft wird die Dauer eines Zyklus mit etwa 7 Jahren veranschlagt. In der Vergangenheit wurden aber auch relativ kurzfristige Konjunkturzyklen von etwa 4 Jahren Dauer beobachtet (Mitchell- oder Kitchin-Zyklus). Der Juglar-Zyklus stellt einen Zyklus von etwa 11 Jahren dar, wie er etwa beim Bauzyklus zu beobachten ist. Schließlich postuliert der Kondratieff-Zyklus langfristige Konjunkturwellen von etwa 50 Jahren,

Tabelle 23.1: Konjunkturzyklen in Deutschland

1963	–	1965	Boom	
1965	–	Ende 1967	Rezession	
Mitte 1967	–	1970	Aufschwung	
1970	–	Ende 1971	Mini-Rezession	
Anfang 1972	–	Mitte 1973	Boom	
Mitte 1973	–	Mitte 1975	Rezession	BIP-Rate 1975: – 1,0 vH
Mitte 1975	–	Ende 1976	Aufschwung	
Ende 1976	–	Anfang 1978	Mini-Rezession	
Anfang 1978	–	Ende 1979	Boom	
Anfang 1980	–	Ende 1982	Rezession	BIP-Rate 1982: – 0,8 vH
Ende 1982	–	Ende 1985	Aufschwung	
Anfang 1986	–	Mitte 1987	Mini-Rezession	
Anfang 1988	–	Mitte 1991	Boom	
1993			Rezession	BIP-Rate 1993: – 1,1 vH
1994			Aufschwung	
Anfang 1995	–	Anfang 1997	Mini-Rezession, 1995- 2002 Wachstumsschwäche	
Anfang 1997	–	Anfang 1998	Aufschwung	
Anfang 1998	–	Mitte 1999	Mini-Rezession	
Mitte 1999	–	2002	Aufschwung	
2002			Rezession im ersten Halbjahr	
Ende 2002	–	Mitte 2003	Rezession	
Ende 2003	–	Mitte 2004	Mini Aufschwung	
Ende 2004			Mini Rezession	
Anfang 2005	–	Mitte 2006	Aufschwung	

die mit innovativen Wachstumsphasen einhergehen. In Schaubild 23.6 ist die Konjunkturschwankung für Deutschland verzeichnet.
Betrachtet man die prozentuale Abweichung der Produktion vom langfristigen Trend in Schaubild 23.6, so lassen sich für Westdeutschland die in der Tabelle 23.1 dargestellten Phasen der Konjunkturbewegung erkennen.

23.5 Konjunkturimpulse

Die Klassifizierung des Konjunkturzyklus in die vier Phasen Rezession, Aufschwung, Hochkonjunktur und Abschwung stellt noch keine Erklärung der konjunkturellen Bewegungen dar. Ein Erklärungsversuch muss die vier Phasen miteinander verknüpfen und aufzeigen, durch welche Prozesse die eine Phase aus der anderen hervorgeht. Wir müssen dabei besonders der Frage Aufmerksamkeit schenken, wie es zu einem Umschlag von einem Boom in den Abschwung kommt und wie der Beginn des Aufschwungs aus der Rezession zu begründen ist.

Bei der Erklärung der Konjunkturbewegung wie der ökonomischen Realität überhaupt befindet sich der Ökonom in einer ähnlichen Lage wie der Detektiv.

Er kennt wie der Detektiv ein bestimmtes Ereignis, aber er weiß nicht, wer bzw. welche Faktoren dieses Ereignis herbeigeführt haben. Der erste Schritt zur Erklärung besteht nun darin, alle in Frage kommenden Möglichkeiten zu prüfen. Eine solche Möglichkeitsanalyse wollen wir beim Konjunkturproblem anwenden. Wir wollen nicht einen einzigen der unendlich vielen Erklärungsversuche heranziehen, sondern uns fragen, welche möglichen Faktoren und Mechanismen eine Rolle spielen können. Dabei bleibt es dem Konjunkturpolitiker überlassen, jeweils die Faktoren zu beeinflussen, die er in einer bestimmten Situation für entscheidend hält.

Der Konjunkturzyklus ist mit dem Pendeln eines Schaukelstuhls verglichen worden. Ähnlich wie bei der Bewegung eines Schaukelstuhls lassen sich bei der Erklärung konjunktureller Bewegungen drei Fragen unterscheiden:

- Welche Impulse werden auf die Wirtschaft (den Schaukelstuhl) ausgeübt?
- Wie reagiert die Wirtschaft (der Schaukelstuhl) auf diese Impulse? Ist die Wirtschaft (der Schaukelstuhl) so beschaffen oder strukturiert, dass die Impulse nicht abgeschwächt, sondern verstärkt werden? (Sind die Enden des Schaukelstuhls zum Schaukeln verstärkt?)
- Gibt es Selbstverstärker in der Wirtschaft, die einen einmal gegebenen Impuls noch kräftiger werden lassen? (Baumelt Opa mit den Beinen?)

Unter Impulsen verstehen wir solche Faktoren und Entwicklungen, die ein Auseinanderklaffen von Nachfrage- und Angebotsseite bewirken und damit einen Konjunkturzyklus in Gang setzen können. Die folgenden Faktoren, die sowohl stimulierend als auch depressiv wirken können, mögen als Konjunkturverursacher eine Rolle spielen.

1. Technische Entwicklungen. Schumpeter[1] hat die These vertreten, dass der Konjunkturzyklus das Resultat revolutionierender technischer Innovationen ist. Nach diesem Ansatz sind jedoch nicht die Erfindungen die entscheidenden Konjunkturauslöser, sondern die massenhafte Durchsetzung dieser Erfindungen. Der Innovationsprozess vollzieht sich nach Schumpeter nicht kontinuierlich und in kleinen Schritten, sondern sprunghaft. Die überwiegende Mehrheit der Unternehmer hängt demnach an traditionellen Produktionsverfahren und wagt sich nicht an die risikoreiche Anwendung neuer Herstellungsmethoden heran. Es gibt jedoch einige wagemutige und risikobereite Innovatoren,
die eine Erfindung realisieren. Ist ein solcher Durchbruch einmal erfolgreich gelungen, so schließen sich die Imitatoren in Scharen mit Neuinvestitionen an, da sie befürchten, den Anschluss zu verpassen.

2. Bevölkerungsentwicklung. Auch eine Zunahme der Bevölkerung kann zu einer konjunkturellen Bewegung führen. Bevölkerungswachstum bringt eine erhöhte Nachfrage nach Lebensmitteln, Wohnungen und öffentlicher Infrastruktur mit sich. Diese vermehrte Konsumnachfrage führt zu neuen Impulsen in der Investitionsgüterindustrie. Dem Anstieg der Gesamtnachfrage, der ohne große zeitliche Verzögerung mit der Bevölkerungsentwicklung einhergeht, steht aber ein verzögerter Kapazitätsef-

---

[1] J. A. Schumpeter, Konjunkturzyklen. Eine theoretische, historische und statistische Analyse des kapitalistischen Prozesses, Göttingen 1961, S. 140.

fekt gegenüber. Denn bis zur Erweiterung des Arbeitsangebots und damit der Kapazität durch die zusätzliche Bevölkerung vergeht u. U. Zeit.

3. Präferenzverschiebungen. Änderungen in den Wünschen der Konsumenten, modische Strömungen, das Verlangen nach neuen Produkten, aber auch neue politische Prioritäten (Umschichtung in der Nachfrage des Staates, Umschichtungen zwischen staatlicher und privater Nachfrage) können Anpassungsprozesse auslösen, bei denen Nachfrage- und Kapazitätsentwicklung auseinanderklaffen.

4. Änderungen des gesellschaftlichen Systems. Konjunkturimpulse können auch von neuen Organisationsformen und Änderungen des sozialen Systems herrühren. So ist es denkbar, dass die starken Änderungen der gesellschaftlichen Systeme in den Entwicklungsländern unterschiedliche, z. B. zeitlich verzögerte Nachfrage- und Angebotseffekte verursachen, so dass sich konjunkturelle Schwankungen ergeben. Betrachten wir etwa den sog. Demonstrationseffekt, der zum Ausdruck bringt, dass sich Bewohner eines Entwicklungslandes der westlichen Lebensweise bewusst werden. Diese Demonstrationseffekte können zwar auf lange Sicht eine Änderung des gesellschaftlichen Systems und damit eine Zunahme der Produktionskapazität bewirken. Mit dem Demonstrationseffekt ist aber in kurzer Zeit eine Orientierung des Konsumverhaltens an westlichen Vorbildern und damit eine Verschiebung der Nachfragekurve nach oben verbunden. Die Nachfragewirkung des Demonstrationseffektes tritt dann schneller ein als die Angebotswirkung. Damit kann ein konjunktureller Prozess in Gang kommen.

5. Geldsystem. Eine starke Ausdehnung der Geldmenge bzw. Kreditausweitung durch das Bankensystem kann zu einem Boom führen, wenn der zusätzliche Kredit nachfragewirksam wird und das Angebot konstant bleibt. Im 16. Jahrhundert beispielsweise verursachte die erhöhte Geldproduktion, die durch den Goldimport aus den Kolonien in Mittel- und Südamerika zu erklären war, eine erhebliche Ausweitung des Kredits. In diesem Fall verband sich ein Impuls, die erhöhte Goldmenge, mit einem strukturellen Faktor, nämlich der Goldwährung. Die Folge waren eine Reihe von Hochkonjunkturen mit erheblicher Geldentwertung.

6. Wirtschaftspolitische Maßnahmen, wie z. B. die Öffnung der Grenzen einer Volkswirtschaft (etwa der Fall der Mauer 1989), die Schaffung eines gemeinsamen Marktes oder eine drastische Änderung der Steuerlastquoten können Nachfrage und Angebot in unterschiedlicher Weise beeinflussen, so dass es zu konjunkturellen Bewegungen kommen kann.

7. Politische Faktoren. Auch andere politische Impulse können ein Anstoß für konjunkturelle Bewegungen sein. Konjunkturen als Folge politischer Ereignisse finden wir z. B. bei Kriegen. So verursachte nach dem Zweiten Weltkrieg die während des Krieges künstlich eingeschränkte Nachfrage eine inflationäre Entwicklung. Und die Korea- und Vietnam-Kriege brachten den USA eine Inflation, die von dort auf die Handelspartner ausstrahlte.

8. Psychologische Faktoren. Psychologische Aspekte können schließlich eben-

falls ein Anstoß für konjunkturelle Bewegungen sein. So führen einige Nationalökonomen die Konjunktur auf Optimismus- und Pessimismuswellen zurück. Es kann sein, dass die Erwartungen der Marktteilnehmer über eine bestimmte Wirtschaftsentwicklung diese Entwicklung erst auslösen (»self-fulfilling prophecy«).

23.6 Struktur und Anpassungsfähigkeit der Wirtschaft

Sind die Impulse gegeben, so lautet die zweite Frage der Konjunkturtheorie, wie das Wirtschaftssystem auf diese Konjunkturauslöser reagiert. Die Reaktion der Volkswirtschaft auf die genannten Impulse hängt entscheidend von der Struktur der Wirtschaft und der Anpassungsfähigkeit des Produktionsapparates ab.

1. Flexibilität des Produktionsapparates. Ist die Produktionsstruktur einer Volkswirtschaft relativ starr, so können Anpassungen an Nachfrageschwankungen nur schwer erfolgen. Die Flexibilität des Produktionsapparates ist eine Funktion der räumlichen und sektoralen Mobilität der Produktionsfaktoren. Unterstellen wir einen Sektor, der kurzfristig sein Angebot bei steigender Nachfrage nicht erhöhen kann. Diese Tatsache hat Preis- und Gewinnsteigerungen zur Folge. Preisanstieg und Gewinnzunahme locken zusätzliche Unternehmer und zusätzliches Kapital in den Engpasssektor. Durch einen höheren Lohn können zusätzliche Arbeitskräfte gewonnen werden. Die Mobilität der Produktionsfaktoren ist also eine wichtige Voraussetzung für den Abbau eines Engpassbereichs. Je größer die Mobilität, umso anpassungsfähiger an geänderte Bedingungen ist die Volkswirtschaft; und je anpassungsfähiger die Wirtschaft, umso geringer sind die konjunkturellen Schwankungen, die als Reaktionen eines ökonomischen Systems auf Konjunkturimpulse einsetzen. Alle institutionellen Regelungen, die die Mobilität der Produktionsfaktoren (z. B. auch der Arbeitskräfte) einschränken (wie z. B. unternehmensbezogene Pensionsfonds, die beim Ausscheiden aus dem Unternehmen verfallen) sind deshalb nicht nur aus allokationspolitischen, sondern auch aus konjunkturpolitischen Gesichtspunkten fragwürdig. Auch die institutionellen Regelungen, die die Arbeitszeit und damit die Maschinenlaufzeiten definieren, beeinflussen die Flexibilität. Kann z. B. eine dritte Schicht gefahren oder am Samstag gearbeitet werden, so können sich Unternehmen zeitmäßig anpassen.

2. Unteilbarkeit der Produktionsfaktoren. Die Mobilität und deshalb auch die Anpassungsfähigkeit der Produktion werden entscheidend von den Mindestmengen der einzusetzenden Produktionsfaktoren beeinflusst. So erfordert eine Reihe von Produktionstätigkeiten einen Mindesteinsatz des Produktionsfaktors Kapital. Die Errichtung einer zusätzlichen Kokerei, die Abtäufung eines Bergwerkschachts, die Installierung eines zusätzlichen Fließbandes in einer Automobilfabrik und der Bau eines Staudamms sind Beispiele für die relativ starke Unteilbarkeit des Produktionsfaktors Kapital. Sektoren, die durch Einsatz solcher Mindesteinsatzgrößen eines Produktionsfaktors gekennzeichnet sind, stellen eine wichtige Ursache für die mangelnde kurzfristige Anpassungsfähigkeit des Produktionsapparates dar. Treffen Nachfrageverän-

derungen auf solche Bereiche, so können diese Bereiche im Fall von Nachfragesteigerungen nicht schnell durch eine Kapazitätsausdehnung reagieren. Preisänderungen treten an die Stelle von Mengenänderungen, und ein konjunktureller Impuls wird verschärft. Im Fall von Nachfragesenkungen erfolgt eine Unterauslastung der Kapazität, da die Kapazität kurzfristig nicht abgebaut werden kann. In der letzten Zeit hat der technische Fortschritt die Dezentralisierung der Produktion (Fragmentierung) gestärkt und damit die Schnelligkeit der Anpassungsprozesse erhöht.

3. Ausreifungszeit der Produktion. Eine mangelnde Reaktionsfähigkeit der Wirtschaft ergibt sich auch aus dem Charakter der Produkte, die eine lange Planungs- und Vorbereitungszeit erfordern. Die Konstruktion eines Autos, das geänderten Konsumentenpräferenzen entspricht, erfordert Entwürfe eines Prototyps auf dem Papier und in der Praxis, einen Test des Prototyps und die Ausrichtung der Produktionsanlagen und u.U. des Servicesystems auf das neue Modell. Die Anpassung eines Produkts an geänderte Nachfragebedingungen geht also über Jahre. Ähnliches gilt für den Aufbau einer Produktionsanlage. Die Flexibilität des Produktionsapparates wird dadurch beeinträchtigt. Allerdings werden in der letzten Zeit die Lebenszyklen der Produkte kürzer.

4. Funktionsfähigkeit des Preissystems. Ein weiteres Anpassungskriterium ist die Funktionsfähigkeit des Preismechanismus. Ein funktionsfähiger Preismechanismus erleichtert die Anpassung des Angebots an die Nachfrage und verringert die Konjunkturempfindlichkeit einer Wirtschaft. Ein Preisanstieg wirkt als Signal für die geänderte Gewinn- und Einkommenssituation in einem Sektor. Variable Zins- und Lohnsätze erlauben eine schnelle Beseitigung von Engpässen und damit auch eine schnelle Anpassung der Wirtschaft an geänderte Situationen. Gibt das Preissystem die Knappheitsrelationen auf dem Güter- und Faktormarkt und Engpasssituationen in den einzelnen Sektoren verzerrt wieder, so werden auch die Anpassungsprozesse der Wirtschaft an geänderte Nachfragebedingungen in falsche Richtungen gedrängt.
Sind die Preise starr, so gilt die These der Mengenrationierung. Eine Marktseite wird rationiert. Gleichzeitig muss sich in diesem Fall – etwa bei rückläufiger Nachfrage – das Wirtschaftssystem über die Mengen anpassen, also über geringere Produktionsmengen und eine niedrigere Beschäftigung. Bei flexiblen Preisen fallen diese Mengenausschläge nicht so stark aus.

5. Administrierte Preise, d.h. Preise, die für eine längere Zeit festgehalten werden, schränken die Funktionsfähigkeit des Preismechanismus ein. Die Gründe, warum Preise »administriert« sind, reichen von Kostenüberlegungen (die Druckkosten der Preisliste verhindern bei Mehrproduktunternehmen eine sehr schnelle Anpassung der Preise, oft soll auch die interne Kalkulationsbasis nicht zu häufig geändert werden) über Anforderungen der Werbung, Organisations- und Entscheidungsverfahren, durch die Preise gesetzt werden, Kartelle (bei denen es in der Regel einer neuen Absprache bedarf, wenn Preise geändert werden sollen, vgl. OPEC) und die Zeit in Anspruch nehmenden Lohnverhandlungen zwischen den Tarifpartnern bis zur politischen Setzung von Preisen (z.B. Agrarmarkt der EG). Ein eklatantes Beispiel für einen politisch gesetzten Preis

war die unterbewertete DM der 1960er-Jahre, die der deutschen Exportwirtschaft einen künstlichen Exportvorteil verschaffte (aber inflationär wirkte). Dieser politische Preis hatte eine zu starke, verzerrte Expansion der Exportwirtschaft zur Folge. Da die Unterbewertung einer Währung nicht lange zu halten ist (Zahlungsbilanzüberschüsse, importierte Inflation), musste letztlich der Wechselkurs abrupt freigegeben werden, und im Exportsektor entstanden starke Anpassungsprobleme.

6. Dezentrale Organisation. Wie wir in der Preistheorie gesehen haben, ist die dezentrale Organisation einer Wirtschaft ein wichtiger Faktor für die Anpassungsfähigkeit einer Volkswirtschaft. Alle neuen Regelungen des ökonomischen Systems, die diese dezentrale Organisation eines ökonomischen Systems aufheben, können deshalb auch aus konjunkturpolitischer Sicht kritisch betrachtet werden.

23.7 Selbstverstärker- und Ausbreitungsmechanismen

Die Reaktion des Wirtschaftssystems auf Konjunkturimpulse hängt nicht allein von der Struktur und Anpassungsfähigkeit der Volkswirtschaft ab, sondern auch davon, ob selbstverstärkende Faktoren auftreten, die den einmal in Gang gekommenen Prozess weiter verstärken bzw. ihn in spätere Perioden übertragen, so dass er sich in der Zeit ausbreiten kann.

1. Lagerhaltung. Ein wichtiger Aspekt der Reaktion des Wirtschaftssystems auf Konjunkturimpulse ist der Zeitbedarf der Anpassung. Als Beispiel betrachten wir den Lagerhaltungszyklus. Schaubild 23.7 stellt eine vereinfachte Kette der Nachfrageströme vom Konsumenten zum Produzenten dar, die noch komplizierter ist, wenn man die Bezüge des Produzenten berücksichtigt und die vertikale Struktur der Produktion betrachtet.

Unterstellen wir, dass in einer Gleichgewichtssituation, in der geplantes Sparen mit geplantem Investieren übereinstimmt, die Ersparnisse plötzlich zunehmen. Die Folge der daraus erwachsenen Reduzierung der Konsumnachfrage wird sein, dass sich die Läger der Händler auffüllen, da die Händler nicht so schnell auf die Nachfrageänderung reagieren können. Nach einer Zeit werden die Händler ihre Bestellungen bei den Großhändlern jedoch einschränken. Die Großhändler reagieren ebenfalls mit einer zeitlichen Verzögerung und werden daher ihre Bestellungen bei den Produzenten zunächst aufrechterhalten und die Waren auf Lager nehmen. Erst später, wenn ihre Läger gut gefüllt sind, werden sie ihre Bestellungen reduzieren. Schließlich vollzieht sich der Prozess der Lagerfüllung auch bei den Produzenten. Wenn auch ihre Läger gefüllt sind, müssen sie die Produktion einschränken. Arbeiter werden entlassen, das Volkseinkommen sinkt.

Jetzt können die in der Zwischenzeit aufgefüllten Läger die konjunkturelle Lage verschärfen. Das geschieht, wenn die Händler beginnen, ihre Lagerhaltung wieder auf das ursprüngliche Niveau abzubauen. Das Gleiche gilt für die Großhändler. Die Produzenten müssen ihren Output vorübergehend stärker einschränken als die Konsumnachfrage tatsächlich sinkt, da auch noch die Läger abgebaut werden müssen. Dadurch werden weitere Beschäftigungsrückgän-

Schaubild 23.7: Kette der Nachfrage

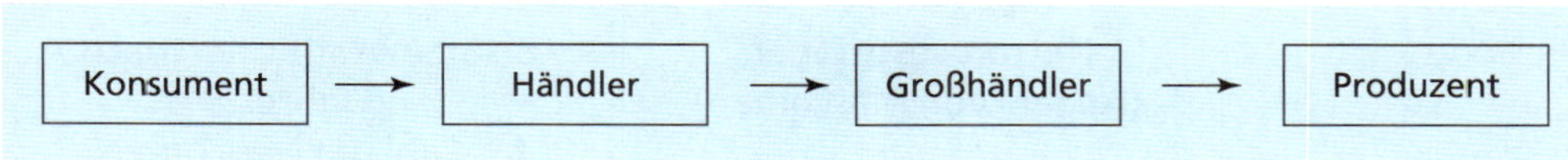

ge und Einkommenseinbußen in späteren Perioden verursacht.

Der Lagerhaltungszyklus trägt nicht nur zu einer zeitlichen Ausbreitung des Abschwungs, sondern auch des Aufschwungs bei. Unterstellen wir, es erfolgt eine Zunahme der Nachfrage und die Händler haben ihre Läger bereits reduziert. Infolge ihrer abgebauten Läger bestellen die Einzelhändler dann mehr als die Zunahme der Konsumnachfrage ausmacht, mit der Folge eines zusätzlichen Anstiegs der Produktion und der Beschäftigung.

Bei den Produzenten entwickeln sich die Läger für Endprodukte und Zwischenprodukte im Konjunkturverlauf unterschiedlich. Im Aufschwung nehmen die Läger für Endprodukte schnell ab; dagegen werden in Erwartung steigenden Absatzes neue Zwischenprodukte gelagert. Im Abschwung nehmen die Läger für Endprodukte zu; die Läger für Zwischenprodukte werden knapp gehalten.

2. Zeitstruktur von Bestandsgrößen. Bestandsgrößen wie der Kapitalstock werden nach einer Reihe von Jahren erneuert. Dies hat einerseits zur Folge, dass eine Hochkonjunktur mit starkem Aufbau von Kapitalgütern nach Ablauf der Nutzungsdauer der Kapitalgüter zu starken Ersatzinvestitionen führt. Andererseits wird eine Rezession nach Ablauf der Nutzungsdauer schwache Ersatzinvestitionen zur Folge haben. Die Volkswirtschaft schleppt gewissermaßen die Zeitstruktur ihres Kapitalbestandes mit. Stoßen solche Zyklen bei den Ersatzinvestitionen mit Schwankungen bei anderen Größen zusammen, so kann sich eine Verstärkung der Konjunkturbewegung ergeben. In Tabelle 23.2 ist eine Lebensdauer der Maschinen von fünf Jahren unterstellt. In Spalte 2 sind die als exogen unterstellten Nettoinvestitionen verzeichnet, in Spalte 3 die fünf Jahre später erfolgenden Ersatzinvestitionen. Die höheren Investitionen der Jahre 4 und 5 finden also in den Jahren 9 und 10 einen Widerhall. Ähnlich spiegelt sich die Investitionsdelle in den Perioden 7, 8 und 9 in den Jahren 12, 13 und 14 wider. Die Tabelle zeigt, dass die Ersatzinvestitionen den Zyklus der Nettoinvestitionen mit einer zeitlichen Verzögerung wiederholen.

Bei einer etwas realistischeren Betrachtung wird die Vornahme einer Ersatzinvestition auch von der konjunkturellen Lage beeinflusst. In einer Rezession werden Ersatzinvestitionen unterlassen. Fällt eine Rezession mit dem Tiefstand des Zyklus der Ersatzinvestitionen zusammen, so sinken diese noch stärker als im Zyklus der Ersatzinvestitionen. Andererseits können in der Hochkonjunktur unterlassene Ersatzinvestitionen nachgeholt werden und den Boom verstärken.

Neben dem Kapitalstock ist die Bevölkerung eine weitere Bestandsgröße, die sich bei gegebener Geburten- und Sterberate zyklisch verändert. So wirkt sich z. B. der Baby-Boom der Zeit nach dem Zweiten Weltkrieg in einer starken Zunahme der erwachsenen Bevölkerung ab Ende der 1960er-Jahre aus. Die Folgen

Tabelle 23.2: Zeitmechanik der Ersatzinvestitionen

Periode	Nettoinvestitionen (Anzahl von Maschinen)	Ersatzinvestitionen nach 5 Jahren (Anzahl der Maschinen)
1	10	–
2	10	–
3	11	–
4	14	–
5	15	–
6	11	10
7	9	10
8	7	11
9	6	14
10	10	15
11	10	11
12	10	9
13	10	7
14	10	6
15	10	10

daraus sind vermehrter Infrastrukturbedarf und größeres Arbeitsangebot.

3. Kontraktbedingte Zahlungen. Eine Verschärfung der konjunkturellen Bewegung findet auch über kontraktbestimmte Kosten statt, die wie langfristige Zinssätze und Tariflöhne für eine längere Dauer festgelegt sind. Man betrachte zwischen Arbeitgebern und Gewerkschaften ausgehandelte Tarifverträge mit einer Dauer von drei Jahren. Wenn z. B. die Preise in einer Hochkonjunktur steigen, nehmen die kontraktbestimmten Zins- und Lohnzahlungen nicht in gleicher Weise und oft erst mit einer erheblichen zeitlichen Verzögerung zu. Ein Anstieg der Preise wird also bei relativ konstanten kontraktbedingten Kostenfaktoren zu einem höheren Gewinn führen als das bei flexiblen Kosten der Fall ist. Dadurch wird der Aufschwung angeheizt. Dagegen wird die Belastung im Abschwung wieder stärker, da die kontraktgebundenen Löhne nicht zurückgehen können. Die Gewinne gehen stark zurück, da die kontraktbestimmten Einkommen kurzfristig nicht verändert werden können. Die Anreize zur Investition werden reduziert.

Aber auch bei einjährigen Tarifverträgen, wie sie in Deutschland üblich sind, ergibt sich eine ähnliche Tendenz, da möglicherweise noch hohe Lohnforderungen durchgesetzt werden, wenn die Konjunktur bereits kippt – wie Anfang 1992 und Anfang 2002. Dann kann es zu einem konjunkturellen Rückgang kommen. Dieser Selbstverstärker könnte entschärft werden, wenn ein Teil des Lohns gewinn- oder erlösabhängig wäre. Dieses Bonussystem wenden z. B. die Japaner an. Geht es einem Unternehmen gut, erhalten die Arbeitnehmer einen zusätzlichen Lohn; geht es dem

Unternehmen schlecht, so beziehen sie nur die ertragsunabhängige Lohnkomponente. Damit erhält eine Volkswirtschaft zusätzliche Flexibilität.

4. Erwartungen. Konjunkturauslöser können auch durch psychologische Prozesse verstärkt werden. Jede Entscheidung der Wirtschaftssubjekte basiert auf bestimmten Erwartungen über die Zukunft. Eine Entscheidung für eine Investition setzt beispielsweise die Erwartung des Unternehmers voraus, dass er die zu erstellenden Produkte absetzen kann. Die Verstärkung des Konjunkturzyklus durch die Erwartung besteht nun darin, dass Erwartungen, sogar wenn sie objektiv falsch sind, die realen Prozesse beeinflussen und sie zumindest vorübergehend bestätigen können.
Angenommen, in einem Engpasssektor trete ein Preisanstieg auf und die Wirtschaftssubjekte rechnen mit weiterem Preisauftrieb. Selbst wenn diese Erwartung objektiv unbegründet ist, werden die Wirtschaftssubjekte, wenn sie ihr Handeln an dieser Erwartung ausrichten, vermehrt Güter kaufen, um dem vermeintlichen Preisanstieg zu entgehen. Dadurch aber nimmt die Nachfrage zu – und die Preise steigen tatsächlich. Erwarten Haushalte und Unternehmen dagegen ein Sinken der Preise, werden sie ihre Nachfrage einschränken, um die Güter zu einem späteren Zeitpunkt zu dem erwarteten niedrigeren Preis zu erwerben. Die Nachfrage fällt, und die Preise sinken tatsächlich. Erwartungen der Wirtschaftssubjekte können also ein wichtiger selbstverstärkender Faktor im Konjunkturzyklus sein.

5. Akzelerator. Ein weiterer Selbstverstärker ist die Abhängigkeit des Investitionsgütersektors vom Konsumgüterbereich, die anhand des Akzelerationsprinzips untersucht worden ist. Der Akzelerator ist in Tabelle 23.3 an einem Beispiel erläutert. Es sei unterstellt, dass pro Periode für die Produktion von 10 000 Konsumgütern, z. B. Damenmänteln, neben dem Einsatz anderer Produktionsfaktoren eine Maschine erforderlich sei. Die Maschine habe eine Lebensdauer von zehn Jahren. Sie muss im elften Jahr durch eine neue Anlage ersetzt werden. Nehmen wir an, dass im zehnten Jahr 10 Maschinen vorhanden sind, die ausreichen, 100 000 Einheiten Konsumgüter herzustellen. Die zehn Anlagen seien in den Jahren 1 bis 9 nacheinander angeschafft worden, so dass ab dem 11. Jahr in jedem Jahr eine Anlage ersetzt werden muss. Die Ersatzinvestition umfasst also in den Jahren 11 bis 20 je eine Maschine.

- Wenn die Konsumgüternachfrage 100 000 Damenmäntel beträgt und auf dem gleichen Niveau verharrt, wie es in Tabelle 23.3 für die Jahre 11, 12 und 13 angenommen wird, bleibt die Investition auf den Ersatz einer Anlage pro Jahr beschränkt.
- Im Jahr 14 steige nun die Konsumgüternachfrage um 10 vH auf 110 000 Stück. Die Konsumgüterindustrie muss dann eine neue Anlage bestellen. Ihre Nachfrage nach Investitionsgütern steigt brutto auf zwei Anlagen, d. h. um 100 vH.
- Steigt im Jahr 15 die Konsumnachfrage von 110 000 auf 130 000 Stück, so erhöhen sich die Nettoinvestitionen auf zwei Anlagen. Die Gesamtnachfrage nach Investitionsgütern beläuft sich auf drei Maschinen.
- Eine nochmalige Erhöhung der Konsumnachfrage im Jahr 16 auf 160 000 Stück führt zu einer Vermehrung der Investitionsnachfrage auf vier Einheiten.
- Bei einer weiteren Zunahme der Konsumnachfrage von 160 000 auf

Tabelle 23.3: Akzelerator

Jahr	Konsumnachfrage in Stück	Leistung in Konsumgütern pro Maschine	Anzahl der eingesetzten Maschinen	Nettoinvestitionen	Ersatzinvestitionen	Bruttoinvestitionen
11	100 000	10 000	10	0	1	1
12	100 000	10 000	10	0	1	1
13	100 000	10 000	10	0	1	1
14	110 000	10 000	11	1	1	2
15	130 000	10 000	13	2	1	3
16	160 000	10 000	16	3	1	4
17	170 000	10 000	17	1	1	2
18	170 000	10 000	17	0	1	1
19	160 000	10 000	16	–1	1	0

170 000 Stück im Jahr 17 sinkt die Nachfrage nach Investitionsgütern von 4 auf 2 Einheiten ab.

- Bleibt die Konsumnachfrage im Jahr 18 auf dem Niveau von 170 000 Stück, so werden keine Nettoinvestitionen mehr vorgenommen. Die Nachfrage nach Investitionsgütern fällt weiter von zwei auf eine Anlage.
- Geht die Konsumnachfrage im Jahr 19 auf 160 000 Stück zurück, so haben die Unternehmer überschüssige Kapazitäten in Höhe von einer Anlage. Sie können deshalb die Ersatzinvestition unterlassen. Die Investitionsnachfrage ist null.

Aus dem Beispiel in Tabelle 23.3 ersehen wir, dass eine kleine prozentuale Zunahme der Konsumnachfrage bereits eine beachtliche Steigerung der Investitionsnachfrage mit sich bringen kann. Für die Aufrechterhaltung eines gegebenen Niveaus der Investitionsnachfrage reicht es nicht aus, dass die Konsumnachfrage konstant bleibt. Sogar ein Anstieg des Konsums von 160 000 auf 170 000 Stück (17. Jahr) bringt eine Abnahme der Investitionsnachfrage mit sich. Eine Reduzierung der Investitionsnachfrage und damit ein Abschwung sind bereits möglich, wenn die Konsumnachfrage stagniert oder nicht mehr mit gleicher Stärke zunimmt. Es gibt also eine Funktion $I = I(\Delta C)$, bei der die Nettoinvestitionen von der Veränderung der Konsumnachfrage abhängig sind. Diese Investitionsfunktion (Akzelerator) ist nicht mit der Keynes'schen Investitionsfunktion zu verwechseln.

6. Wirtschaftspolitische Maßnahmen. Eine umstrittene Frage ist, inwieweit stabilisierungspolitische Maßnahmen aufgrund von Wirkungsverzögerungen die Konjunktur verstärken. So hat Friedman die These aufgestellt, dass die Geldpolitik, die sich nicht am Zuwachs des Produktionspotentials orientiert hat, in der Vergangenheit destabilisierend gewirkt hat. Hinzu kommt, dass die politische Entscheidungen oft »ad hoc« auf eine bestimmte wirtschaftspolitische Frage reagieren. Die politische Ökonomie spricht von einem politi-

schen Konjunkturzyklus: Vor einer Wahl werden kurzfristig solche Maßnahmen ergriffen, die die Wachstumsrate steigern, die Beschäftigung stabilisieren und die Inflationsrate drücken. Nach der Wahl werden dann die expansiven kurzfristigen Maßnahmen wieder zurückgenommen.

23.8 Zwei einfache Konjunkturmodelle

1. Das Multiplikator-Akzelerator-Modell. Wir haben gesehen, dass die Veränderung der Konsumnachfrage die Höhe der Investitionsnachfrage bestimmen kann. Angenommen, die Konsumnachfrage steigt und löst damit auch auch wie in der Tabelle 23.3 einen Anstieg der Investitionsnachfrage aus. Die steigende Investitionsnachfrage bringt durch den bereits analysierten Multiplikatorprozess eine Einkommenserhöhung mit sich. Diese Einkommenssteigerung bewirkt dann bei gegebener Konsumneigung eine höhere Konsumnachfrage, die wiederum über den Akzelerator die Investitionsnachfrage beeinflusst. Multiplikator und Akzelerator schaukeln sich also gegenseitig in die Höhe. Tabelle 23.4 zeigt, wie man durch eine Kombination von Akzelerator und Multiplikator Konjunkturschwankungen darstellen kann.

Es wird zwischen autonomen und induzierten Investitionen unterschieden. Die autonomen Investitionen sind unabhängig von der Veränderung des Konsums. Sie seien vorgegeben. Es wird unterstellt, dass die autonomen Investitionen pro Jahr um 10 Einheiten zunehmen. Die induzierten Investitionen sind von der Veränderung des Konsums abhängig. Dabei sei der Akzelerator gleich 2, d. h., eine Erhöhung des Konsums um eine Einheit steigere die Investition um zwei Einheiten.

Der Konsum ist vom Einkommen der Vorperiode abhängig mit einer Konsumquote von 0,5.

In der ersten Periode erfolge eine autonome Investition von 100. Das Volkseinkommen beträgt damit ebenfalls 100 Einheiten. Der Konsum erfolgt mit einer zeitlichen Verzögerung von einer Periode. In der zweiten Runde werden Konsumausgaben von 50 (= 100 · 0,5) getätigt. Die Veränderung der Konsumausgaben ist 50. Auf Grund des Akzelerators ergeben sich dann induzierte Investitionen von 100. Das Volkseinkommen ist die Summe aus Konsum, autonomen und induzierten Investitionen. Das Volkseinkommen der zweiten Runde in Höhe von 260 bestimmt den Konsum der nächsten Runde usw.[2]

2. Reale Konjunkturzyklen. Der Ansatz der realen Konjunkturzyklen erklärt, wie Konjunkturschwankungen durch unerwartete Angebotsschocks entstehen können. Gehen wir z. B. von einer Produktionsfunktion mit den Faktoren Arbeit und Kapital aus:

$$Y_t = F(T_t, K_t, A_t)$$

Dabei bezeichnet T_t den Stand der Technologie in Periode t. Dieser technologische Stand kann sich nun im Zeitablauf verändern, wobei diese Veränderungen den Wirtschaftssubjekten im Voraus

---

[2] Zum besseren Verständnis wird dem Leser empfohlen, andere Beispiele selbst durchzurechnen und z. B. von einer Konsumneigung von 0,75 auszugehen, einen Akzelerator von 3 zu unterstellen und zu überprüfen, wie sich das Modell verhält, wenn die autonomen Investitionen konstant bleiben oder sogar abnehmen.

Tabelle 23.4: Multiplikator-Akzelerator

Periode	Autonome Investition	Konsum	Veränderung des Konsums zur Vorperiode	Induzierte Investition	Volks-einkommen
1	100	–	–	–	100
2	110	50	50	100	260
3	120	130	80	160	410
4	130	205	75	150	485
5	140	243	38	76	459
6	150	230	–13	–26	354
7	160	177	–53	–106	231
8	170	116	–61	–122	164
9	180	82	–34	–68	194
10	190	97	15	30	317

nicht bekannt sind. Wenn T_t unerwartet steigt bzw. fällt, dann sprechen wir von einem positiven bzw. negativen Angebotsschock. Tritt nun ein positiver Angebotsschock auf, so steigt bei der angenommenen Produktionsfunktion das Einkommen, während es bei einem negativen Angebotsschock sinkt. Durch eine Abfolge von positiven und negativen Schocks lassen sich nun Konjunkturschwankungen erzeugen. Diese können durch prozyklische Reaktionen des Arbeitsangebots noch verstärkt werden. Bei einem vorübergehenden positiven Angebotsschock lohnt es sich unter Umständen, mehr zu arbeiten, da vorübergehend die Löhne höher sind. Damit lösen die Angebotsschocks nicht nur Schwankungen im Einkommen, sondern auch in der Höhe der Beschäftigung aus. Unfreiwillige Arbeitslosigkeit wie bei Keynes entsteht jedoch nicht in diesem Ansatz, da Löhne und Preise als vollkommen flexibel angenommen werden.

Wichtige Begriffe in Kapitel 23

- Konjunkturzyklus
- Rezession
- Hochkonjunktur (Boom)
- Aufschwung
- Abschwung
- Produktionspotential
- Normalauslastung
- Konjunkturverursacher
- Selbstverstärker
- Akzelerator
- Multiplikator-Akzelerator-Modell
- Reale Konjunkturzyklen

24 Wachstum

Ohne Entwicklung gibt es keinen Gewinn,
ohne Gewinn keine Entwicklung.
Joseph Alois Schumpeter

24.1 Zum Begriff des wirtschaftlichen Wachstums

Unter wirtschaftlichem Wachstum verstehen wir die langfristige, preisbereinigte Zunahme des Inlandsprodukts. Der Begriff kann sich auf die Veränderung des tatsächlichen und des potentiellen Bruttoinlandsprodukts (Produktionskapazität) beziehen. Wenn man jedoch darauf abstellt, wie sich die Versorgung der Bevölkerung mit Gütern verändert, dann muss das Wachstum als die Zunahme des Inlandsprodukts pro Kopf definiert werden.

1. Motive für Wachstum. Wirtschaftliches Wachstum ist nach dem zweiten Weltkrieg in den Vordergrund des Interesses der ökonomischen Theorie getreten. Zum einen führte die politische Auseinandersetzung der USA mit der UdSSR zu Vergleichen der Leistungsfähigkeit der Systeme der zentralen Planwirtschaft und der Marktwirtschaft, wobei als ein Kriterium für die Leistungsfähigkeit die Wachstumsrate einer Volkswirtschaft angesehen wurde. Zum anderen nahm die Öffentlichkeit zunehmend die Wachstumsprobleme der Entwicklungsländer wahr. Die Einkommensunterschiede zwischen den Entwicklungsländern und den Industrieländern sind immens. So betrug 2004 das Pro-Kopf-Einkommen pro Jahr in Burundi 90 US-Dollar, in Indien 620 US-Dollar und in den USA 41 400 US-Dollar (Tabelle 24.1). Diese Einkommensunterschiede können nur durch eine hohe Wachstumsrate der Entwicklungsländer verringert werden.

Wirtschaftliches Wachstum ist heute deshalb ein wichtiges Ziel der Wirtschaftspolitik,

a) weil es in der Regel eine Verbesserung der Güterversorgung, des Lebensstandards einer Gesellschaft ermöglicht, also Knappheit reduziert;
b) weil es als Indikator für die Leistungsfähigkeit einer Volkswirtschaft dienen kann;
c) weil durch Wachstum die Einkommenslücke zwischen wirtschaftlich weniger entwickelten und hoch entwickelten Ländern geschlossen werden kann;
d) weil in einer wachsenden Wirtschaft eine Reduzierung der Arbeitslosigkeit leichter möglich ist;
e) weil sich in einer wachsenden Wirtschaft auch eine Korrektur der durch den Marktprozess gegebenen nationalen Verteilung leichter durchführen lässt. Es ist wesentlich schwieriger, eine Umverteilung vorzunehmen, wenn das Inlandsprodukt konstant ist, weil dann Umverteilung immer eine absolute Schlechterstellung mindestens einer Gruppe bedeutet. In einer wachsenden Wirtschaft dagegen kann die Umverteilung aus den Zu-

wächsen erfolgen, und eine absolute Schlechterstellung einer Gruppe ist nicht erforderlich;

f) weil Wachstum die Staatseinnahmen erhöht sowie die Finanzierung öffentlicher Güter und die Bereitstellung sozialer Sicherheit erleichtert.

2. Zur Messung. Die Indikatoren des wirtschaftlichen Wachstums – die Zunahme des Inlandsprodukts oder des Inlandsprodukts pro Kopf – sind immer wieder in Frage gestellt worden (vgl. die Diskussion in Kapitel 15).

Das Inlandsprodukt enthält auch die Investitionen, also Güter, die in einer gegebenen Periode nicht konsumiert werden können. Eine Volkswirtschaft, in der viel gespart und investiert wird, kann dementsprechend im Vergleich zu einem anderen Land eine hohe Wachstumsrate haben, selbst wenn in dieser Periode der tatsächliche Konsum nicht (oder nicht so stark wie in dem anderen Land) gestiegen ist. Es ist deshalb vorgeschlagen worden, Wachstum am Konsum pro Kopf zu messen. Dieser Maßstab wirft jedoch eine andere Schwierigkeit auf. Denn wenn nur der Konsum einer Periode betrachtet wird, kann eine Volkswirtschaft in einer Periode dadurch ein hohes Konsumniveau erreichen, dass sie keine starke Kapitalbildung betreibt oder dass sie gar ihr Kapitalvermögen aufbraucht. Das Land lebt in diesem Fall auf Kosten zukünftiger Perioden und zukünftiger Generationen. Es erscheint daher sinnvoller, die Investitionen mit in den Wachstumsmaßstab einzubeziehen und somit auf die Veränderung der Konsummöglichkeiten und nicht auf die Veränderung des tatsächlichen Konsums abzustellen.

Das Inlandsprodukt erfasst vorwiegend die marktmäßigen Leistungen, d. h. das Produktionsergebnis, so weit es vom Marktprozess bewertet wird. So erscheinen eine Reihe von Leistungen wie z. B. die Arbeit der Hausfrauen und Hausmänner, ehrenamtliche Tätigkeit und die Selbsthilfe beim Bau eines Eigenheims nicht im Inlandsprodukt. Auch die »Schwarzarbeit« wird nicht erfasst.

Die Leistungen des Staates können nicht an dem Nutzen gemessen werden, den sie stiften, sondern gehen mit ihren Kosten (z. B. Löhne oder Mieten) in das Inlandsprodukt ein. Stellt z. B. der Staat mehr Beschäftigte ein, so steigt allein dadurch schon das Inlandsprodukt, auch wenn möglicherweise nur die Ineffizienz in der Verwaltung zunimmt.

Umweltgüter wie die Schönheit der Landschaft oder eine schadstoffarme Atemluft erscheinen nicht im Inlandsprodukt. Auch die Umweltbelastungen sind nur insoweit aufgeführt, als sie zu Anstrengungen führen, Schadstoffe zu vermeiden und Abfälle zu entsorgen. Ähnliche Probleme ergeben sich bei Rohstoffen, die den Umweltsystemen entnommen werden und zum Zeitpunkt ihrer Entnahme nur mit den Gewinnungskosten und der bei ihrer Gewinnung entstehenden Wertschöpfung ins Inlandsprodukt eingehen. Ein herrlicher Baum wie ein 300 Jahre alter Sequoiadendron giganteum, der Mammutbaum Kaliforniens, erscheint nicht im Inlandsprodukt. Erst wenn er gefällt, zersägt und vermarktet ist, bereichert er das Wohlfahrtsmaß einer Volkswirtschaft. Offenbar muss dem Konzept des Inlandsprodukts als Maßstab der Wertschöpfung in einer Periode eine Bilanz der Kapital- oder Vermögenswerte einer Volkswirtschaft gegenübergestellt werden, in der dann auch Umweltgüter und Rohstoffvorräte erfasst werden. Oder: Das Inlandsprodukt muss die Verände-

rung der Kapitalwerte angemessen wiedergeben.
Diese vorstehende Kritik an der Messung des Wachstumsziels am Inlandsprodukt macht deutlich, dass Wachstum auch eine qualitative Komponente haben muss, um letzten Endes die Verbesserung der Wohlfahrtssituation einer Gesellschaft anzuzeigen. Die Quantifizierung eines so konzipierten Wachstumsziels bereitet jedoch erhebliche Schwierigkeiten. Dies wird auch bei dem Versuch deutlich, die qualitative Komponente des Wachstums durch soziale Indikatoren zum Ausdruck zu bringen.

3. Unterschiede im Bruttonationaleinkommen pro Kopf. Der internationale Vergleich zeigt, dass erhebliche Unterschiede im Bruttonationaleinkommen pro Kopf bestehen (Tabelle 24.1). Diese Unterschiede sind etwas geringer aber immer noch deutlich, wenn die Bruttonationaleinkommen mit Kaufkraftparitäten vergleichbar gemacht werden.

4. Wachstumsprozesse in ausgewählten Ländern. Die Erfahrung mit Wachstumsprozessen in ausgewählten Ländern ist sehr unterschiedlich. Will man die Wachstumserfahrung in den letzten dreißig Jahren zusammenfassen, so ist für die Industrieländer eine Wachstumsrate des Bruttoinlandsprodukts von etwa 2,5 vH typisch. Dagegen sind die Schwellenländer in Ostasien (mit Unterbrechung während der Finanzkrise 1997) mit einer Rate von etwa 6–7 vH gewachsen. Lateinamerika liegt für diesen Zeitraum bei etwa 3 vH, wobei die »verlorene Dekade« der 80er-Jahre eine geringe Wachstumsrate von 1,6 vH aufwies. Pro Kopf nahm das Bruttoinlandsprodukt dort in der verlorenen Dekade mit 0,6 vH ab. Die Transformationsländer wachsen seit dem Zusammenbruch der Staatswirtschaften mit einer Rate von etwa 3–4 vH. Die Wachstumsrate der Welt liegt etwa bei 3 vH.

Tabelle 24.1: Bruttonationaleinkommen pro Kopf in US-Dollar, 2004

	US-Dollar (nominaler Wechselkurs)	US-Dollar (Kaufkraftparitäten)
Burundi	90	660
Äthiopien	110	810
Kongo, Dem. Rep.	120	680
Indien	620	3 100
China	1 290	5 530
Brasilien	3 090	8 020
Deutschland	30 020	27 950
Japan	37 180	30 040
Vereinigte Staaten	41 400	39 710
Schweiz	48 230	35 370

Quelle: Weltbank, World Development Report 2006.

Tabelle 24.2: Wachstumsraten ausgewählter Länder seit 1970 in vH

Industrieländer	2,5
Schwellenländer Asiens	6–7
Lateinamerika	3
Transformationsländer[a]	3–4
Welt	3

[a] Nach dem Zusammenbruch der Planwirtschaft.

Quelle: Siebert, The World Economy, Figure 1.2, Table 1.5; Weltbank, Weltentwicklungsbericht 2001/2002.

24.2 Bestimmungsfaktoren wirtschaftlichen Wachstums

Wachstum ist ein Prozess, der sich über eine Reihe von Perioden, d. h. über Jahrzehnte, hinzieht. Die Analyse kann deshalb nicht wie in der bisher dargestellten makroökonomischen Theorie kurzfristig und statisch sein. Die Untersuchung muss stattdessen langfristig und dynamisch angelegt werden. Entscheidende Annahmen der kurzfristigen Betrachtung, nämlich die Konstanz des Kapitalstocks, des Arbeitsangebots, des technischen Wissens und damit des Produktionspotentials, werden, wie auch schon bei den konjunkturellen Bewegungen, bewusst aufgegeben und zum Gegenstand der Analyse erhoben.

Zentraler Ausgangspunkt der Wachstumstheorie ist, die langfristige Veränderung des Inlandsprodukts in der Zeit zu erklären. Zur Beantwortung dieses Problems diskutiert die Wachstumstheorie die folgenden drei Fragestellungen.

Erstens: Welches sind die entscheidenden Bestimmungsfaktoren wirtschaftlichen Wachstums?

Zweitens: Wie groß ist der Beitrag, den diese Wachstumsfaktoren zur Veränderung des Inlandsprodukts leisten?

Und drittens: Wie ist die Veränderung der Wachstumsfaktoren in der Zeit zu erklären?

Das Produktionsergebnis einer Volkswirtschaft, das Bruttoinlandsprodukt Y, hängt von dem eingesetzten Sachkapital K, dem technischen Wissen T, den natürlichen Ressourcen bzw. dem Umweltsystem U, dem Boden B und dem sozialen System S ab. Bei der Arbeit unterscheiden wir hier zwischen einfacher (z. B. körperlicher) Arbeit A und dem Humankapital H, also z. B. dem Bildungsstand und Wissen der Arbeiter.

$$Y = f(K, A, H, T, U, B, S)$$

Zentraler Ansatzpunkt der Wachstumstheorie ist also eine makroökonomische Produktionsfunktion. Wenn die absolute Höhe des Produktionsergebnisses eine Funktion der Faktoreinsätze K, A, H, T, U, B und S ist, so muss die Steigerung des Produktionsergebnisses von der Zunahme dieser Produktionsfaktoren in der Zeit abhängen, also von der Kapitalbildung, der Vermehrung des Arbeitsangebots, der Erweiterung des technischen Wissens, der Vermehrung des Faktors Umwelt, seiner qualitativen Verbesserung, der Variation des Bodenangebots und der Veränderung des sozialen Systems. Damit sind bereits die entscheidenden Wachstumsdeterminanten genannt. Sie werden in den folgenden Abschnitten näher besprochen.

24.3 Kapitalbildung

Wir unterscheiden verschiedene Arten des Produktionsfaktors Kapital, je nachdem, ob es in Anlagen (als Sachkapital) oder in Personen (als Humankapital) gebunden ist und je nachdem, ob Kapital direkt produktiv ist, d. h. die Produktionskapazität direkt erhöht oder nicht, also »nur« eine Produktionsvoraussetzung darstellt. Wenn wir üblicherweise von Kapital sprechen und an Maschinen in Unternehmen denken, so erhöhen diese Anlagen mit ihrer Installierung (Investitionen) die Produktionskapazität der Unternehmen direkt. Neben direkt produktivem Kapital gibt es Kapitalgüter, die nur mittelbare Wirkungen auf die Produktionskapazität haben. Dieses Kapital ist die Voraussetzung der privaten Produktionstätigkeit. Wir bezeichnen es als Infrastrukturkapital. Hierzu zählen z. B. die Verkehrswege. Die Übergänge zwischen direkt produktivem und Infrastrukturkapital sind fließend. Kapital wird in einer Marktwirtschaft in der Regel von privatwirtschaftlich orientierten Unternehmen gebildet. Wir sprechen deshalb auch von Privatkapital. Außerdem kann der Staat Kapital bilden (öffentliches Kapital).

1. Kapitalbildung durch Ersparnisse und Investitionen

1. Nettoinvestition und Sparen. Die Akkumulation des Kapitals erfolgt über die (Neu- oder) Nettoinvestition. Die Nettoinvestition führt dem Kapitalbestand einer Volkswirtschaft neue Anlagen zu, während die Ersatzinvestition lediglich die Aufrechterhaltung eines gegebenen Kapitalbestandes bewirkt. Kapitalbildung ist nur möglich durch Konsumverzicht, d. h. durch Sparen. Eine Volkswirtschaft, die ihren Kapitalstock vergrößern will, muss also einen Überschuss produzieren, der nicht konsumiert wird.

Wie wir bereits in der Sparfunktion gesehen haben, sind die Ersparnisse von der Höhe des Volkseinkommens abhängig. Je höher das Volkseinkommen, umso größer werden absolut auch die Ersparnisse sein. Volkswirtschaften mit einem hohen Niveau des Volkseinkommens haben damit die Chance, hohe Ersparnisse zu tätigen und eine entsprechend starke Kapitalbildung zu vollziehen.

In manchen Entwicklungsländern, die für ihr wirtschaftliches Wachstums unbedingt Kapital benötigen, ist dagegen die Möglichkeit zu sparen gering. Bei einem niedrigen Volkseinkommen, das der Bevölkerung vielleicht gerade ein Existenzminimum erlaubt, kann nicht noch Konsumverzicht geleistet werden. Damit sind viele der sehr armen Entwicklungsländer, besonders in Afrika, in einem Teufelskreis gefangen, der nur schwer zu durchbrechen ist. Da das Volkseinkommen niedrig ist, sind auch die Ersparnisse und damit die Kapitalbildung niedrig. Da die Kapitalbildung gering ist, bleibt das Volkseinkommen auf seiner niedrigen Höhe. Eine Reihe von Schwellenländern hat es aber geschafft, einen Kapitalstock aufzubauen. Vor allem in Südostasien haben die Länder hohe Sparquoten.

Das Volkseinkommen ist aber nicht der einzige Einflussfaktor der Ersparnisse; Abhängig von z. B. den Zinsen, der Inflationsrate, der Einstellung der Bevölkerung zum Konsumverzicht, der Demographie (also der relativen Zahl von Jungen und Alten in einer Volkswirtschaft) oder auch von der Politik ergibt sich in verschiedenen Volkswirtschaften eine unterschiedlich starke Kapitalbildung. Tabelle 24.3 zeigt die relative Bedeutung der Kapitalbildung für einige ausgewählte Länder im Jahr 2005, wobei die Kapitalbildung als Anteil der Bruttoanlageinvestition am Bruttonationaleinkommen (in vH) gemessen wird.

Kapital kann von den Unternehmen, den Haushalten und dem Staat gebildet oder vom Ausland zur Verfügung gestellt werden.

2. Ersparnisse der Unternehmen. Von inländischen Quellen der gesamtwirtschaftlichen Kapitalbildung hat die Kapitalbildung der Unternehmen (Nichtausschüttung der Gewinne) eine entscheidende Bedeutung. In der wirtschaftlichen Entwicklung der Länder Europas hat sich historisch die Kapitalbildung weitgehend über die Selbstfi-

Tabelle 24.3: Bruttokapitalbildung und BIP-Wachstum, 2005

Länder	Bruttokapitalbildung	Wachstumsrate des BIP
China (Festland)	20,8	9,9
Japan	22,7	2,7
Spanien[a]	28,7	3,0
Deutschland	17,1	0,9
Frankreich	19,2	1,4
Italien	20,7	0,1
Vereinigte Staaten	19,9	3,5
Vereinigtes Königreich	16,2	1,8

[a] 2003.

Quelle: International Monetary Fund, World Economic Outlook Database, April 2006; eigene Berechnungen.

nanzierung von Unternehmen vollzogen. Darunter verstehen wir eine Finanzierung von Anlagen aus dem Gewinn. Ob ein Unternehmen sich intern finanziert oder von außen durch die Aufnahme von neuem Eigen- oder Fremdkapital hängt von verschiedenen Faktoren ab. So können Informationsasymmetrien bestehen, indem externe Kapitalgeber nicht in der Lage sind die Qualität des Unternehmens richtig einzuschätzen, so dass das Unternehmen dann möglicherweise Schwierigkeiten hat, von außen Geld zu beschaffen. Auch die steuerliche Behandlung der einbehaltenen und ausgeschütteten Unternehmensgewinne spielt hier eine Rolle.

3. Ersparnisse der Haushalte. Neben den Unternehmen können auch die Haushalte Kapital bilden. Am Beispiel einiger Entwicklungsländer und auch der Geschichte der europäischen Volkswirtschaften wird deutlich, dass hohe Ersparnisse, die lediglich Vermögenszuwächse darstellen, nicht zum Wachstum beitragen. Die Vermögen des englischen Landadels und der indischen Maharadschas waren wenig wachstumswirksam, soweit sie nicht produktiv angelegt oder dem Kapitalmarkt zur Verfügung gestellt wurden. Voraussetzung für die Kapitalbildung ist deshalb auch die Existenz eines leistungsfähigen Kapitalmarkts und Bankensystems.

4. Ersparnisse des Staates. Auch der Staat kann Kapitalbildung betreiben, indem er einen Haushaltsüberschuss erzielt. Erfahrungsgemäß sind die Budgets des Staates jedoch oft defizitär, d. h., der Staat beansprucht Ersparnisse für seine Ausgaben, indem er Kredite aufnimmt.

2. Anreize zur Kapitalbildung und Kapitalmarkt

Aus der Rolle zusätzlichen Kapitals als einer wichtigen Determinante wirtschaftlichen Wachstums ergibt sich die wirtschaftspolitische Frage, welche Anreize in einem ökonomischen System für die Kapitalbildung vorhanden sind. Ein wichtiger Motor der Kapitalbildung sind die erwarteten Gewinne der Unternehmen. Die Keynes'sche Investitionsfunktion erklärt die Investitionen aus Marktzins und internem Zins. Der interne Zins steigt z. B. mit zunehmender Nachfrage, mit neuem technischen Wissen und mit optimistischeren Erwartungen. Für die Abstimmung der Nachfrage und des Angebots an Kapitalmitteln spielt der Kapitalmarkt eine wichtige Rolle. Der Marktzins bringt dabei Angebot und Nachfrage an Kapitalmitteln ins Gleichgewicht. Angenommen, der interne Zins steigt infolge technischen Fortschritts. Dann nimmt die Nachfrage nach Finanzmitteln zu, der Marktzins steigt und damit nimmt der Anreiz zu, Ersparnisse bereitzustellen und Konsumverzicht zu leisten.

3. Bankensystem und Risikokapital

Der Kapitalmarkt muss die Ersparnisse der Haushalte in für die Unternehmen verfügbare Mittel transformieren. Börsen, Investmentbanken und Universalbanken spielen bei dieser Intermediation eine wichtige Rolle. Die institutionellen Arrangements unterscheiden sich erheblich zwischen den Staaten. So haben Schuldverschreibungen besonders in Kontinentaleuropa traditionell eine geringere Bedeutung als in angelsächsischen Ländern. Erst in den letzten Jahren sind im Zuge der Internationalisierung der Finanzmärkte alte Finanzstrukturen aufgebrochen, mit dem Ergebnis, dass auch mittelständische Unternehmen immer weniger auf die Innenfinanzierung oder die Gunst von (traditionell eher risikoaversen) Banken angewiesen sind.
Ein wichtiger Aspekt der Kapitalbildung ist die Bereitstellung von Kapital für besonders risikoreiche Investitionen (Risikokapital), etwa für neu gegründete Unternehmen. Da der Erfolg dieser Unternehmen ungewiss ist, kann das eingesetzte Kapital verloren gehen. Deshalb wird eine hohe Risikoprämie gezahlt. Die Schwierigkeiten für junge Unternehmen, sich auf dem traditionellen Kapitalmarkt oder bei Banken zu finanzieren, resultieren auch aus einem Anreizproblem: Bei einer Insolvenz geht das eingesetzte Kapital der externen Kapitalgeber zu einem großen Teil verloren. Da dieser Kapitalverlust nicht den Unternehmer selbst betrifft, hat er nur unzureichende Anreize, eine Insolvenz zu vermeiden. Es besteht demnach die Gefahr, dass er zu riskant investiert oder das Kapital in anderer Weise nicht im Sinne der Kapitalgeber einsetzt. Finanzierungsgesellschaften, die Wagniskapital für Unternehmen bereitstellen, entsenden deshalb in der Regel einen Vertrauten in das Management des Unternehmens, welches das Wagniskapital erhält.

4. Infrastrukturkapital

Unter Infrastrukturkapital verstehen wir die Gesamtheit aller Anlagen, die als technische Produktionsvoraussetzung bezeichnet werden können. Beispiele sind die Anlagen, die der Energieversorgung, der Verkehrsbedienung und der Telekommunikation dienen. Wir wollen uns hier vor allem auf die Infrastruktur im Verkehrssystem beschränken (Straßen, Brücken, Kanäle, Häfen, Flugplätze). Die Infrastruktur ist in der Regel durch folgende Eigenschaften gekennzeichnet:

1. Kollektive Nutzung. Während private Kapitalgüter wie eine Maschine in der Regel nur von einem Unternehmen zu benutzen sind, kann eine Infrastrukturleistung häufig von mehreren Benutzern in Anspruch genommen werden, ohne dass sich die Benutzer bei der Inanspruchnahme gegenseitig stören.

Eine Autobahn kann bis zu einer bestimmten Verkehrsdichte von vielen Kraftfahrzeugen befahren werden. Wir sprechen in diesem Fall von kollektiver Nutzungsmöglichkeit der Infrastruktur. Infrastruktur hat somit z. T. den Charakter eines öffentlichen Gutes (vgl. Kapitel 25).

2. Immobilität. Infrastrukturkapital ist immobil. Während sich eine Maschine möglicherweise von einem Standort zu einem anderen transportieren lässt, können ein Kanal oder eine Autobahn nicht ihren Standort wechseln, ohne dass das Gut völlig zerstört und neu errichtet wird.

3. Technische Unteilbarkeit. Infrastrukturinvestitionen sind durch technische Unteilbarkeiten gekennzeichnet. Für den Airbus braucht man z. B. eine bestimmte Länge der Landebahn. Ein Hafen für Ozeanriesen muss eine Mindesttiefe und eine bestimmte Fahrrinnenbreite haben. Infrastrukturinvestitionen bringen also einen hohen fixen Kapitalbedarf mit sich. Da ein Errichten der Großanlagen in Teilabschnitten oft nicht möglich ist, muss die Kapitalsumme auf einmal aufgebracht werden. Ferner haben Infrastrukturinvestitionen eine lange Ausreifungszeit, d. h., es dauert mehrere Jahre vom Baubeginn bis zum Zeitpunkt der ersten Benutzung und noch länger von der Planung bis zur ersten Leistungsabgabe.

4. Indirekter Produktivitätseffekt. Infrastrukturinvestitionen haben keinen direkten Kapazitätseffekt, sondern wirken sich nur indirekt auf das Produktionsergebnis einer Volkswirtschaft aus. Unterstellen wir einmal, dass ein Staudamm errichtet wird. Dann können folgende Auswirkungen eintreten:

- Die Verkehrsleistung eines Flusses wird verbessert und die Transportkosten fallen.
- Der Staudamm dient der Hochwasserregulierung und wendet damit Schäden von den Bewohnern des Flusstales ab.
- Ein Bewässerungssystem wird möglich, das die Produktivität der Landwirtschaft erhöhen kann.
- Ferner wird ein Erholungsgebiet mit Wassersportmöglichkeiten geschaffen.
- Schließlich kann die Stromversorgung verbessert werden.

Alle die hier genannten Wirkungen stellen keine direkte Erhöhung der Produktionskapazität dar. Aber sie wirken sich doch positiv auf die Wirtschaftstätigkeit aus: in Transportkostensenkungen, in abgewendeten Hochwasserschäden, in Freizeitwerten. Das Infrastrukturkapital muss deshalb als ein wichtiger Wachstumsfaktor angesehen werden.

Die Eigenschaften der Infrastruktur sprechen dafür, dass bei der privaten Bereitstellung Probleme auftreten können. Durch die kollektive Nutzung und die technische Unteilbarkeit können Infrastrukturleistungen häufig nicht durch Unternehmen im Wettbewerb angeboten werden. Stattdessen ist die Situation mit einem natürlichen Monopol vergleichbar mit hohen Fixkosten aufgrund der Unteilbarkeit und Grenzkosten einer zusätzlichen Nutzung von null (bzw. sehr geringen Grenzkosten). Das bedeutet nicht notwendigerweise, dass die Infrastruktur vom Staat bereitgestellt und durch Steuern finanziert werden muss. Wie die Beispiele der Netzinfrastruktur bei der Energieerzeugung und der Telekommunikation zeigen, werden diese Produktionsvoraussetzungen privat erstellt. Der Staat sollte dann allerdings durch eine Preisregulierung

Kasten 24.1 Konvergenz zwischen Volkswirtschaften

Querschnittsvergleiche von Volkswirtschaften zeigen, dass in der Regel solche Länder höhere Wachstumsraten haben, die ein niedriges Bruttoinlandsprodukt pro Kopf aufweisen. Die Wachstumsrate ist geringer, wenn das Bruttoinlandsprodukt pro Kopf höher ist. Diese Barro-Regel (Barro, 1992) lässt sich dadurch erklären, dass ein geringeres Bruttoinlandsprodukt pro Kopf mit einem kleineren Kapitalstock einhergeht, dessen Grenzproduktivität hoch ist. Mit der Akkumulation des Kapitals nimmt die Grenzproduktivität des Kapitals ab. Die Volkswirtschaft bewegt sich entlang der Grenzproduktivitätskurve des Kapitals nach unten. Damit geht auch die Wachstumsrate zurück.
Aus dieser Überlegung folgt, dass Länder mit einem niedrigen Bruttoinlandsprodukt pro Kopf in der Regel höhere Wachstumsraten haben und gegenüber anderen Ländern mit höherem Bruttoinlandsprodukt pro Kopf aufholen. Es kommt zur Konvergenz. Eine solche Konvergenz ist im Ansatz auch für die heutigen Mitgliedstaaten der Europäischen Union zu erkennen. Im Schaubild sind auf der vertikalen Achse die durchschnittliche Wachstumsrate des Pro-Kopf-Bruttoinlandsprodukts für den Zeitraum 1961–2003 auf Ebene der heutigen Mitgliedstaaten der Europäischen Union und auf der horizontalen Achse das (logarithmierte) Pro-Kopf-Bruttoinlandsprodukt im Jahre 1961 verzeichnet. Man kann hier einen negativen Zusammenhang zwischen Anfangseinkommen und Wachstumsrate erkennen.

Schaubild Kasten 24.1: Konvergenz auf Länderebene in der Europäischen Union, 1961–2003

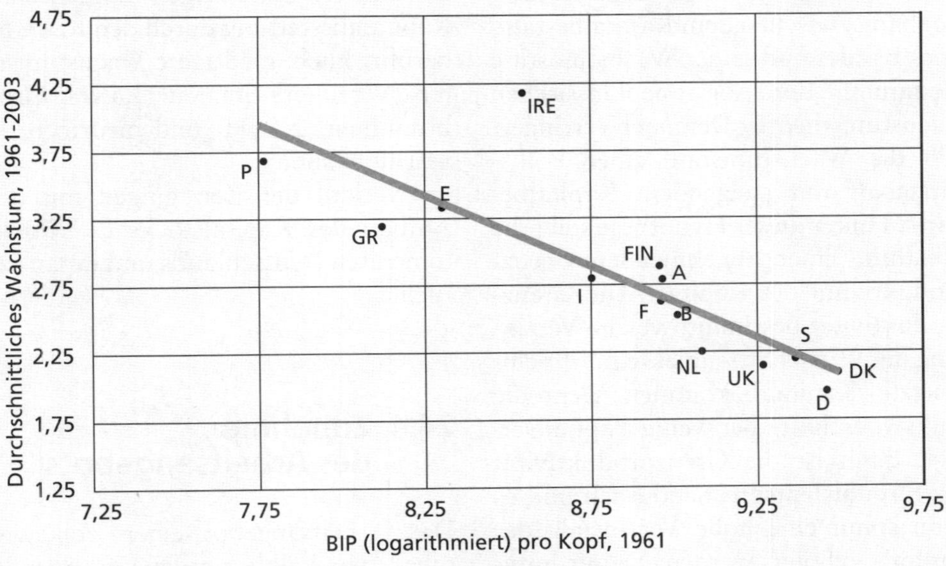

Quelle: H. Siebert, The World Economy, 3. Auflage, London 2007.

verhindern, dass überhöhte Nutzungspreise verlangt werden.

5. Aufholprozesse durch Kapitalbildung

Den Beitrag des Kapitals zum Inlandsprodukt können wir an der Kapitalproduktivität erkennen, die als das Verhältnis des Produktionsergebnisses zum Kapitalbestand definiert ist (Y/K).

Die Kapitalproduktivität gibt an, wie viele Einheiten des Produktionsergebnisses mit einer Einheit des Kapitalbestandes erzeugt werden können. Dieser Ausdruck der Leistungsfähigkeit ist von einer Reihe anderer Faktoren abhängig, wie etwa vom Niveau des technischen Wissens und vom sozialen System. Der Kehrwert der Kapitalproduktivität ist der Kapital-Output-Koeffizient. Er liegt für den Unternehmensbereich in Deutschland bei etwa 5, d. h., ein Kapitalbestand von 5 Euro erbringt (zusammen mit anderen Faktoren) einen Output von einem Euro pro Jahr.

Eine zentrale Hypothese zum Zusammenhang zwischen dem Kapitalbestand eines Landes und seiner Wachstumsrate entstammt der sog. neoklassischen Wachstumstheorie. Demnach verringert sich die Wachstumsrate einer Volkswirtschaft mit steigendem Kapitalbestand. Hinter dieser Hypothese steht die Annahme einer abnehmenden Grenzproduktivität des Kapitals. Die Grenzproduktivität bestimmt, welche Verzinsung die Wirtschaftssubjekte für ihr eingesetztes Kapital bekommen. Wenn die Volkswirtschaft über wenig Kapital verfügt, dann ist die Grenzproduktivität des Kapitals entsprechend hoch und es kann somit eine hohe Verzinsung des Kapitals geboten werden. Damit lohnt es sich wiederum, vergleichsweise viel zu sparen. Der Kapitalbestand wächst schnell und mit ihm das Pro-Kopf-Einkommen. Mit steigendem Kapitalbestand nimmt aber die Grenzproduktivität und der Anreiz zur Akkumulation von Kapital ab, bis schließlich ein langfristiges Gleichgewicht erreicht wird, bei dem nur noch Ersatzinvestitionen vorgenommen werden und der Kapitalbestand konstant bleibt. Kapitalinduziertes Wachstum kommt dann gänzlich zum Erliegen.

Eine Konsequenz dieser Hypothese ist die Aussage, dass Länder mit einem geringen Kapitalbestand schneller wachsen als Länder mit viel Kapital. Die historische Erfahrung bestätigt diese Aussage zumindest für die Industrieländer. In Tabelle 24.4 sind die Wachstumsraten von vier Industrieländern für den Zeitraum von 1950–2005 dargestellt. Solche Länder, deren Kapitalstock nach dem Krieg zerstört war, hatten in den 1950er-Jahren hohe Wachstumsraten (Deutschland: 7,5 vH; Japan: 8,1 vH). Hohe Wachstumsraten wurden von hohen Investitionsquoten begleitet. Auf der anderen Seite zeigen Länder, deren Kapitalausstattung durch den Krieg unberührt blieb, niedrigere Wachstumsraten (Vereinigte Staaten: 3,5 vH; Großbritannien: 2,5 vH) und niedrigere Investitionsquoten.

Im Verlauf der Zeit gingen mit dem Aufbau des Kapitalstocks die Wachstumsraten Deutschlands und Japans zurück.

24.4 Zunahme des Arbeitsangebots

Das Arbeitsangebot einer Volkswirtschaft wird üblicherweise in Stunden geleisteter Arbeit gemessen (Arbeitsvolumen). Gehen wir von dieser Definition

Tabelle 24.4: Wachstumsraten[a] ausgewählter Länder 1950–2005

	1950–1959[b]	1960–1969[c]	1970–1979	1980–1989	1990–1999	2000–2005
Deutschland	7,5	4,4	3,1	1,8	3,2	1,1
Japan	8,1	9,4	5,2	3,8	1,1	1,9
Großbritannien	2,5	3,2	2,4	2,4	2,1	2,7
Vereinigte Staaten	3,5	4,4	3,2	3,1	3,1	2,7

[a] Durchschnittliche jährliche Änderungsrate des realen Bruttoinlandsprodukts;
[b] Quelle: OECD, Main Economic Indicators, Juni 1996; [c] Deutschland: 1961–1969

Quelle: International Monetary Fund, International Financial Statistics,eigene Berechnungen.

aus, so kann das Arbeitsangebot einer Volkswirtschaft vermehrt werden, wenn bei konstanter Anzahl der Arbeitnehmer die Arbeitszeit zunimmt oder wenn bei konstanter Arbeitszeit die Anzahl der Arbeitnehmer steigt.

Wie wir bereits in der Preistheorie gesehen haben, verändert der einzelne Arbeitnehmer in der Regel sein Arbeitsangebot, wenn der Lohn steigt. Der Einzelne wird sein Arbeitsangebot auch im Lebenszyklus differenzieren. Wer eine Familie gründet oder ein Haus baut, wird interessiert sein, mehr zu arbeiten. Wer älter ist, wird mehr Freizeit vorziehen.

Bei gegebener Arbeitszeit kann das Arbeitsangebot mengenmäßig nur über die Steigerung der Zahl der Arbeitskräfte vermehrt werden.

1. Zuwachsrate der Bevölkerung. Die wichtigste quantitative Determinante des Arbeitsangebots, die Zuwachsrate der Bevölkerung, ist abhängig von der Geburtenrate (Anzahl der Geburten auf 1 000 Einwohner pro Jahr), der Sterberate (Anzahl der Sterbefälle auf 1 000 Einwohner pro Jahr) und den Wanderungen (Zu- minus Fortzüge). In Deutschland hat die Bevölkerung in den 1990er-Jahren um 0,3 vH zugenommen.

2. Erwerbsquote. Das Arbeitsangebot kann durch eine höhere Erwerbsbeteiligung, beispielsweise der Frauen, zunehmen. In Westdeutschland ist die Erwerbsquote, der Anteil der Erwerbspersonen (Erwerbstätige plus Arbeitslose) an der Wohnbevölkerung, in den 1980er-Jahren von 45,4 auf 48,0 gestiegen.[1] In Deutschland liegt die Erwerbsquote inzwischen bei 51,8 vH (2004).

3. Zuwanderung. Westdeutschland hat in den 1960er-Jahren die Vergrößerung des Arbeitsangebots vor allem durch die Anwerbung ausländischer Arbeitskräfte zu erreichen versucht. Ende der 1980er-Jahre und Anfang der 1990er-Jahre nahm das Arbeitsangebot Westdeutschlands durch Übersiedler und Pendler aus Ostdeutschland sowie Aussiedler zu.

[1] Sachverständigenrat, Jahresgutachten, verschiedene Jahrgänge, Tabelle 20.

Auch für die Entwicklung der USA in diesem und im letzten Jahrhundert spielte die Einwanderung von Arbeitskräften eine entscheidende Rolle.
Eine Veränderung der Geburtenrate schlägt sich mit einer zeitlichen Verzögerung von nahezu zwei Jahrzehnten in einer Veränderung des Arbeitsangebots nieder. Ferner beeinflussen die Arbeit der Frauen (Erwerbsquote) das Heiratsalter, die Dauer der Ausbildung und die gesellschaftliche Festlegung des Rentenalters das Arbeitspotential.

4. Vier Phasen der Bevölkerungsentwicklung. Seit 1750 hat Europa eine Bevölkerungsexplosion erlebt, die sich nach dem zweiten Weltkrieg in den Entwicklungsländern wiederholt hat. Bei diesem Prozess lassen sich vier Phasen unterscheiden, die in Schaubild 24.1 vereinfacht dargestellt sind: Vor der Bevölkerungsexplosion liegt eine hohe Geburten- und Sterberate vor (Phase I). Die Zuwachsrate der Bevölkerung ist wegen der hohen Sterberate gering. In Phase II wird infolge der Entwicklung und Verbreitung der Medizin und durch die Anwendung von Medikamenten die Sterberate erheblich gesenkt. Der niedrigeren Sterberate steht aber in dieser Phase weiterhin eine hohe Geburtenrate gegenüber. Daraus resultiert eine starke Zunahme der Bevölkerung. In Phase III fällt, zumindest nach europäischer Erfahrung, durch neue Verhaltensweisen (z. B. Erhöhung des Heiratsalters, Verstädterung usw.) die Geburtenrate. In Phase IV des Entwicklungsprozesses stellt sich dann bei niedriger Sterbe- und Geburtenrate eine geringe Zuwachsrate der Bevölkerung ein.

5. Bevölkerungswachstum und Bevölkerungsfalle. Die Zunahme der Bevölkerung und die dadurch mögliche Vermehrung des Arbeitsangebots ist jedoch keine Garantie für wirtschaftliches Wachstum, wie aus der Erfahrung der Entwicklungsländer ersichtlich wird. Eine wachsende Bevölkerung verlangt nach einem eine größere Produktion von Konsumgütern und erschwert damit die Kapitalbildung. Soll die Versorgung der Bevölkerung, gemessen am realen Pro-Kopf-Einkommen, wenigstens konstant bleiben oder sich verbessern, so muss die Produktionskapazität mindestens genau so stark wachsen wie die Bevölkerung. Das Bevölkerungswachstum kann aber wiederum vom Einkommen des Landes abhängen. Wenn in extrem armen Ländern das Bevölkerungswachstum mit einem Anstieg des Einkommens stark zunimmt, dann kann das Land in einer »Bevölkerungsfalle« gefangen sein: Das steigende Bevölkerungswachstum macht dann Einkommenssteigerungen wieder zunichte.
Schließlich kann die Bevölkerung stärker zunehmen, als es die Verfügbarkeit an Arbeitsplätzen wünschenswert erscheinen lässt. So herrscht heute in manchen Entwicklungsländern eine nicht sichtbare oder versteckte Arbeitslosigkeit, die darin zum Ausdruck kommt, dass für eine gegebene Menge von Arbeitsplätzen die Bevölkerungszahl zu groß ist und z. B. ein landwirtschaftlicher Betrieb mit mehr Arbeitskräften besetzt ist als erforderlich. Diese nicht produktiv eingesetzten Arbeitskräfte haben einen Grenzertrag von annähernd null.
Wir können uns dieses Phänomen mit gesamtwirtschaftlich wirksamen abnehmenden Grenzerträgen des Faktors Arbeit erklären. Bei konstantem Kapitalangebot und bei unverändertem Einsatz aller anderen Produktionsfak-

Schaubild 24.1: Geburtenrate und Sterberate im Wachstumsprozess

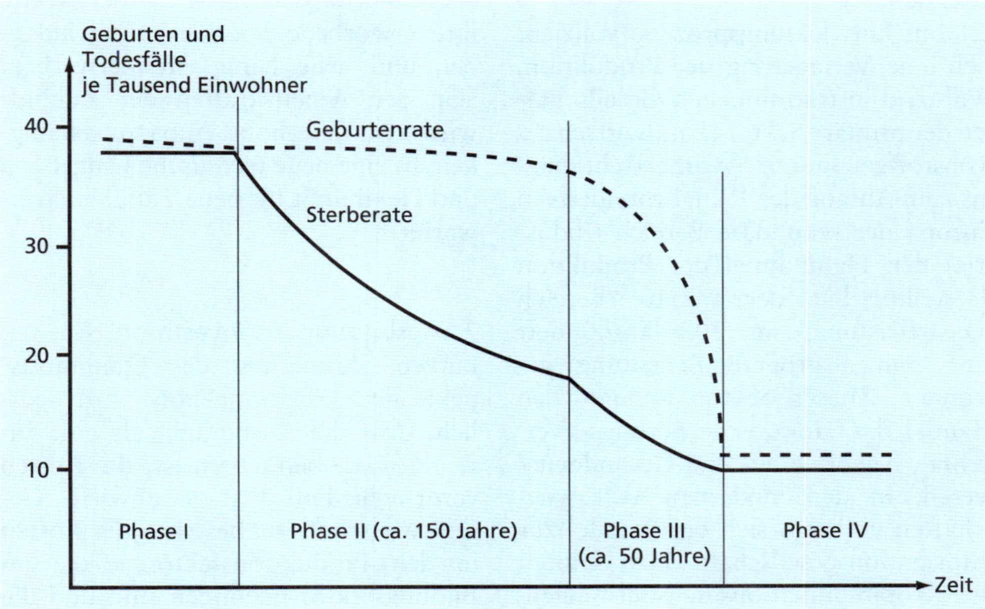

toren führt eine Vermehrung des Arbeitseinsatzes zu immer kleineren Zunahmen des Produktionsergebnisses; die Grenzerträge fallen und nähern sich schließlich dem Wert von null.

24.5 Qualitative Verbesserung des Arbeitsangebots: Humankapital

Das Arbeitsangebot einer Volkswirtschaft kann nicht nur quantitativ vermehrt, sondern auch qualitativ verbessert werden. Für die Wachstumschancen eines Landes ist der qualitative Aspekt des Arbeitsangebots von großer Bedeutung, denn die qualitative Veränderung des Faktors Arbeit stellt eine entscheidende Möglichkeit dar, ein höheres Einkommen pro Arbeitskraft zu erzielen. Aus diesem Ansatz der qualitativen Veränderung des Arbeitsangebots – des Humankapitals – wird deutlich, dass die im vorigen Abschnitt benutzte Definition des Arbeitsangebots als Menge der Arbeitsstunden zu kurz greift. Wir müssen auch die Qualität des Arbeitsangebots berücksichtigen.

1. Zur Notwendigkeit einer guten Ausbildung. Eine gute Ausbildung der Arbeitskräfte ist heute aus folgenden volkswirtschaftlichen Erwägungen erforderlich:

(1) Die Ausbildung der Arbeitskräfte erhöht deren Produktivität, so dass mit einem gegebenen Arbeitsangebot ein höheres Nationaleinkommen erstellt werden kann. Da in vielen Volkswirtschaften ein qualifiziertes Arbeitsangebot der Flaschenhals des Wachstumsprozesses ist, beseitigt die Ausbildung der Bevolkerung einen wichtigen Entwicklungsengpass und ermöglicht damit eine höhere Wachstumsrate. Die Arbeit-

nehmer erhalten ein höheres Realeinkommen.
(2) Im Entwicklungsprozess vollzieht sich eine Verlagerung der Produktion. Während in traditionellen Gesellschaften der primäre Sektor (Landwirtschaft/Rohstoffgewinnung) vorherrscht und bis zum Anfang des 19. Jahrhunderts in Europa der sekundäre Bereich (Industrie) den Hauptanteil der Produktion darstellte, hat der tertiäre Bereich (Dienstleistung) im 20. Jahrhundert eine immer größere Bedeutung gewonnen. Dieser Sektor umfasst den Handel, das Bank-, Versicherungs-, Verkehrs-, Nachrichten- und Gesundheitswesen. In den modernen Volkswirtschaften vollzieht sich ein Wandel zur Informationsgesellschaft. Dazu gehören die Kommunikationsdienstleistungen, Computer-Produkte und das Internet. Mit dieser Produktionsverschiebung ist auch ein Wandel in den Anforderungen an den Produktionsfaktor Arbeit verbunden, von dem jetzt hohe organisatorische, administrative, technische und kreative Fähigkeiten verlangt werden. Hierfür müssen die Arbeitskräfte gut ausgebildet sein.
(3) Die moderne Technik stellt besondere Anforderungen an die Arbeitskraft. Da das technische Wissen einerseits immer weiter zunimmt, ist eine Spezialisierung der Arbeitskraft unumgänglich, da nur der Experte ein Teilgebiet des Wissensstandes beherrschen und anwenden kann. Andererseits macht neues technisches Wissen, mit dem wir uns im nächsten Abschnitt beschäftigen, Spezialkenntnisse nach einer Zeit auch wieder obsolet. Die Arbeitskräfte müssen sich somit immer wieder auf neues Wissen einstellen. Da sich das Wissen immer wieder ändert, ist der Einzelne in Zukunft nicht wie früher mit einem Meisterbrief oder einem Diplom für sein ganzes Leben in seiner Existenz gesichert. Stattdessen müssen Arbeitskräfte ihre erworbene Spezialisierung aufgeben und neue Fähigkeiten erwerben. Von den Arbeitskräften der Zukunft wird also eine hohe Anpassungsfähigkeit an eine neue technische Umgebung und Flexibilität für neue Tätigkeiten erwartet.

2. **Ausbildung als Investition**. Aus der kurzen Skizzierung des Qualitätsaspekts des Arbeitsangebots wird deutlich, dass die Ausbildung als eine Investition zu betrachten ist, die Kosten verursacht und Erträge abwirft. Gesamtwirtschaftlich bestehen die Kosten in den Produktionsfaktoren, die im Bildungssektor gebunden sind und die – falls sie freigesetzt würden – beispielsweise die Produktion von Konsumgütern erhöhen könnten. Die Kosten bestehen auch darin, dass während der Ausbildungszeit potentielles Arbeitsangebot nicht zur Verfügung steht. Die Erträge der Ausbildung schlagen sich in einer höheren Produktivität der Arbeit nieder. Wie wir bei der Diskussion der Lohnbildung gesehen haben, beeinflusst die Produktivität die Höhe des Lohnes. Die Auswirkung von Bildungsinvestitionen hat man deshalb an dem Einkommen der Arbeitskräfte mit unterschiedlicher Schulbildung zu messen versucht. Das persönliche Einkommen ist deutlich vom Ausbildungsstand abhängig. Die Ausbildungsinvestition verzinst sich also in höherem Einkommen. Die private Rendite einer Ausbildungsinvestition wird für die OECD-Länder für die Grundschule auf 13,4 vH, für die Sekundarbildung (wie Highschool-Abschluss oder Abitur) auf 11,3 vH und für die höhere Ausbildung (Hochschu-

Schaubild 24.2: Rendite auf Humankapitalinvestitionen in Europa und den USA, 1995[a], in vH

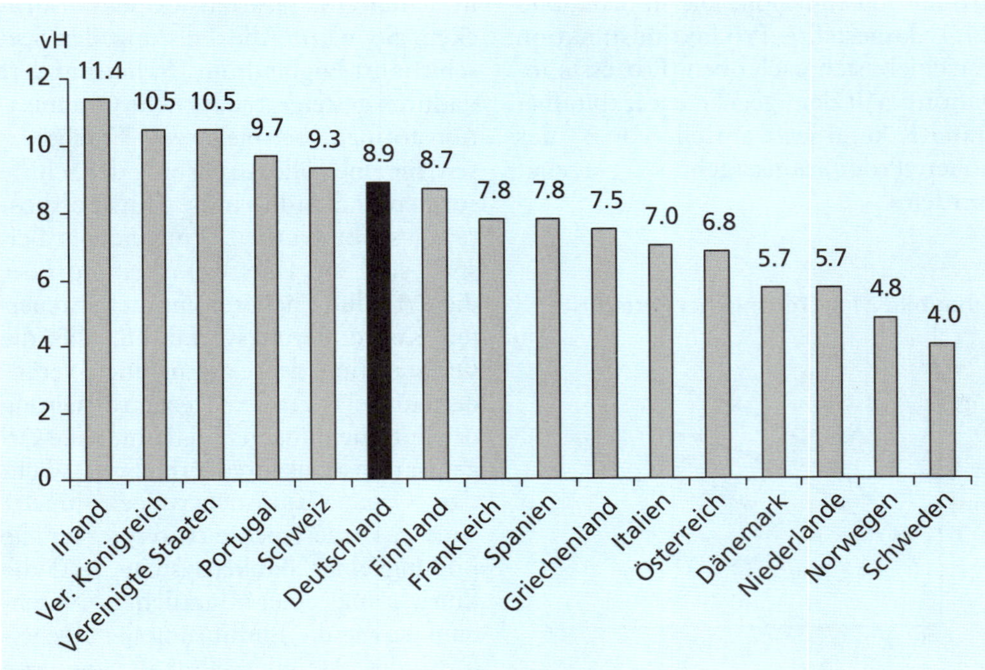

[a] oder nächstverfügbares Jahr.

Quelle: L. Wößmann, Returns to Education in Europe. Review Essay in: Weltwirtschaftliches Archiv/Review of World Economics, Vol. 139, No. 1, 2003.

len) auf 11,6 vH geschätzt.[2] Schaubild 24.2 zeigt Renditen auf Ausbildungsinvestitionen im internationalen Vergleich.

Betrachtet man die Ausbildung als Investitionsproblem, so ist eine Ausbildungsinvestition dann lohnenswert, wenn ihre Rendite aus Sicht des Auszubildenden mindestens so hoch ist wie der Kapitalmarktzins.

[2] G. Psacharopoulos und H. A. Patrinos, Returns to Investment in Education: A Further Update. Education Economics, 12, 2004, S. 111–134.

24.6 Technisches Wissen

1. Formen neuen Wissens

Das technische Wissen gibt die Menge der möglichen oder realisierten Produktionsverfahren an. Die Veränderung dieses gegebenen Bestands an technischem Wissen bezeichnen wir als technischen Fortschritt. Neues technisches Wissen kann sich in folgenden Tatbeständen ausdrücken:

1. Prozessinnovation. Ein bereits produziertes Gut wird mit einem geringeren Faktoreinsatz hergestellt, bzw. mit einem bestehenden Faktoreinsatz kann

mehr produziert werden. Durch diese Verfahrensneuerung ändert sich die Produktionsfunktion. Die in Schaubild 24.3 dargestellte Produktionsfunktion verschiebt sich nach oben (Prozessinnovation). Mit dem gegebenen Kapitalbestand $\overline{K}$ kann jetzt anstelle von Y_a das höhere Produktionsergebnis Y'_a erzeugt werden.

Schaubild 24.3: Technischer Fortschritt

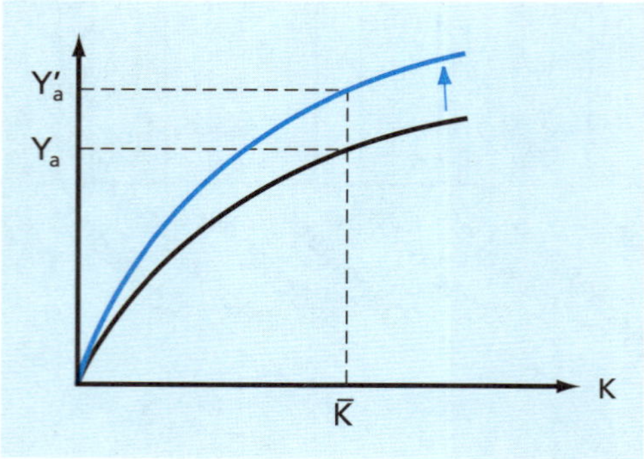

2. Produktinnovation. Das neue technische Wissen ermöglicht die Produktion eines neuen Gutes. Die Wirtschaftsgeschichte hat für diese Produktneuerungen von der Einführung des Wagenrades über die Entwicklung der Flüssigkristalle bis zur Computertechnologie eine Fülle von Beispielen bereit. Da für das neue Gut bisher noch keine Nachfrage besteht, muss diese erst geschaffen werden. Bei gegebenem Einkommen ist die Nachfragezunahme nur dadurch möglich, dass von einem anderen Gut weniger nachgefragt wird. Das neue Gut (Eisenbahn) steht dann in Substitutionskonkurrenz zum alten Gut (Postkutsche). Technischer Fortschritt erfordert deshalb immer gewaltige Umstellungsprozesse in der Wirtschaft, die wir für den Faktor Arbeit bereits angedeutet haben.

3. Organisationsneuerungen. Schließlich kann sich neues technisches Wissen in neuen Organisationsformen ausdrücken. So wurde die Leistung der Seeschifffahrt Englands im 19. Jahrhundert dadurch gesteigert, dass neue Organisationsformen, beispielsweise Frachtbörsen, für eine volle Auslastung der Schiffe sorgten und dadurch die Transportkosten gesenkt wurden. Ein anderes Beispiel sind die Datenverarbeitung oder die Erfindung neuer computergesteuerter Koordinierungsverfahren, die die Organisation der Unternehmen verändern und eine größere Dezentralisierung der Entscheidungen und damit neue Organisationsstrukturen erlauben. Wichtige Organisationsneuerungen in der Wirtschaftsgeschichte waren ferner die Bildung eines Bankensystems und die Einrichtung einer staatlichen Notenbank sowie die Einführung der Rechtsform der Aktiengesellschaft, die eine Beschränkung der Haftung auf das Eigenkapital erlaubt und das Aufbringen großer Geldbeträge möglich macht, wie sie von den Großunternehmen in der zweiten Hälfte des 19. Jahrhunderts benötigt wurden.

2. Entstehung neuen Wissens

Bei neuem technischen Wissen werden in Anlehnung an Schumpeter[3] die Erfindung (Invention) und die Durchsetzung der Erfindung (Innovation) unterschieden. Die Erfindung stellt eine Einsicht in einen neuen Zusammenhang dar. Für dieses Entdecken neuer Problemlösungen sind die folgenden drei unterschied-

[3] J. A. Schumpeter, Konjunkturzyklen. Eine theoretische, historische und statistische Analyse des kapitalistischen Prozesses, Göttingen 1961, S. 91 f.

lichen Erklärungsversuche entwickelt worden:

1. Zufallshypothese. Dieser Ansatz erklärt die Erfindung als die Folge eines Zufalls. Nach dieser Hypothese ist eine neue Erkenntnis der zufälligen Inspiration beispielsweise eines Genies zu verdanken, das durch Intuition einen neuen Zusammenhang aufdeckt. Aus den beiden weiteren Erklärungsversuchen wird jedoch deutlich, dass dem Zufall bei der Entdeckung neuen Wissens nur eine geringe Rolle zuerkannt werden kann.

2. Lernprozess. Neues Wissen kann auch als das Resultat eines Lernprozesses verstanden werden. Es stellt dann das Ergebnis akkumulierter Erfahrungen dar, die man durch sich nachträglich als falsch oder richtig erweisende Handlungen gemacht hat. Unterstellen wir, ein Automobilwerk produziert einen neuen Autotyp. In der Regel treten bei der ersten Serie »Kinderkrankheiten« auf, die sich nicht alle voraussehen und durch Vortests eines Prototyps ermitteln lassen. Das Automobilunternehmen lernt dann aus seinen Fehlern, indem die Reklamationen der Kunden korrigiert werden. Auch bei den Weltraumflügen wird neues Wissen, z. B. über die Flugtechnik, über die Eigenschaften des Raumschiffes usw. gesammelt, indem man aus Fehlern und positiv verlaufenen Handlungen lernt. Wir sprechen in diesem Fall in Anlehnung an die amerikanische Literatur von »learning by doing«.

3. Suchprozess. Der dritte Erklärungsversuch interpretiert neues technisches Wissen als das Ergebnis eines systematischen Suchprozesses. Dieser Ansatz stützt sich darauf, dass in der modernen Wirtschaft in den Forschungsabteilungen der Großunternehmen und der Hochschulen systematisch nach neuem Wissen gesucht wird.

Das Aufdecken neuen Wissens ist eine Serie von Schritten ins Ungewisse, mit denen die Informationsgrenze einer Volkswirtschaft in kleinen diskreten Schritten erweitert wird. Jede neue Erkenntnis bringt zusätzliche Information und reduziert damit die Unsicherheit über technische Produktionsmöglichkeiten. Gleichzeitig ist das Ergebnis eines Suchschrittes der Startpunkt für einen neuen Suchprozess. Da bei der Aufdeckung neuen Wissens mehrere Wege ins Ungewisse möglich sind, aber wegen fehlender Mittel oft nur ein einziger Weg beschritten werden kann, legt man mit dieser Entscheidung über den Suchweg auch die zukünftige Entwicklung des neuen technischen Wissens fest. Die Veränderung des technischen Wissens vollzieht sich auf Einbahnstraßen, auf denen man nicht beliebig zurückfahren kann (Pfadabhängigkeit der Entwicklung). Diese Irreversibilität des technischen Fortschritts macht man sich am besten an einem Beispiel deutlich: Hätte man sich vor hundert Jahren für das Dampfauto entschieden, würden wir heute vermutlich in hoch entwickelten und sehr leistungsfähigen Dampfautos fahren.

Das Ergebnis eines Suchprozesses, die Erfindung, ist von folgenden Faktoren abhängig:

- von der Problemstruktur der Realität. Ein Suchprozess wird eingeleitet, wenn sich traditionelle Regelungen in Bezug auf ein Anspruchsniveau als ungenügend erweisen. Sie können zu einer Krise führen, in der ein Problem mit herkömmlichen Methoden nicht zu bewältigen ist. In einer solchen Krise befand sich z. B. die USA, als die UdSSR Ende der 1950er-Jahre ihren ersten Sputnik gestartet hatte.

- von dem bestehenden Wissensstand einer Gesellschaft. Der Wissensstand ist der Ausgangspunkt eines Suchprozesses. Er bestimmt zusammen mit der Problemstruktur gleichsam den Standort des Scheinwerfers, mit dem das unbekannte Suchfeld abgetastet wird und mit dem die Fragestellungen der Forschungen formuliert werden.
- von der Höhe der eingesetzten Suchmittel. Je mehr Ressourcen im Suchprozess eingesetzt werden, umso größer sind die Chancen, eine Invention zu tätigen. Technisches Wissen ist also ein Gut, das wie jedes andere produziert werden kann. Bei den Suchmitteln wirken sich auch die bereits besprochenen Bildungsinvestitionen aus. Denn durch die Ausbildung wird bereits erreichtes und gesichertes Wissens auf möglichst viele Mitglieder der Gesellschaft verbreitet. Je größer die Ausbildungsinvestition, umso günstiger ist der Startpunkt für die Entwicklung neuen Wissens durch die Forschung.

Bei der Suche nach neuem Wissen unterscheiden wir üblicherweise Grundlagen- und Zweckforschung (angewandte Forschung). Die Grundlagenforschung bemüht sich um die Auffindung neuer theoretischer Erkenntnisse; die Zweckforschung strebt eine Anwendung dieser Erkenntnisse an und führt zur kommerziellen Verwendung der Erfindung. Ist die Invention in eine grundsätzlich verwertbare Form gebracht worden, so muss sie noch praktisch durchgesetzt werden. Das ist die Stufe der Innovation. Hierfür müssen Unternehmer wagemutig genug sein, ein neues Verfahren in den Produktionsprozess oder ein neues Produkt einzuführen, und sie müssen über ausreichende Kapitalmittel verfügen, mit denen das neue Verfahren verwirklicht werden kann. Denn die praktische Durchsetzung einer neuen Idee, neuer Produktionsanlagen usw. erfordert nach Erfahrungswerten 10–20mal so hohe Geldsummen wie das Auffinden der Idee selbst.

3. Die Verbreitung neuen Wissens

Die Realisierung einer Erfindung besteht aber nicht nur in der Innovation, d. h. der ersten Praktizierung in einem Unternehmen, sondern auch in der Verbreitung (Diffusion) des neuen Wissens in der gesamten Volkswirtschaft. Bei der Analyse des Diffusionsprozesses sind zwei Fragen zu unterscheiden.
Erstens: Wie reagieren die Konkurrenten des Innovators, die das gleiche oder ein ähnliches Produkt herstellen, auf die Innovation?
Zweitens: Wie reagieren die Nachfrager auf das neue Produkt?

1. Reaktion der Konkurrenten. Der Innovator erzielt infolge der Durchsetzung des neuen technischen Wissens einen größeren Gewinn als die anderen Unternehmen, da er bei einer Prozessinnovation mit niedrigeren Kosten produzieren kann oder bei einer Produktinnovation ein neues Produkt anbieten kann. Grundsätzlich werden seine Konkurrenten auf diese neue Situation dadurch reagieren, dass sie ebenfalls die Realisierung des neuen Verfahrens oder des neuen Produkts anstreben. Der Konkurrent kann aber erst dann auf die Innovation antworten, wenn er sie bemerkt hat. Die Reaktion des Konkurrenten hängt also von den Informationsströmen über die Innovation und damit von dem Informationssystem und den Kommunikationsstrukturen einer Volkswirtschaft ab. Für die Diffusion neuen Wissens ist die Organisation der Kommunikationsprozesse von entscheidender Bedeutung.

Da die Informationsströme Zeit erfordern, kann die Reaktion der Konkurrenten auf die Innovation nur mit einer zeitlichen Verzögerung erfolgen. Grundsätzlich wird der Innovator ein Interesse haben, seine Neuerung geheim zu halten. Erfährt der Konkurrent schließlich doch von der Innovation, so wird er bemüht sein, die Erfindung zu imitieren. Hierbei errichtet der Patentschutz jedoch eine Schranke. Eine unentgeltliche Verwertung der Erfahrung ist erst nach Ablauf der Patentsperre möglich. Das Patentsystem verhindert also die schnelle Diffusion neuen Wissens. Diese Wirkung beeinträchtigt das wirtschaftliche Wachstum. Andererseits garantiert der Patentschutz dem Innovator einen Wettbewerbsvorsprung und belohnt damit die Erfindertätigkeit. Es stellt also einen Anreiz dar, in die Forschung zu investieren und neues Wissen aufzuspüren. Diese Wirkung ist wachstumsfördernd. Ob die positive oder negative Wachstumswirkung des Patentsystems überwiegt, ist eine empirische Frage.

2. Reaktion der Nachfrager. Diese Thematik interessiert vor allem dann, wenn das neue Produkt ein Kapitalgut ist. Dann produziert der Innovator ein neues Gut, das aber für den Abnehmer ein neues Verfahren darstellt. Die Diffusion neuen Wissens äußert sich also auch in der Adoption der neuen Kapitalgüter durch die Abnehmer. Man darf nun nicht annehmen, dass die potentiellen Abnehmer das neue Kapitalgut direkt akzeptieren. Erstens treten hier wieder Informationsprobleme auf. Wer von der Existenz des neuen Kapitalgutes nichts weiß, kann es nicht einsetzen. Zweitens muss das neue Verfahren so überlegen sein gegenüber dem alten, dass es sich lohnt, zu wechseln und die entsprechenden Kosten aufzuwenden. Der Nachfrager könnte ja auch die Adoption eines neuen Verfahrens (z. B. einer neuen Softwareversion) auslassen, wenn er erwartet, in absehbarer Zukunft ein noch besseres Verfahren erwerben zu können. Auch spielen *Netzwerkeffekte* eine Rolle. Bestimmte Technologien liefern einen größeren Nutzen, wenn sie von einer großen Zahl von Anwendern eingesetzt werden. Wenn z. B. kaum jemand Emails nutzen würde, dann wäre ein eigener Email-Zugang von geringem Wert. Das Verfahren benötigt dann eine gewisse Mindestzahl von Nutzern, damit andere bereit sind, es einzusetzen. Schließlich ist die Anwendung eines neuen Verfahrens auch mit einem Risiko verbunden. Ob ein neues Verfahren akzeptiert und übernommen wird, hängt deshalb von der grundsätzlichen Bereitschaft zur Neuerung ab bzw. von den Möglichkeiten, diese Risiken zu streuen.

4. Die Verkörperung neuen Wissens in Kapital und Arbeit

Neues technisches Wissen realisiert sich nicht unabhängig von den anderen Produktionsfaktoren. In der Wachstumstheorie ist deshalb ausführlich die These diskutiert worden, dass sich neues technisches Wissen in den beiden Produktionsfaktoren Kapital und Arbeit »verkörpert«.

Betrachten wir den Kapitalstock einer Volkswirtschaft zu einem gegebenen Zeitpunkt, so besteht er aus Anlagen unterschiedlichen Alters. Ähnlich wie sich bei einer archäologischen Ausgrabung in immer tieferen Schichten immer ältere »Anlagen« finden, kann man auch beim Kapitalstock die Anlagen nach Jahrgängen anordnen. Beim Kapitalgut verhält es sich dabei genau umgekehrt wie beim Wein. Je älter der Jahrgang, umso niedriger ist das technische

Niveau, das dieses Kapitalgut eingefangen hat. Je jünger das Kapitalgut, desto höher ist die Produktivität, die es repräsentiert.

Die Verkörperung neuen technischen Wissens in Maschinen macht auf einen weiteren Bestimmungsfaktor wirtschaftlichen Wachstums aufmerksam: Je geringer das Durchschnittsalter des Kapitalbestandes, umso größer die Produktivität des Kapitals und umso höher die Wachstumsrate. Das Durchschnittsalter des Kapitalbestandes hängt nicht allein von der Neuinvestition, sondern auch von den Ersatzinvestitionen ab. Denn eine Ersatzinvestition ermöglicht nicht nur, die Kapazität einer alten, abgeschriebenen Anlage wieder herzustellen, sondern erlaubt auch, mit der neuen Anlage technischen Fortschritt einzufangen. Deshalb sind für die Wachstumsrate nicht allein die Nettoinvestitionen entscheidend.

Neues Wissen kann sich auch im Produktionsfaktor Arbeit verkörpern (Humankapital). So haben jüngere Arbeitnehmer in der Regel einen aktuelleren Wissensstand. Durch eine berufsbegleitende Ausbildung und durch Lernen am Arbeitsplatz (training on the job) können aber auch ältere Arbeitnehmer neues Wissen erwerben.

5. Neues technisches Wissen als endogener Prozess

Angewandtes neues technisches Wissen kann als Resultat eines Wettbewerbsprozesses zwischen Unternehmen interpretiert werden. Wer zuerst mit einer Technologie (oder einem Medikament) auf dem Markt ist, kann eine stärkere Marktstellung erreichen und daraus Gewinne erzielen. Deshalb lässt sich die Suche nach neuem angewandten Wissen auch als Wettrennen um neues Wissen modellieren.

6. Anreize zur Auffindung neuen technischen Wissens

Für den Wachstumsprozess einer Volkswirtschaft (und für die Versorgung ihrer Mitglieder mit Gütern) spielt eine zentrale Rolle, über welche Anreize ein ökonomisches System verfügt, damit neues technisches Wissen entdeckt wird. Wir begnügen uns hier damit, eine Reihe von Fragen zu nennen, die hierbei relevant sind: (1) Erfordert die Auffindung von Grundlagenwissen staatliche Finanzierung? (2) Wird der Trend zum Großunternehmen durch neue Technologien verstärkt? (3) Da insbesondere angewandte Forschung problemorientiert ist, muss die Forschung nicht in kleinen Einheiten (nahe am Problem) institutionalisiert sein? (4) Welche Rolle spielen Preise und Gewinne in einem marktwirtschaftlichen System als Stimulator neuen technischen Wissens? (5) Inwieweit bedeutet die dezentrale Organisation einer Volkswirtschaft ein »Plus« bei der Auffindung neuen technischen Wissens (Wettbewerb als Entdeckungsverfahren im Sinne Hayeks)? (6) Inwieweit muss für die Auffindung neuen technischen Wissens in der Weise ein Anreiz geschaffen werden, dass der Erfinder einen temporären Schutz bei der Verwertung seiner Erfindung erhält (Patentschutz)? (7) Inwieweit beeinträchtigen staatliche Regulierungen wie Genehmigungsverfahren für neue Produkte (Medizin, Biotechnologie) den technischen Fortschritt?

7. Die Besonderheit des technischen Wissens

Technisches Wissen ist im Vergleich zu anderen Produktionsfaktoren dadurch gekennzeichnet, dass, anders als bei Arbeit, Kapital und Boden, ein Einsatz einer Technologie an einer Stelle ihre

Verwendung an anderer Stelle nicht ausschließt. Insoweit besteht Nichtrivalität. Diese Nichtrivalität spricht dafür, bereits bestehendes technisches Wissen möglichst allgemein zur Verfügung zu stellen (Beispiel: Open Source Software). Allerdings darf man die These der Nichtrivalität auch nicht überdehnen. Bei vielen Technologien eröffnen sich für ein Unternehmen neue Marktchancen dadurch, dass ein Unternehmen über eine Technologie verfügt (auch über ein neues Produkt) und dass es erfolgreich andere Unternehmen von dieser Technologie ausschließen kann. Das Unternehmen hätte wenig Anreize, in Innovationen und damit die Schaffung neuen Wissens zu investieren, wenn es daraus keinen Wettbewerbsvorteil erlangen könnte.

Eine gewisse Verbreitung des technischen Wissens wird ohnehin nicht gänzlich zu vermeiden sein. Mitarbeiter wechseln zur Konkurrenz und nehmen ihre Erfahrungen mit; in den Gütern, die das Unternehmen produziert, ist das technische Wissen z. T. verkörpert; Mitarbeiter verschiedener Unternehmen kommunizieren miteinander etc. Aufgrund dieser positiven Effekte kann es sein, dass die Grenzerträge des technischen Wissens auf gesamtwirtschaftlicher Ebene nicht abnehmend sind, obwohl aus Sicht des einzelnen Unternehmens abnehmende Grenzerträge vorliegen. Technisches Wissen kann dann dauerhaft mit einer konstanten Rate wachsen. Anders als bei der oben beschriebenen Akkumulation von Kapital kommt die Akkumulation von technischem Wissen langfristig nicht notwendigerweise zum Erliegen, so dass dann ein dauerhaftes Wachstum möglich wird. Die Nichtrivalität und die Ungültigkeit der abnehmenden Grenzproduktivität gilt insbesondere für Grundlagenwissen, dessen Anwendung alle Produktionen auf ein höheres Niveau heben kann. Sie gelten aber auch für Anwendungswissen, das etwa in einer Region akkumuliert ist (Uhrenindustrie im Schweizer Jura oder Computerindustrie im Silicon Valley).

Kasten 24.2: Die J-Kurve der Transformation

Beim Umbau einer Planwirtschaft in eine Marktwirtschaft haben wir in Mittel- und Osteuropa einen tiefen Einbruch in der industriellen und in der gesamtwirtschaftlichen Produktion beobachtet. Dabei spielte einerseits eine Rolle, dass durch den Übergang zu einer anderen Wirtschaftsordnung ein institutionelles Vakuum entstand, da sich erst im Verlauf der Zeit herausstellte, welche Regeln für wirtschaftliche Tätigkeit gelten werden. Andererseits war entscheidend, dass der gegebene Kapitalstock entwertet wurde, da die bestehenden Anlagen zu einem Teil nur Güter erstellen konnten, die zu den neuen Preisen nicht oder kaum marktfähig waren. Folglich brach die Produktion zusammen. Der Umbau einer Planwirtschaft ist deshalb durch eine J-Kurve der Transformation gekennzeichnet, also durch einen Einbruch in der gesamtwirtschaftlichen Produktion mit einer allmählichen Erholung. Das »J« bringt zum Ausdruck, dass letztendlich nach Ablauf des Transformationsprozesses ein höheres Produktionsniveau als in der Zentralplanwirtschaft erreicht werden kann.

Nach den vorliegenden Daten haben Länder wie Polen, Tschechien, die Slowakei und Ungarn die Talsohle des Transformationsprozesses inzwischen längst durchschritten; das Ausgangsniveau vor Beginn des Anpassungsprozesses ist weit übertroffen (Schaubild in diesem Kasten).

In den neuen Bundesländern war nach der Wiedervereinigung ein äußerst drastischer Einbruch in der gesamtwirtschaftlichen Produktion zu verzeichnen. Das Bruttoinlandsprodukt ging auf 70 vH des Ausgangsniveaus zurück; die Industrieproduktion sank auf etwa ein Drittel ab. Dabei ist allerdings zu berücksichtigen, dass die Statistiken nur begrenzt vergleichbar sind. Ostdeutschland ist in dem Sinne ein Sonderfall im Transformationsprozess, dass von den drei großen Problembereichen des Umbaus einer Planwirtschaft – der Schaffung einer institutionellen Infrastruktur, der monetären Stabilisierung und der realwirtschaftlichen Anpassung in den Unternehmen – zwei große Reformaufgaben mit einem Schlag erledigt wurden, nämlich die Schaffung einer Rahmenordnung durch die Übernahme des Grundgesetzes sowie des Rechtssystems und die monetäre Stabilität durch die deutsche Währungsunion. Die Übernahme des Rechtsystems war in dem Sinn von erheblichem Vorteil, dass Rechtssicherheit herrschte. Es war aber ein erheblicher Nachteil, dass alle westdeutschen Regulierungen übernommen werden mussten, deren Eignung selbst für Westdeutschland in Frage steht. Damit bestand in den jungen Bundesländern kein institutioneller Freiraum, um Institutionen zu finden, die auf die spezielle Situation passen. Als dritter Problembereich blieb – schwierig genug – die realwirtschaftliche Anpassung in den ostdeutschen Unternehmen. In Ostdeutschland stand der Wechselkurs als Puffer nicht zur Verfügung, mit dem der Verlust an preislicher Wettbewerbsfähigkeit hätte abgefedert werden können. Dies war in den mitteleuropäischen Staaten anders. Da dort eine eigene Währung gegeben war und damit auch der Wechselkurs als Mittel der Anpassung einsetzbar war, hatte die Wirtschaftspolitik ein zusätzliches Instrument zur Hand, um den Einbruch in Grenzen zu halten. Auch dies hat die Wettbewerbsfähigkeit in Mitteleuropa und Ostdeutschland unterschiedlich beeinflusst.

Im Gegensatz zu Ostdeutschland und Mitteleuropa ist bei dem Umbau der Wirtschaftssysteme in China und Vietnam ein Produktionseinbruch nicht zu beobachten. Dies wird unter anderem darauf zurückgeführt, dass ein Kapitalstock in bedeutendem Maße noch nicht aufgebaut war.

Schaubild Kasten 24.2: Die J-Kurve der Transformation in Mitteleuropa[a]

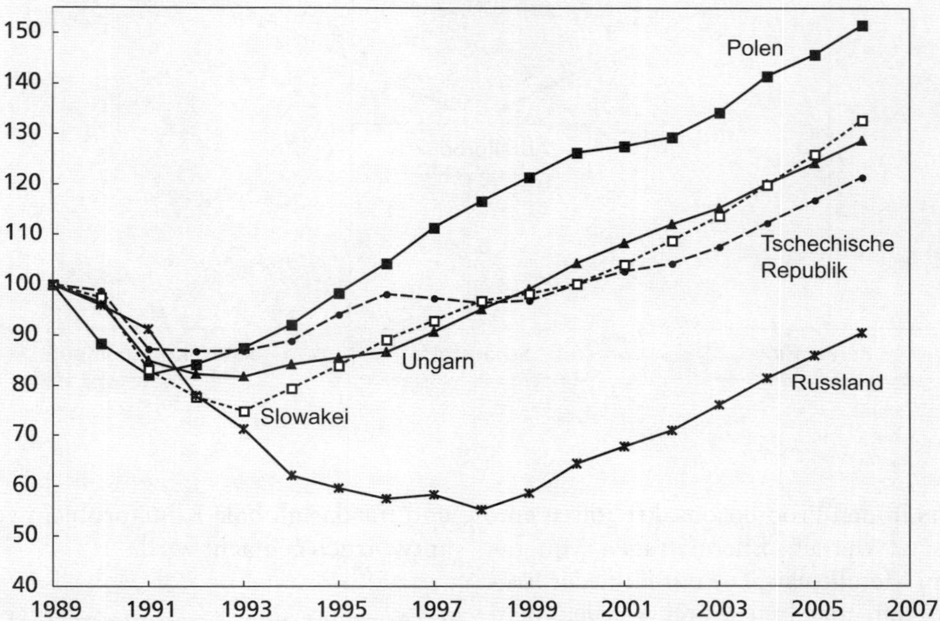

[a] Bruttoinlandsprodukt in Preisen von 1989 zu Kaufkraftparitäten in US$ von 1990; 1989 = 100. Schätzung für 2001, Prognose für 2002.– [b] Bis 1993 Tschechoslowakei.

Quelle: EBRD Transition Report 2000; IMF World Economic Outlook 2005.

24.7 Umwelt und Natur

1. Funktionen der Umwelt

Die Umwelt[4] ist von der ökonomischen Theorie lange nicht beachtet und als freies Gut behandelt worden, das zu einem Preis von null genutzt wird und damit nicht Gegenstand des Wirtschaftens ist. Inzwischen hat man eingesehen, dass die Umwelt kein freies Gut mehr ist.

Die Umwelt hat im Wachstumsprozess die folgenden Funktionen:

1. Lieferant von Ressourcen. Die Umwelt liefert dem ökonomischen System Ressourcen oder Rohstoffe, die als In-

[4] Zu den folgenden Ausführungen vgl. H. Siebert, Economics of the Environment, 6. Aufl., Heidelberg 2004. Dort findet sich auch eine Diskussion der wirtschaftspolitischen Lösungsmöglichkeiten des Umweltproblems.

Schaubild 24.4: Interdependenz zwischen Umwelt und ökonomischem System

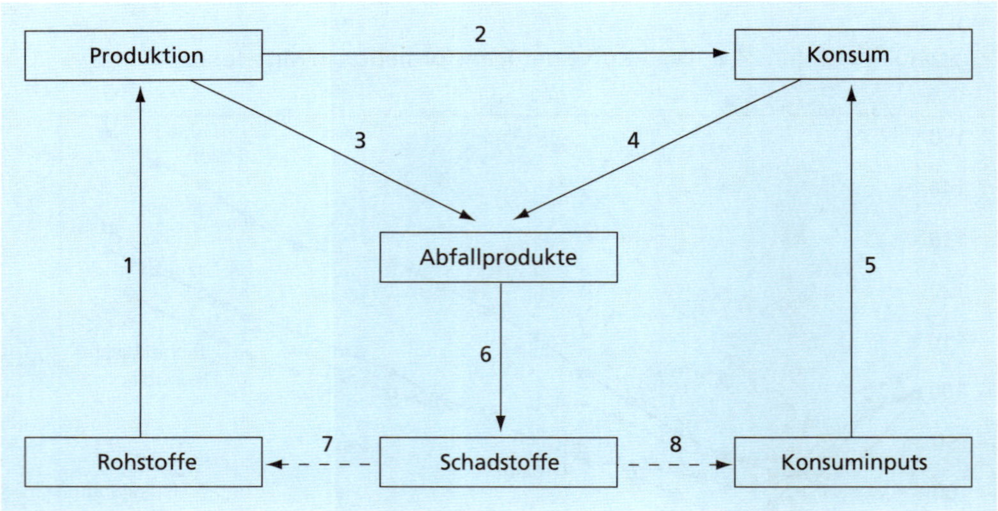

puts in den Produktionsaktivitäten eingesetzt werden: Energieträger, Mineralien, Metalle usw. Die mit Hilfe der Ressourcen erstellten Güter werden dem Konsum zugeführt. Schaubild 24.4 verdeutlicht in den Pfeilen 1 und 2 diese Beziehungen zwischen dem ökonomischen System und der Umwelt. Das ökonomische System besteht aus den beiden Bereichen Produktion und Konsum, das System der Umwelt enthält die Bereiche Roh- und Schadstoffe sowie Konsuminputs.

2. Aufnahmemedium von Schadstoffen. Die in Produktion und Konsum anfallenden und nicht weiter verwertbaren Kuppelprodukte werden an die Umwelt abgegeben (Pfeile 3, 4). Kuppelprodukte liegen vor, wenn z. B. aus einem Produktionsprozess gleichzeitig mehrere Güter hervorgehen. Oft liegt für das Kuppelprodukt keine Verwendung vor; es ist unerwünscht, wie z. B. das Kohlendioxid, das bei der Energiegewinnung aus fossilen Brennstoffen anfällt und für das globale Klimaproblem verantwortlich gemacht wird.

3. Angebot von Konsumgütern. Die Umwelt stellt der Ökonomie Konsumgüter zur Verfügung, und zwar sehr elementare »Lebensmittel« wie Luft und Wasser und so wichtige Konsumgüter wie die Schönheit der Landschaft (Pfeil 5). Viele dieser Konsumgüter sind dadurch gekennzeichnet, dass niemand vom Konsum ausgeschlossen werden kann bzw. ausgeschlossen wird. Dennoch treten Rivalitäten in der Nutzung auf. Man spricht in diesem Fall von Allmendegütern (Kapitel 25).

Die an die Umwelt abgegebenen Abfallmengen werden von den verschiedenen Medien der Umwelt – Atmosphäre, Boden, Wasser – aufgenommen, teilweise abgebaut, akkumuliert, an andere Orte transportiert oder in ihrer Struktur geändert. Abfallprodukte oder Emissionen sind deshalb nicht identisch mit Schadstoffen oder Immissionen. Abfallprodukte sind die bei Produktion und

Konsum anfallenden unerwünschten Kuppelprodukte bei ihrer Abgabe an die Umwelt. Schadstoffe sind die in einem bestimmten Umweltmedium zu einem Zeitpunkt befindlichen Stoffe. Ein Abfallprodukt wird erst zu einem Schadstoff durch die Diffusion oder Transformation in der Umwelt. Die Beziehung zwischen Abfallprodukten und Schadstoff bezeichnen wir als Diffusionsfunktion (Pfeil 6).

Die Schadstoffe, die in der Umwelt verbleiben oder sich zu einem bestimmten Zeitpunkt in ihr befinden, beeinflussen die Qualität der Umweltdienste, also der Konsumgüter. Dieser Zusammenhang resultiert daraus, dass sich Schadstoffe auf die Charakteristika der Inputs für die Konsumprozesse auswirken. Ferner können Schadstoffe auch die Produktionsaktivitäten beeinflussen, etwa indem sie die Qualität der Inputs für die Produktionsprozesse verschlechtern und nun eine Behandlung dieser Inputs vor ihrer Verwendung in der Produktion erforderlich ist. Es besteht also eine Beziehung zwischen Schadstoffen auf der einen Seite und Umweltdiensten auf der anderen Seite. Wir bezeichnen sie als Schadensfunktion (Pfeil 7 und 8).

2. Natürliche Rohstoffe

Die Diskussion um die Energiekrise hat deutlich gemacht, dass die Ausstattung der Erde mit Rohstoffen ein limitierender Faktor für Wachstumsprozesse sein kann. Tabelle 24.5 zeigt einige wichtige Ressourcen mit der heute maximal zu erwartenden Nutzungszeit. Dabei sind Reserven solche Ressourcen, die mit großer Genauigkeit erfasst wurden und mit den derzeitigen technischen Möglichkeiten wirtschaftlich gewonnen werden können. Reserven werden auch als bauwürdig ausbringbare Reserven und als sicher und wahrscheinlich gewinnbare Vorräte bezeichnet. Unter zusätzlichen Reserven werden Ressourcen verstanden, die nachgewiesen, aber derzeit nicht wirtschaftlich gewinnbar sind.

Die Debatte, inwieweit Rohstoffe eine unabdingbare Voraussetzung für wirtschaftliches Wachstum sind oder ob wichtige Rohstoffe durch technischen Fortschritt substituiert werden können, ist noch nicht abgeschlossen. Für eine einzelne Volkswirtschaft wissen wir aus der Vergangenheit, dass eine starke Rohstoffbasis keine absolut notwendige Voraussetzung für Wachstum ist, da Rohstoffe und damit erzeugte Fertigprodukte auch importiert werden können. England beispielsweise, die erste industrialisierte Volkswirtschaft der Welt, hat eine schwache Rohstoffbasis und war bereits Ende des 18. Jahrhunderts auf schwedische Eisenerze angewiesen. Auch die Schweiz besitzt – mit Ausnahme der mittlerweile stark entwickelten Wasserenergie – kaum Rohstoffe. Japan hat ungenügende Kohlevorkommen und wenig Rohstoffe. Auch die Bundesrepublik ist auf Rohstoffimporte angewiesen. Schließlich zählen Dänemark und Neuseeland zu den reichen Nationen, obwohl sie kaum über Rohstoffe für die Industrie verfügen und noch heute landwirtschaftlich orientiert sind. Eine Entwicklung ist also auch mit einer schwachen Rohstoffbasis möglich. Wie das Beispiel derjenigen Länder zeigt, die Rohstoffe exportieren, ist andererseits eine Rohstoffbasis keine Garantie für eine hohe Wachstumsrate, ähnlich wie ein großes Angebot an landwirtschaftlichem Boden auch nicht die Entwicklung sicherstellt. So exportieren der Kongo und Sambia Kupfer. Oft beschränkt sich die Wachstumswirkung des Exports nur auf den Exportbereich und greift nicht auf die anderen Wirtschaftszweige der Volkswirtschaft über.

Tabelle 24.5: Rohstoffbasis der Welt: Nicht-erneuerbare Energieträger in Mrd. t Steinkohleeinheiten, 2004

	Erdöl	Nicht-konventionelles Erdöl[c]	Erdgas	Nicht-konventionelles Erdgas	Kohle	Kernbrennstoffe	Gesamt
Reserven[a]	228	94	191	2	709	55	1279
Ressourcen[b]	117	357	224	1660	3585	281	6224
Summe	345	451	415	1662	4294	336	7503
Verbrauch nicht erneuerbarer Energierohstoffe	5,4		3,0		3,9	0,9	13,2
Restnutzungszeit bei konstantem Verbrauch (in Jahren)[d]	59,7		64,3		181,8	61,1	96,9
Restnutzungszeit bei steigendem Verbrauch (in Jahren)[d,e]	27,5		28		46	28	35

[a] Reserven bezeichnet die derzeit technisch und wirtschaftlich gewinnbaren Mengen an nicht erneuerbaren Energierohstoffen. – [b] Ressourcen bezeichnet die nachgewiesenen, aber derzeit technisch und/oder wirtschaftlich noch nicht gewinnbaren sowie die nicht nachgewiesenen, aber geologisch möglichen, künftig gewinnbaren (»yet to find«) Mengen an Energierohstoffen. – [c] z. B.: Ölsand/Schwerstöl, Ölschiefer. – [d] Berechnung unter Berücksichtigung der Reserven. – [e] bei Zuwachsrate von 5 vH.

Quelle: Bundesanstalt für Geowissenschaften und Rohstoffe. Reserven, Ressourcen und Verfügbarkeit von Energierohstoffen 2004 (Kurzstudie); eigene Berechnungen.

Eine Rohstoffbasis kann aber die Entwicklung entscheidend erleichtern, indem sie über Exporte Devisen ins Land bringt, mit denen sich wichtige Importe finanzieren lassen. Außerdem kann eine Rohstoffbasis die Grundlage einer aufzubauenden Industrie abgeben, wie es bei der Entwicklung des Ruhrgebietes der Fall war.

3. Die Umwelt als Schadstoffempfänger

Die bei Produktion und Konsum anfallenden Kuppelprodukte werden, so weit sie nicht verwertbar sind, an die Umwelt abgegeben. Die Umwelt dient also als Schadstoffempfänger. Eine Reihe von Abfallprodukten werden von den verschiedenen Umweltmedien abgebaut. So werden organische Abfälle, wenn sie die Selbstreinigungskraft der Gewässer nicht übersteigen, durch Bakterien reduziert. Oder das Wurzelgeflecht der Binsen hat beispielsweise ein beachtliches Gewässerreinigungsvermögen und tötet pathogene Mikroorganismen, erhöht den Sauerstoffgehalt des Wassers, baut organische Stoffe ab und reduziert Phosphate und Nitrate.

Die Assimilationskapazität der Umwelt ist begrenzt, d. h., man kann z. B. in die Flusssysteme nur eine ganz bestimmte Menge organischer Abfälle abgeben, wenn man nicht das Umweltsystem selbst zerstören will. Zudem können eine ganze Reihe von Schadstoffen nicht oder nur sehr langfristig abgebaut werden. Dazu gehören alle toxischen Metalle und eine Reihe von Pestiziden wie das DDT. Die Akkumulation von nicht oder kaum abbaubaren Schadstoffen in der Zeit ist ein Phänomen, das aus kleinsten Schadstoffmengen, die lokal kaum von schädigender Wirkung sind, im Verlauf der Zeit bedenkliche Konzentrationen von Schadstoffen entweder in einem Umweltmedium oder aber in Teileinheiten eines biologischen Systems entstehen lässt. Zwar kann man die Assimilationskapazität durch Investitionen leicht beeinflussen, etwa indem Luftfilter in Flüssen zur Erhöhung des Sauerstoffgehaltes angebracht werden. Aber die Möglichkeiten zur Erweiterung der Assimilationskapazität sind begrenzt. Die gegebene Assimilationskapazität der Umwelt stellt also einen limitierenden Faktor für wirtschaftliches Wachstum dar.

4. Umwelt als Konsumgut

Die Umwelt stellt gleichzeitig wichtige Konsumgüter wie Wasser, Luft und Erholungswerte zur Verfügung. Das Umweltproblem besteht darin, dass die Abgabe von Schadstoffen an die Umwelt die Charakteristika des öffentlichen Konsumgutes Umwelt beeinträchtigt, d. h., dass konkurrierende Verwendungsmöglichkeiten des Gutes Umwelt vorliegen. Die Verwendung der Umwelt als Schadstoffempfänger reduziert ihre Qualität für Zwecke des Konsums.

An dieser Stelle wird deutlich, dass wirtschaftliches Wachstum als Maßstab für die Wohlfahrt einer Gesellschaft nicht allein an der Zunahme des Inlandsprodukts gemessen werden kann, sondern durch andere Größen ebenfalls zum Ausdruck gebracht werden muss, die man unter dem Schlagwort des qualitativen Wachstums diskutiert. Für die Umweltproblematik bedeutet dies: Nicht nur der Güterberg der produzierten Güter, auch die Umweltdienste müssen in einem Maßstab der Wohlfahrt eingeführt werden. Ein solches Maß macht gleichzeitig deutlich, dass Wachstum einen instrumentalen Charakter hat, es ist Mittel der Wohlfahrtssteigerung und kein Ziel an sich.

Der Konflikt zwischen der Steigerung des Produktionsergebnisses (quantitatives Wachstum) und der Verbesserung der Umweltqualität wird in Schaubild 24.5 verdeutlicht.

Mit der Menge der eingesetzten Ressourcen steigt die Menge der produzierten Güter. Diese Beziehung, die wir durch die Produktionsfunktion erfassen, ist im Südost-Quadranten des Schaubilds dargestellt. Mit zunehmendem Ressourceneinsatz steigt aber auch die Schadstoffmenge oder – anders ausgedrückt – die Umweltqualität sinkt. Dieser Zusammenhang ist durch die Kurve im Nordwest-Quadranten verdeutlicht. Jeder Menge von Ressourcen ist also ein bestimmter Güterberg und eine bestimmte Umweltqualität zugeordnet. Man kann für jede Menge von Ressourcen die Kombination dieser beiden Wer-

Schaubild 24.5: Zielkonflikt zwischen Wachstum und Umweltqualität

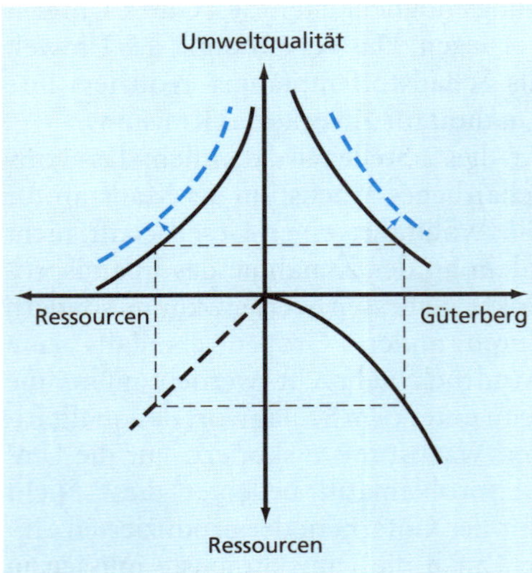

te als Punkte in den Nordost-Quadranten eintragen. Verbindet man diese Punkte, so erhält man die Kurve der Zielbeziehung zwischen den Zielen Umweltqualität und Produktionsniveau. Diese Kurve hat eine negative Steigung. Das bedeutet, dass man eine größere Produktion nur erreichen kann, wenn man eine geringere Umweltqualität in Kauf nimmt, und dass man eine bessere Umweltqualität nur erzielen kann, wenn man auf einen Teil des möglichen Produktionsergebnisses verzichtet.

Die Schlussfolgerungen aus Schaubild 24.5 beruhen auf sehr einfachen Prämissen, und zwar gegebenen Produktionsfunktionen für Güter und Schadstoffe. Unterstellen wir, dass für jede Einheit einer eingesetzten Ressource, z. B. infolge technischen Fortschritts, eine geringere Menge an Schadstoffen anfallen würde, d. h. es würde eine bessere Umweltqualität möglich sein. Dann verschiebt sich die Kurve im Nordwest-Quadranten nach oben. Damit bewegt sich auch die Zielkonfliktkurve nach oben. Betrachtet man nicht ein einziges Produkt, sondern realistischerweise eine Fülle von Produkten, so kann die Verschiebung der Kurve des Nordwest-Quadranten, d. h. eine Entschärfung des Zielkonflikts, auch durch eine Umstrukturierung der Produktion auf weniger schadstoffintensive Produkte erfolgen.

24.8 Andere Wachstumsfaktoren der Angebotsseite

Aus unseren bisherigen Erörterungen können wir zusammenfassen, dass nicht für den Konsum verausgabtes Einkommen in fünffacher Weise wachstumsrelevant ausgegeben werden kann:

- als Nettoinvestition für die Schaffung von direkt produktivem Kapital,
- für die Erweiterung des Infrastrukturkapitalbestandes,
- als Ausbildungsinvestition für die Verbesserung der Qualität der Arbeit,
- als Suchmittel für die Aufdeckung neuen technischen Wissens und
- als Investitionsmittel zur Verbesserung der Umweltqualität.

Damit tritt die Frage auf, welche Verwendung des nicht konsumierten Einkommens den höchsten Beitrag zum Wachstumsziel leistet. Diese Frage ist in dem Sinne ungelöst, dass die Auswirkungen vor allem der Verwendungsformen des Infrastrukturkapitals, der Ausbildungsinvestitionen und der Suchmittel wenig erforscht und nur schwer zu quantifizieren sind. Aber dennoch bleibt diese Frage ein Zentralpunkt der Wachstumstheorie und zugleich eines

der Hauptprobleme der Wachstumspolitik.
Die Veränderungen der Produktionsfaktoren Kapital, Arbeit und technisches Wissen werden in der Literatur als die entscheidenden Wachstumsdeterminanten angesprochen. In der gesamtwirtschaftlichen Produktionsfunktion sind aber auch der Boden und das soziale System als Produktionsfaktoren aufgeführt. Von ihrer Veränderung können ebenfalls Wachstumswirkungen ausgehen.

1. Boden

Bereits bei der Diskussion des Produktionsfaktors Boden haben wir gesehen, dass das Bodenangebot einer Volkswirtschaft konstant ist und außer durch Landgewinnung am Meer nicht vermehrt werden kann. Ähnlich wie Arbeit und Kapital kann aber der Boden qualitativ verbessert werden, indem Investitionen (Bewässerung) vorgenommen werden oder technischer Fortschritt (z. B. anderes Saatgut, größere Anbauflächen mit Maschineneinsatz) die Produktivität des Bodens erhöht.
Eine hohe Produktivität des Bodens als landwirtschaftlicher Produktionsfaktor ist gerade für das Wachstum der Entwicklungsländer von entscheidender Bedeutung. Die Landwirtschaft hat in den Entwicklungsländern die Aufgabe, die stark wachsende Bevölkerung mit Lebensmitteln zu versorgen. Infolge des Bevölkerungsanstiegs muss die landwirtschaftliche Produktion von Jahr zu Jahr gesteigert werden. Ohne eine Produktionszunahme müssen Nahrungsmittel importiert werden. Importe aber erfordern Devisen, die ein Entwicklungsland in der Regel kaum selbst aufbringen kann, da ein leistungsfähiger Exportsektor oft nicht existiert.
Die Leistungsfähigkeit der Landwirtschaft ist aber nicht allein eine Funktion der gegebenen Bodenmenge, sondern auch der Organisation des landwirtschaftlichen Wirtschaftszweiges. Großgrundbesitz wird allgemein als ein Hindernis für die Entwicklung der unterentwickelten Volkswirtschaften angesprochen. Oder die Institution des Farmpächters, der seine Pacht mit einem Prozentsatz seiner Ernte an den Grundeigentümer bezahlt, stellt oft weder für den Pächter noch für den Grundeigentümer einen ausreichenden Anreiz dar, neue technische Verfahren einzuführen und Kapitalgüter zu schaffen und einzusetzen. Die Produktivität der Landwirtschaft wird also auch entscheidend von dem gesellschaftlichen System beeinflusst. Ebenso wie eine große Landmenge (Indien) und eine hohe Produktivität im landwirtschaftlichen Bereich keine Garantien für wirtschaftliches Wachstum sind, muss eine kleine Landfläche, wenn sie intensiv genutzt wird, kein Handikap für das Wachstum sein, wie das Beispiel der Niederlande zeigt.
Als Abbauboden ist der Boden auch Produktionsfaktor der Industrie. Dieser Aspekt ist bereits beim Faktor Umwelt behandelt worden.

2. Soziales System

Neben dem Boden ist die Veränderung des sozialen Systems ein weiterer Faktor, von dem über längere Zeiträume wichtige Wachstumswirkungen ausgehen.
Unter dem sozialen System verstehen wir die Gesamtheit der institutionellen Regelungen, also die Verfassung (Demokratie, Diktatur), die politische Gewaltenteilung, die Wirtschafts- und Rechtsordnung, die gesellschaftliche Struktur, die Organisationsformen, die soziale Schichtung sowie die Mentalität und Attitüden

der Bevölkerung. Damit ist auch die politische Stabilität angesprochen.

Einige wichtige wachstumsrelevante Faktoren des gesellschaftlichen Systems sind die Familienstrukturen, die soziale Schichtung und die Religion. Entwicklungsländer sind häufig durch Großfamilien gekennzeichnet, bei denen die Jungverheirateten in der Familie bleiben. Die Mobilität der Arbeitskraft wird dadurch erheblich beeinträchtigt und das Risikoverhalten der jungen Leute gebremst. Die Anreize, zusätzliche Arbeit anzubieten, werden reduziert, da alles Einkommen in einen gemeinsamen Pool fließt. In einigen Entwicklungsländern kommt eine positive Sparneigung nicht auf, da die Großfamilie eine Art Versicherung darstellt, bei der die jungen Mitglieder für die Alten sorgen; eine Zukunftssicherung durch Sparen ist dann nicht erforderlich. Ein anderer Einfluss des Familiensystems besteht etwa in dem Erbsystem der Landwirtschaft, durch das beispielsweise in Teilen Europas die Höfe immer stärker geteilt wurden und ineffiziente Betriebseinheiten zustande kamen. Schließlich sind mit dem Familiensystem auch Heiratsalter, Geburtenhäufigkeit und die Rolle der Frau in der Gesellschaft verknüpft.

Die soziale Schichtung, die »Klassenstruktur«, ist ein entscheidender Bestimmungsfaktor der sozialen Mobilität des Produktionsfaktors Arbeit. So legt das indische Kastenwesen die Mitglieder einer Kaste z. T. auf bestimmte Beschäftigungsgruppen fest und behindert somit sowohl eine vertikale soziale Mobilität als auch die Anpassungsfähigkeit des Gesellschaftssystems an geänderte Bedingungen. Unter der Überschrift »Klassenstruktur« ist auch das Argument der Politologen einzuordnen, dass eine breite Mittelklasse für die Stabilität einer Demokratie entscheidend ist. Länder – wie die Südamerikas – ohne starke Mittelklasse haben in der Vergangenheit immer wieder revolutionäre Entwicklungen und Regierungsumstürze erlebt, die den Datenkranz der einzelwirtschaftlichen Entscheidungen geändert haben und keineswegs wachstumsfördernd waren.

In Bezug auf die Religion hat Max Weber die Beziehung zwischen der Reformation und der wirtschaftlichen Entwicklung aufgezeigt. Seine Grundthese besagt, dass die kalvinistische Reformation, die sich vor allem in England und den USA ausgewirkt hat, in ihrem Glauben an die Vorherbestimmung des Menschen und daran, dass die Prädestination am wirtschaftlichen Erfolg erkannt wird, entscheidende Anreize für Produktion, Spartätigkeit und Handel gab. Die Kulturen in vielen Entwicklungsländern, mit Ausnahme der meisten asiatischen Staaten, stellen oft weniger materielle Werte in den Vordergrund, die entsprechend geringere Anreize für ökonomische Anstrengungen liefern.

Die bisher aufgezeigten Wachstumsdeterminanten Kapital, Arbeit, Humankapital, technisches Wissen, Umwelt, natürliche Ressourcen, Boden und soziales System bestimmen die Zunahme des potentiellen Produktionsvolumens, also der Produktionskapazität. In unserer Darstellung sind die einzelnen Wachstumsfaktoren isoliert untersucht worden. Wir müssen uns aber darüber im Klaren sein, dass die einzelnen Wachstumsdeterminanten gleichzeitig auftreten können und sich gegenseitig bedingen und beeinflussen.

Schaubild 24.6: Wachstumsfaktoren

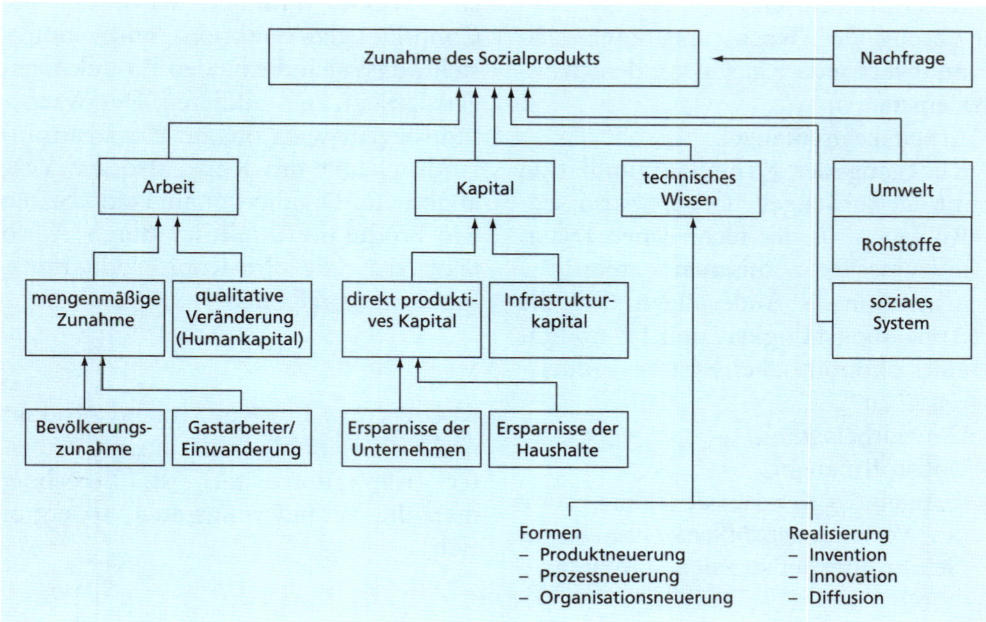

24.9 Die Nachfrage als Wachstumsstimulator

Bei der Diskussion der Wachstumsdeterminanten haben wir uns auf die Angebotsseite konzentriert. Implizit ist bei dieser Analyse unterstellt, dass die Nachfrage nach dem zusätzlichen Angebot, das durch Kapazitätswachstum möglich ist, hinreichend stark zunimmt, um das zusätzliche Angebot abzunehmen. Bei flexiblen Preisen ist das kein Problem, da sich dann die Preise anpassen, um Angebot und Nachfrage zum Ausgleich zu bringen. In der Wirklichkeit kann es jedoch auch Situationen geben, in denen die Produktionskapazität relativ schnell vergrößert werden kann und in denen dann die Zunahme der Gesamtnachfrage als entscheidender Stimulator eines Wachstumsprozesses wirkt. Eine solche Situation lag etwa nach dem Ende des zweiten Weltkrieges in der Bundesrepublik vor, wo der Kapitalbestand zerstört war, aber qualifizierte Arbeitskräfte, gutes Management und technisches Know-how vorhanden waren. Auch bei einer starken technischen Neuerung, die eine beachtliche Ausweitung der Produktionskapazität erlaubt, mag die Nachfrageseite als entscheidender Wachstumsfaktor angesehen werden. In Volkswirtschaften mit Außenhandel können Exporte die Rolle der Nachfragestimulierung übernehmen.

24.10 Eine Übersicht über die Wachstumsfaktoren

Schaubild 24.6 fasst die wesentlichen der bisher diskutierten Wachstumsfaktoren zusammen. Es macht auch deutlich, dass die These von den Grenzen des Wachstums keine neue Erkenntnis in der Nationalökonomie ist. Wachs-

tum wird durch die oben beschriebenen Wachstumsfaktoren begrenzt. Eine Reduzierung des Wachstums kann sich dann insbesondere aus folgenden Gründen einstellen:
- Arbeitskräftemangel,
- Rückgang der Kapitalakkumulation infolge zurückgehender Ersparnisse,
- Rückgang in der technischen Dynamik eines ökonomischen Systems,
- institutionelle Änderungen, die die Anpassungsfähigkeit und Flexibilität eines ökonomischen Systems reduzieren,
- Umweltbelastung,
- Rohstoffmangel,
- mangelnder Konsens über die Lösung des Verteilungsproblems und damit Gefährdung der sozialen Stabilität.

24.11 Ein einfaches Wachstumsmodell

Wachstumsmodelle müssen zwei Aspekte modellmäßig erfassen, nämlich zum einen die Veränderung der Wachstumsdeterminanten und zum anderen deren Einfluss auf die Wachstumsrate. Dabei sind in aller Regel erhebliche Vereinfachungen erforderlich.

1. Produktionsfunktion. Einige Grundideen der Wachstumstheorie lassen sich mit einer makroökonomischen Produktionsfunktion verdeutlichen, beispielsweise der Cobb-Douglas-Funktion

$$Y = T K^{1-\alpha} A^{\alpha}$$

wobei K den Kapitalstock, A den Arbeitseinsatz und T das technische Niveau kennzeichnen und $1-\alpha$ und α die Produktionselastizitäten von Kapital und Arbeit sind. Die Produktionselastizität gibt an, wie sich der Output prozentual verändert, wenn ein Input um ein Prozent verändert wird. Bei der Cobb-Douglas-Funktion wird unterstellt, dass sich die beiden Produktionselastizitäten zu 1 addieren. Der Wachstumsbegriff wird oft auf das Bruttoinlandsprodukt pro Kopf, also auf Y/A, abgestellt. Dividiert man beide Seiten der Produktionsfunktion durch A, so lässt sich die Pro-Kopf-Produktionsfunktion schreiben als[5]

$$y = T k^{1-\alpha}$$

wobei y das Pro-Kopf-Inlandsprodukt und k die Kapitalausstattung pro Arbeiter (Kapitalintensität) ist. Berechnet man die Veränderungsraten, so ergibt sich

$$\hat{y} = \hat{T} + (1-\alpha)\,\hat{k}$$

Wachstum wird also auf technischen Fortschritt und Kapitalbildung zurückgeführt. Diese Gleichung erlaubt eine Reihe von Aussagen.

2. Stationärer Zustand. Wenn sich der Wachstumsprozess nur durch Kapitalbildung vollzieht, also technischer Fortschritt nicht stattfindet, kommt Wachstum dann zum Erliegen, wenn der Kapitalstock akkumuliert ist und die Kapitalausstattung des Arbeitnehmers nicht mehr gesteigert wird. Der Kapitalstock wird dann lediglich noch erneuert, die Volkswirtschaft hat einen stationären Zustand erreicht. Kapital wird gebildet, solange die Grenzproduktivität des Kapitals (f_k) über der Nutzendiskontrate (δ) liegt. Die Kapitalbildung kommt dann zum Stillstand, wenn die Grenzproduktivität des Kapitals der

---

[5] Dies folgt aus

$$\frac{Y}{A} = T \cdot K^{1-\alpha} \cdot \frac{A^{\alpha}}{A} = T \cdot K^{1-\alpha} \cdot A^{\alpha-1} = T \left(\frac{K}{A}\right)^{1-\alpha}$$

Schaubild 24.7: Langfristiges Wachstumsgleichgewicht

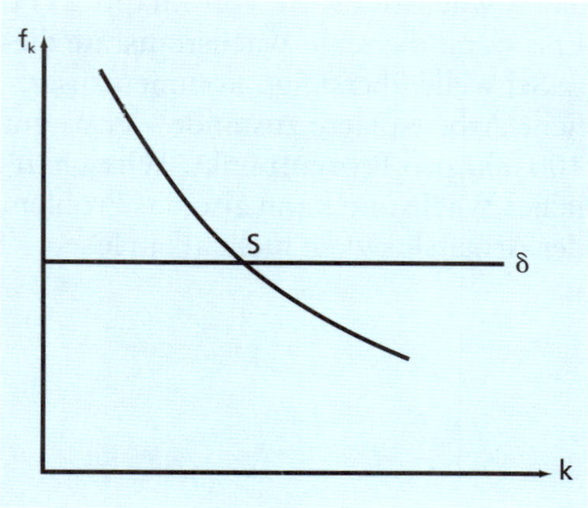

Nutzendiskontrate entspricht (Punkt S in Schaubild 24.7). Die Nutzendiskontrate ist ein Maß für die »Ungeduld« des Sparers. Mit ihr kann der Nutzen aus dem Konsum in der Zukunft in Gegenwartsnutzen umgerechnet werden, d. h., sie gibt die Verzinsung des Nutzens an, der in der Zukunft erforderlich ist, um den Sparer für den Verlust an Konsumnutzen in der Gegenwart zu entschädigen. Wenn der Zinssatz über der Nutzendiskontrate liegt, dann lohnt es sich, durch Sparen Konsum in die Zukunft zu verlagern. Der Kapitalstock steigt dann im Zeitablauf. Auf dem Weg zum stationären Zustand bewegt sich die Volkswirtschaft entlang der Grenzproduktivität des Kapitals nach unten. Die Wachstumsraten werden geringer. Im stationären Zustand ist die Wachstumsrate null. Dies ist die Begründung für die bereits erörterte Barro-Regel.

3. Bevölkerungswachstum und technischer Fortschritt. Wenn Kapitalbildung und Zunahme des Arbeitsangebots durch Bevölkerungswachstum betrachtet werden, technischer Fortschritt jedoch nicht vorliegt, kommt die Kapitalbildung im langfristigen Gleichgewicht nicht zum Stillstand. Stattdessen wird gerade soviel neues Kapital gebildet, um damit die zusätzlichen Arbeitnehmer auszustatten. Da sowohl das Arbeitsangebot als auch der Kapitalstock zunehmen, ist im langfristigen Gleichgewicht die Wachstumsrate des Inlandsprodukts positiv. Aber die Zuwachsrate des Produktergebnisses pro Kopf ist null, da langfristig die Kapitalausstattung pro Kopf konstant ist; damit ist auch der Output pro Kopf konstant.

Auf dem Weg zum langfristigen Gleichgewicht (Punkt S im Schaubild 24.7) bewegt sich die Volkswirtschaft wieder entlang der fallenden Grenzproduktivitätskurve nach unten.

Langfristiges Wachstum der Pro-Kopf-Einkommen kann in diesem Ansatz durch technischen Fortschritt stattfinden. Mit gegebener Kapitalausstattung pro Arbeitnehmer wird dann im Zeitablauf immer mehr produziert. Der Pro-Kopf-Output steigt; im langfristigen Gleichgewicht findet also ein Wachstumsprozess statt, der auf technischem Fortschritt beruht.

24.12 Wachstum und Beschäftigung

Von vielen wird wirtschaftliches Wachstum als Hebel für mehr Beschäftigung interpretiert. Grundsätzlich ist es richtig, dass Wachstum die Nachfrage nach Produktionsfaktoren erhöht. Aber es gibt keine strikte Koppelung, da die Nachfrage nach Produktionsfaktoren auch durch deren Preis und die Substitutionsmöglichkeiten mit anderen Faktoren bestimmt wird. Ähnlich wie die Energieintensität des wirtschaftlichen Wachstums durch die Energiepreise beeinflusst wird, wird die Beschäftigungsintensität durch Lohnsätze, Lohnstrukturen und die Regulierungen des Arbeitsmarktes bestimmt. So zeigen empirische Untersuchungen, dass es – abhängig von diesen Bedingungen – für Deutschland eine Schwelle gibt, oberhalb der wirtschaftliches Wachstums erst eine stärkere Nachfrage nach Arbeitskräften mit sich bringt. Für Westdeutschland lag diese Schwelle in den 1970er-, 1980er- und 1990er-Jahren bei einer Wachstumsrate von knapp 2 vH. Erst wenn die reale Wachstumsrate diese Schwelle übersteigt, kommen zusätzliche Arbeitsplätze zustande – etwa gut 100 000 pro Prozentpunkt. Wirtschaftliches Wachstum kann also das Problem der Arbeitslosigkeit nicht allein lösen.

Wichtige Begriffe in Kapitel 24

Wirtschaftswachstum
Inlandsprodukt
Bestimmungsfaktoren wirtschaftlichen Wachstums
Sachkapital
Humankapital
Direkt produktives Kapital
Infrastrukturkapital
Barro-Regel
Risikokapital
Aufholprozess
Konvergenz von Volkswirtschaften
Entwicklung eines Arbeitsangebots
Technisches Wissen
Prozessinnovation
Produktinnovation
Erfindung (Invention)
Innovation
Lernprozess
Verbreitung neuen Wissens
Netzwerkeffekte
Verkörperung in Arbeit und Kapital
Anreize zur Auffindung neuen Wissens
Funktionen der Umwelt:
- Rohstoffbasis
- Schadstoffempfänger
- Konsumgut
Cobb-Douglas-Funktion
Stationärer Zustand
Langfristiges Wachstumsgleichgewicht
Wachstum und Beschäftigung

25 Der Staat

All governments like to interfere.
Walter Bagehot

In vielen Kapiteln dieses Buches war von der Tätigkeit des Staates die Rede, so bei Produktsteuern und Subventionen, der Regulierung von Märkten, der Schaffung von Emissionsrechten, arbeitsrechtlichen Regelungen, der Gestaltung der Wirtschaftsordnung, der Organisation des Geldwesens, wirtschaftspolitischen Zielen und der Stabilisierungs- und Wachstumspolitik. In diesem Kapitel beschäftigen wir uns explizit mit der Rolle des Staates.

25.1 Öffentliche Güter

Marktprozesse sorgen für eine effiziente Allokation, sie sind ein Abstimmungsmechanismus der privaten Entscheidungen von Konsumenten und Produzenten. Dies gilt für private Güter, die dadurch gekennzeichnet sind, dass die Nutzung des Gutes wie z. B. eines Apfels einem Einzelnen zuzuordnen ist. Andere können von der Nutzung ausgeschlossen werden und es besteht keine Rivalität im Konsum. Dies ist anders bei öffentlichen Gütern, die gemeinsam genutzt werden, wie etwa der Schutz hinter dem Deich der Nordsee oder die Rechtssicherheit. Bei diesen Gütern besteht keine Rivalität im Konsum und ein Ausschluss ist nicht möglich. Die Bereitstellung solcher öffentlichen Güter bedarf der Koordination der Entscheidungen von Einzelnen, in der Regel durch den Staat.

Der grundlegende Unterschied zwischen privaten und öffentlichen Gütern wird deutlich, wenn man sich die Bereitstellung der beiden Güterarten klar macht (Schaubild 25.1). Bei einem privaten Gut wird die Zahlungsbereitschaft zweier Individuen X und Y horizontal, also mengenmäßig, addiert (x plus y). Für ein solches privates Gut ergibt sich die Gesamtmenge q^P als $q_x^P + q_y^P = q^P$.

In Schaubild 25.1a resultiert die Gesamtnachfragekurve DY, indem zu der Nachfragekurve von X (DX) die Nachfragekurve von Y (dunkle Fläche) hinzuaddiert wird. Das Marktgleichgewicht im Schnittpunkt von Nachfrage- und Angebotskurve liegt in Punkt P. Dagegen wird bei einem öffentlichen Gut die Zahlungsbereitschaft von X und Y für das öffentliche Gut vertikal, also wertmäßig, addiert. Aus der Definition des öffentlichen Gutes folgt, dass beide Individuen das öffentliche Gut gleichermaßen nutzen können, also $q_x^Ö = q_y^Ö = q^Ö$ als insgesamt angebotener Menge des öffentlichen Gutes. Die gesamte Zahlungsbereitschaft für das öffentliche Gut ergibt sich dann aus der Summe der Zahlungsbereitschaft von X und Y für die angebotene Menge $q^Ö$. Das optimale Angebot des öffentlichen Gutes liegt dann in Ö. Die Summe der Zahlungsbereitschaften entspricht den Grenzkosten der Produktion des öffentlichen Gutes.

Schaubild 25.1: Private und öffentliche Güter

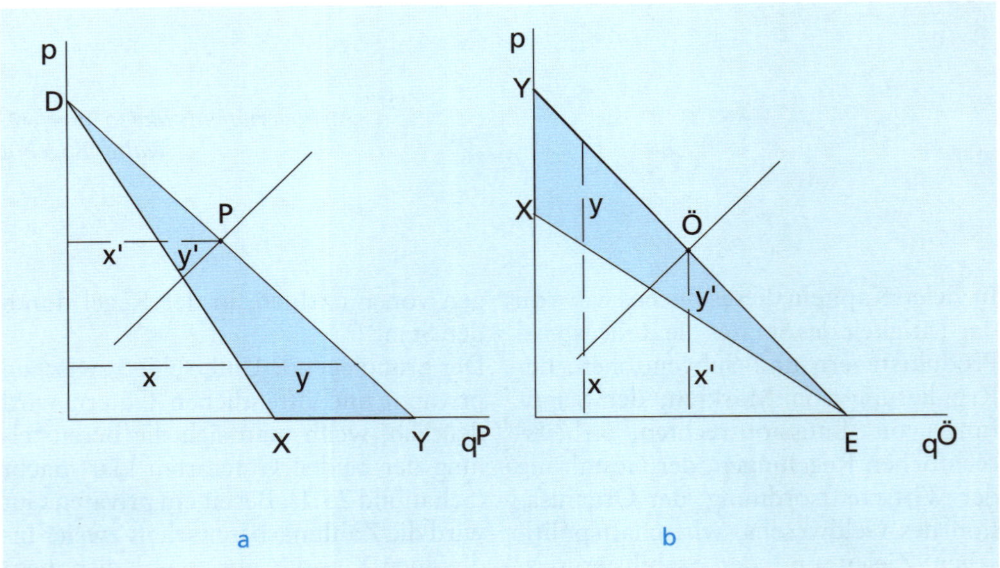

Bei öffentlichen Gütern bedarf es einer Kooperation der Individuen, da vom Angebot der öffentlichen Güter alle profitieren. Dies kann durch private Vereinbarungen geschehen, etwa wenn sich Küstenfischer einigen, einen Leuchtturm zu errichten, damit sie bei stürmischer See den Hafen besser finden. Den Staat kann man als eine solche Kooperationsform interpretieren; die Einzelnen delegieren Entscheidungsbefugnisse an den Staat. Dazu geben sie sich eine Verfassung. Es ist dann Aufgabe des Staates, öffentliche Güter bereitzustellen. Dabei müssen sich die Bürger oder ihre Repräsentanten, die Parteien, darüber einigen, wie viel des öffentlichen Gutes, etwa welche Umweltqualität, bereitgestellt werden soll. Dies bedarf einer politischen Entscheidung, für die in einer Demokratie eine parlamentarische Mehrheit erforderlich ist. Um die optimale bereitgestellte Menge für ein öffentliches Gut zu finden, muss verglichen werden, welchen Nutzen die Bereitstellung einer weiteren Einheit des öffentlichen Gutes stiftet; dies ist die aggregierte Zahlungsbereitschaft aller Staatsbürger. Dem Nutzen sind die Grenzkosten der zusätzlichen Bereitstellung gegenüber zu stellen (Nutzen-Kosten-Analyse). Ferner ist zu entscheiden, welchen Beitrag die Einzelnen zu der Bereitstellung des öffentlichen Gutes leisten sollen. Dabei tritt das Problem auf, dass sich der Einzelne als Freifahrer verhalten kann. Er kann das öffentliche Gut nutzen, ohne sich an den Kosten zu beteiligen. Die wahre Zahlungsbereitschaft der Einzelnen als Bestimmungsfaktor für das Ausmaß des bereitzustellenden Gutes ist schwer zu ermitteln. Der Staat wird daher die öffentlichen Güter in der Regel durch Zwangsabgaben, d. h. Steuern, finanzieren.

Die Tatsache, dass ein Gut in einer historisch konkreten Situation vom Staat angeboten wird, besagt noch nicht notwendigerweise, dass es sich um öffentliches Gut handelt. So waren und sind z. T. noch natürliche Monopole als Staatsunternehmen organisiert (Telekommunikation, Post, Bahn). Auch bei »meritorischen Gütern«, d. h. Gütern, bei denen unterstellt wird, dass die Konsumenten sie zu Marktpreisen nicht in ausreichendem Maße nachfragen würden, tritt der Staat oftmals als Anbieter auf. Beispiele sind Kulturgüter (Theater) oder bestimmte Rundfunk- und Fernsehprogramme. Die Rechtfertigung für staatliches Handeln ist bei den meritorischen Gütern allerdings umstritten. Letztlich wird ja in die Konsumentensouveränität eingegriffen und unterstellt, dass die Konsumenten in einigen Bereichen von sich aus nicht in der Lage sind, die richtigen Entscheidungen zu treffen.

In bestimmten Situationen werden Güter auch als Allmendegüter genutzt, wie etwa die allen zugängliche Dorfweide oder die Weltmeere. Für diese Güter sind keine Nutzungsrechte definiert, sie werden als freie Güter ohne Knappheitspreis behandelt; es liegt jedoch Nutzungsrivalität vor. Deshalb tritt bei den Allmendegütern häufig das Problem der Übernutzung auf (z. B. Überfischung der Meere). Es stellt sich daher die Aufgabe, die Allmendegüter durch geeignete Nutzungsrechte zu privaten Gütern zu machen. Bei der Umweltnutzung beispielsweise sind zwei Funktionen der Umwelt zu unterscheiden: Sie ist einerseits Aufnahmemedium von Schadstoffen und andererseits Lieferant von Umweltgütern wie der Atemluft. Für die eine Funktion, nämlich Aufnahmemedium von Schadstoffen, können durchaus Nutzungsrechte definiert werden, etwa können Emissionssteuern erhoben oder Emissionslizenzen versteigert werden.

25.2 Externe Effekte

Ordnet man die Güter auf einem Kontinuum zwischen dem reinen privaten und dem reinen öffentlichen Gut, so gibt es Zwischenformen. Diese liegen typischerweise dann vor, wenn sich der Konsum oder die Produktion von Akteur X (Haushalt oder Unternehmen) auf den Nutzen oder die Produktion von Akteur Y auswirkt und diese Auswirkungen nicht durch eine Marktbeziehung oder Vertragsbeziehung zwischen den beiden geregelt sind. Ein typisches Beispiel sind Emissionen (Schadstoffe, Lärm), die bei der Produktion (Fabrik) oder dem Konsum (laute Musik) eines Gutes entstehen. Auch bei Gütern, die von kollektiv von mehreren gleichzeitig genutzt werden, wie eine Autobahn, kann es Nutzungsinterdependenzen geben durch eine Überfüllung (Staus). In diesen Fällen sind die Nutzen bzw. die Produktionsmengen interdependent. So kann z. B. das Produktionsergebnis bei X (Urlaubshotel) nicht allein vom Faktoreinssatz an Arbeit A und Kapital K bei X abhängen, sondern auch vom Produktionsergebnis eines anderen Unternehmens Y (etwa: Zementwerk), also $q_x = f(A_x, K_x; q_y)$. Solche Interdependenzen werden als externe Effekte bezeichnet. Externe Effekte können sowohl negativer (ansteckende Krankheit) als auch positiver Art sein (die gute Ausbildung des einen wirkt sich positiv auf die Produktivität des anderen aus).

Um unerwünschte negative externe Effekte einzudämmen, können sich Individuen (explizit oder implizit) darauf verständigen, aufeinander Rücksicht zu nehmen (Nachbarn vermeiden gegenseitig Lärm). Der eine kann dem anderen auch eine Kompensation zahlen. Dann bedient man sich einer Verhandlungslösung mit Ausgleichszahlungen. So kann

z. B. derjenige, der am Unterlauf eines Flusses lebt (Unterlieger), dem Oberlieger eine Kompensation dafür zahlen, dass dieser Schadstoffe und eine Gewässerverschmutzung vermeidet. Voraussetzung für eine solche Verhandlungslösung ist, dass zunächst Nutzungsrechte definiert und eindeutig zugewiesen werden. In unserem Beispiel wäre es das Nutzungsrecht an der Umwelt, d. h. an dem Flusslauf. Das *Coase-Theorem* besagt, dass es unter bestimmten Bedingungen unerheblich ist, wem dabei das Nutzungsrecht für die Umwelt zugesprochen wird, dem Verursacher oder dem Geschädigten, es ergibt sich stets die gleiche Umweltqualität, die den aggregierten Nutzen von Schädiger und Geschädigtem maximiert. Bekommt der Oberlieger (Schädiger) das Nutzungsrecht zugesprochen, so wird er ohne Verhandlungslösung ungebremst Schadstoffe in den Fluss einleiten. In einer Verhandlung können sich Schädiger und Geschädigter auf eine Reduzierung der Emissionen einigen, bei der die zusätzliche Kompensation, die der Geschädigte zu zahlen bereit ist, gerade der Nutzeneinbuße des Schädigers durch die Verringerung der Emission entspricht. Der Nutzengewinn des Geschädigten aus der Emissionsminderung entspricht dann dem Nutzenverlust des Schädigers. Die gleiche Lösung würde sich ergeben, wenn der Geschädigte im Ausgangspunkt das alleinige Nutzungsrecht an dem Fluss zugesprochen bekommt. In diesem Fall muss der Schädiger eine Kompensation dafür zahlen, dass er überhaupt Emissionen in den Fluss einleiten darf. In der Verhandlungslösung entspricht dann der Nutzengewinn des Schädigers aus einer Erhöhung der Emissionen dem Nutzenverlust des Geschädigten. Es kommt also in beiden Fällen durch Verhandlungen zur gleichen Emissionshöhe.

Ein anderer Ansatz würde den Verursacher besteuern, damit dieser die von ihm verursachten Effekte in seinen Kosten mit berücksichtigt. Die externen Effekte werden dann internalisiert. Wie in Schaubild 7.9 dargestellt, verschiebt eine Mengensteuer auf ein umweltintensiv produziertes Gut die Angebotskurve nach links; dem Anbieter entstehen höhere Produktionskosten. Die Internalisierung der externen Effekte bewirkt, dass weniger von diesem Gut produziert wird.

25.3 Weitere Aufgaben des Staates und die Gestaltung der Wirtschaftsordnung

Neben der Bereitstellung öffentlicher Güter, also der Allokationsfunktion, hat der Staat weitere Aufgaben. Er organisiert die soziale Absicherung und schaltet sich in die Verteilung ein. Die Sozialversicherung finanziert sich überwiegend aus Beiträgen der Arbeitnehmer und Arbeitgeber, etwa ein Fünftel wird aus Steuern aufgebracht. Dabei handelt es sich um die Rentenversicherung, die Pflegeversicherung, die Krankenversicherung und die Arbeitslosenversicherung. Überdies bestreitet der Staat die Sozialhilfe. Ferner korrigiert er die Einkommensumverteilung, indem er beispielsweise Kinder- und Wohngeld bereitstellt. Einige zählen auch die Stabilisierung der Konjunktur zu den vorrangigen Staatsaufgaben. Allerdings liegt diesen Überlegungen die Keynes'sche Idee der Konjunkturstabilisierung zugrunde, die in diesem Buch eher skeptisch beurteilt wird.

Eine weitere wichtige Aufgabe des Staates besteht darin, den institutionellen

Rahmen zu bestimmen, der für private Entscheidungen maßgebend ist. Dazu gehört die Ausgestaltung der Eigentumsrechte (»property rights«). Die Eigentums- oder Nutzungsrechte legen fest, was der Eigentümer mit seinem Eigentum machen darf (veräußern, vererben) und welche Einschränkungen mit der Nutzung verbunden sind, etwa keinen anderen zu schädigen. Der Staat etabliert das Vertragsrecht, damit Transaktionen reibungslos funktionieren, und er schränkt durch Regulierungen private Handlungen ein (wie etwa durch das Kartellverbot oder die Missbrauchsaufsicht bei Wettbewerbsbeschränkungen). Viele der Regulierungen stellen gleichzeitig Anreize für das Verhalten der Marktteilnehmer dar; sie können sich auch als unerwünschte Anreize auswirken.

25.4 Steuersystem

Um sich zu finanzieren, erhebt der Staat Steuern, also Zwangsabgaben. Mit den Steuereinnahmen kann der Staat auf dem Markt Produktionsfaktoren erwerben, mit denen er seine Leistungen erstellt. Ferner verwendet er die Steuereinnahmen zur Finanzierung der Sozialsysteme und zur Umverteilung.

Die Steuern mit den höchsten Einnahmen sind Lohn- und Einkommensteuer mit 128,7 Mrd. Euro (2005) und die Umsatzsteuern mit 139,7 Mrd. Euro. Die Einkommensteuer ist eine Gemeinschaftssteuer, von der der Bund und die Länder jeweils etwa 42,5 vH erhalten, die restlichen 15 vH gehen an die Gemeinden. Zu ihr zählen die Lohnsteuer, die veranlagte Einkommensteuer und die Kapitalertragssteuer. Die Körperschaftssteuer ist eine Steuer auf das

Tabelle 25.1: Die wichtigsten Steuern[a] in Mrd. Euro, 2005

Lohnsteuer, Einkommensteuer	128,7
Körperschaftsteuer	16,3
Umsatzsteuern	139,7
Mineralölsteuer	40,1
Gewerbesteuer	31,0
Insgesamt	451,0

[a] Kassenmäßige Steuereinnahmen.

Quelle: Bundesministerium der Finanzen.

Einkommen der Unternehmen. Die Umsatzsteuer ist ebenfalls eine Gemeinschaftsteuer, die im Wesentlichen zwischen Bund und Ländern geteilt wird. Die Grundsteuer und die Gewerbesteuer sind Gemeindesteuern.

Zur Frage nach der Verteilung der Steuerlast, also danach, wer wie stark besteuert wird, werden verschiedene Prinzipien herangezogen: Der Äquivalenzgedanke stellt darauf ab, dass der Staat für seine Leistungen, etwa für das Straßennetz, eine Gegenleistung von den Nutznießern verlangen darf. Die Gegenleistung sollte dann idealerweise äquivalent zur Zahlungsbereitschaft für diese Leistung sein. Die Äquivalenz wird auch zur Begründung der Gewerbesteuer herangezogen, die als Gegenleistung für die Bereitstellung der kommunalen Infrastruktur, allerdings in lockerer Form, interpretiert werden kann. Steuern können auch Lenkungssteuern sein, also Allokationssteuern, mit denen der Staat negative externe Effekte zurückdrängt. Schließlich wird, insbesondere bei der Einkommensteuer, das Prinzip der Leistungsfähigkeit herangezogen. Wer vom Einkommen her mehr leisten kann, soll mehr Steuern zahlen. Für die Einkommensteuer beginnt die Steuerpflicht bei einem Einkommen von 7 664/15 329 Euro für den Ledigen/Verheirateten, und zwar mit einem Steuersatz von 15 vH (2005). Unterhalb dieses Betrags fällt keine Einkommenssteuer an. Der Steuersatz steigt dann bis zu einem Einkommen von 52 152/104 304 Euro auf 42 vH an und bleibt dann konstant.

Steuern bringen dem Staat Einnahmen, aber sie verursachen volkswirtschaftlich höhere Wohlfahrtseinbußen als an Einnahmen beim Staat anfallen. Dies ist die Zusatzlast der Steuer. Diesen Gedanken haben wir bereits in Kapitel 7 für die Produktsteuern und in Kapitel 10 für die Einkommensteuern kennen gelernt. Nachfolgend soll diese Zusatzlast noch einmal an einem Zahlenbeispiel verdeutlicht werden. Angenommen, ein Konsument A ist bereit, für ein Buch 30 Euro zu zahlen und ein anderer für das gleiche Buch 20 Euro. Der Marktpreis liege bei 18 Euro. Dann wird jeder ein Buch nachfragen. Der erste hat eine Nachfragerente von 12 Euro, der andere von 2 Euro. Angenommen, der Staat erhebt nun eine Steuer auf jedes Buch von 5 Euro und der Marktpreis steigt um diesen Betrag auf 23 Euro. Dann wird der erste Konsument weiterhin ein Buch nachfragen, sein Überschuss macht jetzt 7 Euro aus. Der zweite dagegen verzichtet auf das Buch. Der Staat erzielt Einnahmen von 5 Euro, aber die gesamte Nachfragerrente ist von 14 Euro auf 7 Euro gesunken. Der Verlust an Nachfragerente ist höher als die Staatseinnahme, es entsteht eine Zusatzlast von 7 – 5 = 2.

Graphisch lässt sich diese Zusatzlast wie folgt darstellen. Im Unterschied zu Kapitel 7 aber analog zum Zahlenbeispiel gehen wir von einem gegebenen Angebotspreis aus. Das ist der Fall, wenn die Grenzkosten der Produktion konstant sind. Dann tragen ausschließlich die Konsumenten die Steuerlast, während die Produzentenrente immer gleich null ist. Vor der Besteuerung sei die Konsumentenrente durch das Dreieck ACB in Schaubild 25.2 gegeben. Erhebt der Staat eine Mengensteuer in Höhe von AG, so beansprucht er einen Teil der Zahlungsbereitschaft der Konsumenten für sich. Nach der Steuererhebung liege der Marktpreis in E, EF gehen an den Staat; die abgesetzte Menge ist BF. Der Staat nimmt die Fläche DEFB ein; die Konsumentenrente sinkt um BCED; die Fläche ECF geht der Volkswirtschaft verloren und kommt nirgends an.

Schaubild 25.2: Zusatzlast der Steuer

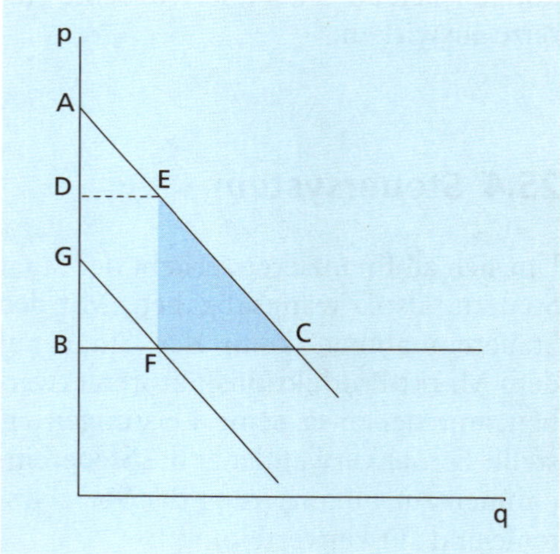

25.5 Der Staat und seine Gebietskörperschaften

Die Ausgaben des Staates setzen sich zusammen aus den Ausgaben für die Sozialversicherung und für die drei Gebietskörperschaften, also Bund, Länder und Gemeinden (Tabelle 25.2). Die Sozialversicherung wird zu vier Fünftel durch Beiträge der Arbeitnehmer und der Unternehmen finanziert. Der Rest kommt aus Steuermitteln.

Tabelle 25.2: Ausgaben des Staates[a] in Mrd. Euro, 2005

Bund[b]	314,8
Länder	259,3
Gemeinden	153,3
Sozialversicherung	469,0
Insgesamt	1 001,3

[a] Wegen Zahlungsströmen zwischen den Systemen ist die Summe der Bruttozahlen größer als die Gesamtzahl – [b] einschließlich Sondervermögen und EU-Anteile.

Quelle: Statistisches Bundesamt, Mai 2006.

Deutschland ist föderal aufgebaut. Aufgaben, die örtlich erledigt werden können, sind den Gemeinden zugewiesen. Dort besteht eine bessere Information über die Probleme, auch lassen sich die Präferenzen vor Ort besser erkennen. Dies gilt etwa für öffentliche Güter mit einer räumlich begrenzten Ausdehnung oder auch für die soziale Absicherung, bei der die Gemeinde einen Informationsvorteil hat, wie bei der Sozialhilfe. Darüber hinausreichende Aufgaben sind den Ländern zugewiesen, Aufgaben mit einer noch größeren räumlichen Dimension, wie etwa die Rechtssicherheit oder die Landesverteidigung, sind dem Bund zugeordnet. Diese Organisationsform ist Ausdruck des *Subsidaritätsprinzips*, nach dem zunächst die untergeordneten Körperschaften für eine staatliche Aufgabe zuständig sind und die jeweils übergeordneten Ebenen nur bei Bedarf tätig werden (d. h. zunächst die Gemeinden, dann die Länder und erst dann der Bund). Grundsätzlich kann eine solche föderale Struktur mit einem Wettbewerbsföderalismus einhergehen, bei dem die Länder um mobile Produktionsfaktoren konkurrieren. In Deutschland führt allerdings der Finanzausgleich zu einem eher distributiven Föderalismus.

25.6 Staaten im Standortwettbewerb

Staaten stehen im Standortwettbewerb um mobile Unternehmen und Produktionsfaktoren, dabei insbesondere mobiles Kapital, mobiles technisches Wissen und hochqualifizierte Arbeitskräfte. Gelingt es einem Staat, mobile Faktoren zu attrahieren, so hebt dies die Produktivität der immobilen Faktoren und damit deren Einkommen. Wandern dagegen mobile Produktionsfaktoren ab, so reduziert sich die Produktionsleistung der immobilen Faktoren. Zudem kann der Staat die mobilen Faktoren als Steuerquelle zur Erzielung von Staatseinnahmen heranziehen. Staaten müssen also bei ihren Entscheidungen auf die mobilen Faktoren Rücksicht nehmen. Mit einer höheren Mobilität der Faktoren wird der Bewegungsspielraum der Nationalstaaten eingeschränkt. Staaten können in diesem Standortwettbewerb eine Reihe von Instrumenten einsetzen, so ihre Infrastruktur einschließlich des Bildungssystems, ihre Steuern und ihre institutionellen Regelungen. Damit ist Standortwettbewerb auch institutioneller Wettbewerb.

Eine besondere Ausprägung des institutionellen Wettbewerbs ist der Systemwettbewerb, bei dem die Bürger mit

Kasten 25.1 Der Wettbewerb der Systeme

Ende der 1980er-Jahre sind die Zentralplanwirtschaften Mittel- und Osteuropas zusammengebrochen. Ihre Wachstumsraten gingen drastisch zurück. Im Schaubild dieses Kastens 25.1 sind auf der vertikalen Achse die Wachstumsraten des realen Bruttoinlandsprodukts je Einwohner für die Jahrzehnte seit 1950 dargestellt. Auf der horizontalen Achse ist das reale Bruttoinlandsprodukt pro Kopf der USA gleich 100 gesetzt und die Position der Länder relativ zu den USA angegeben. Aus dem Schaubild ist deutlich zu ersehen, dass die Wachstumsrate pro Kopf in den sozialistischen Ländern insbesondere in den letzten zwanzig Jahren stark rückläufig war. Seit Mitte der 1980er-Jahre ist eine Stagnation zu verzeichnen. Insgesamt haben es die Länder Osteuropas nicht geschafft, zu den USA aufzuschließen. Es muss allerdings darauf hingewiesen werden, dass die hier verwendeten Daten die relative Position der einzelnen mittel- und osteuropäischen Länder möglicherweise überschätzen, da die Statistiken verzerrt waren.

Als Fazit kann man feststellen, dass die kommunistische Planwirtschaft nicht in der Lage war, die Menschen angemessen mit Gütern zu versorgen. Offenbar enthält ein Planungssystem nicht genügend Anreize für ein effizientes Wirtschaften und für das Auffinden neuen technischen Wissens.

Schaubild Kasten 25.1: Wirtschaftswachstum und relatives Entwicklungsniveau in Planwirtschaften

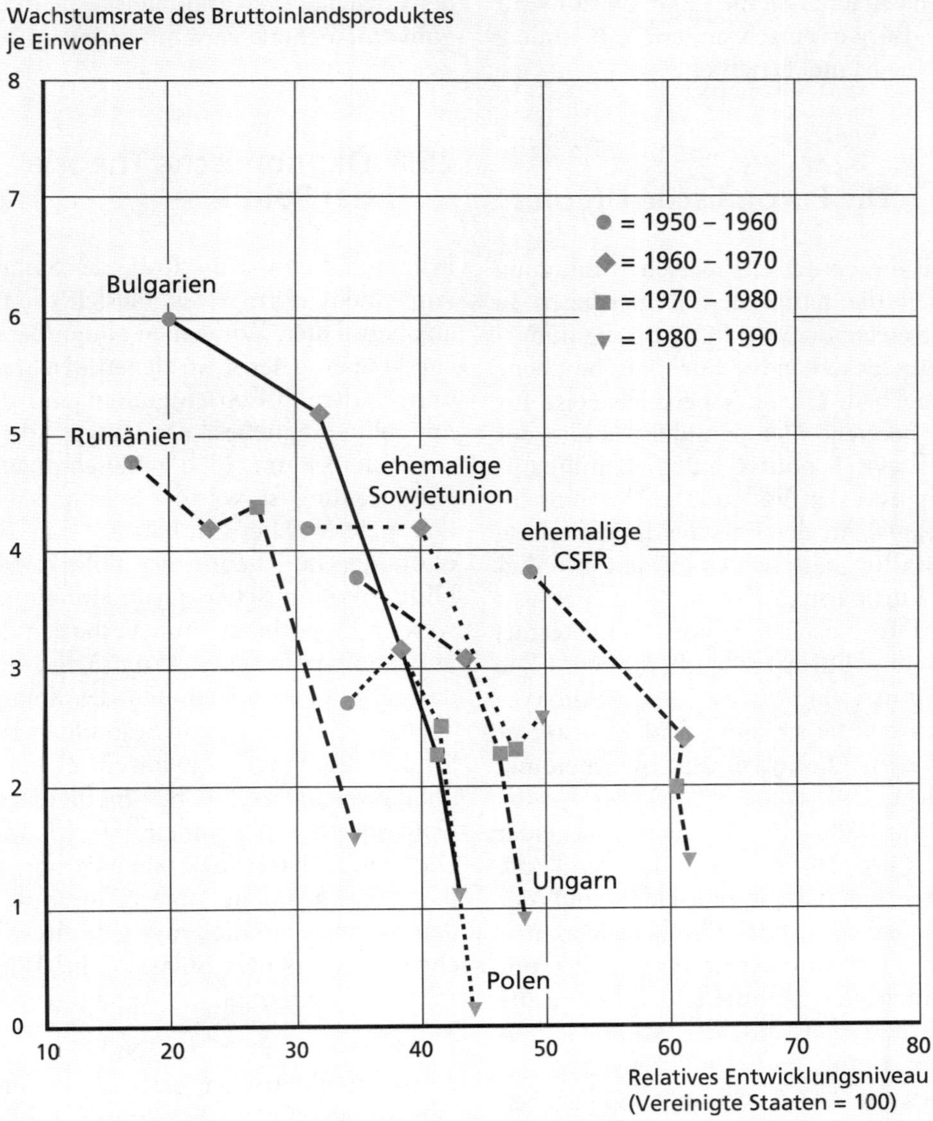

Quelle: B. Heitger, Comparative Economic Growth East and West, in: German Unification and the International Economy, London 1993, S. 65–82.

ihren Füßen abstimmen und einen Staat verlassen können. Dies ist insbesondere relevant bei autoritären Staaten, die daher häufiger auch die »Exit-Option« für ihre Bürger einschränken, z. B. indem sie eine Mauer errichten.

25.7 Die Europäische Union

Im Rahmen der europäischen Einigung haben die nationalen Regierungen in weitreichendem Maße Entscheidungskompetenzen an die Europäische Ebene abgegeben. Dies gilt beispielsweise für die Bereiche der Handelspolitik, der Wettbewerbspolitik, der Beihilfeaufsicht und der Vollendung des Binnenmarktes. An der Entscheidungsfindung in der Europäischen Union sind beteiligt die Europäische Kommission, der Rat der Europäischen Union (Ministerrat) und das Europäische Parlament. Die Kommission erarbeitet neue Rechtsvorschriften, die sie dann dem Ministerrat und dem Parlament zur Entscheidung vorlegt.
Über grundlegende Themen entscheidet der Europäische Rat, das sind die Staats- und Regierungschefs und der Präsident der Europäischen Kommission. Der Ministerrat entscheidet mit qualifizierter Mehrheit, d. h. wenn die Mehrheit (z. T. 2/3) der Mitgliedsstaaten zustimmt und mindestens 232 von insgesamt 321 Ja-Stimmen abgegeben werden. Dabei haben die Länder – abhängig von der Bevölkerungsgröße – eine bestimmte, vorgegebene Stimmenzahl. Zudem ist erforderlich, dass mindestens 62 vH der EU-Gesamtbevölkerung durch die zustimmenden Länder vertreten werden. In einigen Bereichen, wie bei der Besteuerung, der Erweiterung der Europäischen Union und der gemeinsamen Außen- und Sicherheitspolitik, gilt das Prinzip der Einstimmigkeit im Europäischen Rat.[1] Diese Form der Entscheidungsfindung ist eine intergouvernementale Zusammenarbeit.

25.8 Ökonomische Theorie der Politik

Bislang haben wir die Rolle des Staates von einem normativen Gesichtspunkt aus betrachtet. Wir haben einige Bereiche kennen gelernt, in denen der Staat wirtschaftspolitisch eingreifen und damit ein mögliches »Marktversagen« verhindern kann. Eine gänzlich andere Fragestellung ist, was der Staat tatsächlich macht. Hiermit befasst sich die ökonomische Theorie der Politik. Mit Hilfe ökonomischer Grundannahmen werden Hypothesen zum Verhalten der wirtschaftspolitischen Akteure und dem daraus folgenden Handeln des Staates abgeleitet. Dabei ist von besonderer Relevanz die Frage, inwieweit es auch »Staatsversagen«, d. h. Ineffizienzen beim staatlichen Handeln geben kann. Die Möglichkeit des Staatsversagens darf nicht aus dem Auge verloren werden, wenn es um die Frage geht, in welchem Ausmaß der Staat in die Wirtschaft eingreifen soll.

1. Interessenkonflikte. Nahezu alle wirtschaftspolitischen Maßnahmen sind mit Vorteilen für einige Gruppen der Bevölkerung aber auch mit Nachteilen für andere verbunden. So wird ein Rauchverbot in öffentlichen Räumen von Nichtrauchern bestimmt begrüßt, während die Raucher durch diese Maß-

[1] Siehe H. Siebert, The World Economy, 2007, London und New York, Kapitel 12.

nahme beeinträchtigt werden. Staatliche Kindertagesstätten sind eine große Hilfe für berufstätige Eltern, sie werden aber auch von Kinderlosen mitfinanziert. Von einem Flughafenausbau profitieren Geschäftsreisende, während die Anwohner des Flughafens unter erhöhtem Lärm zu leiden haben. In all diesen Fällen bestehen Interessenkonflikte. Die Volkswirtschaftslehre kann hier keine abschließenden Handlungsempfehlungen geben; dies würde ein Werturteil erfordern. Sie kann lediglich versuchen, abzuschätzen, wie groß die Vorteile der einen und die Nachteile der anderen sind. Letztlich muss durch politische Mechanismen eine Entscheidung herbeigeführt werden.

2. Medianwähler. Die einfachste Möglichkeit, bei einem Interessenkonflikt zu einer demokratischen Lösung zu kommen, ist, darüber abstimmen zu lassen und das zu machen, wofür die Mehrheit stimmt. Nehmen wir z. B. an, ein Land stimmt über die Einführung einer europäischen Verfassung ab. In dem Land wird es sehr unterschiedliche Interessen geben: Manche werden sehr stark davon profitieren, andere weniger stark, bei wieder anderen werden die Nachteile geringfügig die Vorteile überwiegen usw. Die verschiedenen Gruppen können also in eine Reihenfolge gebracht werden, je nachdem, wie hoch ihr Nettonutzen aus der Einführung der europäischen Verfassung ist. Um die Frage zu beantworten, ob nun die Abstimmung zugunsten der Verfassung ausgeht, muss man in dieser Reihenfolge den Medianwähler suchen, d. h. das Individuum, das die Gesamtmenge aller Abstimmenden in zwei genau gleich große Hälften teilt. Wenn der Medianwähler beispielsweise für die Einführung der Verfassung ist, dann sind alle, die einen höheren Nettonutzen aus der europäischen Verfassung als der Medianwähler haben, erst recht dafür, während alle mit einem geringeren Nettonutzen dagegen sind. Wäre der Medianwähler dagegen, dann würde die Abstimmung gegen die Einführung der europäischen Verfassung ausgehen. Der Medianwähler entscheidet letztlich die Abstimmung; ohne ihn würde sie unentschieden ausgehen. Die Politik richtet sich dann also an den Interessen eines einzelnen Individuums aus – unabhängig davon, wie sehr die anderen für oder gegen die Entscheidung sind. Das kann insbesondere dann zum Problem werden, wenn zentrale Interessen einer Minderheit der Gesellschaft tangiert werden. Daher ist eine Mehrheitsregel mit zusätzlichen Mechanismen zum Minderheitenschutz zu versehen.

3. Politische Parteien. Direkte Abstimmungen finden in einer repräsentativen Demokratie wie in Deutschland so gut wie nicht statt. Stattdessen stellen sich Parteien bzw. deren Kandidaten zur Wahl, um dann im Parlament über die Politik zu entscheiden. Parteien wollen gewählt werden. Sie werden also versuchen, ihre politischen Programme und Aussagen so festzulegen, dass ihnen eine Mehrheit zustimmt. Unter bestimmten vereinfachenden Bedingungen kann gezeigt werden, dass als Ergebnis eines solchen Wettbewerbs um Wählerstimmen wieder der Medianwähler im Mittelpunkt steht. Durch den Versuch der Parteien, möglichst viele Stimmen zu sammeln, konvergieren ihre Programme hin zur bevorzugten Politik des Medianwählers.

4. Interessengruppen und Lobbying. Auch Interessengruppen nehmen auf politische Entscheidungen Einfluss. Sie

können Kampagnen starten, um die öffentliche Meinung zu beeinflussen, sie können ihre Mitglieder zu Protesten mobilisieren, sie können aber auch Lobbying betreiben, d. h. Parlamentarier, Regierung oder Bürokratie persönlich kontaktieren. Der wirtschaftspolitische Wert der Aktivitäten von Interessengruppen ist ambivalent. Zwar können dadurch wichtige Informationen vermittelt werden. Wenn es z. B. um gentechnisch manipulierte Nahrungsmittel geht, dann werden die Interessengruppen der Befürworter und der Gegner Sachargumente liefern, die den Entscheidungsträgern vorher möglicherweise noch nicht bekannt waren. Interessengruppen können aber auch Entscheidungen »verzerren« zugunsten einzelner Partikularinteressen auf Kosten der Allgemeinheit, da diese Partikularinteressen vergleichsweise gut organisiert sind. Das kann z. B. erklären, warum Subventionen zugunsten einzelner Wirtschaftsbereiche gezahlt werden, die von der Allgemeinheit finanziert werden, oder warum Importzölle erhoben werden, die den Konsumenten mehr schaden als sie den (besser organisierten) Produzenten des geschützten Gutes nützen.

Lobbying verbraucht schließlich auch Ressourcen, die anderweitig möglicherweise besser eingesetzt werden können. Nehmen wir zur Verdeutlichung als Beispiel an, der Verband der Stromverbraucher betreibe Lobbying, damit der Staat durch eine Preisregulierung möglichst geringe Strompreise durchsetzt, während der Verband der Stromerzeuger versucht, genau das Gegenteil zu erreichen. Wenn beide Verbände gleich stark sind und den gleichen Einfluss auf die Politik haben, dann werden sie sich in ihrem Einfluss neutralisieren und der Staat wird dann die gleiche Politik durchführen wie ohne Lobbying. Die Ressourcen, die für das Lobbying aufgewendet wurden, sind dann aus Sicht der Allgemeinheit verschwendet.

5. Bürokratie. Wirtschaftspolitische Entscheidungen müssen auch umgesetzt werden, wofür im Wesentlichen die staatliche Bürokratie verantwortlich ist. Der Bürokratie wird häufig vorgeworfen, ineffizient zu arbeiten. Hierfür kann es mehrere Gründe geben: Erstens fehlt Wettbewerb als Anreizmechanismus, da die Bürokratie ein Monopol für ihre Leistung inne hat; zweitens ist es schwer, innerhalb der Bürokratie, z. B. durch entsprechende Arbeitsverträge, wirksame Anreize für die Mitarbeiter zu setzen, da die Leistungen, die von der Bürokratie erbracht werden, häufig schwer messbar und bewertbar sind; drittens müssen bürokratische Entscheidungen vielfach auch besondere formale Kriterien erfüllen, sie können durch Widerspruchs- oder Gerichtsverfahren verzögert werden etc. Aus all diesen Gründen entstehen ökonomische Zusatzkosten der bürokratischen Leistungserbringung.

Wichtige Begriffe in Kapitel 25

Öffentliche Güter
Externe Effekte
Coase-Theorem
Wirtschaftsordnung
Begründung für Steuern
Zusatzlast
Subsidiaritätsprinzip
Wettbewerbsföderalismus
Standortwettbewerb
Wettbewerb der Systeme
Abstimmung mit den Füßen
Exit Option
Intergouvernementale Zusammenarbeit
Medianwähler
Lobbying
Bürokratie

26 Probleme alternder Bevölkerung und Einwanderung

... the balance between the present and the future is more delicate than we are accustomed to think.
Robert M. Solow

Die schrumpfende deutsche Bevölkerung in den nächsten fünf Jahrzehnten und ihre makroökonomischen Konsequenzen sind Gegenstand dieses Kapitels. In Abschnitt 26.1 werden kurz die Prognosedaten präsentiert. Die abnehmende Bevölkerung hat Implikationen für die Systeme der sozialen Sicherung und für die öffentlichen Haushalte (Abschnitt 26.2). Eine besondere Rolle spielen die Effekte auf den Wachstumsprozess (Abschnitt 26.3). Schließlich wird kurz die Frage der Einwanderung angesprochen (Abschnitt 26.4).

26.1 Schrumpfende Bevölkerung

In den nächsten 30 bis 50 Jahren wird die Bevölkerung in Deutschland zahlenmäßig erheblich abnehmen und zugleich stark altern. Nach der zehnten koordinierten Bevölkerungsvorausberechnung aus dem Jahr 2003 geht die Bevölkerung Deutschlands in der ungünstigsten Variante von derzeit 82,5 Millionen um 15,5 Millionen auf 67 Millionen im Jahr 2050 zurück (Schaubild 26.1). Bei dieser Variante 1 wird eine Nettozuwanderung von 100 000 Personen pro Jahr unterstellt, ferner wird ein vergleichsweiser geringer Anstieg der Lebenserwartung auf 79 bzw. 86 Jahre angenommen. Bei einem mittleren Szenario mit einer jährlichen Nettozuwanderung von 200 000 Personen und einer Lebenserwartung von 81 bzw. 87 Jahren hingegen schrumpft die Bevölkerung nur um 7,4 Millionen (Variante 5 der Bevölkerungsvorausberechnung).

Bei der optimistischsten Variante mit einer Nettozuwanderung von 300 000 pro Jahr und einer Lebenserwartung von 83 bzw. 88 Jahren beträgt der Bevölkerungsrückgang lediglich 1,3 Millionen (Variante 9). Der Altenquotient (d.h. die Relation zwischen denen, die 65 und älter sind, zu der Gruppe, die zwischen 20 und unter 65 sind) wird sich in der Variante 1 von derzeit 27,5 auf 56,4 Prozent im Jahr 2050 mehr als verdoppeln. In den anderen beiden Varianten sieht es ähnlich aus, mit 54,4 Prozent in Variante 5 und 53,8 Prozent in Variante 9.

26.2 Konsequenzen für die Rentenversicherung und die öffentlichen Haushalte

1. Alterssicherung. Die geringere Bevölkerungszahl und das höhere Durchschnittsalter haben zur Konsequenz, dass sich die Finanzierungsbedingungen der Alterssicherung dramatisch verschlechtern: Der Altenquotient zeigt, dass auf einhundert potentielle Bei-

Schaubild 26.1: Entwicklung der Bevölkerung in Deutschland bis 2050

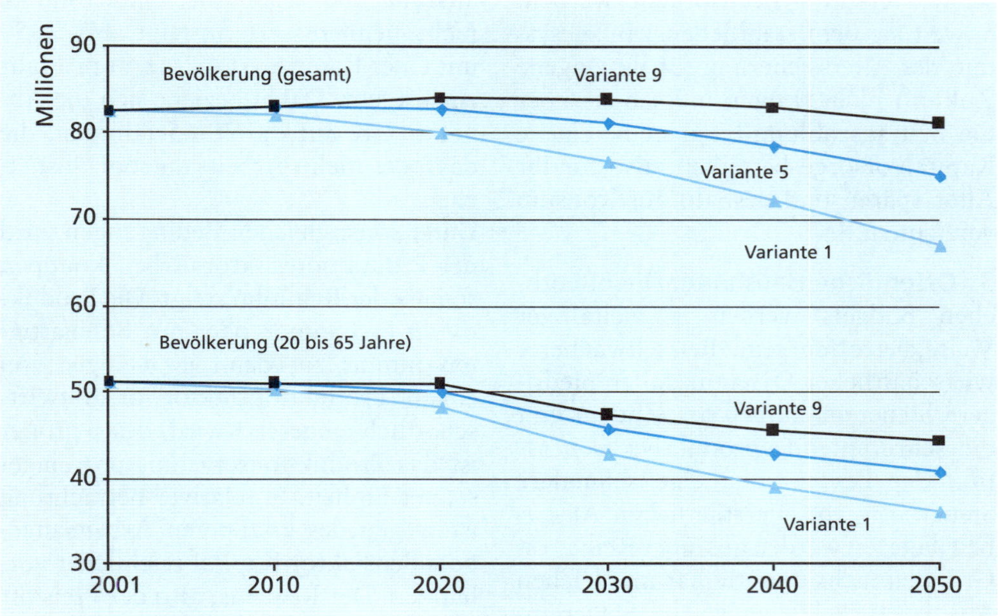

Quelle: Statistisches Bundesamt, 2003.

tragszahler (diejenigen zwischen 20 und 65) heute 28 potentielle Rentenempfänger (diejenigen über 65) kommen, während im Jahr 2050 die gleiche Zahl an Beitragszahlern für doppelt so viele, nämlich 56 Rentenempfänger aufkommen muss. Dies stellt die gesetzliche Rentenversicherung vor gewaltige Herausforderungen. Bekanntlich wird das staatliche System der Alterssicherung bei uns im Umlageverfahren betrieben: Wer produktiv tätig, also beschäftigt ist, zahlt in das System ein, und diese Beiträge werden sofort an die Rentner weitergeleitet. Eine eiserne Reserve existiert nicht, sieht man einmal von einer minimalen »Nachhaltigkeitsrücklage« ab, die lediglich 0,2 Monatsausgaben decken muss. Das gesetzliche Rentensystem ist also nur von Monat zu Monat finanziert – von der Hand (des produktiv Tätigen) in den Mund (des Rentners). Das System kann nicht mehr Rente zahlen als jeden Monat an Beiträgen hereinkommt. In Zukunft wird die arbeitende junge Generation also einen größeren Teil ihres Einkommens aufgeben müssen, um die Zahlungen an die Rentner zu finanzieren. Nur wenn die junge Generation dazu bereit ist, können Renten gezahlt werden. Man spricht vom Generationenvertrag.

2. Übrige soziale Sicherung. Aber nicht nur aufgrund der Beiträge für die gesetzliche Alterssicherung werden die Jungen, also die Mitglieder der produktiven Generation, in zwei oder drei Jahrzehnten eine enorme Last zu tragen haben. Denn sie tragen ebenfalls die Bürde, die Beiträge für die anderen Systeme der sozialen Sicherung – wie die gesetzliche Krankenversicherung und ggf. die Sozialhilfe für ältere Menschen – zu über-

nehmen, die in einer alternden Gesellschaft verstärkt beansprucht werden. Soweit sie dem staatlichen Umlagesystem der Alterssicherung für ihre eigene Zukunft nicht trauen, müssen sie über die Beitragszahlung hinaus eine eigene Kapitalvorsorge betreiben, also für ihr Alter sparen und deshalb auf Konsum verzichten.

3. Öffentliche Haushalte. Die öffentlichen Budgets werden in vielfältiger Weise betroffen sein: Bei schwächerer wirtschaftlicher Dynamik fallen niedrigere Steuereinnahmen an. Zudem gibt die schrumpfende produktive Generation der Bevölkerung eine schmalere Steuerbasis ab. Die staatlichen Ausgaben dagegen werden aus einer Reihe von Gründen nicht unmittelbar im gleichen Ausmaß zurückgehen wie die Steuereinnahmen ansteigen, unter anderem weil die Systeme der sozialen Sicherung stärker in Anspruch genommen werden oder weil die Infrastruktur (Schulen, Verkehrssysteme, Verwaltungsgebäude) in Bezug auf die neue Situation überdimensioniert ist und nicht zügig angepasst werden kann. Die Kosten pro Kopf lassen sich dann nicht umgehend zurückfahren.

26.3 Einfluss auf das wirtschaftliche Wachstum

1. Geringeres Arbeitsangebot. Die schrumpfende und alternde Bevölkerung hat aber nicht nur Konsequenzen für die Systeme der sozialen Sicherung. Ein unmittelbarer Effekt der stärkeren Alterung ist die mengenmäßige Abnahme des Arbeitsangebots. So wird für Deutschland erwartet, dass das Arbeitsangebot, wenn man von der mittleren Prognose der Bevölkerungsentwicklung ausgeht und wenn die Erwerbsquote nicht nennenswert ansteigt, bis 2050 mit einer Rate von 0,4 Prozent pro Jahr zurückgeht. Dabei bezieht sich die Abnahmerate auf die 20-65-Jährigen, die das potentielle Arbeitsangebot ausmachen.

Unter sonst gleichen Bedingungen wird der Produktionsfaktor Arbeit knapper, so dass der Reallohn steigt. Die Produktivität pro Stunde oder pro Beschäftigten nimmt zu; denn je weniger von einem Produktionsfaktor gesamtwirtschaftlich eingesetzt wird, desto größer ist das Produktionsergebnis pro eingesetzter Einheit. In relativer Betrachtung ist wegen des knapperen Arbeitsangebots der Faktor Kapital reichlicher vorhanden. Der Realzins, also der Preis für Kapital, sollte daher im Vergleich zum Reallohn sinken. Der relative Faktorpreis verschiebt sich unter sonst gleichen Umständen zu Gunsten des Faktors Arbeit. Die heutige junge Generation muss sich dann auch auf eine geringere Verzinsung ihres gesparten Kapitals einstellen.

2. Schwächere Kapitalbildung. Alternde Gesellschaften bringen tendenziell eine Abnahme der gesamtwirtschaftlichen Ersparnis mit sich. Individuen sparen nicht gleichmäßig über ihren Lebenszyklus. Stattdessen ist anzunehmen, dass die arbeitende Generation eine höhere Sparquote hat als die Generation der Ruheständler. Gemäß der einfachen Lebenszyklus-Hypothese ist die Ersparnis der Ruheständler sogar negativ, da nach diesem Ansatz im Alter das Kapitalvermögen aufgezehrt wird, das über das Arbeitsleben angespart wurde. Die gesamtwirtschaftliche Sparquote, die sich aus den gewichteten Sparquoten der verschiedenen Genera-

tionen zusammensetzt, sollte demnach mit einem steigenden Anteil der Alten an der Gesamtbevölkerung zurückgehen. Hierbei muss allerdings berücksichtigt werden, dass die individuellen Sparquoten nicht konstant bleiben, sondern ebenfalls auf den demographischen Wandel reagieren. So muss die junge Generation mehr für ihr Alter zurücklegen, wenn ihre Lebenserwartung steigt. Schätzungen mit gesamtwirtschaftlichen Simulationsmodellen lassen jedoch erwarten, dass der erste Effekt überwiegt. Nicht nur das Kapitalangebot über die Ersparnisse, auch die Kapitalnachfrage für Investitionen geht in einer alternden Bevölkerung zurück. Wenn die Zahl der Arbeiter in einer Volkswirtschaft sinkt, dann ist der bestehende Kapitalstock überdimensioniert und er muss abgeschmolzen werden. Dies geschieht, indem Ersatzinvestitionen unterbleiben.

3. Änderung der Konsumnachfrage. In einer alternden Gesellschaft ändert sich die Struktur der gesamtwirtschaftliche Güternachfrage. Besonders deutlich wird dies im Immobilienbereich, wo sich die Anforderungen an Größe und Ausstattung der Wohnungen für ältere Menschen verändern. Der bestehende Wohnungsbestand entspricht nicht mehr den Wünschen und muss angepasst werden. Die Konsumstruktur verschiebt sich auch bei anderen Gütern und zwar zu Gunsten derjenigen Produkte, die ältere Menschen vor allem nutzen, nicht zuletzt in Richtung Freizeit und Unterhaltung, Tourismus und Gesundheitsdienstleistungen. Dies sind zumindest teilweise Produkte mit einem geringeren Produktivitätsanstieg, die zudem auch arbeitsintensiv erstellt werden. Somit hat die Nachfragestruktur bei den Gütern wiederum Rückwirkungen auf die Faktornachfrage und das gesamtwirtschaftliche Produktivitätswachstum.

4. Erlahmender Wachstumsprozess. In einer alternden Gesellschaft herrschen andere Bedingungen für wirtschaftliches Wachstum. Gewichtet man die für Deutschland zu erwartende Abnahmerate des Arbeitsangebots von 0,4 pro Jahr (mittleres Szenario) mit dem Wachstumsbeitrag der Arbeit, der bei 0,7 liegt, so bedeutet dies, für sich betrachtet, eine negative Wachstumsrate des Bruttoinlandsprodukts von 0,3 Prozent pro Jahr. Die Volkswirtschaft schrumpft also. Zudem kann aus den bereits erörterten Gründen ein zweiter Wachstumsfaktor, die Kapitalbildung, schwächer als bisher ausfallen. Alternde Volkswirtschaften bewegen sich demnach auf einem niedrigeren Wachstumspfad; ihr Produktionspotential – die Angebotsseite der Volkswirtschaft – entwickelt sich schwächer.

5. Technischer Fortschritt. Was den, neben Kapital und Arbeit, dritten Wachstumsfaktor, den technischen Fortschritt, betrifft, so ändern sich auch hier die Bedingungen. Ältere Gesellschaften mögen durch eine geringere Innovationsbereitschaft gekennzeichnet sein, da die Ausbildung der Älteren nicht mehr auf dem neuesten Stand ist und ihre Bereitschaft, in Innovationen zu investieren, die sich erst in der Zukunft auszahlen, möglicherweise geringer ist. Wenn diese These zutrifft, würden die Unternehmer mit weniger Wagemut an Innovationen herangehen. Produkt- und Prozessinnovationen würden sich dann möglicherweise weniger leicht durchsetzen lassen. Dies aber heißt: weniger wirtschaftliche Dynamik. Zudem könnte das Nachfrageumfeld für Innovatio-

nen, sieht man einmal von den spezifischen Produkten für ältere Menschen wie bei der Medizin ab, ungünstiger sein. Auch die Bereitschaft zur Adaption neuer Produkte könnte sich abschwächen, wenn die älteren Menschen mit der neuen Technologie nicht zurechtkommen, und zwar sowohl als Arbeitnehmer als auch als Konsumenten. Insgesamt herrscht damit bei der Alterung einer Gesellschaft eine starke Tendenz vor, derzufolge der Prozess des wirtschaftlichen Wachstums erlahmt.

6. Eine veränderte politische Ökonomie. Offen ist schließlich, wie sich die politische Ökonomie der alternden Gesellschaften verändern wird. Ältere Wähler – die »grauen Panther« – haben andere Präferenzen als Jüngere. Das gilt insbesondere in Bezug auf die intergenerative Umverteilung durch die Renten- und andere Sozialversicherungen. Sie stehen möglicherweise auch längerfristigen Investitionen - z. B. in die Infrastruktur, den Umweltschutz oder das Bildungssystem - kritischer gegenüber als Jüngere. Damit mag sich auch von der Politik her das Umfeld für Innovation verschlechtern.

26.4. Zuwanderung

In einer Gesellschaft mit schrumpfender Bevölkerung gewinnt die Zuwanderungspolitik als möglicher Ansatz zur Milderung der Anpassungsprobleme an Bedeutung. Dabei müssen die Interessen des Migranten und des Zuwanderungslandes zusammenkommen.

Der Zuwanderer erwartet, durch seine Wanderung zu einer Verbesserung seiner Situation zu kommen. Bei Einkommenswanderungen liegt die Erwartung zugrunde, dass sich nach der Wanderung die Einkommenssituation nennenswert verbessern wird. Das Entscheidungskriterium für eine dauerhafte Zuwanderung ist dabei nicht allein das aktuelle Lohn- oder Einkommensgefälle zwischen Einwanderungs- und Auswanderungsland, sondern der vom Migranten erwartete Einkommensstrom über mehrere Perioden, und zwar im Vergleich der beiden Länder. Im Grunde geht es um den Gegenwartswert der erwarteten Einkommen für die Zukunft, also um das abdiskontierte erwartete Lebenseinkommen. Ist dies im Einwanderungsland deutlich höher, so lohnt es sich für den Migranten zu wandern.

Die Interessen des Einwanderungslandes liegen darin, Arbeitskräfte, Humankapital und gegebenenfalls auch Kapitaleigner zu attrahieren, um auf diese Weise die Produktionsmöglichkeiten zu verbessern und auch um die Sozialkassen zu entlasten. Besonders deutlich wird dies bei den Nachfragesogwanderungen, bei denen der Impuls zur Wanderung vom Einwanderungsland ausgeht. Das Einwanderungsland ist in diesen Fällen so dringend auf Arbeitskräfte angewiesen, dass es systematisch im Ausland um sie wirbt, so wie Deutschland in den 1960er-Jahren des letzten Jahrhunderts. Diesen und anderen positiven Effekten steht gegenüber, dass die Nachfrage nach Infrastrukturleistungen steigt, dass der Wettbewerb um Wohnungen intensiver wird und dass in den Städten Integrationsprobleme auftreten können, z. B. in den Schulen, wenn die Klassen heterogener besetzt sind. Zudem können am Arbeitsmarkt Verdrängungseffekte auftreten, wodurch der Lohn der heimischen Arbeiter sinkt oder - bei unflexiblen Löhnen – Arbeitslosigkeit auftreten kann. Hierbei ist die Frage von entscheidender Bedeutung, inwieweit die zuwandernden Ausländer

Substitute oder Komplemente für heimische Arbeitskräfte sind. Bei den Arbeitskräften, die komplementär zu den Zuwanderern sind, steigt die Grenzproduktivität durch die Zuwanderung und damit verschiebt sich die Arbeitsnachfrage nach rechts. Für die substitutiven Arbeitskräfte geht hingegen die Arbeitsnachfrage zurück. So können z. B. hochqualifizierte ausländische Computer-Experten zusätzliche Arbeitsplätze mit sich bringen, wenn sie die Nachfrage nach weniger qualifizierter Beschäftigung in komplementärer Weise nach sich ziehen, während sie eine Konkurrenz für die inländischen hochqualifizierten Arbeitnehmer darstellen, für die sie Substitute sind. Insgesamt, d. h. wenn man die Gewinne der komplementären Faktoren mit den Verlusten der substitutiven Faktoren vergleicht, gewinnt das Inland von der Zuwanderung ausländischer Arbeitskräfte (sofern die Zuwanderung nicht in die Sozialhilfe erfolgt).

Für die staatliche Rentenversicherung bringen Zuwanderer zunächst eine direkte Entlastung, da sie Beiträge für die heutige Generation von Rentnern zahlen. In der Zukunft haben die Zuwanderer dann zwar auch Rentenansprüche; das bedeutet jedoch keine größere Belastung für das System, wenn die Zuwanderer mindestens die gleiche Kinderzahl wie die Einheimischen haben und vergleichbar qualifiziert sind. Dann sind die Rentenbeiträge der Zuwandererkinder vergleichbar zu denen der Kinder der einheimischen Bevölkerung. Derzeit geht es wirtschaftspolitisch um die Frage, wie eine explizite Zuwanderungspolitik ausgestaltet sein soll.

Wichtige Begriffe in Kapitel 26

Schrumpfende Bevölkerung
Nettozuwanderung
Öffentliche Haushalte
Arbeitsangebot
Kapitalbildung
Konsumnachfrage
Wachstumsprozess
Zuwanderung

27 Probleminterdependenz und Zielkonflikte

The most basic law of economics ... that one cannot get something for nothing.
Roy Harrod

Die ökonomische Theorie ist als empirische Wissenschaft im Wesentlichen »problemorientiert«. Ihre Grundfragen sind deshalb wirtschaftspolitischen Zielen zuzuordnen. In der Mikroökonomie geht es um die Frage, wie die Einzelpläne von Haushalten und Unternehmen aufeinander abzustimmen sind, wie sichergestellt werden kann, dass die Produktionsfaktoren an die Stelle ihrer »günstigsten« Verwendung gelenkt werden, und welche Rolle Güter- und Faktorpreise bei diesem Allokationsprozess spielen. Es handelt sich hier um das Ziel der effizienten Faktorallokation. Die Makroökonomie dagegen beschäftigt sich mit den Zielen der Vollbeschäftigung, der Geldwertstabilität, der Konjunkturstabilisierung und des wirtschaftlichen Wachstums.

27.1 Probleminterdependenz

Diese Anbindung der ökonomischen Theorie an die Ziele der Wirtschaftspolitik betrachtet aus didaktischen Gründen jeweils ein ökonomisches Problem isoliert und kann deshalb den Eindruck entstehen lassen, als sei die ökonomische Realität mit einer Kommode zu vergleichen, in der verschiedene Problemschubladen fein säuberlich nebeneinander nach Bedarf zu öffnen und zu schließen sind. In der Realität sind diese Probleme jedoch miteinander verflochten. Wir betrachten immer die gleiche ökonomische Realität, nur mit verschiedenen »Problem-Brillen«.
Auch der Leser dieser Einführung sollte sich die Probleminterdependenz bewusst machen. Die folgenden Beispiele sollen Zusammenhänge zwischen verschiedenen Problemen verdeutlichen:

1. Bei gegebenem technischen Wissen und bei gegebenem Bestand an Produktfaktoren kann man in einer Volkswirtschaft von einem Gut nur dann mehr produzieren, wenn man von einem anderen Gut weniger herstellt. Dies gilt auch für eine Vermehrung des Angebots an öffentlichen Gütern, die unter diesen Annahmen nur möglich ist, wenn die Bereitstellung privater Güter eingeschränkt wird. Beispielsweise ist eine Verbesserung der Umweltqualität dadurch zu erreichen, dass Produktionsfaktoren in der Entsorgung eingesetzt und aus der Produktion abgezogen werden. Der bisherige »Güterberg« muss dann also abnehmen. In diesem Beispiel ist die Interdependenz relativ einfach durch die Ressourcenrestriktion zu erklären.

2. Die Steigerung der gesamtwirtschaftlichen Nachfrage durch mehr Staatsausgaben kann im keynes'schen Modell kurzfristig das Volkseinkommen erhöhen und sich damit positiv auf die Beschäftigung auswirken. Aber dafür muss der Staat die Steuern erhöhen,

um mehr ausgeben zu können. Zudem drängt der Staat durch seine Ausgaben die privaten Ersparnisse und Investitionen zurück. Es kommt zu einem Crowding-Out von privater Investitionsnachfrage durch die erhöhte Staatsnachfrage. Die kurzfristige Nachfragesteigerung kann sich somit langfristig negativ auf die Kapitalbildung und damit das Wachstum auswirken.

3. In Abschnitt 22.4 ist die Phillips-Kurve bei rationalen Erwartungen diskutiert worden. Wir haben gesehen, dass eine diskretionäre Geldpolitik, die sich neben der Preisstabilität auch am Beschäftigungsziel orientiert, zu entsprechend hohen Inflationserwartungen führen kann. Wenn die Wirtschaftssubjekte eine hohe Inflationsrate bereits erwarten, dann ist Geldpolitik als Mittel der Beschäftigungssteigerung wirkungslos. Nur unerwartete Inflationssteigerungen lösen demnach einen Beschäftigungsrückgang aus. Aus diesem Zusammenhang kann ebenfalls ein Zielkonflikt abgeleitet werden: Wenn die Geldpolitik einen strikten Kurs der Geldstabilität fährt, dann muss sie darauf verzichten, bei kurzfristigen, unerwarteten Nachfrageschwankungen stabilisierend einzugreifen. Dafür kann sie aber die Inflationserwartungen und damit auch die tatsächliche Inflation niedrig halten.

4. Was sich für die ökonomische Theorie als Probleminterdependenz darstellt, wird in der Wirtschaftspolitik als Zielbeziehung behandelt (Schaubild 27.1). Unter Zielbeziehung versteht man den Tatbestand, dass die Veränderung des Erfüllungsgrades eines Ziels den Erfüllungsgrad eines anderen Ziels beeinflusst. Im Fall eines Zielkonflikts bringt die Verbesserung bei einem Ziel die Verschlechterung bei einem anderen Ziel mit sich. Bei Zielharmonie (Komplementarität) begünstigt die Verbesserung bei einem Ziel den Erfüllungsgrad bei einem anderen. Und im Fall der Zielneutralität wirkt sich die Verbesserung bei einem Ziel nicht auf ein anderes aus.

Schaubild 27.1: Zielbeziehungen

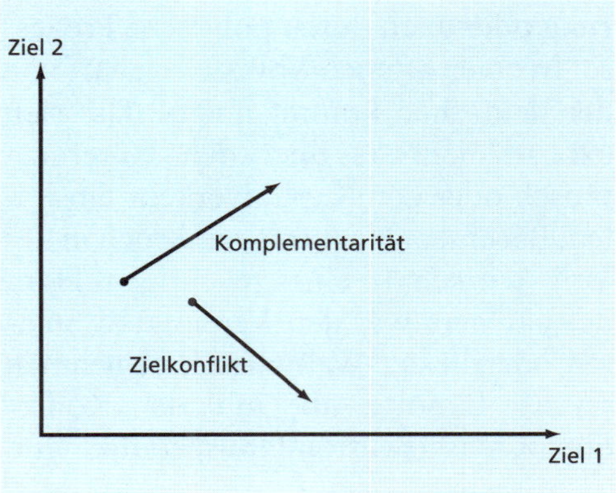

Probleminterdependenzen in der Realität sind dadurch gekennzeichnet, dass die Ziele der Wirtschaftspolitik nur allzu oft miteinander in Konflikt stehen. Die wirtschaftliche Wirklichkeit ist, anders als viele Politiker uns glauben machen wollen, meistens kein »sowohl – als auch«, bei dem man mehrere Ziele gleichzeitig erreichen kann, sie ist ein »entweder – oder«, bei dem man wählen muss. Für die Anwendung wirtschaftspolitischer Instrumente heißt dies, dass sich ein Instrument in der Regel nicht nur auf ein Ziel auswirkt, sondern auch andere Ziele beeinflusst. Dabei wird man einem Ziel häufig nur näher kommen, wenn man sich von einem anderen weiter weg entfernt.

27.2 Externe Schocks

Die Probleminterdependenz wird in besonderer Weise deutlich, wenn in einer

Volkswirtschaft Veränderungen vorkommen, die sich in vielen Bereichen auswirken. Die Verhaltensweisen der Marktteilnehmer ändern sich, etwa ihre Konsumwünsche, aber auch ihre Erwartungen. Auch die Produktionsbedingungen können sich verändern, so durch technischen Fortschritt, durch die Zunahme oder Abnahme der Bevölkerung oder auch durch politische Prozesse. In einer offenen Volkswirtschaft wie der deutschen kommt hinzu, dass sich externe Schocks über den Güteraustausch oder den Kapitalverkehr einstellen. Bei einem Nachfrageeinbruch in der Volkswirtschaft eines wichtigen Handelspartners wie den Vereinigten Staaten oder in der Weltwirtschaft nehmen unsere Exporte ab, mit der Konsequenz, dass Bruttoinlandsprodukt und Beschäftigung zurückgehen. Bei einem Angebotsschock verändern sich die Produktionsbedingungen. So haben die beiden Erdölkrisen 1973/74 und 1979/80 einen wichtigen Produktionsfaktor verteuert und damit die Produktivität von Arbeit und Kapital verringert. Der bestehende Kapitalstock wurde teilweise entwertet, die Industrieländer mussten für die Ölimporte mehr bezahlen, real floss also Kaufkraft an die Erdölanbieter ab. Dies hatte nicht nur eine Rezession mit Arbeitslosigkeit zur Folge, die Realeinkommen der Arbeitnehmer entwickelten sich ungünstiger, die Inflationsrate stieg an, und die Leistungsbilanzen gerieten ins Defizit. Sehr oft sind also mehrere Problembereiche gleichzeitig betroffen.

Wichtige Begriffe in Kapitel 27

Allokationsprozess
Ziele der Wirtschaftspolitik
Ressourcenrestriktion
Crowding-out
Phillips-Kurve
Zielkonflikte
Zielharmonie
Zielneutralität
Externe Schocks

Teil III: Außenwirtschaft

Der größte Fortschritt in den produktiven Arbeitskräften und die Vermehrung der Geschicklichkeit, Gewandtheit und Einsicht, womit die Arbeit irgendwo geleitet wird, scheint eine Wirkung der Arbeitsteilung gewesen zu sein.
Adam Smith

Volkswirtschaften sind durch eine starke internationale Verflechtung gekennzeichnet. So exportiert Deutschland etwa ein Drittel seines Produktionsergebnisses ins Ausland und bezieht gleichzeitig aus anderen Ländern Güter, die dort kostengünstiger erstellt werden können. Zwischen den Ländern der Erde gibt es eine internationale Arbeitsteilung, und die Länder spezialisieren sich auf die Produktion derjenigen Güter, bei denen sie relative Vorteile haben. Die Lehre von der Außenwirtschaft beschäftigt sich mit der Frage, wie diese internationale Arbeitsteilung zu erklären ist, unter welchen Bedingungen ein Güteraustausch zwischen einzelnen Volkswirtschaften zustande kommt und wie sich die Standortgunst von Ländern bestimmt. Im Prinzip handelt es sich bei diesen Problemstellungen um die mikroökonomische Analyse offener Volkswirtschaften. Es sind also die Gesetzmäßigkeiten der Nachfrage nach Gütern, der Produktion und der Investition auf offene Volkswirtschaften anzuwenden. Gleichzeitig bedeutet die Offenheit der Volkswirtschaften, dass die Gütermärkte nicht auf die Nation beschränkt bleiben, sondern, je nach der Handelbarkeit der Güter, die gesamte Welt umfassen können. Die Frage der Außenwirtschaft besteht also auch darin, wie sich die Preisbildung auf den weltweiten Märkten vollzieht.

Auch die makroökonomischen Größen Volkseinkommen, Beschäftigung, Preisniveau, Zins und Wachstum müssen letztlich in einer offenen Volkswirtschaft bestimmt werden. In einer offenen Volkswirtschaft besteht die gesamtwirtschaftliche Nachfrage nicht allein aus der heimischen Konsumnachfrage der Privaten und des Staates sowie aus der Investitionsnachfrage. Auch das Ausland fragt Güter nach; andererseits werden Güter aus dem Ausland bezogen. Auf dem Gütermarkt ist also die gesamtwirtschaftliche Nachfrage für eine offene Volkswirtschaft neu zu definieren. Durch die gesamtwirtschaftliche Nachfrage ist eine offene Volkswirtschaft mit anderen Ländern verflochten, beispielsweise, indem die Konjunktur aus dem Ausland »herüberschwappen« kann. Die makroökonomische Theorie ist also um die Interdependenzen mit anderen Ländern zu erweitern.

Wie ein einzelner Haushalt, so sieht sich auch eine Volkswirtschaft einer Budgetrestriktion gegenüber. Ein Land kann nicht mehr Devisen ausgeben, als es Devisen einnimmt oder in der Vergangenheit angesammelt hat. Diese Budgetrestriktion wird durch die Zahlungsbilanz dargestellt, in der alle Deviseneingänge und Devisenausgänge eines Jahres verzeichnet sind. Im internationalen Güterhandel fällt dem Wechselkurs die Aufgabe zu, dass die Handelsbilanz ausgeglichen ist.

In der geschlossenen Volkswirtschaft haben wir als wichtigste Märkte den Güter-, Geld- und Arbeitsmarkt angesprochen. In einer offenen Volkswirtschaft ist der Gütermarkt um die Außennachfrage zu erweitern. Der Arbeitsmarkt wird durch Zuwanderungen und Abwanderungen beeinflusst. Da es verschiedene Währungen gibt, sind auch die nationalen Geldmärkte in dem Sinn neu zu definieren, dass sie miteinander zusammenhängen. Das Bindeglied ist dabei der Devisenmarkt, der neben Güter-, Arbeits- und Geldmarkt als vierter wichtiger Markt in der Makroökonomie offener Volkswirtschaften berücksichtigt werden muss.

28 Preisvorteile und Güteraustausch

The only direct advantage of foreign commerce consists in the imports.
John Stuart Mill

Deutschland exportiert ein Drittel seines Bruttoinlandsprodukts und ist damit vom Außenhandel abhängig. In Abschnitt 28.1 wird ein empirisches Bild der internationalen Arbeitsteilung vermittelt. Eine Volkswirtschaft wird dann ein Gut exportieren, wenn sie bei der Herstellung dieses Gutes einen Preisvorteil hat (Abschnitt 28.2). Ein Gut wird importiert, wenn ein Land einen Preisnachteil hat (Abschnitt 28.3). Nach der These der internationalen Arbeitsteilung spielen letztlich relative Preisvorteile die entscheidende Rolle für internationalen Handel (Abschnitte 28.4 und 28.5).

28.1 Empirische Daten zum Außenhandel

Für Deutschland sind die internationalen Verflechtungen von zentralem Interesse: Die Exportquote (einschließlich Dienstleistungsexporte), d. h. der Anteil der Exporte am Bruttoinlandsprodukt, liegt für Deutschland bei 38 vH (2004). Etwa ein Fünftel der Erwerbstätigen hängen direkt oder indirekt von der Exportaktivität ab. Im Zusammenhang mit den Erdölkrisen der Jahre 1973/74 und 1979/80 ist deutlich geworden, dass Deutschland auf Energie- und Rohstoffimporte stark angewiesen ist. So decken wir etwa 50 vH unseres Primärenergiebedarfs durch Importe. Bei wichtigen metallischen Rohstoffen wie Bauxit, Blei, Chrom, Kupfer oder Eisen liegt die Importquote, also der Anteil der Einfuhren am Gesamtverbrauch, bei 100 vH.

Bei sektoraler Betrachtung wird die Außenhandelsabhängigkeit noch deutlicher. Berücksichtigt man sowohl die direkten Exporte eines Wirtschaftszweiges als auch seine Vorlieferungen an andere Wirtschaftszweige, die für den Export produzieren, so ergibt sich z. B. eine Exportabhängigkeit von über 85 vH für die chemische Industrie und 67 vH für den Maschinenbau. Für einzelne Firmen in diesen Sektoren liegt die Abhängigkeit noch höher.[1]

In Schaubild 28.1 sind die Exportquoten verschiedener Länder verzeichnet. Man erkennt, dass in der Regel die Exportquote mit zunehmender Größe eines Landes abnimmt. So haben kleinere Länder wie Belgien (84,0 vH) und die Niederlande (67,2 vH) hohe Exportquoten. Für die USA liegt die Exportquote dagegen bei lediglich 10,0 vH. Japan hat ebenfalls eine geringe Exportquote mit 13,1 vH.

Die geographische Struktur des Welthandels ist aus Tabelle 28.1 zu entnehmen. In der Tabelle sind in den Zeilen die Herkunftsregionen der Exporte und in den Spalten die Zielregionen eingetragen. Europa ist demnach für über 40 vH des Welthandels verantwortlich (45,3 vH der Weltexporte kommen aus

[1] Zu den Angaben vergleiche: H. Siebert und O. Lorz, Außenwirtschaft, 8. Auflage, Stuttgart, 2006.

Schaubild 28.1: Exportquoten[a] ausgewählter Länder 2004

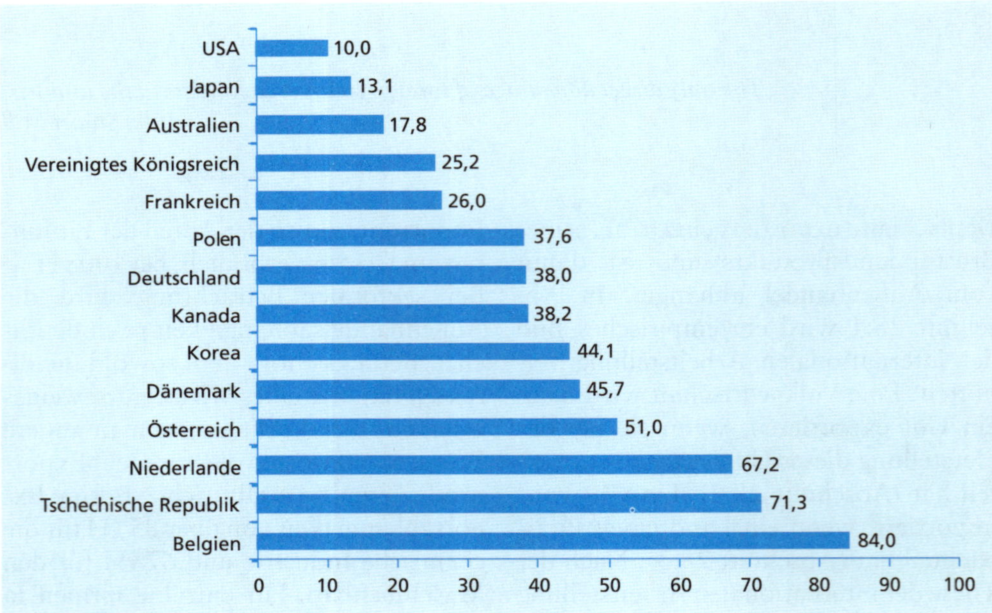

[a] Anteil der Exporte (Waren und Dienstleistungen) am Bruttoinlandsprodukt in vH.

Quelle: IMF, International Financial Statistics, 2006.

Tabelle 28.1: Geographische Struktur des Welthandels; Exporte verschiedener Ländergruppen in vH des Weltwarenhandels 2004

Zielregion / Herkunftsregion	Nordamerika	Europa	Asien	Welt
Nordamerika	8,3	2,4	2,8	14,9
Europa	4,1	33,4	3,5	45,3
Asien	6,0	4,7	13,5	26,8
Welt	20,8	44,4	23,2	100,0

Quelle: WTO, International Trade Statistics, 2005.

Europa und 44,4 vH der Weltexporte gehen nach Europa). Ein Drittel des Welthandels (33,4 vH) spielt sich innerhalb Europas ab. Nordamerika hat ein Handelsbilanzdefizit: der Anteil der Weltexporte, der nach Nordamerika geht ist kleiner als der Anteil, der aus Nordamerika kommt (20,8 vH gegenüber 14,9 vH). Asien hat einen Exportüberschuss (26,8 vH im Vergleich zu 23,2 vH).

Schaubild 28.2: Exportmarkt

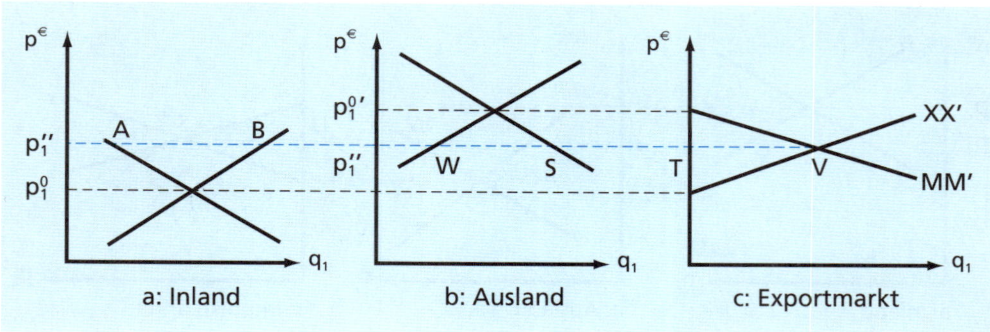

28.2 Exportmarkt

Auf dem Exportmarkt treffen das Angebotsverhalten des Inlandes und das Nachfrageverhalten des Auslandes zusammen. Das Inland bietet diejenigen Mengen auf dem Exportmarkt an, die seine Verbraucher bei den jeweiligen Preisen nicht abzunehmen bereit sind. Die angebotene Menge des Exportgutes ist also eine Überschussmenge (Angebotsüberschuss). In Schaubild 28.2 a sind die Angebots- und Nachfragekurven des Inlands gezeichnet. Bei einem Preis p_1^0 sind Angebots- und Nachfragemengen gleich, es liegt also kein Exportangebot vor. Unterstellen wir, p_1^0 sei der Preis einer geschlossenen Volkswirtschaft. Wenn nun Außenhandel zugelassen wird und der Preis steigt, sind die Produzenten des Inlandes bereit, eine größere Menge zu produzieren. Gleichzeitig fragen die Konsumenten bei steigendem Preis eine kleinere Menge nach. Bei einem Preis p_1'' ist die Überschussmenge (Exportangebot) AB. Diese Menge wird in 28.2 c eingetragen, so dass AB = TV. Die Kurve XX′ des Exportangebots kann also Punktweise konstruiert werden. Die Exportangebotskurve des Inlandes gibt an, dass die Exportangebotsmengen mit zunehmendem Preis steigen.

Das Ausland fragt bei einem Preis p_1^0 eine Überschussmenge von null nach. Sinkt der Preis, etwa auf p_1'', so wird die Überschussnachfrage des Auslandes positiv (Strecke WS). WS kennzeichnet die Importnachfrage des Auslandes. Diese Strecke WS wird in 28.2 c übertragen, so dass WS = TV. Sinkt der Preis weiter, so nimmt die Nachfrage des Auslandes zu. Die Kurve MM′ beschreibt das Nachfrageverhalten des Auslandes bei einer Variation des Preises.

Ein besonderes Problem bei der Ableitung der Kurven des Exportmarktes besteht darin, dass im Inland die Preise in Euro, im Ausland in ausländischer Währung, z. B. in US-Dollar, notiert sind. Um die Vergleichbarkeit der Schaubilder 28.2 a bis c gewährleisten zu können, vernachlässigen wir den Wechselkurs und gehen von einer einheitlichen Währung aus (wie sie z. B. innerhalb des Euro-Raums vorliegt).

Auf dem Exportmarkt werden der Gleichgewichtspreis und die Gleichgewichtsmenge bestimmt. Die exportierte Menge (TV = AB) des Inlandes stimmt überein mit der importierten Menge des Auslandes (TV = WS).

Schaubild 28.3: Importmarkt

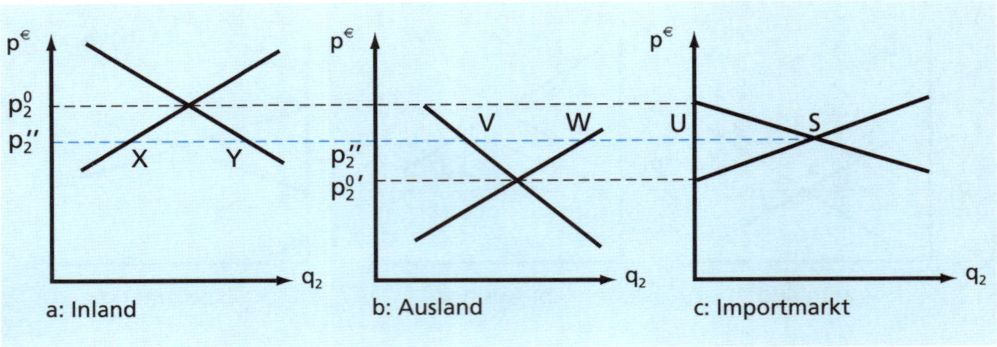

Nimmt man an, dass die Preise p_1^0 und $p_1^{0\prime}$ die Ausgangslage vor Handel darstellen, so ist der Preis nach Eröffnung des Handels p_1''. Für das exportierende Inland steigt der Preis nach Handel; für das importierende Ausland sinkt der Preis.

Mit Hilfe des Schaubilds 28.2 kann auch ein Aspekt der importierten Inflation erörtert werden. Inflation im Ausland bedeutet eine Rechtsverschiebung der Nachfragekurve des Auslandes. Dies wirkt sich in einem Anstieg des Weltmarktpreises und des Preises im Inland aus. Die Inflation wird über den Exportmarkt importiert.

28.3 Importmarkt

In Schaubild 28.3 ist der Importmarkt dargestellt. Schaubild 28.3 a enthält die Nachfrage- und Angebotskurven des Inlandes. Bei einem Preis p_2^0 sind die Nachfrage- und Angebotsmengen gleich; es liegt eine Überschussmenge von null vor. Sei p_2^0 der Preis in einer geschlossenen Volkswirtschaft. Wenn nun Außenhandel zugelassen wird und der Preis sinkt, steigt die Überschussnachfrage, denn das inländische Angebot geht mit sinkenden Preisen zurück, die Nachfrage aber steigt. Bei einem Preis p_2'' liegt eine Überschussnachfrage des Inlandes von XY vor. Diese Überschussnachfrage XY kann als Importnachfrage US in 28.3 c dargestellt werden.

Im Ausland sei vor Aufnahme des Handels der Preis $p_2^{0\prime}$ gegeben. Zu diesem Preis ist die Überschussmenge des Auslandes gleich null. Steigt nach Öffnung der Grenzen der Preis, so bieten die ausländischen Produzenten mehr an, die Nachfrager fragen jedoch geringere Mengen nach. Das Überschussangebot des Auslandes (Angebot auf dem Importmarkt des Inlandes) steigt. Bei einem Preis p_2'' im Ausland ist das Überschussangebot VW oder in Schaubild 28.3 c gleich US (Importangebot). Auch in diesem Fall wird im Übrigen wieder der Wechselkurs vernachlässigt, indem die Nachfrage- und Angebotskurven in Abhängigkeit vom Euro-Preis ausgedrückt werden.

Gleichgewichtsmengen und Gleichgewichtspreis auf dem Importmarkt bestimmen sich durch Importnachfrage und Importangebotskurve (Schaubild 28.3 c). Auch in diesem Fall lässt sich das Problem der importierten Inflation analysieren. Wird z. B. angenommen, dass sich das Angebot eines Importgutes auf dem Markt des Auslandes verknappt, etwa indem die Angebotskurve des Auslandes sich nach links verschiebt (z. B. Angebotskurve der OPEC-Länder), so verschiebt sich auch die Importangebotskurve nach links. Der Weltmarktpreis und damit auch der Preis des Inlandes steigen. Das Inland importiert die Inflation – in diesem Fall über den Importmarkt.

Schaubild 28.4: Relative Preisvorteile und Handel

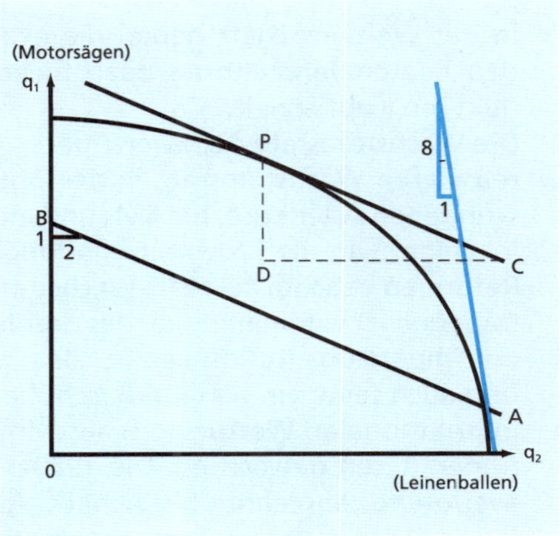

28.4 Relative Preisvorteile

In den beiden vorhergehenden Abschnitten wurde die These der absoluten Preisvorteile diskutiert. Dabei wurde der Wechselkurs als gegeben betrachtet. Letztlich aber sind relative Preisvorteile für den Tausch entscheidend. Der Wechselkurs transformiert diese relativen Vorteile in absolute Preisvorteile. Volkswirtschaften tauschen miteinander, wenn sie relative Preisvorteile haben. Das Inland kann ein Gut relativ günstiger erstellen als das Ausland, und das Ausland kann ein anderes Gut relativ günstiger produzieren als das Inland. Man betrachte die beiden Güter q_1 (Motorsägen) und q_2 (Leinen). Bei Vollbeschäftigung der verfügbaren Produktionsfaktoren kann Deutschland mit seinem technologischen Entwicklungsstand entlang der Transformationskurve unterschiedliche Mengenkombinationen dieser beiden Güter erzeugen. In der Ausgangslage werde in Punkt A (Schaubild 28.4) produziert. In diesem Punkt könnte Deutschland mit seinen Produktionsfaktoren acht zusätzliche Motorsägen herstellen, wenn es auf die Produktion von einem Ballen Leinen verzichtet. Das Tauschverhältnis zwischen Motorsägen und Leinenballen ist 8 : 1, also acht Mengeneinheiten Motorsägen gegen eine Mengeneinheit Leinen. Dabei wird eine Situation vor Handel – Autarkie – unterstellt. Dieses Tauschverhältnis entspricht der Grenzrate der Transformation, die angibt, was ein Land (Deutschland) von einem Gut (Motorsägen) mehr produzieren kann, wenn es von einem anderen Gut (Ballen Leinen) eine Einheit weniger herstellt.

Man beachte, dass 8 : 1 auch das Preisverhältnis p_2/p_1 ist. Aus der Definition eines Preises als €/Mengeneinheit (abgekürzt €/ME) folgt

$$\frac{p_2}{p_1} = \frac{€/ME_2}{€/ME_1} = \frac{ME_1}{ME_2}$$

Das Preisverhältnis p_2/p_1 gibt also an, wie viel Mengeneinheiten des Gutes 1 man aufwenden muss (oder erhält), wenn man eine Mengeneinheit des Gutes 2 haben will (oder aufgibt).

Kasten 28.1 Die vier asiatischen Tiger

In der Weltwirtschaft haben die exportorientierten ostasiatischen Länder in den letzten Jahrzehnten beachtliche Wachstumsraten im Bruttoinlandsprodukt pro Kopf erzielt.
Die Wachstumsrate der »vier Tiger«, Hongkong, Singapur, Taiwan und Südkorea, deren Wachstumsrate in der Zeit bis 1999, also vor der inzwischen überwundenen Asienkrise, bei 6 vH und mehr lag. Auch die freien Wirtschaftszonen in China, wie die Provinz Guandong, und China insgesamt haben nach den Reformen beachtliche reale Wachstumsraten erreicht.
Dagegen ist Lateinamerika, das drei Jahrzehnte seiner Politik auf die Strategie der Importsubstitution setzte, also letztlich die heimische Industrie schützte und auch seine »in den Kinderschuhen« steckende Exportindustrie gegen den internationalen Wettbewerb abschirmte, in der Zeit von 1960 bis 1990 mit geringen Raten gewachsen. Die 1980er-Jahre werden für Lateinamerika als das »verlorene Jahrzehnt« bezeichnet. Asiens Trümpfe gegenüber Lateinamerika lagen unter anderem in monetärer Stabilität, hohen Sparleistungen und effizienter Kapitalverwendung, funktionierenden Anreizsystemen in den Unternehmen sowie rascher Korrektur von wirtschaftspolitischen Fehlern.
Osteuropa hat bis zum Zusammenbruch der Planwirtschaften eine Arbeitsteilung von oben durchgeführt, bei der durch politische Absprachen festgelegt wurde, welches Land was produziert. Die Idee war dabei, dass man auf diese Weise Größenvorteile der Produktion und damit Kostenersparnisse realisieren könne. Die Spezialisierung war in der Tat sehr detailliert: Ungarn produzierte Autobusse, die Tschechoslowakei Trambahnwagen und die ehemalige DDR Eisenbahnwagons.

Im Ausland, also in der Welt, werden Motorsägen gegen Leinenballen im Verhältnis 1:2 getauscht. Wenn man zwei Ballen Leinen aufgibt, erhält man eine Motorsäge. Deutschland hat einen Produktionsvorteil für Motorsägen, denn es gilt: 8:1>1:2. Das Preisverhältnis zwischen In- und Ausland ist dementsprechend in einer Situation ohne Handel verzerrt, denn im Inland und im Ausland herrschen unterschiedliche Preisverhältnisse. Die beiden Preisgeraden 8 : 1 und 1 : 2 schneiden sich im Punkt A (siehe Schaubild 28.4). Im Inland sind Motorsägen relativ billig, Leinen ist relativ teuer. Im Ausland sind Motorsägen relativ teuer. Dies ist nur möglich, wenn die Märkte segmentiert, also getrennt sind, etwa durch hohe Transportkosten oder durch Handelshemmnisse.
Wird die Segmentierung der Märkte beseitigt, etwa weil Handelsbarrieren abgebaut werden, so lohnt sich im Punkt A die Arbitrage, also der Tausch. Ein Inländer kann mit einer Motorsäge im Ausland zwei Ballen Leinen erwerben; dafür wiederum erhält er (bei konstantem Tauschverhältnis) im Inland 16

Es hat sich jedoch erwiesen, dass eine solche politisch geplante Arbeitsteilung von oben ineffizient ist, weil sie den Wettbewerb ausschaltet. Dagegen haben die asiatischen Länder eine Arbeitsteilung von unten realisiert, bei der letzten Endes die Märkte über die internationale Spezialisierung entscheiden.

Tabelle Kasten 28.1: Wachstumsraten des realen Bruttoinlandsprodukts[a]

	1960-1969	1970–1979	1980–1989	1990–1999	2000–2005
Argentinien	4,0	2,8	–1,4	5,2	1,9
Brasilien	5,8	8,4	2,2	2,5	2,6
Chile	4,3	2,3	3,8	6,7	4,2
Venezuela	4,8	3,5	0,2	1,7	2,9
China	3,0	7,4	9,7	9,7	9,1
Korea	8,2	8,8	9,0	5,8	5,2
Hong Kong	9,8	9,1	6,9	3,7	5,1
Taiwan[b]	9,6	10,0	8,2	6,5	3,6
Singapur	9,4	8,9	7,1	7,4	4,4

[a] Durchschnittliche Wachstumsrate.
[b] Quelle für Taiwan: IMF World Economic Outlook 2006; Bei Taiwan 1960-1969: angenähert durch Mittel von 1960–1970.

Quelle: Weltbank, World Development Indicators, 2006.

Motorsägen: ein Gewinn von 15 Motorsägen! Es lohnt sich demnach, im Inland verstärkt Motorsägen zu produzieren. Die Produktion wandert auf der Produktionsmöglichkeitskurve von Punkt A nach oben. Es sei nun angenommen, dass das Ausland die gesamte Welt ist und dass das Preisverhältnis von 1:2 in der Welt gegeben und konstant ist. Eine Parallelverschiebung der Preisgeraden BA nach oben (auf PC) zeigt, wie das Inland die Produktion von Motorsägen (Gut 1) solange ausdehnt, bis das Preisverhältnis in der Welt der Grenzrate der Transformation entspricht. Dabei ist unterstellt, dass es für das Inland immer ungünstiger wird, Leinen in Motorsägen zu transformieren, wenn es mehr Motorsägen herstellt. Die Produktion von Motorsägen wird also relativ ungünstiger (steigende Grenzkosten, relativ zu dem anderem Gut).

In der Handelssituation (Punkt P) hat sich das Inland stärker auf die Produktion von Motorsägen spezialisiert. Es produziert in P und exportiert die Menge PD im Tausch gegen die Importmenge von Leinen DC. Das Inland kann damit den Konsumpunkt C erreichen, der außerhalb seiner eigenen Transformationskurve liegt. In C konsumiert das Inland von beiden Gütern eine größere Menge als ohne Handel. Das Inland erzielt Gewinne aus Handel.

28.5 Ursachen relativer Preisvorteile

Die Außenhandelstheorie versucht zu erklären, auf welche Ursachen relative Preisvorteile zurückzuführen sind. Diese können auf Technologievorteilen beruhen, beispielsweise weil ein Land für die Produktion eines Gutes ein relativ günstigeres Produktionsverfahren entwickelt hat.

Eine andere Ursache wird darin gesehen, dass ein Land ein Gut nicht besonders schätzt und deshalb dieses Gut in diesem Land relativ preiswert ist (Nachfrageunterschiede). Schließlich werden relative Preis- und Kostenvorteile auf Unterschiede in der Faktorausstattung zurückgeführt. Dabei werden die Faktorreichlichkeit von Ländern und die Faktorintensität in der Produktion von Gütern unterschieden. Wenn ein Land relativ kapitalreich ist, also mit relativ viel Kapital pro Arbeitskraft ausgestattet ist, dann ist Kapital relativ preiswert im Vergleich zum Ausland. Dann kann ein kapitalintensiv produziertes Gut in diesem Land relativ kostengünstiger hergestellt werden im Ausland. Man sollte also vermuten, dass das kapitalreiche Land einen Produktionsvorteil für das kapitalintensiv produzierte Gut hat. Oder: Das kapitalreiche Land exportiert das kapitalintensiv produzierte Gut.

Analog kann man eine Aussage über die Arbeitsreichlichkeit eines Landes und die Arbeitsintensität eines Produktes vorstellen: Das relativ arbeitsreiche Land hat einen Produktionsvorteil für das arbeitsintensive Gut und wird es daher exportieren. Erweitert man die Palette der Produktionsfaktoren, so kann man die folgenden Aussagen erwarten: Das bodenreiche Land exportiert das bodenintensiv produzierte Gut (landwirtschaftliches Produkt). Oder: Das rohstoffreiche Land exportiert das rohstoffintensiv hergestellte Produkt. Oder: Das umweltreiche Land exportiert das umweltintensiv produzierte Gut. Und: Das mit landschaftlicher Schönheit reichlich ausgestattete Land exportiert das landschaftsintensive Produkt (Tourismus). Das humankapitalreiche Land exportiert das humankapitalintensive Produkt. Entscheidend ist also, die Faktorreichlichkeit eines Landes mit der Faktorintensität der Produktion zu kombinieren.

Wendet man diese Hypothesen auf die deutsche Außenhandelsposition an, so lässt sich zunächst leicht erkennen, bei welchen Produktionen die Bundesrepublik keinen komparativen Preisvorteil hat. Dies ist der Fall bei arbeitsintensiven Produkten, die in Massenproduktion hergestellt werden. Denn bei diesen Produkten haben arbeitsreiche Länder einen komparativen Preisvorteil. Auch bei rohstoffintensiven Produkten hat die Bundesrepublik keinen Preisvorteil. Schließlich bedeutet die dichte Besiedlung auch eine relativ knappe Ausstattung mit Boden, so dass wir auch in bodenintensiven Produktionen keinen Produktionsvorteil haben. Die Produktionsvorteile können dagegen in einem hochqualifizierten Produktionsfaktor Arbeit (Humankapital) und in kapitalintensiver Produktion gesehen werden.

Die komparativen Vorteile eines Landes bleiben in der Zeit nicht stehen: Interne

Kapitalbildung, Bevölkerungswachstum, Humankapitalbildung, der Aufbau von Infrastrukturkapital, neue Organisationsformen der Produktion und der Distribution, eine effizientere Gestaltung der Märkte und schließlich neues technisches Wissen verändern die relativen Kosten- und Preisvorteile.

Häufig kann man im Zeitablauf auch beobachten, dass sich die Exportaktivitäten eines Landes aus der heimischen Produktion entwickeln. Ehe ein Produkt zum Exportgut wird, produziert man es zuerst für den heimischen Markt. Der Aufbau einer Exportindustrie wird sich im Zeitablauf also über den heimischen Markt vollziehen. Erst wenn ein Unternehmen Produktionserfahrung für kleinere Mengen für den heimischen Markt hat, kann das Unternehmen in größere Märkte hineinwachsen. Das Bündel der nationalen Produkte bestimmt dann im Zeitablauf die potentielle Menge der Exportgüter. Im Zuge der Internationalisierung der Unternehmen verliert diese Einflussgröße jedoch an Bedeutung.

Wichtige Begriffe in Kapitel 28

Relative Preisvorteile
Außenhandelsabhängigkeit
Exportquote
Exportmarkt
Importmarkt
Faktorreichlichkeit und -intensität

29 Zahlungsbilanz

Credit has a great, but not, as many people seem to suppose, a magical power; it cannot make something out of nothing.
John Stuart Mill

29.1 Struktur der Zahlungsbilanz

Als Zahlungsbilanz einer Volkswirtschaft bezeichnet man die statistische ex-post-Erfassung aller ökonomischen Transaktionen zwischen inländischen und ausländischen Wirtschaftseinheiten für ein Jahr. Wirtschaftseinheiten sind private und öffentliche Haushalte, Unternehmen und sonstige Organisationen. Inländer sind die Wirtschaftssubjekte, die ihren Wohnsitz im Inland haben.

Die Zahlungsbilanz eines Landes verzeichnet auf der Aktivseite Zahlungseingänge und auf der Passivseite Zahlungsausgänge eines Landes. Die Zahlungseingänge müssen nicht tatsächlich erfolgen; so wird ein Export auch dann als Zahlungseingang verbucht, wenn er durch Kredite finanziert ist. In Tabelle 29.1 ist die vereinfachte Struktur der Zahlungsbilanz wiedergegeben. Die Buchungen in der Zahlungsbilanz sind entweder Buchungen von Leistungstransaktionen oder von Finanztransaktionen.

Die Teilbilanzen der Zahlungsbilanz sind die Leistungsbilanz, die Bilanz der Vermögensübertragungen, die Kapitalbilanz und die Veränderung der Währungsreserven der Zentralbank (Saldo der Devisenbilanz).

Die Leistungsbilanz, auch Bilanz der laufenden Posten genannt, setzt sich zusammen aus der Handelsbilanz, der Dienstleistungsbilanz, der Bilanz der Erwerbs- und Vermögenseinkommen und der Bilanz der unentgeltlichen Leistungen (laufende Übertragungen). In der Handelsbilanz stellen Exporte von Gütern Zahlungseingänge und Importe Zahlungsausgänge dar. Zahlungseingänge in der Dienstleistungsbilanz sind u. a. der »Export« von Dienstleistungen an Touristen aus dem Ausland (und der Verkauf von Sachgütern an Touristen) oder Transportdienste deutscher Unternehmen für Ausländer (analog: Versicherungsleistungen). Die Bilanz der Erwerbs- und Vermögenseinkommen er-

Tabelle 29.1: Vereinfachte Struktur der Zahlungsbilanz

Zahlungseingänge	Zahlungsausgänge
Exporte von Gütern und Dienstleistungen	Importe von Gütern und Dienstleistungen
Kapitalimporte	Kapitalexporte
Devisenbilanzsaldo	

fasst als Zahlungseingänge u. a. die Kapitalertragseinnahmen aus dem deutschen Auslandsvermögen. Beispiele für Zahlungsausgänge sind Dividendenzahlungen deutscher Unternehmen an ausländische Anteilseigner. In der Bilanz der laufenden Übertragungen sind Transaktionen ohne Gegenleistungen verzeichnet, z. B. Transfers an die Europäische Union und Überweisungen der Gastarbeiter an ihre Familien.

In der Vermögensübertragungsbilanz werden im Gegensatz zu den laufenden Übertragungen solche unentgeltlichen Leistungen erfasst, die zwar das Vermögen der an der Transaktion beteiligten Länder, nicht jedoch das Einkommen oder den Verbrauch direkt verändern. Die Übertragung muss also als »einmalig« angesehen werden. Beispiel für Zahlungsausgänge sind (für ein Gläubigerland) der Erlass von Schulden und Schenkungen. Bestimmte Leistungen der EU, die als vermögenswirksam betrachtet werden, wie beispielsweise Transfers für Infrastrukturmaßnahmen, stellen einen Zahlungseingang dar.

Die Kapitalbilanz erfasst als Zahlungseingänge (Kapitalimporte) ausländische Direktinvestitionen, d. h. wesentliche Beteiligungen in Deutschland, den Erwerb inländischer Wertpapiere (Aktien oder Anleihen) durch Ausländer als Portfolioinvestitionen und die Kreditvergabe von Ausländern an Inländer.

Zahlungsausgänge (Kapitalexporte) sind deutsche Direktinvestitionen im Ausland, der Erwerb ausländischer Wertpapiere und die Vergabe von Krediten an Ausländer. Die Position »Veränderung der Währungsreserven« (Saldo der Devisenbilanz) weist die Veränderung der Währungsreserven der Zentralbank eines Landes aus (nicht aber der Devisenreserven anderer Inländer). Eine Zunahme der Devisenbestände wird als Zahlungsausgang und eine Abnahme als Zahlungseingang erfasst. Verkaufen die Geschäftsbanken Devisen an die Zentralbank, so bedeutet dies eine Abnahme der kurzfristigen Forderungen von Inländern und eine Zunahme der Devisenbestände der Zentralbank.

Tabelle 29.2 stellt die Zahlungsbilanz mit den Daten für die Bundesrepublik aus dem Jahr 2005 dar.

29.2 Ausgleich der Zahlungsbilanz

Nach dem Prinzip der doppelten Buchführung müsste der Saldo der Leistungs- und der Vermögensübertragungsbilanz dem Saldo der Kapitalbilanz und der Veränderung der Währungsreserven der Zentralbank entsprechen. Man könnte auch sagen, der Devisenbilanzsaldo muss ebenso groß sein wie die Summe der anderen Teilbilanzen. Denn zu jeder Transaktion in der Leistungsbilanz oder der Bilanz der Vermögensübertragungen erfolgt eine Gegenbuchung entweder in der Kapitalbilanz oder auf dem Devisenkonto der Zentralbank. Wenn Exporte kreditiert oder Importe aus Devisenbeständen von Geschäftsbanken bezahlt werden, findet die Gegenbuchung in der Kapitalbilanz statt. Importe von Gütern bzw. Exporte von Kapital können eine Abnahme des Devisenbestandes der Zentralbank bewirken.

In der Praxis sind diese Übereinstimmungen nicht immer gegeben. Zum einen können nicht alle Transaktionen periodengerecht erfasst werden. Zum anderen bestehen statistische Erfassungsschwierigkeiten in allen Teilbilanzen mit Ausnahme der Veränderung der Währungsreserven der Zentralbank.

Tabelle 29.2: Positionen der Zahlungsbilanz, Deutschland, 2005 (Mio. Euro)

Position	Zahlungseingänge		Zahlungsausgänge		Saldo
I. Leistungsbilanz					
1. Außenhandel	Ausfuhr	+786 186	Einfuhr	–625 632	+160 554
2. Ergänzungen zum Warenhandel					– 20 148
3. Dienstleistungen	Einnahmen	+127 123	Ausgaben	–154 607	– 27 484
4. Erwerbs- und Vermögenseinkommen	Einnahmen	+138 741	Ausgaben	–130 098	+ 8 643
5. Laufende Übertragungen	Vom Ausland	+ 17 507	An das Ausland	+ 46 428	– 28 921
6. Saldo der Leistungsbilanz					+ 92 645
II. Vermögensübertragungen	Vom Ausland	+ 3 468	An das Ausland	– 4 736	– 1 268
III. Kapitalbilanz	Ausl. Nettokapitalanlagen in Deutschland		Dt. Nettokapitalanlagen im Ausland		
1. Direktinvestitionen	– 36 695		+ 26 264		– 10 430
2. Wertpapieranlagen und Finanzderivate	–215 588		+196 987		– 18 600
3. Kreditverkehr und sonstige Kapitalanlagen	–121 810		44 983		– 76 917
Saldo der Kapitalbilanz					–103 765
IV. Saldo der statistisch nicht aufgliederbaren Transaktionen					+ 12 388
V. Veränderung der Währungsreserven der Bundesbank zu Transaktionswerten (Zunahme: –)					+ 2 182

Quelle: Deutsche Bundesbank, Zahlungsbilanzstatistik, September 2006.

Abweichungen werden als »Restposten« aufgeführt unter dem »Saldo der statistisch nicht aufgliederbaren Transaktionen« (vgl. Tabelle 29.2).

Der formale Ausgleich der Zahlungs- und Devisenbilanz ist nicht zu verwechseln mit dem materiellen Ausgleich der Zahlungsbilanz. Der materielle Ausgleich der Zahlungsbilanz wird auf die Salden von Teilbilanzen bezogen. In der Regel spricht man von einer ausgeglichenen Zahlungsbilanz, wenn sich die Devisenposition der Zentralbank nicht verändert, d. h. der Saldo der Devisenbilanz null ist, ein Land also keine Devisen verliert.

Der Saldo der Devisenbilanz ist an den in der Zahlungsbilanz erfassten Transaktionen zu erkennen. Für eine Definition des materiellen Zahlungsbilanzausgleichs unterscheidet man autonome und zahlungsbilanzinduzierte Transaktionen.

Zahlungsbilanzinduziert sind diejenigen Transaktionen, die mit dem Ziel durchgeführt werden, einen Ausgleich der Zahlungsbilanz herbeizuführen. In der Regel handelt es sich um wirtschaftspolitische Maßnahmen wie Anleihen zwischen Regierungen, Stützungsaktionen (z. B. stand-by agreements; BIZ-Kredit) und Regierungsimporte.

Autonom sind dagegen solche Transaktionen, die unabhängig von der Zahlungsbilanzsituation vorgenommen werden, z. B. private Exporte, Importe und private Kapitalbewegungen, aber auch Transaktionen einer Regierung, die nicht mit dem Ziel des Zahlungsbilanzausgleichs erfolgen.

Eine ausgeglichene Zahlungsbilanz liegt nach diesem Ansatz dann vor, wenn die Summe der autonomen Aktiv-Posten mit der Summe der autonomen Passiv-Posten übereinstimmt. Ein Zahlungsbilanzüberschuss ist gegeben, wenn die Summe der autonomen Aktiv-Posten die Summe der autonomen Passiv-Posten übersteigt.

Wichtige Begriffe in Kapitel 29

Zahlungsbilanz
Leistungsbilanz
Handelsbilanz
Dienstleistungsbilanz
Vermögensübertragungsbilanz
Kapitalbilanz
Materieller Ausgleich der Zahlungsbilanz

30 Gütermarkt und Beschäftigung in einer offenen Volkswirtschaft

By means of [foreign trade], the narrowness of the home market does not hinder the division of labour in any particular branch of art or manufacture from being carried to the highest perfection.
Adam Smith

In einer offenen Volkswirtschaft ist das Keynes'sche güterwirtschaftliche Gleichgewicht anders zu definieren als in einer geschlossenen Volkswirtschaft, da einerseits nun auch das Ausland Nachfrage nach heimischen Gütern entfaltet (Exporte X) und andererseits das Inland Nachfrage für seine Produktion verliert, weil Güter im Ausland hergestellt werden (Importe IM). Die zusätzliche Nettonachfrage ist also die Differenz zwischen Exporten und Importen, X – IM. Diese Differenz von Exporten und Importen wird als Außenbeitrag bezeichnet.

Das güterwirtschaftliche Gleichgewicht ist dann gegeben (ohne Nachfrage des Staates)

durch	$Y = C + I + X - IM$
oder, da	$S = Y - C$
durch	$S = I + X - IM$
bzw.	$S + IM = I + X$.

Die Ersparnisse hängen wieder wie in Kapitel 17 vom Volkseinkommen Y ab; die Investitionen sind wieder wie in Kapitel 18 eine Funktion des Zinssatzes i. Der Außenbeitrag, also die Differenz X - IM, hängt zum einen vom Einkommen ab. Das liegt daran, dass mit steigendem Einkommen die Importe, ähnlich wie der Konsum, vom Volkseinkommen abhängen. Steigt das Volkseinkommen, so nehmen die Importe zu. Zum anderen beeinflusst der Wechselkurs den Außenbeitrag (siehe Kapitel 31). Dabei nehmen wir an, dass der Außenbeitrag ansteigt, wenn die Währung abwertet (Normalreaktion). Inländische Güter werden dann preislich wettbewerbsfähiger.

Das Gütermarktgleichgewicht ist ähnlich wie die IS-Kurve (Schaubild 18.10) zu zeichnen, aber die Kurve des Gütermarktgleichgewichts IS berücksichtigt nun auch Exporte und Importe.

Sei Punkt A im Schaubild 30.1 ein Gleichgewicht auf dem Gütermarkt. Hält man den Zins i konstant, so sind die Investitionen bestimmt. Vermehrt man gedanklich das Volkseinkommen Y, so steigen die Ersparnis und die Importnachfrage (Punkt B). In Punkt B ist die gesamtwirtschaftliche Güternachfrage »zu klein«. Ein Gleichgewicht kann nur vorliegen, wenn die Investitionsnachfrage steigt, also wenn der Zins sinkt (Punkt C). Die Kurve des güterwirtschaftlichen Gleichgewichts, die IS-Kurve, hat also wieder, wie in Kapitel 18, eine negative Steigung.

Die LM-Kurve kennzeichnet das Gleichgewicht auf dem Geldmarkt. Bei gegebener Geldmenge verändert sich ihre Lage nicht.

In Schaubild 30.1 ist das Güter- und Geldmarktgleichgewicht E einer offenen Volkswirtschaft dargestellt. Dabei

Schaubild 30.1: Außenbeitrag und gesamtwirtschaftliches Gleichgewicht

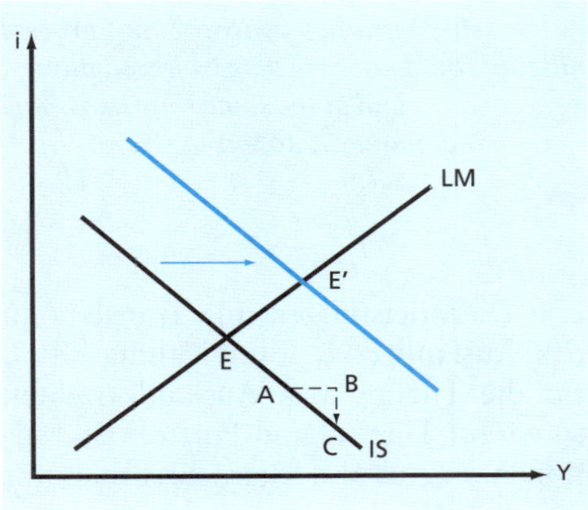

ist ein konstanter Wechselkurs unterstellt. Mit diesem Schaubild können wir nun betrachten, wie sich ein ausländischer Konjunkturboom auf das Inland überträgt. Wenn im Ausland das Einkommen zunimmt, dann steigen die Exporte des Inlandes und die gesamtwirtschaftliche Nachfrage nimmt zu. Das güter- und geldwirtschaftliche Gleichgewicht verschiebt sich von Punkt E nach Punkt E′. Dabei sind zwei Effekte zu verzeichnen: Das Volkseinkommen und damit die Beschäftigung steigt, und zwar wegen der höheren gesamtwirtschaftlichen Nachfrage. Gleichzeitig steigt der Zins. Dies erklärt sich, wie im geschlossenen Land, daraus, dass mit zunehmendem Volkseinkommen die Nachfrage nach Transaktionskasse größer wird. Die Wirtschaftssubjekte fragen mehr Geld nach und die Zinsen steigen. Die ausländische Nachfragesteigerung steigert also auch im Inland die Nachfrage und erhöht den Zinssatz. Ähnlich wirkt eine Abwertung der inländischen Währung, durch die sich ebenfalls die IS-Kurve nach rechts verschiebt.

In dem hier beschriebenen Ansatz ist das Keynes'sche Fixpreismodell unterstellt, in dem die Preise konstant sind und die effektive gesamtwirtschaftliche Nachfrage darüber entscheidet, ob das Produktionspotential ausgeschöpft wird. Eine mögliche Erweiterung dieses Ansatzes ist, die Preise flexibel zu machen. Eine andere Erweiterung ist, die Annahme des konstanten Wechselkurses aufzugeben.

Wichtige Begriffe in Kapitel 30

- Güterwirtschaftliches Gleichgewicht
- IS-Kurve
- Keynes'sches Fixpreismodell
- Außenbeitrag
- Wechselkurs
- Abwertung
- Konstanter Wechselkurs

31 Wechselkurs

It is self-contradictory to discuss a process
which admittedly could not take place without money,
and at the same time to assume
that money is absent or has no effect.
F. A. Hayek

31.1 Devisenmarkt

Der Wechselkurs ist der Relativpreis nationaler Währungen. In der Preisnotierung ist er definiert als w [€/$], gibt also an, wie viel Euro man für eine Einheit Dollar aufwenden muss oder erhält. Der Wechselkurs w bildet sich auf einem Devisenmarkt durch die Nachfrage nach Devisen und das Angebot an Devisen (Schaubild 31.1). Nachfrage und Angebot an Devisen resultieren aus ökonomischen Transaktionen mit dem Ausland (die in der Bilanz der laufenden Posten und in der Kapitalbilanz erfasst sind).

Schaubild 31.1: Devisenmarkt

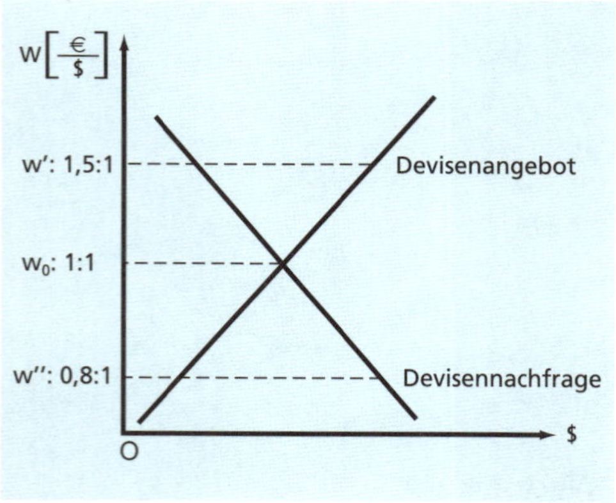

So entfaltet Deutschland Devisennachfrage für die Importe von Sachgütern und Dienstleistungen, für Transfers an das Ausland (z. B. Entwicklungshilfe), für die Tilgung von Auslandskrediten sowie für Direkt- und Portfolioinvestitionen im Ausland. Betrachtet man nur die Handelsbilanz, so resultiert die Devisennachfrage des Inlandes aus seiner Importnachfrage nach Sachgütern. Wenn man von den anderen Teilbilanzen abstrahiert, so müssen sich Handelsbilanzsaldo und Devisenbilanzsaldo betragsmäßig entsprechen.

Wer bietet Dollar an? Um diese Frage zu beantworten, muss man sich klarmachen, dass amerikanische Importeure ihrerseits Euro nachfragen, um importieren zu können. Um aber Euro zu bekommen, bieten sie Dollar an. Das Angebot an Dollar resultiert also aus der Importnachfrage der USA.[1]

Schaubild 31.1 verdeutlicht drei mögliche Situationen:

a) bei einem Gleichgewichtswechselkurs w_0 (1 : 1) ist die Überschussnachfrage nach Devisen null. Der Handelsbilanzsaldo ist null.
b) Wird der Wechselkurs auf w′ (1,5 : 1) fixiert, so liegt ein Überschussangebot an Devisen vor. Die Handels-

1 Werden auch andere Teilbilanzen als die Handelsbilanzen betrachtet, so kommen zusätzlich andere Quellen des Devisenangebots (z. B. Kapitalexporte der USA) in Betracht.

bilanz ist aktiv. Dieser Überschuss kann beseitigt werden, indem w′ auf w_0 reduziert wird. Da w als Dollar-Kurs definiert ist, bedeutet eine Verringerung von w, dass man für einen Dollar weniger Euro aufwenden muss: der Euro wird aufgewertet.

c) Liegt der Wechselkurs bei w″ (0,8 : 1), so gibt es eine Überschussnachfrage nach Devisen; es liegt ein Handelsbilanzdefizit vor. Diese Situation lässt sich durch eine Abwertung beseitigen.

Im Wechselkursgleichgewicht ist also die Handelsbilanz ausgeglichen.

Auf dem Devisenmarkt haben Wechselkursziele der Regierungen immer wieder eine Rolle gespielt. So gab es in der Vergangenheit Situationen, in denen auf dem Dollarmarkt ein bestimmter Mindestkurs als untere Grenze angestrebt wurde, etwa wenn die Regierungen oder Zentralbanken die Vorstellung hatten, dass der Dollar-Kurs nicht unter eine bestimmte Grenze sinken sollte. In Schaubild 31.2 ist eine solche Situation dargestellt (Kurs $\overline{w}$), bei der der heimische Wechselkurs (der Euro) auf einem unterbewerteten Niveau gehalten werden soll, d. h., der ausländische Wechselkurs soll oberhalb des Gleichgewichtskurses gestützt werden.

Wird ein solches Ziel verfolgt, so wird verhindert, dass der Gleichgewichtspreis auf dem Devisenmarkt gefunden wird (S). Um den Dollar zu stützen, kann die Europäische Zentralbank in jeder Periode zusätzlich Dollar auf dem Devisenmarkt nachfragen; die Nachfragekurve nach Dollar verschiebt sich dann nach rechts. Wenn diese Nachfrage langfristig nicht durchzuhalten ist, weil die Dollarreserven der Zentralbank aufgebraucht werden, muss der Euro aufgewertet werden.

Schaubild 31.2: Wechselkursziel und Intervention

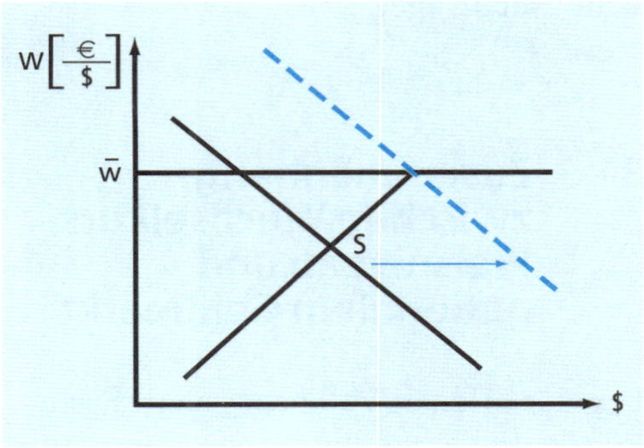

31.2 Auf- und Abwertung

Eine Wechselkursänderung wirkt sich auf den Handelsbilanzsaldo aus. Eine Aufwertung bedeutet auf dem Exportmarkt, dass die heimischen Exportgüter im Ausland teurer werden; d. h., der Export wird erschwert und der Exportwert sinkt. Importe dagegen werden billiger. Hierbei ergeben sich zwei gegenläufige Effekte: Zum einen steigt die Importmenge, zum anderen sinkt der Importpreis. Der Gesamteffekt hängt dann von der Nachfrageelastizität auf dem Importmarkt ab; wenn die Importnachfrage elastisch reagiert, dann ist der Mengeneffekt stärker als der Preiseffekt und der Importwert nimmt zu. Insgesamt wird die Handelsbilanz dann eindeutig passiv, da der Exportwert sinkt und der Importwert steigt. Wir sprechen dann von einer Normalreaktion der Handelsbilanz.

Eine Abwertung dagegen verbilligt heimische Produkte auf dem Exportmarkt, während sich die Importe aus dem Ausland verteuern. Daher wird sich im Normalfall die Handelsbilanz aktivieren. Eine Abwertung bedeutet dann, dass sich der Außenbeitrag X – IM vergrößert. Damit steigt die gesamtwirtschaftliche Nachfrage.

31.3 Zusammenhang zwischen Wechselkurs, Preisniveau und nationalem Geldmarkt

In einer offenen Volkswirtschaft besteht langfristig eine Interdependenz zwischen dem Devisenmarkt und den nationalen Geldmärkten. Dieser Zusammenhang folgt aus der sog. Kaufkraftparität. Die Kaufkraftparität besagt, dass sich bei international frei handelbaren Gütern die Preise ausgleichen, wenn sie in einer einheitlichen Währung berechnet werden. Beispielsweise wird sich der Euro-Preis für eine Unze Gold in Frankfurt kaum von dem in New York unterscheiden; d. h. wenn der Dollar-Preis, der in New York gezahlt wird, mit dem Wechselkurs €: $ multipliziert wird, dann muss das dem Euro-Preis in Frankfurt entsprechen. Hier gilt wieder das Gesetz von der Unterschiedslosigkeit des Preises. Wir können auch sagen: Der Wechselkurs €: $ muss dem Verhältnis zwischen inländischem und ausländischem Preis entsprechen. Auf eine ganze Volkswirtschaft übertragen, folgt dann die Kaufkraftparität: Der Wechselkurs ergibt sich aus dem Verhältnis von inländischem zu ausländischem Preisniveau. Hinter der Hypothese der Kaufkraftparität steht also die Annahme, dass alle Güter frei gehandelt werden und dass damit das Gesetz der Unterschiedslosigkeit des Preises für alle Güter und somit auch für die Preisniveaus erfüllt sein muss. Formal gilt mit P als dem inländischen und P* als dem ausländischen Preisniveau

$$P = w \cdot P^*$$

bzw.

$$w = P/P^*.$$

Die Kaufkraftparität kann auch etwas über die Veränderung des Wechselkurses aussagen: Die Abwertungsrate der heimischen Währung muss der Differenz zwischen inländischer und ausländischer Preissteigerungsrate entsprechen. Wenn in Euroland also die Inflationsrate höher ist als in den USA, dann wertet der Euro ab (w steigt); umgekehrt wertet der Euro auf (w sinkt), wenn die US-Inflationsrate die im Euroraum übersteigt.

Mit Hilfe der Kaufkraftparität lassen sich nun auch Aussagen zum Zusammenhang zwischen Geldmarkt und Wechselkurs machen. Dabei unterscheiden wir einen konstanten und einen flexiblen Wechselkurs. Bei konstantem Wechselkurs tauschen sich zwei nationale Währungen in einer festen Relation aus. Wir haben in Kapitel 18 bereits gesehen, dass eine expansive Geldpolitik langfristig in höheren Preisen mündet. Wenn also ein Land (z. B. Europa) seine Geldmenge vermehrt, so führt das zu höheren Preisen. Bei einem konstanten Wechselkurs sind dann die europäischen Güter nicht mehr wettbewerbsfähig. Es entsteht ein Handelsbilanzdefizit; die Inländer wollen ihren Güterbedarf aus den USA importieren. Das aber bedeutet, dass Devisen ins Ausland abfließen. Wir haben eine Überschussnachfrage nach Devisen. Um den Wechselkurs stabil zu halten, müssen die Notenbanken Dollar verkaufen und Euro kaufen. Wenn die ausländische Zentralbank Dollar verkauft, dann erhöht sie damit die Geldmenge in den USA. Umgekehrt sinkt die Geldmenge im Inland, wenn die inländische Zentralbank Euro kauft. Die ursprünglich inländische Geldmengenexpansion überträgt sich also auf das Ausland, während sie im Inland z.T. wieder rückgängig gemacht wird. Damit steigt das Preisniveau im Ausland während es im Inland wieder etwas sinkt. Ein Gleichgewicht stellt sich erst dann wieder ein, wenn die Kaufkraftparität erfüllt ist. Bei konstantem Wechselkurs bleibt also die Geldmengenexpansion eines Landes nicht auf dieses Land beschränkt; in einem Anpassungsprozess steigt auch die Geldmenge des anderen Landes, d. h., die ursprüngliche Geldmengenexpansion verteilt sich auf beide Länder, und in beiden Ländern steigen die Preise (Geldmengen-Preis-Mechanismus).[2]

Bei flexiblem Wechselkurs bedeutet die Geldmengenerhöhung des einen Landes ebenfalls, dass zunächst das Preisniveau in diesem Land steigt und die Wirtschaftssubjekte verstärkt Güter aus dem Ausland nachfragen. In diesem Fall greifen die Zentralbanken jedoch nicht ein. Stattdessen führt die Überschussnachfrage nach ausländischer Währung dazu, dass der Wechselkurs steigt, die inländische Währung also abgewertet wird – und zwar so lange, bis ein neues Gleichgewicht auf dem Devisenmarkt entsteht. Anders als im Falle konstanter Kurse kommt es nicht zu einer Reallokation der Geldmenge. Über den flexiblen Wechselkurs sind die Geldmengenexpansionen in beiden Ländern voneinander entkoppelt. Eine Störung des nationalen Geldmarktgleichgewichts ist dann mit einer Wechselkursänderung verbunden. Es besteht eine Interdependenz zwischen Geld- und Devisenmarkt.

[2] Vgl. H. Siebert, O. Lorz, Außenwirtschaft, 8. Aufl., Stuttgart, 2006.

31.4 Das derzeitige Wechselkurssystem

Flexible Kurse sind heutzutage das prägende Element der internationalen Währungsordnung. Die wichtigsten Währungen der Welt sind untereinander flexibel, so der US-Dollar, der Euro, der japanische Yen und das britische Pfund. Einige Währungen sind an den Dollar, andere an den Euro, an Sonderziehungsrechte und an Währungskörbe gebunden. Dies schließt nicht aus, dass diese Wechselkurse von Zeit zu Zeit neu justiert werden (»Realignments«).

In der Vergangenheit haben einzelne Länder eine wechselkursorientierte Geldpolitik betrieben, wie die Niederlande und Österreich zu Zeiten der D-Mark. Indem diese Länder den Wechselkurs ihrer Währung zur D-Mark konstant hielten, folgten sie im Wesentlichen der Geldpolitik der Deutschen Bundesbank. Damit entwickelten sich die Geldmengen im Gleichschritt, und die Preisniveaus bewegten sich ebenfalls gleichmäßig. Die strengste Form einer solchen Bindung ist ein so genannter »Currency Board«, wie er von Argentinien in den 1990er-Jahren praktiziert wurde und wie er auch von Estland und Litauen betrieben wurde, bevor diese Länder dem EWS II beigetreten sind. Beim Currency Board ist der inländische Geldumlauf voll durch Devisen gedeckt. Wenn der Devisenvorrat abnimmt, wird auch die inländische Geldmenge reduziert. Schaubild 31.3 stellt vereinfacht die derzeitige internationale Währungsordnung in ihren wesentlichen Elementen dar. Nicht alle Anbindungen von Währungen sind dargestellt.

Es wird immer wieder vorgeschlagen, die Wechselkurse durch Referenzzonen zu stabilisieren. Dies ist aber nur möglich, wenn die einzelnen Länder der

Schaubild 31.3: Das internationale Währungssystem[a]

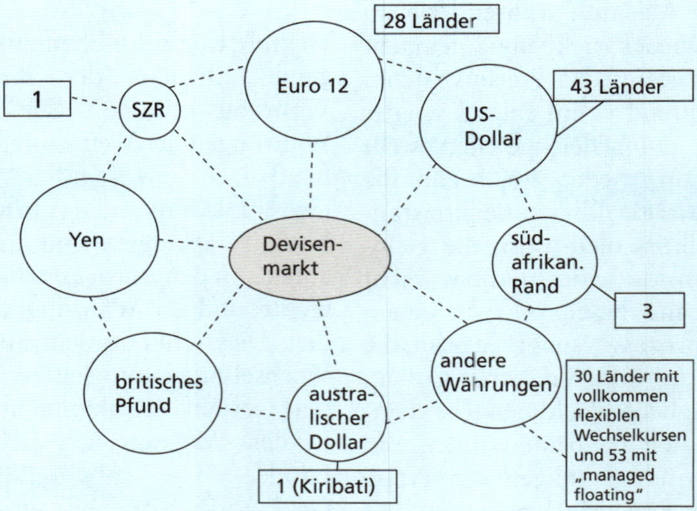

[a] 14 weitere Währungen haben ihren Wechselkurs an einen Warenkorb gebunden, vier weitere lassen den Wechselkurs gegenüber einer einzigen Währung frei schwanken.

Quelle: International Monetary Fund, Exchange Arrangements and Exchange Restrictions, Annual Report 2005.

Preisniveaustabilität den gleichen Rang einräumen und wenn sich die Preisniveaus nicht voneinander wegbewegen. Außerdem darf auch die realwirtschaftliche Entwicklung in den einzelnen Volkswirtschaften nicht zu unterschiedlich sein. Stabile Wechselkurse können auch dadurch zustande kommen, dass die Länder sich einem Regelwerk wie dem Goldstandard unterwerfen, das automatisch für Stabilität sorgt. Dabei müssen die Staaten bereit sein, ihre Autonomie in der Geldpolitik aufzugeben.

Wichtige Begriffe in Kapitel 31

- Wechselkurs
- Devisenmarkt
- Wechselkursziele
- Aufwertung
- Abwertung
- Normalreaktion
- Konstanter Wechselkurs
- Flexibler Wechselkurs
- Kaufkraftparität
- Internationales Währungssystem

Literaturverzeichnis

Es gibt heute eine selbst für den versierten Fachmann nahezu unüberschaubare Vielfalt an Büchern, die sich mit der Volkswirtschaftslehre beschäftigen. Die folgende Liste stellt deshalb nur einen Einstieg in die Literatur dar; sie benennt einige wenige für den Studenten in den Anfangssemestern geeignete Fach- und Lehrbücher, die sich als besonders geeignet und verständlich erwiesen haben.

Die als »allgemeine Einführungen« bezeichneten Bücher erfordern keine speziellen wirtschaftswissenschaftlichen Vorkenntnisse, sondern wollen den Leser ganz allgemein mit der Denkweise der Ökonomen vertraut machen. Danach folgen einige Werke, die sich mit den aktuellen wirtschaftspolitischen Problemen in Deutschland befassen.

Die »Einführungslehrbücher« sind nicht nur für die Anfangssemester des wirtschaftswissenschaftlichen Grundstudiums geeignet, sondern auch nützliche Nachschlagewerke, um auch in höheren Semestern auftretende Lücken zu schließen. Den gleichen Zweck erfüllen die aufgeführten Lexika.

Um Zugang zu aktuellen Informationen und statistischen Daten zu erhalten, bietet neben gedruckten Publikationen oftmals auch das Internet hilfreiche Einstiegspunkte an.

Allgemeine Einführungen, die Interesse wecken können

Becker, G.S., Becker, G.N.: The Economics of Life. New York: McGraw-Hill, 1997. Deutsch: Die Ökonomik des Alltags. Tübingen: Mohr Siebeck, 1998.

Eucken, W.: Nationalökonomie wozu? 5. Aufl., Stuttgart: Klett-Cotta, 2005.

Friedman, D.: Hidden Order. The Economics of Everyday Life. New York: Harper Collins, 1996. Deutsch: Der ökonomische Code. Wie wirtschaftliches Denken unser Handeln bestimmt. Frankfurt/Main: Eichborn, 1999.

Harford, T.: The Undercover Economist. Why the Rich are Rich, the Poor are Poor – and Why You Can Never Buy a Decent Used Car. Oxford: Oxford University Press, 2005. Deutsch: Ökonomics. München: Riemann Verlag, 2006.

Heilbroner, R.L., Thurow, L.C.: Wirtschaft – das sollte man wissen. Übers. aus dem Engl. und dt. Überarb. von Jan W. Haas, 5. Aufl., Frankfurt/Main (u. a.): Campus-Verlag, 2004.

Landsburg, S.J.: Armchair Economist. Economics and Everyday Experience. New York: Free Press, 1993.

Levi, M.: Thinking Economically. How Economic Principles Can Contribute to Clear Thinking. New York: Basic Books, 1985. Deutsch: Volkswirtschaftlich denken. Vom alltäglichen Nutzen der Wirtschaftswissenschaft. Basel: Birkhauser Verlag, 1987.

Levitt, S. D. und S. J. Dubner: Freakonomics. A Rogue Economist Explores the Hidden Side of Everything. New York: Morrow, 2005. Deutsch: Freakonomics. Überraschende Antworten auf alltägliche Lebensfragen. München: Riemann, 2006.

Trebeis, O. v. (Hrsg.): Nationalökonomologie. 7., hochgradig rev. Aufl., Tübingen: Mohr Siebeck, 1994.

Aktuelle wirtschaftspolitische Problemfelder in Deutschland

Adam, H.: Bausteine der Volkswirtschaftslehre. 14., aktualisierte Aufl., Köln: Bund, 2000.

Lampert, H., Bossert A.: Die Wirtschafts- und Sozialordnung der Bundesrepublik Deutschland im Rahmen der Europäischen Union. 15., völlig überarb. Aufl., München: Olzog, 2004.

Sachverständigenrat zur Begutachtung der gesamtwirtschaftlichen Entwicklung: Jahresgutachten. Bonn: Bundestagsdrucksache oder Stuttgart: Metzler-Poeschel, jährlich seit 1964.

Siebert, H.: Der Kobra-Effekt. Wie man Irrwege der Wirtschaftspolitik vermeidet. 2. Aufl., Stuttgart: DVA, 2002.

Siebert, H.: The German Economy. Beyond the Social Market. Princeton: Princeton University Press, 2005. Deutsch: Jenseits des sozialen Marktes. Eine notwendige Neuorientierung der deutschen Politik. München: Deutsche Verlags Anstalt, 2005.

Zudem empfiehlt sich dem wirtschaftspolitisch interessierten Leser die folgende international orientierte Wochenzeitschrift:

The Economist. London: Economist Newspaper Limited.

Einführungslehrbücher

Bartling, H., Luzius, F.: Grundzüge der Volkswirtschaftslehre. Einführung in die Wirtschaftstheorie und Wirtschaftspolitik. 15. verb. u. erg. Aufl., München: Vahlen, 2004.

Baßeler, U., Heinrich, J., Utecht, B.: Grundlagen und Probleme der Volkswirtschaft. 18. überarb. Aufl., Stuttgart: Schäffer-Poeschel, 2006.

Baumol, W.J., Blinder, A.S.: Economics. Principles and Policy. 9th ed., 2004 update, Mason, Ohio: Thomson/South-Western, 2005.

Begg, D., Dornbusch, R., Fischer, S.: Economics. 7th ed., London: McGraw-Hill, 2003.

Bofinger, P.: Grundzüge der Volkswirtschaftslehre. Eine Einführung in die Wissenschaft von Märkten. München: Pearson Studium, 2003.

Fischbach, R., Wollenberg, K.: Volkswirtschaftslehre I. Einführung und Grundlagen. 12. überarb. und erw. Aufl., München: Oldenbourg, 2003.

Hanusch, H., Kuhn, T., Cantner, U.: Volkswirtschaftslehre 1. Grundlegende Mikro- und Makroökonomik. 6. Aufl., Berlin: Springer, 2002.

Hardes, H.-D., Schmitz, F., Uhly, A.: Grundzüge der Volkswirtschaftslehre. 8. neubearb. Aufl., München: Oldenbourg, 2002.

Krugman, P., Wells, R.: Economics. New York: Worth Publishers, 2006.

Mankiw, N.G.: Principles of Economics. 3rd ed., Mason, Ohio: Thomson/South Western, 2004. Deutsch: Grundzüge der Volkswirtschaftslehre. 3. überarb. Aufl., Stuttgart: Schäffer-Poeschel, 2004.

Samuelson, P.A., Nordhaus, W.D.: Economics. 18th ed., Boston: McGraw-Hill/Irwin, 2005. Deutsch: Volkswirtschaftslehre. Das internationale Standardwerk der Mikro- und Makroökonomie. 2., aktualis. und erw. Aufl., Heidelberg: Redline Wirtschaftsverlag, 2005.

Sullivan, A.O., S.M. Sheffrin: Economics: Principles and Tools. 4th ed., Upper Saddle River, NJ: Prentice Hall, 2006.

Außerdem haben sich zwei seit fast dreißig Jahren jeweils monatlich erscheinende Zeitschriften bewährt, die in ihren speziell für Studenten geschriebenen Artikeln das gesamte Spektrum der Wirtschaftswissenschaften abdecken:

Das Wirtschaftsstudium (WISU), hrsg. von T. Hartmann-Wendels, R. Thome und A. Woll, Düsseldorf: Lange.

Wirtschaftswissenschaftliches Studium (Wist), hrsg. von N. Berthold und M. Lingenfelder, München: Beck und Vahlen.

Lexika und Nachschlagewerke

Albers, W. u.a.: Handwörterbuch der Wirtschaftswissenschaft (HdWW; zugleich Neuaufl. des Handwörterbuchs der Sozialwissenschaften). Bd. 19, Stuttgart: Fischer, 1988.

Bannock, G., Baxter, R.E., Davis, E.: Dictionary of Economics. Princeton: Bloomberg Press, 2003.

Bender, D. u. a.: Vahlens Kompendium der Wirtschaftstheorie und Wirtschaftspolitik. Bd. 1, 8. veränderte Aufl. 2002, Bd. 2, 8. Aufl., München: Vahlen 2003.

Dichtl, E., Issing, O. (Hrsg.): Vahlens großes Wirtschaftslexikon. München: Vahlen, 1999.

Eatwell, J., Milgate, M., Newman, P. (eds.): The New Palgrave Dictionary of Economics. London: Macmillan, 1987.

Hagen, J. von, Welfens, P.J.J., Börsch-Supan, A. (Hrsg.): Springers Handbuch der Volkswirtschaftslehre. Bd. 1: Grundlagen, 1996. Bd. 2: Wirtschaftspolitik und Weltwirtschaft, 1997. Berlin: Springer.

Piekenbrock, D.: Gabler Kompaktlexikon Volkswirtschaft. Wiesbaden: Gabler, 2003.

Internet-Adressen und Statistische Daten

Bundesministerium für Arbeit und Soziales. http://www.bmas.bund.de/

Bundesministerium für Wirtschaft und Technologie. http://www.bmwi.de/

Bundesministerium der Finanzen. http://www.bundesfinanzministerium.de/

Deutsche Bundesbank. http://www.bundesbank.de/

Deutsche Zentralbibliothek für Wirtschaftswissenschaften. http://www.zbw-kiel.de/

Europäische Union. http://europa.eu.int/

Europäische Zentralbank. http://www.ecb.de/

Internationaler Währungsfonds (IMF). http://www.imf.org/

–. International Financial Statistics. Washington, D.C.

Organisation for Economic Co-operation and Development (OECD). http://www.oecd.org/

–. Main Economic Indicators, Paris.

Resources for Economists on the Internet. http://rfe.org/

Statistisches Bundesamt. http://www.destatis.de/

–. Statistisches Jahrbuch für die Bundesrepublik Deutschland. Stuttgart: Metzler-Poeschel.

Weltbank. http://www.worldbank.org/

–. World Development Report, Oxford: Oxford University Press. Deutsch: Weltentwicklungsbericht. Bonn: Bundeszentrale für politische Bildung.

Klassische Werke

Friedman, M.: Capitalism and Freedom. Chicago: University of Chicago Press, 1962. Deutsch: Kapitalismus und Freiheit. Frankfurt: Eichborn, 2002.

–, Schwarz, A.J.: A Monetary History of the United States, 1867-1960. Princeton: Princeton University Press, 1963.

Hayek, F.A. v.: Der Weg zur Knechtschaft (1944). Neuausg., Landsberg: Olzog, 1994.

–, The Constitution of Liberty (1960). Deutsch: Die Verfassung der Freiheit. 3. Aufl., Tübingen: Mohr Siebeck, 1991.

Heilbroner, R.L.: The Essential Adam Smith. New York: Norton, 1987.

–, The Worldly Philosophers. The Lives, Times and Ideas of the Great Economic Thinkers. 7th rev. ed., New York: Touchstone, 1999.

Hicks, J.R.: The Social Framework. An Introduction to Economics (1942). 4th ed., Oxford: Clarendon, 1971. Deutsch: Einführung in die Volkswirtschaftslehre, 8. Aufl., Reinbek bei Hamburg: Rowohlt, 1962.

Keynes, J.M.: The General Theory of Employment, Interest and Money (1936). Deutsch: Allgemeine Theorie der Beschäftigung, des Zinses und des Geldes. 10. verb. Auflage, Berlin: Duncker & Humblot, 2006.

Marshall, A.: The Principles of Economics (1890). Düsseldorf: Verlag Wirtschaft und Finanzen, 1990.

Samuelson, P.A.: Foundations of Economic Analysis (1947). Düsseldorf: Verlag Wirtschaft und Finanzen, 1997.

Schumpeter, J.A.: Theorie der wirtschaftlichen Entwicklung. Eine Untersuchung über Unternehmensgewinn, Kapital, Kredit, Zins und den Konjunkturzyklus (1912). 9., unveränd. Aufl., Berlin: Duncker & Humblot, 1997.

Smith, A.: An Inquiry into the Nature and Causes of the Wealth of Nations (1776). Deutsch: Der Wohlstand der Nationen. Eine Untersuchung seiner Natur und seiner Ursachen. München: dtv, 1999.

Weber, M.: Wirtschaft und Gesellschaft. Grundriß der verstehenden Soziologie (1922). 5., rev. Aufl. Nachdr., Tübingen: Mohr Siebeck, 1980.

Teil I – Mikroökonomie

Böventer, E.v., Illing, G.: Einführung in die Mikroökonomie. 9. bearb. Aufl., München: Oldenbourg, 1997.

Endres, A.: Moderne Mikroökonomie. Erklärt in einer einzigen Nacht. 2. Auflage, München: Oldenbourg, 2005.

Feess, E. Mikroökonomie. Eine spieltheoretisch- und anwendungsorientierte Einführung. 3. Auflage, Marburg: Metropolis, 2004.

Fehl, U., Oberender, P.: Grundlagen der Mikroökonomie. Eine Einführung in die Produktions-, Nachfrage- und Markttheorie. 8. überarbeitete und erweiterte Aufl., München: Vahlen, 2004.

Franz, W.: Arbeitsmarktökonomik. 6., vollst. überarb. Aufl., Berlin: Springer, 2006.

Hirshleifer, J., Glazer, A., Hirshleifer, D.: Price Theory and Applications. 7th ed., Cambridge, Mass.: Cambridge University Press, 2005.

Nicholson, W.: Microeconomic Theory. Basic Principles and Extensions. 9th ed., South Melbourne: South-Western/ Thomson Learning, 2004.

Pindyck, R.S. und D.L. Rubinfeld: Microeconomics. 6th ed., Upper Saddle River, NJ: Prentice Hall, 2005. Deutsch: Mikroökonomie. 6. Auflage, München: Pearson Studium, 2005.

Schumann, J., Meyer, U., Ströbele, W.: Grundzüge der mikroökonomischen Theorie. 7., neubearb. u. erw. Aufl., Berlin: Springer, 1999.

Varian, H.R.: Intermediate Microeconomics. A Modern Approach. 7th ed., New York: Norton, 2006. Deutsch: Grundzüge der Mikroökonomik. 6., überarb. und erw. Aufl., München: Oldenbourg, 2003.

Teil II – Makroökonomie

Allgemeine Makroökonomische Theorie

Abel, A.B., Bernanke, B.: Macroeconomics. 5th ed. New York: Addison Wesley, 2006.

Blanchard, O.:Macroeconomics. 4th ed., Upper Saddle River, N.J.: Prentice Hall,

2005. Deutsch: Makroökonomie. mit G. Illing, 4. aktualis. und erw. Aufl., München: Pearson Studium, 2006.

Burda, M. C., Wyplosz, Ch.: Macroeconomics. A European Text. 4th ed., Oxford: Oxford University Press, 2005. Deutsch: Makroökonomik. Eine europäische Perspektive. 2., vollst. überarb. Auflage, München: Vahlen, 2003.

Dornbusch, R., Fischer, S., Startz, R.: Macroeconomics. 8th ed., New York: McGraw-Hill, 2001. Deutsch: Makroökonomik. 8. Aufl., München: Oldenbourg, 2003.

Felderer, B., Homburg, S.: Makroökonomik und neue Makroökonomik. 9., verb. Aufl., Berlin: Springer, 2005.

Rittenbruch, K.: Makroökonomie. 11., neubearb. und erw. Aufl., München: Oldenbourg, 2000.

Wohltmann, H.-W.: Grundzüge der makroökonomischen Theorie. Totalanalyse geschlossener und offener Volkswirtschaften. 4., unwes. veränd. Aufl., München: Oldenbourg, 2005.

Geldtheorie und -politik

Deutsche Bundesbank: Monatsberichte. Frankfurt/Main, monatlich seit 1957.

Duwendag, D. u. a.: Geldtheorie und Geldpolitik in Europa. Eine problemorientierte Einführung mit einem Kompendium monetärer Fachbegriffe. 6., vollst. neu bearb. Aufl., Berlin: Springer, 2007.

Europäische Zentralbank. Monatsberichte. Frankfurt/Main, monatlich seit 1999.

Issing, O.: Einführung in die Geldtheorie. 13., wesentl. überarb. Aufl., München: Vahlen, 2003.

Jarchow, H.-J.: Theorie und Politik des Geldes. 11., neubearb. u. wesentl. erw. Aufl., Göttingen: Vandenhoeck & Ruprecht, 2003.

Konjunktur-, Wachstums- und Umwelttheorie

Barro, R.J., Sala-i-Martin, X.: Economic Growth. 2nd ed., Cambridge, Mass.: MIT Press, 2003. Deutsch: Wirtschaftswachstum, München: Oldenbourg, 2001.

Jones, C.I.: Introduction to Economic Growth. 2nd. ed., New York: W. W. Norton & Co., 2002.

Siebert, H.: Economics of the Environment. Theory and Policy. 5th rev. ed., Berlin: Springer, 1998.

Teichmann, U.: Grundriß der Konjunkturpolitik. 5., verb. und erw. Aufl., München: Vahlen, 1997.

Tichy, G.: Konjunktur: stilisierte Fakten, Theorie, Prognose. 2. völlig neubearb. Aufl., Berlin: Springer, 1994.

Wirtschaftspolitik

Breyer, F., Kollmar, M.: Grundlagen der Wirtschaftspolitik. 2., neu bearb. Aufl., Tübingen: Mohr Siebeck, 2005.

Donges, J.B, Freytag, A.: Allgemeine Wirtschaftspolitik. 2. überarb. und erw. Aufl., Stuttgart: Lucius und Lucius, 2004.

Frey, B.S., Kirchgässner. G.: Demokratische Wirtschaftspolitik. Theorie und Anwendung. 3., neubearb. Aufl., München: Vahlen, 2002.

Fritsch, M., Wein, T., Ewers, H.-J.: Marktversagen und Wirtschaftspolitik. Mikroökonomische Grundlagen staatlichen Handelns. 6., verb. Aufl., München: Vahlen, 2006.

Teil III – Internationale Wirtschaftsbeziehungen

Deutsche Bundesbank: Weltweite Organisationen und Gremien im Bereich von Währung und Wirtschaft. Frankfurt/Main, 2003.

Krugman, P.R., Obstfeld, M.: International Economics. Theory and Policy. 7th ed.,

Reading, Mass. (u. a.): Addison-Wesley Longman, 2006. Deutsch: Theorie und Politik der Außenwirtschaft. 7. Auflage, München: Pearson Studium.
–, Siebert, H.: The World Economy. 2nd ed., London: Routledge, 2002.
Siebert, H., Lorz, O.: Außenwirtschaft. 8., völlig neu bearb. Aufl., Stuttgart: Lucius & Lucius, 2006.
Willms, M.: Internationale Währungspolitik. 3. Aufl., München: Vahlen, 2007.

Sachverzeichnis

H

I

T

U

V

W

Z